千華 50th 築夢踏實

千華公職資訊網

千華粉絲團

棒學校線上課程

堅持品質　最受考生肯定

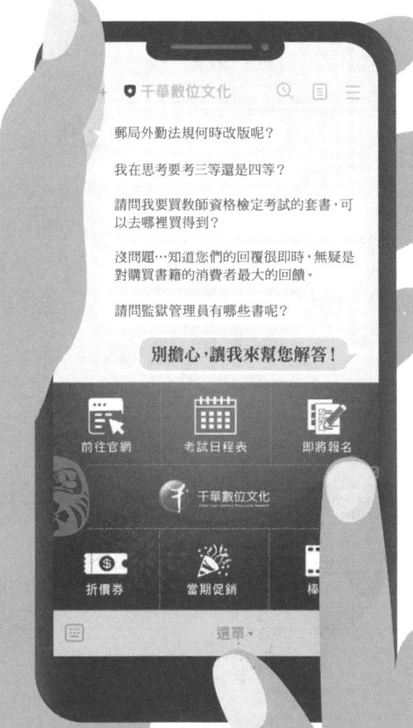

真人客服．最佳學習小幫手

- 真人線上諮詢服務
- 提供您專業即時的一對一問答
- 報考疑問、考情資訊、產品、優惠、職涯諮詢

盡在 千華LINE@

加入好友
千華為您線上服務

經濟部所屬事業機構新進職員甄試

一、報名方式：一律採「網路報名」。

二、學歷資格：教育部認可之國內外公私立專科以上學校畢業，並符合各甄試類別所訂之學歷科系者，學歷證書載有輔系者得依輔系報考。

三、應試資訊：

完整考試資訊

https://reurl.cc/bX0Qz6

(一)甄試類別：各類別考試科目及錄取名額：

類別	專業科目A(30%)	專業科目B(50%)
企管	企業概論 法學緒論	管理學 經濟學
人資	企業概論 法學緒論	人力資源管理 勞工法令
財會	政府採購法規 會計審計法規	中級會計學 財務管理
資訊	計算機原理 網路概論	資訊管理 程式設計
統計資訊	統計學 巨量資料概論	資料庫及資料探勘 程式設計
政風	政府採購法規 民法	刑法 刑事訴訟法
法務	商事法 行政法	民法 民事訴訟法
地政	政府採購法規 民法	土地法規與土地登記 土地利用
土地開發	政府採購法規 環境規劃與都市設計	土地使用計畫及管制 土地開發及利用

類別	專業科目A(30%)	專業科目B(50%)
土木	應用力學 材料力學	大地工程學 結構設計
建築	建築結構、構造與施工 建築環境控制	營建法規與實務 建築計畫與設計
機械	應用力學 材料力學	熱力學與熱機學 流體力學與流體機械
電機(一)	電路學 電子學	電力系統與電機機械 電磁學
電機(二)	電路學 電子學	電力系統 電機機械
儀電	電路學 電子學	計算機概論 自動控制
環工	環化及環微 廢棄物清理工程	環境管理與空污防制 水處理技術
職業安全衛生	職業安全衛生法規 職業安全衛生管理	風險評估與管理 人因工程
畜牧獸醫	家畜各論(豬學) 豬病學	家畜解剖生理學 免疫學
農業	民法概要 作物學	農場經營管理學 土壤學
化學	普通化學 無機化學	分析化學 儀器分析
化工製程	化工熱力學 化學反應工程學	單元操作 輸送現象
地質	普通地質學 地球物理概論	石油地質學 沉積學

(二)初(筆)試科目：

1.共同科目：分國文、英文2科(合併1節考試)，國文為論文寫作，英文採測驗式試題，各占初(筆)試成績10%，合計20%。

2.專業科目：占初(筆)試成績80%。除法務類之專業科目A及專業科目B均採非測驗式試題外，其餘各類別之專業科目A採測驗式試題，專業科目B採非測驗式試題。

3.測驗式試題均為選擇題（單選題，答錯不倒扣）；非測驗式試題可為問答、計算、申論或其他非屬選擇題或是非題之試題。

(三)複試(含查驗證件、複評測試、現場測試、口試)。

四、待遇：人員到職後起薪及晉薪依各所用人之機構規定辦理，目前各機構起薪約為新臺幣4萬2仟元至4萬5仟元間。本甄試進用人員如有兼任車輛駕駛及初級保養者，屬業務上、職務上之所需，不另支給兼任司機加給。

※詳細資訊請以正式簡章為準！

千華數位文化股份有限公司
■新北市中和區中山路三段136巷10弄17號
■TEL: 02-22289070　FAX: 02-22289076

公務人員

「高等考試三級」應試類科及科目表

高普考專業輔考小組◎整理

完整考試資訊

http://goo.gl/LaOCq4

✪普通科目

1.國文◎（作文80%、測驗20%）

2.法學知識與英文※（中華民國憲法30%、法學緒論30%、英文40%）

✪專業科目

類科	科目
一般行政	一、行政法◎　二、行政學◎　三、政治學 四、公共政策
一般民政	一、行政法◎　二、行政學◎　三、政治學 四、地方政府與政治
社會行政	一、行政法◎　二、社會福利服務　三、社會學 四、社會政策與社會立法　五、社會研究法　六、社會工作
人事行政	一、行政法◎　二、行政學◎　三、現行考銓制度 四、公共人力資源管理
勞工行政	一、行政法◎　二、勞資關係　三、就業安全制度 四、勞工行政與勞工立法
戶　政	一、行政法◎ 二、國籍與戶政法規（包括國籍法、戶籍法、姓名條例及涉外民事法律適用法） 三、民法總則、親屬與繼承編 四、人口政策與人口統計
教育行政	一、行政法◎　二、教育行政學　三、教育心理學 四、教育哲學　五、比較教育　六、教育測驗與統計
財稅行政	一、財政學◎　二、會計學◎　三、稅務法規◎ 四、民法◎
金融保險	一、會計學◎　二、經濟學◎　三、貨幣銀行學 四、保險學　五、財務管理與投資學
統　計	一、統計學　二、經濟學◎　三、資料處理 四、抽樣方法與迴歸分析
會　計	一、財政學◎　二、會計審計法規◎　三、中級會計學◎ 四、政府會計◎

法　　制	一、民法◎　二、立法程序與技術　三、行政法◎ 四、刑法　五、民事訴訟法與刑事訴訟法
法律廉政	一、行政法◎　二、行政學◎ 三、公務員法（包括任用、服務、保障、考績、懲戒、交代、行政中立、利益衝突迴避與財產申報） 四、刑法與刑事訴訟法
財經廉政	一、行政法◎　二、經濟學與財政學概論◎ 三、公務員法（包括任用、服務、保障、考績、懲戒、交代、行政中立、利益衝突迴避與財產申報） 四、心理學
交通行政	一、運輸規劃學　二、運輸學　三、運輸經濟學 四、交通政策與交通行政
土木工程	一、材料力學　二、土壤力學　三、測量學 四、結構學　五、鋼筋混凝土學與設計 六、營建管理與工程材料
水利工程	一、流體力學　二、水文學　三、渠道水力學 四、水利工程　五、土壤力學
水土保持工程	一、坡地保育規劃與設計（包括沖蝕原理） 二、集水區經營與水文學 三、水土保持工程（包括植生工法） 四、坡地穩定與崩塌地治理工程
文化行政	一、文化行政與文化法規　二、本國文學概論 三、藝術概論 四、文化人類學
機械工程	一、熱力學　二、流體力學與工程力學　三、機械設計 四、機械製造學

註：應試科目後加註◎者採申論式與測驗式之混合式試題(占分比重各占50%)，應試科目後加註※者採測驗式試題，其餘採申論式試題。

各項考試資訊，以考選部正式公告為準。

千華數位文化股份有限公司
新北市中和區中山路三段136巷10弄17號
TEL: 02-22289070　FAX: 02-22289076

公務人員

「普通考試」應試類科及科目表

高普考專業輔考小組◎整理

完整考試資訊

http://goo.gl/7X4ebR

✪普通科目

1.國文◎（作文80%、測驗20%）

2.法學知識與英文※（中華民國憲法30%、法學緒論30%、英文40%）

✪專業科目

類科	科目
一般行政	一、行政法概要※　二、行政學概要※ 三、政治學概要◎
一般民政	一、行政法概要※　二、行政學概要※ 三、地方自治概要◎
教育行政	一、行政法概要※　二、教育概要 三、教育行政學概要
社會行政	一、行政法概要※　二、社會工作概要◎ 三、社會政策與社會立法概要◎
人事行政	一、行政法概要※　二、行政學概要※ 三、公共人力資源管理
戶　政	一、行政法概要※ 二、國籍與戶政法規概要◎（包括國籍法、戶籍法、姓名條例及涉外民事法律適用法） 三、民法總則、親屬與繼承編概要
財稅行政	一、財政學概要◎　二、稅務法規概要◎ 三、民法概要◎
會　計	一、會計學概要◎　二、會計法規概要◎ 三、政府會計概要◎
交通行政	一、運輸經濟學概要　二、運輸學概要 三、交通政策與行政概要
土木工程	一、材料力學概要　二、測量學概要 三、土木施工學概要 四、結構學概要與鋼筋混凝土學概要

水利工程	一、水文學概要　　二、流體力學概要 三、水利工程概要
水土保持工程	一、水土保持（包括植生工法）概要 二、集水區經營與水文學概要 三、坡地保育（包括沖蝕原理）概要
文化行政	一、本國文學概要　　二、文化行政概要 三、藝術概要
機械工程	一、機械力學概要　　二、機械設計概要 三、機械製造學概要
法律廉政	一、行政法概要※ 二、公務員法概要（包括任用、服務、保障、考績、懲戒、交代、行政中立、利益衝突迴避與財產申報） 三、刑法與刑事訴訟法概要
財經廉政	一、行政法概要※ 二、公務員法概要（包括任用、服務、保障、考績、懲戒、交代、行政中立、利益衝突迴避與財產申報） 三、財政學與經濟學概要

註：應試科目後加註◎者採申論式與測驗式之混合式試題(占分比重各占50%)，應試科目後加註※者採測驗式試題，其餘採申論式試題。

各項考試資訊，以考選部正式公告為準。

司法特考應試科目表

司法三等資訊

https://goo.gl/1cxWBp

司法三等

◆普通科目

一、國文（作文80%測驗20%）

二、法學知識與英文（包括中華民國憲法30%、法學緒論30%、英文40%）

◆專業科目

類科		科目
公證人		1.民法　2.公證法與非訟事件法　3.民事訴訟法　4.英文 5.商事法　6.強制執行法與國際私法
觀護人		1.刑法　2.刑事訴訟法與保安處分執行法 3.心理學（包括心理測驗） 4.（選試）少年事件處理法（包括少年及兒童保護事件執行辦法）／社會工作概論 5.諮商與輔導　6.犯罪學
行政執行官		1.民法　2.刑法與刑事訴訟法　3.民事訴訟法　4.訴願法與行政訴訟法 5.行政程序法與行政執行法　6.強制執行法與國際私法
法院書記官		1.民法　2.刑法　3.刑事訴訟法　4.民事訴訟法 5.行政法與法院組織法　6.強制執行法
檢察事務官	偵查實務組	1.智慧財產權法　2.刑法　3.刑事訴訟法　4.強制執行法 5.行政法　6.民法總則與債權、物權編
檢察事務官	財經實務組	1.證券交易法與商業會計法　2.刑法與刑事訴訟法　3.銀行實務 4.中級會計學　5.稅務法規　6.審計學
檢察事務官	電子資訊組	1.系統分析　2.刑法與刑事訴訟法　3.計算機網路 4.資通安全　5.電子學與電路學　6.程式語言
檢察事務官	營繕工程組	1.結構分析（包括材料力學與結構學）　2.刑法與刑事訴訟法 3.施工法（包括土木、建築施工法與工程材料） 4.結構設計（包括鋼筋混凝土設計與鋼結構設計）　5.營建法規 6.政府採購法
監獄官		1.監獄學　2.刑法　3.心理測驗　4.監獄行刑法 5.諮商與輔導　6.刑事政策與犯罪學
公職法醫師		1.基礎醫學與內外科學概論　2.法醫學（包括理論與實務） 3.刑事訴訟法
鑑識人員		1.法醫生物學　2.法醫學　3.法醫毒物學 4.生物化學　5.儀器分析

司法四等

司法四等資訊

https://goo.gl/QxgtNI

◆ **普通科目**

一、國文（作文與測驗）

二、法學知識與英文（包括中華民國憲法、法學緒論、英文）

◆ **專業科目**

類科	科目	
法院書記官	1.民法概要 3.民事訴訟法概要與刑事訴訟法概要	2.刑法概要 4.行政法概要
法警	1.行政法概要 3.刑事訴訟法概要	2.刑法概要 4.法院組織法
執達員	1.民法概要 3.民事訴訟法概要與刑事訴訟法概要	2.刑法概要 4.強制執行法概要
執行員	1.民法概要 3.民事訴訟法概要與刑事訴訟法概要	2.行政法概要 4.強制執行法概要
監所管理員	1.監獄學概要 3.犯罪學概要	2.刑法概要 4.監獄行刑法概要

司法五等

司法五等資訊

https://goo.gl/KsHQEJ

◆ **普通科目**

一、國文總計45題，單選題35題；複選題10題，單複選題占分比為70：30。

二、公民與英文（公民70%、英文30%）

◆ **專業科目**

類科	科目
錄事	1.民事訴訟法大意與刑事訴訟法大意 2.法學大意
庭務員	1.民事訴訟法大意與刑事訴訟法大意 2.法院組織法大意 （包括法庭席位布置規則、法庭旁聽規則、臺灣高等法院以下各級法院或分院臨時開庭辦法、法庭錄音辦法、法院便民禮民實施要點）

~以上資訊請以正式簡章公告為準~

千華數位文化股份有限公司

新北市中和區中山路三段136巷10弄17號

TEL: 02-22289070　FAX: 02-22289076

目次

第五章 法律的制裁

第六章 憲法

第七章 行政法

第八章 刑法

第九章 民法

第十章 財經相關法律

第十一章 勞動與社會法

第十二章　性別相關法律

第十三章　司法制度、組織與救濟

第十四章　最新試題及解析

編寫特色

法學緒論係入門法律人對工作、生活所必須熟知的法律領域，對於一位有志成為公務人員的人，法學緒論更是塊敲門磚，作為初探法律世界的窗口，雖然題型為選擇題，但法律條文廣且雜，絕不能因此忽略對法律各章節概念之掌握，對於法律條文的認識與使用需力求精確、精準，須知，差之毫釐，失之千里。

法律來自生活，而社會生活是流動的過程，法律的沿革更是如流水般的動態過程，這也代表對法律的學習應有學而時習之，溫故而知新的認識。不間斷、反覆咀嚼的學習是研讀法律科目，更是在國家考試窄門中脫穎而出的不二法門，概念的掌握固然重要，然練習更是驗證學習成果的必要步驟，秉持二者兼顧的想法，匯集法緒的重要概念與試題成就本書，期本書可以對使用的你，在國考路上有所助益。

內容將法緒分門別類，並搭配出題頻率標示、落點提點近年國家考試出題偏好、各章經典試題複習，以及近年歷屆試題解析，目的即是希冀本書除了傳遞法緒重要知識外，更能幫助使用的你離上榜更近。

近年命題落點

考試＼主題	法學基礎	憲法	行政法	刑法	民法	財經相關法律	司法制度救濟程序	其他重要法律	總計
111年台電	3	3	3	2	4	2	5	3	25
111年鐵路（高員三級）	2	17	3	2	3	0	0	3	30
111年鐵路（員級）	4	16	0	2	5	0	0	3	30
111年司法（五等）	6	10	9	8	9	0	8	0	50
112年台電	1	5	7	1	6	1	2	2	25
112年警察（四等）	3	24	4	5	7	3	1	3	50
112年高考	2	6	5	1	1	1	2	2	20
112年普考	3	14	5	1	3	2	0	2	30
112年司特（五等）	4	8	12	7	9	1	8	1	50
113年高考	3	7	4	2	2	0	2	0	20
113年普考	4	14	6	2	2	1	0	1	30
113年台電	4	4	1	3	7	3	1	2	50

第一章 法律基本概論

依據出題頻率區分，屬：**C 頻率低**

準備要領

法律的基本概念從法學與法系開始，考古題即一再出現。法律的位階理論則帶領各位進入法律的世界，開展對法律知識領域的根本。本章常有關於法律種類或分類之介紹，為考題重點，各位必須熟稔彼此間關係與實益，並且注意其在法律上的應用。

第一節｜緒 論

一、何謂法學

所謂法學，又稱法律學，係研究法律本身或法律現象的社會科學，主要探討法律的原理原則、法律的制定，以及法律如何因應社會現象等為內容。法學因研究的內容不同，而有不同的分類，並衍生出不同的派別。關於法學之研究，尚有法系之概念值得探討。法系顧名思義即法律的系統，世界各國的法律，有一定程度或結構上的相似性，因此我們可將之分門別類於某一法系中。

(一) 重要法學的分類

1. 理論上的分類：

法律哲學	研究法律**基本原理原則**之法學，又稱法理學，目的在求法律的終極價值與理想。
法律史學	從**法制史的觀點**出發，探討歷史上法律的制定過程為主要的研究對象。另外尚包括**法律思想史**。
法律心理學	研究與法有關的各種人的心理活動，通常係**以犯罪心理為主**。
法律社會學	從社會學的角度研究法律，例如從實證、批判與詮釋的角度來研究法律。
比較法學	比較各國司法制度的理論，進而檢討本國法學制度的研究。
法律科學	就現行法律**的原理原則與規定**、**法律適用，及法律與社會的關係**作學問，並以系統性、經驗性或規範性的方法研究。

2. 實用上的分類：

憲法學	研究國家體制與組織、人民權利義務與基本國策之法學。
行政法學	研究如內政、財經、教育、環境、勞動、國防等行政事項之法學。
刑事法學	研究有關犯罪與刑罰之法學。
民事法學	研究私人間權利義務關係之法學。
訴訟法學	研究實體法如何落實的法學。
國際法學	研究國家之間權利義務關係以及國際法原則之法學。

(二) 法學的派別

純粹法學派	又稱規範法學派，由凱爾生（Kelson）所提出，認為「法律」是一種獨立的規範體系，法學研究應該限於分析、探討實定法的結構，不考慮道德、正義或其他社會學上概念。凱爾生認為法律是對人類行為的強制規範，而且法律規範之間有階級之分，此為「法律位階理論」，對現代法律影響深遠。
自然法學派	法律是自然存在的，是超越實定法而存在於自然的真理。法律與倫理接近，認為惡法非法。
分析法學派	法律是實定法，以分析現實具體的法律現象為目的。研究法學的內容，而非探討法律應具備的內容。分析法學派認為法律是人為的，故惡法亦可成為法律。
概念法學派	認為審判者應受立法者立法之拘束，審判者之地位因而受抑制，不同意法官造法。
自由法學派	指出概念法學派之謬誤，其認為審判者應依情勢審判，故可以創造法律而提升審判者之地位。
歷史法學派	法律是歷史沿革之產物，而非自然存在或人為的。法律循著歷史的脈絡發展，是民族精神的表現。
目的法學派	又稱利益法學派，代表人物為耶林（Jhering）。其認為法律的解釋應以立法目的及價值為依歸，不能拘泥於文義解釋、法學不應與生活脫節。

(三) 法系的種類【107 年關四、109 年關四】

大陸法系	又稱羅馬法系，法源以成文法為主，司法制度採二元制，審判不採陪審制度。我國為大陸法系國家。
英美法系	又稱海洋法系，法源以不成文法為主，司法制度採一元制，審判採陪審制度及巡迴審判制度。英國、美國為英美法系國家。
中華法系	以儒家思想為中心，重視禮教與倫理，規範以家族為核心（如誅滅九族），民刑法合一。清末變法前之法律即屬之。
印度法系	即印度之婆羅門法，有嚴格的階級制度。其他尚包括佛教法。
回回法系	奉行可蘭經，盛行於阿拉伯地區，又稱阿拉伯法系。

二、法律存在的基礎（法律效力的根據）

法律存在的基礎，即指法律對人民發生效力的原因。而關於法律存在基礎的學說頗多，茲分述如下：

神意說	即法律乃全能之神的意思的表現，法律是直接或間接由神之啟示而產生者，因此擁有絕對而普遍的效力。
自然法說	法律是人類社會間超越時空萬古不易的自然法之顯現，立法者只不過將存在於自然狀態之法律予以發現，並將其予以明文化而已。
實力說	法律存在的基礎是強者對弱者的支配，即法律學是研究權力的學科，故又稱權力說。 英國諺語說：「實力就是權力」；德國諺語說：「實力優先於法律」；我國諺語說：「勝者為王，敗者為寇」皆係指實力說。
歷史法說	法律是國民之間自然發達之民族精神的產物，是民族生活文化累積所產生的結果，亦即法律是歷史性地跟著民族產生而發生。此說係對自然法學派之反應而產生，欲將法律之基礎置於民族的確信上。

承認說	法律之所以有效，將其根據放在國民對法律之承認。即法律是社會生活的規範，並由國民加以承認之謂。此說認為法律是經過服從者承認以後，法律才能擁有其效力。
社會意識說	法律之所以能實施，係社會成員擁有一種共同的社會意識之說法。如社會成員欠缺共同之社會意識，則成員間之心理結合將趨於弛緩，也有可能使社會結構導致解體之現象。
正義說	此說謂法律乃是有價值而且係實現「正義」之規範。法律不能離開正義，如法律違反正義，即所謂「惡法」，當應失去法律之效力。

以上諸說，神意說、自然法說與正義說多以法律之內容應合於公平正義為立論依據；實力說則著眼於制定法律的權力基礎；歷史法說、承認說及社會意識說則以人民服從法律之意志為立論依據。亦有所長，亦有所偏。嚴格說來，法律效力之根據必須由法律的普遍性、確實性、妥當性、安定性等各種特性作整體的考量，亦應注意時代之影響，不可固執一端。

三、法律必備的條件

普遍性	法律基於平等原則，應一體適用於社會全體，而不能只適用於特定人或特定事。立法者基於政策的考量可另行制定特別法，或以其他例外的規定予以規範，而這些例外之規定，對於相同情況之人或事，仍應有一體適用的必要。
確實性	當有法律所規範的事實發生時，應確實發生規範的效力，絕不容稍有假借或規避；此外，法律之內容應明確，使人民可以了解不遵從法律的結果，而讓人民對於法律有「可預測性」的了解。
妥當性	法律的妥當性包含兩層意思：一是法律的內容必須合乎公平正義；二是法律抽象的文字必須能規範紛歧複雜的社會現象，使法律與現時社會所認定的價值觀相符合。
安定性	為了維護社會秩序的安定，法律必須有足夠的權威使人民得以信賴，所以法律不可變動無常，以免使人民失去信賴。

四、法律的位階理論

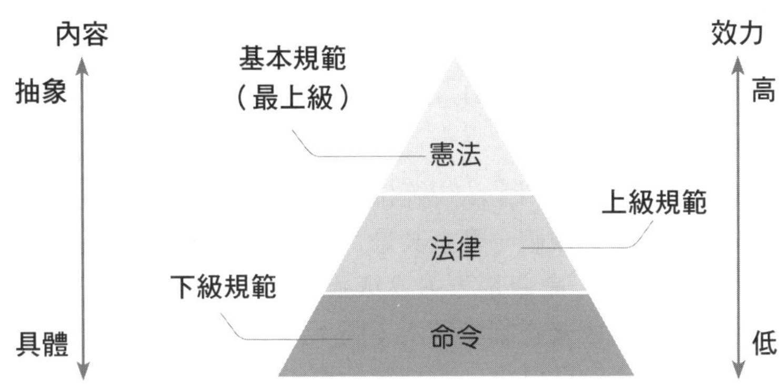

凱爾生（Hans Kelsen）之法律位階理論

(一) **法位階理論的涵義**：所謂法律之位階理論，乃指國家的法律秩序，是有階層概念的。申言之，法規範的地位並非完全相等，而是有上下階級之區分，而下級法規範常以上級法規範為效力依據。**在法位階中，層級越高，效力越強，而內容越抽象；層級越低，效力越弱，而內容越具體**。**此即為法律之位階理論**，係由純粹法學派的凱爾生所大力倡導。

(二) **理論依據**

1. 就法規範之構造而言：任何法規範其創造方式、內容及效力之原因，皆非憑空產生，而係由上級法規所賦予；亦即下級規範之制定須由上級規範之授權始得為之；而上級規範之所欲達成之目的，亦須經由制定下級規範之行為始得獲得實現。
2. **就我國國內法規範而言：憲法乃實體法律之最上級規範，為法律秩序之最高效力之源由，提供法律秩序之統一概念，然後再依憲法之規範，制定法律、命令等具體規範，而相關之單位再依其具體規範，作成如判決或處分之個別規範。**

(三) **我國法制實踐**

關於法位階理論於我國法制之實踐，舉例如下：

1. 憲法第 171 條第 1 項規定：「法律與憲法牴觸者無效。」
2. 憲法第 172 條規定：「命令與憲法或法律牴觸者無效。」

3. 中央法規標準法第 11 條規定：「法律不得牴觸憲法，命令不得牴觸憲法或法律，下級機關訂定之命令不得牴觸上級機關之命令。」【111 年鐵佐、國安】

法學小教室

下位階的法令不得牴觸上位階的法令，此即消極的依法行政原則或法律優位原則。

(四) **法規範位階之審查**：所謂「法規範位階之審查」係指法院或其他機關對於作為成文法源之各種規範，審查其是否與上位階法規範相符之制度。例如法律是否違反憲法，命令是否違憲或違法、自治規章是否牴觸法律等情形。一般而言，各國審查制度有所不同：從是否專屬某一機關審查，有獨占式或分權式；從時間區分，有抑制性事後審查或預防性之事前審查；從效力上又有拒絕適用、撤銷或無效等模式。

小試身手

(　　) **1** 主張法官應該絕對地依法審判，不可任意造法。試問此為何種法學派之意旨？ (A)自然法學派 (B)分析法學派 (C)自由法學派 (D)概念法學派。

(　　) **2** 下列何種學說，認為法律是民族精神產物？ (A)神意說 (B)自然法說 (C)命令說 (D)歷史法說。

(　　) **3** 法律的內容，除非為因應新的社會情勢，否則不可任意廢止或變更，此稱為法律的？ (A)相對性 (B)普遍性 (C)強制性 (D)安定性。

(　　) **4** 法律是社會各份子共同遵守、一體適用的法則，此稱為法律的？ (A)相對性 (B)普遍性 (C)領導性 (D)持續性。

(　　) **5** 下列何者非大陸法系國家之特色？ (A)司法制度一元制 (B)又稱羅馬法系 (C)以成文法為主 (D)不採陪審制度。

答 **1 (D)** **2 (D)** **3 (D)** **4 (B)** **5 (A)**

第二節｜法律之淵源

一、概說

(一) **意義**：所謂法源，係指法律之淵源，即作為法律規範資料之來源。探討法源之目的，乃探究何者可作為法院裁判之依據及其效力。

(二) **種類**：法源依形式之不同，可分為直接淵源與間接淵源：【107 年一般警三】

種類	形式	效力	舉例
直接法源	成文法源【111 年司五】	直接發生法律效力者	憲法、法律、命令、地方自治法規、條約
間接法源	不成文法源	經國家承認始得發生效力	習慣法、判例、法理、學說、解釋、外國法

二、直接法源

(一) **憲法**：憲法為一國之根本大法，規定國家之基本組織與相互關係、政府之職權、人民之基本權利義務與基本國策等。因憲法的效力最高，立法機關須依憲法規定制定有關的法律。故**各國之法律都是以憲法為其主要法源。**

(二) **法律**：【109 年關四】

1. **意義**：法律有廣狹兩義，廣義的法律，指一切用以維持社會秩序的法規範，包括直接法源與間接法源；**狹義的法律，專指立法院通過，總統公布之法律。**這裡的法律是指憲法第 170 條所規定，經立法院通過，總統公布之法律而言。即一切國家所制定的成文法（形式意義的法律），如民法、刑法、民事訴訟法、刑事訴訟法等是。
2. **制定程序**：成文法的制定，須經過一定的立法程序，即法律案先由有提案權機關提出法律案，進入立法院經過三讀程序通過後，再由**總統於收到通過之法律案十日內並經行政院院長之副署後公布才正式成立**，而為法之淵源。
3. **法律名稱與規定事項**：法律之名稱依中央法規標準法第 2 條規定，得定名為**法、律、條例、通則**。又依中央法規標準法第 5 條規定，下列事項應由法律定之（法律保留原則）：【111 年初考、鐵高、司五】

> **法學小教室**
> 我國對於法律之名稱仍有例外不以法、律、條例、通則定名者，如海關進口稅則，性質上亦屬法律。

(1) **憲法明文規定應由法律規定者**。如憲法第 46 條即規定：「總統、副總統之選舉，以法律定之。」

(2) **關於人民之權利與義務者**。如憲法第 23 條規定：「以上各條列舉之自由權利，除為防止妨礙他人自由、避免緊急危難、維持社會秩序，或增進公共利益所必要者外，不得以法律限制之。」換言之，除了有該條所列舉的四種情況外，人民之自由權利尚不得以法律限制之。

(3) **關於國家各機關之組織者**。如憲法增修條文第 3 條第 3 項規定：「國家機關之職權、設立程序及總員額，得以法律為準則性之規定。」

(4) **其他重要事項應以法律規定者**。如憲法第 63 條規定立法院有議決國家其他重要事項之權。

4. **法律成為法源之情況：**

(1) 子法以母法為法源：如大學規程是以大學法為母法而產生的。學位授予法施行細則是以學位授予法為母法產生的。

(2) 新法以舊法為法源：如舊刑法為現行刑法之法源，很多法律都是經過立法程序修改而成。

(3) 法律以其他法律之規定為條件而制定條文：少年事件處理法第 1-1 條：「少年保護事件及少年刑事案件之處理，依本法之規定；本法未規定者，於與少年保護事件、少年刑事案件性質不相違反之範圍內，準用其他法律。」又如企業併購法第 2 條規定：「(I) 公司之併購，依本法之規定；本法未規定者，依公司法、證券交易法、公平交易法、勞動基準法、外國人投資條例及其他法律之規定。(II) 金融機構之併購，依金融機構合併法及金融控股公司法之規定；該二法未規定者，依本法之規定。」

(三) **命令：**

1. **意義**：行政機關基於法律授權或依其法定職權，所為抽象之意思表示。

2. **命令之種類**：**關於命令的種類，依行政程序法之規定，僅有法規命令與行政規則兩種，然實務上尚發展出職權命令。又依憲法規定，總統有發布緊急命令之權**。一般所謂之行政命令，係指法規命令、行政規則與職權命令。

緊急命令與法律有相同位階。

(1) **緊急命令**：憲法增修條文第 2 條第 3 項規定：「總統為避免國家或人民遭遇緊急危難或應付財政經濟上重大變故，得經行政院會議之決議發布緊急命令，為必要之處置，不受憲法第 43 條之限制。但須於發布命令後十日內提交立法院追認，如立法院不同意時，該緊急命令立即失效。」

(2) **法規命令**：又稱委任命令、授權命令、委任立法，係指**依據法律的授權所頒布之命令**。行政程序法第 150 條第 1 項即規定：「本法所稱法規命令，係指行政機關基於法律授權，對多數不特定人民就一般事項所作抽象之對外發生法律效果之規定。」【108 年警三】

(3) **行政規則**：行政程序法第 159 條第 1 項規定：「本法所稱行政規則，係指上級機關對下級機關，或長官對屬官，依其權限或職權為規範機關內部秩序及運作，所為非直接對外發生法規範效力之一般、抽象之規定。」行政規則雖無法直接對外發生效力，但**透過平等原則及行政自我拘束原則之運作，仍得間接對外發生效力**。

(4) **職權命令**：職權命令是行政機關本於法定職權，基於執行業務需要，並且**未經法律授權**所發之命令。中央法規標準法第 7 條所定「各機關依其法定職權訂定之命令」即屬之。【111 年國安】

3. **命令之名稱**：命令之名稱依中央法規標準法第 3 條規定，有規程、規則、細則、辦法、綱要、標準或準則七種：【111 年台電、司五】

名稱	說明
規程	屬於規定機關組織、處務準據者稱之。如組織規程、處務規程。
規則	屬於規定應遵守或應照辦之事項者稱之。
細則	屬於規定法規之施行事項或就法規另作補充解釋者稱之。如施行細則、辦事細則。
辦法	屬於規定辦理事務之方法、時限或權責者稱之。如實施辦法、處理辦法。
綱要	屬於規定一定原則或要項者稱之。如計畫綱要、組織綱要。
標準	屬於規定一定程度、規格或條件者稱之。如審查標準、處理標準。
準則	屬於規定作為之準據、範式或程序者稱之。如實施準則、設置準則。

(四) **自治法規：**【109 年關三、111 年台電、鐵高、鐵佐、警四】

1. **意義：**自治法規係指地方自治事項的法令規章而言。即地方自治團體，基於憲法地方自治權之賦予及地方制度法之規定，由地方自治團體之立法機關或行政機關依一定程序制定之法規。地方制度法第 25 條前段規定：「直轄市、縣（市）、鄉（鎮、市）得就其自治事項或依法律及上級法規之授權，制定自治法規。」**地方自治團體有公法人之資格，在不牴觸國家法令的範圍內，其所制定的地方自治法規，對於地方自治團體內之成員，自有拘束之效力**。因此地方自治法規，自然也是法源之一種。

2. **地方自治法規之種類：**

   (1) **自治條例：由地方立法機關通過並由各該行政機關公布**（地方制度法第 25 條中段規定），並分別冠以各該地方自治團體之名稱者，種類與定名包括**「直轄市法規」、「縣（市）規章」、「鄉（鎮、市）規約」**（地方制度法第 26 條第 1 項）。【108 年一般警四】

   (2) **自治規則：由直轄市政府、縣（市）政府、鄉鎮（市）公所**就自治事項，依其法定職權或法律、基於法律授權之法規、自治條例之授權，**訂定並發布下達**（地方制度法第 25 條後段、第 27 條第 1 項），並分別冠以各該地方自治團體之名稱者（地方制度法第 27 條第 2 項）。

3. **地方自治法規之效力：**

   (1) 自治條例與憲法、法律或基於法律授權之法規或上級自治團體自治條例牴觸者，無效（地方制度法第 30 條第 1 項）。

   (2) 自治規則與憲法、法律、基於法律授權之法規、上級自治團體自治條例或該自治團體自治條例牴觸者，無效（地方制度法第 30 條第 2 項）。

   (3) 該自治法規，應僅能適用於該自治團體之區域內，於其他自治團體之區域當無效力。

(五) **條約**

1. **意義：**條約，為國與國間所締結的契約，如關稅條約。**條約為國家意思對外發動的結果，一經締約國批准，互換並公布後，即有拘束締約國政府和人民的效力。**而條約的內容多與人民的權利義務有關係，否則將無實際益處。條約既本於國家的意思，經交涉而簽訂，又必須經立法機關議決和批准方能成立，無論在形式上或實質上，都具備了法律的條件，當可以為法之淵源。

2. **性質**：條約是否具國內法之效力：

(1) **否定說**：條約是國家間的契約，除非締約國將條約的內容經立法機關依法定程序制定成法律，否則條約僅能拘束國家，不能直接對國民發生效力。

(2) **肯定說**：條約雖是國與國之間的意思表現，而國家是國民所組成的團體，國家的意思就是國民的總意，故條約是國內法。晚近學說傾向肯定說。

3. **效力**：條約經簽定後，是否即當然具有國內法的效力？條約在國內實施的方式如何？在學說上雖多採「肯定說」，惟世界各國仍有不同制度：

(1) **規定於憲法者**：於憲法中明定外交條約優於國內法的適用效力，採此制者，如：美國、法國、阿根廷。

(2) **不規定於憲法者**：對於條約效力未於憲法明定，而另以其他方式規範條約實施的方法：

A. 自動執行說：條約經依法批准，正式公布後，即有法律效力。

B. 非自動執行說：條約批准公布後，仍需依立法程序制定法律，方有法律效力。

4. **學者意見**：我國現行法制，對於條約效力的問題，在憲法與法律中皆無明定。因此，條約批准後是否直接生效，學者有兩種不同看法：

(1) **否定說**：主張已批准之條約，應就其主旨另行制定法律，條約才具法律效果。

(2) **肯定說**：此說之理由為：

A. 締結條約時已有立法機關參與，且條約經立法院通過後，行政院亦得依法提請「覆議」，足以顯示條約經立法院通過後已具有法律效力。

B. 釋 329：**憲法所稱之條約係指中華民國與其他國家或國際組織所締約之國際書面協定，包括用條約或公約之名稱，或用協定等名稱而其內容直接涉及國家重要事項或人民之權利義務且具有法律上效力者而言。其中名稱為條約或公約或用協定等名稱而附有批准條款者，當然應送立法院審議，其餘國際書面協定，除經法律授權或事先經立法院同意簽訂，或其內容與國內法律相同者外，亦應送立法院審議。**【111 年司五】

C. 依最高法院23年第1074號判例，條約若經立法之程序者（§8、63、38）即具有法律效力，故條約雖公布於法律之後，「後法優於前法」原則，縱法律與條約相牴觸，仍優先適用條約；最高法院73年台非字第69號刑事判決亦承認條約之規定其效力優於國內法。

D. 依國內通說，採肯定說為宜。

三、間接法源【108年一般警四、109年關四】

(一) 習慣法

1. **意義：習慣法是多數人反覆的生活形式經過長久慣行所被承認的不成文規範**。習慣法可透過立法程序變成成文法，但在習慣法成為國家法律之前，是經過裁判上種種延續性考驗的，也就是必須證明該習慣是正當的、確定的、繼續的，始足當之。

2. **習慣法成為法源之法律依據**：習慣法之所以能成為法律規範而具有拘束力，其理論基礎有數種說法，詳列如下：

永續慣行說	認為同一種類之事項，經長年累月反覆施行的結果，為習慣法發生法律拘束力之根據。
法的確信說	認為多數人自願的遵從習慣，甘願受其拘束，而自然使該習慣具有法律之拘束力。
法庭承認說	於法院實務審判中，承認該習慣並以之作為裁判之依據時，該習慣即具備法律之拘束力。
國家承認說	國家以立法之方式，承認某些習慣具備法律之拘束力，如我國民法第 1 條即為此種做法。

3. **習慣法之要件**：一般之習慣並非當然擁有法律之拘束力，應具有下列條件，始有法律效力而為習慣法：

法學小教室

習慣法與習慣為不同概念。民法第 1 條規定：「民事，法律所未規定者，依習慣。」顯見習慣法具補充成文法之功能。

(1) **須為成文法律所未規定之事項**：如為成文法有相關規定之事項，當需優先適用成文法律，該習慣即無適用之餘地。

(2) **須有多年反覆慣行之事實。**

(3) **人民須對該習慣確信有法之效力。**

(4) **須無背於公共秩序與善良風俗**：依我國民法第 2 條之規定：「民事所適用之習慣，以不背於公共秩序或善良風俗者為限。」

㈡ **判例**：

1. **意義**：法院於訴訟案件所形成之判決，日後遇有相同或類似之案件，仍引用此判決為裁判之依據，形成判例。換言之，**判例是法官對於相同或類似案件，反覆援用同一判決所形成之慣例，亦即「相同事件，應相同處理」之原則。此慣例為法官造法的部分，不僅法官受其拘束，人民對於該慣例亦可產生法律規範之信念，故可認為其亦係法源之一。**惟判例制度現行已被大法官裁判所取代。

2. **判例為法源之依據**：判例之所以得成為法源而有拘束力，其理由詳列如下：

(1) **法律之規定**：依我國法院組織法舊法第 57 條第 1 項之規定：「最高法院之裁判，其所持法律見解，認有編為判例之必要者，應分別經由院長、庭長、法官組成之民事庭會議、刑事庭會議或民、刑事庭總會議決議後，報請司法院備查。」又行政法院組織法舊法第 16 條第 1 項規定：「最高行政法院之裁判，其所持之法律見解，認有編為判例之必要者，應經由院長、庭長、法官組成之會議決議後，報請司法院備查。」**法律對於判例的效力雖未明確規定，但由於判例是最高（行政）法院對法律所持之見解，本就較易受到尊重，且最高（行政）法院係最高審級，其見解不僅有拘束下級法院的效力，若下級法院所為裁判的法律見解與最高（行政）法院的判例見解相違背，易因判決不依法令之理由而遭最高（行政）法院廢棄，因此具有事實上的實質拘束力。**

(2) **裁判的實際**：**最高法院法官的經驗學識大多比下級法院的法官豐富，其見解較符實際。**

(3) **法理上的理由**：基於**法律的安定性考量**，如對同類案件有不同的判決，將使人民無法對法律產生信賴感，而對於法律之適用形成不確定性。

> **法學小教室**
>
> 判例與判決不同，未成為判例之判決並非法源。

3. **效力**：法院對訴訟案件所為之判決，日後遇有相同或類似之案件，仍引用此判決之見解而為裁判，使此一判決反覆援引，即形成「判決先例」，亦即判例。判例既經反覆之援引，人民對其產生法之確信力，而審判法官亦受其拘束，此乃「判例拘束原則」。惟其拘束力，**大陸法系與英美法系不同，大陸法系係採成文法為主之國家，但判例僅具備有事實上之拘束力，而不具備有法律上之拘束力。而英美法系之國家，因採不成文法主義，判例擁有事實上及法律上之拘束力，因此，判例之於英美法系國家而言，可謂「判例法」。我國屬大陸法系之國家，判例具有事實上之拘束力，對於下級法院而言，若無堅強之法律見解否認判例，下級法院仍應受其拘束，故雖判例在我國僅有事實上之拘束力**，惟實際上該事實之拘束力卻實際支配我國相關法律見解之運行及法院的審判，而有強大之拘束力。

4. **判例制度的變革：**

(1) 108 年 1 月 4 日法院組織法修正通過，增訂第 51-1 至 51-11 條，並刪除第 57 條、增訂第 57-1 條。主要是針對最高法院的審判組織作修正，修正重點如下：

A. 最高法院之民事庭、刑事庭為數庭者，應設民事大法庭、刑事大法庭，裁判法律爭議。

B. 大法庭評議之對象：最高法院各民刑事庭所審理之個案，得由審理庭依職權或依聲請提請大法庭評議。

C. 民事大法庭、刑事大法庭裁判法律爭議，應行言詞辯論。

D. 民事大法庭、刑事大法庭之裁定，對提案庭提交之案件有拘束力。

E. 除本法另有規定外，民事訴訟法、刑事訴訟法及其他相關法律之規定與大法庭規範性質不相牴觸者，亦準用之。

(2) 本次修法另一重點是要廢除判例制度，過渡條文訂於第 57-1 條，詳列如下：

A. 最高法院於中華民國 107 年 12 月 7 日本法修正施行前依法選編之判例，若無裁判全文可資查考者，應停止適用。

B. 未經前項規定停止適用之判例，其效力與未經選編為判例之最高法院裁判相同。

C. 於中華民國 107 年 12 月 7 日本法修正之條文施行後三年內，人民於上開條文施行後所受確定終局裁判援用之判例、決議，發生牴觸憲法之疑義者，得準用司法院大法官審理案件法第 5 條第 1 項第 2 款之規定聲請解釋憲法。

(3) 行政法院組織法亦比照辦理：108 年 1 月 4 日行政法院組織法亦修正通過，增訂第 15-1 至 15-11 條，並刪除第 16 條、增訂第 16-1 條。修正重點如下：

A. 最高行政法院設大法庭，裁判法律爭議。

B. 大法庭評議之對象：最高行政法院各庭審理之案件，得由審理庭依職權或依聲請提請大法庭評議。

C. 大法庭裁判法律爭議，應行言詞辯論。

D. 大法庭之裁定，對提案庭提交之事件有拘束力。

E. 除本法另有規定外，行政訴訟法及其他相關法律之規定與大法庭規範性質不相牴觸者，亦準用之。

F. 過渡條款：增訂第 16-1 條

a. 最高行政法院於中華民國 107 年 12 月 7 日本法修正施行前依法選編之判例，若無裁判全文可資查考者，應停止適用。

b. 未經前項規定停止適用之判例，其效力與未經選編為判例之最高行政法院裁判相同。

c. 於中華民國 107 年 12 月 7 日本法修正之條文施行後三年內，人民於上開條文施行後所受確定終局裁判援用之判例、決議，發生牴觸憲法之疑義者，得準用司法院大法官審理案件法第 5 條第 1 項第 2 款之規定聲請解釋憲法。

G. 增訂憲法訴訟法，依憲法訴訟法第 1 條：「司法院大法官組成憲法法庭，依本法之規定審理下列案件：

一、法規範憲法審查及裁判憲法審查案件。

二、機關爭議案件。

三、總統、副總統彈劾案件。

四、政黨違憲解散案件。

五、地方自治保障案件。

六、統一解釋法律及命令案件。

其他法律規定得聲請司法院解釋者，其聲請程序應依其性質，分別適用分別適用本法所定相關案件類型及聲請要件之規定。」此規定取代原判例之功能。

(三) **法理：**

1. **意義：**法理者，乃法律之原理，由法律精神，以公平正義為目標推演而得。自然法論者謂實證法以外，有自然法存在。此種自然法不外指理性、正義衡平或國家之基本國策等，此即所謂法理，而為法律之淵源。
2. **效力：**蓋法律之規定有限，而世事變化無窮，且法官亦不能以法律無相關規定而拒絕審判，故我國**民法第 1 條即規定：「民事，法律所未規定者，依習慣，無習慣者依法理。」使法理有補充法律之功能。**【108 年一般警三】
3. **如何適用：**
   (1) 法律無規定，又無習慣可依據時，可依類似案件之處理方式解決之。
   (2) 外國法律及判決，在與我國法律及社會善良風俗不相違背之範圍內，可作為法理而為法律之淵源。
   (3) 運用法理時應依據下列之原則判斷之：「適合事物與自然之原理」、「多數人所承認之共同生活之原理」、「由社會之法秩序所引導之道理」、「事物之本性」、「國家之基本政策」等。
   (4) **我國民法第 1 條所規定之法理，應僅能適用於民事法，至於刑事法，因涉及人民處罰之問題，為保障人權，須依據罪刑法定主義之原則辦理，故不得援用法理而成為論罪科刑之依據**。依我國刑法第 1 條規定：「行為之處罰，以行為時之法律有明文規定者為限。人身自由之保安處分，亦同。」就是排除法理適用之明文。

(四) **學說：**學說乃是學者對於法律問題所發表之見解。學者之見解，當然非法律，亦不能具有法律之效力，惟學說既能闡明法律的真理和研討法律的得失，則足以促使法律之改革與進步，乃為顯然之事。而有關法律之學說，常能影響法律之適用。**學說既經採用，即成為法源。**

(五) **解釋：各機關適用法律，對於法律所規定之內容發生疑義時，得由有權機關為解釋**。依我國現行法制而言，司法院有解釋憲法及統一解釋法令之權，由大法官所為之解釋，自然有拘束各機關之效力。此外，各行政機關於適用法律執行職務時，亦得本於其職權對於有關法律適用之疑義而為解釋。除上述有關機關之有權解釋外，亦有由個人所為之解釋，此乃稱之為無權之解釋。無權解釋之結果雖不發生拘束力，但若學者將其解釋立論成為學說，一經採用後，亦可成為法律之淵源。

(六) **外國法**：近代各國文明交流頻繁，法制亦難免相互影響，如我國法制於民國初年草創階段多仿效歐洲大陸法系，如民刑商法都繼受德日法律，而近年來所制定或修改之法律亦多參考各先進國家之法律，即為適例。

四、法律與命令之關係與區別

(一) 法律與命令之關係

1. **法律須以命令而公布**：法律制定以後，必須由總統以命令公布，始得施行而生效。且法律施行區域或施行日期，常有授權行政機關以命令定之者，足見二者關係之密切。
2. **命令須依據法律而訂定**：訂定命令，必須根據法律之規定，例如依據私立學校法訂定私立學校法施行細則，此為母法與子法之關係。
3. **命令解釋或補充法律之不足**：法律所未規定，或規定未臻完備事項，各機關在法律容許之職權範圍內，得訂頒命令，或加以解釋，以為補充，故二者有相輔相成之關係。
4. **命令不得牴觸法律**：除緊急命令外，命令不得牴觸法律，如有牴觸該命令則失去效力。
5. **命令適用法律上之原理原則**：如法律之解釋、法律之效力及特別法優於普通法、新法優於舊法等原則，命令自亦予以適用，二者有相互貫通之關係。

(二) 法律與命令之區別

區別	法律	命令
意義及名稱	係指立法院通過，總統公布之法律。法律得定名為法、律、條例或通則。	係國家機關，依其法定職權或基於法律之授權，而強制實行之公的意思表示。各機關發布之命令，得依其性質稱為規程、規則、細則、辦法、綱要、標準或準則。
制定及修改機關	法律之制定及修改由立法機關負責。	命令之發布及修正則由行政機關本於職權為之。
制定及修改程序	須經過一定之立法程序，並由總統公布。	依行政程序發布，政府機關可依法在其職權範圍內修改之。

區別	法律	命令
公布程序	經立法機關通過後，必須由總統公布，並須經行政院院長的副署，或行政院院長及有關部會首長的副署，始能生效。	除由總統發布者外，無須依照上述副署之程序。
規定的內容	法律所規定者：(1) 憲法或法律有明文規定應以法律定之者；(2) 人民之權利義務者；(3) 關於國家各機關之組織者；(4) 其他重要事項應以法律定之者，故均具有實行性。	命令雖亦有實行性，惟重要事項必須以法律規定者，則不得以命令定之。
效力的強弱	法律僅在不牴觸憲法之範圍內有其適用，其效力較命令為強。	命令不得與憲法及法律相牴觸，牴觸者無效，故效力較弱。惟例外如：總統依據憲法增修條文所發布之緊急命令，及政府依據國家總動員法所發布之命令，則得變更或牴觸法律。

小試身手

(　　) **1** 下列何者是不成文（間接）法源？ (A)憲法 (B)法律 (C)命令 (D)法理。

(　　) **2** 下列何者不是民事法規所適用的法源？ (A)習慣 (B)法律 (C)法理 (D)道德。

(　　) **3** 各機關根據法律規定的職權，基於執行業務的需要，所發布命令，稱為？ (A)委任命令 (B)緊急命令 (C)職權命令 (D)緊急命令。

(　　) **4** 台灣各縣市實施地方自治的法源？ (A)省縣自治通則 (B)地方自治實行法 (C)台灣省各縣市實施地方自治綱要 (D)地方制度法。

(　　) **5** 依據中央法規標準法規定，下列何種事項無需以法律規定？ (A)憲法明文規定須以法律定之者 (B)關於人民之權利義務 (C)上級機關對下級機關關於執行職務之方法 (D)國家各機關之組織。

( ) **6** 依據中央法規標準法第3條規定，下列何者不是命令？ (A)規程 (B)通則 (C)標準 (D)辦法。

( ) **7** 下列何種命令之效力最高？ (A)緊急命令 (B)授權命令 (C)職權命令 (D)單純命令。

( ) **8** 下列何種法規為目前我國地方自治法規制定之法源依據？ (A)省縣自治法 (B)地方制度法 (C)民法 (D)行政程序法。

答 **1 (D)** **2 (D)** **3 (C)** **4 (D)** **5 (C)**
6 (B) **7 (A)** **8 (B)**

第三節 ｜ 法律之類別

一、概說

法律之類別即對所有法律作抽象性、概括性的分門別類，對法律作分類能使我們了解某種法律的特質，進而對其適用、規範功能、查詢索引等有初步的了解。此外，有區別實益的法律分類，才是有意義的分類。以下乃法律分類之簡表：

區別標準	分類	區別實益
依法律形式與制定之過程為區別標準	成文法（制定法）	大陸法系國家以成文法為優先適用，以不成文法補充輔助成文法之不足。成文法與不成文法各有優缺點，立法時應彈性考慮
	不成文法（非制定法）	
依法律適用之順序為區別標準	普通法	規定同一事項之普通法與特別法，特別法應優先適用
	特別法	
依法律之實施範圍為區別標準	國際法	國內法適用並發生效力之範圍僅限國內；國際法則不以一國領域內為限【111年鐵佐】
	國內法	
依法律對社會現象規範的方式為區別標準	直接法	直接法可直接規範社會所發生的法律關係；間接法則於本國法與外國法發生競合時有其作用
	間接法	

區別標準	分類	區別實益
依法律的性質為區別標準	公法	爭訟救濟法院、執行制度、行政程序法之適用、賠償責任等，會因法律性質之不同而異
	私法	
	社會法	
依法律規定的內容為區別標準	實體法	就具體事件適用法律時，應秉先程序、後實體，實體從舊、程序從新之原則運作
	程序法	
依法律規定係原則或例外為區別標準	原則法	例外法須有明文規定（從嚴解釋），並可排除原則法之適用
	例外法	
依法律效力之強弱程度為區別標準【109 年關三】	強行法	對於強行法必須絕對遵守，不得任由當事人合意變更或停止適用；任意法則反之
	任意法	
依法律產生的相互關係為區別標準【108 年普考、111 年台電】	母法	母法失效，子法必隨之修正；子法失效，對母法尚無影響
	子法	
依法律與時之關係為區別標準	時際法	時際法乃某法律關係橫跨新舊法時如何適用之問題；過渡法乃法律本身從舊法過渡至新法如何適用之問題
	過渡法	

二、成文法與不成文法

(一) **意義**：以法律形式與制定之過程為區別標準，可分為成文法與不成文法。

成文法	成文法係指於現行制度上**由有立法權機關制成之文書，並經過一定程序公布施行之法律**，亦稱制定法，如民法、刑法等均屬此類。
不成文法	不成文法係指**非經立法機關制定之法律規範，而係由國家認許之事項並具有法律之效力者**，亦稱為非制定法。如習慣法、判例等即屬之。

(二) **區別**

1. **成立過程不同**：成文法經過一定立法程序而制定，並經一定嚴格之程序公布施行之，始得生效。不成文法則未經一定立法程序制定，亦未經一定程序公布施行。

2. **有無完整法典不同**：成文法在形式上有制式條文之完整法典。而不成文法雖亦有文字記載，但無制式條文之完整法典。

3. **是否為一般性不同**：成文法，係指對於某些事件，為一般性、普遍性、抽象性之規定，而不成文法係就個別及具體個案而認定。

(三) **優劣**

1. **成文法之優點（即不成文法之缺點）**

 (1) 成文法較周密完善且有體系，不成文法則詳略不均，易有缺漏，且毫無系統體系。

 (2) 成文法較為明確，易於施行；而不成文法並無制定與公布程序，適用上即多所不便。

 (3) 成文法係根據人類所創新之理念而定，故有領導、革新社會與推進政治之效，如依據環保之理念頒布相關環境保護之法律。而不成文法因由反覆慣行累積而成，故較保守，缺乏革新作用。

 (4) 成文法因規定明確易懂，未受法學訓練之一般人亦能了解其內容，不但有維護一般人民權益之效，且能保障違法者免受不必要之法律上處罰。不成文法則相反。

2. **不成文法之優點（即成文法之缺點）**

 (1) 成文法無論如何完整，難免疏漏，遇修改時往往意見分歧，延宕過久。不成文法因由反覆慣行演進而成，較易適應社會之變遷。

 (2) 成文法因以創造完整法規為理想，須制定一般性、抽象性條款，故常有不切實際或被誤解惡用。反之，不成文法因社會具體事實孕育而成，較易符合社會事實。

 (3) 成文法在今日之政黨政治下，為顧及彼此之利害關係，往往以妥協之方式制定法律而枉顧一般人民之利益。不成文法則因隨社會進化基於一般對法律之確信而生，較易受到人民之擁護。

三、普通法與特別法【107年關三】

(一) **意義**：依法律適用之順序為區別標準，法律又可分為普通法與特別法。

普通法	**即指全國任何人、任何地、任何事項，皆可適用之法律**，稱為普通法。
特別法	**即指適用特定人、特定地、特定事項的法律**，稱為特別法。

(二) **區別標準**：普通法與特別法之區別標準如下：

1. **以人為標準之區別**：凡適用於一般人或全體國民之法律者，稱為普通法，如民法、刑法；適用於一定身分或特殊地位之人的法律，稱為特別法，如少年事件處理法、公務員服務法。
2. **以時為標準之區別**：凡未限定任何施行時間之法律，稱為普通法，如民法、刑法；適用於特定時間之法律，稱為特別法，如之前之戡亂時期貪污治罪條例。
3. **以地為標準之區別**：適用於一國領域內各地區之法律，稱為普通法，如民法、刑法；適用於一國領域內特定地區之法律，稱為特別法，如已廢除之台灣省內菸酒專賣暫行條例。
4. **以事為標準之區別**：廣泛適用於一般事項之法律，稱為普通法，如民法適用於一般民事，刑法亦同，均為普通法；適用於特別事項之法律，稱為特別法，如著作權法，係專為保障著作權而設者，即屬之。

(三) **區別實益**：普通法與特別法的區別實益在於法律適用的先後順序上，因為特別法是基於特殊狀況下所制定，因此有「**特別法優先於普通法**」之原則。即某一案件之法律關係，如同時有普通法與特別法都能適用時，法院應優先適用特別法而為判斷。以下就該原則詳述之。

新法、舊法，普通法、特別法之綜合適用原則，需熟稔之。

(四) **特別法優於普通法適用之原則：中央法規標準法第16條規定：「法規對其他法規所規定之同一事項而為特別之規定者，應優先適用之，其他法規修正後，仍應優先適用。」**此即為「特別法優於普通法適用」之原則，惟在適用時應注意下列事項：

1. **特別法與普通法競合時，應優先適用特別法：**

(1) 注意特別法概念之相對性：普通法與特別法之概念乃屬相對性；譬

如公司法為民法之特別法，但對於證券交易法而言，公司法又成為普通法，而證券交易法乃成為公司法之特別法。因此，此所稱之特別法，係包括特別法之特別法而言。

(2) 適用特別法之情形有二：

A. 普通法與特別法有屬於同一法規者：如殺害直系血親尊親屬應適用刑法第 272 條之特別規定，而不用同法第 271 條之規定。

B. 有屬於不同法規者：如公務員犯貪污罪，刑法及貪污治罪條例均有處罰之規定，但貪污治罪條例在量刑及假釋之規定與刑法之規定不同，自應優先適用貪污治罪條例。

2. **特別法與普通法競合時，僅與普通法牴觸之部分，優先適用特別法而已：** 縱使普通法公布在後，除非明文廢止特別法之規定，否則仍應適用「特別法優先於普通法之原則」，而不能認為應先適用新修正之普通法，而棄特別法不用。中央法規標準法第 16 條後段規定「其他法規修正後，仍應優先適用」，即是此理。【111 年鐵佐】

3. **特別法優於普通法與後法優於前法競合時：** 依最高法院 24 年 7 月民刑庭會議謂：凡特別法未經明令廢止者，新法施行後，其效力應視下列情形而定：

(1) 特別法發生時，如係屬於舊法之加重或減輕規定者，在新法施行之後，如無明令廢止，該項特別法應認為繼續有效。

(2) 特別法發生時，如係屬於舊法之補充規定，而新法內已有此補充之規定者，該項特別法雖無明令廢止，亦應認為失效。

(3) 特別法發生時，其特別法內之規定，對於舊法有一部為加重規定，一部為補充規定，而新法對於補充規定雖已吸收在內，然其他部分未經明令廢止者，仍應認該特別法為繼續有效。

4. **特別法優於普通法或後法優於前法原則，於適用或準用其他法規規定時，亦有其適用：** 依**中央法規標準法第 17 條：「法規對於某一事項規定適用或準用其他法規之規定者，其他法規修正後，適用或準用修正後之法規。」** 這一原則，也就是「後法接受前法原則或從新原則」。但此種情形須以新修正之其他法規，未以明文規定不適用或不準用時，始有其適用。

四、國內法與國際法

(一) **意義**：從法律之實施範圍區分，可將法律分為國內法與國際法。

國內法	乃**指凡法律由一國所制定，且僅能在其國之領域內施行並發生效力者稱之**，例如憲法、民法、刑法、公務員法。
國際法	乃**指法律為整體國際社會所公認之規則，且其施行區域不以一國之領域內為限，其法律之效力可及於國家與國家之間者**稱之，例如國際公約、聯合國憲章等是。

(二) **區別**：國內法與國際法之不同，約有數項，茲說明如下：

1. **成立基礎不同**：國內法乃是基於人民對國家主權共同的確信和遵從。而國際法其成立之效力，乃是基於國際社會成員之「共認」，其「共認」或由明示契約的訂定，或由彼此之間默示而生確信。
2. **構成態樣不同**：國內法之形式，大多皆有明確之條文，而有完整具體系的法典。而國際法則以不成文的慣例為主，僅有國際條約之訂定，較為具體詳盡。
3. **規範對象不同**：國內法既然施行於一國統治領域範圍內，則其規律對象以國民之間、人民及國家之間為主，而國際法則規範國際社會成員為主，通常均以國家為規範對象。
4. **制裁方法之不同**：國內法之制裁，由擁有公權力之國家公務機構執行之，如法院、警察等是，故具有強制力。但國際法之制裁，無強而有力之機構，除私力救濟，諸如斷交、輿論非難及訴諸武力外，別無其他有力制裁方法。即使國際法庭加以判決，亦難以執行。
5. **制定方式不同**：國內法是由一國之立法機關制定並經一定之公布程序後施行者。而國際法之產生則有由於國際社會間之默示，或由彼此國際社會代表協議訂定，而經各國有權代表人簽字始生效力，可知兩者之制定方式不同。

(三) **國內法與國際法之關係**：國內法與國際法之關係，可作以下之分析說明：

1. **互為淵源關係**：國內法之基本法則，有時為國際法之淵源，例如各國關

法學小教室

國內法與國際法之明顯區別係在於適用主體，前者為國家與其人民，後者為國家與國家間。

於犯罪引渡之法律，則皆採政治犯不得引渡之原則是。國際法之些許原則，有時亦可成為國內法之法則。

2. **互為補充之關係**：國際法與國內法在立法時，常互相援引以資補充。國內法得規定對於某類事項，在國內法無規定，可參照某國際法之規定。國際法當然可採用「某一國內法之法理」，以及各國法院之判例以補其不足。

3. **國內法為國際法之執行手段**：國際法之制定，除英美法系國家直接認為有國內法之效力外，在大陸法系國家如欲適用，必須經國內法加以立法，方能達到拘束人民之效力，否則國際法之規定等於具文。例如對於外國使節之優遇與管轄之豁免，以及對於友邦元首、使節於外生命財產之保護等，均以國內法規執行之。

4. **國際法指導國內法原則**：凡國際法規定之事項，國內法不得為相反之規定，例如公海之航行自由，如國內法為相反之規定，在國際間不產生效力；涉及國際事項者，國內法須受國際法之限制。依國際法一國應享之權利，國內法縱無明文規定，法院亦不得放棄；必要時並得以立法防止之。

(四) **國內法與國際法之衝突**：國內法與國際法相牴觸時，究以何者為有效？換言之，二者孰應優先適用，學者對此問題有不同見解，茲說明如下：

1. **國內法之效力優於國際法**：因為國內法係根據國家主權所創行，而國家主權至高無上，不受任何限制，故國內法如與國際法有所牴觸時，應優先適用國內法。

2. **國際法效力強於國內法**：因為國際法既經各國所承認，既為國際之成員，即有相互遵守之義務，故國際法與國內法有所牴觸時，應以國際法為適用之準則。

3. **依法理事實予以認定**：國內法與國際法效力之強弱，應就二者規定之內容，依據法理事實，分別予以認定。凡國內法與國際法所牴觸之事項，並不涉及國際性質者，或國際法所規定之事項涉及國家主權者，均應適用國內法之規定。反之，國內法與國際法所牴觸之事實，涉及國際性質與別國有利害關係者，如領海範圍之規定是，自以國際法之效力為強，否則，國內法雖有相異之規定，但在實施時，在國際上仍難通行，不能生效。

(五) **國際法**：國際法可大別為平時法、戰時法、爭議法及中立法等四種，茲說明如下：

平時法	規定國際間和平時期所互相遵守的法則。例如國家獨立權、平等權、自衛權、相互尊重權、交通權及在彼此國境內互設使領館或其他代表機關、派駐人員、及行使國際禮節等的規定。
戰時法	乃是規定國際間戰爭時期所應相互遵守的法則。例如關於俘虜的處理、傷病敵人的待遇，以及關於交戰國與中立國權利義務等事項的規定。
爭議法	爭議法係指適用於兩國間發生紛爭，而尚未達戰爭時之關係，如外交交涉、國際調解、斷絕外交關係等有關之法則。
中立法	適用於交戰國與中立國及其人民關係，例如中立國對於戰爭發生時之態度所應遵守之法則，包括不得對於中立國之船隻及通商加以破壞或阻撓等規定。

(六) **國際私法**

1. **意義**：所謂**國際私法，乃涉外民事法律爭訟案件，涉訟於國內法院，因涉及外國人為當事人或涉及外國地或外國事，法院審判時，決定應適用何國法律之法**。舉例言之，一個德國人於台中車站前，駕駛車輛撞傷日本人，此時本案應用我國法律？德國法律？抑或是日本國法律來處理此侵權行為，即為國際私法所規定之範圍。

法學小教室

我國「涉外民事法律適用法」即屬於國際私法。

2. **國際私法之性質**：國際私法的性質究為公法？抑為私法？是國際法？還是國內法？學者見解不一，有謂國際私法乃國家決定在國內對於外國人所應適用的法律，是規定國家與私人間的關係，故認為國際私法是公法；有謂國際私法所規定者，乃為外國人相互間私法上的權利義務所應適用的法律，與規定國內的人民私法上權利、義務的民法，其性質相同，而認為係屬於私法的範圍。參照學者的意見，國際私法的性質為：

國內法	國際私法雖冠以「國際」二字，然並不含國家與國家間之意義，僅指法律關係含有涉外因素而已。其仍由國內之立法機關制定之，故為國內法。

非公法亦非私法	國際私法既非以保護國家公益為目的，又非以國家為其主體，故非公法也；而國際私法亦非直接保護私人利益之法律，故亦不是私法。因此，其乃屬另一種法律，即「法律適用法」。
非程序法亦非實體法	國際私法既非實體法亦非程序法，其係「法律適用法」。

3. **國際私法名稱之商榷**

(1) 國際私法是一個概括的名詞，雖冠有「國際」二字，惟其並非規定國家與國家間的法律關係，亦非適用於國家與國家間，而是規定國家對於在國內的外國人民有權利義務爭執所應適用的法律。所以乃以「私法」稱之。

(2) 國際私法雖冠有國際二字，但其內容係以本國主權立場，對於涉外的法律關係究應適用何國法律，予以規定，故仍為國內法之一部。有時為避免二者之混淆起見，則稱國際法為國際公法，以與國際私法相對待，應不致誤會。

五、直接法與間接法

就依法律對社會現象或社會事實規範的方式為區別標準，法律可分為直接法與間接法。

直接法	**直接法者，即對一定社會所發生之法律關係，直接予以規定之謂也。**故又稱為「實質法」。如憲法、刑法、民法、民事訴訟法、刑事訴訟法等法律之大部分都是針對一定社會所發生之法律關係直接加以規範者，所以都是直接法。
間接法	**間接法者，當本國法與外國法發生競合時，決定應適用那一種法律之法則之謂，國際私法即是間接法。**具體案例如中國之男子與英國之女子在德國結婚而後在我國提起離婚訴訟，或中國人與日本人在我國有買賣行為涉及損害賠償糾紛時，究竟要適用那一國之法律，就要視國際私法之規定。析言之，間接法只是指導具體案件應適用的法律為何，而不處理案件本身。

六、公法、私法與社會法

(一) **公法與私法**：從法律之性質為分類標準，可分為公法與私法，此分類係大陸法系傳統之分類，以下僅就兩者之意義、學說，舉其要者說明如次：

1. **公法與私法之意義**：所謂**公法係指舉凡規範國家與個人或是國家機關之間之法律皆屬公法，有上下隸屬、指揮監督或涉及公權力行使之關係，如憲法、行政法等均屬之。私法則指規範私人相互間生活之法律關係，彼此間因權利義務相當，因此屬於一種平等而橫向的法律關係，如民法、商事法等均屬之。**
2. **公法與私法有無區分之必要**
   (1) 否定說：法律一元論，舊日公私法之區別，乃以公法為國家與人民之關係，為無限制之權力服從關係，與私法之相互平等之私人關係異其性質，惟此係專制時代之思想。主張在實行法治之現代，國家與人民之關係已非上下、權力服從關係，而為權利義務關係，與私人間之關係實無所異，故公、私法無區分之必要。
   (2) 肯定說：
      A. 法律二元論：
      基於以下理由認為公、私法之間有本質上之差別，應予以區分：
         a. 法律救濟途徑之不同，公法案件原則上應以行政爭訟程序加以救濟，私法事件則依一般民事救濟程序為之。
         b. 國家賠償法之適用僅限於對依法令從事於公務之公務員之侵權行為而為求償。
         c. 行政執行僅適用於公法案件。
         d. 公法行為應遵守行政程序法之法定程序。
      B. 法律三元論：二十世紀以後，時勢變遷之結果，有新型法規產生，其產生之背景，所依據之法理、立法之形式，皆與舊日之公法、私法不同，舊日公、私法區分之理論，已無從適用此種新產生之法，因此，應重新區分為公法、私法、公私綜合法（或稱社會法），此種社會法如勞動基準法、社會救助法。
   (3) 結論：法律一元論與法律二元論之理論均不堅強。公、私法區分理論源自羅馬法，至今於實務上及法理上仍有重大意義，雖時代變遷，行政法之範圍亦不斷演變，惟公、私法各有其特質，仍有區分之必要。
3. **公法與私法之區別標準**：關於公法與私法之區別，學者論述頗多，以下就各種標準略作說明：

(1) **舊主體說：以法律所規定之主體區別公、私法，亦即以法律關係當事人為標準。**倘法律所規定者為國家與其他公法人間，及國家或公法人與人民或私法人間之法律關係，為公法；如規定人民或私法人間之法律，則為私法。

(2) **利益說：以法律所保護的利益係公益或私益為區分標準。**亦即，公法以保護公益為目的，私法以保護私益為目的。惟公益與私益難以嚴格區分，兩者經常相互關連。

(3) **權力說（亦稱法律關係說）：以法律內容是否涉及國家權力為標準。**申言之，法律所規定者為不平等之權力服從關係，一方有強制他方服從之權力者為公法，規範平等關係者為私法。

(4) **應用說：以法律之應用為區分。**亦即，凡規定權利不許私人拋棄者為公法，得自由拋棄者為私法。

(5) **修正之新主體說：此說為法律主體說之修正，以實現法規內容之主體歸屬為區別標準，惟是為否為公法，除視法規主體是否為公權力主體外，更進一步，應視公權力主體是否居於「行使公權力」之地位而定。如國家係居於財產權主體之地位（國庫身分），則為私法。**

以上各說，均有缺失，但目前學界與實務界多採修正之新主體說，惟亦有主張宜綜合各說，妥為運用謀求解答。

4. **公法與私法區別實益**：我國係採法律二元論之國家，公法與私法自有其區別，其區別之實益約略說明如下：

(1) **原則上，公法爭訟由行政法院裁判、適用行政爭訟之法律；私法爭訟由普通法院管轄、適用民事訴訟法。**

(2) **國家機關行為所造成之損害，視其係公法行為或私法行為而異。其國家責任，公權力行為造成之損害，原則上適用國家賠償責任，私法行為則為民法上侵權行為責任。**

(3) **行政執行係指公法上權利義務可由行政機關自己作成決定自力執行；民法原則禁止自力救濟，須取得執行名義，始得執行。**

(4) **行政機關之行為是否適用行政程序法，端視其是否為公法行為而定。**

(二) **社會法**

1. **社會法的意義**：所謂**社會法係指反應國家社會政策，實現憲法所宣示的人民的社會權，以經濟、福利為主要內涵的法規。換言之，其係屬於公**

法、私法以外第三領域之法律，乃為實現個人之實質平等，保護經濟上弱者，從社會本位之立場，針對近代資本主義之原理給予公法性質之修正之法律體系。

2. **社會法之起源：**現代福利國家，為矯正資本主義的流弊，解決各種社會、經濟問題，乃積極以立法手段介入經濟行為，形成私法「公法化」或「法律社會化」的現象。以我國憲法增修條文為例，其揭示「國家對於身心障礙者之保險與就醫、無障礙環境之建構、教育訓練與就業輔導及生活維護與救助，應予保障，並扶助其自立與發展（第10條第7項）」以及「國家應重視社會救助、福利服務、國民就業、社會保險及醫療保健等社會福利工作，對於社會救助和國民就業等救濟性支出應優先編列（第10條第8項）」，於是乃制定各種社會法，以為其行政之依據。
3. **社會法的種類**
   (1) 為促使國家經濟正常運作為目的之經濟立法，如反托拉斯法、公平交易法等。
   (2) 為實現社會之實質平等，保護經濟弱者的社會立法，如消費者保護法、社會保險法。
   (3) 為維護勞工權益之勞工立法，如勞資爭議處理法、勞動基準法。
   (4) 以維護無體資產創新性為目的之立法，如出版法、著作權法。

法學小教室

社會法之性質實際上就是公法遁入私法領域。

七、實體法與程序法

(一) **意義：**依法律規定的內容為區別標準，可分為實體法與程序法。

實體法	**實體法乃規定權利與義務本體之法，亦即直接規範人民權利義務之發生、變更與消滅等實體關係之法律，亦稱主法。**如民法規定權利為何人享有之，義務為何人負擔之，舉例言之，甲向超商購買零食，此時雙方彼此有買賣的法律關係，而民法債編關於買賣之規定，即規範雙方之權利義務關係。刑法乃規定關於刑事方面之實體法，舉例言之，甲殺人，在刑法第 271 條第 1 項則有規定：「殺人者，處死刑，無期徒刑或十年以上有期徒刑。」

程序法	**程序法乃關於實現權利與義務程序的規定，亦即對於實體法如何運用或實施之法律。**例如當甲向超商購買零食拒不付錢時，超商即可依民事訴訟法向法院訴請甲支付價金，以確認甲與超商間之權利義務關係。又如甲殺人，司法機關須依刑事訴訟法進行偵查、審判、調查證據等程序加以確定是否犯罪，以實現國家之刑罰權。

(二) **實體法與程序法之關係**：關於實體法與程序法之關係可作以下分析說明：

法學小教室

實體法偏重法律的實體關係，同樣地程序法偏重在法律的程序關係。**實體法與程序法並非截然不同的劃分，某部法律仍有可能具有兩者之性質，如社會秩序維護法。**

1. **實體法程序法相互為用**：關於實體法與程序法之客觀準則，但**僅有權利義務的規定，尚不足以實現權利義務內容，故必須有實現權利義務關係之方法或手段始稱完備，此則須依賴程序法以實現之**，故程序法亦稱「手續法」。
2. **程序法優先實體法而為適用（程序優先原則）**：**在實務上，程序法優先於實體法而為適用，若程序不合法，則無適用實體法之機會**。舉例言之，就民事案件而言，應先審查程序上應否合法，若程序上不合法，則法院應以裁定駁回，此時即無適用實體法之餘地；若認應依法受理者，則應適用實體法予以決定；刑事案件中，應先審酌證據採得是否合法、是否有刑求逼供之情事或是違法監聽取得，若違法取得之證據即不能作出有罪之判決（此即所謂「毒樹毒果理論」）。
3. **程序法定原則**：法院不得以實體法未規定為理由而拒絕審判，但訴訟法基於「**訴訟法定原則**」，法院不得自行創立程序而便宜行事。
4. **實體從舊程序從新**：**實體法如有修正，原則上應適用舊法，但適用新法有利者，則適用新法。程序法如有修正，於舊法時之法律關係如尚未終結，仍應適用新法所規定之程序。**

八、原則法與例外法

(一) **意義**：依法律規定係原則或例外為區別標準，可分為原則法及例外法。

1. **原則法**：是指**關於一定事項，可以一般性、原則性適用的法律**。
2. **例外法**：是指**關於一定事項，排除原則性的規定，而適用特殊的例外規定的法律，例外法必須從嚴解釋。**

(二) **適例**

1. **規定在不同條文：**

(1) 原則法：民法第6條規定：「人之權利能力，始於出生，終於死亡。」即規定原則上，在一般情形下，人之權利能力，應於出生時開始，至死亡結束。

(2) 例外法：民法第7條規定：「胎兒以將來非死產者為限，關於其個人利益之保護，視為既已出生。」係為前述第6條出生之例外。而民法第8、9條之死亡宣告，即為終期之例外。

2. **規定在同一條文：**

(1) 但書規定：如刑法第21條第2項規定：「依所屬上級公務員命令之職務上行為，不罰。但明知命令違法者，不在此限。」本條前面之不罰要件為原則規定，其後段但書為例外規定。

(2) 除外規定：如憲法第130條規定：「中華民國國民年滿二十歲者，有依法選舉之權，除本憲法及法律別有規定者外，年滿二十三歲者，有依法被選舉之權。」本條後段「年滿二十三歲者，有依法被選舉之權」係原則規定，但其例外在於「除本憲法及法律別有規定者外」，如憲法第45條即為適例，其規定為：「中華民國國民年滿四十歲者，得被選為總統、副總統。」

(三) **區別實益**

原則法與例外法之區別效果及實益有三：

1. **在法學原理之認識上有相當之實益**：在法律之根本原理下，原則法表示一般原則，但有特殊情形時，則排除原則的規定，而設立例外的規定。這時例外法排除原則法的適用。**在原則法與例外法之間，並不如普通法與特別法，具有補充之關係。**

2. **例外法須從嚴解釋，且有明文規定才可適用**：原則法允許類推與擴張解釋，但在例外法之情形則須採較嚴格之態度，盡可能不擴張或類推解釋，以免原則法形同具文。蓋例外法係一般原則的例外規定，如允許其擴張或類推解釋，因適用例外之情形過多，而終致否定原則法的規定。

3. **關於裁判上舉證責任問題**：在裁判上舉證責任，則適用原則法之舉證責任在於原告，而適用例外法之舉證責任在於被告，此即「舉證責任轉換」。

九、強行法與任意法【109年關三】

(一)意義：依照法律效力是絕對性或相對性，而將法律分為強行法與任意法：

強行法	因法律規定之內容關係到「國家基本秩序」，因此，**不問當事人之意思如何，而必須強制適用之法律，稱為強行法**；法條有「應」、「不得」之字樣。如憲法、刑法、訴訟法等。
任意法	因法律規定之內容未關係到「國家基本秩序」，**可以依當事人之意思，任意予以排除適用之法律，稱為任意法**；法條中有「得」之字樣。如民法、商事法等。

(二) **強行法與任意法之區別標準：**

1. **過去一般咸認凡是公法的內容大多為強行法，私法的內容大都可因當事人雙方意思而變更者，因此可謂是任意法。但至近代，公法私法之內容已趨複雜，公法已未必盡為強行法**。如刑法為公法，但刑法內有關傷害等，係「告訴乃論」規定，得由被害人自行決定是否予以告訴，而使該事件發生相關法律效力；而民事訴訟法之「合意管轄」規定，使人民得自行決定管轄法院，兩者雖屬公法，但均可依當事人之意思變更適用，故為任意規定。
2. 此外，如民法為私法，但**民法內亦不乏有強制性規定者**，如結婚應以書面為之，有二人以上證人之簽名，並應由雙方當事人向戶政機關為結婚之登記。此皆不許以私約變更，皆屬強行法。
3. **因此欲分辨何者為強行法，何者為任意法，現今已不能依整個法規之性質，只能依整個法規中各個條文之性質為準。**

(三) **強行法與任意法之內容種類**【107 年一般警四】

1. **強行法依其內容的性質可分為強制法規與禁止法規：**
   (1) 強制法規：乃強制人民進行某種行為之法，如兵役法、所得稅法等。
   (2) 禁止法規：乃禁止人民為某種行為之法，如刑法禁止人民犯罪等。
2. **任意法依其內容的性質可分為補充法規與解釋法規：**
   (1) 補充法規：乃當事人意思欠缺時，依法律預設之規定補充適用之。如關於夫妻財產制，夫妻未以契約訂立財產制者，除民法另有規定外，以法定財產制為其夫妻財產制。

(2) 解釋法規：乃於當事人意思不明確時，由法律予以解釋之，使其意思趨於明確。如甲買受乙之物品，關於價金之交付，當事人未有規定時，應適用民法第 371 條之規定，其價金應於標的物之交付處所交付之。

(四) **強行法與任意法之區別實益**：強行法與任意法區別之實益：**即在法律效果之不同。**

1. **違反強行法之規定者：**

(1) 其行為無效：法律行為違反強制或禁止之規定者，無效。如結婚不具備法定方式者，無效。違反重婚禁止之規定者，其結婚無效。

(2) 其行為得撤銷者：男未滿十八歲，女未滿十八歲而結婚者，當事人或其法定代理人，得向法院請求撤銷之。）

(3) 無效並處罰：如違反民法第 983 條親屬結婚之規定者，無效，如其親屬為直系或三親等內旁系血親。

2. **違反任意法之規定者**：如當事人間別無異議，其行為亦屬有效。

十、母法與子法【108年普考】

法學小教室

「社會救助法（母法），社會救助法施行細則（子法）」。

(一) **意義**：就法律產生的相互關係而言，法律又可分為母法與子法。

母法	**凡一種法規為其他法規成立之根據者，稱為母法。**
子法	**凡一種法規係根據其他法規而產生者，稱為子法。**

(二) **母法與子法之種類**

母法與子法又因相互關係之範圍與性質之不同，而可分為：

狹義	即基本法與附屬法。基本法為另一種法規成立根據之法規；附屬法係依其他法規所產生。
廣義	固有法與繼受法。凡一國法律之完全基於國內之法源而成立者，即其係依本國固有文化及國情發展制定者，稱為固有法。凡一國法律承襲或模仿外國法制而制定者，稱為繼受法。【111 年鐵高】

(三) 母法與子法之關係

淵源關係	即母法與子法之間有產生之淵源關係，此種關係有兩種情形：(1) 根據母法之全部條文，以產生子法者。(2) 根據母法之部分條文，或其中一個條文以產生子法者。
補充關係	即子法之規定係在補充母法規定之不足，而構成母法子法之關係。

(四) 母法與子法之不同

內容繁簡	母法之規定以原則性、抽象性者為多，子法則以具體而涉及細節者為多。
時間先後	法規之制定，通常係母法在前，以使子法之制定及施行有所依據。
效力強弱	子法既由母法而來，一旦母法修正或失效，子法恆受影響，而必須隨之修正。反之，如子法修正或廢止，則對母法並無任何影響。

十一、時際法與過渡法

時際法與過渡法之分類，係以法律與時之關係為區分之標準。

時際法	即關於法律之時的效力之法。亦即如遇法律有變更時，當一個法律關係發生於新法與舊法間，決定該法律關係應適用新法或舊法之法律謂之時際法。例如各法律之施行法。一般多依法律不溯及既往之原則辦理。
過渡法	當法令之制定發生改廢情形時，規定如何由舊法過渡到新法之法律，謂之過渡法。如憲法第 175 條第 2 項規定：「本憲法施行之準備程序，由制定憲法之國民大會議定之。」而國民大會乃據此制定「憲法實施之準備程序」，其第 1 項規定：「自憲法公布之日起，現行法令之與憲法牴觸者，國民政府應迅速分別修正，或廢止，並應於依照本憲法所產生之國民大會集會前，完成此項工件。」此均為過渡法之適例。

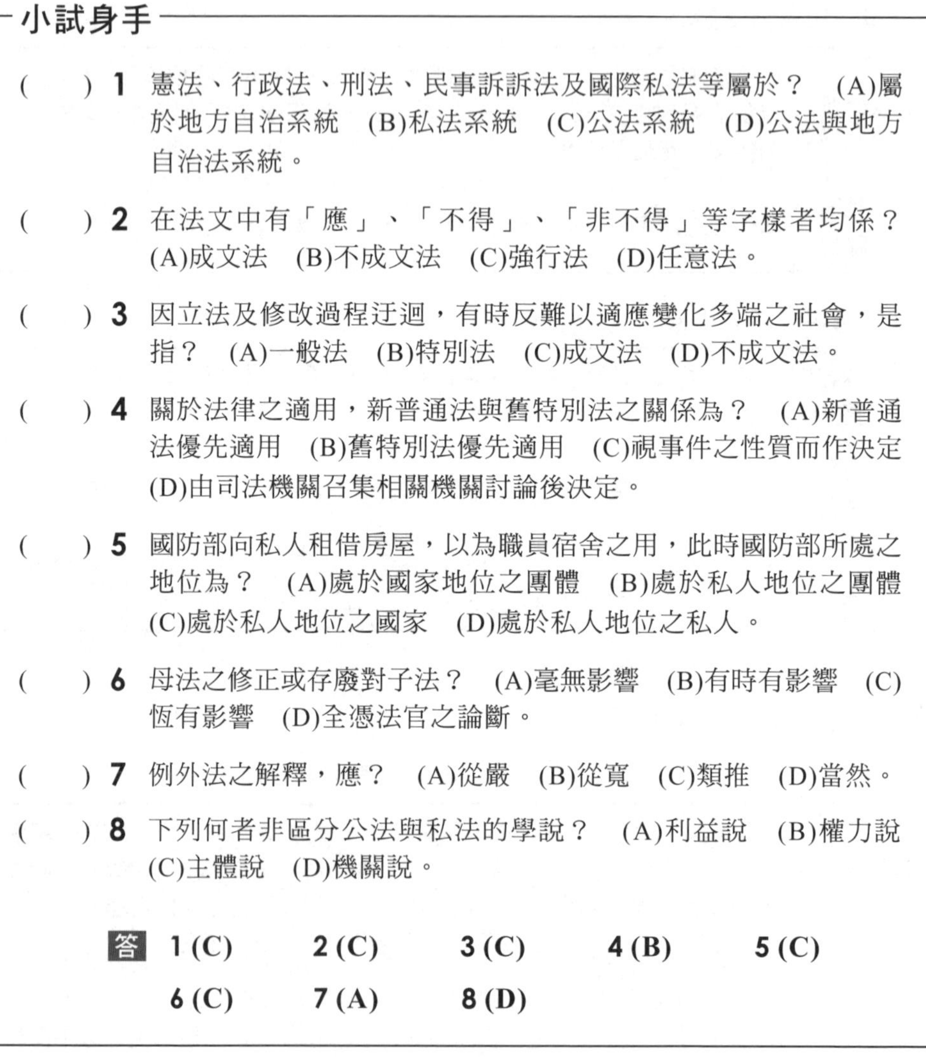

小試身手

( ) **1** 憲法、行政法、刑法、民事訴訴法及國際私法等屬於？ (A)屬於地方自治系統 (B)私法系統 (C)公法系統 (D)公法與地方自治法系統。

( ) **2** 在法文中有「應」、「不得」、「非不得」等字樣者均係？ (A)成文法 (B)不成文法 (C)強行法 (D)任意法。

( ) **3** 因立法及修改過程迂迴，有時反難以適應變化多端之社會，是指？ (A)一般法 (B)特別法 (C)成文法 (D)不成文法。

( ) **4** 關於法律之適用，新普通法與舊特別法之關係為？ (A)新普通法優先適用 (B)舊特別法優先適用 (C)視事件之性質而作決定 (D)由司法機關召集相關機關討論後決定。

( ) **5** 國防部向私人租借房屋，以為職員宿舍之用，此時國防部所處之地位為？ (A)處於國家地位之團體 (B)處於私人地位之團體 (C)處於私人地位之國家 (D)處於私人地位之私人。

( ) **6** 母法之修正或存廢對子法？ (A)毫無影響 (B)有時有影響 (C)恆有影響 (D)全憑法官之論斷。

( ) **7** 例外法之解釋，應？ (A)從嚴 (B)從寬 (C)類推 (D)當然。

( ) **8** 下列何者非區分公法與私法的學說？ (A)利益說 (B)權力說 (C)主體說 (D)機關說。

答 **1 (C)** **2 (C)** **3 (C)** **4 (B)** **5 (C)**
6 (C) **7 (A)** **8 (D)**

滿分題庫綜合演練

( ) **1** 關於法律與道德之比較，下列敘述何者正確？ (A)法律與道德的成立與修改皆須經由一定程序才完成 (B)法律與道德的強制力基礎皆是以國家公權力為後盾 (C)法律與道德皆為個人行為的規範與評價標準 (D)法律與道德在我國法體系中皆屬成文法規範。

( ) **2** 關於聯邦國與單一國之選擇，下列敘述何者錯誤？ (A)單一國之地方政府不具水平權力分立之機關 (B)兩者在國家統治權力分配上有所不同 (C)聯邦國之成員州或邦得有獨立之司法系統 (D)聯邦國之成員州或邦享有憲法保障之自主權。

( ) **3** 有關伊斯蘭法系的敘述，何者錯誤？ (A)主要盛行於信奉伊斯蘭教的國家 (B)依伊斯蘭教的教義沙爾，規定穆斯林的行為舉止 (C)以可蘭經為最重要的法源 (D)採政教分離的立場。

( ) **4** 下列何者為共和原則的主要內涵？ (A)國家決策應該尊重多數並保障少數 (B)國家限制人民自由必須有法律依據 (C)國家權力應有區分及制衡 (D)國家元首為民選且有一定任期。

( ) **5** 關於公法與私法之區別，下列敘述何者錯誤？ (A)救濟之方式不同，公法適用行政爭訟，私法則適用民事訴訟 (B)強制執行之依據不同，公法適用行政執行法與行政訴訟法，私法適用強制執行法 (C)損害賠償管道不同，公法適用國家賠償法，私法適用民法 (D)勞動基準法之規範客體為私法上僱傭關係，故屬純粹的私法。

( ) **6** 臺灣社會在歷史上曾長期受到傳統中國法直接與間接影響，下列關於傳統中國法之敘述，何者錯誤？ (A)傳統中國法有以家族倫理秩序來制定規範的特色 (B)人民間發生紛爭而向官府提起控告時，是由地方官員進行審案 (C)人民若不服地方官員的審案結果，並無任何救濟的方式 (D)傳統中國法體系中有成文法之存在。

( ) **7** 依中央法規標準法之規定，各機關依其法定職權或基於法律授權訂定之命令，應視其性質分別下達或發布，並即送下列何機關？(A)司法院 (B)行政院 (C)總統府 (D)立法院。

( ) **8** 關於成文法與不成文法的比較，下列敘述何者錯誤？ (A)成文法較具體明確 (B)不成文法之習慣法較符合社會實情 (C)不成文法體系較為完整周密，不易掛一漏萬 (D)成文法由立法機關制定，又稱制定法。

( ) **9** 有關世界上主要法系，下列敘述何者錯誤？ (A)大陸法系之法源以成文法為主 (B)英美法系之法源以習慣法為主 (C)可蘭經是伊斯蘭法之基礎 (D)東亞法系以中華法系為核心，但當代已幾乎消失殆盡。

( ) **10** 典型的法律規範通常包括兩個要素：構成要件及法律效果。下列那一條文並未同時包含此兩要素？ (A)民法第184條第1項前段：「因故意或過失，不法侵害他人之權利者，負損害賠償責任。」 (B)民法第425條第1項：「出租人於租賃物交付後，承租人占有中，縱將其所有權讓與第三人，其租賃契約，對於受讓人仍繼續存在。」 (C)民法第767條：「所有人對於無權占有或侵奪其所有物者，得請求返還之。」 (D)民法第980條：「男女未滿18歲者，不得結婚。」。

☆( ) **11** 下列關於法律的淵源之敘述，何者正確？
(A)法律的淵源分為屬人法源和屬地法源兩種
(B)法律可分為成文法與不成文法
(C)地方法規僅能由地方自治團體本於自治行政權而制定
(D)依我國憲法規定，條約應制定成法律，始生效力。

( ) **12** 下列關於法律種類的劃分，何者非屬相對應之概念？ (A)普通法與特別法 (B)平時法與戰時法 (C)原則法與固有法 (D)公法與私法。

( ) **13** 下列何者為普通法與特別法的關係？ (A)民法與消費者保護法 (B)公司法與票據法 (C)刑法與社會秩序維護法 (D)行政程序法與仲裁法。

( ) **14** 行政機關在無法律明確授權之下，逕行以命令限制人民的權利，係違反下列何原則？ (A)平等原則 (B)比例原則 (C)信賴利益 (D)法律保留原則。

( ) **15** 關於行政程序法所指行政規則之敘述，下列何者不正確？ (A)係上級機關對下級機關或長官對屬官所為 (B)為規範機關內部秩序及運作所為 (C)係直接對外發生效力 (D)為一般、抽象之規定。

☆( ) **16** 下列對普通法與特別法關係之敘述，何者錯誤？ (A)必須有二種以上法律就同一事項均有規定，且規定內容不同，始有比較普通法與特別法的必要 (B)普通法與特別法之區分並非絕對 (C)二種以上法律間，有普通法與特別法之關係時，特別法之規定縱有不足，普通法仍無適用之餘地 (D)同一法典之不同條文中，亦可能存在普通法與特別法之關係。

( ) **17** 以下何者，非法規命令無法效之直接原因？ (A)牴觸憲法、法律或上級機關之命令 (B)無法律之授權而剝奪或限制人民之自由權利 (C)法規命令因一部分無效致其他部分全部無效 (D)其訂定依法應經其他機關核准而未經核准。

☆( ) **18** 以下何者不在法律保留之列？ (A)限制人民身體自由事項 (B)限制人民生命身體以外其他自由權利事項 (C)給付行政措施涉及公共利益之重大事項 (D)執行法律之細節性技術性次要事項。

( ) **19** 消費者債務清理條例與消費者債務清理條例施行細則的關係是：(A)特別法與普通法 (B)母法與子法 (C)原則法與例外法 (D)強行法與任意法。

☆( ) **20** 憲法第171條規定：「法律與憲法牴觸者無效。」試問此項規定與下列何者最有關聯？ (A)應報理論 (B)純粹法學派 (C)契約自由原則 (D)比例原則。

( ) **21** 下列何種用語，可以用來說明民法與民事訴訟法的差別？ (A)母法與子法 (B)普通法與特別法 (C)強行法與任意法 (D)實體法與程序法。

( ) **22** 國際私法之性質屬於下列何者？ (A)實體法 (B)私法 (C)國際法 (D)法律適用法。

☆( ) **23** 法律有「實體法」與「程序法」之區別，下列何者屬於「程序法」？ (A)民法 (B)刑法 (C)刑事訴訟法 (D)公司法。

( ) **24** 依據中央法規標準法第2條規定，下列何者是法律的名稱？ (A)規程 (B)規則 (C)綱要 (D)通則。

☆( ) **25** 自由法學派的貢獻在於？ (A)抑制審判者的地位 (B)強調法律的理念 (C)指出概念法學的謬誤 (D)建立法律的安定性。

( ) **26** 下列法規範中，何者法效力最高？ (A)準則 (B)細則 (C)通則 (D)規則。

☆( ) **27** 法規內容以規定權利義務為主之法律稱為？ (A)程序法 (B)特別法 (C)成文法 (D)實體法。

( ) **28** 我國現行法規中之「教育基本法」，其性質或定位為？ (A)憲法位階 (B)法律位階 (C)法規命令位階 (D)自治條例位階。

( ) **29** 關於法律與經濟的關係，下列敘述何者為錯誤？ (A)自由經濟體制下，經濟活動完全不受法律拘束 (B)政府可以租稅減免鼓勵投資 (C)政府可以依法監督市場經濟活動 (D)證券交易法規範股票市場。

☆( ) **30** 有關於程序法與實體法的敘述，下列何者有誤？ (A)家事事件法是程序法 (B)消費者保護法是程序法 (C)民法是實體法 (D)勞動基準法是實體法。

☆( ) **31** 法律可分為普通法與特別法，下列何者相對於其他為普通法？ (A)陸海空軍刑法 (B)懲治走私條例 (C)刑法 (D)貪污治罪條例。

(　　) **32** 法律可分為公法與私法，下列何者為私法？ (A)刑法 (B)民法 (C)行政法 (D)民事訴訟法。

☆(　　) **33** 下列關於「法理」的敘述，何者正確？ (A)如在具體案件中可經由解釋而適用法律，則無必要以法理作為裁判的依據 (B)民法禁止援用法理 (C)行政法亦禁止援用法理 (D)法理已有立法上的定義。

☆(　　) **34** 下列關於「法源」的敘述，何者正確？ (A)外國法屬於成文法法源之一 (B)道德屬於成文法源之一 (C)法理屬於成文法法源之一 (D)條約屬於成文法法源之一。

(　　) **35** 法律和道德、習慣、風俗、禮儀、宗教等最大的差別在於何處？ (A)法律是無遠弗屆的 (B)法律可以透過國家的強制力加以實現 (C)法律是安定人心最重要的力量 (D)法律存在的歷史是最久遠的。

☆(　　) **36** 下列關於「強行法與任意法」的敘述，何者正確？ (A)公法等於強行法，私法等於任意法 (B)當事人得自由決定是否遵守任意法的規定 (C)違反強行法的規定時，行為必定無效，並應受處罰 (D)強行法與任意法的區分，係以其制定形式及程序為標準。

(　　) **37** 下列關於「法律種類」的敘述，何者正確？ (A)法律可作種種不同的分類 (B)一部法律往往僅具一種性質 (C)法律的歸類具有絕對的標準 (D)法律的種類明載於「中央法規標準法」中。

☆(　　) **38** 依據「法律位階理論」，最高的規範是？ (A)神法 (B)憲法 (C)國家安全法 (D)戒嚴法。

(　　) **39** 依據憲法第15條之規定，人民之生存權應予保障。則國家為了落實此一權利，依中央法規標準法，有關人民之基本權應以何者定之？ (A)規則 (B)命令 (C)法律 (D)綱要。

(　　) **40** 有關於程序法與實體法的敘述，下列何者為正確？ (A)涉外民事法律適用法是實體法 (B)刑法是程序法 (C)民法是實體法 (D)程序法限於訴訟法。

☆(　　) **41** 大陸法系國家與英美法系國家，就司法制度上不同之點而言，英美法系國家原則上？ (A)有行政法院之設置 (B)行政訴訟歸眾議院管轄 (C)行政訴訟歸參議院管轄 (D)無行政法院之設置。

(　　) **42** 下列何者非中央法規標準法所規範之「命令」名稱？ (A)規則 (B)通則 (C)細則 (D)準則。

(　　) **43** 下列關於法學之敘述，何者正確？ (A)法學是社會科學 (B)法學在探討法律之原理原則 (C)法學又稱法律學 (D)以上皆是。

(　　) **44** 社會法是為落實憲法所保障人民社會權，針對經濟、福利、公平等為主要內涵的法規。試問下列選項何者非社會法？ (A)消費者保護法 (B)性別平等工作法 (C)社會秩序維護法 (D)全民健康保險法。

解答及解析

1 (C) **2 (A)** **3 (D)** **4 (D)**
5 (D) **6 (B)** **7 (D)** **8 (C)**
9 (B) **10 (D)**

11 (B)。例如大陸法系和英美法系。

12 (C)。與原則法相對的是例外法；與固有法相對的是繼受法。

13 (A)。兩者同樣都是規範民事行為。

14 (D)。法律保留原則係指對於**重要事項**應保留給法律規定或由有法律明確授權之命令規定之。何謂重要事項，司法院大法官釋字第443號解釋理由書及中央法規標準法第5條多有闡述。

15 (C)。行政規則得非直接對外發生效力，亦即得間接對外發生效力，其乃透過**平等原則**及**行政自我拘束原則**之運作。

16 (C)。普通法不因此而失其效力。

17 (C)。行政程序法第158條參照。

18 (D)。請參照司法院大法官釋字第443號解釋理由書第一段。

19 (B)。關於施行細則，乃**係針對原法律再作更細緻的規定**，但不離原本法律的宗旨，就當作「源於本法」，較好理解。

20 (B)。題示規定為法律優位原則之表現，與純粹法學派所主張之**法位階理論**有關。

21 (D)。凡看到訴訟法皆為程序法。

22 (D)。用來規範何種行為該怎麼做。

23 (C) 法律若以「規範法律關係之實體內容」及「規範實體內容如何實現」做為區別標準，則可將之分類為「實體法」與「程序法」兩種，亦即：(1)「實體法」為規定權利、義務、責任等法律關係之「實體內容」的法律，例如民法、刑法、行政法、公司法、保險法等。(2)「程序法」即為規定實現實體內容之「方法」的法律，如刑事訴訟法、民事訴訟法、行政訴訟法等。
故答案為 (C)。

24 (D)。依中央法規標準法第 2 條，法律得定名為法、律、條例或通則。

25 (C)。此為自由法學派之優點。

26 (C)。依中央法規標準法第 2 條、第 3 條規定，通則為法律之名稱，餘三者均為命令。

27 (D)。規定權利義務之實質者為**實體法**；當權利義務發生問題時，如何解決之法為**程序法**。

28 (B)。我國法律位階之名稱為：法、律、條例、通則。

29 (A)。自由經濟建立在法秩序下方能維持經濟。

30 (B)。消費者保護法並非就程序事項進行規範之程序法，乃實體法，故答案為 (B)。

31 (C)。普通法和特別法為相對的概念。

32 (B)。民事訴訟法涉及法院對於訴訟事件的進行程序，**具公益性質，與人民私的權利義務關係較小，故為公法**。申言之，**所有規定訴訟程序之法律皆應為公法性質**。

33 (A)。法律優先適用。

34 (D)。成文法與否是要觀其性質而定，條約需經立法院通過方有效力。

35 (B)。因法律為國家訂定。

36 (B)。觀其字面意思，任意法即屬選項所稱之內涵。

37 (A)。一部法律可能有多種性質，如刑法具公法、實體法、普通法、國內法、成文法等性質，故法律的歸類只是相對的標準。此些歸類並非規定在何部法律中，而是學者就所有法律觀察其相似點而歸納整理出。

38 (B)。中央法規標準法中有規定。

39 (C)。此為法律保留原則之內涵。

40 (C)。涉外民事法律適用法是法律適用法；刑法是實體法；程序事項並不限於訴訟法，**某部法律有可能規定實體事項與程序事項兩者，如社會秩序維護法**。

41 (D)。目前英美並無此制度。

42 (B)。詳見中央法規標準法第 3 條。

43 (D)。法學為一廣闊的概念。

44 (C)。此為行政法之特別法。

第二章 法規的制定、修正、廢止

依據出題頻率區分，屬：**A 頻率高**

準備要領

法規是如何產生又如何廢止呢？本章係針對法規產生之介紹，尤其是制定與修正的程序以及施行日期之計算方式等，必須多留心，並熟記之。（參考法規：中央法規標準法、地方制度法）

第一節 ｜ 法規的制定

一、法規的制定

一般法律之制定必須經過下列程序：

(一) 提案

1. **立法委員**：立法委員提出之法律案，應有 15 人以上之連署，其他提案除別有規定外，應有 10 人以上之連署。議案之提出，以書面行之，如係法律案，應附具條文及立法理由。【113 普考】
2. **行政院**：行政院院長、各部會首長，須將應行提出於立法院之法律案、預算案、戒嚴案、大赦案、宣戰案、媾和案、條約案及其他重要事項，先提行政院會議議決通過後，再以行政院名義提出於立法院。
3. **考試院**：考試院關於所掌事項，得向立法院提出法律案，事先須提經考試院會議通過。
4. **監察院**：監察院關於所掌事項，得向立法院提出法律案。
5. **司法院**：就其所掌有關司法機關的組織及司法權行使事項得向立法院提出法律案。

(二) 審查

1. 審查法案之權，屬於立法院之各委員會。我國立法院目前設有八個常設委員會，對於每一法案審議完畢後，向院會提出審議報告，加以討論。
2. 委員會於審查提案時，得邀請政府人員及社會有關係人員到會備詢（憲法第 67 條第 2 項）。

(三) 議決

1. 立法院會議須有立法委員總額三分之一出席，始得開會。

2. 表決：

(1) 法律案及預算案均應經三讀會議決外，其餘均經二讀會議決。第三讀會除發現議案內容有互相牴觸，或與憲法、其他法律相牴觸者外，只得為文字之修正。

(2) 議案經討論後，主席應即提付表決，如當場不能表決時，主席應即宣告定期表決，及表決日期，並於表決前三日通知之。

(3) **會議之議決，以出席委員過半數之同意行之，可否同數時，取決於主席。**

一部法律從無到有的產生程序	
提案	提案是立法的第一個步驟。提案的來源為：行政院、司法院、考試院、監察院及立法委員（含符合立法院組織法規定之黨團）。提案先送程序委員會，由秘書長編擬議事日程，經程序委員會審定後付印。
一讀	政府機關或立法委員提出之法律案列入議程報告事項，於院會中朗讀標題後，即應交付有關委員會審查或逕付二讀。
二讀	二讀會討論經各委員會審查完畢或經院會決議逕付二讀之議案。議案進行第二讀會前，往往先行協商（黨團協商）。因此，上述議案於第二讀會時，經朗讀議案後，即依照協商結論處理。倘該議案未協商或未能獲致結論，則依立法院職權行使法第 9 條及第 10 條規定處理。二讀會是相當重要的一個環節，對於議案之深入討論（廣泛討論及逐條討論）、修正、重付審查、撤銷、撤回等，均是在這個階段作成決議。
三讀	經過二讀之議案，應於下次會議進行三讀；但如有出席委員提議，十五人以上連署或附議，經表決通過，也可以繼續進行三讀。三讀除發現議案內容有互相牴觸，或與憲法、其他法律相牴觸外，祇得為文字之修正。
總統公布	完成三讀之法律案由立法院咨請總統公布並函送行政院。總統應於收到後十日內請行政院長副署公布之，或依憲法增修條文第 3 條規定之程序，由行政院移請立法院覆議。

(四) **覆議**：交還覆議權屬於行政院，其條件為：

1. 行政院對於立法院通過之**法律案、預算案、條約案**，如認為有窒礙難行時，得**經總統**之核可，於該**決議案送達行政院十日內**，移請立法院覆議。立法院對於行政院移請覆議案，應於**送達十五日內**作成決議。
2. 覆議時，如**經出席立法委員二分之一以上決議維持原案**，行政院院長應即接受該決議。

(五) **公布**：公布法律權屬於總統，其程序為：

1. 立法院通過之法律，應移請總統及行政院公布，**總統於收到後十日內公布**，總統公布法律須經行政院院長之副署，或行政院院長及有關部會首長之副署。
2. 公布法律之方法兼採公報公布及揭示法。前者乃將法律登載於政府公報，後者乃將法律條文揭示於公共場所。

(六) **施行**：法律應規定施行日期，或授權以命令規定施行日期【107年關三、一般警四、111年初考、台電、鐵員】

1. **公布與施行日期相同**：**法規明定自公布或發布日施行者，自公布或發布之日起算至第三日起發生效力**（中央法規標準法第13條）。此時應將法規公布或發布之當日算入（大法官釋字第161號解釋）。
2. **公布與施行日期不同**：**法規特定有施行日期，或以命令特定施行日期者，自該特定日起發生效力**（中央法規標準法第14條）。如醫師法第43條規定「本法自公布日施行」。又如少年事件處理法第87條第1項規定「本法自中華民國六十年七月一日施行」，凡此特定有施行日期之法規，均自該特定日起發生效力。
3. **同一法有不同之施行日期及區域者**：**法律條文中如規定「本法施行區域另定之」或「本法施行日期及施行區域，由某機關以命令定之」，此可參照中央法規標準法第15條：「法規定有施行區域，或授權以命令規定施行區域者，於該特定區域內發生效力。」**之規定，即可瞭解。

二、命令的制定【112地特】

(一) **法規命令**：依照行政程序法第152條至第157條規定之程序而產生：

1. **法規命令之提議**：行政程序法第152條規定：「**法規命令之訂定，除由行政機關自行草擬者外，並得由人民或團體提議為之。**前項提議，應以書面敘明法規命令訂定之目的、依據及理由，並附具相關資料。」

2. **法規命令之預告**（行政程序法第154條）：行政機關擬訂法規命令時，除情況急迫，顯然無法事先公告周知者外，應於政府公報或新聞紙公告，載明下列事項：

(1) 訂定機關之名稱，其依法應由數機關會同訂定者，各該機關名稱。

(2) 訂定之依據。

(3) 草案全文或其主要內容。

(4) 任何人得於所定期間內向指定機關陳述意見之意旨。

行政機關除為前項之公告外，並得以適當之方法，將公告內容廣泛周知。

3. **法規命令之聽證**（行政程序法第155～156條）

行政機關訂定法規命令，得依職權舉行聽證。

行政機關為訂定法規命令，依法舉行聽證者，應於政府公報或新聞紙公告，載明下列事項：

(1) 訂定機關之名稱，其依法應由數機關會同訂定者，各該機關之名稱。

(2) 訂定之依據。

(3) 草案之全文或其主要內容。

(4) 聽證之日期及場所。

(5) 聽證之主要程序。

4. **法規命令之發布**（行政程序法第157條）：**法規命令依法應經上級機關核定者，應於核定後始得發布。數機關會同訂定之法規命令，依法應經上級機關或共同上級機關核定者，應於核定後始得會銜發布。**法規命令之發布，應刊登政府公報或新聞紙。

(二) **行政規則**：依行政程序法第160條之規定，**行政規則如為上級機關對下級機關，或長官對屬官所為關於機關內部之組織、事務之分配、業務處理方式、人事管理等之規定者，因下達下級機關或屬官而產生。至於行政規則為協助下級機關或屬官統一解釋法令、認定事實及行使裁量權，而定頒之解釋性規定及裁量基準者，則應由其上級機關簽署，並登載於政府公報，如行政院公報、司法院公報、考試院公報等發布之。**【112地特】

(三) **命令之發布**：依中央法規標準法第7條規定，各機關依其法定職權或基於法律授權訂定之命令，應視其性質分別下達或發布，並即送立法院。【109年台電、111年司五、112地特】

三、地方自治法規的制定【107年一般警三、108年一般警四、109年關三、台電、110高考、112地特】

依地方制度法第 26 條至第 32 條之規定，地方自治法規包括自治條例、自治規則、自律規則與委辦規則，依下列程序產生。

自治條例	由各該地方自治團體之立法機關（如高雄市市議會、新竹市市議會、湖口鄉鄉民代表會等）通過，經各該地方自治團體之行政機關（如高雄市政府、新竹市政府、湖口鄉公所）公布而產生。自治條例應分別冠以各該地方自治團體之名稱，在直轄市稱直轄市法規，在縣(市)稱縣（市）規章，在鄉（鎮、市）稱鄉（鎮、市）規約。
自治規則	由各該地方自治團體之行政機關就其自治事項，依法定職權或法律、基於法律授權之法規、自治條例之授權而訂定，並經函報各該法律所定中央主管機關備查或函送上級政府及各該地方自治團體之立法機關備查或查照而產生。自治規則應分別冠以各該地方自治團體之名稱，並依其性質，定名為規程、規則、細則、辦法、綱要、標準或準則。
自律規則	地方立法機關得訂定自律規則。自律規則除法律或自治條例另有規定外，由各該立法機關發布，並報各該上級政府備查。同時，自律規則與憲法、法律、中央法規或上級自治法規牴觸者，無效。
委辦規則	各地方如直轄市政府、縣（市）政府、鄉（鎮、市）公所為辦理上級機關委辦事項，得依其法定職權或基於法律、中央法規之授權，訂定委辦規則。委辦規則應函報委辦機關核定後發布之；其名稱準用自治規則之規定。

小試身手

( ) **1** 法律案之議案之通過需？ (A)全數立法委員過半數之同意行之 (B)出席立法委員過半數之同意行之 (C)出席立法委員三分之二同意行之 (D)全數立法委員三分之二之同意行之。

( ) **2** 下列何者並無法律案的提案權？ (A)總統 (B)監察院 (C)行政院 (D)考試院。

( ) **3** 下列何者非地方自治法規之名稱？ (A)條例 (B)自治條例 (C)自治規則 (D)自律規則。

( ) **4** 關於法規命令之制定，下列敘述何者錯誤？ (A)得由人民提議 (B)行政機關訂定法規命令得舉行聽證 (C)法規命令之發布應刊登政府公報 (D)法規命令於情況急迫之情況下始須預告。

( ) **5** 下列關於地方自治法規之敘述，何者正確？ (A)直轄市法規屬於法規命令 (B)縣規章屬於行政規則 (C)自律規則由地方立法機關訂定 (D)地方自治法規皆必須有法律之授權始得訂定。

答 **1 (B)** **2 (A)** **3 (A)** **4 (D)** **5 (C)**

第二節 ｜ 法規的修正

一、法規修正之原因

法規修正之原因，依中央法規標準法第 20 條第 1 項規定，有以下情形：

(一) **基於政策或事實之需要，有增減內容之必要者。**

(二) **因有關法規之修正或廢止而應配合修正者。**

(三) **規定之主管機關或執行機關已裁併或變更者。**

(四) **同一事項規定於二以上之法規，無分別存在之必要者。**

二、法規修正之程序

法規修正之程序，依中央法規標準法第 20 條第 2 項規定，準用有關法規制定之規定。如法律之修正與法律之制定程序相同，亦須經立法院三讀通過，總統公布。

三、法規修正後之適用或準用

法規修正後，其適用或準用之原則應符合特別法優於普通法，以及後法優於前法之原則為之。

(一) **特別法優於普通法：中央法規標準第 16 條：「法規對其他法規所規定之同一事項而為特別之規定者，應優先適用之。其他法規修正後，仍應優先適用。」**【112 台電】

(二) **後法優於前法**：**中央法規標準法第 17 條：「法規對某一事項規定適用或準用其他法規之規定者，其他法規修正後，適用或準用修正後之法規。」**

小試身手

( ) **1** 下列關於法規修正之原因，何者錯誤？ (A)基於政策或事實之需要，有增減內容之必要者 (B)因有關法規之修正或廢止而應配合修正者 (C)規定之主管機關或執行機關已裁併或變更者 (D)同一事項已定有新法規，並公布或發布施行者。

( ) **2** 法規之適用，應遵照特別法優於普通法原則。然普通法後來修正，應如何適用？ (A)仍適用舊特別法 (B)應適用新普通法 (C)應適用舊普通法 (D)聲請司法院大法官解釋。

答 **1 (D)** **2 (A)**

第三節｜法規的廢止

法規施行一段時間後，因事況發生變動而有廢止必要，則由有關機關加以廢止。依據中央法規標準法第 21 條、第 22 條、第 23 條及第 25 條規定可說明法律廢止的原因、法律廢止的程序於次：

一、法規廢止之原因

(一) **當然廢止**：法規包括法規命令、行政規則、地方自治規章**定有施行期限者，期滿時無須任何程序，即當然廢止**，但應由主管機關公告之。

法學小教室

實務上有限時法之概念，乃定有施行期間的法律。立法者在訂定某部法律時，即限定該法之施行期間，期滿當然失效。通常限時法為特別法，應優先適用，如動員戡亂時期臨時條款。

(二) **情況廢止**：

1. **機關裁併，有關機關組織與職權之法規無保留之必要者，由有關之立法與行政機關加以廢止。**

2. **法規規定之事項已執行完畢，或因情勢變遷，無繼續施行之必要者，由有關機關加以廢止。**
3. **法規因有關法規之廢止或修正致失其依據，而無單獨施行之必要者，同樣可加以廢止。**
4. **同一事項已定有新法規，並公布或發布施行者，舊法規亦可加以廢止。**

二、法律廢止的程序

(一) **法律的廢止，依中央法規標準法第 22 條第 1 項規定，應經立法院通過，總統公布。**

(二) **法規命令或行政規則之廢止，則由原發布機關為之。**例如：原屬財政部發布的，則由財政部廢止之。若是地方自治團體如臺南市發布的，則由臺南市之立法機關或行政機關依地方制度法規定之職權分別廢止之。若命令之原發布機關或主管機關已裁併者，其廢止或延長，依中央法規標準法第 25 條規定，由承受其業務之機關或其上級機關為之。

(三) **依上述程序廢止之法律、法規命令或行政規則，依中央法規標準法第 22 條第 3 項規定，得僅公布或發布其名稱及施行日期；並自公布或發布之日起算，至第三日起失效。**

三、法規廢止之例外（延長施行之程序）【107年一般警四】

(一) **法律定有施行期限，主管機關認為需要延長者，應於期限屆滿一個月前送立法院審議。但其期限在立法院休會期內屆滿者，應於立法院休會一個月前送立法院。**

(二) **命令定有施行期限，主管機關認為需要延長者，應於期限屆滿一個月前，由原發布機關發布之。**

小試身手

(　　) **1** 法律定有施行期限，主管機關認為需要延長者，應於期限屆滿多久前送立法院審議？ (A)一個月 (B)二個月 (C)十五天 (D)三個月。

( ) **2** 下列何者非法規廢止之原因？ (A)法規因有關法規之廢止或修正致失其依據，而無單獨施行之必要者 (B)基於政策或事實之需要，有增減內容之必要者 (C)機關裁併，有關法規無保留之必要者 (D)同一事項已定有新法規，並公布或發布施行者。

( ) **3** 關於法律與命令之廢止，下列敘述何者正確？ (A)法律之廢止，由原發布機關為之 (B)命令之廢止，應經立法院通過，總統公布 (C)法律與命令之廢止，自公布或發布之日起，算至第五日起失效 (D)法律與命令之廢止，得僅公布或發布其名稱及施行日期。

答 **1 (A)** **2 (B)** **3 (D)**

滿分題庫綜合演練

( ) **1** 下列何者並非中央法規標準法所定條文書寫名稱？ (A)條 (B)項 (C)款 (D)段。

( ) **2** 某法律規定：「本法自公布日施行。」若總統於民國 110 年 6 月 1 日公布該法，則該法應於何日生效？ (A)6月1日 (B)6月2日 (C)6月3日 (D)6月4日。

( ) **3** 關於我國現行中央政府體制，下列敘述何者錯誤？ (A)總統對行政院院長有人事任免權 (B)修憲後因立法院喪失對行政院院長的同意權，行政院不再對立法院負責 (C)總統享有被動的國會解散權 (D)我國中央政府體制既不是總統制，也不是內閣制。

( ) **4** 法規內容較繁複或條文較多時，下列何者並非增列劃分之方法？ (A)增列第某編 (B)增列第某章 (C)增列第某節 (D)增列第某項。

( ) **5** 命令與法律牴觸者無效，為下列何項原則之內涵？ (A)憲法保留原則 (B)法律優位原則 (C)法律明確性原則 (D)法安定性原則。

☆( ) **6** 關於立法院議案審議程序中「第二讀會」的進行，下列敘述何者錯誤？ (A)第二讀會時，應朗讀議案，依次或逐條提付討論 (B)第二讀會時，可就審查意見或原案要旨，先作廣泛討論 (C)第二讀會是於討論各委員會審查之議案時進行 (D)議案於完成二讀之後，原提案者可以經院會同意後撤回原提案。

( ) **7** 下列何者為法規修正之原因？ (A)同一事項已定有新法規，並公布或發布施行者 (B)基於事實之需要，有增減內容之必要者 (C)法規規定之事項已執行完畢 (D)機關裁併，有關法規無保留之必要。

( ) **8** 關於中央法規標準法之內容，以下何者錯誤？ (A)法律應經立法院通過，總統公布 (B)法規對某一事項規定適用或準用其他法規之規定者，其他法規修正後，適用或準用修正後之法規 (C)各機關依其法定職權或基於法律授權訂定之命令，應視其性質分別下達或發布，並即送監察院 (D)法律得定名為法、律、條例或通則。

( ) **9** 依中央法規標準法第21條規定，下列何種情形為法規廢止原因？ (A)法規執行有窒礙難行之處 (B)法規內容有違憲之疑慮 (C)機關裁併，有關法規無保留之必要者 (D)法規執行效果不彰者。

☆( ) **10** 法律與命令的區分，下列何者正確？ (A)法律規範涉及人民之權利義務，命令則不涉及 (B)法律的制定由立法院為之，命令的發布由司法院為之 (C)法律的規範對象為全國人民，命令的規範對象為下級行政機關 (D)法律的制定及修改由立法院為之，命令的發布及修改由各機關本於職權為之。

( ) **11** 法律條文的書寫，應依照何種方式依序為之？ (A)條、項、款、目 (B)條、款、項、目 (C)條、項、目、款 (D)條、目、款、項。

☆( ) **12** 在立法院內主要是由下列何者負責審查法律案？ (A)黨團 (B)委員會 (C)審查會 (D)法制部門。

( ) **13** 下列那一個機關兼有法律提案權與議決權？ (A)立法院 (B)行政院 (C)監察院 (D)司法院。

☆( ) **14** 命令之廢止，如何為之？ (A)立法院三讀通過即廢止之 (B)由原發布機關廢止之 (C)由行政院廢止之 (D)經行政院會議通過轉送立法院廢止之。

( ) **15** 立法委員提出之法律案，應以書面附具條文及立法理由，並有幾人以上之連署？ (A)五人 (B)十人 (C)十五人 (D)二十人。

( ) **16** 下列關於立法院審議法律案之敘述，何者錯誤？ (A)立法委員提出之法律案，原則上應先送程序委員會，提報院會朗讀標題後，即應交付有關委員會審查 (B)立法委員提出之法律案，若有出席委員提議，二十人以上連署或附議，經表決通過得逕付二讀 (C)第二讀會，於討論各委員會審查之議案，或經院會議決不經審查逕付二讀之議案時行之 (D)第二讀會應將議案全案付表決。

☆( ) **17** 每屆立法委員任期屆滿時，除何種議案外，尚未議決之議案，下屆不予繼續審議？ (A)預算案 (B)決算案 (C)人民請願案 (D)以上皆是。

( ) **18** 營業秘密法修正第15條並增訂第135、14-1～14-4條條文，經108年12月31日立法院三讀通過，109年1月15日總統公布施行，下列何者為其生效日期？ (A)108年12月31日 (B)109年1月2日 (C)109年1月15日 (D)109年1月17日。

☆( ) **19** 各機關受理人民聲請許可案件適用法規時，除依其性質應適用行為時之法規外，如在處理程序終結前，據以准許之法規有變更者，原則上適用？ (A)由聲請之人民決定 (B)由受理申請之機關決定 (C)新法規 (D)舊法規。

解答及解析

1 (D) **2 (C)** **3 (B)** **4 (D)**

5 (B)

6 (D)。立法院職權行使法第9條參見。立法院職權行使法第12條第1項：「議案於完成二讀前，原提案者得經院會同意後撤回原案。」

7 (B)。中央法規標準法第20條：「一、基於政策或事實之需要，有增減內容之必要者。二、因有關法規之修正或廢止而應配合修正者。三、規定之主管機關或執行機關已裁併或變更者。四、同一事項規定於二以上之法規，無分別存在之必要者。」

8 (C)。中央法規標準法第7條：「各機關依其法定職權或基於法律授權訂定之命令，應視其性質分別下達或發布，並即送**立法院**。」

9 (C)。中央法規標準法第21條：「法規有左列情形之一者，廢止之：一、**機關裁併，有關法規無保留之必要者**。二、法規規定之事項已執行完畢，或因情勢變遷，無繼續施行之必要者。三、法規因有關法規之廢止或修正致失其依據，而無單獨施行之必要者。四、同一事項已定有新法規，並公布或發布施行者。」

10 (D)。命令的位階比法律低，故由行政機關修改即可。

11 (A)。中央法規標準法第 8 條參照。

12 (B)。各類委員會負責審查相對應職權的案件。

13 (A)。因其為立法機關。

14 (B)。誰發布誰廢止。

15 (C)。立法院議事規則第 7 條、第 8 條參照。

16 (D)。第三讀會只就文字和法律位階是否牴觸來審查。

17 (D)。依立法院職權法第 13 條，每屆立法委員任期屆滿時，**除預（決）算案及人民請願案外**，尚未決議之議案，下屆不予繼續審議。

18 (D)。中央法規標準法第 13 條規定：「法規明定自公布或發布日施行者，自公布或發布之日起算至第三日起發生效力。」故答案為 (D)。

19 (C)。因程序須從新，實體從舊。

第三章 法律的效力範圍

依據出題頻率區分，屬：**B頻率中**

準備要領

法律的效力，乃法律是否能產生實力的問題。一部經法定程序制定之法律，若無法對特定之人、事、物，並在特定的時間裡發生效力，則該部法律形同虛設。本章除法律的效力範圍外，尚應注意的是法律適用的原則，尤其在不同法領域中，各有不同適用法律的原則，請各位留意。（參考法規：中央法規標準法）

法律的效力範圍 【108年一般警三、高考】

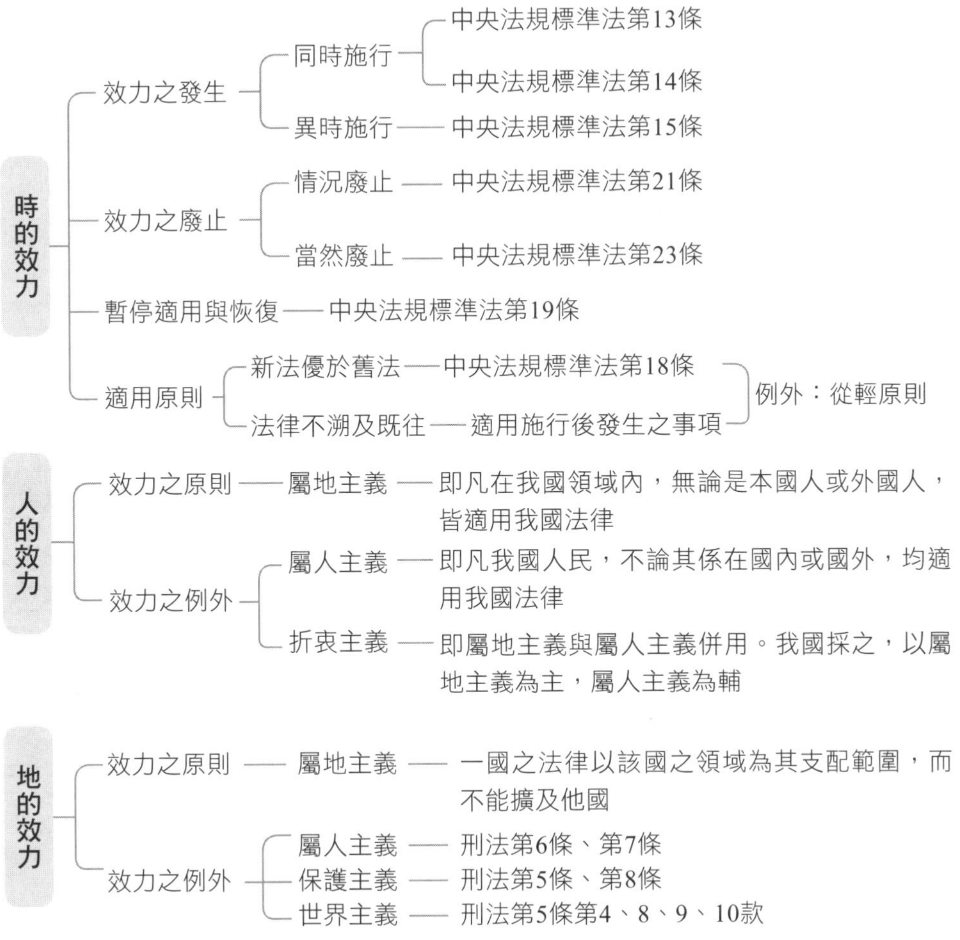

事的效力 ⇨ 某法律僅能對該法所規範之事項發生效力，對於不在法律所規範事項範圍內，不受法律效力之拘束
- 刑法 —— 嚴格遵守罪刑法定主義
- 民事 —— 法律、習慣、法理之適用、契約自由原則
- 行政 —— 行政法原理原則、一事不二罰

第一節 ｜ 關於時之效力

法律因公布施行而發生效力，因廢止而失其效力，或宣布停止適用，則暫時不發生效力，而法律也只能適用於施行期間所發生之事項，一旦廢止就不能適用。茲分述之：【113 普考】

一、法律效力之發生

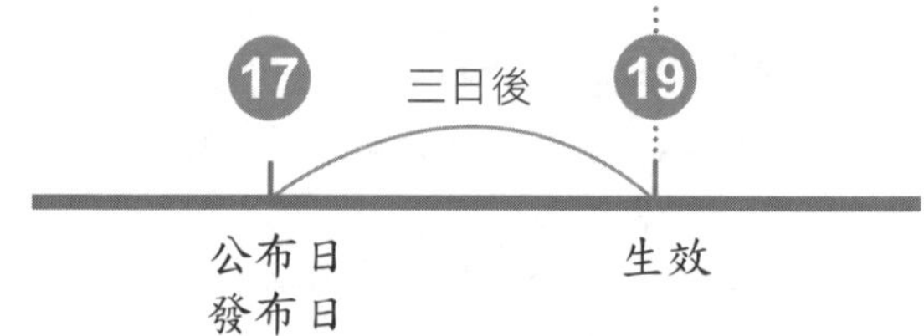

法律因公布施行而發生效力，其情形有三：【109 年關四】

自公布日或發布日施行者	中央法規標準法第 13 條規定：「法規明定自公布或發布日施行者，自公布或發布之日起算至第三日起發生效力。」
施行日期另定者	中央法規標準法第 14 條規定：「法規特定有施行日期，或以命令特定施行日期者，自該特定日起發生效力。」
不同之施行日期及區域者	中央法規標準法第 15 條規定：「法規定有施行區域，或授權以命令規定施行區域者，於該特定區域內發生效力。」

二、法律效力之廢止【107年一般警三】

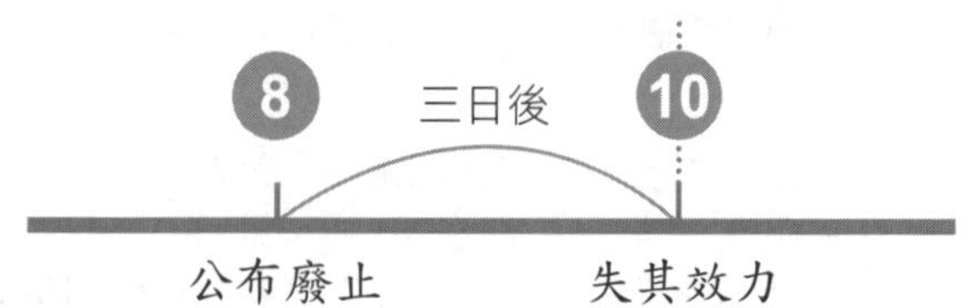

(一) **法律因廢止而失其效力：**

1. **法律定有施行期限者，期滿當然廢止，不須立法院通過，總統公布，但應由主管機關公告之。**
2. **法律未定有施行期限者，如有中央法規標準法第21條規定的情形之一，則予廢止之。惟須先經立法院決議後，由總統公布廢止之。**
3. 法律廢止的日期尚須公布，且其**廢止之日起算至第三日起**，始喪失其效力。

(二) **新法（後法）優於舊法（前法），新法公布後舊法當然失效，但有例外：**

1. 關於同一事項，同時有兩種不同規定的法律存在，且該兩項法律居於同一位階時，將後制定的法律視為國家新的立法意思，而適用後制定之法律。惟如舊法規有利於當事人，而新法規未廢除或禁止所聲請之事項者，適用舊法規。此為保障當事人利益而設，我國刑法第2條亦有類似規定。
2. 至於新法與舊法之關係有涉及普通法與特別法之關係者，新（後）普通法不得變更舊（前）特別法：**新（後）法為普通法，舊（前）法為特別法時，如新（後）普通法未明文規定廢止舊（前）特別法時，則不適用新（後）法優於舊（前）法原則，而適用特別法優於普通法原則。**其他可參看「普通法與特別法」之說明。【107年關三】

三、法律之暫停適用

法律經公布施行後，已發生效力，惟由於社會情勢的變遷，或政治的理由，或其他各種客觀的情勢，致法律一時不能適用者，得**依中央法規標準法第19條第1項：「法規因國家遭遇非常事故，一時不能適用者，得暫停適用其一部或全部。」**若停止適用之日期屆滿或依同條第2項規定「恢復適用」，則自恢復適用之日起，發生效力。

如依戒嚴法之規定，戒嚴時期，接戰地域內地方行政事務及司法事務，移歸該地最高司令官掌管，其地方行政官及司法官應受該地最高司令官之指揮。如在接戰地域內無法院或與其管轄之法院交通斷絕時，其刑事及民事案件，均得由該地軍事機關審判之。在戒嚴地域內，最高司令官並得停止人民自由權利之行使。此時，各種法令均暫停適用。又如總統依憲法增修條文第2條第3項之規定發布緊急命令時，其有關之法令亦暫停適用。

四、法律不溯既往原則

(一) **法律不溯既往原則之涵義**：即**法律之效力只能適用於公布施行後所發生之事項，而不能溯及法律實施以前所發生之事項，謂之法律不溯既往之原則**。其理由有二：

法學小教室

法律不溯及既往原則，僅屬法律適用之原則，並非立法原則，須注意之。

既得權之尊重	依舊法而取得之權利稱為既得權。即在舊法之法律關係下所取得之權利，不因新法之公布施行而受到變更或被剝奪，仍然要受到新法之尊重，故亦稱為既得權不可侵之原則。如新法之效力能溯及而剝奪之，則一切權利皆無保障，有違法律之安定性。
保護人民之信賴	如新法之效力能溯及既往而科罰在舊法時代之合法行為，非但人民之自由易受侵害，且動搖人民遵守法律之心理，使法律失其威信，故由公平正義的觀點言，法律當應嚴守不溯既往之原則。

(二) **法律不溯既往原則之例外**：立法機關基於國家政策或社會之需要，如認為舊法時代有不合理之現象，而有溯及既往之必要時，得於法律中明定溯及既往而為適用。其情形為：

民法	如民法總則施行法第 3 條第 1 項規定：「民法總則第 8 條、第 9 條及第 11 條之規定，於民法總則施行前失蹤者，亦適用之。」再如民法債編施行法第 4 條、第 6 條及第 10 條，民法親屬編施行法第 10 條、第 11 條及第 14 條，民法繼承編施行法第 2 條、第 6 條、第 9 條及第 10 條等，均有溯及既往之規定。【109 關四】
刑法	依刑法第 2 條第 1 項規定：「行為後法律有變更者，適用行為時之法律。但行為後之法律有利於行為人者，適用最有利於行為人之法律。」本條乃「從舊從輕主義」之規定。

小試身手

(　　) **1** 關於法律之適用，就時之效力言，僅適用於該法律實施後所發生之事項，而不能適用於實施前所發生之事實，稱？　(A)後法優於前法　(B)前法優於後法　(C)法律溯及既往　(D)法律不溯及既往。

(　　) **2** 法律不溯及既往之原則係法律之？ (A)立法原則 (B)施行原則 (C)公布原則 (D)適用原則。

答 **1 (D)**　**2 (D)**

第二節｜關於人之效力

一、立法例

世界各國對法律管轄對象之立法例有三：

屬人主義	即以國籍為基準，即凡屬我國的人民，不問其在國內，或國外，均適用我國法律之主義。反之，如係外國人，雖住在我國，亦不受我國法律之支配，謂之屬人主義。
屬地主義	即以一國之領土為基準，即凡在該國領土之內，不問其為本國人，或外國人，一概適用該國之法律謂之屬地主義。
折衷主義	依刑法第 2 條第 1 項規定：「行為後法律有變更者，適用行為時之法律。但行為後之法律有利於行為人者，適用最有利於行為人之法律。」本條乃「從即併用前述兩種主義之方式謂之折衷主義。通常以屬地主義為主，輔以屬人主義之國家為多，我國亦採此方式立法。從舊從輕主義」之規定。

二、對人效力之原則

我國法律關於人之效力，以採屬地主義為原則。即凡在中華民國領域內，無論其國籍如何，或有無國籍，一律適用我國法為原則。惟例外的併用屬人主義，即凡我國國民居留外國亦適用我國之法律。

三、屬人主義之例外

依屬人主義，凡我國國民不問其居住於國內或國外，均應適用我國法律為原則。但有下列例外：

(一) **特殊身分者的例外**

1. **國家元首**：中華民國憲法第 52 條：「總統除犯內亂或外患罪外，非經罷免或解職，不受刑事上之訴究。」此係為**保持國家元首之尊嚴而為規定**，然僅止**於暫時不予追訴**，而非免除其刑事責任。如犯內亂或外患之重大犯罪，仍應受訴追。又雖非重大犯罪，在其退任後，元首身分已消滅，自得依法處罰。

2. **民意代表**：

(1) 免責特權：立法委員在院內所為之言論及表決，對院外不負責任。

至於地方議會，依其組織法，亦有類似規定，蓋所以保障其獨立行使職權，以伸張民權。惟此項免責特權，其言論必須與會議事項有關，始不負責，若超越執行職務之範圍，就無關會議事項所為顯然違法之言論，仍難免責。

(2) 逮捕拘禁之限制：立法委員除現行犯外，在會期中，非經立法院許可，不得逮捕或拘禁。

此雖不得逮捕拘禁，但刑事訴訟程序仍得開始偵查、審問，或依法為缺席之判決。但法院如為傳喚，其故意不到庭，法院仍不得逕予拘提到案。但如法院取得所屬院會之許可，自得加以逮捕或拘禁。

3. **現役軍人與其他特定事項**：如軍人犯罪及審判，不適用普通刑法及刑事訴訟法，而適用「陸海空軍刑法」及「軍事審判法」。

(二) **無行為能力人的例外**【107 年關四】

1. 民法規定未滿 7 歲之未成年人及受監護宣告人，無行為能力，其所為之法律行為不能產生法律效果。

2. 刑法規定未滿 14 歲之人，以及因精神障礙或其他心智缺陷，致不能辨識其行為違法或欠缺依其辨識而行為之能力者，其行為不罰。

(三) **本國人僑居外國之例外**：依屬人主義，僑居外國之我國人仍應受我國法律之支配為原則。但事實上只有下列兩種情形受我國法律之支配，其他則仍應受其住在國法律之支配：

1. **憲法上之權利義務**：如參政權及納稅與服兵役義務。

2. **刑法上規定之特定犯罪**：

(1) 如在中華民國領域外犯內亂罪、外患罪、偽造貨幣罪、偽造有價證券罪、偽造文書印文罪。

(2) 我國公務員在外國犯瀆職罪、脫逃罪、偽造文書罪及侵占罪等。

四、國際法上之例外

在國際法或國際慣例上有所謂「治外法權」，凡外國人不受駐在國法律之支配（如課稅權、警察權等），尤其是不受裁判之權，而只受其本國法律支配之國際法上特權之謂。凡享有治外法權之人，即不受我國法律之支配。其種類為：

外國元首	外國元首及其家屬隨從，均享有治外法權，不受駐在國法律之支配，此為敦睦邦交及維持國際和平所必需。惟如已遜位或卸職，即難享有治外法權。而隨從人員以外國人為限。
外交使節	凡與本國有邦交之國家，其所派遣之大使、公使、特使及其家屬隨從，享有治外法權，故不受駐在國刑事追訴。惟隨從人員亦以外國人為限。惟外交官有違法行為者，駐在國可循外交途徑，通知其本國政府予以撤換，或通知其立即離境。
外國軍隊、軍艦、軍用飛機	外國之軍艦、軍用飛機、如獲允准而屯駐領域內者，依國際法上原則，為尊重外國，視為該國主權之延伸，享有外交豁免權，不受我國法律之支配。
外國領事	領事為外國商務代表，並負有管理僑民之責，原非為代表國之使節，故其身分與外交官不同，不能享有治外法權之優遇。惟近代國際慣例，基於互惠原則，為便於其獨立行使職務，仍許其享有治外法權。
聯合國人員	聯合國組織派駐各國之工作人員，依國際慣例，亦享有治外法權。

小試身手

(　　) **1** 法律關於人之效力，其凡屬本國之人民，不論其在本國或外國，均須受本國法律支配稱？　(A)屬地主義　(B)屬人主義　(C)折衷主義　(D)事之效力。

(　　) **2** 法律關於人之效力，凡住居本國領土內，不論本國人或外國人均適用本國法律，稱？　(A)屬地主義　(B)屬人主義　(C)折衷主義　(D)事之效力。

答　**1 (B)**　　**2 (A)**

第三節 | 關於地之效力

法律關於地之效力者，係指法律所支配之領域為何。原則上我國是採取屬地主義為主，並兼採其他主義。

一、採屬地主義為原則

即一國之法律以該國之領域為其支配之範圍，而不能擴及他國，亦即一國法律之效力，只能及於國家領域之全部為原則。【112 司五】

(一) **領陸**：國家主權所及之疆域中陸地部分，包括河川、湖泊。

(二) **領海**：國家領陸沿海向外擴張，得行使國家主權之海面。我國於民國 68 年 9 月 6 日宣布「領海」由 3 海浬擴大為 12 海浬，同時宣布經濟海域為 200 海浬。

(三) **領空**：即國家領陸及領海之界線與天空之垂直範圍。

(四) **屬地主義之例外（浮動領土）**：在下列情形下，我國的法律亦可及於國外：

1. **本國船艦或航空機**：中華民國船艦航空機者可分為國有及私有二種：
   (1) 軍用船艦、航空器：在國際慣例上享有治外法權，不問其是否在外國領域內，均應適用中華民國法律。
   (2) 民用船艦、航空器：如具有中華民國國籍之商船及民用航空機，除在無主公海或公空或合於我國刑法第 5 條至第 8 條之情形外，應適用所在國之法律。
2. **中華民國駐外使館**：各國駐外大使館、公使館，依國際法上之慣例，享有治外法權，原則上與軍艦同，但在慣例上本國對於本國駐外使館內犯罪者，能否實施其刑事管轄權，常以駐在國是否同意放棄其管轄權為斷，是以若有明顯之事證，足認該駐在國已同意放棄其管轄權者，自得以在我國領域內犯罪論。
3. **中華民國軍隊占領地、託管地**：因戰爭而占領之外國領域，我國亦得行使審判權。如陸海空軍刑法第 5 條：「現役軍人在中華民國軍隊占領地域內犯中華民國刑法或其他法律之罪者，以在中華民國領域內犯罪論。」
4. **無主地**：其不屬於任何國家領域內之土地，任何國家對之均得適用其本國法律，故此等地域，亦有我國法之適用。

二、採其他主義為例外【109年關三】

(一) **屬人主義**：即刑法除採屬地主義為原則，又以屬人主義為例外：

1. **刑法第 6 條**：「本法於中華民國公務員在中華民國領域外犯下列各罪者適用之：一、第 121 條至第 123 條、第 125 條、第 126 條、第 129 條、第 131 條、第 132 條及第 134 條之瀆職罪。二、第 163 條之脫逃罪。三、第 213 條之偽造文書罪。四、第 336 條第 1 項之侵占罪。」
2. **刑法第 7 條**：「本法於中華民國人民在中華民國領域外犯前二條以外之罪，而其最輕本刑為三年以上有期徒刑者，適用之。但依犯罪地之法律不罰者，不在此限。」

(二) **保護主義**：**則雖係外國人在中華民國領域外犯之者，蓋其所侵害為我國之生存、公務、信用、財經等重要法益或侵害我國人民法益情節較重者，故適用中華民國之法律，學說上稱為保護主義**：

1. **刑法第 5 條**：「本法於凡在中華民國領域外犯下列各罪者，適用之：一、內亂罪。二、外患罪。三、第 135 條、第 136 條及第 138 條之妨害公務罪。四、第 185-1 條及第 185-2 條之公共危險罪。五、偽造貨幣罪。六、第 201 條至第 202 條之偽造有價證券罪。七、第 211 條、第 214 條、第 218 條及第 216 條行使第 211 條、第 213 條、第 214 條文書之偽造文書罪。八、毒品罪。但施用毒品及持有毒品、種子、施用毒品器具罪，不在此限。九、第 296 條及第 296-1 條之妨害自由罪。十、第 333 條及第 334 條之海盜罪。十一、第 339-4 條之加重詐欺罪。」
2. **刑法第 8 條**：「前條之規定，於在中華民國領域外對於中華民國人民犯罪之外國人，準用之。」

(三) **世界主義**：只要其所實施的犯罪屬違反人道或侵害人類利益的行為，不問犯人為本國人或外國人，行為地在國內或國外，亦不問其所侵害者是否為本國或本國人民之利益，皆可適用本國刑法予以處罰。例如我國刑法第 5 條第 4 款、第 8 款至第 10 款之規定，即毒品罪（但施用毒品及持有毒品、種子、施用毒品器具罪，不在此限）、第 296 條及第 296-1 條之妨害自由罪與第 333 條及第 334 條之海盜罪等國際上均公認係萬國公罪者，不論何國，皆得處罰。

(四) **基於政治、經濟、社會或其他理由，而明定於特定地區為範圍者**：依中央法規標準法第 15 條規定：「法規定有施行區域，或授權以命令規定施行區域者，於該特定區域內發生效力。」此即法律限於在特定區域始發生效力之依據。參考平均地權條例第 85 條、耕地三七五減租條例第 30 條等均規定：「本條例施行區域，由行政院以命令定之。」

小試身手

(　　) 下列何者，係非本國法律效力所及之範圍？ (A)領土 (B)領空 (C)領海 (D)外國租借地。

答 **(D)**

第四節｜關於事之效力

一、意義

所謂法律關於事之效力，乃指法律在施行時，僅能對法律所規範之事項發生效力而言，至於不在其規定範圍內之事項，即不得發生效力，例如兵役法及稅法各僅對其所明文規定之兵役事件、稅務事件發生效力，其他非屬其所規定者，並不發生效力，惟例外若屬概括條款、例示條款規定之方式，則該等事項亦為法律效力所及。

二、其在各法律領域內適用之意義

刑事上	法律關於事之效力應以明文規定之事項為限，此在刑法上乃必須嚴守之原則，刑法第 1 條規定：「行為之處罰，以行為時之法律有明文規定者為限。拘束人身自由之保安處分，亦同。」是為「罪刑法定主義」，對犯罪行為之認定及處罪不得比附援引，非有法律明文規定，不得科以罪刑。

民事上	至於民法則無此原則之適用，民法第 1 條規定：「民事，法律所未規定者依習慣，無習慣者，依法理。」可見民事法之適用並不以法律所明文規定者為限，凡習慣或法理，具有法律價值者，均得援引適用使其發生效力。
行政上	行政事件亦須視事件之性質及法律之規定，以斷定是否以法律所明文規定者為限，而發生效力。以行政制裁事件為例，應注意「一事不再罰」或「一事不二罰」之原則，其係指違法行為人同一之違法行為，亦即基於單一之決定或自然意義下之單一行為，雖違反數個法律，不得給予二次以上之處罰，此為法治國家最基本的原則。

小試身手

( ) **1** 法律於施行時，對於法律所規定之事項，發生之效力而言，應本一事不再理，一事不二罰之原則，是法律關於？ (A)人之效力 (B)地之效力 (C)時之效力 (D)事之效力。

( ) **2** 對於同一違法處罰事件，不得處以二種刑名不同刑罰者，如同時處以徒刑或罰金，或科以性質不同之罰責，並無不可，這個原則係？ (A)再理而二罰 (B)一事不二罰 (C)一事可再理 (D)一事不再理。

答 **1 (D)** **2 (B)**

滿分題庫綜合演練

( ) **1** 法律規範不能夠朝令夕改，否則人民無所適從，以上敘述，是關於法規範之何種特性？ (A)安定性 (B)普遍性 (C)強制性 (D)絕對性。

( ) **2** 有關損失補償之敘述，下列何者錯誤？ (A)因公益而特別犧牲財產上之利益，國家應依法律規定辦理補償 (B)損失補償是針對國家的合法行為而干預人民之財產權所生之填補措施 (C)現行法下，行政徵收不以公用之目的為限 (D)基於平等原則，只要國家對財產權有所限制，即應給予補償。

( ) **3** 關於法院與行政機關之適用法律，下列敘述何者錯誤？ (A)法院適用法律不受上級機關之指揮監督 (B)行政機關適用法律不受上級機關之指揮監督 (C)法院適用法律應遵守不告不理原則 (D)行政機關適用法律並無不告不理原則。

( ) **4** 財政部各地區之國稅局若為辦理轄區內國稅稽徵業務，預定設置分局。關 於規範分局組織或職權之命令名稱，不得使用下列何者？ (A)綱要 (B)辦法 (C)通則 (D)標準。

( ) **5** 關於法律不溯及既往原則，下列敘述何者錯誤？ (A)為維持法律生活關係之穩定 (B)在於維護既得權利、實現法律公平 (C)真正溯及既往與不真正溯及既往二者原則上都是違憲的 (D)公教人員優惠存款金額上限之調整，無牴觸法律不溯及既往原則。

( ) **6** 關於法律不溯及既往之原則，下列敘述，何者錯誤？ (A)法律對於施行前發生的個案，原則上不可以適用 (B)表現在刑法上即是罪刑法定主義 (C)該原則係現代國家尊重人民權利之基本原則 (D)立法機關不受該原則之拘束。

(　　) **7** 為了不使在舊法之法律關係下所取得之權利，因新法之公布施行而受到侵害，宜採行：　(A)禁止類推適用原則　(B)法律優位原則　(C)法律不溯既往原則　(D)明確性原則。

(　　) **8** 下列關於法律適用原則的敘述，何者錯誤？　(A)法律不溯及既往原則　(B)特別法優於普通法　(C)後法優於前法　(D)實體從新，程序從舊。

(　　) **9** 法律對其施行前所發生之具體案件，原則上不得適用，稱為：(A)法律不溯及既往原則　(B)從新從輕原則　(C)特別法優於普通法原則　(D)後法優於前法原則。

(　　) **10** 中華民國之A法律，不論是中華民國人民，或是外國人民，只要是在中華民國領域內者，均適用之。則該A法律，係採：　(A)屬人主義　(B)保護主義　(C)屬地主義　(D)折衷主義。

☆(　　) **11** 後法優於前法原則是屬於法律之何種效力？　(A)人之效力　(B)事之效力　(C)時之效力　(D)地之效力。

(　　) **12** 法律以一國之領域為該國所能支配之範圍，此稱為何種主義？(A)屬人主義　(B)屬地主義　(C)保護主義　(D)世界主義。

☆(　　) **13** 關於命令之廢止，下列敘述何者錯誤？　(A)不得公布或發布其名稱　(B)自公布或發布之日起，算至第三日起失效　(C)得僅公布或發布其施行日期　(D)由原發布機關為之。

(　　) **14** 法規因何種事由，一時不能適用者，得暫停適用其一部或全部？(A)年度預算尚未編制　(B)人民尚未公投通過表示同意　(C)國家遭遇非常事故　(D)以上皆是。

☆(　　) **15** 外國人在我國領域內犯罪，亦有我國刑法之適用。此彰顯我國法律何種效力？　(A)地的效力　(B)國際效力　(C)人的效力　(D)事的效力。

(　　) **16** 關於限時法之效力，如何？ (A)須經立法院通過，總統公布 (B)期滿當然廢止 (C)經法院以裁定決定之 (D)自期滿後第三日生廢止之效力。

(　　) **17** 海盜罪為世界公罪，幾乎各國對之皆有制裁之規範。此係何種主義之立法？ (A)保護主義 (B)世界主義 (C)屬地主義 (D)屬人主義。

解答及解析

1 (A)　**2 (D)**　**3 (B)**　**4 (C)**

5 (C)

6 (D)。釋字第 605 號解釋協同意見書大法官曾有田：

法律不溯及既往原則，係法律主治（rule of law）的本質意涵，乃指人民按行為時法律所創設之秩序規範決定其舉措，因為在法治國家，不能期待人民於現在行為時遵守未來制訂之法令，此為法治國家基本原則之一。依此原則，法律僅能於制訂後向未來生效，不得溯及既往對已完結之事實發生規範效力，原則上亦不容許國家經由立法對於既已完結之事實，重新給予法律評價。人民行為時所信賴之法秩序，如事後因立法者之政策考量予以調整，原則上不得追溯變動先前法秩序下所保障之權益，否則即與「信賴保護原則」一法治國之另一原則相牴觸。故法律不溯及既往原則乃法治國原則底下，**基於法律安定性及信賴保護之要求**，而為憲法上拘束立法、行政及司法機關之基本原則，毋待憲法明文。

7 (C)。

8 (D)。實體從舊、程序從新之原則。

9 (A)。不可以無限上綱的回溯適用，侵害到人民的權益。

10 (C)。因題目標註為不論本國人或外國人，只要在本國領域內。特別提到相同的領域，故為屬地主義。

11 (C)。因該題目特別講述時間。

12 (B)。該題特提到地點，故為屬地主義。

13 (A)。中央法規標準法並無此規定。

14 (C)。中央法規標準法第 19 條。

15 (A)。該題特提到地點，故為屬地主義。

16 (B)。因為本題特別提到時間。

17 (B)。因為海盜的特性為四處移動。

第四章 法律的解釋與適用

依據出題頻率區分，屬：**C 頻率低**

準備要領

本章尤須注意機關解釋中的司法解釋與學理解釋中的各種解釋方式，並期在看到案例時，能指出其解釋類型。至於在法律適用的原則中，請就各機關之適用原則加以熟讀。

<table>
<tr><td rowspan="11">法律的解釋</td><td rowspan="8">機關解釋</td><td rowspan="2">立法解釋</td><td rowspan="2">由立法機關所為之法律解釋</td><td>直接解釋</td><td>法律條文直接對特定名詞或涵義予以解釋</td></tr>
<tr><td>間接解釋</td><td>法律條文規定某事件之意義時，並因而間接解釋其他事件之意義</td></tr>
<tr><td rowspan="3">行政解釋</td><td rowspan="3">行政機關於執行法令時，對於法令所作之解釋</td><td colspan="2">解釋僅限於其職權範圍內</td></tr>
<tr><td colspan="2">僅在同一行政機關系統內發生拘束</td></tr>
<tr><td colspan="2">僅能對法令解釋為限</td></tr>
<tr><td rowspan="3">司法解釋</td><td>審判解釋</td><td colspan="2">法院就具體訴訟案件適用法律之解釋</td></tr>
<tr><td>憲法解釋</td><td colspan="2" rowspan="2">解釋憲法及統一解釋法律及命令之權，由司法院大法官會議行使之</td></tr>
<tr><td>統一解釋法令</td></tr>
<tr><td rowspan="3">學理解釋</td><td>文理解釋</td><td colspan="3">依據條文結構及字句推敲法條的意義，並進而解釋法律</td></tr>
<tr><td>論理解釋</td><td colspan="3">不拘泥法條字句，乃參考法令的整體架構、立法精神，依論理法則邏輯推理出法規的意義，如體系解釋、擴張或限縮解釋等</td></tr>
<tr><td>類推解釋</td><td colspan="3">就法律所未規定之事項，找出類似事項之規定，比附援引適用以為解釋</td></tr>
<tr><td rowspan="2">法律的適用</td><td colspan="2">意義</td><td colspan="3">法律的適用，是運用三段論法，將具體的事實，涵攝至抽象的法律規定，並得出結果，以實現法律的內容</td></tr>
<tr><td colspan="2">適用原則</td><td colspan="3">一般適用原則如後法優於前法、特別法優於普通法、法律不溯及既往原則等。司法機關尚有不告不理、一事不再理、獨立審判原則等；行政機關最重要的適用原則即為依法行政</td></tr>
</table>

第一節 | 緒論

一、意義

法律解釋之意義，指適用法律時對法條發生疑義，依立法精神及意旨探求其真意，析言其文義及事理，加以適切的說明，以正確之適用，補充立法之不足。

二、法律解釋的作用

(一) **闡釋法文疑義**：依各國立法習慣，法條之文字結構，咸以簡明扼要為先，此時難免發生晦澀不明，疑問滋生，如文字的涵義如何，立法精神何在，適用之範圍，對象及其界限如何等，此時法官自應運用解釋，闡明法之意義。如民法上「公序良俗」之不確定概念，法院在適用之前應先釐清其具體涵義，因此需要解釋。

(二) **補充法律的不足**：現代各國法律條文多採一般原則之規定。因此對繁雜無窮的社會事實，勢難規定具體而詳盡，而有賴解釋予以補充。如刑法正當防衛之「過當」問題，亦需依解釋而為補充。

(三) **統一解釋國家法令**：社會現象變化萬端，無論立法者，如何竭盡心智制定詳備之法律，當法律於適用時，不免因為各人主觀或社會環境之變遷，而對於同一條文產生疑義，或因法律規定相互間在適用上發生牴觸或重覆規致產生疑義。故有統一解釋，使適用時有所依據，而免發生爭議現象。

(四) **推陳出新的作用**：社會現象日新月異，法律為了適應社會變遷的事實，而朝令夕改將會破壞其安定性，故為適應社會現象變化，有賴解釋以推陳出新。譬如最近對「死亡」之解釋，就有從呼吸停止與心臟鼓動停止轉向於「腦死」之趨勢，此為因應人體器官移植而作之新的解釋。

第二節 | 機關解釋

所謂有權解釋，又稱為強制解釋或法定解釋，蓋由國家機關所為之有權解釋，效力最高，此種解釋毫無疑問當優先於其他解釋，以適用於具體事實。此有立法、行政、司法三種解釋。

一、立法解釋

立法解釋者，即由立法機關所為之法律解釋之謂。亦稱為法律解釋。

(一) **法律解釋**：立法機關以法律的書面來解釋法律意義之謂。

1. **直接解釋**：即以法律相關條文規定直接對特定涵義或名詞解釋者，稱為直接解釋。如：

在本法中直接解釋者	民法第 66 條：「稱不動產者，謂土地及其定著物。不動產之出產物，尚未分離者，為該不動產之部分。」第 67 條：「稱動產者，為前條所稱不動產以外之物。」 刑法第 10 條：「稱以上、以下、以內者，俱連本數或本刑計算。」 公司法之解釋「公司之種類」，海商法之解釋「船舶」等均是。
在施行法中解釋者	如民法總則施行法第 10 條第 1 項：「依民法總則規定法人之登記，其主管機關為該法人事務所所在地之法院。」以解釋民法第 30 條規定之「法人非經向主管機關登記，不得成立」之「主管機關」的意義。

2. **間接解釋**：即雖未以法律條文直接解釋，但規定某事件的意義時，以間接解釋其他事件的意義者，稱為間接解釋。

(1) 在法律條文中明示法文之意義，以間接解釋其他事項者，如：

A. 民法對「侵權行為」並未有明確之規定，但依民法第 184 條第 1 項：「因故意或過失，不法侵害他人之權利者，負損害賠償之責任，故意以背於善良風俗之方法，加損害於他人者亦同。」則可解釋為凡因故意或過失，不法侵害他人權利或故意以背於善良風俗之方法，加以損害於他人者，均屬侵權行為。

B. 刑法對「過失犯」一詞，並未明白直接規定，但依刑法第 14 條：「行為人雖非故意，但按其情節應注意，並能注意，而不注意者為過失。行為人對於構成犯罪之事實，雖預見其能發生。而確信其不發生者，以過失論。」即規定「過失」的意義，以間接解釋「過失犯」之意義。

(2) 藉法律條文之例示規定，以概其餘，如憲法第 7 條規定：「中華民國人民，無分男女、宗教、種族、階級、黨派，在法律上一律平等。」條文所揭男女等不過擇為例示之規定，提供認定平等之準據，其他如職業、貧富等雖有區別，亦應一律平等待之。

(二) **立法機關解釋**：立法機關本身有無解釋法律之權，有肯定與否定二說：

1. **肯定說**：謂立法機關應有權解釋法律。其理由：
   (1) 立法機關制定法律，由其解釋最能掌握法律之原意，而最易適切表達法律之真義。
   (2) 依憲法規定，司法院有解釋憲法權力，而對於其他法令，僅能為統一解釋，因此其他機關仍有解釋法令之權，如今行政機關與司法機關，既均有解釋法令之權，立法機關自不應例外。
2. **否定說**：謂立法機關無解釋法律之權。其理由：
   (1) 為維護權力分立：權力之分立貴在各機關有其固有職掌，立法機關之職責在制定法律，如其兼具有解釋法律之權，將侵犯其他機關之職掌而破壞國權分立制衡之意旨。
   (2) 為貫徹司法院統一解釋法令權：如立法院擁有解釋法律權，將使司法院統一解釋法令之職權產生混淆。

二、行政解釋

行政解釋者，即行政機關執行法令時，對於法令所作之解釋之謂。包括本機關及上級機關就法令涵義所為之解釋。行政解釋之界限有二：

(一) **行政機關之解釋應僅限於其職權範圍內**，始得為之；在行政機關有上下指揮監督之關係，上級機關所為之解釋，有拘束下級機關效力，因此下級機關不得超越上級機關的職權而為解釋，只得為聲請統一解釋。

(二) 行政組織龐大，行政解釋只在同一行政機關系統內發生拘束力，對於不同行政系統間之行政解釋，並不發生直接隸屬關係。

(三) **行政解釋僅以法令為限**，憲法只能由司法院解釋，行政機關不得解釋，行政機關適用法令如有疑義或有無牴觸憲法等，應依司法院大法官會議法之規定，聲請司法院解釋之。

三、司法解釋

即指司法官或司法機關適用法規時所為的解釋之謂。

(一) **解釋之種類：**

1. **審判解釋**：乃法院就具體訴訟案件適用法律加以闡明的解釋，此包括行政法院法官在審理行政爭議案件或懲戒法院在具體懲戒案件中，就欲適用之法律所為之解釋在內。此種解釋經法定程序可以形成判例，依照判例拘束的原理，最高法院的判例，有拘束下級法院的事實上效力，因此依判例所為的解釋，亦屬有權解釋之一。

2. **憲法解釋：由司法院大法官組成憲法法庭審理之。**【111 年鐵員、警四】

(1) **國家機關、立法委員**聲請法規範憲法審查（憲法訴訟法第 47 條、第 49 條）

請熟記聲請憲法法庭解釋之要件。

A. **國家最高機關，因本身或下級機關行使職權，就所適用之法規範，認有牴觸憲法者**，得聲請憲法法庭為宣告違憲之判決。

B. **下級機關，因行使職權，就所適用之法規範，認有牴觸憲法者，得報請上級機關**為前項之聲請。

C. 中央行政機關組織基準法所定相當二級機關之**獨立機關，於其獨立行使職權，自主運作範圍內**，亦得聲請憲法法庭為宣告違憲之判決。

D. **立法委員現有總額四分之一以上，就其行使職權，認法律位階法規範牴觸憲法者**，得聲請憲法法庭為宣告違憲之判決。

(2) **法院**聲請法規範憲法審查（憲法訴訟法第 55 條）

各法院就其審理之案件，對裁判上所應適用之法律位階法規範，依其合理確信，認有牴觸憲法，且於該案件之裁判結果有直接影響者，得聲請憲法法庭為宣告違憲之判決。

(3) **人民**聲請法規範憲法審查及裁判憲法審查（憲法訴訟法第 59 條第 1 項）

人民於其憲法上所保障之權利遭受不法侵害，經依法定程序用盡審級救濟程序，對於所受不利確定終局裁判，或該裁判及其所適用之法規範，認有牴觸憲法者，得聲請憲法法庭為宣告違憲之判決。

釋憲效力，依據釋字第 185 號，有統一解釋法律及命令之權，為憲法第 78 條所明定，其所為之解釋，自有拘束全國各機關及人民之效力。且確定終局裁判所適用之法律或命令，或其適用法律、命令所表示之見解，經解釋認為與憲法意旨不符，其受不利確定終局裁判者，得以該解釋為再審或非常上訴之理由。【109 年關三】

3. **統一解釋法律及命令**：由司法院大法官組成憲法法庭審查之。

(1) **人民**就其依法定程序用盡審級救濟之案件，**對於受不利確定終局裁判適用法規範所表示之見解，認與不同審判權終審法院之確定終局裁判適用同一法規範已表示之見解有異**，得聲請憲法法庭**為統一見解之判決**。（憲法訴訟法第 84 條第 1 項）

(2) 所謂「法規範」，係包含法律、命令以及經法院裁判引用之行政機關函釋等。

(3) 憲法法庭**就法規範見解所為之統一解釋判決，各法院應依判決意旨為裁判**。前述判決**不影響各法院已確定裁判之效力**。（憲法訴訟法第 89 條）

4. **憲法訴訟法**：中華民國 108 年 1 月 4 日總統華總一義字第 10800001301 號令修正原「司法院大法官審理案件法」之名稱，改為「憲法訴訟法」，並修正公布全文 95 條，訂於公布日期三年後，即 111 年 1 月 4 日施行。新法重點摘錄如下：

(1) 將以憲法法庭取代大法官會議，審理以下事項：

A. 法規範憲法審查及裁判憲法審查案件。

B. 機關爭議案件。

C. 總統、副總統彈劾案件。

D. 政黨違憲解散案件。

E. 地方自治保障案件。

F. 統一解釋法律及命令案件。

(2) **憲法法庭所做成者為「裁判」**，並非會議決議。

(3) 得進入憲法訴訟之主體：憲法訴訟法第 6 條規定，本法所稱當事人，係指下列案件之聲請人及相對人：

A. 第三章案件（法規範憲法審查及裁判憲法審查案件）：指聲請之國家最高機關、立法委員、法院及人民。

B. 第四章案件（機關爭議案件）：指聲請之國家最高機關，及與其發生爭議之機關。

C. 第五章案件（總統、副總統彈劾案件）：指聲請機關及被彈劾人。

D. 第六章案件（政黨違憲解散案件）：指聲請機關及被聲請解散之政黨。

E. 第七章案件（地方自治保障案件）：指聲請之地方自治團體或其立法、行政機關。

F. 第八章案件（統一解釋法律及命令案件）：指聲請之人民。

(4) 新增「言詞辯論」程序：以往的大法官會議並不強制進行言詞辯論程序，但憲法訴訟法第 25 條第 1 項規定，第五章（總統、副總統彈劾案件）及第六章（政黨違憲解散案件）案件，其判決應本於言詞辯論為之。

(5) 新增「法庭之友」制度：憲法訴訟法第 20 條第 1 項規定，當事人以外之人民、機關或團體，認其與憲法法庭審理之案件有關聯性，得聲請憲法法庭裁定許可，於所定期間內提出具參考價值之專業意見或資料，以供憲法法庭參考。此係為提供大法官作成裁判時之多元參考意見，使裁判結果更周全、更切合實際所需。

(6) 裁判效力

A. 憲法訴訟法第 41 條第 1 項規定：憲法法庭就第三章、第四章、第七章及第八章聲請案件之判決，應以裁定宣告判決效力及於其他以同一法規範或爭議聲請而未及併案審理之案件。但該其他聲請案件，以「於判決宣示或公告前已向憲法法庭聲請」，且「符合受理要件者」為限。

將釋字第 177、193、686 號解釋意旨明文化。

B. 變更裁判：憲法訴訟法第 42 條第 2 項規定：「各法院、人民或地方自治團體之立法或行政機關，對於經司法院解釋或憲法法庭判決宣告未違憲之法規範，因憲法或相關法規範修正，或相關社會情事有重大變更，認有重行認定與判斷之必要者，得分別依第三章或第七章所定程序，聲請憲法法庭為變更之判決。」

各級法院、人民，或地方自治團體，可以就「法規範憲法審查及裁判憲法審查案件」以及「地方自治保障案件」聲請憲法法庭變更判決。

(7) 暫時處分明文化：將釋字第 599 號解釋意旨明文化，以暫時處分保全聲請人之權利或公益。

憲法訴訟法第 43 條規定：聲請案件繫屬中，憲法法庭為避免憲法所保障之權利或公益遭受難以回復之重大損害，且有急迫必要性，而無其他手段可資防免時，得依聲請或依職權，就案件相關之爭議、法規範之適用或原因案件裁判之執行等事項，為暫時處分之裁定。

憲法法庭為前項裁定前，得命當事人或關係人陳述意見或為必要之調查。暫時處分之裁定，應經大法官現有總額三分之二以上參與評議，大法官現有總額過半數同意，並應附具理由。

暫時處分有下列情形之一者，失其效力：

A. 聲請案件業經裁判。

B. 裁定後已逾六個月。

C. 因情事變更或其他特殊原因，經憲法法庭依前項之評決程序裁定撤銷。

(二) **司法解釋之界限**：司法解釋是以解釋憲法及統一解釋法律及命令為其職權，但並非漫無限制，仍有其一定之界限。如：

1. **統治行為或政治問題**：即涉及統治之高度政治性問題，除非極為明顯之違憲，否則不宜作為司法權之對象，蓋司法應尊重其他機關之自主性與政治決定，以落實憲法權力分立之意旨，例如規劃國際政策、確立行政方針、選任部門首長等均是。依**釋字第328號解釋謂：「中華民國領土，憲法第4條不採列舉方式，而為『依其固有之疆域』之概括規定。……其所稱固有疆域範之界定為重大之政治問題，不應由行使司法權之釋憲機關予以解釋。」亦屬一例。**

2. **憲法制定權力問題**：憲法制定權力乃最高之法源，當不應受實體法或程序法上之限制。而行政、立法、司法等權均為「被憲法制定之權力」，自應遵照憲法以行使其權限。故司法院解釋憲法也只能就適用憲法發生疑義事項為解釋對象。

3. **團體內部的自律權問題**：團體內部之事項，應由該團體內部自治、自律處理，不宜為司法審查對象。

   (1) **國會議事程序**有關事項：依釋字第342號解釋：「法律案經立法院移送總統公布者，曾否踐行其議事應遵循之程序，除明顯牴觸憲法者外，乃其內部事項，屬於議會依自律原則應自行認定之範圍，並非釋憲機關審查之對象。」

   (2) 有關一般團體事項：關於政黨方面，從保障結社自由的觀點；關於宗教團體，從保障信教自由的觀點；大學之學術團體，則從保障**大學自治**的觀點，此等均委由自律性去解決，不宜為司法審查之對象。

4. **憲法特別規定**：此乃其固有特權，不宜為司法權行使之對象。

   (1) 依憲法第40條總統之司法赦免權。

(2) 依憲法第 52 條總統之刑事豁免權。

(3) 立委之不被逮捕特權。

5. **國際法上一定事項**：國際法上外國元首、外交使節、外國軍隊、軍艦、軍用飛機或聯合國人員均有治外法權，故不為司法權行為之對象。

6. **行政裁量事項**：如司法院釋字第 319、346、414 號解釋均認為凡屬行政裁量事項，並非憲法所不許。

小試身手

( ) **1** 由國家以法定明文規定解釋法律，謂之？ (A)立法解釋 (B)學理解釋 (C)文理解釋 (D)司法解釋。

( ) **2** 有權解釋法律的機關，就法律所表示的見解，對外發生一定的效力，謂之？ (A)學理解釋 (B)有權解釋 (C)文義解釋 (D)論理解釋。

答 **1 (A)** **2 (B)**

第三節 ｜ 學理解釋

學理解釋，乃基於學理上之見解對於法律所為之解釋，此種解釋並無拘束力。

一、文理解釋【109年關四、111年初考、司五】

(一) **意義：依據條文結構、文法及字句逐文逐句推敲適用上有關的法條，而闡明其意義，此為解釋法律最初步且最主要之方法。**

(二) **文理解釋應注意的原則**

1. 解釋法律條文應注意其專門性；法律條文有其特殊意義，與一般社會用語有相當不同，如毀敗、燒毀等之意義均與平時日常生活中所使用的意義略有不同，不能不注意。

2. 解釋法律條文應注意法律概念之相對性：法律條文所表示之內涵或事件之性質，與一般社會之日常用語比較，較具有相對性，如民法上之「善意」或「惡意」，在一般社會之日常用語上，認為是「好意」或「親密友好」之意，但在法意上係指「知情」或「不知情」之判斷基準。所謂「善意」是指不知情而言，惡意就是「縱然已知有某一事實，而仍然執意實施」之意。

3. 解釋法律條文應注意立法技術上所慣用之措詞，惟法律的專門用語雖應予尊重，以免扭曲原意，但法律是國民共同的行為準則，解釋必須平民化，才可被社會大眾接受。
4. 解釋法律條文應注意參考立法資料：依憲法訴訟法第 19 條第 1 項：「憲法法庭審理案件認有必要時，得依職權或依聲請，通知當事人或關係人到庭說明、陳述意見，並得指定專家學者、機關或團體就相關問題提供專業意見或資料。」

二、論理解釋

(一) **意義：又稱為推理解釋。在為論理解釋時，不拘泥於條文之字句，參法令整體之架構，與其他法令之關係，立法之目的與精神、沿革及社會生活之必要性上，依照論理之法則，依一般邏輯推理作用，以正確的把握法規之意義，加以解釋之謂。**其解釋之方法如下：

(二) **論理解釋之方法**【107 年關四、一般警四、108 年高考、普考、111 年司五】

1. **體系解釋**：即解釋條文應注意法律的整體架構及其與其他法令之關連性，亦即綜觀系爭之法律條文前後相關關係，或相關法條之涵義，藉以闡釋規範意旨者，稱為系統解釋或體系解釋。**如民法第 75 條第 1 項前段：「無行為能力之意思表示，無效」，解釋條文時，如僅注意本條，則無行為能力人似已別無意思表示之方法；但觀民法第 76 條：「無行為能力人由法定代理人代為意思表示，並代受意思表示。」則可知無行為能力人，亦有表示意思之方法。**
2. **擴張解釋**：法律條文範圍過於狹窄，參酌立法目的，予以擴大解釋的幅度，使法律的意義，更為完備。**如民法第 3 條規定簽名乙語，應解為除本人外，代理人以本人名義，代為簽名亦符法律之規定。**【111 年鐵佐】
3. **限縮解釋**：如將法律條文之字句依通常之文理方法解釋將會使法律之意義擴大，而使法律之原意無法確定時，應參酌立法目的，縮小其意義，而為解釋。**如憲法規定人民有依法律服兵役之義務。此之「人民」只指符合兵役法及其施行細則之男子，不包括女子、嬰兒及老人在內。**

4. **反面解釋**：即從法律所規定之反面的意義來加以解釋之謂。**如民法第 973 條規定：「男女未滿十七歲者，不得訂定婚約。」反之，如男女滿十七歲者，即得訂定婚約。**

法學小教室

109 年 11 月 25 日立法院三讀通過民法部分條文修正，配合民法成年年齡下修，訂立婚約年齡之條文修正為「男女未滿十七歲者，不得訂定婚約。」，並刪除「未成年人結婚，應得法定代理人之同意」之部分，並在 112 年施行，應予注意。

5. **當然解釋**：即法律條文所規定的事項，其字面雖未明示，但依論理之法則，認為某些事項當然包括在內之一種解釋。**如刑法規定滿八十歲人之行為，得減輕其刑。從其法意而言，當然適用於八十歲以上之任何年齡之人。**
6. **補正解釋**：法文字句有明顯之錯誤或疏漏等情事，則將其字句予以補正或變更，以合於法律真意之解釋。**如我國憲法只規定行政院與考試院有向立法院提出法律案之權，並未規定監察院與司法院之提案權。嗣經大法官會議解釋明示監察院及司法院亦有提法律案之權，以補法律之闕漏。**
7. **歷史解釋**：就法規制定之經過及其沿革，追溯原有意義之解釋謂之歷史解釋。又稱為沿革解釋。**通常都以參照原法案，及其提案總說明，立法院之見解，行政院之說明及會議記錄等資料而解釋。**【111 年司五】
8. **目的解釋**：乃基於整體法律規範之目的，闡明法律疑義之方法。
9. **比較性解釋**：對於相同或相似的法律概念，參酌外國法例或司法判決，作為我國解釋法律之依據。

三、類推解釋

(一) **意義**：類推解釋：**即就法律所未規定之事項，援引其類似事項之規定，比附適用之謂，故亦稱類推適用。通常用類推或目的論解釋以為法律之補充，其原則為：先解釋，有漏洞時再補充。**

(二) **類推在民法上之應用**：法諺所謂：凡有同一理由者，即有同一法律之存在。因此，對於類似之事物，判決也是類似的。

(三) **類推與擴張解釋**：類推與擴張解釋雖有類似，容易混同，但仍有不同。擴張解釋是從立法精神言，依目的論之解釋，該事件原應該為法律所應考慮在內的事項，因此擴張解釋在性質上仍是法律解釋之一。而在類推解釋，主要是法律有缺陷或漏洞時，以其他有關事項之法律規定予以補充性的加

以規定，亦即其目的在填補法律漏洞，因此在刑法領域內，從罪刑法定主義之原則言，一向認為不得類推解釋。【112 初考】

(四) **類推與準用**：將類推解釋在法條中加以規定，以避免立法上重複規定謂之準用。則未有其他法律另作規定之前，比照本法適用，或本法雖未規定，但其他法律已有類似規定可資引用，則不必在本法重複規定，而比照其他法律定其適用之謂。如行政訴訟法第 36 條規定：「民事訴訟法第 48 條、第 49 條之規定，於本節準用之。」

有時法條中雖無「準用」二字，而以其他文字代替，仍可表示準用意義者，如民法第 419 條第 2 項規定：「贈與撤銷後，贈與人得依關於不當得利之規定，請求返還贈與物。」此之「得依」之規定，則為「準用」之意。

小試身手

( ) **1** 除了文義上解釋法律之外，運用論理的方法，推求立法的真義，以明法律的內容謂之？ (A)論理解釋 (B)類推解釋 (C)文義解釋 (D)立法解釋。

( ) **2** 在何種法上，類推適用向為法所不容許？ (A)國際法 (B)民法 (C)刑法 (D)民事訴訟法。

( ) **3** 如公園中有禁折花木之告示，竹非花木，自亦不許任意攀折，此為？ (A)擴張解釋 (B)限制解釋 (C)當然解釋 (D)類推解釋。

答 **1 (A)** **2 (C)** **3 (C)**

第四節 ｜ 法律適用之方式

一、法律之適用

(一) **法律適用之意義**：法律為實現其實力，必須將其抽象、一般性之規定，藉著法律解釋的方法，詮釋具體事實，以實現法律的內容者，稱為法律之適用。法律之適用，以法院的裁判過程為典型之適例，其判決之形成，可分為兩個階段：**第一階段為事實之認定，第二階段為法律之解釋；前者為事**

實問題，後者為法律問題。即適用法律之時，先確定客觀所發生之事實究竟是何種事實。再將已確定的事實，套入適當的法律規範予以判斷，依法律解釋的方法而為適用。

(二) **三段論法之運用**：當事人因引發紛爭，訴請法院解決時，法官自須將具體發生之事實，對照法律規範，予以解釋，下達判決。這就是論理學之**三段論法**之形式。即：

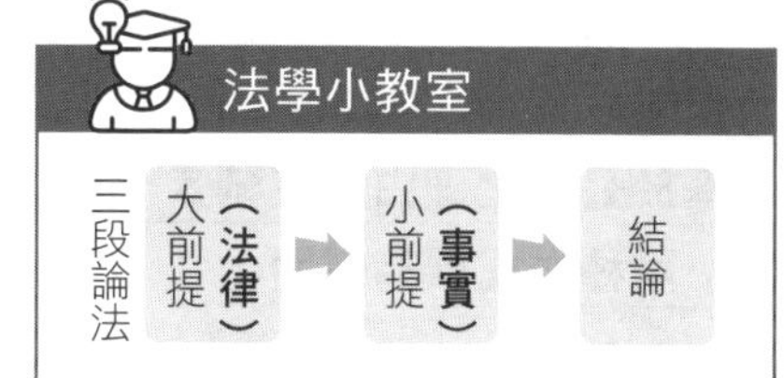

大前提	如面對殺人者處死刑，無期徒刑或十年以上有期徒刑之法律規定。
小前提	再對某甲有殺人之事實的認定。
結　論	自動的將會導引出「某甲應處刑罰」之判決。

(三) **順利運用三段論法之要件**

1. **有明確之法律規範：如大前提之法律與小前提之事實，兩者皆明確，論理之必然性一定可以獲得明確之結論。**但事實上在法律適用時，其所以成為問題，係具體事實發生以後，因大前提之法規本身不甚明確，使事實無法順利推論出合理的結論。因此，無法運用三段論法，引導出結論，譬如：以母親殺死嬰兒為例，在此事實之下，立即使人聯想到刑法第 271 條：「殺人者，處死刑⋯⋯」之規定，但另外又有第 274 條：「母生產時或甫生產後，殺其子女者，處六個月以上五年以下有期徒刑⋯⋯」之規定。究竟應以那一條為大前提，乃發生取捨上之困難，如果在大前提上發生問題，當然無法引導出結論。
2. **須有明確之事實的認定：在三段論法之推理過程中，如對小前提之事實認定不明確，也將影響結論之決定。**如以民法第 184 條第 1 項之規定：「因故意或過失，不法侵害他人之權利者，負損害賠償之責任⋯⋯」為大前提；遇到被汽車撞傷之案件，欲請求損害賠償時，首先，最為重要者，就要找出汽車司機至少有無「過失」，然後才能對照大前提順利引導出結論。

二、確定事實之方式

法律係對照個別的具體事實，加以適用者，因此在適用法律時自須先確定事實真相；而欲確定事實真相就須蒐集證據，證據雖有人證與物證之分，但往往因證據難以蒐集，且易湮滅，以致影響事實確定。因此，**法律為避免舉證之困難，或基於公益之理由，在判定一定之事實是否存在，乃有法律之「推定」與「擬制」兩種方式以為輔助：**

(一) **推定：即對於某種事實之存在或不存在不明確時，法律乃依照通常一般之狀態，加以推論認定之意。在法律條文常有「推定」之字語，即屬此類。**如民法第 1063 條第 1 項：「妻之受胎，係在婚姻關係存續中者，推定其所生子女為婚生子女。」此種推定，本來就難以依積極之證據證明，因此始退而依事理之演變推理而來，亦即僅為處理事務之方便而設，因此如有不同的主張，當可提出反證，加以推翻。因此，民法同條第 2 項又規定：「夫妻之一方或子女能證明子女非為婚生子女者，得提起否認之訴。」如對反證，沒有異議，此事實就此確定。

(二) **擬制：為使法律能對生活關係合理的規範，不問是否真實，對一定事實之存在，依據法律的政策，加以確定之意。**擬制係較前述之推定更進一步，為使法律能順利適用而為之判斷，亦即將所期望之事，藉立法之手段予以決定。**這種擬制，法條上用「視為」加以表示。**如民法第 7 條：「胎兒以將來非死產者為限，關於其個人利益之保護，視為既已出生。」此種擬制係將某一事實與其他事實做同一處理，而為法律政策上一種擬定。因此，縱有與真的事實相反，亦不容許舉反證加以推翻，此為與推定之不同。

小試身手

( ) **1** 將抽象之法律，適用於具體之社會事實，稱為？ (A)法律之制裁 (B)法律之適用 (C)法律之效力 (D)法律之解釋。

( ) **2** 刑法第278條第1項規定：「使人受重傷者，處五年以上十二年以下有期徒刑。」試問此規定在三段論法中悉屬？ (A)大前提 (B)小前提 (C)結論 (D)前言。

( ) **3** 法律原則上以證據為確定事實之基礎外，尚包括？ (A)擬制與視為 (B)視為與推定 (C)推定 (D)以上皆非。

答 **1 (B)** **2 (A)** **3 (B)**

第五節｜適用法律之原則

一、司法機關適用法律之原則【107年關四】

(一) **不告不理之原則：即在刑事訴訟上如無檢察官提起公訴或被害人提起自訴，法院對於案件不得主動審判之原則。**此為彈劾主義訴訟模式下之原理。至於民事訴訟上係以保護私權為目的，原則上尊重當事人意思而採取當事人進行主義，即性質上宜由當事人自行決定之訴訟行為，則依當事人之意思為之。但關於訴訟程序之進行，常攸關公益，故兼採職權進行主義。

(二) **一事不再理原則：法院對於訴訟案件之判決，一經宣告或確定，除合於再審、上訴或非常上訴外，不得就同一內容的案件，重新為同一的訴訟審理及判決。**例如在民事訴訟上當事人不得就已起訴之事件，於訴訟繫屬中，更行起訴。

(三) **受理訴訟者須為法院：**法院組織嚴密，專司審判之法官均具有專業知識，且審判獨立，足以確保審判公平，故由法院保障人權之專責，最為適宜。

(四) **法院不得拒絕人民之訴訟：**人民起訴訟後，法院必須依法定程序，予以公正之審判，不得任意拒絕或無故擱置。**故憲法第16條規定：「人民有請願、訴願及訴訟之權。」**訴訟既為人民之司法上受益權，法院自應尊重。

(五) **法院以公開審判為原則，秘密審判為例外：**法院組織法第86條規定：「訴訟之辯論及裁判之宣示，應以公開法庭行之。但有妨害國家安全、公共秩序或善良風俗之虞時，法院得決定不予公開。」此際，審判長應將不公開之理由宣示。

(六) **司法審判必須獨立，法院之判決應敘述理由：如憲法第80條規定：「法官須超出黨派以外，依據法律獨立審判，不受任何干涉。」**民刑訴訟法均有如是規定，蓋使審判不因外力之干擾而遭受影響，以維司法之尊嚴與審判之慎重也。

(七) **法院不得拒絕適用法律，無論法律之內容如何，法官有適用之義務，不得以法律不當為藉口而拒絕適用。但因法源複雜，司法機關審理具體案件時，對於不同之法源應有不同之態度：**內容違憲之法律在非經憲法法庭撤銷前，該法令仍為有效；法律本身不明確時，法官應以其法學素養予以解釋並適用之。

二、行政機關適用法律之原則

(一) **依法行政之原則**：**在民主法治國家，行政機關之運作以依法行政為原則，行政不得違反法律，逾越法律範圍。**我國憲法第172條規定：「命令與憲法或法律牴觸者無效。」中央法規標準法第11條規定，各機關發布之命令不得牴觸憲法或法律。司法院院解字第4012號解釋謂：**與憲法或法律牴觸之命令、法院得逕認為無效，不予適用**。至於司法機關即依據法律獨立審判之，而此法律並包括除法律以外與憲法或法律不相牴觸的有效規章在內。【109年關四、111年初考】

(二) **主動適用法律之原則**：行政機關執行國家任務，適用法律應自動積極的行使職權，以為國家謀利益，為人民造幸福。因此，它與司法機關適用法律時，採被動方式之不告不理原則不同。

(三) **指揮監督與服從原則**：**行政機關因有上下指揮監督之關係，其執行職務乃能統一迅速，故凡上級行政機關之命令，下級機關必須服從，並不拒絕執行。**公務員服務法第3條規定：「公務員對於長官監督範圍內所發之命令有服從義務，如認為該命令違法，應負報告之義務；該管長官如認其命令並未違法，而以書面署名下達時，公務員即應服從；其因此所生之責任，由該長官負之。但其命令有違反刑事法律者，公務員無服從之義務。前項情形，該管長官非以書面署名下達命令者，公務員得請求其以書面署名為之，該管長官拒絕時，視為撤回其命令。」惟如明知上級公務員之命令違反法律時，下級公務員則無服從之義務，徵諸我刑法第21條第2項：「依所屬上級公務員命令之職務上行為，不罰。但明知命令違法者，不在此限。」即可明瞭。此與司法機關適用法律時採獨立審判者不同。

(四) **行政上之自由裁量應依法理之原則**：蓋行政機關之自由裁量權係由法律之賦予，因此**裁量權之行使，須於職權範圍內為之，並不得違反法律之基本精神，不得逾越法律規定之範圍。**此與司法機關審判時只有自由心證外，其他須依照法律之規定審理者不同。

(五) **行政機關適用法律得發布命令之原則**：**法律之規定，不能詳及細目，故行政機關執行法律時，在法律授權下得訂定法規命令，或依職權訂定職權命令，以具體化法律之原則性規定，並補充執行法令之需要。**此與司法機關審理時只能依據現行法律以為適用者有別。

三、中央法規標準法規定適用法規之原則

(一) 特別法優於普通法：法規對於其他法規所規定之同一事項，而為特別之規定者，應優先適用之。其他法規修正後，仍應優先適用。

(二) 法規修正後之適用或準用：法規對某一事項，規定適用或準用其他法規之規定者，其他法規修正後，則適用或準用修正後之法規。

(三) 法律不溯既往之原則：各機關受理人民聲請許可案件，適用法規時，除依其性質應適用行為時之法規外，如在處理程序終結以前，據以准許之法規有變更者，適用新法規。但舊法規有利於當事人，而新法規未廢除或禁止聲請之事項者，適用舊法規。

(四) 法規之停止適用或恢復之程序：法規因國家遭遇非常事故，一時不能適用者，得暫停適用其一部或全部。法規停止或恢復適用之程序，準用本法有關法規廢止或制定之規定。

小試身手

(　　) **1** 行政機關適用法律之原則，下列何者不包括在內？　(A)不告不理原則　(B)得因法律不明確而拒絕適用　(C)無一事不再理之適用　(D)執行法律得發布命令。

(　　) **2** 依法律之適用原則，非經當事人之請求或檢察官之起訴，則司法機關不得自行審理，稱？　(A)告訴乃論　(B)不告不理　(C)不得拒絕適用　(D)一事不再理。

(　　) **3** 行政機關適用法律依法有？　(A)立法權　(B)裁量權　(C)拒絕審判權　(D)解釋法律權。

答　**1 (A)**　　**2 (B)**　　**3 (B)**

滿分題庫綜合演練

( ) **1** 依民國108年1月4日修正後的法院組織法，關於最高法院判例的適用，下列敘述何者正確？ (A)無裁判全文可資查考之最高法院判例，停止適用 (B)無裁判全文可資查考之最高法院判例，其效力與未經選編為判例之最高法院裁判相同 (C)最高法院判例，無論有無裁判全文可資查考，均停止適用 (D)有裁判全文可資查考之最高法院判例，其效力位階高於未經選編為判例之最高法院裁判。

( ) **2** 若具體事實不明或難以證明時，法律得為何種立法技術以暫時認定事實？ (A)準用 (B)類推 (C)推定 (D)但書。

( ) **3** 大法官於釋字第553號解釋中，考量立法者就地方制度法之草案說明，以界定得延期辦理改選或補選之特殊事故，此種解釋方法，係運用何種解釋方法？ (A)論理解釋 (B)目的解釋 (C)歷史解釋 (D)體系解釋。

( ) **4** 關於法律適用方法，下列何者錯誤？ (A)在相關事實已確定之情況下，應先尋找法規範 (B)在法律條文不清楚之情況下，應對法律條文進行解釋 (C)在法律條文中包含有不確定法律概念之情況下，得因其不夠具體而拒絕適用 (D)在法律條文有漏洞之情況下，應予以補充。

( ) **5** 關於法律與命令的區別，下列敘述何者錯誤？ (A)法律係由立法機關制定，而命令則由各機關訂定 (B)通則為法律，細則為命令 (C)法律與命令，均需經過總統公布後生效 (D)以命令限制人民之權利義務，應有法律授權。

( ) **6** 下列關於法律解釋的原則性敘述，何者錯誤？ (A)法官在解釋犯罪構成要件中的法律概念時，解釋結果不得逸脫該概念的最大可能文義範圍 (B)法官在解釋刑事法律時，若是遇到爭議，便應選擇各種主張中最有利於被告的立場　(C)法官在解釋犯罪構成要件時，得添加法律未明文規定的構成要件要素　(D)法官在解釋法律時，除了要以法條文義作為依據外，亦應顧及規範的意旨。

(　　)　**7**　中華民國憲法第140條規定「現役軍人不得兼任文官。」，請問使用何種法律解釋方法，可得「非現役軍人可兼任文官。」之解釋結果？　(A)反面解釋　(B)歷史解釋　(C)比較法解釋　(D)目的解釋。

(　　)　**8**　有學者在解釋我國民事訴訟法第284條規定時，參考德國民事訴訟法第294條規定，請問這種法律解釋方法是：　(A)文義解釋　(B)當然解釋　(C)比較法解釋　(D)反面解釋。

☆(　　)　**9**　中華民國憲法第3條規定「具中華民國國籍者為中華民國國民。」使用以下何種法律解釋方法，可得「不具中華民國國籍者，非中華民國國民。」之解釋結果？　(A)歷史解釋　(B)擴張解釋　(C)目的解釋　(D)反面解釋。

(　　)　**10**　法律與憲法有無牴觸發生疑義時，應由何機關解釋之？　(A)普通法院　(B)立法院　(C)司法院　(D)監察院。

(　　)　**11**　依司法院解釋，固有疆域範圍之認定，屬於下列何種問題，不應由釋憲機關解釋？　(A)重大之法律問題　(B)重大之民生問題　(C)重大之民族問題　(D)重大之政治問題。

(　　)　**12**　下列何者非屬於有權解釋？　(A)行政解釋　(B)司法解釋　(C)立法解釋　(D)學理解釋。

(　　)　**13**　民法第345條第1項：「稱買賣者，謂當事人約定一方移轉財產權於他方，他方支付價金之契約。」係何種解釋？　(A)論理解釋　(B)歷史解釋　(C)立法解釋　(D)系統解釋。

☆(　　)　**14**　依據刑法第315條之1，無故利用工具或設備窺視、竊聽他人非公開之活動、言論、談話或身體隱私部位者，將觸犯妨害秘密罪。學說認為，只要不使用工具或設備，單純偷窺，並不構成本條之妨害秘密罪。此係運用下列何種解釋方法所得到的結果？ (A)歷史解釋 (B)反面解釋 (C)目的解釋 (D)類推解釋。

( ) **15** 法律條文中有「準用」之字樣，其性質為： (A)補正解釋 (B)類推解釋 (C)限縮解釋 (D)擴張解釋。

( ) **16** 從法律適用的優先順序為標準，法律可以區分為那兩類？ (A)公法與私法 (B)民事法與刑事法 (C)特別法與普通法 (D)實體法與程序法。

( ) **17** 法律的適用，應嚴守法學三段論法以求客觀邏輯理性的維持。依法學三段論法的規則，法律適用時，法律條文的規定屬於法學三段論法的那一部分？ (A)結論 (B)小前提 (C)涵攝 (D)大前提。

( ) **18** 有關法律適用過程之敘述，下列何者錯誤？ (A)法律適用應經涵攝之過程 (B)法律適用採取三段論法 (C)法律適用之大前提為構成要件 (D)法律適用之結果為事實。

( ) **19** 法院於審理繼承事件中，進行DNA檢驗以確認血緣關係之行為，屬法律適用過程的何種活動？ (A)認定事實 (B)解釋法律要件 (C)涵攝事實與法律要件得出法律效果 (D)執行法律效果。

( ) **20** 依中央法規標準法之規定，若就同一事件，除了普通法外，亦有特別法加以規範，但嗣後立法者就該普通法進行修正，那麼此一事件應如何適用法律？ (A)優先適用新的普通法，不足之處才以舊的特別法補充之 (B)此一修正應視為後（普通法）法廢止前（特別法）法，故僅適用普通法即可 (C)視為新舊法規範衝突，聲請大法官解釋以決定適用順序 (D)特別法仍應優先普通法適用。

解答及解析

1 (A) **2 (C)** **3 (C)** **4 (C)**
5 (C)

6 (B)。在刑事程序中，如是**對「事實情狀」有疑惑，才是用罪疑唯輕**；若是對法律問題，法院不可以就有利被告的方向從事解釋，應選擇正確的解釋。

7 (A)。本題關鍵為否定之陳述，「非」。

8 (C)。對於相同或相似的法律概念，參酌外國立法例或司法判決，作為我國解釋法律之依據。

9 (D)。本題關鍵為否定之陳述，「非」。

10 (C)。憲法第171條第2項規定：「法律與憲法有無牴觸發生疑義時，由司法院解釋之。」

11 (D)。釋字第328號解釋理由書：「國家領土之範圍如何界定，純屬政治問題；其界定之行為，學理上稱之為統治行為，依權力分立之憲政原則，不受司法審查。」

12 (D)。所謂有權解釋，又稱為強制解釋或法定解釋，蓋**由國家機關所為之有權解釋，效力最高，此種解釋毫無疑問當優先於其他解釋，**以適用於具體事時。此有立法、行政、司法三種解釋。

13 (C)。立法解釋者，即由立法機關所為之法律解釋之謂。亦稱為法律解釋。

14 (B)。本題關鍵為否定之陳述，「非」。

15 (B)。類推解釋，**即就法律所未規定之事項，援引其類似事項之規定，比附適用之謂**，故亦稱類推適用。通常用類推或目的論解釋以為法律之補充，其原則為：先解釋，有漏洞時再補充。

16 (C)。此為特別法優於普通法之原則。

17 (D)。法律三段論：大前提→小前提→涵攝→結論。
大前提：法規。
小前提：事實。
涵攝：綜合大前提與小前提。
結論：即三段論之結論。

18 (D)。應為有責性。

19 (A)。DNA檢驗，鑑定結果為**事實認定**。

20 (D)。中央法規標準法第16條：「**法規對其他法規所規定之同一事項而為特別之規定者，應優先適用之**。其他法規修正後，仍應優先適用。」

第五章　法律的制裁

依據出題頻率區分，屬：**A 頻率高**

準備要領

法律制裁係對違反法規範者課以相應之責任。而法律責任根據不法程度的高低依序可分為刑事責任、行政責任與民事責任，因此在法律制裁上也有刑事制裁、行政制裁與民事制裁。本章係就法律制裁相關內容作介紹，統計過去考古題，刑事制裁與行政制裁相關考題為多數，請各位多留意。

第一節　法律制裁之意義與發展

一、意義

法律制裁，乃國家為確保法律之效力，對違法者所加之懲罰。

二、發展沿革

(一) **以私力制裁而趨向公力制裁**：原始社會人民只能依賴自己的力量來制裁違法者，保護自己的權益，宣洩個人的氣憤，即為私力制裁。但私人尋仇報復，社會秩序紊亂，故演變為國家基於公權力的作用，行使法律的制裁效力，是為公力制裁。

(二) **由報復、威嚇主義而趨向感化主義**：國家行使公權力制裁，最初對違法者加懲處，以滿足被害人報復的心理，並以嚴刑峻法，以期達到嚇阻的效果。但報復的觀念隨著時代的變遷而改變，認為違法的形成並非個人單方面的原因，國家社會亦應負相當的責任，於是國家制裁傾向感化主義，以期使違法者改過向善。

三、制裁的原因及種類

構成法律制裁的原因，可依所依據之法律的不同，而有以下分類：

(一) **國內法制裁**：對違反國內法者所為之制裁，可分為公法上制裁、私法上制裁與自力制裁：

1. **公法上制裁**：乃對於違反公法者所為之制裁，**包括憲法上制裁**，如對總統之罷免、彈劾（請參照本書第六章）；以及**行政法上制裁**，如對行政機關的制裁、對公務人員之制裁及對人民之制裁；以及**刑法上制裁**，如刑罰及保安處分。
2. **私法上制裁**：亦稱民事制裁，即國家或人民對於違反私法上之義務者所加之制裁，可分為權利上之制裁（如剝奪權利）、財產上之制裁（如損害賠償）等。
3. **自力制裁**：亦稱自力救濟或私力制裁，乃權利受到損害時，來不及依法定程序請求救濟時，依法得以自己的力量直接保障權利，例如民事法上的自助行為或自衛行為。

(二) **國際法制裁**：對違反國際法者所為之制裁者，可分為：

1. **干涉（公力制裁）**：分一般干涉與軍事干涉。
2. **自助（自力救濟）**：

   (1) 戰爭前的手段：包括斷絕邦交、報復、報仇、經濟制裁、示威、封鎖。

   (2) 戰爭。

小試身手

(　　) **1** 當法規範之內容受到違反時，就必須借重實力，對違反者課以相應之責任，稱？ (A)制裁 (B)道德力 (C)保障 (D)執行。

(　　) **2** 解釋制裁之種類可因其所依據之法律之不同，下列哪一種錯誤？ (A)行政制裁 (B)刑事制裁 (C)民事制裁 (D)違警制裁。

(　　) **3** 下列何者非屬公法上制裁之範疇？ (A)對侵權行為者之損害賠償請求 (B)對總統之罷免 (C)對犯罪人科以刑罰 (D)對公務員之懲戒。

(　　) **4** 關於法律制裁之發展沿革，下列敘述何者錯誤？ (A)以私力制裁而趨向公力制裁 (B)當今的制裁方式皆由國家所主導 (C)由報復主義趨向感化主義 (D)法律制裁是對違反法規範者課以相應之法律責任。

答 **1 (A)** **2 (D)** **3 (A)** **4 (B)**

第二節｜刑事制裁

刑事制裁是國家對於違反刑事法律者所為之處罰。**關於刑事制裁之種類基礎，係以刑法有關刑罰及保安處分之規定為準，依刑法第 32 條及第 33 條規定，刑罰的種類分為主刑與從刑，主刑有死刑、無期徒刑、有期徒刑、拘役以及罰金；從刑為褫奪公權。104 年 12 月 17 日將沒收列為專章（第 5-1 章），認為沒收為本法所定刑罰及保安處分以外之法律效果，具有獨立性，從而刪除刑法第 34 條有關從刑之種類、第 40-1 條追繳、追徵或抵償之宣告規定；追繳、抵償既屬無法執行沒收時替代手段，最終目的在無法執行沒收時，自其他財產剝奪相當價額，其方式可為價額追徵或財物之追繳、抵償，惟此本係執行之方法，而非從刑。**茲就其內容列簡表如下：

法學小教室

有學者提出「刑法謙抑性」的說法，即刑事制裁必須在不得已、必要且合理的最小範圍內始有適用的餘地，若某不法行為尚有行政制裁或民事制裁可使用時，即不得使用刑事制裁的手段，故又稱刑法「最後手段性」。

	總類	歸類	處罰內容
主刑（刑 33）	死刑	生命刑	剝奪生命。
	無期徒刑	自由刑	剝奪犯罪人終身之自由。
	有期徒刑		2 個月以上 15 年以下。但遇有加減時，得減至 2 個月未滿，或加至 20 年。
	拘役		1 日以上，60 日未滿。但遇有加重時，得加至 120 日。
	罰金	財產刑	新台幣 1000 元以上，以百元計算之。
從刑（刑 36）	褫奪公權（刑 36、37）	名譽刑 / 資格刑	剝奪： 1. 為公務員之資格。 2. 為公職候選人之資格。

一、刑罰

國家對於犯罪行為人，依據刑罰法規剝奪其生命、身體或財產上之權利之強制手段。可分為下列數種：

(一) **生命刑**：剝奪犯罪人之生命，使其永遠與社會隔離之制裁。死刑是國家以暴制暴的方式，制裁違反重大法律規定之人。死刑為刑罰最重之刑，又稱極刑，因此死刑不得加重。若死刑減輕者，為無期徒刑。又**刑法規定對於未滿十八歲人或滿八十歲人犯罪者，不得處死刑，本刑為死刑者或無期徒刑，減輕其刑。**【109 年台電】

(二) **自由刑**：限制犯人自由的刑罰，依刑法規定，自由刑分為下列三種：

無期徒刑	將犯罪之人終身監禁於監獄的刑罰而剝奪其自由。依刑法規定，無期徒刑不得加重，無期徒刑減輕者，為二十年以下十五年以上有期徒刑。又對未滿十八歲人或滿八十歲人犯罪者，不得處無期徒刑，本刑為無期徒刑者，減輕其刑。
有期徒刑	剝奪犯人一定期間自由之刑罰，期間在二月以上十五年以下；但遇有加減時，得減至二月未滿，加至二十年。有期徒刑減輕者，減輕其刑至二分之一。但同時有免除其刑之規定者，其減輕得減至三分之二。有期徒刑加減者，其最高度及最低度同加減之。
拘役	將犯罪人拘禁一日以上，六十日未滿，但遇有加重時，得加至一百二十日。拘役減輕者，減輕其刑至二分之一。但同時有免除其刑之規定者，其減輕得減至三分之二。拘役加減者，僅加減其最高度。

(三) **財產刑**：即剝奪犯人財產之刑罰，有罰金、沒收及追徵、追繳或抵償。

罰金：新臺幣一千元以上，以百元計算之。罰金減輕者，減輕其刑至二分之一。但同時有免除其刑之規定者，其減輕得減至三分之二。罰金加減者，其最高度及最低度同加減之。

1. 罰金之繳納：**罰金應於裁判確定後二個月內完納。**期滿而不完納者，強制執行。其無力完納者，易服勞役。但依其經濟或信用狀況，不能於二個月內完納者，得許期滿後一年內分期繳納。遲延一期不繳或未繳足者，其餘未完納之罰金，強制執行或易服勞役。罰金易服勞役，除有下列情形之一者外，得在履行期間二年內，**得以提社會勞動六小時折算一日，易服社會勞動：**

(1) 易服勞役期間逾一年。

(2) 入監執行逾六月有期徒刑併科或併執行之罰金。

(3) 因身心健康之關係，執行社會勞動顯有困難。

2. 罰金處罰種類與方式：

(1) 單科罰金：只對犯罪人科以罰金，不得再科以其他主刑；如刑法第254條規定：「明知為偽造或仿造之商標、商號之貨物而販賣，或意圖販賣而陳列，或自外國輸入者，處六萬元以下罰金。」

(2) 選科罰金：法官在科處刑罰時，可在罰金和其他主刑間任選一種處罰之。如犯刑法第149條公然聚眾不遵令解散罪，在場助勢者處六個月以下有期徒刑、拘役或八萬元以下罰金。

(3) 併科罰金：於科處主刑之後，再科以罰金；如刑法第195條第1項規定：「意圖供行使之用，而偽造、變造通用之貨幣、紙幣、銀行券者，處五年以上有期徒刑，得併科十五萬元以下罰金。」

(4) 易科罰金：所謂易科罰金，乃為受短期自由刑者而設，目的在避免短期自由刑之流弊，而以罰金代替其原所宣告之徒刑。依刑法第41條第1項之規定，易科罰金之要件如下：

A. **犯最重本刑為五年以下有期徒刑以下之刑之罪。**

B. **受六月以下有期徒刑或拘役之宣告者。**

C. **以易科罰金方式能收矯正之效或能維持法秩序者。**

D. **以新臺幣一千元、二千元或三千元折算一日，易科罰金。**

但得易科罰金而未聲請易科罰金者，或受六月以下有期徒刑或拘役之宣告而不符易科罰金其他要件之規定者，若無因身心健康而執行顯有困難之情形，或無難收矯正之效或無難以維持法秩序之情形，得以提供社會勞動六小時折算一日，易服社會勞動。該易服社會勞動履行期間，不得逾一年。

> **法學小教室**
>
> 短期自由刑之流弊包括：
> 1. 無施教之充分機會。
> 2. 對防止犯罪無力。
> 3. 受刑者大多為初犯者，使其喪失對拘禁之恐懼，減弱其自尊心。
> 4. 經微犯罪者之家屬在物質及精神上均受重大損失。
> 5. 犯罪者被釋放時，社會復歸遇到多種困難，成為促成再犯之原因。
> 6. 執行機構設施不良，人員缺乏訓練，受刑人易受惡性之感染，成為再犯之原因。

(四) **褫奪公權**：又稱為資格刑、能力刑或名譽刑，即剝奪犯人所應享有之公法上權利，依刑法第 36 條規定，**褫奪公權的內容包括「為公務員之資格」、「為公職候選人之資格」。**關於褫奪公權之宣告，其規定如下：

1. **宣告死刑或無期徒刑者，宣告褫奪公權終身。**
2. 宣告一年以上有期徒刑，依犯罪之性質認為有褫奪公權之必要者，宣告一年以上十年以下褫奪公權。其期間自主刑執行完畢或赦免之日起算。但同時宣告緩刑者，其期間自裁判確定時起算之。
3. 褫奪公權，於裁判時併宣告之，並自裁判確定時發生效力。

※104 年 12 月 17 日刑法修正要點如下：

(一) **將沒收列為獨立專章。**（新增第五章之一）規定沒收為從刑，**惟違禁物與犯罪工具之沒收係為預防再供作犯罪使用**，影響社會治安，**而犯罪所得之沒收係避免任何人坐享犯罪所得而失公平正義，並遏阻犯罪誘因**，又沒收之性質，應依其規範目的定之，即因沒收標的物性質及其所有權歸屬之不同，或為刑罰，或為保安處分，或為準不當得利之衡平措施，或兼具上開不同性質，是修正**沒收為具獨立性之法律效果**，爰將第 38 條至第 40-2 條相關沒收規定，獨立列於第五章之一，章名為「沒收」。

(二) **沒收修正後新舊法律之適用。**（修正條文第 2 條）本次修正擴大沒收對象及沒收客體，有關修法後新舊法律之適用，為兼顧財產權之信賴利益及法律安定性，原則仍適用行為時法，至第 40 條第 2 項、第 3 項得單獨宣告沒收之方式，則依程序從新原則，適用裁判時法。

(三) **刪除沒收、追徵、追繳或抵償為從刑之規定。**（修正條文第 34 條）本次修正沒收既非從刑，應將沒收自從刑之種類刪除。另本法於九十四年修正時，雖將特別刑法及附屬刑法中之追徵、追繳或抵償列為從刑之一，然追徵、追繳、抵償實係全部或一部不能沒收時之替代措施，其性質應為執行方法而非從刑，爰予以刪除，故本法所指從刑，專指褫奪公權。

(四) **依沒收客體不同分別規範沒收之要件，並擴大犯罪所得沒收客體之範圍。**
（修正條文第 38 條、第 38-1 條）

1. 沒收為具獨立性之法律效果，依沒收客體為違禁物、犯罪所生之物、供犯罪所用及預備犯罪之物、犯罪所得等分別規範。

2. 參酌反貪腐公約等國際公約，均要求沒收犯罪所得之客體包括有形及無形財產，乃參酌洗錢防制法規定，擴大沒收犯罪所得之範圍包括「物、財產上利益及其孳息」。
3. 第三人以惡意或因他人違法行為不當取得利益時，如未剝奪顯失公平正義，爰參酌行政罰法、美國聯邦法典及瑞士刑法等立法例，對第三人以惡意或因他人違法行為取得利益時，酌予沒收，以防止脫法及填補制裁漏洞。
4. 現今社會交易型態常以法人、非法人團體為交易對象，如其取得犯罪所得時，為徹底杜絕犯罪，應有沒收必要。故所定「犯罪行為人以外之他人」應包含自然人、法人及非法人團體。

(五) **增訂替代沒收之追徵規定。**（修正條文第 38 條、第 38-1 條）現行本法除分則編或其他法律另有規定外，於沒收客體全部或一部不能沒收時，並無代替沒收之追徵規定，爰參酌行政罰法、日本、德國與瑞士刑法等立法例，增訂供犯罪所用、犯罪預備之物或犯罪所生之物、犯罪所得，因事實上或法律上原因（如滅失或第三人善意取得）而不存在時，得追徵其價額。

(六) **增訂於無主刑存在時，亦得單獨宣告沒收。**（修正條文第 40 條）因事實上或法律上原因未能追訴犯罪行為人之犯罪或判決有罪者，如因無主刑而不能宣告沒收，將形成犯罪行為人與其相關之人享有犯罪所得，而顯失公平，故參酌反貪腐公約、德國刑法、美國聯邦法典等立法例，定明犯罪行為人有上開情形時亦得單獨宣告沒收。

(七) **增訂沒收之時效及執行期間。**（修正條文第 40-2 條、第 84 條）沒收雖非從刑，然長期不宣告沒收或不予執行，有礙於法秩序之安定性，爰增訂沒收之時效及執行期間，並刪除專科沒收之行刑權時效規定。

沒收：104 年 12 月 17 日將沒收列為專章（第 5-1 章認為沒收為本法所定刑罰及保安），處分以外之法律效果，具有獨立性。沒收，除有特別規定者外，於裁判時併宣告之。違禁物或專科沒收之物得單獨宣告沒收。違禁物、犯罪所得之物，因事實上或法律上原因未能追訴犯罪行為人之犯罪或判決有罪者，得單獨宣告沒收。關於沒收之物如下：

(一) 違禁物，不問屬於犯罪行為人與否，沒收之。

(二) 供犯罪所用、犯罪預備之物或犯罪所生之物，屬於犯罪行為人者，得沒收之。但有特別規定者，依其規定。

(三) 供犯罪所用、犯罪預備之物或犯罪所生之物，屬於犯罪行為人以外之自然人、法人或非法人團體，而無正當理由提供或取得者，得沒收之。但有特別規定者，依其規定。

(四) 犯罪所得，屬於犯罪行為人者，沒收之。但有特別規定者，依其規定。

(五) 犯罪行為人以外之自然人、法人或非法人團體，因下列情形之一取得犯罪所得者，亦同：1. 明知他人違法行為而取得。2. 因他人違法行為而無償或以顯不相當之對價取得。3. 犯罪行為人為他人實行違法行為，他人因而取得。

追徵：追徵、追繳係屬無法執行沒收時之替代手段，最終目的在無法執行沒收時，自其他財產剝奪相當價額，其方式可為價額追徵或財物之追繳、抵償，為此本係執行之方法，而非從刑，無須於本法區分，故刪除沒收、追徵、追繳或抵償為從刑之規定（刪除刑法第 34 條規定），統一沒收之替代手段為追徵。

(一) 違禁物、供犯罪所用、犯罪預備之物、犯罪所生之物之沒收，於全部或一部不能沒收或不宜執行沒收時，追徵其價額（第 38 條第 4 項）。

(二) 犯罪所得之沒收，於全部或一部不能沒收或不宜執行沒收時，追徵其價額（第 38-1 條第 3 項）。

(三) 為優先保障被害人因犯罪所生之求償權，爰參考德國刑法第 73 條第 1 項第 2 句，增訂第 38-1 條第 5 項規定：「犯罪所得已實際合法發還被害人者，不予宣告沒收或追徵。」但僅限於個案實際已經發還被害人之求償額度內，始能適用發還排除沒收之原則，不得泛以可能存有求償權之被害人為由，既不沒收亦不發還。否則犯罪行為人繼續享有犯罪所得，徹底背離利得沒收制度之本旨。

二、保安處分【111年鐵佐】

法學小教室

保安處分重在預防犯罪，與刑罰在處罰犯罪行為之目的有所不同。

其意義在於，國家為預防犯罪的發生，對於不便科以刑法而有危險性之特定人或對使用刑罰仍無法改善其犯罪習性者，另以其他方法予以制裁之處分。可知其目的在於將有特殊危險性之人，雖其暫時無刑法上的犯罪行為，但為防止犯罪行為發生，而施以「社會隔離」的手段。可分為下列七種：

(一) **感化教育處分**(刑法第 86 條):【108 年高考】

1. 因未滿十四歲而不罰者,得令入感化教育處所,施以感化教育。
2. 因未滿十八歲而減輕其刑者,得於刑之執行完畢或赦免後,令入感化教育處所,施以感化教育。但宣告三年以下有期徒刑、拘役或罰金者,得於執行前為之。
3. 感化教育之期間為三年以下。但執行已逾六月,認無繼續執行之必要者,法院得免其處分之執行。

(二) **監護處分**(刑法第 87 條):

1. 行為時因精神障礙或其他心智缺陷,致不能辨識其行為違法或欠缺依其辨識而行為之能力而不罰者,其情狀足認有再犯或有危害公共安全之虞時,令入相當處所或以適當方式,施以監護。
2. 行為時因精神障礙或其他心智缺陷,致其辨識行為違法或依其辨識而行為之能力,顯著減低者,或瘖啞人而得減輕其刑者,其情狀足認有再犯或有危害公共安全之虞時,於刑之執行完畢或赦免後,令入相當處所或以適當方式,施以監護。但必要時,得於刑之執行前為之。

(三) **禁戒處分**(刑法第 88 條、第 89 條):

1. 施用毒品成癮者,於刑之執行前令入相當處所,施以禁戒。
2. 因酗酒而犯罪,足認其已酗酒成癮並有再犯之虞者,於刑之執行前,令入相當處所,施以禁戒。

(四) **強制工作處分**(刑法第 90 條):有犯罪之習慣或因遊蕩或懶惰成習而犯罪者,於刑之執行前,令入勞動場所,強制工作。【111 年鐵員】

法學小教室

刑法第 90 條第 1 項及第 2 項前段規定:「(第 1 項)有犯罪之習慣或因遊蕩或懶惰成習而犯罪者,於刑之執行前,令入勞動場所,強制工作。(第 2 項前段)前項之處分期間為 3 年。」依據司法院大法官民國 110 年 12 月 10 日釋字第 812 號解釋,就受處分人之人身自由所為限制,違反憲法第 23 條比例原則,與憲法第 8 條保障人身自由之意旨不符,應自本解釋公布之日起失其效力。

(五) **強制治療處分**(刑法第 91 條、第 91-1 條):

1. 民國 108 年 5 月 29 日公布之新法,刪除刑法第 91 條和第 285 條。
2. 強制治療處分目前之法律依據為刑法第 91-1 條:犯第 221 條至第 227 條、

第 228 條、第 229 條、第 230 條、第 234 條、第 332 條第 2 項第 2 款、第 334 條第 2 款、第 348 條第 2 項第 1 款及其特別法之罪，而有下列情形之一者，得令入相當處所，施以強制治療：

(1) 徒刑執行期滿前，於接受輔導或治療後，經鑑定、評估，認有再犯之危險者。

(2) 依其他法律規定，於接受身心治療或輔導教育後，經鑑定、評估，認有再犯之危險者。

3. 前項處分期間至其再犯危險顯著降低為止，執行期間應每年鑑定、評估有無停止治療之必要。

(六) **保護管束之處分**（刑法第 92 條、第 93 條）：

1. 凡受感化教育、監護、禁戒、強制工作等處分，按其情形，得以保護管束代之。
2. 受緩刑之宣告者，除有下列情形之一，應於緩刑期間付保護管束外，得於緩刑期間付保護管束：

(1) 犯第 91-1 條所列之罪者。

(2) 執行第 74 條第 2 項第 5 款至第 8 款所定之事項者。

3. 假釋出獄者，在假釋中付保護管束。

(七) **驅逐出境處分**（刑法第 95 條）：外國人受有期徒刑以上刑之宣告者，得於刑之執行完畢或赦免後，驅逐出境。

種類	對象	原因及執行時期
感化教育（刑 86）	未滿 14 歲。（刑 18 I）	行為不罰者。
	14-18 歲。（刑 18 II）	原則上於刑之執行完畢或赦免後。
監護（刑 87）	精神障礙。（刑 19 I）	足認有再犯或危害公安之虞。
	刑 19 II、20 之人。	足認有再犯或有危害公共安全之虞時，於刑之執行完畢或赦免後。
禁戒（刑 88、89）	刑 88 I：煙毒犯。	施用毒品成癮者，於刑之執行前。
	刑 89 I：酗酒犯。	酗酒成癮＋有再犯之虞，於刑之執行前。

種類	對象	原因及執行時期
強制工作 （刑 90）	習慣犯。	1. 有犯罪之習慣，於刑之執行前。 2. 因遊蕩或懶惰成習而犯罪者，於刑之執行前。 （註：依釋字第 812 號解釋而於 110 年 12 月 10 日失效。）
強制治療 (刑 91-1)	刑 91-1：性犯罪者之強制治療。	徒刑執行期滿前或於接受身心治療或輔導教育後，經評鑑有再犯之危險。
保護管束 （刑 92、93）	刑 92 受 86 ～ 90 保安處分之宣告者。	按情形得以保護管束者。
	受緩刑宣告者。 （刑 93 Ⅰ）	緩刑期間。
	假釋者。（刑 93 Ⅱ）	假釋中。
驅逐出境 （刑 95）	刑 95：受有期徒刑以上宣告刑之外國人。	得於刑之執行完畢或赦免後。

小試身手

(　　) **1** 外國人受保安處分為驅逐出境之處分者，得於何時執行？ (A)刑之執行前 (B)於外國人向法院聲請核准時起 (C)假釋中 (D)刑執行完畢後。

(　　) **2** 關於褫奪公權之敘述，下列何者錯誤？ (A)褫奪公權為刑罰之從刑 (B)褫奪公權自宣判時起發生效力 (C)宣告死刑者，宣告褫奪公權終身 (D)褫奪公權應於裁判時併宣告之。

(　　) **3** 下列何者非易科罰金之要件？ (A)犯最重本刑為五年以下有期徒刑以下之刑之罪 (B)受一年以下有期徒刑或拘役之宣告者 (C)以易科罰金方式能收矯正之效或能維持法秩序者 (D)以新臺幣一千元、二千元或三千元折算一日而易科罰金。

(　　) **4** 罰金原則上應於判決確定後若干日繳納？ (A)一星期 (B)二十天 (C)一個月 (D)二個月。

( ) **5** 我國刑法對於無力完納罰金之人如何處理？ (A)強制工作 (B)免除其刑 (C)強制執行 (D)易服勞役。

答 **1 (D)** **2 (B)** **3 (B)** **4 (D)** **5 (D)**

第三節 | 行政制裁

一、對於公務員的制裁

> **法學小教室**
>
> 關於懲戒處分與刑事裁判之關係，我國採**刑懲併行制**。換言之，同一行為，在刑事偵查或審判中者，原則上不停止懲戒程序。

對公務員之制裁主要有司法懲戒與行政懲處。就司法懲戒方面，主要依據的法規為公務員懲戒法及法官法，依據前者之懲戒係由懲戒法院對受移送懲戒之公務員（不限懲戒類型）或由主管長官對九職等或相當九職等以下公務員之記過或申誡，依法為之；依據後者之懲戒係由司法院職務法庭對有應受懲戒法定事由之法官、檢察官，依法為之。就行政懲處方面，主要依據的法規則是公務人員考績法，乃由機關長官依相關規定職權為之。關於司法懲戒與行政懲處之種類及內涵介紹如下：

(一) **司法懲戒**【109 年台電、111 年鐵佐、112 初考、112 司五】

1. **對公務員之懲戒**：公務員若有 (1) 違法執行職務、怠於執行職務或其他失職行為 (2) 非執行職務之違法行為，致嚴重損害政府之信譽，依公務員懲戒法之規定，除現職公務員外，對退休（職、伍）或其他原因離職之公務員於任職期間之行為，仍應受懲戒。懲戒之種類有「免除職務」、「撤職」、「剝奪、減少退休（職、伍）金」、「休職」、「降級」、「減俸」、「罰款」、「記過」、「申誡」，其中「休職」、「降級」、「記過」之處分對於政務人員不適用，「剝奪、減少退休（職、伍）金」之處分以退休（職、伍）或其他原因離職之公務員為限，而「罰款」則得與「剝奪、減少退休（職、伍）金」及「減俸」以外之其餘各款併為處分。

免除職務	免除職務，免其現職，並不得再任用為公務員。
撤職	撤職，撤其現職，並於一定期間停止任用；其期間為一年以上、五年以下。 前項撤職人員，於停止任用期間屆滿，再任公務員者，自再任之日起，二年內不得晉敘、陞任或遷調主管職務。
剝奪、減少退休（職、伍）金	剝奪退休（職、伍）金，指剝奪受懲戒人離職前所有任職年資所計給之退休（職、伍）或其他離職給與；其已支領者，並應追回之。 減少退休（職、伍）金，指減少受懲戒人離職前所有任職年資所計給之退休（職、伍）或其他離職給與百分之十至百分之二十；其已支領者，並應追回之。 前二項所定退休（職、伍）金，應按最近一次退休（職、伍）或離職前任職年資計算。但公教人員保險養老給付、軍人保險退伍給付、公務員自行繳付之退撫基金費用本息或自提儲金本息，不在此限。
休職	休職，休其現職，停發俸（薪）給，並不得申請退休、退伍或在其他機關任職；其期間為六個月以上、三年以下。 休職期滿，許其回復原職務或相當之其他職務。自復職之日起，二年內不得晉敘、陞任或遷調主管職務。 前項復職，得於休職期滿前三十日內提出申請，並準用公務人員保障法之復職規定辦理。
降級	降級，依受懲戒人現職之俸（薪）級降一級或二級改敘；自改敘之日起，二年內不得晉敘、陞任或遷調主管職務。 受降級處分而無級可降者，按每級差額，減其月俸（薪）；其期間為二年。
減俸	減俸，依受懲戒人現職之月俸（薪）減百分之十至百分之二十支給。其期間為六個月以上、三年以下。自減俸之日起，一年內不得晉敘、陞任或遷調主管職務。

罰款	罰款，其金額為新臺幣一萬元以上、一百萬元以下。
記過	記過，自記過之日起一年內，不得晉敘、陞任或遷調主管職務。一年內記過三次者，依其現職之俸（薪）級降一級改敘；無級可降者，準用第十五條第二項之規定。
申誡	申誡，以書面為之。

2. **對法官、檢察官之懲戒：法官、檢察官若有法官法所定應受懲戒之事由者，應由監察院彈劾後移送職務法庭審理。關於懲戒之種類如下：**
   (1) **免除法官職務，並喪失公務人員任用資格。**
   (2) **撤職：**除撤其現職外，並於一定期間停止任用，其期間為一年以上五年以下。
   (3) **免除法官職務，轉任法官以外之其他職務。**
   (4) **罰款：**其數額為現職月俸給總額或任職時最後月俸給總額一個月以上一年以下。
   (5) **申誡。**

(二) **行政懲處：**對公務人員之行政懲處之原因，法無明文，但一般認為與受司法懲戒之原因相同。**行政懲處記有免職、記大過、記過及申誡四種，由機關長官為之。依據公務人員考績法之規定，考績可分為年終考績、另予考績及專案考績，年終考績及另予考績列丁等，以及專案考績一次記二大過者，應予免職。此外，公務人員尚必須受平時考核，以作為考績評分之參考依據，而依公務人員考績法之規定，平時考核在懲處方面可分為記大過、記過與申誡三種，得互相抵銷。公務人員受免職處分者，得依公務人員保障法之規定提起復審、行政訴訟，然公務人員若受記大過、記過或申誡處分者，依據實務見解，尚不得提起復審與行政訴訟，僅得依法提起申訴，再申訴。**

依據以往實務見解，此類尚不得提起復審與行政訴訟，僅得依法提起申訴，再申訴；惟因應釋字第 785 號，各機關對公務人員的考績評定（包括被評定為甲、乙等）、行政懲處之記過、記大過、記兩大功、申誡……等，均為行政處分之性質，未來公務人員不服上開處分，不再循申訴、再申訴之救濟途徑，而**改採復審、行政訴訟的救濟手段**。

二、對於人民的制裁

行政法上對於人民的制裁，有行政秩序罰（行政罰）與行政上的強制執行（行政執行罰）。關於兩者之介紹如下：

法學小教室

行政罰法第 1 條規定：「違反行政法上義務而受罰鍰、沒入或其他種類行政罰之處罰時，適用本法。但其他法律有特別規定者，從其規定。」其他法律有特別規定，如地方制度法之「吊扣執照」及社會秩序維護法之「拘留」等。

(一) **行政罰：行政罰乃是國家為了維持行政秩序，達成行政目的，而對過去違反行政法上義務者所科之制裁。目前有行政罰法作為科處行政罰之基礎規範，依據該法規定，行政罰之種類如下：**

1. **罰鍰**：亦即要求違反法規範者繳交一定之金額以為處罰。
2. **沒入**：指以財產為標的而命義務人強制交付。
3. **其他種類之行政罰**：指下列裁罰性之不利處分：
   (1) **限制或禁止行為之處分**：限制或停止營業、吊扣證照、命令停工或停止使用、禁止行駛、禁止出入港口、機場或特定場所、禁止製造、販賣、輸出入、禁止申請或其他限制或禁止為一定行為之處分。
   (2) **剝奪或消滅資格、權利之處分**：命令歇業、命令解散、撤銷或廢止許可或登記、吊銷證照、強制拆除或其他剝奪或消滅一定資格或權利之處分。
   (3) **影響名譽之處分**：公布姓名或名稱、公布照片或其他相類似之處分。
   (4) **警告性處分**：警告、告誡、記點、記次、講習、輔導教育或其他相類似之處分。

(二) **行政執行罰**（行政執行法第 2 條）：**行政執行罰是人民於公法上負擔金錢給付義務，或應履行一定的行政法上義務而不履行時，行政機關以實力強制執行，依行政執行法施以之處分。行政執行法所稱之行政執行，指公法上金錢給付義務、行為或不行為義務之強制執行及即時強制。**

法學小教室

行政執行罰中，公法上金錢給付義務之執行與行為或不行為義務之執行，原則上係以相對人具有義務為前提，而即時強制不以相對人具有行政法上義務為必要。

1. **公法上金錢給付義務之執行**（行政執行法第 11 條）：義務人依法令或本於法令之行政處分或法院之裁定，負有公法上金錢給付義務，而裁罰文書定有履行期間或有法定履行期間；或其裁罰文書未定履行期間，經以書面限期催告履行（告誡）；或依法令負有義務，經以書面通知限期履行者（告誡），由行政執行分署（前身為行政執行處）就義務人之財產執行之。

2. **行為或不行為義務之執行**（行政執行法第 27 條第 1 項）：依法令或本於法令之行政處分，負有行為或不行為義務，經於處分書或另以書面限定相當期間履行（告誡），逾期仍不履行者，由執行機關依間接強制或直接強制方法執行之。

(1) 間接強制方法如下（行政執行法第 28 條）：

A. 代履行。　B. 怠金。

(2) 直接強制方法如下：

A. 扣留、收取交付、解除占有、處置、使用或限制使用動產、不動產。

B. 進入、封閉、拆除住宅、建築物或其他處所。

C. 收繳、註銷證照。

D. 斷絕營業所必須之自來水、電力或其他能源。

E. 其他以實力直接實現與履行義務同一內容狀態之方法。

3. **即時強制**（行政執行法第 36 條）：行政機關為阻止犯罪、危害之發生或避免急迫危險，而有即時處置之必要時，得為即時強制。即時強制方法如下：

(1) 對於人之管束。

(2) 對於物之扣留、使用、處置或限制其使用。

(3) 對於住宅、建築物或其他處所之進入。

(4) 其他依法定職權所為之必要處置。

三、對於行政機關的制裁

行政機關從事行政行為必須依法行政，若有違反法規範者，亦必須接受法律制裁。例如行政機關對人民作出違法之行政處分，若經相對人依法請求救濟，則行政處分即有被撤銷或變更之可能。例如訴願法第 81 條第 1 項本文規定：「訴願有理由者，受理訴願機關應以決定撤銷原行政處分之全部或一部，並得視事件之情節，逕為變更之決定或發回原行政處分機關另為處分。」又如行政訴訟法第 195 條第 1 項前段規定：「行政法院認原告之訴為有理由者，除別有規定外，應為其勝訴之判決。」此外，人民依國家賠償法之規定對國家提起損害賠償之訴，亦屬法律對行政機關制裁之方式（國家賠償法之介紹請參照本書第七章）。

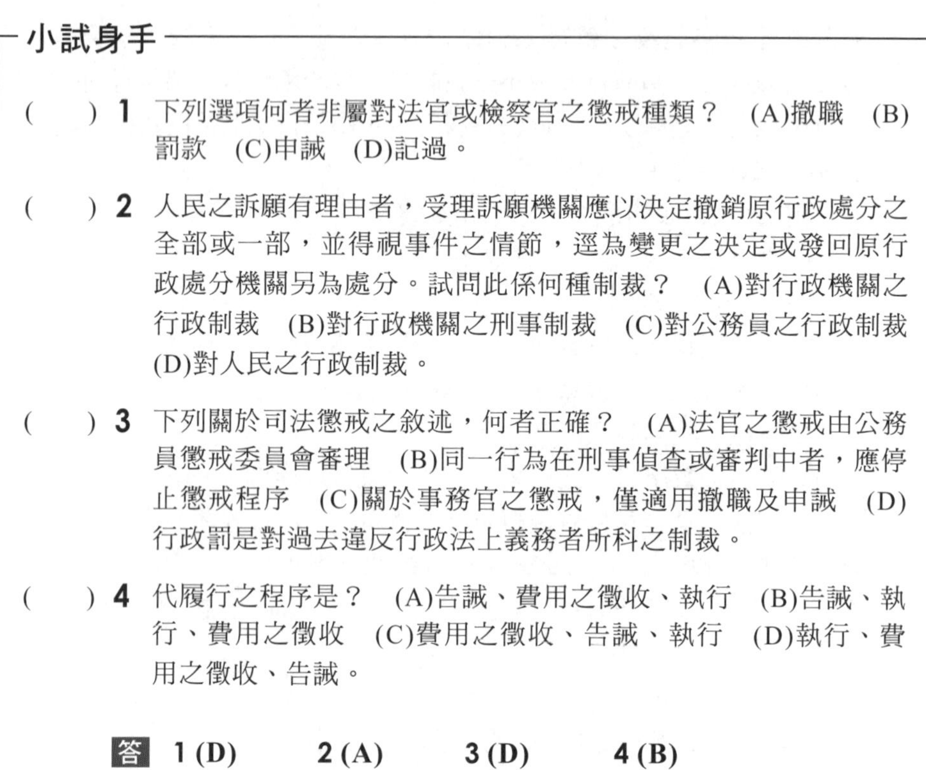

小試身手

(　　) **1** 下列選項何者非屬對法官或檢察官之懲戒種類？ (A)撤職 (B)罰款 (C)申誡 (D)記過。

(　　) **2** 人民之訴願有理由者，受理訴願機關應以決定撤銷原行政處分之全部或一部，並得視事件之情節，逕為變更之決定或發回原行政處分機關另為處分。試問此係何種制裁？ (A)對行政機關之行政制裁 (B)對行政機關之刑事制裁 (C)對公務員之行政制裁 (D)對人民之行政制裁。

(　　) **3** 下列關於司法懲戒之敘述，何者正確？ (A)法官之懲戒由公務員懲戒委員會審理 (B)同一行為在刑事偵查或審判中者，應停止懲戒程序 (C)關於事務官之懲戒，僅適用撤職及申誡 (D)行政罰是對過去違反行政法上義務者所科之制裁。

(　　) **4** 代履行之程序是？ (A)告誡、費用之徵收、執行 (B)告誡、執行、費用之徵收 (C)費用之徵收、告誡、執行 (D)執行、費用之徵收、告誡。

答 **1 (D)**　**2 (A)**　**3 (D)**　**4 (B)**

第四節｜民事制裁

民事制裁攸關私人間或相當私人間法律上權利義務關係，乃對違反私法上義務者所為之制裁。**民事制裁的特性在於，除法律有特別規定外，民事制裁的發動必須是由民事法律關係的當事人為之，國家並不會主動開啟民事制裁機制**。關於民事制裁，可分為財產上之制裁與權利上之制裁，其介紹如次：

一、財產上之制裁

(一) 損害賠償

1. **發生原因**：損害賠償之發生原因，有因違反契約義務而產生者，如因給付不能、給付遲延或不完全給付而生之損害賠償請求權；亦有因不法行為而產生者，如依民法第184條至第191-3條而生之損害賠償請求權。
2. **損害賠償請求之內容**：
   (1) 對人格權侵害之損害賠償請求權內容：
   A. 生命權之侵害：
   a. 財產上：不法侵害他人致死者，對於支出醫療及增加生活上需要之費用或殯葬費之人，亦應負損害賠償責任。被害人對於第三人負有法定扶養義務者，加害人對於該第三人亦應負損害賠償責任（民法第192條）。
   b. 非財產上：不法侵害他人致死者，被害人之父、母、子、女及配偶，雖非財產上之損害，亦得請求賠償相當之金額（民法第195條）。
   B. 其他法益之侵害：
   a. 財產上：不法侵害他人之身體或健康者，對於被害人因此喪失或減少勞動能力或增加生活上之需要時，應負損害賠償責任（民法第194條）。
   b. 非財產上：不法侵害他人之身體、健康、名譽、自由、信用、隱私、貞操，或不法侵害其他人格法益而情節重大者，被害人雖非財產上之損害，亦得請求賠償相當之金額。其名譽被侵害者，並得請求回復名譽之適當處分。於不法侵害他人基於父、母、子、女或配偶關係之身分法益而情節重大者，亦得請求賠償相當之金額（民法第195條）。
   (2) 對所有權侵害之損害賠償請求權內容：不法毀損他人之物者，被害人得請求賠償其物因毀損所減少之價額（民法第196條）。
3. **損害賠償之方法**：
   (1) **回復原狀為原則**：物質上之損壞，須回復原狀；名譽權遭損害，被害者並得請求為回復名譽之適當處分。

(2) **金錢賠償為例外**：應回復原狀者，如經債權人定相當期限催告後，逾期不為回復時（民法第 214 條）或不能回復原狀或回復顯有重大困難者（民法第 215 條），債務人應以金錢賠償其損害。

(二) **返還利益**：依民法第 179 條前段規定：「無法律上之原因而受利益，致他人受損害者，應返還其利益。」所以不當得利之受領人應負有返還利益之義務。

二、權利之制裁

(一) **強制履行**：義務人不履行給付義務，而該義務性質上不能以金錢賠償或無代替性的義務時，由法院判決強制義務人直接履行其義務的制裁。如強制某歌星履行唱片合約。

(二) **強制執行**：債務人不履行其給付義務，債權人得於取得執行名義後，請求法院強制執行，以保護債權人的利益，直接實現債務內容。

法學小教室

強制執行之執行主體，依據強制執行法第 3 條規定：「強制執行事件，由法官或司法事務官命書記官督同執達員辦理之。本法所規定由法官辦理之事項，除拘提、管收外，均得由司法事務官辦理之。」【109 年台電】

(三) **拘提與管收**：乃以強制債務人到場應訊之拘提方式，或拘束債務人身體自由於一定處所的管收方式，對債務人加以身心之壓迫，使其實現給付。

(四) **法律行為無效**：法律行為無效，係指法律行為欠缺成立要件，或雖具備成立要件，但欠缺生效要件而不生效力之所謂。**法律行為之無效為「自始」、「確定」、「絕對」且「當然」的不生效力。民法第 71 條本文規定：「法律行為，違反強制或禁止之規定者，無效。」又民法第 72 條規定：「法律行為，有背於公共秩序或善良風俗者，無效。」**

(五) **法律行為效力未定**：**法律行為效力未定，係指法律是否發生效力，繫於一定之法律事實，在該法律事實確定前，法律行為之效力則處於未定之狀態。換言之，即指法律行為雖已經成立，惟效力發生與否，尚未確定者而言。例如：無權利人就權利標的物所為之處分，經有權利人之承認始生效力**（民法第 118 條）**等。**【109 年關三】

(六) **法律行為之撤銷**：**係指有撤銷權人行使撤銷權，而使法律行為之效力溯及的歸於消滅而言。例如：因錯誤**（民法第 88 條）、**傳達錯誤**（民法第 89 條）、**被詐欺、脅迫**（民法第 92 條）**而為意思表示者，均屬於得撤銷之法律行為。**

(七) **法人之解散**：法人人格由法律所賦予，若法人的目的或其行為，有違反法律、公共秩序或善良風俗者，法院得因主管機關、檢察官或利害關係人之請求，宣告解散。

(八) **停止權利的行使**：對於違反法律規定者，剝奪其依法應享有的權利。如民法第 1090 條：「父母之一方濫用其對於子女之權利時，法院得依他方，未成年子女、主管機關、社會福利機構或其他利害關係人之請求或依職權，為子女之利益，宣告停止其權利之全部或一部。」

小試身手

( ) **1** 法人之目的或其行為，有違反法律、公共秩序或善良風俗者，法院得因相關人員之請求，宣告解散，此即對法人之？ (A)人格權剝奪 (B)身分權剝奪 (C)無效及撤銷 (D)名譽權之剝奪。

( ) **2** 強制債務人到案，即所謂？ (A)拘留 (B)管收 (C)拘提 (D)拘束。

( ) **3** 甲向乙訂貨若干，到期乙未交貨，則甲可行使？ (A)撤銷權 (B)解除權 (C)抗辯權 (D)財產權。

( ) **4** 保障債權之最有效方法為？ (A)強制執行 (B)管收 (C)拘提 (D)提起告訴。

( ) **5** 私法上對於侵權行為或債務不履行者之制裁是謂？ (A)返還利益 (B)損害賠償 (C)強制處分 (D)間接執行。

答 **1 (A)** **2 (C)** **3 (B)** **4 (A)** **5 (B)**

第五節 ｜ 國際制裁

一、國際紛爭解決方式

法學小教室

這部分考題較少出現，但對重要概念仍需要有印象。

國際間因有事實或法律的歧見以及彼此間利益之衝突，紛爭於焉產生。典型常見之例為領土管轄、邊界糾紛、貿易限制等，為解決此等紛爭以利世界和平，其方法可分和平解決、強制解決以及戰爭法上之解決。一般而言，和平解決之模式諸如談判、斡旋、調停、調查和仲裁、和解等均屬之，以下為相關內容之介紹：

二、國際制裁

所謂國際制裁係指由國際團體以強制手段對違反國際法之國家予以制裁，一般教科書都從公力及自力制裁之角度觀之。茲說明如次：

(一) **公力制裁**：所謂公力制裁係對違反國際法之國家予以干涉，改正其錯誤以維護國際法之尊嚴，而確保人類和平之手段，可分為下列二種方法：

1. **一般干涉**：指軍事以外之其他較為和平之干涉方法而言，如聯合國憲章第 41 條規定為：「安全理事會得決定所應採武力以外之辦法，……。此項辦法得包括經濟關係、鐵路、海運、航空、郵電、無線電及其他交通工具之局部或全部停止，以及外交關係之斷絕。」
2. **軍事干涉**：當一般干涉之手段已無法制裁違反國際法之國家，即需採取需要之軍事行動稱之，如聯合國憲章第 42 條規定為：「安全理事會如認為第 41 條所規定之辦法不足，或已經證明為不足時，得採取必要之海、空、陸軍行動，以維持恢復國際和平及安定，此項行動包括聯合國會員國之空、海、陸軍示威對陣及其他軍事行動。」實為最有效之制裁手段。

(二) **私力制裁**：國際法上私力制裁之方式，得因階段不同而區分為戰爭前之手段與戰爭二種，茲分別說明如後：

1. **戰爭前之手段**：

(1) 斷絕邦交：兩國間發生紛爭，未能和平解決時，一國為抗議他國時，可以宣告對他國斷絕邦交關係，以表示憤怒，並促使他國之注意。

(2) 報復:報復乃以相同或類似之行為,回應他國不友善或不公平之行為。
(3) 經濟斷絕:乃以經濟斷絕對他國之資源、外匯、貨物之出口進口貿易或財務關係,甚至禁止本國人民與他國人民或他國人民與任何其他國人民之間的一切經濟。
(4) 陸海軍之示威:以一國之陸海軍在他國領域邊界示威,以達說服或懾服他國之效。
(5) 平時封鎖:一國對於他國之海岸,在平時用軍艦以武力實行封鎖,以斷絕他國之對外海上交通,迫使他國對爭議事件就範。
(6) 平時報仇:即本國對於他國不履行法律之義務,或侵害其本國權利之行為時,本國所實施反擊之手段。

2. **戰爭**:戰爭為解決國際爭端最後之手段,由國與國間明白宣示使用武力對決。

小試身手

( ) **1** 解決爭端之最後手段是? (A)戰爭 (B)報復 (C)報仇 (D)斷交。

( ) **2** 下列何者乃是國際上一種公力救濟之行為? (A)干涉 (B)斷絕邦交 (C)報復 (D)封鎖。

答 **1 (A)** **2 (A)**

第六節 | 自力制裁

一、概説

謂自力制裁(自力救濟)係指私人權益遭受侵害時,因事出突然來不及依法律程序請求救濟,故依賴自己之力量對加害者予以反擊之謂。

二、種類

自力救濟既係以自己之力量直接對違反義務者予以制裁,在民法上有自衛行為與自助行為兩種。**自衛行為係對於侵害權利行為所為之排除行為;可分為正當**

防衛與緊急避難兩種型態。自助行為則係情況急迫時保護自己權利的積極維護行為。刑法上之自力救濟則有正當防衛與緊急避難，茲更詳細討論如後：

(一) **民法上之自力救濟：**民法上之自力救濟有自衛行為（正當防衛與緊急避難）及自助行為，茲就其意義，要件說明之。

1. **自衛行為：所謂自衛行為係指當權利遭受侵害，來不及請求國家保護，為求防衛自己或他人之權利遭受侵害或避免自己或他人之危險，法律允許其自力救濟之行為，此時不會構成侵權行為，可免除民事責任**，依民法之規定有正當防衛及緊急避難，茲分述如次：

(1) **正當防衛：對於現時不法之侵害，為防衛自己或他人之權利所為之行為，不負損害賠償之責；但已逾越必要程度者，仍應負相當賠償之責**（民法第149條），是謂正當防衛。其應具備之要件為：

A. 須有加害行為：加害行為須具有「不法之侵害」與「現時之侵害」二要件，亦即該行為於客觀尚有不法要件，而該行為已開始實施而尚未完畢，始能成立。

B. 須有防衛行為：須具有「為防衛自己或他人之權利」之行為。

C. 須未逾越「必要程度」等要件始能立，否則謂之防衛過當，不能免除損害賠償責任。

(2) **緊急避難：乃因避免因自己或他人生命、身體、自由或財產上急迫之危險，所為避難之行為，其行為除了避免危險所必要外，且未逾越危險所能致之損害程度者謂之**（民法第150條），又其應具備下列要件：

A. 須有危險存在。

B. 須危險情形屬急迫。

C. 須為保全自己或他人生命、身體、自由或財產。

D. 須避難行為係為避免危險所必要。

E. 須未逾越危險所能致之損害程度。

F. 須其危險之發生行為人無責任，否則仍應負損害賠償責任。

2. **自助行為**

(1) **意義：所謂自助行為係指權利人對於他人擁有請求權，惟因情況急迫，不及受法院及其他機關援助，為保護自己權利，對於他人之自由或財產施以拘束、收押或毀損之行為。**

(2) **要件：依民法第 151 條規定：「為保護自己權利，對於他人之自由或財產，施以拘束、押收或毀損者，不負損害賠償之責，但以不及受法院及其他有關機關援助，並非於其時為之，則請求權不得實行或其實行顯有困難者為限。」乃事前之限制也；又同法第 152 條規定：「依前條之規定，拘束他人自由或押收他人財產者，須即時向法院聲請處理。前項聲請被駁回，或其聲請遲延者，行為應負損害賠償之責。」乃事後之限制也**。依上述之限制，可知其成立之要件為：

A. 須為保護自己之權利。

B. 須僅對他人自由或財產施以拘束，押收或毀損。

C. 須有急迫而不及請求公力救濟之情形。

D. 須事後即時向法院聲請處理。

有此四種要件，始得構成自助行為，否則應負損害賠償之責任。上述之自助行為係以民法第 151 條、第 152 條為規範分析基礎，除此之外，我國民法尚有特別規定諸如飲食店主人之留置權（民法第 612 條），土地所有人得留置物品或動物（民法第 791 條Ⅱ），出租人之留置權（民法第 445 條）。

(二) **刑法上之自力救濟**：刑法上並無自助行為，故其自力救濟之方式只有自衛行為，包括正當防衛與緊急避難，其與民法意義、要件相似只有法律效果不同，民法是規定「不負損害賠償責任」，刑法是規定「不罰」。以下僅就「正當防衛」與緊急避難討論之。

1. **正當防衛**：刑法上所謂正當防衛，乃允許私人於遭受不法侵害，符合特定要件時，得以自力救濟之方式排除其侵害，而不負刑責。**依刑法第 23 條規定：「對於現在不法之侵害，而出於防衛自己或他人權利之行為，不罰。但防衛行為過當者，得減輕或免除其刑。」**析之正當防衛之要件有四：

(1) 須對於現在之侵害，與前述民法相同。

(2) 須對於不法之侵害：

不法即違法，違法係指無阻卻違法之情形，而合法者；若警察之依法逮捕犯人，則屬於合法行為，因此犯人不得主張其抗拒之行為為正當防衛，而拒捕也。

(3) 須出於防衛自己或他人權利之行為：

權利之範圍無限制，無論生命、身體、自由、財產等權利，均在得為防衛之列，而權利之主體不限於自己，即他人之權利，亦許為防衛。

(4) 須其防衛行為不過當：

不過當即不得逾越必要程度，亦即應衡酌所施之防衛行為與可能受損之程度是否相當，必須未超過必要之程度始可。

具備上述四要件，則其行為阻卻違法，亦即行為人自力救濟所為之防衛行為，在刑法上應屬不罰。

2. **緊急避難：依刑法第24條規定：「因避免自己或他人生命、身體、自由、財產之緊急危難而生於不得已之行為，不罰。但避難行為過當者，得減輕或免除其刑。」**

緊急避難之要件可作如下之分析：

(1) 須有危險存在。

(2) 危難須屬緊急。

(3) 須為保全自己或他人生命、身體、自由、財產所為之避難行為。

(4) 須出於不得已。

(5) 須無承受危難之特別義務。

(6) 須行為不過當。

小試身手

(　　) **1** 下列何者屬於自力救濟之行為？ (A)自助行為 (B)民事訴訟 (C)刑事訴訟 (D)行政訴訟。

(　　) **2** 因避免自己或他人生命、身體、自由、財產之緊急危難，而出於不得已之行為，不罰，稱？ (A)正當防衛 (B)緊急避難 (C)自助行為 (D)強制執行。

答 **1 (A)** **2 (B)**

滿分題庫綜合演練

( ) **1** 下列何者不屬於行政罰？ (A)罰鍰 (B)沒入 (C)裁罰性不利益處分 (D)拘役。

( ) **2** 自由刑之最重者為？ (A)無期徒刑 (B)有徒刑 (C)拘役 (D)死刑。

( ) **3** 自由刑之最輕者為？ (A)罰金 (B)拘役 (C)有期徒刑 (D)無期徒刑。

( ) **4** 刑法規定，有期徒刑之刑期，如無加減其刑之情況，最長刑期為若干年？ (A)十年 (B)十五年 (C)二十年 (D)二十五年。

( ) **5** 無期徒刑不得加重，其減輕者可為？ (A)七年以上有期徒刑 (B)十五年以下十二年以上有期徒刑 (C)二十年以下十五年以上有期徒刑 (D)十年以上有期徒刑。

( ) **6** 行政強制執行中，下列何者為間接強制處分？ (A)怠金 (B)對人的管束 (C)對物的扣留 (D)對於家宅之侵入。

☆( ) **7** 強制執行中，下列何者為即時強制處分？
(A)罰鍰 (B)對人的管束 (C)代執行 (D)損害賠償。

( ) **8** 下列何種非屬保安處分？ (A)監護處分 (B)褫奪公權 (C)感化教育 (D)強制治療。

☆( ) **9** 下列何者，非刑法上之制裁？ (A)罰鍰 (B)罰金 (C)拘役 (D)沒收。

( ) **10** 我國法律原則上對於違反法律規定者的制裁交由國家行使，但法律允在何種情況下有自力救濟的可能？ (A)正當防衛及復仇 (B)緊急避難及復仇 (C)正當防衛及緊急避難 (D)戰爭與緊急避難。

☆(　　) **11** 依公務員懲戒法規定，公務員之懲戒種類，下列何者全部正確？(A)撤職、降級、停職、申誡、記過、檢束 (B)撤職、停職、減俸、記過、申誡、檢束 (C)撤職、休職、降級、減俸、記過、申誡 (D)撤職、降級、減俸、記過、檢束。

☆(　　) **12** 政務官之懲戒？ (A)適用公務員懲戒法上之九種懲戒 (B)不適用減俸及申誡 (C)不適用申誡與停職 (D)不適用休職與降級。

(　　) **13** 公務員懲戒法中，最重之處罰為？ (A)撤職 (B)休職 (C)降級 (D)免職。

☆(　　) **14** 下列何者屬於行政法的間接強制之手段？ (A)管束與罰鍰 (B)刑事罰金 (C)代履行與怠金 (D)對於住宅之侵入。

(　　) **15** 下列何選項屬於對於公務員的制裁？ (A)撤職或罰鍰 (B)撤職、休職、降級或減俸 (C)扣押或罰鍰 (D)撤職及管束。

☆(　　) **16** 依公務人員考績法所為之記過是針對何者的制裁？ (A)人民 (B)行政機關 (C)公務員 (D)行政機關及公務員。

(　　) **17** 下列何種制裁屬於行政制裁？ (A)契約無效 (B)撤銷原處分 (C)拘役 (D)人格權的剝奪。

(　　) **18** 行政制裁因制裁對象之不同，可分為？ (A)對行政機關及公務員之制裁 (B)對行政機關及失職人員的制裁 (C)對公務員及一般人民之制裁 (D)對公務員、行政機關及一般人民之制裁。

(　　) **19** 行政機關或法院，基於國家之一般統治權，對過去違反行政法上之義務者，所科之制裁，以達行政之目的者，稱為？ (A)行政罰 (B)懲戒 (C)行政上之強制執行 (D)代執行。

☆(　　) **20** 行政上之強制執行？ (A)乃指人民不履行行政法上的義務時，行政機關以強制手段，使其實現和履行義務相同狀態之手段 (B)以特定的私法上的義務，業已成立，而義務人不履行其義務為前

提 (C)與司法上之強制執行同 (D)乃對於義務人過去違反義務所為之處罰。

☆( ) **21** 關於行政罰，下列何者為非？ (A)行政罰，乃以違反行政法上的義務為前提 (B)行政罰乃指以強制力，促成義務人將來實現義務之手段 (C)行政罰乃基於國家的一體統治權所加之制裁 (D)行政罰之科處，由行政機關或法院為之。

( ) **22** 對於不履行行政法上之義務者強制其履行或實現與已履行同一狀態，謂之？ (A)懲戒罰 (B)行政上之強制執行 (C)刑事罰 (D)民事罰。

☆( ) **23** 代履行所需之條件，下列何者為是？ (A)必須有人民依法令或行政機關之處分，而負有作為之義務 (B)必須有義務人不為其所應為之行為 (C)義務人所負者為作為義務，且可由別人代為之義務 (D)以上皆是。

( ) **24** 在民事制裁之損害賠償方面，若不法侵害他人致死者，必須負擔財產上之損害賠償責任，下列何者為非？ (A)對於支出醫療費之人 (B)對於增加生活上需要費用之人 (C)對於支出慰撫金之人 (D)對於支出殯葬費之人

☆( ) **25** 代履行，如違章建築物之拆除係屬於？ (A)行政上的強制執行 (B)民法上的強制執行 (C)刑法上的強制執行 (D)憲法上的強制執行。

☆( ) **26** 如有物堵塞水路妨礙航行，船政機關命所有人將該物移置，於其不為移置時，由船政機關或命他人代為移置，此種處置乃為何名？若船政機關不將該物移置，反令其爆碎，又為何處置？ (A)前為代履行，後為直接強制 (B)前為直接強制，後為代履行 (C)前為執行罰，後為間接強制 (D)前為代履行，後為執行罰。

( ) **27** 民法所規定之損害賠償責任？ (A)以恢復原狀為原則，金錢賠償為例外 (B)以金錢賠償為原則，恢復原狀為例外 (C)僅金錢賠償 (D)僅須恢復原狀。

( ) **28** 依強制執行法第21條之規定，債務人受合法之通知，無正當理由而不到場者，執行法院得採取下列何種行為？ (A)拘役 (B)拘提 (C)拘留 (D)拘禁。

( ) **29** 因避免自己或他人生命、身體、自由、財產之緊急危難而出於不得已之行為，不罰。此種行為稱為？ (A)正當防衛 (B)緊急避難 (C)自助行為 (D)不得已行為。

( ) **30** 在民事法律關係中，私權遭受侵害，以何者為主要制裁手段？ (A)損害賠償 (B)罰款 (C)拘役 (D)處罰。

( ) **31** 下列何者不屬於行政罰法所規定之裁罰性不利處分？ (A)罰鍰 (B)沒入 (C)斷水斷電 (D)記次。

( ) **32** 凡無權占有或侵奪他人之物者，對物主應負？ (A)撤銷之責 (B)返還之責 (C)解除契約之責 (D)強制執行之責。

( ) **33** 當父母濫用其對子女之權利時，得？ (A)科以罰金 (B)處以保安處分 (C)拘役 (D)剝奪其對子女之權利。

☆( ) **34** 無法律上之原因而受利益，致他人受損害者，法律上名稱為何？ (A)不當得利 (B)無因管理 (C)侵權行為 (D)先占。

( ) **35** 法律行為當然且確定不發生其效力者，稱為？ (A)得撤銷 (B)無效 (C)效力未定 (D)得終止。

( ) **36** 依《公務員懲戒法》第9條規定，下列何者非屬公務員之懲戒處分？ (A)降級 (B)記過 (C)停職 (D)申誡。

( ) **37** 某影星不履行其表演合約之義務時，可經由法院判決？ (A)損害賠償 (B)回復權利 (C)剝奪權利 (D)強制履行。

☆( ) **38** 小郭為快餐店老闆，今老張吃完快餐後不欲付費，小郭欲保障自己之權益，乃將老張之行李留置，並向官署依法提出訴訟，問小郭之主張係我國所稱之什麼權利？ (A)正當防衛 (B)緊急避難 (C)自助行為 (D)侵權行為。

( ) **39** 對於他國不禮貌、不友誼或不公平的行為，本國亦以相同或類似的行為加以對付，在國際法上稱之為？ (A)制裁 (B)干涉 (C)報復 (D)封鎖。

( ) **40** 強制工作屬於下列何者？ (A)道德感化 (B)行政制裁 (C)民事制裁 (D)保安處分。

( ) **41** 下列何者不是民事制裁？ (A)違約金 (B)罰金 (C)損害賠償 (D)繼承權的剝奪。

☆( ) **42** 罰金與罰鍰二者之間的差別為何？ (A)並無差異 (B)罰金屬於民事處罰，罰鍰則為刑罰 (C)罰金屬於民事處罰，罰鍰為行政罰 (D)罰金屬於刑罰，罰鍰則為行政罰。

( ) **43** 人民因違反行政法上之義務而受主管機關科處罰鍰。此罰鍰為：(A)行政秩序罰 (B)行政刑罰 (C)執行罰 (D)懲戒罰。

( ) **44** 下列何者為刑事制裁？ (A)損害賠償 (B)宣告解散 (C)保安處分 (D)降級。

☆( ) **45** 沒收與沒入之敘述，下列何者正確？ (A)二者皆為刑罰，由法院處罰 (B)二者皆為行政罰，由行政機關處罰 (C)沒收由法院處罰，沒入由行政機關處罰 (D)沒收由行政機關處罰，沒入由法院處罰。

( ) **46** 依據刑法第33條規定，下列有關刑罰「徒刑」之敘述，何者錯誤？ (A)我國刑法上之徒刑區分為有期徒刑與無期徒刑兩種 (B)有期徒刑為二月以上二十年以下 (C)有期徒刑為主刑之一種 (D)有期徒刑遇有減輕時，得減至二月未滿。

( ) **47** 有犯罪習慣或因遊蕩或懶惰成習而犯罪者，法院得於刑之執行前，施以何種保安處分？ (A)強制工作 (B)保護管束 (C)禁戒處分 (D)強制治療。

( ) **48** 下列關於行政制裁之敘述，何者錯誤？ (A)罰金不屬於行政制裁的方式 (B)公務人員所受之平時考核，得與司法懲戒互相抵銷

(C)人民依國家賠償法對國家提起損害賠償之訴，屬於對行政機關制裁之方式 (D)對法官與公務員的司法懲戒所共有的類型有撤職與申誡。

( ) **49** 下列何者不屬於我國刑法的保安處分？ (A)監護處分 (B)保護管束 (C)禁戒處分 (D)褫奪公權。

( ) **50** 驅逐出境是對下列那一種犯罪人所設之保安處分？ (A)非法入境者 (B)外國人 (C)無國籍者 (D)中華民國國民在國外犯罪者。

( ) **51** 關於公務員行政責任之敘述，下列何者正確？ (A)行政懲處係由司法機關處分之 (B)行政懲處屬平時考核者，有功過相抵之適用 (C)公務員撤職與否之救濟，以最高行政法院為終審法院 (D)減俸屬於懲處處分。

( ) **52** 下列何者屬於地方自治條例得規定之行政罰種類？ (A)勒令停工 (B)吊銷證照 (C)命令歇業 (D)命令解散。

解答及解析

1 (D)。行政罰法第 1 條：「違反行政法上義務而受**罰鍰**、**沒入**或其他種類行政罰之處罰時，適用本法。但其他法律有特別規定者，從其規定。」
行政罰法第 2 條：「本法所稱其他種類行政罰，指下列**裁罰性之不利處分**：一、限制或禁止行為之處分。二、剝奪或消滅資格、權利之處分。……」

2 (A)。死刑為生命刑。

3 (B)。刑法第 33 條。

4 (B)。有期徒刑若遇加重，最長刑期為二十年。刑法第 33 條對有期徒刑之範圍規定為：「二月以上，十五年以下。**但遇有加減時，得減至二月未滿，或加至二十年**」。

5 (C)。刑法第 65 條第 2 項規定：「無期徒刑減輕者，為二十年以下十五年以上有期徒刑。」

6 (A)。(B)(C)(D) 皆為即時強制。

7 (B)。強制執行法、行政執行法皆有相關規定。

8 (B)。(B) 為刑罰。

9 (A)。**罰金、沒收、拘役皆屬刑罰；罰鍰、沒入、拘留則為行政罰。**

10 (C)。此選項為刑法中明訂之阻卻違法事由。

11 (C)。詳參公務人員懲戒法之規定。

12 (D)。公務員懲戒法第 9 條。

13 (D)。選項 (A) 撤職原是公務員 6 種懲戒處分中最重的一種，惟自 104 年開始公務員懲戒法中已增列免除職務、剝奪、減少退休（職、伍）金、罰款等三種處分，撤職退而成為次重的處分。故選 (D)。

14 (C)。管束才是直接強制。

15 (B)。詳參公務員懲戒法。

16 (C)。法規名稱即是解答。

17 (B)。(A)、(D) 為民法，(C) 為刑法。

18 (C)。例如公務員懲戒法及道路交通管理處罰條例。

19 (A)。例如：行政處分。

20 (A)。分為直接強制及間接強制。

21 (B)。行政法也包刮非強制力之手段。

22 (B)。分為直接強制和間接強制。

23 (D)。行政執行法第 29 條第 1 項規定：「依法令或本於法令之行政處分，負有行為義務而不為，其行為能由他人代為履行者，執行機關得委託第三人或指定人員代履行之。」

24 (C)。慰撫金屬於非財產上之損害賠償。行為人若不法侵害他人致死者，被害人之父、母、子、女及配偶，雖非財產上之損害，亦得請求賠償相當之金額（即慰撫金）。

25 (A)。行政執行法第 28 條。

26 (A)。為間接強制及直接強制。

27 (A)。民法第 214 條規定：「應回復原狀者，如經債權人定相當期限催告後，逾期不為回復時，債權人得請求以金錢賠償其損害。」

28 (B)。行政執行法第 17 條。

29 (B)。不正行為對不正行為。

30 (A)。民法第 184 條。

31 (C)。行政罰法第 1 條規定，違反行政法上義務而受罰鍰、沒入或其他種類行政罰之處罰時，適用本法。但其他法律有特別規定者，從其規定。行政罰法第 2 條規定，本法所稱其他種類行政罰，指下列裁罰性之不利處分：一、限制或禁止行為之處分：限制或停止營業、吊扣證照、命令停工或停止使用、禁止行駛、禁止出入港口、機場或特定場所、禁止製造、販賣、輸出入、禁止申請或其他限制或禁止為一定行為之處分。二、剝奪或消滅資格、權利之處分：命令歇業、命令解散、撤銷或廢止許可或登記、吊銷證照、強制拆除或其他剝奪或消滅一定資格或權利之處分。三、影響名譽之處分：公布姓名或名稱、公布照片或其他相類似之處分。四、警告性處分：警告、告誡、記點、記次、講習、輔導教育或其他相類似之處分。故答案為 (C)。

32 (B)。民法第 179 條。

33 (D)。民法第 1090 條：「父母之一方濫用其對於子女之權利時，法院得依他方、未成年子女、主管機關、社會福利機構或其他利害關係人之請求或依職權，為子女之利益，宣告停止其權利之全部或一部。」

34 **(A)**。民法第 179 條。

35 **(B)**。本題題意為自始不發生效力。

36 **(C)**。依公務員懲戒法第 9 條規定，公務員之懲戒處分如下：(1) 免除職務。(2) 撤職。(3) 剝奪、減少退休（職、伍）金。(4) 休職。(5) 降級。(6) 減俸。(7) 罰款。(8) 記過。(9) 申誡。故答案為 (C)。

37 **(D)**。例如強制執行處所處理的工作。

38 **(C)**。因題目有提到其自行留置行李之行為。

39 **(C)**。依其詞意即可解讀。

40 **(D)**。本選項為刑法之明文規定。

41 **(B)**。為刑事制裁。

42 **(D)**。詳見刑法及行政罰法之規定用語。

43 **(A)**。行政秩序罰，又稱為行政罰，係指**國家為維持行政秩序，達成行政之目的，而對過去違反行政法上義務者所科之制裁**。

44 **(C)**。(A)(B) 皆屬民事制裁，(D) 為對公務員之行政制裁。

45 **(C)**。刑法第 34 條：「從刑之種類如下：一、褫奪公權。二、沒收。三、追徵、追繳或抵償。」行政罰法第 1 條：「違反行政法上義務而受罰鍰、沒入或其他種類行政罰之處罰時，適用本法。但其他法律有特別規定者，從其規定。」
沒收由法院處罰，沒入由行政機關處罰。

46 **(B)**。刑法第 33 條：「主刑之種類如下：一、死刑。二、無期徒刑。三、有期徒刑：**二月以上十五年以**下。但遇有加減時，得減至二月未滿，或加至二十年。四、拘役：一日以上，六十日未滿。但遇有加重時，得加至一百二十日。五、罰金：新臺幣一千元以上，以百元計算之。」

47 **(A)**。刑法第 90 條第 1 項：「有犯罪之習慣或因遊蕩或懶惰成習而犯罪者，於刑之執行前，令入勞動場所，強制工作。」

48 **(B)**。公務人員所受之平時考核，為考績（行政懲處）評分之參考依據，依公務人員考績法之規定，平時考核在懲處方面可分為記大過、記過與申誡三種，得互相抵銷。

49 **(D)**。保安處分可分為下列七種：
(一)感化教育處分（刑法第86條）；
(二)監護處分（刑法第87條）；
(三)禁戒處分（刑法第88條、第89條）；
(四)強制工作處分（刑法第90條）；
(五)強制治療處分（第91-1條）；
(六)保護管束之處分（刑法第92條、第93條）；
(七)驅逐出境處分（刑法第95條）。

50 (B)。刑法第 95 條：「**外國人**受有期徒刑以上刑之宣告者，得於刑之執行完畢或赦免後，驅逐出境。」

51 (B)。選項 (A)，懲處則由服務機關（首長）為之；選項 (C)，依公務員懲戒法第 64 條規定，當事人對於懲戒法庭第一審之終局判決不服者，得於判決送達後二十日之不變期間內，上訴於懲戒法庭第二審。因此公務員受懲戒處分者，最終救濟手段為再審之訴，不得以行政訴訟救濟之；選項 (D)，公務員懲戒法第 9 條第 1 項規定：「公務員之懲戒處分如下：一、免除職務。二、撤職。三、剝奪、減少退休（職、伍）金。四、休職。五、降級。六、減俸。七、罰款。八、記過。九、申誡。」

52 (A)。地方制度法第 26 條第 3 項：「前項罰鍰之處罰，最高以新臺幣十萬元為限；並得規定連續處罰之。其他行政罰之種類限於**勒令停工**、停止營業、吊扣執照或其他一定期限內限制或禁止為一定行為之不利處分。」

第六章　憲法

依據出題頻率區分，屬：**A 頻率高**

準備要領

熟悉憲法本文與憲法增修條文的內容，為準備此部分最基本的功夫。須注意的是，部分憲法本文已遭憲法增修條文所凍結，在閱讀上必須有所取捨，一切以現行有效的條文為主。此外，相關的司法院大法官解釋亦常成為題源，請多留意。

第一節｜憲法緒論與前言總綱

一、憲法之意義

憲法為規定人民基本權利、國家組織與其相互間關係、政府職權、基本國策以及其他國家重要制度之**根本大法（基本法）**。憲法的作用，在於維持國家整體法秩序，保障人民基本權利，並具有**最高性、固定性、妥協性、一般性等**的特質：最高性是指舉凡國家的法令規章，都不能牴觸憲法的規定或其精神；固定性是指憲法標榜著國家憲政秩序，未如其他法令規章能經常性地修訂；妥協性是指憲法在某些程度上是政治妥協的結果；一般性是指憲法的內容多為一般抽象之規定。

二、憲法之分類

所謂立憲主義憲法，其宗旨為限制國家權力，保障人民權利。

以形式區分	**成文憲法**	憲法之內容規定於獨立形式的法典中，例如我國憲法及美國憲法（世界最早的成文憲法國家）即屬之。此外，並非所有成文憲法國家的憲法皆屬**立憲主義憲法**，例如中華人民共和國憲法亦屬成文憲法，但並不奉行立憲主義精神。
	不成文憲法	憲法的內容散見於各法律、習慣法、判例中，無固定之法典，如英國憲法。須注意的是，並非所有不成文憲法國家之憲法即非立憲主義憲法，英國憲法雖屬不成文憲法，但奉行立憲主義精神。

以修憲難易程度區分	剛性憲法	修改憲法的程序不依一般立法程序，而係經由特別程序與特定機關或人員進行，如我國憲法。
	柔性憲法	修改憲法之程序與一般的立（修）法程序相同，皆由立法機關為之，如英國憲法。
以制定主體區分	欽定憲法	憲法由君主專權所制定，如日本 1889 年之明治憲法。
	協定憲法	憲法由君主與人民協議所制定，如英國 1215 年之大憲章。
	民定憲法	憲法由人民或人民所選出之代表所制定，如我國憲法。
以制定意思區分	單一國憲法	以一個國家之意思制定憲法，國會為全國最高立法機關，如我國憲法。
	聯邦國憲法	依多數聯邦國一致之意思制定憲法，中央與地方各有立法權，如德國基本法。
中華民國憲法為成文憲法、剛性憲法、民定憲法及單一國憲法。		

三、前言、總綱與修憲程序【111年警四】

(一) **前言**【107 年關四、一般警四】

1. **憲法前言**：中華民國國民大會受全體國民之付託，依據孫中山先生創立中華民國之遺教，為鞏固國權，保障民權，奠定社會安寧，增進人民福利。制定本憲法，頒行全國，永矢咸遵。
2. **憲法增修條文前言**：為因應國家統一前之需要，依照憲法第 27 條第 1 項第 3 款及第 174 條第 1 款之規定，增修本憲法增修條文。

(二) **國體與政體**：憲法第 1 條：「中華民國基於三民主義，為民有、民治、民享之民主共和國。」所以得知**我國是採「共和國體」、「民主政體」**，並以三民主義為立憲原則，國體與政體是不得以憲法修正的總體大綱。【107 年關四】

法規一點靈
憲法增修條文

(三) **主權**：憲法第 2 條：「中華民國之主權屬於國民全體。」顯示我國係採「國民主權」原則，主權由人民所有，每個人民均有平等的主權。

(四) **國民**：憲法第 3 條：「具中華民國國籍者為中華民國國民。」我國國籍之取得，係依照國籍法規定為之，國籍乃為確定國民對於國家之權利義務關係，有國籍者即為國民，我國國籍法之主管機關是屬於內政部。

(五) **領土**

1. **早期依照憲法第 4 條**：「中華民國領土，依其固有之疆域，非經國民大會之決議，不得變更之。」我國領土範圍包括領陸、領海、領空，我國憲法對領土範圍是採概括式原則性規定，欲變更亦應經過國民大會決定。
2. **惟憲法第 4 條在憲法增修條文通過後已不適用，而須依憲法增修條文第 1 條之規定**：「中華民國自由地區選舉人於立法院提出憲法修正案、領土變更案，經公告半年，應於三個月內投票複決，不適用憲法第 4 條、第 174 條之規定。憲法第 25 條至第 34 條及第 135 條之規定，停止適用。」
3. **領土之界定與解釋**：**依大法官釋字第 328 號解釋意旨，中華民國領土憲法第 4 條不採列舉方式，而為「依其固有之疆域」之概括規定，並設領土變更之程序，以為限制，有其政治上及歷史上之理由。其所稱固有疆域範圍之界定，為重大之政治問題，不應由行使司法權之釋憲機關予以解釋。**【107 年關四】

(六) **民族平等與國旗**【107 年一般警四】

1. **憲法第 5 條**：「中華民國各民族一律平等。」
2. **憲法第 6 條**：「中華民國國旗定為紅地，左上角青天白日。」

(七) **修憲程序**：在 2005 年第七次憲法修正後，憲法之制定與修改程序依據憲法增修條文第 12 條規定：**「憲法之修改，須經立法院立法委員四分之一之提議，四分之三之出席，及出席委員四分之三之決議，提出憲法修正案，並於公告半年後，經中華民國自由地區選舉人投票複決，有效同意票過選舉人總額之半數，即通過之，不適用憲法第 174 條之規定。」**此次的修憲除了廢除國民大會的修憲權外，修憲權利也轉到立法院與全國人民手上。【107 年關四】

小試身手

( ) **1** 下列何者非為憲法之性質？ (A)最高性 (B)固定性 (C)妥協性 (D)具體性。

( ) **2** 我國憲法非屬下列何種之憲法分類？ (A)剛性憲法 (B)不成文憲法 (C)民定憲法 (D)單一國憲法。

( ) **3** 憲法的修改應經過下列何種程序？ (A)國民大會提議且決議通過之 (B)立法院提議而由國民大會複決 (C)立法院提出修正案而由人民決定 (D)立法院提出修正案並通過之。

( ) **4** 下列何機關擁有憲法修正案的提案權？ (A)總統 (B)立法院 (C)司法院 (D)監察院。

( ) **5** 下列關於我國憲法之敘述，何者錯誤？ (A)我國國體為共和國 (B)我國憲法咸遵三民主義之立憲原則 (C)中華民國主權屬於公民全體 (D)我國為民主政體。

( ) **6** 關於中華民國國籍之認定，如何為之？ (A)能行使投票權者，即具中華民國國籍 (B)有我國醫院開立之出生證明者，即具中華民國國籍 (C)經行政院同意者，即具中華民國國籍 (D)依國籍法取得中華民國國籍者，為中華民國國民。

( ) **7** 下列何者為憲法增修條文之前言內容？ (A)奠定社會安寧，增進人民福利 (B)維持公共秩序、防止一切危害 (C)為因應國家統一前之需要 (D)鞏固國權，保障民權。

答 **1 (D)** **2 (B)** **3 (C)** **4 (B)** **5 (C)** **6 (D)** **7 (C)**

第二節 ｜ 人民之基本權利

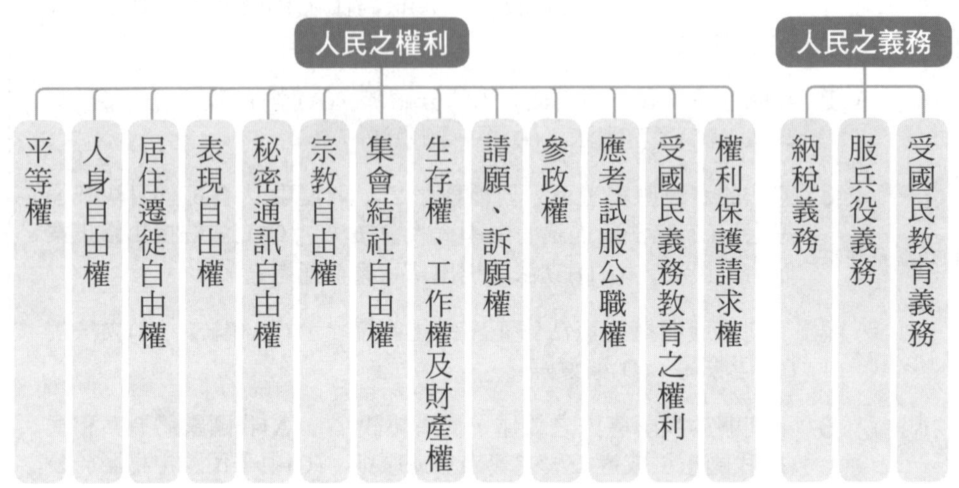

一、平等權（§7）【107年關四、一般警四、108年一般警四、109年關三、111年警四、112高考、普考】

(一) **意義**：憲法第 7 條所揭示之**平等原則非指絕對、機械之形式上平等，而係保障人民在法律上地位之實質平等，要求本質上相同之事物應為相同之處理，不得恣意為無正當理由之差別待遇。**

(二) **舉例**

1. **釋字第 791 號解釋**：系爭規定二（刑事訴訟法第 239 條）以撤回告訴之對象是否為告訴人之配偶為分類標準，對通姦人撤回告訴之效力不及於相姦人；反之，對相姦人撤回告訴之效力則及於通姦人，亦即仍適用刑事訴訟法第 239 條前段規定，因而形成在必要共犯間，僅相姦人受追訴處罰而通姦人不受追訴處罰之差別待遇。……此一追訴審判過程，可能加深配偶間婚姻關係之裂痕，對挽回配偶間婚姻關係亦未必有實質關聯。是系爭規定二**對本應為必要共犯之通姦人與相姦人，因其身分之不同而生是否追訴處罰之差異，致相姦人可能須最終單獨擔負罪責，而通姦人則毋須同時擔負罪責，此等差別待遇與上述立法目的間欠缺實質關聯，自與憲法第 7 條保障平等權之意旨有違。**

2. **釋字第 807 號**：系爭規定明定：「雇主不得使女工於午後 10 時至翌晨 6 時之時間內工作。但雇主經工會同意，如事業單位無工會者，經勞資會議同意後，且符合下列各款規定者，不在此限：一、提供必要之安全衛生設施。二、無大眾運輸工具可資運用時，提供交通工具或安排女工宿舍。」雖以雇主為規範對象，但其結果不僅僅就女性勞工原則禁止其於夜間工作，且例外仍須經工會或勞資會議同意始得為之，因而限制女性勞工之就業機會；而男性勞工則無不得於夜間工作之限制，即便於夜間工作亦無須工會或勞資會議同意，顯係以性別為分類標準，對女性勞工形成不利之差別待遇。**是系爭規定之目的須為追求重要公共利益，所採差別待遇之手段須與目的之達成間具實質關聯，始為合憲。**……綜上，系爭規定對女性勞工所形成之差別待遇，**難認其採取之手段與目的之達成間有實質關聯，更淪於性別角色之窠臼，違反憲法第 7 條保障性別平等之意旨**，應自本解釋公布之日起失其效力。【111 年鐵員】
3. **釋字第 626 號**：**中央警察大學以有無色盲決定能否取得入學資格之規定**，係為培養理論與實務兼備之警察專門人才，並求教育資源之有效運用，藉以提升警政之素質，促進法治國家之發展，其欲達成之目的洵屬重要公共利益；因警察工作之範圍廣泛、內容繁雜，職務常須輪調，隨時可能發生判斷顏色之需要，色盲者因此確有不適合擔任警察之正當理由，是上開招生簡章之規定**與其目的間尚非無實質關聯，與憲法第 7 條規定並無牴觸**。
4. **釋字第 618 號**：兩岸關係條例對大陸地區人民經許可進入臺灣地區者，非在臺灣地區設有戶籍滿十年，不得擔任公務人員部分，乃係基於公務人員經國家任用後，即與國家發生公法上職務關係及忠誠義務，其職務之行使，涉及國家之公權力， 不僅應遵守法令，更應積極考量國家整體利益，採取一切有利於國家之行為與決策；並鑒於兩岸目前仍處於分治與對立之狀態，且政治、經濟與社會等體制具有重大之本質差異，為確保臺灣地區安全、民眾福祉暨維護自由民主之憲政秩序，所為之特別規定，其目的洵屬合理正當。**基於原設籍大陸地區人民設籍臺灣地區未滿十年者，對自由民主憲政體制認識與其他臺灣地區人民容有差異，故對其擔任公務人員之資格與其他臺灣地區人民予以區別對待，亦屬合理，與憲法第 7 條之平等原則尚無違背。**

5. **釋字第** 649 **號**：身心障礙者保護法（已修正為**身心障礙者權益保障法**）**規定：「非本法所稱視覺障礙者，不得從事按摩業。」與憲法第 7 條平等權之規定不符。**【109 年關四】
6. **釋字第** 719 **號**：原住民族工作權保障法第 12 條第 1 項、第 3 項及政府採購法第 98 條，關於政府採購得標廠商於國內員工總人數逾一百人者，應於履約期間僱用原住民，人數不得低於總人數百分之一，進用原住民人數未達標準者，應向原住民族綜合發展基金之就業基金繳納代金部分，尚無違背憲法第 7 條平等原則及第 23 條比例原則，與憲法第 15 條保障之財產權及其與工作權內涵之營業自由之意旨並無不符。【111 年鐵高】
7. **釋字第** 728 **號**：祭祀公業條例第 4 條第 1 項前段規定：「本條例施行前已存在之祭祀公業，其派下員依規約定之。」並未以性別為認定派下員之標準，雖相關規約依循傳統之宗族觀念，大都限定以男系子孫（含養子）為派下員，多數情形致女子不得為派下員，但該等規約係設立人及其子孫所為之私法上結社及財產處分行為，基於私法自治，原則上應予尊重，以維護法秩序之安定。是上開規定以規約認定祭祀公業派下員，尚難認與憲法第 7 條保障性別平等之意旨有違，致侵害女子之財產權。【111 年鐵高】
8. **釋字第** 748 **號**：民法第 4 編親屬第 2 章婚姻規定，未使相同性別二人，得為經營共同生活之目的，成立具有親密性及排他性之永久結合關係，於此範圍內，與憲法第 22 條保障人民婚姻自由及第 7 條保障人民平等權之意旨有違。有關機關應於本解釋公布之日起 2 年內，依本解釋意旨完成相關法律之修正或制定。至於以何種形式達成婚姻自由之平等保護，屬立法形成之範圍。逾期未完成相關法律之修正或制定者，相同性別二人為成立上開永久結合關係，得依上開婚姻章規定，持二人以上證人簽名之書面，向戶政機關辦理結婚登記。【109 年關四、111 年鐵員、警四、國安】
9. **釋字第** 485 **號**：眷村改建條例等法規就原眷戶之優惠規定，其立法意旨與憲法第 7 條平等原則尚無牴觸。憲法第 7 條平等原則並非指絕對、機械之形式上平等，而係保障人民在法律上地位之實質平等，立法機關基於基於憲法之價值體系及立法目的，自得斟酌規範事物性質之差異而為合理之區別對待。【111 年鐵高】

<table>
<tr><td colspan="3">中華民國人民，無分男女、宗教、種族、階級、黨派，在法律上一律平等。</td></tr>
<tr><td rowspan="2">**分類**</td><td>**形式平等**</td><td>即絕對的、機械式的平等，不得有差別待遇。</td></tr>
<tr><td>**實質平等**</td><td>即相對的平等，若斟酌事實的差異合理者，容許有差別待遇。</td></tr>
<tr><td rowspan="5">**具體內容（例示規定）**</td><td>**男女**</td><td>憲法第 134 條規定：各種選舉，應規定婦女當選名額，其辦法以法律定之。性別工作平等法第 11 條第 1 項規定：雇主對受僱者之退休、資遣、離職及解僱，不得因性別或性傾向而有差別待遇。</td></tr>
<tr><td>**宗教**</td><td>國家關於宗教之規範應一律平等。如司法院大法官釋字第 573 號解釋理由書：國家如僅針對特定宗教而為禁制或畀予不利益，即有悖於宗教中立原則及宗教平等原則。</td></tr>
<tr><td>**種族**</td><td>原住民族基本法第 4 條：政府應依原住民族意願，保障原住民族之平等地位及自主發展，實行原住民族自治。</td></tr>
<tr><td>**階級**</td><td>如勞資雙方之實質平等。勞動基準法第 25 條即規定：雇主對勞工不得因性別而有差別之待遇。工作相同、效率相同者，給付同等之工資。</td></tr>
<tr><td>**黨派**</td><td>司法院大法官釋字第 340 號解釋：關於政黨推薦之區域、山胞候選人，其保證金減半繳納之規定，無異使無政黨推薦之候選人，須繳納較高額之保證金，形成不合理之差別待遇，與憲法第 7 條之意旨有違，應不再適用。</td></tr>
</table>

二、人身自由（§8）【107年關三、關四、一般警四、108年一般警四、109年關四、台電、111年警四】

(一) 意義

1. 人民身體之自由應予保障。除現行犯之逮捕由法律另定外，非經司法或警察機關依法定程序，不得逮捕拘禁。非由法院依法定程序，不得審問處罰。非依法定程序之逮捕、拘禁、審問、處罰，得拒絕之。

法學小教室

憲法第 8 條所規定之各項程序，乃憲法保留事項，非任何法律可以更改。該條所謂之逮捕、拘禁、審問、處罰主要係依據刑事訴訟法；提審，主要係依據提審法。

2. 人民因犯罪嫌疑被逮捕拘禁時，其逮捕拘禁機關應將逮捕拘禁原因，以書面告知本人及其本人指定之親友，並至遲於二十四小時內移送該管法院審問。本人或他人亦得聲請該管法院，於二十四小時內向逮捕之機關提審。

3. 法院對於前項聲請，不得拒絕，並不得先令逮捕拘禁之機關查覆。逮捕拘禁之機關，對於法院之提審，不得拒絕或遲延。

4. 人民遭受任何機關非法逮捕拘禁時，其本人或他人得向法院聲請追究，法院不得拒絕，並應於二十四小時內向逮捕拘禁之機關追究，依法處理。

法學小教室

提審法第 1 條規定：「人民被法院以外之任何機關逮捕拘禁時，其本人或他人得向逮捕拘禁地之地方法院聲請提審。」刑事訴訟法第 88 條第 1 項規定：「現行犯，不問何人得逕行逮捕之。」

(二) **舉例**

1. **釋字第 710 號**：臺灣地區與大陸地區人民關係條例有關對大陸地區人民，於強制出境前，得暫予收容之規定，於因執行遣送所需合理作業期間內之**暫時收容部分，未予受暫時收容人即時之司法救濟；於逾越前開暫時收容期間之收容部分，未由法院審查決定，均有違憲法正當法律程序原則，不符憲法第 8 條保障人身自由之意旨。又關於暫予收容未設期間限制，有導致受收容人身體自由遭受過度剝奪之虞，亦不符憲法第 8 條保障人身自由之意旨。**

2. **釋字第 708 號**：**入出國及移民法有關入出國及移民署對外國人得暫予收容之規定，其因遣送所需合理作業期間之暫時收容部分，未賦予受暫時收容人即時之司法救濟；又逾越上開暫時收容期間之收容部分，非由法院審查決定，均有違憲法第 8 條第 1 項保障人民身體自由之意旨。**

3. **釋字第 690 號**：傳染病防治法規定：「曾與傳染病病人接觸或疑似被傳染者，得由該管主管機關予以留驗；必要時，得令遷入指定之處所檢查，或施行預防接種等必要之處置。」**關於必要之處置應包含強制隔離在內之部分，對人身自由之限制，尚不違反法律明確性原則，亦未牴觸憲法第 23 條之比例原則，與憲法第 8 條依正當法律程序之意旨尚無違背。**

【109 年關三、110 高考、普考】

4. **釋字第 677 號：監獄行刑法關於執行期滿者，應於其刑期終了之次日午前釋放之規定部分，使受刑人於刑期執行期滿後，未經法定程序仍受拘禁，侵害其人身自由，有違正當法律程序，且所採取限制受刑人身體自由之手段亦非必要，牴觸憲法第 8 條及第 23 條之規定。**
5. **釋字第 588 號：**行政執行法第 17 條第 2 項依同條第 1 項規定得聲請法院裁定管收之事由中，除第 1 項第 1、2、3 款規定：「顯有履行義務之可能，故不履行者」、「顯有逃匿之虞」、「就應供強制執行之財產有隱匿或處分之情事者」，難謂其已逾必要之程度外，其餘同項 4、5、6 款事由：「於調查執行標的物時，對於執行人員拒絕陳述者」、「經命其報告財產狀況，不為報告或為虛偽之報告者」、「經合法通知，無正當理由而不到場者」，顯已逾越必要程度，與憲法第 23 條規定之意旨不能謂無違背。【109 年關三】
6. **釋字第 664 號：**對經常逃學或逃家之虞犯少年收容於少年觀護所或感化教育處分，均涉及對虞犯少年於一定期間內拘束其人身自由於一定之處所。
7. **釋字第 812 號：**憲法第 8 條所定人民之人身自由，乃行使憲法所保障其他自由權利之前提，應享有充分之保障。依本院歷來之解釋，**凡拘束人民身體於特定處所，而涉及限制其人身自由者，不問是否涉及刑事處罰，均須以法律規定，並符合憲法第 23 條比例原則之要求。至於對人身自由之限制是否牴觸憲法，則應按其實際限制之方式、目的、程度與所造成之影響，定相應之審查標準**（本院釋字第 384 號、第 690 號、第 708 號、第 710 號及第 799 號解釋參照）。

   如附表五所示之系爭規定一至七所規定之強制工作，雖非刑罰，並有刑前、刑後強制工作之分，然均係以剝奪受處分人之人身自由為其內容，在性質上，帶有濃厚自由刑之色彩（94 年 2 月 2 日修正公布之刑法第 1 條立法理由參照），且於法務部設置之勞動場所內執行（保安處分執行法第 2 條及第 52 條規定參照），受處分人與社會隔離，其所受之處遇與受刑人幾無二致（保安處分執行法第 15 條第 1 項、第 21 條、第 52 條至第 63 條規定參照），**已對受處分人之人身自由造成重大限制。是其是否違反比例原則，應採嚴格標準予以審查**（本院釋字第 799 號解釋參照），**其目的應係追求特別重**

要公共利益，所採手段應有助於目的之達成，且屬對受處分人權利侵害最小者，所犧牲之私益與所追求之公益間，應具相稱性。

三、居住遷徙自由（§10）【107年關四、108年一般警四】

(一) **意義**：憲法第 10 條規定人民有居住、遷徙之自由，旨在保障人民有自由**設定住居所、遷徙、旅行**，包括**入出國境**之權利。

(二) **舉例**

1. **釋字第 710 號**：臺灣地區與大陸地區人民關係條例有關進入臺灣地區之大陸地區人民，治安機關得逕行強制出境之規定，除因危害國家安全或社會秩序而須為急速處分之情形外，**對於經許可合法入境之大陸地區人民，未予申辯之機會，即得逕行強制出境部分，有違憲法正當法律程序原則，不符憲法第 10 條保障遷徙自由之意旨。**
2. **釋字第 542 號**：自來水法授權行政機關得為「劃定公布水質水量保護區域，禁止在該區域內一切貽害水質與水量之行為」，主管機關依此授權訂定公告**「翡翠水庫集水區石碇鄉碧山、永安、格頭三村遷村作業實施計畫」，雖對人民居住遷徙自由有所限制，惟計畫遷村之手段與水資源之保護目的間尚符合比例原則，要難謂其有違憲法第 10 條之規定。**
3. **釋字第 517 號**：**妨害兵役治罪條例規定後備軍人居住處所遷移，無故不依規定申報者，即處以刑事罰**，係為確保國防兵員召集之有效實現、維護後備軍人召集制度所必要。**其僅課予後備軍人申報義務，並未限制其居住遷徙之自由，與憲法第 10 條之規定尚無違背。**【111 年警四】
4. **釋字第 443 號**：其限制出境之規定，為確保稅收，增進公共利益所必要，與憲法第 10 條、第 23 條規定，均無牴觸。限制役男出境係對人民居住遷徙自由之重大限制，兵役法及兵役法施行法均未設規定，亦未明確授權以命令定之，行政院發布之徵兵規則，委由內政部訂定役男出境處理辦法，欠缺法律授權之依據，該辦法第八條規定限制事由，與前開憲法意旨不符，應自本解釋公布日起至遲於屆滿六個月時，失其效力。【111 年司五】

憲法 §10：人民有居住及遷徙之自由。

居住自由	人民有自由選擇居住處所，並且不受非法干預之自由。	靜態自由
遷徙自由	人民有得依個人意願自由遷徙或旅居各地之自由。	動態自由

5. **釋字第 739 號**：自辦市地重劃個案係由部分土地所有權人申請主管機關核定成立之籌備會發動，此發動將使重劃範圍內之土地所有權人，被迫參與自辦市地重劃程序，面臨人民財產權與居住自由被限制之危險，難謂實質正當，不符憲法保障人民財產權與居住自由之意旨。
6. **釋字第 732 號**：**又人民居住自由亦屬憲法第十條保障之範圍。國家徵收人民土地，不但限制人民財產權，如受徵收之土地上有合法居住者，亦嚴重影響其居住自由。**徵收人民土地除應對土地所有權人依法給予合理及迅速之補償外，自應符合公用或其他公益目的之必要，始無違於憲法第二十三條之規定。

四、表現自由（§11）【107年關三、一般警三、一般警四、108年一般警四、高考、111年鐵員】

(一) **意義**：表現自由亦稱「意思自由」或是「思想自由」，係指**人民有自由發表其意見之權利，不受到國家限制，以傳遞知識及溝通思想，促進人類文化道德發展。**申言之，憲法第 11 條保障人民有**積極表意之自由，及消極不表意之自由**，其保障之內容包括主觀意見之表達及客觀事實之陳述。憲法第 11 條規定：「人民有言論、講學、著作及出版之自由。」此即表現自由之範疇，亦為**實施民主政治最重要的基本人權**。

(二) **表現自由之種類**

言論自由	即人民有發表演說或參與討論之自由。憲法第 11 條保障人民之言論自由，乃在保障意見之自由流通，使人民有取得充分資訊及自我實現之機會。又**國家對於人民之言論自由，原則上應給予最大限度之維護，俾其實現自我、溝通意見、追求真理及監督各種政治或社會活動之功能得以發揮。**【107 年關三、關四、一般警四】

法學小教室

對菸品業者就特定商品資訊不為表述自由之限制，以及對促使人為性交易之訊息等商業言論之限制，為維護公益之必要，立法者對之得為合理之限制。

講學自由	乃人民得自由研究、講授學問，並發表傳播思想，而不受國家干涉之謂。**憲法第 11 條關於講學自由之規定，係對學術自由之制度性保障；就大學教育而言，應包含研究、教學及學習自由等事項，其亦屬大學自治之項目。**【107 年關四、一般警四、111 年國安】
著作自由	係指**人民將內心想法以文字圖書表現之自由，其與出版自由之不同，僅在於是否採用印刷、攝影、錄音等方法傳布而已。**
出版自由	係指**人民有自由出版印刷刊物，對外公開流傳散播將意見具體表現的權利。**

(三) **舉例**

1. **釋字第 689 號**：社會秩序維護法第 89 條第 2 款規定，旨在保護個人之行動自由、免於身心傷害之身體權、及於公共場域中得合理期待不受侵擾之自由與個人資料自主權，而處罰無正當理由，且經勸阻後仍繼續跟追之行為，與法律明確性原則尚無牴觸。**新聞採訪者於有事實足認特定事件屬大眾所關切並具一定公益性之事務，而具有新聞價值，如須以跟追方式進行採訪，其跟追倘依社會通念認非不能容忍者，即具正當理由，而不在首開規定處罰之列。於此範圍內，首開規定縱有限制新聞採訪行為，其限制並未過當而符合比例原則，與憲法第 11 條保障新聞採訪自由及第 15 條保障人民工作權之意旨尚無牴觸。**【111 年警四】
2. **釋字第 678 號**：**電信法關於未經核准擅自使用無線電頻率者，應予處罰及沒收之規定部分，與憲法第 23 條之比例原則尚無牴觸，亦與憲法第 11 條保障人民言論自由、第 15 條保障人民財產權之意旨無違。**
3. **釋字第 623 號**：**商業言論所提供之訊息，內容為真實，無誤導性，以合法交易為目的而有助於消費大眾作出經濟上之合理抉擇者，應受憲法言論自由之保障。**【109 年關四】
4. **釋字第 617 號**：**性言論之表現與性資訊之流通，不問是否出於營利之目的，亦應受憲法對言論及出版自由之保障。**為貫徹憲法第 11 條保障人民言論及出版自由之本旨，除為維護社會多數共通之性價值秩序所必要而得以法律加以限制者外，仍應對少數性文化族群依其性道德感情與對社會風化之認知而形諸為性言論表現或性資訊流通者，予以保障。【111 年鐵佐】

5. **釋字第 577 號**：國家為增進國民健康，應普遍推行衛生保健事業，重視醫療保健等社會福利工作。菸害防制法第 8 條第 1 項規定：「菸品所含之尼古丁及焦油含量，應以中文標示於菸品容器上。」另同法第 21 條對違反者處以罰鍰，**對菸品業者就特定商品資訊不為表述之自由有所限制，係為提供消費者必要商品資訊與維護國民健康等重大公共利益，並未逾越必要之程度，與憲法第 11 條保障人民言論自由及第 23 條比例原則之規定均無違背。**【109 年關三、關四】
6. **釋字第 563 號**：大學自治為憲法第 11 條教學自由之保障範圍，大學對於教學、研究與學習之學術事項，諸如內部組織、課程設計、研究內容、學力評鑑、考試規則及畢業條件等，均享有自治權。大學學生退學之有關事項，83 年 1 月 5 日修正公布之大學法未設明文，為維持學術品質，健全學生人格發展，大學有考核學生學業與品行之權責，其依規定程序訂定有關章則，使成績未符一定標準或品性有重大偏差之學生予以退學處分，亦屬大學自治之範疇。【111 年鐵高】
7. **釋字第 509 號**：憲法第 11 條規定，人民之言論自由應予保障，鑑於言論自由有實現自我、溝通意見、追求真理、滿足人民知的權利，形成公益，促進各種合理的政治及社會活動之功能，乃維持民主多元社會正常發展不可或缺之機制，國家應給予最大限度之保障。【109 年關四】
8. **釋字第 445 號**：憲法第 14 條規定人民有集會之自由，此與憲法第 11 條規定之言論、講學、著作及出版之自由，同屬表現自由之範疇，為實施民主政治最重要的基本人權。
9. **釋字第 744 號**：化妝品廣告係利用傳播方法，宣傳化妝品效能，以達招徠銷售為目的，具商業上意見表達之性質，商業言論所提供之訊息，內容非虛偽不實或不致產生誤導作用，以合法交易為目的而有助於消費大眾作出經濟上之合理抉擇者，應受憲法第 11 條言論自由之保障。【111 年鐵員】
10. **釋字第 656 號**：民法第 195 條第 1 項後段規定：『其名譽被侵害者，並得請求回復名譽之適當處分。』所謂回復名譽之適當處分，如屬以判決命加害人公開道歉，而**未涉及加害人自我羞辱等損及人性尊嚴之情事者，即未違背憲法第二十三條比例原則，而不牴觸憲法對不表意自由之保障。……名譽權旨在維護個人主體性及人格之完整**，為實現人性尊嚴

所必要，受憲法第22條所保障（本院釋字第399號、第486號、第587號及第603號解釋參照）【112高考、普考】

11. **釋字第806號**：許可辦法第2條第1款規定街頭藝人得從事街頭藝文活動之公共空間，本屬傳統之公共場域，而具公共論壇之功能，人民通常即得於此公共場域為言論表達及意見溝通。然街頭藝人係於政府指定之地點、時間內從事藝文活動，已逾公共空間通常使用方式之範圍，而須經許可。惟政府於訂定街頭藝人從事藝文活動之相關許可法令時，除應維護一般人於公共空間之通常使用外，就特別使用之管制，亦**應盡量採取無涉表意內容之管制，以保障街頭藝人之表現自由。政府所採取之管制措施，僅屬對於演出活動之時間、地點、方式等無涉表意內容之管制者，其管制目的應為追求合法之公共利益，但不得夾帶意圖壓抑表意內容之隱藏目的；其手段至多僅得對表意內容造成附帶之適度限制，且應留給表意人有足以表意之其他替代途徑，始符比例原則之要求。又如相關管制措施涉及對演出內容（包括議題、觀點或品質）之直接干預，則應適用嚴格審查標準予以審查，其目的應為追求特別重要公共利益，手段應為別無其他更小侵害手段之最小干預，始得謂與目的之達成間有密切關聯，而無違比例原則。**

系爭規定三要求街頭藝人須於指定場所解說、操作、示範或表演，經審查通過後，始取得系爭規定一及二所定之活動許可證，其審查內容，有部分係對申請者之表演品質，亦即技藝能力加以審查，**從而涉及對於從事藝文活動內容之管制，應適用嚴格審查標準。至涉及時間、地點、方式等無關藝文活動內容管制之部分，則適用前揭中度審查標準審查。按藝術價值之高低，本屬個別閱聽者主觀之評價，不容政府以公權力取代**，政府之藝術評選標準，亦未必比民眾自行判斷更具公信力；又街頭藝人從事藝文活動，縱然因技藝不足，而未獲觀眾青睞，實亦不傷大雅，對公益並無傷害。**是系爭規定一、二及三涉及審查藝文活動內容之部分，其管制目的難認符合特別重要公共利益之要求，與憲法第11條保障藝術表現自由之意旨有違。**至若藝文活動內容有妨害公序良俗或違背其他法律者（例如噪音管制法等），已有相關法律可資規範，自不待言。

12. **釋字第794號**：憲法第11條規定，人民之言論自由應予保障。**言論自由，在於保障意見之自由流通，使人民有取得充分資訊及自我實現之機會，**

包括政治、學術、宗教及商業言論等，並依其性質而有不同之保護範疇及限制之準則。其中非關公意形成、真理發現或信仰表達之商業言論，固兼具意見表達之性質，然尚不能與其他言論自由之保障等量齊觀，立法者亦得對商業言論為較嚴格之規範。商品廣告所提供之訊息，其內容須非虛偽不實或不致產生誤導作用，並以合法交易為目的而有助於消費大眾作出經濟上之合理抉擇者，始受憲法第 11 條言論自由之保障。**國家為保障消費者獲得真實而完整之資訊，避免商品廣告或標示內容造成誤導作用，或為增進其他重要公共利益目的（如保護國民健康），自得立法採取與上述目的之達成間具有實質關聯之手段，限制商品廣告**（本院釋字第 414 號、第 577 號及第 744 號解釋參照）。

13. **釋字第 756 號**：又憲法第 11 條規定，人民有言論及其他表現自由，係鑑於言論及其他表現自由具有實現自我、溝通意見、追求真理、滿足人民知的權利，形成公意，促進各種合理之政治及社會活動之功能，乃維持民主多元社會正常發展不可或缺之機制。國家對之自應予最大限度之保障（本院釋字第 509 號、第 644 號、第 678 號及第 734 號解釋參照）。……又人民之表現自由涉及人性尊嚴、個人主體性及人格發展之完整，為憲法保障之重要自由權利。**國家對一般人民言論之事前審查，原則上應為違憲**（本院釋字第 744 號解釋參照）。**為達成監獄行刑與管理之目的，監獄對受刑人言論之事前審查，雖非原則上違憲，然基於事前審查對言論自由之嚴重限制與干擾，其限制之目的仍須為重要公益，且手段與目的間應有實質關聯。**系爭規定三之規定中，題意正確部分涉及觀點之管制，且其與監獄信譽部分，均尚難謂係重要公益，與憲法第 11 條保障表現自由之意旨不符。

五、秘密通訊自由（§12）【107年一般警三、109年關四】

(一) **意義**：秘密是指人民對通訊的內容或是通訊雙方擁有保密，不必向國家機關告知之權利，並且不受國家非法侵犯之權利。**憲法第 12 條規定：「人民有秘密通訊之自由。」旨在確保人民就通訊之有無、對象、時間、方式及內容等事項，有不受國家及他人任意侵擾之權利。國家採取限制手段時，除應有法律依據外，限制之要件應具體、明確，不得逾越必要之範圍，所踐行之程序並應合理、正當，方符憲法保護人民秘密通訊自由之意旨。**

(二) **舉例**

1. **釋字第 631 號**：通訊保障及監察法關於通訊監察書，**偵查中由檢察官依司法警察機關聲請或依職權核發之規定，未要求通訊監察書原則上應由客觀、獨立行使職權之法官核發，而使職司犯罪偵查之檢察官與司法警察機關，同時負責通訊監察書之聲請與核發，難謂為合理、正當之程序規範，而與憲法第 12 條保障人民秘密通訊自由之意旨不符。**【111 年鐵員】
2. **釋字第 756 號**：監獄行刑法第 66 條規定：「發受書信，由監獄長官檢閱之。如認為有妨害監獄紀律之虞，受刑人發信者，得述明理由，令其刪除後再行發出；受刑人受信者，得述明理由，逕予刪除再行收受。」**其中檢查書信部分，旨在確認有無夾帶違禁品，於所採取之檢查手段與目的之達成間，具有合理關聯之範圍內，與憲法第 12 條保障秘密通訊自由之意旨尚無違背。其中閱讀書信部分，未區分書信種類，亦未斟酌個案情形，一概許監獄長官閱讀書信之內容，顯已對受刑人及其收發書信之相對人之秘密通訊自由，造成過度之限制，於此範圍內，與憲法第 12 條保障秘密通訊自由之意旨不符。**

六、宗教自由（§13）【108年一般警四、109年關四】

(一) **意義**：憲法第 13 條規定：「人民有信仰宗教之自由。」國家對於宗教之認定應保持價值中立的立場，不能夠加以干涉。**基於宗教信仰自由，人民有信仰與不信仰任何宗教的自由，以及參與或不參與宗教活動的自由。**

(二) **舉例**

1. **釋字第 490 號**：立法者鑒於男女生理上之差異及因此種差異所生之社會生活功能角色之不同，於兵役法第 1 條規定：中華民國男子依法皆有服兵役之義務，係為實踐國家目的及憲法上人民之基本義務而為之規定，原屬立法政策之考量，非為助長、促進或限制宗教而設，且無助長、促進或限制宗教之效果。復次，服兵役之義務，並無違反人性尊嚴亦未動搖憲法價值體系之基礎，且為大多數國家之法律所明定，更為保護人民，防衛國家之安全所必需，與憲法第 7 條平等原則及第 13 條宗教信仰自由之保障，並無牴觸。
2. **釋字第 573 號**：**憲法第十三條規定人民有信仰宗教之自由，係指人民有信仰與不信仰任何宗教之自由，以及參與或不參與宗教活動之自由，國**

家不得對特定之宗教加以獎勵或禁制，或對人民特定信仰畀予優待或不利益。其保障範圍包含內在信仰之自由、宗教行為之自由與宗教結社之自由（本院釋字第 490 號解釋參照）。人民所從事之宗教行為及宗教結社組織，與其發乎內心之虔誠宗教信念無法截然二分，人民為實現內心之宗教信念而成立、參加之宗教性結社，就其內部組織結構、人事及財政管理應享有自主權，**宗教性規範苟非出於維護宗教自由之必要或重大之公益，並於必要之最小限度內為之，即與憲法保障人民信仰自由之意旨有違。……憲法保障人民有信仰宗教之自由，係為維護人民精神領域之自我發展與自我實踐，及社會多元文化之充實，故國家對宗教應謹守中立及寬容原則，不得對特定之宗教加以獎勵或禁制，或對人民特定信仰畀予優待或不利益**，前已述及；且憲法第七條明文規定：「中華民國人民，無分男女、宗教、種族、階級、黨派，在法律上一律平等。」是國家如僅針對特定宗教而為禁制或畀予不利益，即有悖於宗教中立原則及宗教平等原則。

七、集會結社自由（§14）【107年關四、一般警三、111年國安】

憲法第 14 條規定：「人民有集會及結社之自由。」旨在**保障人民為特定目的，以共同之意思組成團體並參與其活動之自由**。此與憲法第 11 條規定之言論、講學、著作及出版之自由，同屬表現自由之範疇，為實施民主政治最重要的基本人權。

表現自由的範疇包括集會、言論、講學、著作及出版等自由。

(一) **集會自由**：**集會是由特定人或不特定人隨機式的聚集，藉以交換意見，宣傳觀念的暫時性聚集，亦屬表現自由之範疇**。集會遊行指的是多數為了共同政治信念與理想共同暫時聚集從事公開性活動。**國家為保障人民之集會自由，應提供適當集會場所，並保護集會、遊行之安全，使其得以順利進行**。大法官於釋字第 445 號解釋對我國集會遊行法之見解如下：

1. **集會遊行法規定室外集會遊行原則上應向主管機關申請許可**，並規定申請室外集會遊行原則上應予許可。**其中有關時間、地點及方式等未涉及集會、遊行之目的或內容之事項，為維持社會秩序及增進公共利益所必要，屬立法自由形成之範圍，於表現自由之訴求不致有所侵害，與憲法保障集會自由之意旨尚無牴觸。**

2. 集會遊行法規定對集會遊行主張共產主義或分裂國土者為不予許可者，使主管機關於許可集會遊行以前，得就人民政治上之言論而為審查，與憲法保障表現自由之意旨有違。
3. 集會遊行法關於「有事實足認為有危害國家安全、社會秩序或公共利益之虞者」之規定，以及關於「有危害生命、身體、自由或對財物造成重大損壞之虞者」之規定，有欠具體明確，對於在舉行集會、遊行以前，尚無明顯而立即危險之事實狀態，僅憑將來有發生之可能，即由主管機關以此作為集會、遊行准否之依據部分，與憲法保障集會自由之意旨不符。

(二) **結社自由：結社自由，旨在保障人民為特定目的，以共同之意思組成團體並參與其活動之自由**，例如參加政黨、組織公會等。其中關於團體名稱之選定，攸關其存立之目的、性質、成員之認同及與其他團體之識別，亦屬結社自由保障之範圍。大法官於釋字第 479 號解釋認為，**內政部如以行政規則規定關於人民團體應冠以所屬行政區域名稱，侵害人民依憲法應享之結社自由**。

(三) **舉例及重要修訂法規**

1. **釋字第 644 號**：人民團體法第 2 條「人民團體之組織與活動，不得主張共產主義與分裂國土」之規定，顯已逾越必要之程度，與憲法保障人民結社自由與言論自由之意旨不符，於此範圍內，應自本解釋公布之日起失其效力。【111 年國安】
2. 我國政黨法於 106 年 12 月 6 日制訂公布。
3. 釋字第 718 號解釋：就事起倉卒非即刻舉行無法達到目的之緊急性集會、遊行，實難期待俟取得許可後舉行；另就群眾因特殊原因未經召集自發聚集，事實上無所謂發起人或負責人之偶發性集會、遊行，自無法事先申請許可或報備。雖同法第 9 條第一項但書規定：「但因不可預見之重大緊急事故，且非即刻舉行，無法達到目的者，不受六日前申請之限制。」同法第 12 條第 2 項又規定：「依第 9 條第一項但書之規定提出申請者，主管機關應於收受申請書之時起二十四小時內，以書面通知負責人。」針對緊急性集會、遊行，固已放寬申請許可期間，但仍須事先申請並等待主管機關至長二十四小時之決定許可與否期間；另就偶發性集會、遊行，亦仍須事先申請許可，均係以法律課予人民事實上難以遵守之義務，致人民不克申請而舉行集會、遊行時，立即附隨得由主管機關強制制止、命令解散之法律效果（集會遊行法第 25 條第 1 款規定參照），與本院釋字第 445 號解釋：「憲法第 14 條規定保障人民之集會自由，並未排除偶發性集會、遊行」，「許可制於偶發性集會、遊行殊無適用之餘地」之意旨有違。至為維持社會秩序之目的，立法機關並非不能視事件性質，以法律明確規範緊急性及偶發性集會、遊行，改採許可制以外相同能達成目的之其他侵害較小手段，故集會遊行法第 8 條第 1 項未排除緊急性及偶發性集會、遊行部分；同法第 9 條第 1 項但書與第 12 條第 2 項關於緊急性集會、遊行之申請許可規定，已屬對人民集會自由之不必要限制，與憲法第 23 條規定之比例原則有所牴觸，不符憲法第 14 條保障集會自由之意旨。【109 年關三、111 年警四】

八、生存權、工作權及財產權（§15）【107年關三、一般警三、一般警四】

憲法第 15 條規定：「人民之生存權、工作權及財產權，應予保障。」此為經濟上之受益權。

(一) **生存權**：生存權係指人民有繼續生存下去之權利，生存權入憲除為了宣示國家對生命的尊重義務，除了作為防止國家侵犯生命的防禦權外，也具有積極意義的請求國家照顧、維繫人民生存的社會權性質。

1. **釋字第 476 號**：毒品危害防制條例第 4 條第 1 項規定：「製造、運輸、販賣第一級毒品者，處死刑或無期徒刑；處無期徒刑者，得併科新臺幣一千萬元以下罰金。」**其中關於死刑、無期徒刑之法定刑規定，係本於特別法嚴禁毒害之目的而為之處罰，乃維護國家安全、社會秩序及增進公共利益所必要，無違憲法第 23 條之規定，與憲法第 15 條亦無牴觸。**【107 年關三】
2. **釋字第 694 號及第 701 號**：**憲法第 15 條規定，人民之生存權應與保障，又憲法第 155 條規定，人民之老弱殘廢，無力生活，及受非常災害者，國家應予以適當之扶助與救濟，國家所採取保障人民生存與生活之扶助措施原有多端，租稅優惠亦屬其中之一環。**
3. **釋字第 766 號**：憲法第 155 條前段規定：「國家為謀社會福利，應實施社會保險制度。」基於前開憲法委託，立法者對於社會保險制度有較大之自由形成空間（本院釋字第 568 號解釋參照），是社會保險給付之請領要件及金額，應由立法者盱衡國家財政資源之有限性、人口增減及結構變遷可能對社會保險帶來之衝擊等因素而為規範。**惟人民依社會保險相關法律享有之社會保險給付請求權，具有財產上價值，應受憲法第 15 條財產權之保障；如其內容涉及人民最低限度生存需求，則應兼受憲法第 15 條生存權之保障。對此等兼受生存權保障之社會保險給付請求權之限制，即應受較為嚴格之審查。**

(二) **工作權：工作權係指人民有自由選擇工作的權利，是具有自由權性質的權利。**工作權內涵包括有：**選擇工作之自由、積極保障工作之機會**。茲就大法官對工作權之相關解釋舉例如下：

1. **釋字第** 646 **號**：電子遊戲場業管理條例第 22 條規定：「違反第 15 條規定者，處行為人一年以下有期徒刑、拘役或科或併科新臺幣五十萬元以上二百五十萬元以下罰金。」**對未辦理營利事業登記而經營電子遊戲場業者，科處刑罰，旨在杜絕業者規避辦理營利事業登記所需之營業分級、營業機具、營業場所等項目之查驗，以事前防止諸如賭博等威脅社會安寧、公共安全與危害國民，特別是兒童及少年身心健全發展之情事，目的洵屬正當，所採取之手段對目的之達成亦屬必要，符合憲法第 23 條比例原則之意旨，與憲法第 8 條、第 15 條規定尚無牴觸。**
2. **釋字第** 689 **號**：社會秩序維護法第 89 條第 2 款規定，與憲法第 11 條保障新聞採訪自由及第 15 條保障人民工作權之意旨尚無牴觸。
3. **釋字第** 584 **號**：道路交通管理處罰條例關於「曾犯故意殺人、搶劫、搶奪、強盜、恐嚇取財、擄人勒贖或刑法第 221 條至第 229 條妨害性自主之罪，經判決罪刑確定者，不准辦理營業小客車駕駛人執業登記。」之規定，無違憲法人民工作權之保障及平等原則之意旨。【109 年關三】
4. **釋字第** 749 **號**：僅以計程車駕駛人所觸犯之罪及經法院判決有期徒刑以上之刑為要件，而不問其犯行是否足以顯示對乘客安全具有實質風險，均吊扣其職業登記證，廢止其職業登記，就此而言，已逾越必要程度，不符憲法第23條比例原則，與憲法第15條保障人民工作權之意旨有違。
5. **釋字第** 788 **號**：憲法第 15 條規定人民之工作權應予保障，人民有從事工作及選擇職業之自由（本院釋字第 404 號、第 510 號、第 612 號及第 637 號解釋參照）。按對職業自由之限制，因其內容之差異，在憲法上有寬嚴不同之容許標準。關於從事工作之方法、時間、地點、內容等執行職業自由，立法者為追求一般公共利益，非不得予以適當之限制。**至人民選擇職業之自由，如屬應具備之主觀條件，即從事特定職業之個人本身所應具備之專業能力或資格，且該等能力或資格可經由訓練培養而獲得者，例如知識、學位、體能等，立法者欲對此加以限制，須有重要公共利益存在。至人民選擇職業應具備之客觀條件，即對從事特定職業之條件限制，非個人努力所可達成，例如行業獨占制度，則應以保護特別重要之公共利益始得為之。**此外，不論對人民執行職業自由之限制、選擇職業自由主觀條件之限制、選擇職業自由客觀條件之限制，所採之手段均須與比例原則無違（本院釋字第 649 號解釋參照）。

6. **釋字第 802 號：憲法第 15 條規定之工作權，旨在保障人民自主選擇職業及從事相關業務行為之自由。國家為維護他人權益、健全交易秩序、防範違法之逐利行為等公益，仍得以法律對之有所限制。**法律對於工作權之限制，因其內容之差異，在憲法上本有寬嚴不同之容許標準。關於從事工作之方法、時間、地點、內容等執行職業自由，如其限制目的係為追求正當之公共利益，且其限制手段與目的之達成間有合理關聯，即非憲法所不許（本院釋字第 778 號解釋參照）。

(三) **財產權：財產權之構成，係以物的所有權為基礎，並擴及「所有權之權能及其他債法上之請求權以及無體財產權等」。**茲就大法官對財產權之相關解釋舉例如下：【109 年關四、110 高考、普考、110 地特】

1. **釋字第 732 號：**九十年五月三十日修正公布之大眾捷運法第 7 條第 4 項規定：「大眾捷運系統……其毗鄰地區辦理開發所需之土地……，得由主管機關依法報請徵收。」七十七年七月一日制定公布之大眾捷運法第 7 條第 3 項規定：「聯合開發用地……，得徵收之。」七十九年二月十五日訂定發布之大眾捷運系統土地聯合開發辦法（下稱開發辦法）第 9 條第 1 項規定：「聯合開發之用地取得……，得由該主管機關依法報請徵收……。」此等規定，許主管機關為土地開發之目的，依法報請徵收土地徵收條例（下稱徵收條例）第 3 條第 2 款及土地法第 208 條第 2 款所規定交通事業所必須者以外之毗鄰地區土地，於此範圍內，不符憲法第 23 條之比例原則，與憲法保障人民財產權及居住自由之意旨有違，應自本解釋公布之日起不予適用。

2. **釋字第 516 號**：國家因公用或其他公益目的之必要，雖得依法徵收人民之財產，但應給予合理之補償。此項補償乃**因財產之徵收，對被徵收財產之所有人而言，係為公共利益所受之特別犧牲，國家自應予以補償**，以填補其財產權被剝奪或其權能受限制之損失。故補償不僅需相當，更應儘速發給，方符憲法第 15 條規定，人民財產權應予保障之意旨。
3. **釋字第 709 號**：都市更新條例有關主管機關核准都市更新事業概要之程序規定，未設置適當組織以審議都市更新事業概要，且未確保利害關係人知悉相關資訊及適時陳述意見之機會，與憲法要求之正當行政程序不符。以及有關申請核准都市更新事業概要時應具備之同意比率之規定，不符憲法要求之正當行政程序。以及並未要求主管機關應將該計畫相關資訊，對更新單元內申請人以外之其他土地及合法建築物所有權人分別為送達，且未由主管機關以公開方式舉辦聽證，使利害關係人得到場以言詞為意見之陳述及論辯後，斟酌全部聽證紀錄，說明採納及不採納之理由作成核定，連同已核定之都市更新事業計畫，分別送達更新單元內各土地及合法建築物所有權人、他項權利人、囑託限制登記機關及預告登記請求權人之規定，亦不符憲法要求之正當行政程序。上開規定均有違憲法保障人民財產權與居住自由之意旨。
4. **釋字第 652 號**：**憲法第 15 條規定，人民之財產權應予保障，故國家因公用或其他公益目的之必要，雖得依法徵收人民之財產，但應給予合理之補償，且應儘速發給。**【109 年關三】
5. **釋字第 577 號**：於菸品容器上應標示尼古丁，焦油等成分之規定，縱屬對菸品業者財產權有所限制，但該項標示因攸關國民健康，乃菸品財產權所具有之社會義務，且所受限制尚屬輕微，未逾越社會義務所應忍受之範圍，與憲法保障人民財產權之規定，並無違背。
6. **釋字第 739 號**：自辦市地重劃個案係由部分土地所有權人申請主管機關核定成立之籌備會發動，此發動將使重劃範圍內之土地所有權人，被迫參與自辦市地重劃程序，面臨人民財產權與居住自由被限制之危險，難謂實質正當，不符憲法保障人民財產權與居住自由之意旨。
7. **釋字第 763 號解釋**：土地法第 219 條第 1 項規定逕以「徵收補償發給完竣屆滿 1 年之次日」為收回權之時效起算點，並未規定該管直轄市或縣（市）主管機關就被徵收土地之後續使用情形，應定期通知原土地所有權人或依法公告，**致其無從及時獲知充分資訊，俾判斷是否行使收回**

權，不符憲法要求之正當行政程序，於此範圍內，有違憲法第 15 條保障人民財產權之意旨，應自本解釋公布之日起 2 年內檢討修正。

九、請願、訴願及訴訟權（§16）【107年關三、108年高考、109年關四、111年鐵高、鐵佐、國安】

憲法第 16 條：「人民有請願、訴願及訴訟之權。」其中，請願權與訴願權為行政上的受益權，亦即人民在行政方面，得請求國家為一定的行為，以享受其利益的權利；訴訟權則為司法上的受益權，亦即人民的權利自由，遭受不法侵害時，得向法院提起訴訟，請求法院給予公正裁判的機會。

(一) 意義

> **法學小教室**
> 關於人民之請願事項，不得牴觸憲法或干預審判。又人民對於依法應提起訴訟或訴願之事項，不得請願。

1. **請願權**：係指**人民就國家政治措施，或對於自己權益之維護，向國家機關陳述願望之權利，請求國家機關為作為或不作為**。請願法第 2 條即規定：「人民對國家政策、公共利害或其權益之維護，得向職權所屬之民意機關或主管行政機關請願。」
2. **訴願權**：人民因中央或地方機關違法或不當之處分，致其權利或利益受損，得在一定期間內，向訴願管轄機關提出訴願，請求撤銷或變更原處分之**行政救濟權利**。
3. **訴訟權**：為人民請求**司法救濟之權利。我國採司法二元制，由普通法院審理民事訴訟及刑事訴訟，由行政法院審理行政訴訟**。依憲法第 77 條規定，民事、刑事、行政訴訟之審判，係由司法院掌理。

(二) 舉例

1. **釋字第 684 號**：大學為實現研究學術及培育人才之教育目的或維持學校秩序，**對學生所為行政處分或其他公權力措施，如侵害學生受教育權或其他基本權利，即使非屬退學或類此之處分，本於憲法第 16 條有權利即有救濟之意旨，仍應許權利受侵害之學生提起行政爭訟，無特別限制之必要。**
2. **釋字第 663 號**：稅捐稽徵法關於為稽徵稅捐所發之各種文書，「對公同共有人中之一人為送達者，其效力及於全體」之規定，不符憲法正當法律程序之要求，致侵害未受送達之公同共有人之訴願、訴訟權，與憲法第 16 條之意旨有違。

3. 釋字第 654 號：**羈押法關於對受羈押被告與辯護人接見時監聽、錄音所獲得之資訊，得以作為偵查或審判上認定被告本案犯罪事實之證據，在此範圍內妨害被告防禦權之行使，牴觸憲法第 16 條保障訴訟權之規定。**
4. 釋字第 653 號：**羈押法關於不許受羈押被告向法院提起訴訟請求救濟之部分，與憲法第 16 條保障人民訴訟權之意旨有違。**
5. 釋字第 574 號：**憲法第 16 條所規定之訴訟權，係以人民於其權利遭受侵害時，得依正當法律程序請求法院救濟為其核心內容。而訴訟救濟應循之審級、程序及相關要件，則由立法機關衡量訴訟案件之種類、性質、訴訟政策目的，以及訴訟制度之功能等因素，以法律為正當合理之規定。**民事訴訟法對於有關財產權訴訟上訴第三審之規定，以第二審判決後，當事人因上訴所得受之利益是否逾一定之數額，而決定得否上訴第三審之標準，即係立法者衡酌第三審救濟制度之功能及訴訟事件之屬性，避免虛耗國家有限之司法資源，促使私法關係早日確定，以維持社會秩序所為之正當合理之限制，與憲法第 16 條、第 23 條尚無違背。
6. 釋字第 569 號：**刑事訴訟法規定，對於配偶不得提起自訴，係為防止配偶間因自訴而對簿公堂，致影響夫妻和睦及家庭和諧，乃為維護人倫關係所為之合理限制，尚未逾越立法機關自由形成之範圍；且人民依刑事訴訟法相關規定，並非不得對其配偶提出告訴，其憲法所保障之訴訟權並未受到侵害，與憲法第 16 條及第 23 條之意旨尚無牴觸。**【109 年關四】
7. 釋字第 462 號：**各大學校、院、系（所）教師評審委員會關於教師升等評審之權限，係屬法律在特定範圍內授予公權力之行使，其對教師升等通過與否之決定，與教育部學術審議委員會對教師升等資格所為之最後審定，**於教師之資格等身分上之權益有重大影響，均**應為訴願法及行政訴訟法上之行政處分。受評審之教師於依教師法或訴願法用盡行政救濟途徑後，仍有不服者，自得依法提起行政訴訟，以符憲法保障人民訴訟權之意旨。**
8. 釋字第 459 號：**兵役體位之判定，係徵兵機關就役男應否服兵役及應服何種兵役所為之決定而對外直接發生法律效果之單方行政行為，此種決定行為**，對役男在憲法上之權益有重大影響，**應為訴願法及行政訴訟法上之行政處分。受判定之役男，如認其判定有違法或不當情事，自得依法提起訴願及行政訴訟。**

9. **釋字第 430 號**：憲法第 16 條規定人民有訴願及訴訟之權，人民之權利或法律上利益遭受損害，不得僅因身分或職業關係，即限制其依法律所定程序提起訴願或訴訟。**軍人為廣義之公務員，與國家間具有公法上之職務關係，現役軍官依有關規定聲請續服現役未受允准，並核定其退伍，如對之有所爭執，既係影響軍人身分之存續，損及憲法所保障服公職之權利，自得循訴願及行政訴訟程序尋求救濟。**
10. **釋字第 482 號**：憲法第 16 條規定，人民有請願、訴願及訴訟之權，所謂訴訟權，赦人民司法上之受益權，即人民於其權利受侵害時，依法享有向法院提起適時審判之請求權，且包含聽審、公正程序、公開審判請求權及程序上之平等權等。
11. **釋字第 512 號**：憲法第 16 條保障人民有訴訟之權，旨在確保人民有依法定程序提起訴訟及受公平審判之權利，至訴訟救濟應循之審級、程序及相關要件，應由立法機關衡量訴訟案件之種類、性質、訴訟政策目的，以及訴訟制度之功能等因素，以法律為正當合理之規定。
12. **釋字第 737 號解釋**：偵查中之羈押審查程序，應以適當方式及時使犯罪嫌疑人及其辯護人獲知檢察官據以聲請羈押之理由；除有事實足認有湮滅、偽造、變造證據或勾串共犯或證人等危害偵查目的或危害他人生命、身體之虞，得予限制或禁止者外，並使其獲知聲請羈押之有關證據，俾利其有效行使防禦權，始符憲法正當法律程序原則之要求。……整體觀察，偵查中之犯罪嫌疑人及其辯護人僅受告知羈押事由所據之事實，與上開意旨不符。
13. **釋字第 752 號解釋**：就經第一審判決有罪，而第二審駁回上訴或撤銷原審判決並自為有罪判決者，規定不得上訴於第三審法院部分，屬立法形成範圍，與憲法第 16 條保障人民訴訟權之意旨尚無違背。惟**就第二審撤銷原審無罪判決並自為有罪判決者，被告不得上訴於第三審法院部分，未能提供至少一次上訴救濟之機會，與憲法第 16 條保障人民訴訟權之意旨有違**，應自本解釋公布之日起失其效力。
14. **釋字第 762 號解釋**：刑事訴訟法第 33 條第 2 項前段規定：「無辯護人之被告於審判中得預納費用請求付與卷內筆錄之影本」，**未賦予有辯護人之被告直接獲知卷證資訊之權利，且未賦予被告得請求付與卷內筆錄以外之卷宗及證物影本之權利，妨害被告防禦權之有效行使，於此範圍**

內，與憲法第 16 條保障訴訟權之正當法律程序原則意旨不符。有關機關應於本解釋公布之日起 1 年內，依本解釋意旨妥為修正。逾期未完成修正者，法院應依審判中被告之請求，於其預納費用後，付與全部卷宗及證物之影本。

15. **釋字第** 784 **號解釋**：本於憲法第 16 條保障人民訴訟權之意旨，**各級學校學生認其權利因學校之教育或管理等公權力措施而遭受侵害時，即使非屬退學或類此之處分，亦得按相關措施之性質，依法提起相應之行政爭訟程序以為救濟，無特別限制之必要**。於此範圍內，本院釋字第 382 號解釋應予變更。
16. **釋字第** 785 **號解釋**：本於憲法第 16 條有權利即有救濟之意旨，**人民因其公務人員身分，與其服務機關或人事主管機關發生公法上爭議，認其權利遭受違法侵害，或有主張權利之必要，自得按相關措施與爭議之性質，依法提起相應之行政訴訟，並不因其公務人員身分而異其公法上爭議之訴訟救濟途徑之保障**。中華民國 92 年 5 月 28 日修正公布之公務人員保障法第 77 條第 1 項、第 78 條及第 84 條規定，並不排除公務人員認其權利受違法侵害或有主張其權利之必要時，原即得按相關措施之性質，依法提起相應之行政訴訟，請求救濟，與憲法第 16 條保障人民訴訟權之意旨均尚無違背。
17. **釋字第** 797 **號**：行政文書之送達，或可能涉及人民循序提起爭訟救濟期間之起算，與人民受憲法第 16 條保障之程序性基本權有關（本院釋字第 610 號、第 663 號及第 667 號解釋參照）；或可能與提起爭訟救濟無直接相關，**惟仍涉及人民受憲法保障之其他自由或權利。是行政文書送達之程序規範，自應符合憲法正當法律程序原則之要求**。
18. **釋字第** 805 **號解釋**：少年事件處理法第 36 條規定：「審理期日訊問少年時，應予少年之法定代理人或現在保護少年之人及輔佐人陳述意見之機會。」及其他少年保護事件之相關條文，整體觀察，均未明文規範被害人（及其法定代理人）於少年保護事件處理程序中得到庭陳述意見，於此範圍內，不符憲法正當法律程序原則之要求，有違憲法保障被害人程序參與權之意旨。

十、參政權（§17）【107年關三、關四、111年鐵員、警四、112高考、112身五】

憲法第 17 條規定：「人民有選舉、罷免、創制及複決之權。」此為人民的參政權，屬於主動的權利，也**反映憲法第 2 條國民主權原則**，國家事務由人民當家作主。憲法設有專章規定人民之參政權：

法學小教室

司法院大法官解釋曾闡述受制度性保障之人民權利有：公務員之官等俸給銓敘權、財產權、大學自治、婚姻與家庭制度、學術自由。

選舉之方法	憲法所規定之各種選舉，除本憲法別有規定外，以普通、平等、直接及無記名投票之方法行之。
選舉被選舉權之資格及條件	中華民國國民**年滿二十歲者，有依法選舉之權**，除本憲法及法律別有規定者外，**年滿二十三歲者，有依法被選舉之權**。
選舉之公開及公正	本憲法所規定各種選舉之候選人，一律公開競選。選舉應嚴禁威脅利誘。選舉訴訟，由法院審判之。
罷免	被選舉人得由原選舉區依法罷免之。
創制複決	創制、複決兩權之行使，以法律定之。

十一、應考試服公職權（§18）【111年警四】

憲法第 18 條規定：「人民有應考試服公職之權。」**我國人民依公務人員考試法之規定，於符合一定條件，有參加國家考試並於考試及格後任服公職之權利。**司法院大法官歷來對人民應考試服公職之權利多有解釋，例如釋字第 243 號、釋字第 266 號、釋字第 298 號有關身分權之保障，釋字第 491 號有關懲戒處分之正當法律程序要求，釋字第 483 號、釋字第 546 號、釋字第 575 號、釋字第 605 號有關官等俸級之保障等。【109 年關四】

釋字第 715 號解釋：中華民國九十九年國軍志願役專業預備軍官預備士官班考選簡章壹、二、(二) 規定：「曾受刑之宣告⋯⋯者，不得報考。⋯⋯」與憲法第二十三條法律保留原則無違。惟其對應考試資格所為之限制，逾越必要程度，牴觸憲法第二十三條比例原則，與憲法第十八條保障人民服公職之權利意旨不符。

十二、受國民義務教育之權利（§21）【107年一般警三】

憲法第 21 條規定：「人民有受國民教育之**權利與義務**。」國民教育義務影響整體民族存續與發展。我國之國民教育，乃依據國民教育法規定，以養成德、智、體、群、美五育均衡發展之健全國民為宗旨。

十三、其他自由權利之概括規定（§22）【107年關四、一般警三、109年關三、關四、111年鐵高、鐵員、112鐵高、鐵員】

憲法第 22 條規定：「凡人民之其他自由及權利，不妨害社會秩序公共利益者，均受憲法之保障。」所謂**其他自由及權利，係指憲法所列舉以外之自由權利而言，諸如隱私權（釋字第 603、631、689 號）、人格權（釋字第 567、587、664 號）、婚姻、家庭制度與性行為自由（釋字第 554、791 號）、契約自由權（釋字第 580 號）、姓名權（釋字第 399 號）等。一般行動自由（釋字第 535、689、699 號）受國民教育以外教育之權利（釋字第 382、626 號）等。**

十四、人民之義務

人民之義務屬於**被動的權利**，憲法第 19 條至第 21 條規定人民之義務，內容有納稅、服兵役以及接受國民教育。

納稅義務	憲法於第 19 條規定：「人民有依法律納稅之義務。」國家為滿足一般公共任務之財政需要，對於具備法定要件之人，以公權力課徵之金錢給付義務。
服兵役義務	憲法於第 20 條規定：「人民有依法律服兵役之義務。」服兵役是指人民應徵召入伍負擔保衛國家之責任，依照現行兵役法規定，僅男子有服兵役之義務。
受國民教育義務	憲法於第 21 條規定：「人民有受國民教育之權利與義務。」人民有受國民教育之義務，國家採行此種強制性國民教育制度之目的，在使國民教育水準普及化。

小試身手

( ) **1** 國家應對電波頻率之使用為公平合理之分配，對於人民「接近使用傳播媒體」之權利，亦應在兼顧傳播媒體編輯自由原則下，予以尊重。試問此為基於對何種基本人權之保障？ (A)秘密通訊自由 (B)言論自由 (C)集會自由 (D)平等權。

( ) **2** 關於人民之參政權，下列敘述何者錯誤？ (A)當選無效訴訟，由行政法院審理之 (B)人民之創制權，由法律定之 (C)選舉之原則為普通、平等、直接、無記名 (D)參政權為人民憲法上主動之權利。

( ) **3** 法律中有關提審制度，是為保障人民之何種權利？ (A)言論自由 (B)職業自由 (C)集會自由 (D)人身自由。

( ) **4** 依大法官之見解，商標權屬於何種基本權，應受憲法之保障？ (A)思想自由權 (B)生存權 (C)財產權 (D)工作權。

( ) **5** 大法官對於臺灣地區與大陸地區人民關係條例有關進入臺灣地區之大陸地區人民，治安機關得逕行強制出境之規定，認為不符憲法何種意旨？ (A)遷徙自由 (B)人身自由 (C)居住自由 (D)平等權。

( ) **6** 各大學院校教師受教師評審委員會關於教師升等評審之決定不服者，得依法提起訴願及行政訴訟。試問兩種救濟制度各由何機關管轄？ (A)皆由司法機關 (B)訴願由行政機關；行政訴訟由司法機關 (C)接由行政機關 (D)為保障人民司法上受益權，得由人民選擇管轄機關。

( ) **7** 中央警察大學以有無色盲決定能否取得入學資格之規定，大法官認為是否違憲？ (A)雖係培養警察專門人才，但以有無色盲決定能否取得入學資格侵犯人格權，因此違憲 (B)大法官對此無任何解釋 (C)有無色盲與警察工作之執行無必然關聯性，因此違憲 (D)該規定與其公益之目的間尚非無實質關聯，與憲法平等權並無牴觸。

( ) **8** 下列何者非憲法所明文規定之基本權？ (A)請願權 (B)生存權 (C)秘密通訊權 (D)隱私權。

答	1 (B)	2 (A)	3 (D)	4 (C)	5 (A)
	6 (B)	7 (D)	8 (D)		

第三節 ｜ 權力分立

一、國民大會

(一) **第七次憲法增修條文已廢除國民大會**：因此國民大會在憲法本文之規定，已不適用。憲法增修條文第 1 條規定：「中華民國自由地區選舉人於立法院提出憲法修正案、領土變更案，經公告半年，應於三個月內投票複決，不適用憲法第 4 條、第 174 條之規定。憲法第 25 條至第 34 條及第 135 條之規定，停止適用。」

(二) **廢除國民大會之理由**：將間接民權改為直接民權。原憲法增修條文第 1 條關於任務型國民大會廢止後，有關複決憲法修正案、領土變更案等國民大會職權，改由公民投票複決之。

二、總統

(一) **地位**：總統為國家元首，對外代表中華民國。

(二) **權力**：【107 年關四、108 年一般警四】

1. **統帥權**：總統統率全國陸海空軍。
2. **公布法令權**：立法院三讀通過之法律，由總統公布。【111 年鐵員】
3. **締結條約、宣戰、媾和權**：關於條約，大法官於**釋字第 329 號中對條約之定義作解釋：憲法所稱之條約係指中華民國與其他國家或國際組織所締約之國際書面協定，包括用條約或公約之名稱，或用協定等名稱而其內容直接涉及國家重要事項或人民之權利義務且具有法律上效力者而言。其中名稱為條約或公約或用協定等名稱而附有批准條款者，當然應送立法院審議，其餘國際書面協定，除經法律授權或事先經立法院同意簽訂，或其內容與國內法律相同**

法學小教室

條約案經簽署後，原則上主辦機關應於三十日內報請行政院核轉立法院審議。

者外，亦應送立法院審議。又依條約及協定處理準則之規定，其所稱之條約及協定如下：

(1) **條約**：係指下列國際書面協定：

A. 具有條約或公約之名稱者。

B. 定有批准條款者。

C. 內容直接涉及國家重要事項且具有法律上之效力者。

D. 內容直接涉及人民權利義務且具有法律上之效力者。

(2) **協定**：係指條約以外之國際書面協定，不論其名稱及方式為何。

4. **宣布戒嚴權**：**總統依法宣布戒嚴，但須經立法院之通過或追認。立法院認為必要時，得決議移請總統解嚴。**

(1) **戒嚴**：

A. 戰爭或叛亂發生，對於全國或某一地域應施行戒嚴時，總統得經行政院會議之議決，立法院之通過，依本法宣告戒嚴或使宣告之。

B. 總統於情勢緊急時，得經行政院之呈請，依本法宣告戒嚴或使宣告之。但應於一個月內提交立法院追認，在立法院休會期間，應於復會時即提交追認。

(2) **解嚴**：戒嚴之情況終止或經立法院決議移請總統解嚴時，應即宣告解嚴，自解嚴之日起，一律回復原狀。

5. **赦免權**：總統依法行使大赦、特赦、減刑及復權之權。赦免權之內容如下：

> **法學小教室**
> 全國性之減刑，得依大赦程序辦理。

(1) **大赦**：**已受罪刑之宣告者，其宣告為無效；未受罪刑之宣告者，其追訴權消滅。**

(2) **特赦**：**免除其刑之執行；其情節特殊者，得以其罪刑之宣告為無效。**

(3) **減刑**：**減輕其所宣告之刑。**

(4) **復權**：**回復其所褫奪之公權。**

6. **任免官員權**：總統依法任免文武官員。

7. **授與榮典權**：總統依法授與榮典。

8. **發布緊急命令權**：**總統為避免國家或人民遭遇緊急危難或應付財政經濟上重大變故，得經行政院會議之決議發布緊急命令，為必要之處置。**

9. **權限爭議處理權**：總統對於院與院間之爭執，除本憲法有規定者外，得召集有關各院院長會商解決之。

(三) **候選人資格**：中華民國國民年滿**四十歲**者，得被選為總統、副總統。

(四) **任期**：四年，連選得連任一次。

(五) **總統就職宣誓**：誓詞如下「余謹以至誠，向全國人民宣誓，余必遵守憲法，盡忠職務，增進人民福利，保衛國家，無負國民付託。如違誓言，願受國家嚴厲之制裁。謹誓。」

(六) **繼任及代行總統職權**：**總統缺位時，由副總統繼任，至總統任期屆滿為止。副總統缺位時，總統應於三個月內提名候選人，由立法院補選，繼任至原任期屆滿為止。總統、副總統均缺位時，由行政院院長代行其職權，並由中華民國自由地區全體人民補選總統、副總統，繼任至原任期屆滿為止。**

(七) **總統身分之保障**【107年一般警四】

1. **刑事豁免權**：總統除犯內亂或外患罪外，非經罷免或解職，不受刑事上之訴究。此外，依大法官釋字第388號、第627號解釋意旨，憲法第52條規定，總統除犯內亂或外患罪外，非經罷免或解職，不受刑事上之訴究。此係憲法基於總統為國家元首，對內肩負率全國陸海空軍等重要職責，對外代表中華民國之特殊身分所為之尊崇與保障。**總統不受刑事上之訴究，乃在使總統涉犯內亂或外患罪以外之罪者，暫時不能為刑事上訴究，並非完全不適用刑法或相關法律之刑罰規定，故為一種暫時性之程序障礙，而非總統就其犯罪行為享有實體之免責權。**是憲法第52條規定「不受刑事上之訴究」，係指刑事偵查及審判機關，於總統任職期間，就總統涉犯內亂或外患罪以外之罪者，暫時不得以總統為犯罪嫌疑人或被告而進行偵查、起訴與審判程序而言。但對總統身分之尊崇與職權之行使無直接關涉之措施，或對犯罪現場之即時勘察，不在此限。【109年關四、111年鐵高、鐵員、警四、國安】
2. **卸任之禮遇**：卸任總統享有受邀參加國家大典，依現任總統月俸按月致送終身俸，供應房屋及其設備，供應交通工具、處理事務人員及事務費、及相關醫療與護衛之禮遇。

(八) **憲法增修條文之規定**：【107年一般警三】

1. **總統、副總統由人民直選**：增修條文第2條第1項：「總統、副總統由中華民國自由地區全體人民**直接選舉**之，自中華民國八十五年第九任總統、副總統選舉實施。**總統、副總統候選人應聯名登記，在選票上同列**

一組圈選，以得票最多之一組為當選。在國外之中華民國自由地區人民返國行使選舉權，以法律定之。」【111 年鐵高】

2. **凍結行政院長關於任免命令之副署規定**：增修條文第 2 條第 2 項：**「總統發布行政院院長與依憲法經立法院同意任命人員之任免命令及解散立法院之命令，無須行政院院長之副署**，不適用憲法第 37 條之規定。」【107 年關三、一般警四、109 年關三】
3. **緊急命令權**：增修條文第 2 條第 3 項：「**總統為避免國家或人民遭遇緊急危難或應付財政經濟上重大變故，得經行政院會議之決議發布緊急命令，為必要之處置**，不受憲法第 43 條之限制。**但須於發布命令後十日內提交立法院追認，如立法院不同意時，該緊急命令立即失效。**」【109 年關三、111 年鐵佐、國安】
4. **國安會與國安局**：增修條文第 2 條第 4 項：「**總統為決定國家安全有關大政方針，得設國家安全會議及所屬國家安全局，其組織以法律定之。**」【109 年關四】
5. **解散立法院**：增修條文第 2 條第 5 項：「**總統於立法院通過對行政院院長之不信任案後十日內，經諮詢立法院院長後，得宣告解散立法院。但總統於戒嚴或緊急命令生效期間，不得解散立法院。立法院解散後，應於六十日內舉行立法委員選舉，並於選舉結果確認後十日內自行集會，其任期重新起算。**」【107 年關四】
6. **總統之任期**：增修條文第 2 條第 6 項：「**總統、副總統之任期為四年，連選得連任一次**，不適用憲法第 47 條之規定。」
7. **副總統缺位之補選**：增修條文第 2 條第 7 項：「**副總統缺位時，總統應於三個月內提名候選人，由立法院補選，繼任至原任期屆滿為止。**」
8. **正副總統皆缺位時之補選**：增修條文第 2 條第 8 項：「**總統、副總統均缺位時，由行政院院長代行其職權**，並依本條第 1 項規定補選總統、副總統，繼任至原任期屆滿為止，不適用憲法第 49 條之有關規定。」【109 年關四、111 年警四】
9. **正副總統之罷免**：增修條文第 2 條第 9 項：「**總統、副總統之罷免案，須經全體立法委員四分之一之提議，全體立法委員三分之二之同意後提出，並經中華民國自由地區選舉人總額過半數之投票，有效票過半數同意罷免時，即為通過。**」【107 年關三】

三、行政院

(一) **地位**：行政院為國家最高行政機關。

(二) **組織**：【107 年一般警四】

1. 行政院設院長、副院長各一人，各部會首長若干人，及不管部會之政務委員若干人。行政院院長由總統任命之。【111 年鐵高】
2. 行政院院長辭職或出缺時，在總統未任命行政院院長前，由行政院副院長暫行代理。
3. 行政院副院長、各部會首長及不管部會之政務委員，由行政院院長提請總統任命之。

(三) **行政院之責任**：行政院依下列規定，對立法院負責，憲法第 57 條之規定，停止適用：【107 年關三、一般警四、108 年一般警四、111 高考、112 普考】

1. **行政院有向立法院提出施政方針及施政報告之責。立法委員在開會時，有向行政院院長及行政院各部會首長質詢之權。**

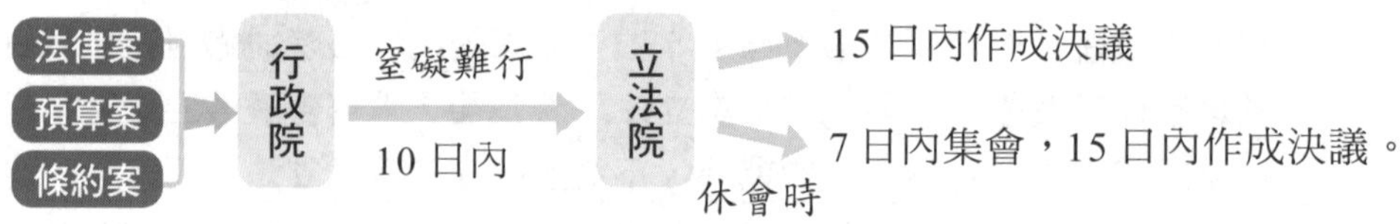

覆議案程序

2. 行政院對於立法院決議之**法律案、預算案、條約案**，如認為有窒礙難行時，得經總統之核可，於該決議案送達行政院十日內，移請立法院覆議。立法院對於行政院移請覆議案，應於送達十五日內作成決議。如為休會期間，立法院應於七日內自行集會，並於開議十五日內作成決議。覆議案逾期未議決者，原決議失效。覆議時，如經全體立法委員二分之一以上決議維持原案，行政院院長應即接受該決議。
3. 立法院得經**全體立法委員三分之一以上**連署，對行政院院長提出不信任案。不信任案**提出七十二小時後，應於四十八小時內以記名投票**表決之。如經**全體立法委員二分之一以上贊成**，行政院院長**應於十日內提出辭職**，並得同時呈請總統解散立法院；**不信任案如未獲通過，一年內不得對同一行政院院長再提不信任案。**【109 年關三、關四、111 年初考、鐵高、鐵員】

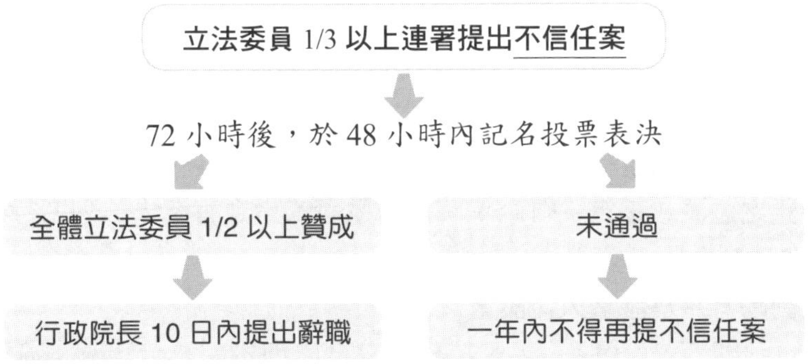

立法委員 1/3 以上連署提出不信任案

↓

72 小時後，於 48 小時內記名投票表決

全體立法委員 1/2 以上贊成	未通過
↓	↓
行政院長 10 日內提出辭職	一年內不得再提不信任案

(四) **行政院會議**：行政院設行政院會議，由行政院院長、副院長、各部會首長及不管部會之政務委員組織之，以院長為主席。行政院院長、各部會首長，須將應行提出於立法院之法律案、預算案、戒嚴案、大赦案、宣戰案、媾和案、條約案及其他重要事項，或涉及各部會共同關係之事項，提出於行政院會議議決之。【111 年警四】

(五) **預算及決算之提出：行政院於會計年度開始三個月前，應將下年度預算案提出於立法院。行政院於會計年度結束後四個月內，應提出決算於監察院。**

(六) **行政院組織法之制定**：依照憲法規定，行政院之組織，以法律定之，亦即需依行政院組織法之規定設置如下：

1. **十四部及八委員會**：【107 年關三、關四、一般警三】

(1) 行政院設內政、外交、國防、財政、教育、法務、經濟、交通、勞動、農業、衛生福利、環境、文化、數位發展等十四部（行政院組織法 §3）及國家發展、大陸、金融監督管理、國家科學及技術、海洋、僑務、國軍退除役官兵輔導、原住民族、客家等九個委員會（行組 §4）。

(2) 行政院置政務委員七人至九人，特任。政務委員得兼任前條委員會之主任委員（行組 §5）。

(3) **各部、各委員會之組織體制採「首長制」。**

2. **主計總處及人事行政總處之設置**：行政院設行政院主計總處及行政院人事行政總處（行組 §6）。

3. **中央銀行、故宮博物院之設置**：行政院設中央銀行（行組 §7）、國立故宮博物院（行組 §8）。

4. **獨立機關之設置：行政院設下列相當中央二級獨立機關**（行組 §9）：
   (1) **中央選舉委員會。** (2) **公平交易委員會。** (3) **國家通訊傳播委員會。**
5. **行政院院長之職掌**：行政院院長綜理院務，並指揮監督所屬機關及人員。行政院院長因事故不能視事時，由副院長代理其職務（行組 §10）。
6. **會議之邀請或指定**：行政院院長得邀請或指定有關人員列席行政院會議（行組 §11）。
7. **正副祕書長及發言人之設置：**
   (1) 行政院置秘書長一人，特任，綜合處理本院幕僚事務；副祕書長二人，其中一人職務比照簡任第十四職等，襄助秘書長處理本院幕僚事務（行組 §12 第 1 項）。
   (2) 行政院置發言人一人，特任，處理新聞發布及聯繫事項，得由政務職務人員兼任之（行組 §12 第 2 項）。
8. **專責單位之設置**：行政院為處理特定事務，得於院內設專責單位（行組 §14）。

四、立法院【111年鐵佐、警四、國安】

(一) **地位**：立法院為國家最高立法機關，由人民選舉之立法委員組織之，代表人民行使立法權。【109 年關三】

(二) **組織**

1. **立法院設院長、副院長各一人，由立法委員互選產生**【107 年關三】；其選舉辦法，另定之。立法院院長應本公平中立原則，維持立法院秩序，處理議事。【109 年關三】
2. 立法院依憲法第 67 條之規定，得設各種委員會。各種委員會得邀請政府人員及社會上有關係人員到會備詢。另依大法官釋字第 461 號解釋意旨，鑑諸行政院應依憲法規定對立法院負責，故凡行政院各部會首長及其所屬公務員，除依法獨立行使職權，不受外部干涉之人員外，於立法院各種委員會依憲法第 67 條第 2 項規定邀請到會備詢時，有應邀說明之義務。**參謀總長為國防部部長之幕僚長，負責國防之重要事**

> **法學小教室**
>
> 大法官釋字第 498 號：地方自治為憲法所保障之制度。**基於地方自治團體具有自主、獨立之地位，以及中央與地方各設有立法機關之層級體制，地方自治團體行政機關公務員，除法律明定應到會備詢者外，得衡酌到會說明之必要性，決定是否到會。**

項，包括預算之擬編及執行，與立法院之權限密切相關，自屬憲法第67條第2項所指政府人員，除非因執行關係國家安全之軍事業務而有正當理由外，不得拒絕應邀到會備詢，惟詢問內容涉及重要國防機密事項者，免予答覆。至司法、考試、監察三院院長，本於五院間相互尊重之立場，並依循憲政慣例，得不受邀請備詢。三院所屬非獨立行使職權而負行政職務之人員，於其提出之法律案及有關預算案涉及之事項，亦有上開憲法規定之適用。

(三) **立法委員之任命與任期**：立法院立法委員自第七屆起**一百一十三人，任期四年，連選得連任**，於每屆任滿前三個月內，依下列規定選出之，不受憲法第64條及第65條之限制：【107年一般警三、一般警四、111年鐵高、警四、司五】

1. **自由地區直轄市、縣市七十三人。每縣市至少一人。**（依各直轄市、縣市人口比例分配，並按應選名額劃分同額選舉區選出之）
2. **自由地區平地原住民及山地原住民各三人。**
3. **全國不分區及僑居國外國民共三十四人。（依政黨名單投票選舉之，由獲得百分之五以上政黨選舉票之政黨依得票比率選出之）**【107年關三】
4. 全國不分區及僑居國外國民共三十四人。依政黨名單投票選舉之，由獲得百分之五以上政黨選舉票之政黨依得票比率選出之，各政黨當選名單中，婦女不得低於二分之一。【109關四】

(四) **職權**：立法院有議決法律案、預算案、戒嚴案、大赦案、宣戰案、媾和案、條約案及國家其他重要事項之權。【107年關三、關四、108年一般警四】

法學小教室

除立法院外，司法院、監察院依大法官釋字第3號、第175號解釋有法律提案權，行政院、考試院依憲法第58條、第87條有法律案提案權。換言之，中央政府僅總統無法律提案權。【109關務三】

(五) **集會與休會**【107年一般警三、111年鐵高】

1. **常會**：**立法院會期，每年兩次，自行集會，第一次自二月至五月底，第二次自九月至十二月底**，必要時得延長之。
2. **臨時會**：立法院遇有以下情事之一時，得召開臨時會：總統之咨請、立法委員四分之一以上之請求。
3. **國情報告**：立法院於每年集會時，得聽取總統國情報告。
4. **休會**：立法院經總統解散後，在新選出之立法委員就職前，視同休會。

(六) **議決之限制：立法院對於行政院所提預算案，不得為增加支出之提議。**

(七) **公布法律權：立法院法律案通過後，移送總統及行政院，總統應於收到後十日內公布之。**

(八) **言論免責權：**立法委員，除現行犯外，在會期中，非經立法院許可，不得逮捕或拘禁。立法委員不得兼任官吏。【107年一般警四、109年關四、111年鐵高】

(九) **領土變更案：**中華民國領土，依其固有疆域，非經全體立法委員四分之一之提議，全體立法委員四分之三之出席，及出席委員四分之三之決議，提出領土變更案，並於公告半年後，經中華民國自由地區選舉人投票複決，有效同意票過選舉人總額之半數，不得變更之。

(十) **追認緊急命令：**總統於立法院解散後發布緊急命令，立法院應於三日內自行集會，並於開議七日內追認之。但於新任立法委員選舉投票日後發布者，應由新任立法委員於就職後追認之。如立法院不同意時，該緊急命令立即失效。

(十一) **正副總統之彈劾案：**立法院對於總統、副總統之彈劾案，須經**全體立法委員二分之一以上之提議，全體立法委員三分之二以上之決議**，聲請司法院大法官審理，不適用憲法第 90 條、第 100 條及增修條文第 7 條第 1 項有關規定。【111年台電】

(十二) **立法委員之報酬或待遇：立法委員之報酬或待遇，應以法律定之。除年度通案調整者外，單獨增加報酬或待遇之規定，應自次屆起實施。**【107年一般警四】

五、司法院

(一) **地位：**司法院為國家最高司法機關，掌理民事、刑事、行政訴訟之審判及公務員之懲戒。【107年一般警四、111年鐵佐】

(二) **組織：**

1. **司法院設大法官十五人，並以其中一人為院長、一人為副院長，審理解釋憲法及統一解釋法令案件，並組成憲法法庭，審理政黨違憲之解散事項，均以合議行之。**【107年關四、一般警三、一般警四、111年初等】

法學小教室

政黨之目的或其行為，危害中華民國之存在或自由民主之憲政秩序者為違憲。

2. 大法官會議，以司法院院長為主席。
3. 憲法法庭審理案件，以資深大法官充審判長；資同者以年長者充。

(三) **職權**【107年關三、108年一般警四、109年關三、關四】

1. **解釋權**：司法院解釋憲法，並有統一解釋法律及命令之權。
2. **審理權**：司法院大法官，除依憲法第78條之規定外，並組成憲法法庭審理總統、副總統之彈劾及政黨違憲之解散事項。

法學小教室

釋字第704號解釋理由書謂：為確保職司審判之軍事審判官唯本良知及其對法律之確信獨立行使審判職權，使受軍事審判之現役軍人能獲獨立、公正審判之憲法第16條所保障之訴訟權得以實現，**軍事審判官非受刑事或懲戒處分、監護宣告或有與受刑事或懲戒處分或監護宣告相當程度之法定原因，並經正當法律程序，不得免職；非依法律，不得停職、轉任或減俸。**

(四) **法官之地位**【109年關四、111年鐵高、國安】

1. **法官須超出黨派以外，依據法律獨立審判，不受任何干涉。**
2. **法官為終身職（大法官除由法官轉任者外，不適用此規定），非受刑事或懲戒處分，或禁治產（現已改成監護、輔助宣告）之宣告，不得免職。非依法律，不得停職、轉任或減俸。**

(五) **大法官之任命與任期**

1. **大法官之任命：大法官由總統提名，經立法院同意任命之**，自中華民國九十二年起實施，不適用憲法第79條之規定。司法院大法官除法官轉任者外，不適用憲法第81條及有關法官終身職待遇之規定。【111年警四】

法學小教室

釋字第601號解釋認為：大法官無論其就任前職務為何，在任期中均應受憲法第81條規定之保障。換言之，法官除有懲戒事由始得以憲法第170條規定之法律予以減俸外，各憲法機關不得以任何其他理由或方式，就法官之俸給，予以刪減。因此司法院大法官之俸給，在上開解釋範圍內，不得任意刪減。【108年一般警四、109年關四】

2. **大法官之任期：司法院大法官任期八年，不分屆次，個別計算，並不得連任。**但並為院長、副院長之大法官，不受任期之保障。中華民國九十二年總統提名之大法官，其中八位大法官，含院長、副院長，任期四年，其餘大法官任期為八年，不適用前項任期之規定。【111年司五、國安】

(六) **司法院預算：司法院所提出之年度司法概算，行政院不得刪減，但得加註意見，編入中央政府總預算案，送立法院審議。**

六、考試院【111年鐵員、警四】

(一) **地位**：**考試院為國家最高考試機關，掌理下列事項，不適用憲法第 83 條之規定：1. 考試。2. 公務人員之銓敘、保障、撫卹、退休。3. 公務人員任免、考績、級俸、陞遷、褒獎之法制事項。**

(二) **組織**：

1. 考試院設院長、副院長各一人，考試委員若干人（依考試院組織法之規定，定為十九人）。
2. 考試院設考選部、銓敘部、公務人員保障暨培訓委員會；其組織另以法律定之。
3. 考試院設考試院會議，以院長為主席，並以院長、副院長、考試委員及所屬各部會首長組織之，決定憲法所定職掌之政策及其有關重大事項。

(三) **考試委員之任命與任期**：**考試院長、副院長、考試委員，由總統提名，經立法院同意任命之。考試院院長、副院長及考試委員之任期為六年。前項人員出缺時，繼任人員之任期至原任期屆滿之日為止。**

(四) **公務人員選拔**：公務人員之選拔，應實行公開競爭之考試制度。非經考試及格者，不得任用。

(五) **應受考銓之資格**：**下列資格，應經考試院依法考選銓定之：1. 公務人員任用資格。2. 專門職業及技術人員執業資格。**

(六) **法律案之提出**：考試院關於所掌事項，得向立法院提出法律案。

(七) **依法獨立行使職權**：考試委員須超出黨派以外，依據法律獨立行使職權。

七、監察院【111年鐵高、鐵員、警四、國安】

(一) **地位**：行使彈劾、糾舉及審計權，不適用憲法第 90 條及第 94 條有關同意權之規定。【107 年一般警四】

法學小教室

監察院未來將增設國家人權委員會，其組織組成與運作之動態應予注意。

(二) **組織**：

1. **監察院設監察委員二十九人，並以其中一人為院長、一人為副院長。**
2. 監察院得分設委員會，其組織另以法律定之。
3. 監察院會議由院長、副院長及監察委員組織之，以院長為主席。

4. 監察院視事實之需要，得將全國分區設監察院監察委員行署，其組織另以法律定之。

(三) **監察委員之任命與任期：監察委員由總統提名，經立法院同意任命之。**憲法第 91 條至第 93 條之規定停止適用。**監察委員之任期為六年。**前項人員出缺時，繼任人員之任期至原任期屆滿之日為止。【109 年關三】

(四) **監察委員權利之行使：**【107 年一般警三】

1. **調查權：**監察院為行使監察權，得向行政院及其各部會調閱其所發布之命令及各種有關文件。
2. **糾正權、糾舉權及彈劾之行使：**監察院經各該委員會之審查及決議，得提出糾正案，移送行政院及其有關部會，促其注意改善。監察院對於中央及地方公務人員，認為有失職或違法情事，得提出糾舉案或彈劾案，如涉及刑事，應移送法院辦理。
3. **彈劾案之提出：**監察院對於中央、地方公務人員及司法院、考試院人員之彈劾案，須經**監察委員二人以上之提議，九人以上之審查及決定**，始得提出，不受憲法第 98 條之限制。監察院對於監察院人員失職或違法之彈劾，適用憲法第 95 條、第 97 條第 2 項及前項之規定。【108 年一般警四】

(五) **兼職之禁止：**監察委員不得兼任其他公職或執行業務。

(六) **審計長之任命：**監察院設審計長，由總統提名，經立法院同意任命之。【107 年關三】

(七) **決算之審核及報告：審計長應於行政院提出決算後三個月內，依法完成其審核，並提出審核報告於立法院。**

(八) **行使職權獨立性：**監察委員須超出黨派以外，依據法律獨立行使職權。

小試身手

( ) **1** 下列憲法有關立法院規定之敘述，何者正確？ (A)目前立法委員共117人 (B)自由地區平地原住民及山地原住民共3人 (C)立法院之會期，每年三次 (D)立法院有法律提案權及修法權。

( ) **2** 監察院審計長的任命程序為何？ (A)由總統提名經立法院同意任命之 (B)由總統提名經監察院同意任命之 (C)監察委員互選之 (D)立法委員互選之。

(　　) 3 依憲法規定，總統依法行使大赦、特赦、減刑、復權之權。下列關於總統之赦免權，何者正確？ (A)復權指回復其所褫奪之公權 (B)特赦指對未受罪刑之宣告者，其追訴權消滅 (C)大赦指免除其刑之執行 (D)減刑指減輕其所執行之刑。

(　　) 4 下列何者機關對於法律有提案之權？ a.總統 b.行政院 c.立法院 d.司法院 e.監察院 f.考試院 (A)a.b.c.d.e.f. (B)a.b.c.f. (C)b.c.d.e.f. (D)a.b.c.e.。

(　　) 5 憲法第52條規定，總統除犯內亂或外患罪外，非經罷免或解職，不受刑事上之訴究。試問「不受刑事上之訴究」如何解釋？ (A)屬於暫時性之程序障礙 (B)屬於暫時性之實體障礙 (C)屬於繼續性之程序障礙 (D)屬於繼續性之實體障礙。

(　　) 6 公民投票法關於「行政院公民投票審議委員會，由各政黨依立法院各黨團席次比例推荐，送交主管機關提請總統任命」之規定，違反何種原則？ (A)法律保留原則 (B)國民主權原則 (C)權力分立原則 (D)比例原則。

(　　) 7 大法官認為，憲法中具有本質之重要性而為規範秩序存立之基礎者，如聽任修改條文予以變更，則憲法整體規範秩序將形同破毀。下列何者非屬該等規範基礎？ (A)憲法關於保障人民權利之規定 (B)憲法關於基本國策之規定 (C)憲法關於國民主權之規定 (D)憲法關於民主共和國原則之規定。

(　　) 8 下列關於中央機關組織之敘述，何者錯誤？ (A)我國中央機關分為五權機關 (B)最高行政機關為行政院 (C)考試院屬於準司法機關 (D)公務員之懲戒乃司法機關所職司。

(　　) 9 憲法規定，立法院所設之各種委員會得邀請政府人員及社會上有關係人員到會備詢。惟司法、考試、監察三院院長，基於何種理由，得不受邀請備詢？ (A)民意政治 (B)憲政慣例 (C)責任政治 (D)以上皆是。

(　　)10 行政院對於立法院決議之條約案，如認為有窒礙難行時，得經總統之核可，於該決議案送達行政院十日內，移請立法院？ (A)審核 (B)認證 (C)覆議 (D)認可。

答 1 (D)　2 (A)　3 (A)　4 (C)　5 (A)
6 (C)　7 (B)　8 (C)　9 (B)　10 (C)

第四節 ｜ 地方自治與基本國策

一、中央與地方權限－垂直之權力分立【111年鐵佐】

(一)中央與地方權限

1. **中央立法並執行之事項：**

(1) 外交。

(2) 國防與國防軍事。

(3) 國籍法及刑事、民事、商事之法律。

(4) 司法制度。

(5) 航空、國道、國有鐵路、航政、郵政及電政。

(6) 中央財政與國稅。

(7) 國稅與省稅、縣稅之劃分。

(8) 國營經濟事業。

(9) 幣制及國家銀行。

(10) 度量衡。

(11) 國際貿易政策。

(12) 涉外之財政經濟事項。

(13) 其他依本憲法所定關於中央之事項。

2. **中央立法事項（由中央立法並執行，或交由省縣執行之均可）：**

(1) 省縣自治通則（本款已凍結）。

(2) 行政區劃。

(3) 森林、工礦及商業。

(4) 教育制度。

(5) 銀行及交易所制度。

(6) 航業及海洋漁業。

(7) 公用事業。

(8) 合作事業。

(9) 二省以上之水陸交通運輸。

(10) 二省以上之水利、河道及農牧事業。

(11) 中央及地方官吏之銓敘、任用、糾察及保障。

(12) 土地法。

(13) 勞動法及其他社會立法。

(14) 公用徵收。

(15) 全國戶口調查及統計。

(16) 移民及墾殖。

(17) 警察制度。

(18) 公共衛生。

(19) 振濟、撫卹及失業救濟。

(20) 有關文化之古籍、古物及古蹟之保存。

前項各款，省於不牴觸國家法律內，得制定單行法規。

3. **省立法事項（由省立法並執行，或交由縣執行）：（此規定已被憲法增修條文第 9 條第 1 項凍結）。**
4. **縣立法並執行事項：**
   (1) 縣教育、衛生、實業及交通。
   (2) 縣財產之經營及處分。
   (3) 縣公營事業。
   (4) 縣合作事業。
   (5) 縣農林、水利、漁牧及工程。
   (6) 縣財政及縣稅。
   (7) 縣債。
   (8) 縣銀行。
   (9) 縣警衛之實施。
   (10) 縣慈善及公益事業。
   (11) 其他依國家法律及省自治法賦予之事項。

   前項各款，有涉及二縣以上者，除法律別有規定外，得由有關各縣共同辦理。
5. **中央與地方權限分配：除憲法本文第 107 條、第 108 條、第 109 條及第 100 條列舉事項外，如有未列舉事項發生時，其事務有全國一致之性質者屬於中央，有全省一致之性質者屬於省，有一縣之性質者屬於縣。遇有爭議時，由立法院解決之。**

(二) **地方制度**【107 年關三、一般警四】

1. **「省」之規定：**有關省之規定，已被憲法增修條文第 9 條第 1 項凍結。
2. **「縣」之規定：**
   (1) 縣實行縣自治。
   (2) 縣民行使參政權：縣民關於縣自治事項，依法律行使創制、複決之權，對於縣長及其他縣自治人員，依法律行使選舉、罷免之權。
   (3) 縣議會組成及職權：縣設縣議會，縣議會議員由縣民選舉之。屬於縣之立法權，由縣議會行之。
   (4) 與法律牴觸之關係：縣單行規章，與國家法律或省法規牴觸者無效。
3. **依照憲法增修條文第 9 條規定：**（省縣自治）省、縣地方制度，應包括下列各款，以法律定之，不受憲法第 108 條第 1 項第 1 款、第 109 條、第 112 條至第 115 條及第 122 條之限制：【107 年關三】
   (1) **省設省政府，置委員九人，其中一人為主席，均由行政院院長提請總統任命之。**
   (2) **設省諮議會，置省諮議會議員若干人，由行政院院長提請總統任命之。**
   (3) 縣設縣議會，縣議會議員由縣民選舉之。

(4) 屬於縣之立法權，由縣議會行之。
(5) 縣設縣政府，置縣長一人，由縣民選舉之。
(6) 中央與省、縣之關係。
(7) **省承行政院之命，監督縣自治事項。**【107 年一般警四】

二、基本國策【111年警四】

(一) **國防**【108 年一般警四】

國防目的	中華民國之國防，以保衛國家安全，維護世界和平為目的。
軍人超然	全國陸海空軍，須超出個人、地域及黨派關係以外，效忠國家，愛護人民。
軍隊國家化	任何黨派及個人不得以武裝力量為政爭之工具。
兼任文官之禁止	現役軍人不得兼任文官。

(二) **外交**：外交之原則及目的：中華民國之外交，應本獨立自主之精神，平等互惠之原則，敦睦邦交，尊重條約及聯合國憲章，以保護僑民權益，促進國際合作，提倡國際正義，確保世界和平。

法學小教室

最早將基本國策入憲之憲法，為 1919 年之德國威瑪憲法。

(三) **國民經濟**

1. **基本原則**：國民經濟應以民生主義為基本原則，實施平均地權，節制資本，以謀國計民生之均足。
2. **土地政策**：中華民國領土內之土地屬於國民全體。人民依法取得之土地所有權，應受法律之保障與限制。私有土地應照價納稅，政府並得照價收買。附著於土地之礦，及經濟上可供公眾利用之天然力，屬於國家所有，不因人民取得土地所有權而受影響。土地價值非因施以勞力資本而增加者，應由國家徵收土地增值稅，歸人民共享之。國家對於土地之分配與整理，應以扶植自耕農及自行使用土地人為原則，並規定其適當經營之面積。
3. **獨占性企業公營原則**：公用事業及其他有獨占性之企業，以公營為原則，其經法律許可者，得由國民經營之。【109 年台電】

4. **私人資本之節制與扶助**：國家對於私人財富及私營事業，認為有妨害國計民生之平衡發展者，應以法律限制之，合作事業應受國家之獎勵與扶助。國民生產事業及對外貿易，應受國家之獎勵、指導及保護。
5. **農業發展**：國家應運用科學技術，以興修水利，增進地力，改善農業環境，規劃土地利用，開發農業資源，促成農業之工業化。
6. **經濟平衡發展**：中央為謀省與省間之經濟平衡發展，對於貧瘠之省，應酌予補助。省為謀縣與縣間之經濟平衡發展，對於貧瘠之縣，應酌予補助。
7. **貨暢其流**：中華民國領域內，一切貨物應許自由流通。
8. **金融控管及設置平民金融機構**：金融機構，應依法受國家之管理。國家應普設平民金融機構，以救濟失業。
9. **發展僑民經濟事業**：國家對於僑居國外之國民，應扶助並保護其經濟事業之發展。

(四) **社會安全**

1. **就業機會及農工保護**：人民具有工作能力者，國家應予以適當之工作機會。國家為改良勞工及農民之生活，增進其生產技能，應制定保護勞工及農民之法律，實施保護勞工及農民之政策。婦女兒童從事勞動者，應按其年齡及身體狀態，予以特別之保護。
2. **勞資糾紛**：勞資雙方應本協調合作原則，發展生產事業。勞資糾紛之調解與仲裁，以法律定之。
3. **社會保險與救助**：國家為謀社會福利，應實施社會保險制度。人民之老弱殘廢，無力生活，及受非常災害者，國家應予以適當之扶助與救濟。【107 年一般警四】
4. **婦幼福利政策**：國家為奠定民族生存發展之基礎，應保護母性，並實施婦女兒童福利政策。
5. **衛生保健與公醫制度**：國家為增進民族健康，應普遍推行衛生保健事業及公醫制度。

(五) **教育文化**

1. **目的**：教育文化，應發展國民之民族精神、自治精神、國民道德、健全體格、科學及生活智能。國民受教育之機會，一律平等。

2. **基本教育與補習教育**：六歲至十二歲之學齡兒童，一律受基本教育，免納學費。其貧苦者，由政府供給書籍。已逾學齡未受基本教育之國民，一律受補習教育，免納學費，其書籍亦由政府供給。【109 年關三】

3. **教育均衡發展**：國家應注重各地區教育之均衡發展，並推行社會教育，以提高一般國民之文化水準，邊遠及貧瘠地區之教育文化經費，由國庫補助之。其重要之教育文化事業，得由中央辦理或補助之。

4. **教育文化經費**：教育、科學、文化之經費，在中央不得少於其預算總額百分之十五，在省不得少於其預算總額百分之二十五，在市縣不得少於其預算總額百分之三十五，其依法設置之教育文化基金及產業，應予以保障（**本規定已被憲法增修條文第 10 條第 10 項凍結。對於教育、科學、文化之經費，尤其國民教育之經費應優先編列**）。

法學小教室

因憲法增修條文規定，教科文預算不再受預算總額比例限制。

(六) **邊疆地區**

1. **地位保障**：國家對於邊疆地區各民族之地位，應予以合法之保障，並於其地方自治事業，特別予以扶植。

2. **邊疆事業之扶助**：國家對於邊疆地區各民族之教育、文化、交通、水利、衛生及其他經濟、社會事業，應積極舉辦，並扶助其發展，對於土地使用，應依其氣候、土壤性質，及人民生活習慣之所宜，予以保障及發展。

(七) **憲法增修條文第 10 條規定重點**

1. **國家應獎勵科學技術發展及投資，促進產業升級，推動農漁業現代化，重視水資源之開發利用，加強國際經濟合作。經濟及科學技術發展，應與環境及生態保護兼籌並顧。國家對於人民興辦之中小型經濟事業，應扶助並保護其生存與發展。**

2. **國家對於公營金融機構之管理，應本企業化經營之原則；其管理、人事、預算、決算及審計，得以法律為特別之規定。**

3. **國家應推行全民健康保險，並促進現代和傳統醫藥之研究發展。**

4. **國家應維護婦女之人格尊嚴，保障婦女之人身安全，消除性別歧視，促進兩性地位之實質平等。**

5. **國家對於身心障礙者之保險與就醫、無障礙環境之建構、教育訓練與就業輔導及生活維護與救助，應予保障，並扶助其自立與發展。國家應重視社會救助、福利服務、國民就業、社會保險及醫療保健等社會福利工作，對於社會救助和國民就業等救濟性支出應優先編列。**
6. **國家應尊重軍人對社會之貢獻，並對其退役後之就學、就業、就醫、就養予以保障。**
7. **教育、科學、文化之經費，尤其國民教育之經費應優先編列，不受憲法第 164 條規定之限制。**
8. **國家肯定多元文化，並積極維護發展原住民族語言及文化。國家應依民族意願，保障原住民族之地位及政治參與，並對其教育文化、交通水利、衛生醫療、經濟土地及社會福利事業予以保障扶助並促其發展，其辦法另以法律定之。對於澎湖、金門及馬祖地區人民亦同。國家對於僑居國外國民之政治參與，應予保障。**

小試身手

( ) **1** 下列何者非憲法增修條文所規定應優先支出或編列之經費？ (A)社會救助 (B)國民就業 (C)國民教育 (D)醫療保健。

( ) **2** 關於省，下列敘述何者錯誤？ (A)省設省政府 (B)省主席由行政院院長提請總統任命 (C)屬於縣之立法權，由縣議會行之 (D)省承立法院之命，監督縣自治事項。

( ) **3** 下列何者非憲法所規定，全國陸海空軍須超出之關係以外，效忠國家與愛護人民？ (A)個人 (B)宗教 (C)地域 (D)黨派。

( ) **4** 國家應推行何種保險，並促進現代和傳統醫藥之研究發展？ (A)衛生福利 (B)社會安全 (C)國民年金 (D)全民健康。

答 **1 (D)** **2 (D)** **3 (B)** **4 (D)**

滿分題庫綜合演練

( ) **1** 司法院釋字第664號認定少年事件處理法第26條第2款，少年法院認有必要時得以裁定命少年收容於少年觀護所之規定違憲。請問下列何者錯誤？ (A)該款違反平等原則 (B)該款違反比例原則 (C)該款侵犯收容少年人格權 (D)該款侵犯收容少年人身自由。

( ) **2** 有關居住遷徙自由之敘述，下列何者正確？ (A)人民有居住及遷徙之自由，旨在保障人民有自由設定住居所、遷徙、旅行，並不包括出境或入境之權利 (B)限制欠稅人或欠稅營利事業負責人出境，牴觸憲法保障人民居住遷徙自由 (C)警察人員執行公共場所之臨檢勤務，其中處所為私人居住之空間者，應受住宅相同之保障 (D)國家對於居住、遷徙之自由應予最大之維護，不應予以任何限制。

( ) **3** 依據司法院大法官解釋，限制役男出境係對人民居住遷徙自由之重大限制，下列那一選項係正確？ (A)得以法律授權之命令為轉委任授權之依據加以限制 (B)得以職權命令加以限制 (C)經法律明確授權之命令得加以限制 (D)不違反平等原則之行政規則亦可加以限制。

( ) **4** 人民組織政黨主要是憲法所保障的何種基本權利？ (A)結社自由 (B)信仰自由 (C)表現自由 (D)集會自由。

( ) **5** 下列有關宗教信仰自由之敘述，何者正確？ (A)宗教自由包括信仰或不信仰特定宗教的自由 (B)宗教自由不包括傳教活動的自由 (C)國家得獎勵特定宗教 (D)國家得從事特定之宗教教育。

( ) **6** 依據司法院釋字第380號解釋以來之見解，大學生之「學習自由」，應包含於： (A)憲法第11條所衍生之學術自由中 (B)憲法第15條之工作權中 (C)憲法第21條受國民教育之權利中 (D)憲法第13條之宗教自由中。

( ) **7** 依據司法院釋字第490號解釋，信仰宗教自由保障範圍，不包括下列何者？ (A)不信仰宗教之自由 (B)宗教行為之自由 (C)宗教結社之自由 (D)宗教營利的自由。

( ) **8** 依司法院大法官解釋，有關宗教自由之敘述，下列何者錯誤？ (A)國家不得對特定之宗教加以獎勵或禁制 (B)國家不得強迫人民公開其宗教信仰 (C)國家不得因人民以宗教信仰為由拒絕納稅而處罰之 (D)國家不得強迫人民參加宗教活動。

( ) **9** 下列何項基本權不在司法院大法官解釋具有制度性保障性質之列？ (A)財產權 (B)婚姻與家庭 (C)宗教自由 (D)學術自由。

( ) **10** 監督寺廟條例規定特定寺廟處分或變更其不動產應經所屬教會之決議，並呈請該管官署許可，涉及下列何種基本權利之限制？ (A)集會自由及財產權 (B)宗教自由及財產權 (C)宗教自由及人格權 (D)人格權及人性尊嚴。

( ) **11** 下列何者非屬現代憲法國家保障人民信仰宗教自由應遵守之原則？ (A)補充性原則 (B)中立性原則 (C)寬容原則 (D)政教分離原則。

☆( ) **12** 甲自幼為「耶和華見證人」基督徒，相信聖經是上帝的話語，不僅一切信仰基於聖經，生活言行概以聖經為唯一標準及原則。甲於應徵入營報到時，表示在良心上無法接受軍事訓練，致遭依陸海空軍刑法以抗命罪判處有期徒刑。請問：根據釋字第490號解釋，下列敘述何者正確？ (A)兵役法未規定因宗教信仰而得免服兵役，仍不違憲 (B)兵役法因侵犯甲的宗教自由而違憲 (C)當時我國因無替代役制度，致有特定信仰之人無法服替代役而違憲 (D)兵役制度強迫人民服兵役，已侵害人性尊嚴。

( ) **13** 職業選擇之自由係屬於下列那一種權利之保障範圍？ (A)生存權 (B)勞動權 (C)工作權 (D)受益權。

☆( ) **14** 禁止教育事業之技工、工友組織工會，係侵害人民在憲法上何種權利之保障？ (A)集會權 (B)結社權 (C)工作權 (D)生存權。

( ) **15** 騎樓提供公眾通行使用是限制所有人何種基本權？ (A)財產權 (B)居住自由 (C)人格權 (D)生存權。

( ) **16** 新聞自由為我國憲法所保障之何種自由權利之落實？ (A)言論自由 (B)財產權 (C)生存權 (D)參政權。

( ) **17** 所得稅制採累進稅率而不採比例稅之設計，為憲法何種規定之具體體現： (A)民生福利國家原則 (B)權力分立原則 (C)生存權保障原則 (D)財產權保障原則。

( ) **18** 甲因欠稅而被國家限制出境，係對其何項基本權之限制？ (A)對甲生存權之限制 (B)對甲遷徙自由之限制 (C)對甲人格權之限制 (D)對甲人性尊嚴之侵害。

( ) **19** 依司法院大法官解釋，經勸阻後仍繼續跟追之行為，依社會秩序維護法加以處罰，其目的在保護何種基本權利？ (A)行動自由及隱私權 (B)財產權及身體權 (C)財產權及行動自由 (D)工作權及隱私權。

( ) **20** 依司法院解釋，汽車駕駛人拒絕酒測者，吊銷其駕照、禁止其三年內考領駕照，並吊銷其各級車類駕照之規定，主要涉及何種基本權利之限制？ (A)行動自由及言論自由 (B)行動自由及工作權 (C)隱私權及財產權 (D)工作權及隱私權。

( ) **21** 依司法院大法官解釋，內政部限制僅「命名文字字義粗俗不雅或有特殊原因」始得更改姓名，主要與下列何種基本權利有關？ (A)言論自由 (B)人格權 (C)工作權 (D)財產權。

( ) **22** 原社會秩序維護法第80條有關意圖得利與人姦、宿者，應處罰鍰之規定，遭司法院大法官宣告違憲之原因為何？ (A)對性交易之處罰過重，違反比例原則 (B)僅對從事性交易一方處罰，違

反平等原則 (C)無法律依據即處罰從事性交易之行為，違反法律保留原則 (D)剝奪人民從事性交易營生機會，侵害工作權。

( ) **23** 有關電動玩具業不得容許未滿18歲之兒童及少年進入其營業場所之規定，係限制業者之何種基本權利？ (A)人身自由及財產 (B)工作權及財產權 (C)言論自由及財產權 (D)教育權與工作權。

( ) **24** 根據司法院大法官釋字第708號意旨，行使憲法上所保障其他自由權利之前提為何？ (A)人民身體自由享有充分保障 (B)言論自由享有充分保障 (C)財產權享有充分保障 (D)訴訟權享有充分保障。

( ) **25** 中央警察大學碩士班招生考試簡章拒絕色盲者入學，涉及何種憲法上基本權利之限制？ (A)參政權 (B)隱私權 (C)受教權 (D)財產權。

( ) **26** 依司法院解釋，下列何者違反平等原則？ (A)未成立法律上婚姻關係之異性伴侶，不適用配偶間財產權移轉免徵贈與稅之規定 (B)色盲者不能取得警察大學入學資格 (C)公務人員及政務人員、公立學校教育人員、軍職人員之薪給、退休條件不同 (D)依軍事審判法令受理案件遭受冤獄之人民，不能依冤獄賠償法行使賠償請求權。

( ) **27** 何者非屬對於財產權之限制？ (A)因美國牛肉風波，致使牛排店營業額下滑 (B)採取土石者必須繳納環境維護費 (C)禁止人民取得海岸一定限度之土地 (D)為保障機場安全，拆除一定範圍內之鴿舍。

( ) **28** 下列何者係屬人民之司法受益權？ (A)請願 (B)訴訟 (C)陳情 (D)訴願。

( ) **29** 公民以法定人數的簽署，有提出法案並議決為法律之權利，依據我國憲法之規定為： (A)複決權 (B)受益權 (C)創制權 (D)請願權。

☆(　) 30 下列何者不得依訴訟權之保障而提出司法救濟？ (A)役男體位之判定 (B)公務員對於服務機關所為之管理措施 (C)大學教師未通過升等 (D)公務員遭免職處分。

(　) 31 下列何者不屬於訴訟權保障之核心領域？ (A)受公平審判之權利 (B)受及時審判之權利 (C)受三級三審之審級制度保障權利 (D)聽審請求權。

(　) 32 各大學院校教師關於教師升等之評審，依司法院釋字第462號解釋，受評審之教師於依教師法或訴願法用盡救濟途徑後，仍有不服者，為保障其訴訟權，仍可循下列何途徑請求救濟？ (A)經與任職大學院校協議不成後，向民事法院提起民事訴訟 (B)向行政法院提起行政訴訟 (C)向司法院公務員懲戒委員會聲明異議 (D)向司法院大法官聲請統一解釋法令。

(　) 33 下列何者非屬國民主權原則的表現？ (A)法官超出黨派之外，依據法律獨立審判 (B)國會定期改選 (C)總統由人民直選 (D)行政院必須向立法院負責。

(　) 34 依照憲法規定，下列何者不是總統的職權？ (A)統率全國陸海空軍 (B)公布法律 (C)解釋憲法 (D)任免文武官員。

(　) 35 依憲法規定，下列何者為我國最高行政機關首長？ (A)總統 (B)最高行政法院院長 (C)檢察總長 (D)行政院院長。

(　) 36 下列有關監察院之敘述，何者錯誤？ (A)監察委員任期六年 (B)監察院設監察委員29人 (C)監察委員由總統提名 (D)監察院不得對司法人員提出彈劾案。

(　) 37 依憲法增修條文規定，下列何者非由總統提名經立法院同意任命？ (A)監察委員 (B)司法院大法官 (C)行政院院長 (D)考試委員。

(　) 38 下列有關緊急命令之規定，何者錯誤？ (A)基於憲法授權規定 (B)由總統發布 (C)須經行政院會議追認 (D)為行政法之法源。

☆( ) **39** 依照我國憲法增修條文規定，對於總統、副總統提出彈劾案者，係由下列何者機關提出？ (A)司法院大法官會議 (B)司法院 (C)監察院 (D)立法院。

( ) **40** 下列何者非司法院大法官之職權？ (A)違憲審查 (B)統一解釋法律命令 (C)總統、副總統之罷免 (D)政黨違憲之解散。

( ) **41** 我國憲法規定，立法院於法律案通過後，移送總統及行政院，總統應於收到後幾日內公布之？ (A)二日 (B)三日 (C)九日 (D)十日。

( ) **42** 下列何者非行政院院長之職權？ (A)法令副署權 (B)院際權限爭執解決權 (C)呈請總統解散立法院 (D)提請任命閣員權。

( ) **43** 依憲法賦予總統之任免官員權，總統發布相關人員之任免命令，毋需經由行政院院長之副署，不包括以下何者？ (A)司法院院長 (B)考試委員 (C)司法院大法官 (D)陸軍一級上將。

( ) **44** 依憲法增修條文規定,下列有關司法院大法官之敘述,何者錯誤? (A)任期八年,連選得連任 (B)司法院院長不受任期之保障 (C)由總統提名,經立法院同意任命之 (D)組成憲法法庭,審理政黨違憲之解散事項。

( ) **45** 依憲法增修條文之規定，憲法修正之程序如何進行？ (A)由立法院提出憲法修正案，人民投票複決 (B)由總統提出憲法修正案，立法院投票複決 (C)由總統提出憲法修正案，監察院投票複決 (D)由人民連署提出憲法修正案，立法院投票複決。

( ) **46** 下列何者為行政院院長職權？ (A)總統發布緊急命令時之追認權 (B)總統公布法律時之副署權 (C)解散立法院之權 (D)考試委員提名權。

( ) **47** 依憲法增修條文第4條之規定，立法院經總統解散後，在新選出之立法委員就職前，其狀態為何？ (A)視同尚未解散 (B)視同休會 (C)依總統解散命令內容定之 (D)由司法院大法官依具體情況判定。

( ) **48** 總統行使宣戰權時，宣戰案須由何一機關議決通過？ (A)立法院 (B)監察院 (C)國家安全局 (D)國防部。

( ) **49** 下列何者非屬人民得依法罷免者？ (A)總統 (B)苗栗縣縣長 (C)不分區立法委員 (D)臺北市議員。

( ) **50** 立法委員在開會時，有向行政院院長質詢之權，此為憲法基於下列何者所為制度性設計？ (A)共和國原則 (B)民意政治 (C)政黨政治 (D)總統制。

( ) **51** 依據憲法增修條文之規定，下列何者並非總統獨享之權而必須要經行政院院長副署？ (A)發表咨文權 (B)法令發布權 (C)院際爭執解決權 (D)行政院院長任命權。

( ) **52** 依司法院釋字第627號解釋，下列關於總統豁免權之敘述，何者錯誤？ (A)豁免權為一種暫時性之程序障礙 (B)暫不得以總統為犯罪嫌疑人而進行偵訊 (C)與總統有關之特定處所不得為必要證據保全 (D)豁免權原則上不得拋棄。

( ) **53** 行政院向立法院提出覆議案，應經下列何者之核可？ (A)總統 (B)國家安全會議 (C)立法院院長 (D)監察院院長。

( ) **54** 依憲法本文及增修條文相關規定，下列何者屬司法院大法官的職權？ (A)審理總統、副總統選舉罷免案件 (B)審理非常上訴案件 (C)審理監察院提出之彈劾案 (D)審理政黨違憲之解散事項。

( ) **55** 中央與地方權限若發生衝突爭議，依據憲法或相關法律之規定，下列何種解決方式錯誤？ (A)總統召集各院院長會商解決之 (B)由立法院解決之 (C)聲請司法院大法官釋憲 (D)循行政爭訟制度。

( ) **56** 行政院提出決算後，依法完成審核，審計長應向何者提出審核報告？ (A)監察院 (B)司法院 (C)總統 (D)立法院。

解答及解析

1 (A)。釋字第 664 號：「少年事件處理法第 26 條第 2 款及第 42 條第 1 項第 4 款規定，就限制經常逃學或逃家虞犯**少年人身自由**部分，不符憲法第 23 條之**比例原則**，亦與憲法第 22 條保障**少年人格權**之意旨有違，應自本解釋公布之日起，至遲於屆滿一個月時，失其效力。」

2 (C)。釋字第 535 號：「除法律另有規定外，警察人員執行場所之臨檢勤務，應限於已發生危害或依客觀、合理判斷易生危害之處所、交通工具或公共場所為之，其中**處所為私人居住之空間者，並應受住宅相同之保障**；對人實施之臨檢則須以有相當理由足認其行為已構成或即將發生危害者為限，且均應遵守比例原則，不得逾越必要程度。」

3 (C)。司法院釋字第 443 號解釋文謂：「憲法第 10 條規定人民有居住及遷徙之自由，旨在保障人民有任意移居或旅行各地之權利。若欲對人民之自由權利加以限制，必須符合憲法第 23 條所定必要之程度，並以法律定之或經立法機關明確授權由行政機關以命令訂定。限制役男出境係對人民居住遷徙自由之重大限制，兵役法及兵役法施行法均未設規定，亦未明確授權以命令定之。行政院發布之徵兵規則，委由內政部訂定役男出境處理辦法，欠缺法律授權之依據，該辦法第 8 條規定限制事由，與前開憲法意旨不符，應自本解釋公布日起至遲於屆滿六個月時，失其效力。」

4 (A)。政黨的本質為社團。

5 (A)。釋字第 490 號：「憲法第 13 條規定：『人民有信仰宗教之自由。』係指人民有信仰與不信仰任何宗教之自由，以及參與或不參與宗教活動之自由。」

6 (A)。釋字第 380 號：「憲法第 11 條關於講學自由之規定，係對學術自由之制度性保障；就大學教育而言，應包含研究自由、教學自由及**學習自由**等事項。」

7 (D)。釋字第 490 號解釋理由書：「現代法治國家，宗教信仰之自由，乃人民之基本權利，應受憲法之保障。所謂宗教信仰之自由，係指人民有**信仰與不信仰任何宗教之自由**，以及**參與或不參與宗教活動之自由**；國家不得對特定之宗教加以獎勵或禁制，或對人民特定信仰畀予優待或不利益，其保障範圍包含**內在信仰之自由、宗教行為之自由與宗教結社之自由**。」

8 (C)。憲法第 13 條規定：「人民有信仰宗教之自由。」係指人民有信仰與不信仰任何宗教之自由，以及參與或不參與宗教活動之自由；國家不得對特定之宗教加以獎勵或禁制，或對人民特定信仰畀予優待或不利益。（司法院釋字第 460 號、第 490 號解釋參照）

9 (C)。大法官解釋中論述基本權利具「制度性」保障功能者：
財產權，釋字 400 號解釋。
學術自由，釋字 380 號。
婚姻與家庭，釋字第 554 號。

10 (B)。釋字第 573 號：「人民之宗教信仰自由及財產權，均受憲法之保障，憲法第 13 條與第 15 條定有明文。宗教團體管理、處分其財產，國家固非不得以法律加以規範，惟應符合憲法第 23 條規定之比例原則及法律明確性原則。監督寺廟條例第 8 條就同條例第 3 條各款所列以外之寺廟處分或變更其不動產及法物，規定須經所屬教會之決議，並呈請該管官署許可，未顧及宗教組織之自主性、內部管理機制之差異性，以及為宗教傳布目的所為財產經營之需要，對該等寺廟之**宗教組織自主權及財產處分權**加以限制，妨礙宗教活動自由已逾越必要之程度。」

11 (A)。釋字第 573 號解釋理由書：「憲法保障人民有信仰宗教之自由，係為維護人民精神領域之自我發展與自我實踐，及社會多元文化之充實，故國家對宗教應謹守**中立**及**寬容原則**，不得對特定之宗教加以獎勵或禁制。」
政教分離的原則並沒有白紙黑字寫在現行中華民國憲法中。但憲法第 7 條中提到，中華民國人民，無分男女，宗教，種族，階級，黨派，在法律上一律平等，第 13 條則說，人民有信仰宗教之自由。而在實作上，**政教分離正是確保信仰自由平等的必要手段**。

12 (A)。釋字第 490 號：「兵役法第 1 條規定：中華民國男子依法皆有服兵役之義務，係為實踐國家目的及憲法上人民之基本義務而為之規定，原屬立法政策之考量，非為助長、促進或限制宗教而設，且無助長、促進或限制宗教之效果。復次，服兵役之義務，並無違反人性尊嚴亦未動搖憲法價值體系之基礎，且為大多數國家之法律所明定，更為保護人民，防衛國家之安全所必需，與憲法第 7 條平等原則及第 13 條宗教信仰自由之保障，並無牴觸。」

13 (C)。釋字第 404 號：「憲法第 15 條規定人民之工作權應予保障，故人民得自由選擇工作及職業，以維持生計。」

14 (B)。釋字 373 號解釋文謂：「工會法第四條規定：『各級政府行政及教育事業、軍火工業之員工，不得組織工會』，其中禁止教育事業技工、工友組織工會部分，因該技工、工友所從事者僅係教育事業之服務性工作，依其工作之性質，禁止其組織工會，使其難以獲致合理之權益，實已逾越憲法第二十三條之必要限度，侵害從事此項職業之人民在憲法上保障之結社權，應自本解釋公布之日起，至遲於屆滿一年時，失其效力。……」

15 (A)。釋字第 564 號解釋理由書：「人民之財產權應予保障，憲法第 15 條設有明文。惟基於增進公共利益之必要，對人民依法取得之土地所有權，國家並非不得以法律為合理之限制，此項限制究至何種程度始逾人民財產權所應忍受之範圍，應就行為之目的與限制手段及其所造成之結果予以衡量，如手段對於目的而言尚屬適當，且限制對土地之利用至為輕微，則屬人民享受財產權同時所應負擔之社會義務，國家以法律所為之合理限制即與憲法保障**人民財產權**之本旨不相牴觸。」

16 (A)。釋字第689號解釋理由書謂：「……而為確保新聞媒體能提供具新聞價值之多元資訊，促進資訊充分流通，滿足人民知的權利，形成公共意見與達成公共監督，以維持民主多元社會正常發展，新聞自由乃不可或缺之機制，應受憲法第十一條所保障。……」

17 (A)。司法院釋字第485號解釋謂：「促進**民生福祉**乃憲法基本原則之一，此觀憲法前言、第1條、基本國策及憲法增修條文第10條之規定自明。」可見促進民生福祉之社會國家原則，屬於憲法基本原則之一。此項原則應以實現均富原則為目標，國家應扮演財富重分配之任務，而所得稅經由累進稅率的稅捐，以達成財富重分配的效果，有助於實現調整社會對立的目標。

18 (B)。司法院釋字第345號解釋理由書謂：「……上開辦法限制出境之規定，為確保稅收，增進公共利益所必要，與憲法第十條、第二十三條規定，均無牴觸。」

19 (A)。釋字第689號解釋理由書：「系爭規定所保護者，為人民**免於身心傷害之身體權**、**行動自由**、**生活私密領域不受侵擾之自由**、個人資料之自主權。其中生活私密領域不受侵擾之自由及個人資料之自主權，屬憲法所保障之權利，迭經本院解釋在案（本院釋字第585號、第603號解釋參照）。」

20 (B)。釋字第699號：「道路交通管理處罰條例第35條第4項前段規定，汽車駕駛人拒絕接受同條第一項第一款酒精濃度測試之檢定者，吊銷其駕駛執照。……汽車駕駛人因第35條第4項前段規定而受吊銷駕駛執照處分者，吊銷其持有各級車類之駕駛執照。上開規定與憲法第23條比例原則尚無牴觸，而與憲法保障**人民行動自由及工作權**之意旨無違。」

21 (B)。釋字第399號：「姓名權為**人格權**之一種，人之姓名為其人格之表現，故如何命名為人民之自由，應為憲法第22條所保障。」

22 (B)。釋字第666號：「社會秩序維護法第80條第一項第一款就意圖得利與人姦、宿者，處三日以下拘留或新臺幣三萬元以下罰鍰之規定，與憲法第7條之**平等原則**有違，應自本解釋公布之日起至遲於二年屆滿時，失其效力。」

23 (B)。釋字第514號：「該規則第13條第十二款關於電動玩具業不得容許未滿十八歲之兒童及少年進入其營業場所之規定，第 17 條第三項關於違反第 13 條第十二款規定者，撤銷其許可之規定，涉及**人民工作權及財產權**之限制，自應符合首開憲法意旨。相關之事項已制定法律加以規範者，主管機關尤不得沿用其未獲法律授權所發布之命令。前述管理規則之上開規定，有違憲法第 23 條之法律保留原則，應不予援用。」

24 (A)。釋字第 708 號解釋理由書：「人民身體自由享有充分保障，乃行使其憲法上所保障其他自由權利之前提，為重要之基本人權。」

25 (C)。釋字第 626 號：「憲法第 7 條規定，人民在法律上一律平等；第 159 條復規定：「國民受教育之機會，一律平等。」旨在確保人民享有接受各階段教育之公平機會。中央警察大學九十一學年度研究所碩士班入學考試招生簡章第七點第二款及第八點第二款，以有無色盲決定能否取得入學資格之規定，……與憲法第 7 條及第 159 條規定並無牴觸。」

26 (D)。選項 (A)，釋字第 647 號。選項 (B)，釋字第 626 號。選項 (C)，釋字第 614 號。選項 (D)，釋字第 624 號。

27 (A)。釋字第 564 號：「人民之財產權應予保障，憲法第 15 條設有明文。惟基於增進公共利益之必要，對人民依法取得之土地所有權，國家並非不得以法律為合理之限制。道路交通管理處罰條例第 82 條第一項第十款規定，在公告禁止設攤之處擺設攤位者，主管機關除責令行為人即時停止並消除障礙外，處行為人或其雇主新台幣一千二百元以上二千四百元以下罰鍰，就私有土地言，雖係限制土地所有人財產權之行使，然其目的係為維持人車通行之順暢，且此限制對土地之利用尚屬輕微，未逾越比例原則，與憲法保障財產權之意旨並無牴觸。」

選項 (A) 應屬店家的「純粹經濟上損失」，並非國家高權行為對其財產權之限制或剝奪。

28 (B)。訴訟權為司法上的受益權，亦即人民的權利自由，遭受不法侵害時，得向法院提起訴訟，請求法院給予公正裁判的機會。

29 (C)。創制權，乃人民得以法定人數之連署，提出法案，請求立法機關制定，或經投票直接制定法律之權利。為人民參政權之一，與複決權同為**人民直接立法之權**。

30 (B)。釋字第 243 號：「行政法院五十一年判字第三九八號、五十三年判字第二二九號、五十四年裁字第十九號、五十七年判字第四一四號判例與上開意旨不符部分，應不再援用。至公務人員考績法之記大過處分，並未改變公務員之身分關係，不直接影響人民服公職之權利，上開各判例不許其以訴訟請求救濟，與憲法尚無牴觸。

行政法院四十年判字第十九號判例，係對公務員服務法第 2 條及第 24 條之適用，所為之詮釋，此項由上級機關就其監督範圍內所發布之職務命令，並非影響公務員身分關係之不利益處分，公務員自不得訴請救濟，此一判例，並未牴觸憲法。」

31 (C)。釋字第 396 號：「憲法第 16 條規定人民有訴訟之權，惟**保障訴訟權之審級制度，得由立法機關視各種訴訟案件之性質定之**。公務員因公法上職務關係而有違法失職之行為，應受懲戒處分者，憲法明定為司法權之範圍；公務員懲戒委員會對懲戒案件之議決，公務員懲戒法雖規定為終局之決定，然尚不得因其未設通常上訴救濟制度，即謂與憲法第 16 條有所違背。」

32 (B)。釋字第 462 號：「受評審之教師於依教師法或訴願法用盡行政救濟途徑後，仍有不服者，自得依法提起行政訴訟，以符憲法保障人民訴訟權之意旨。行政法院五十一年判字第三九八號判例，與上開解釋不符部分，應不再適用。」

33 (A)。釋字第 530 號：「憲法第 80 條規定法官須超出黨派以外，依據法律獨立審判，不受任何干涉，明文揭示法官從事審判僅受法律之拘束，不受其他任何形式之干涉；……司法院本於司法行政監督權之行使所發布之各注意事項及實施要點等，亦不得有違審判獨立之原則。」

34 (C)。總統之權力：(1) 統帥權；(2) 公布法令權；(3) 締結條約、宣戰、媾和權；(4) 宣布戒嚴權；(5) 赦免權；(6) 任免官員權；(7) 授與榮典權。

35 (D)。憲法第 53 條：「行政院為國家最高行政機關。」故其首長為最高行政首長，為行政院院長。

36 (D)。憲法增修條文第 7 條第 3 項：「監察院對於中央、地方公務人員及司法院、考試院人員之彈劾案，須經監察委員二人以上之提議，九人以上之審查及決定，始得提出，**不受憲法第 98 條之限制**。」

37 (C)。憲法增修條文第 3 條第 1 項前段：「行政院院長由總統任命之。」

38 (C)。憲法增修條文第 2 條第 3 項：「總統為避免國家或人民遭遇緊急危難或應付財政經濟上重大變故，得經行政院會議之決議發布緊急命令，為必要之處置，不受憲法第 43 條之限制。但須於發布命令後十日內提交**立法院**追認，如立法院不同意時，該緊急命令立即失效。」

39 (D)。憲法增修條文第 2 條第 10 項：「**立法院**提出總統、副總統彈劾案，聲請司法院大法官審理，經憲法法庭判決成立時，被彈劾人應即解職。」

40 (C)。憲法增修條文第 2 條第 9 項：「總統、副總統之罷免案，須經全體**立法委員**四分之一之提議，全體立法委員三分之二之同意後提出，並經中華民國自由地區選舉人總額過半數之投票，有效票過半數同意罷免時，即為通過。」

41 (D)。憲法第 72 條：「立法院法律案通過後，移送總統及行政院，總統應於收到後**十日**內公布之，但總統得依照本憲法第 57 條之規定辦理。」

42 (B)。憲法第 44 條：「總統對於院與院間之爭執，除本憲法有規定者外，得召集有關各院院長會商解決之。」

43 (D)。司法院設大法官十五人，並以其中一人為院長、一人為副院長，由總統提名，經立法院同意任命之。
考試院設院長、副院長各一人，考試委員若干人，由總統提名，經立法院同意任命之。
陸軍一級上將之任免須行政院長副署。

44 (A)。憲法增修條文第 5 條第 2 項：「司法院大法官任期八年，不分屆次，個別計算，並不得連任。但並為院長、副院長之大法官，不受任期之保障。」

45 (A)。憲法增修條文第 12 條：「憲法之修改，須經立法院**立法委員四分之一之提議，四分之三之出席**，及**出席委員四分之三之決議**，提出憲法修正案，並於公告半年後，經中華民國自由地區**選舉人投票複決**，有效同意票過選舉人總額之半數，即通過之，不適用憲法第一百七十四條之規定。」

46 (B)。憲法第 37 條：「總統依法公布法律，發布命令，須經**行政院院長**之副署，或行政院院長及有關部會首長之副署。」

47 (B)。憲法增修條文第 4 條第 4 項：「立法院經總統解散後，在新選出之立法委員就職前，視同**休會**。」

48 (A)。憲法第 63 條：「**立法院**有議決法律案、預算案、戒嚴案、大赦案、宣戰案、媾和案、條約案及國家其他重要事項之權。」

49 (C)。公職人員選舉罷免法第 75 條第 1 項：「公職人員之罷免，得由原選舉區選舉人向選舉委員會提出罷免案。但就職未滿一年者，不得罷免。」

50 (B)。釋字第 461 號：「中華民國八十六年七月二十一日公布施行之憲法增修條文第 3 條第 2 項第 1 款規定行政院有向立法院提出施政方針及施政報告之責，立法委員在開會時，有向行政院院長及行政院各部會首長質詢之權，此為憲法基於**民意政治**及**責任政治**之原理所為制度性之設計。」

51 (B)。憲法第 37 條之規定：「總統依法公布法律，發布命令，須經行政院院長之副署，或行政院院長及有關部會首長之副署。」
憲法增修條文第 2 條第 2 項：「總統發布行政院院長與**依憲法經立法院同意任命人員之任免命令及解散立法院之命令**，無須行政院院長之副署，不適用憲法第 37 條之規定。」

52 (C)。司法院釋字第 627 號解釋文謂：「……惟如因而發現總統有犯罪嫌疑者，雖不得開始以總統為犯罪嫌疑人或被告之偵查程序，但得依本解釋意旨，為必要之證據保全，即基於憲法第五十二條對總統特殊身分尊崇及對其行使職權保障之意旨，上開因不屬於總統刑事豁免權範圍所得進行之措施及保全證據之處分，均不得限制總統之人身自由，例如拘提或對其身體之搜索、勘驗與鑑定等，亦不得妨礙總統職權之正常行使。……」

53 (A)。憲法增修條文第 3 條第 2 項第 2 款前段：「行政院對於立法院決議之法律案、預算案、條約案，如認為有窒礙難行時，得經總統之核可，於該決議案送達行政院十日內，移請立法院覆議。」

54 (D)。憲法增修條文第 5 條第 4 項：「司法院大法官，除依憲法第 78 條之規定外，並組成憲法法庭審理**總統、副總統之彈劾**及**政黨違憲**之解散事項。」

55 (A)。憲法第 44 條：「總統對於院與院間之爭執，除本憲法有規定者外，得**召集有關各院院長會商解決之。**」

56 (D)。憲法第 105 條。

第七章 行政法

依據出題頻率區分，屬：**B頻率中**

準備要領

行政法為所有關於行政領域之法規範總稱，其並非一部法典，而係由各種行政法規範所組成，範圍堪為繁雜，準備看似不易。然而各種行政法規範皆有共通的行政法原理原則適用，在行政組織、行政作用與行政救濟的運作上，亦有一定規則可循。我們學習行政法，就是在學習這些共同的行政法特質，掌握好這些概念，即可獲得亮麗的成績。

第一節｜行政法之基本概念

壹、何謂行政

一、行政的意義

依據教育部重編國語辭典修訂本之資料，所謂「行政」其涵義有三：包括國家的政務；國家基於維持統治上的需要，所進行的一種權力作用；公共機關業務的推行與管理。然而國家的政務廣泛，例如內政、外交、教育、軍事、財政、經濟等，以國家的政務定義「行政」太過含糊；又國家的其他權力作用例如「立法」、「司法」等亦是維持統治所必需，因此上述第二種定義顧此失彼；而公務的推行與管理著重在動態面，但靜態的組織與結構亦是「行政」所重視的。而學者對於「行政」的定義，除以各種觀點（如憲政、結構、功能等）正面積極的定義外，德國學者 Otto Mayer 採取所謂「消極說」或「扣除說」的見解：即從三權分立的角度分析，行政是扣除立法與司法之外的國家活動。

綜上所述，我們可以得知行政的本質是具有廣泛性、多樣性與複雜性的，因此不易定義。比較令人接受的說法是德國學者 E. Forsthoff 對於「行政」的見解：認為**行政只能描述而無法定義**。換言之，行政僅能藉由特徵之描述來理解，以避免定義上之困難。

二、行政的特徵

行政特徵如何描述，如就行政與司法之差異性作理解，更能突顯行政的特質。例如：

行政	司法
廣泛之國家作用	個案的處理
主動積極之國家作用	消極被動之國家作用
行為應兼顧合法性與合目的性	個案中僅考慮其合法性
依法行政為宗旨，重視行政一體	強調獨立審判，不受任何干涉
任務之執行其組織以首長制為原則	審判之進行則重視合議審判
宜效率	宜慎重

三、行政的種類

(一) **直接行政與間接行政**：以履行行政任務之組織作區分。

直接行政	行政任務由**國家所設機關**直接履行而言。
間接行政	行政任務由**國家以外之人**履行而言，例如由地方自治團體或人民履行者。
區別實益	救濟對象不同。

(二) **內部行政與外部行政**：以行政事務之範圍作區分。

內部行政	行政的運作僅在**國家或行政機關內部**間發生作用，而不會對外生效。
外部行政	行政的運作會對外生效，**通常涉及人民之權利義務**。
區別實益	人民僅得對**外部行政**進行救濟。

(三) **干預行政與給付行政**：以行政之目的作區分。【108年普考】

干預行政	以維持**公共秩序**為目的之行政，國家通常是基於高權地位行使公權力，並課予人民義務或負擔，例如課稅、徵兵、裁罰處分等。【111年鐵佐】
給付行政	以提供**服務或福利**為目的之行政，以落實人民憲法**生存權**之保障，例如低收入戶補助、失業補助、提供交通運輸等。
區別實益	給付行政受法律保留原則的**拘束較低**。

(四) **公權力行政與私經濟行政**：以行政適用法律之形式作區分。

公權力行政	國家依據公法法規，基於統治主體的地位所從事之行政，又稱**高權行政**。
私經濟行政	國家基於**私人**地位，**適用私法**法規所從事之行政，又稱國庫行政。私經濟行政尚可分為以下類型： (1) 行政私法：以**私法**的方式完成**行政任務**，例如提供創業貸款、買賣國宅、水電供給等。 (2) 行政輔助：以**私法**的方式獲得**行政運作**中所需要的人力或物資，例如採買辦公用品、僱用臨時工等。【111年司五】 (3) 行政營利：以**增加國庫收入**為目的所從事的私法形式之行政，例如標售國有土地及菸酒公賣局、中油、公股銀行等機構的設立。
區別實益	(1) 救濟途徑不同：對**公權力行政之救濟**應循行政爭訟途徑，對私經濟行政之救濟應循民事訴訟途徑。 (2) 適用法規不同：公權力行政之運作適用**公法**法規，私經濟行政之運作適用**私法**法規。 (3) 支配法則不同：公權力行政之運作奉行依法行政原則，私經濟行政之運作受**私法自治**、**契約自由**原則主導。

貳、何謂行政法

一、行政法的意義

行政法並非一部成文法典，它是所有關於行政功能的法之總稱，因涉及公益，故性質上屬於**公法**。又其效力原則上僅在國家主權範圍內，因此屬於**國內法**。至於行政法所規範的對象，可能是行政機關與人民之間，亦可能是行政機關相互間。關於行政法的內容，可以下列四種分類加以歸納，其通常也是我們學習行政法的參考面向：

(一) **行政法基本理論**：屬於行政法規共通的原理原則部分為此部分的重點，例如比例原則、信賴保護原則等。此外，尚有行政法基本概念之理解，如公私法之區別、不確定法律概念、行政裁量與特別權力關係等之介紹。

(二) **行政組織法**：主要規範行政機關之組織與權限，在組織方面例如介紹行政主體、行政機關與內部單位等；在權限方面例如管轄權、委任、委託、委辦等概念。尚有公務員法之部分也是行政組織法之一環。

(三) **行政作用法**：行政作用是國家基於行政權所為之一切活動，包括抽象的行政命令與具體的行政處分、行政執行、行政罰等。**《行政程序法》第 2 條第 1 項規定：「本法所稱行政程序，係指行政機關作成行政處分、締結行政契約、訂定法規命令與行政規則、確定行政計畫、實施行政指導及處理陳情等行為之程序。」以上皆屬行政作用法之範疇。**

(四) **行政救濟法**：規定人民之權利或利益遭受行政機關違法或不當侵害時如何提起救濟之法規範，涉及之法規主要為《訴願法》與《行政訴訟法》。

二、行政法的種類

(一)外部行政法與內部行政法

外部行政法	指行政法規範會對**行政機關**或**人民**發生效力者，例如《國家賠償法》、《行政罰法》、各行政機關所訂定之裁量性、解釋性之行政規則等。
內部行政法	指行政法規範僅對**行政機關內**部及**其人員**發生效力者，例如《行政院組織法》、各行政機關所訂定之組織性、作業性之行政規則等。
區別實益	人民對於外部行政法有救濟之可能性。

(二) 一般行政法與特別行政法

一般行政法	對於**各種行政法領域皆適用之規定**、**原理原則或概念**，例如《行政程序法》所規範之依法行政、誠實信用、行政行為明確性原則等。
特別行政法	指行政法規範僅對**特定事項**有其適用，例如建築法規適用於建築行政事項上，交通法規適用於交通行政事項上等。
區別實益	**當特別行政法與一般行政法對同一事項皆有規範時，應依特別法優於普通法原則，優先適用特別行政法。**

(三) 積極行政法與消極行政法

積極行政法	指行政法規範之目的在**維持人民基本生活**、**促進人民福祉**，**提高人民生活品質與水準**者，例如《消費者保護法》、《原住民幼兒就托公私立托兒所托育費用補助要點》、《就業保險失業者創業協助辦法》等。
消極行政法	指行政法規範以**維護國家社會之安寧與秩序**為主要目的，例如《社會秩序維護法》、《道路交通管理處罰條例》等。
區別實益	**對於積極行政法，人民可能有主觀公權利而向國家請求之權利。**

(四) 國家行政法與自治行政法

國家行政法	指**中央法規**而言，適用於**全國各地**之行政法規範，通常係由立法院所通過者，例如《警察職權行使法》、《食品衛生管理法》、《家庭暴力防治法》等。
自治行政法	指**地方法規**而言，僅**該地**有其適用之行政法規範，通常係由地方自治團體之立法機關或行政機關所訂定者，例如《臺南市加水站衛生管理自治條例》、《臺北市各地政事務所組織規程》、《臺中市違規車輛移置保管及處理辦法》等。
區別實益	**對於限制人民權利與義務之事項，僅國家行政法及自治行政法中之自治條例可規範之。其他包括兩者法規範之使用名稱、法律效力皆有差異。**

參、行政法之法律原則

一、依法行政原則【107年一般警四、108年一般警四、109高考、110鐵員、111普考】

乃指政府之一切行為必須依據法律而行使，不得逾越法律所容許的範圍，亦即沒有法律依據，政府不得對人民有任何作為，包括發布行政命令或作出行政處分等。**《行政程序法》第 4 條規定：「行政行為應受法律及一般法律原則之拘束。」其前段「行政行為應受法律之拘束」規定，即為依法行政原則之明文。依法行政原則可分法律優位（越）原則與法律保留原則：**

(一) 法律優位原則

1. **意義**：又稱**消極的依法行政**，指**下位階法規範不得牴觸上位階法規範**。
2. **法位階理論**：法位階理論乃源自於凱爾生（Kelsen）的純粹法學派，應用在我國的行政法規範，則**法位階由高至低依序為憲法、法律、法規命令、地方自治法規（自治條例、自治規則）。**【107 年一般警四】
3. **舉例**：
   (1)《憲法》第 171 條第 1 項：「法律與憲法牴觸者無效。」
   (2)《憲法》第 172 條：「命令與憲法或法律牴觸者無效。」
   (3)《中央法規標準法》第 11 條：「法律不得牴觸憲法，命令不得牴觸憲法或法律，下級機關訂定之命令不得牴觸上級機關之命令。」
   (4)《地方制度法》第 30 條第 1 至 2 項：「自治條例與憲法、法律或基於法律授權之法規或上級自治團體自治條例牴觸者，無效。自治規則與憲法、法律、基於法律授權之法規、上級自治團體自治條例或該自治團體自治條例牴觸者，無效。」

法學小教室

就狹義方面，地方自治團體就其自治事項所制定之法規稱為地方自治法規，僅包括自治條例與自治規則。前者相當於地方性的法律，其效力優於地方自治團體所訂定之其他地方性法規；後者相當於地方性的行政命令，因此可能涵蓋法規命令、職權命令與行政規則。

憲法
法律
法規命令
地方自治法規

(二) **法律保留原則**：【107年關三、一般警四、107高考、108普考、111普考、112高考、113高考】

1. **意義**：又稱**積極依法行政，指行政行為必須有法律之明文依據始能有所作為**，尤其是限制人民權利或課予人民義務者，更應恪遵此原則。

2. **法律保留之層級**：何種事項應交由法律加以規定，《中央法規標準法》第5條列舉四項法律保留之事由。而《憲法》第23條規定就限制人民基本權利之事項，原則上必須以法律加以規定。對於人民之自由及權利，其法律保留密度如何，司法院大法官在釋字第443號解釋理由書有所闡述：【107年一般警三】

   (1) 憲法保留事項：**《憲法》第8條有關人身自由之規定，唯有《憲法》始能規定。換言之，關於人民身體之自由，《憲法》第8條規定即較為詳盡，其中內容屬於憲法保留之事項者，縱令立法機關，亦不得制定法律加以限制。**

   (2) 絕對法律保留事項：**《憲法》第7條、第9條至第18條、第21條及第22條之各種自由及權利，則於符合《憲法》第23條之條件下，得以法律限制之。例如剝奪人民生命或限制人民身體自由者，必須遵守罪刑法定主義，以制定法律之方式為之；涉及人民其他自由權利之限制者，亦應由法律加以規定。**

   (3) 相對法律保留事項：**並非所有涉及人民自由權利之限制，皆應由法律加以規定，在符合一定條件（視規範對象、內容或法益本身及其所受限制之輕重而容許合理之差異）時，亦得由法律授權委由命令訂定之，此與所謂規範密度有關。惟涉及人民自由權利之限制，若由法律授權主管機關發布命令為補充規定時，其授權應符合具體明確之原則（明確性原則）。**

   (4) 無需法律保留事項：**若僅屬與執行法律之細節性、技術性次要事項，則得由主管機關發布命令為必要之規範，雖因而對人民產生不便或輕微影響，尚非憲法所不許。**

3. **舉例**：

   (1) 《憲法》第23條：「以上各條列舉之自由權利，除為防止妨礙他人自由、避免緊急危難、維持社會秩序，或增進公共利益所必要者外，不得以法律限制之。」

(2)《中央法規標準法》第 5 條：「左列事項應以法律定之：一、憲法或法律有明文規定，應以法律定之者。二、關於人民之權利、義務者。三、關於國家各機關之組織者。四、其他重要事項之應以法律定之者。」

(3)《大學法》第 40 條第 2 項規定：「中央及直轄市政府，得設立空中大學；其組織及教育設施，另以法律定之。」

(4)《少年事件處理法》第 52 條第 2 項規定：「感化教育機構之組織及其教育之實施，以法律定之。」

二、明確性原則

《行政程序法》第 5 條規定：「行政行為之內容應明確。」然而基於行政行為必須依法行政，在法律保留原則之支配下，於此尚須討論的是法律明確性原則與授權明確性原則。

(一) 法律明確性原則

1. **意義：法律明確性原則係指法律本身的內容必須規定明確，包括構成要件與法律效果**，尤其是對人民自由權利有所限制或剝奪者，更須如此。但生活事實多樣複雜，在有限的立法資源下，立法者時而使用「不確定法律概念」或「概括條款」於法律條文中，則有是否違反法律明確性原則之疑慮？

2. **內涵：**依司法院大法官釋字第 432 號解釋見解，認為**法律明確性之要求，非僅指法律文義具體詳盡之體例而言，立法者於立法定制時，仍得衡酌法律所規範生活事實之複雜性及適用於個案之妥當性，從立法上適當運用不確定法律概念或概括條款而為相應之規定。若使用不確定法律概念或概括條款等抽象概念者，苟其意義非難以理解，且為受規範者所得預見，並可經由司法審查加以確認，即不得謂與前揭原則相違**。換言之，在法律條文中若使用不確定法律概念或概括條款而為相應之規定，於符合「可理解性」、「可預見性」與「可審查性」時，則與法律明確性原則無違。

(二) 授權明確性原則【111 年鐵佐、國安】

1. **意義：由於立法資源有限，行政事項龐雜，因此立法者不可能事必躬親，就所有國家行政事項加以規範。又行政事項專業性高，若有行政機關的**

協助，國家行政效率將提升。因此立法者授權行政機關以命令之方式來補充法律之不足，乃立法常態，但仍必須符合授權明確性原則。

2. **內涵：**依司法院大法官釋字第 394 號解釋理由書之闡述，將法律授權區分為特定授權與概括授權：

特定授權	法律授權訂定命令者，如**涉及限制人民之自由權利**時，其授權之目的、範圍及內容**須符合具體明確**之要件。
概括授權	法律僅為概括授權時，故應就該項法律整體所表現之關聯意義為判斷，而非拘泥於特定法條之文字；惟依此種概括授權所訂定之命令只能就執行母法有關之細節性及技術性事項加以規定，尚**不得超越法律授權**之外，逕行訂定制裁性之條款。

3. **轉授權之禁止：**依司法院大法官釋字第 524 號解釋意旨，法律授權主管機關依一定程序訂定法規命令以補充法律規定不足者，該機關即應予以遵守，不得捨法規命令不用，而發布規範行政體系內部事項之行政規則為之替代。**倘法律並無轉委任之授權，該機關即不得委由其所屬機關逕行發布相關規章。**

(三) **行政行為明確性原則：**所謂行政行為，參照《行政程序法》第 2 條第 1 項規定，包括**行政機關作成行政處分、締結行政契約、訂定法規命令與行政規則、確定行政計畫、實施行政指導及處理陳情等行為之程序。行政行為明確性原則要求行政機關之所有行政行為，其內容必須合法確定，例如某行政處分為「張三等五人，應處罰鍰三千元」，因無法獲知何為其他五人，則上開行政處分違反行政行為明確性之要求。**

三、平等原則【113高考、113普考】

(一) 實質之平等

1. **意義：**平等原則除在憲法第 7 條有例示規定外，《行政程序法》第 6 條亦有明文：「行政行為，非有正當理由，不得為差別待遇。」反面言之，平等原則若有正當理由，仍得為差別待遇，即「相同事項，應為相同處理；不同事項，應為不同處理。」參照司法院大法官釋字第 485 號解釋意旨，**所謂平等原則並非指絕對、機械之形式上平等，而係保障人民在法律上地位之實質平等，立法機關基於《憲法》之價值體系及立法目的，自得斟酌規範事物性質之差異而為合理之區別對待。**

2. **舉例：**

(1)《公平交易法》第 20 條：「有下列各款行為之一，而有限制競爭或妨礙公平競爭之虞者，事業不得為之：……二、無正當理由，對他事業給予差別待遇之行為。……」

(2)《公職人員選舉罷免法》第 49 條第 3 項：「廣播電視事業從事選舉或罷免相關議題之論政、新聞報導或邀請候選人、提議人之領銜人或被罷免人參加節目，應為公正、公平之處理，不得為無正當理由之差別待遇。」

(二) **不法之平等：**法治國家人民本有守法之義務，加上行政資源有限，政府無法發掘所有不法行為並加以制裁，基於法秩序的安定，應認為**人民沒有主張不法平等之權利**。例如當某機車騎士闖紅燈被警察攔查，該騎士不得以另有騎士闖紅燈而主張警察違反平等原則。

四、比例原則【107年關三、108年普考、111年初考、鐵佐】

(一) **手段與目的之均衡**

1. **意義：比例原則又稱禁止過度原則，具有《憲法》之位階，堪稱公法上之帝王條款。其要求「行政行為手段」與「欲達成之行政目的」間，必須符合均衡性之原則。**有諺是「殺雞用牛刀」及「大砲打小鳥」，其行使的手段與目的間，皆構成比例原則之違反。而在法律條文上，有「必要」、「必須」之規定者，有時即為比例原則之具體規定。

2. **舉例：**

(1)《警察職權行使法》第 3 條第 1 項：「警察行使職權，不得逾越所欲達成執行目的之必要限度，且應以對人民權益侵害最少之適當方法為之。」

(2)《行政罰法》第 34 條第 2 項：「前項強制，不得逾越保全證據或確認身分目的之必要程度。」

(3)《外國人收容管理規則》第 6 條第 2 項：「施以前項第二款至第五款處置時，收容處所應開立告誡書，其處置應本於正當目的，並擇取最小侵害之手段。」

(二) **比例原則之內涵：**比例原則依行政程序法第 7 條之明文，包括以下三種內涵：

適當性原則	行政行為所採取之方法應有助於行政目的之達成。
必要性原則	行政行為有多種同樣能達成目的之方法時，應選擇對人民權益損害最少者。
衡量性原則	行政行為採取之方法所造成之損害，不得與欲達目的之利益顯失均衡。

五、誠實信用原則

誠實信用原則原是適用於私法中之法理，屬於私法之帝王條款。然而在公法關係上，行政機關行使公權力，若無誠實信用原則之適用，則容易對人民造成突襲，使人民有不公平之感，例如警察取締交通違規事件係以偷拍的方式進行。因此，早期在司法實務上，承認誠實信用原則亦可援用於公法領域。而在**《行政程序法》制定後，立法者更將誠實信用原則明文化，規定於該法第 8 條前段：「行政行為，應以誠實信用之方法為之。」**

六、信賴保護原則

(一) 人民對國家的主張

1. **意義**：所謂**信賴保護原則，係指人民對國家行政行為形成信賴而安排其生活或處置其財產時，國家即不得恣意變更人民所信賴之行政行為，以避免人民蒙受不可預測的損害。**然而當人民的信賴有不值得保護的情形，或是基於公益上等之理由，則國家可以變更該行政行為。行政程序法第 8 條後段即有信賴保護原則之明文宣示：「行政行為，應保護人民正當合理之信賴。」須注意的是，信賴保護原則是人民對國家的主張，國家並無對人民主張信賴保護原則之餘地。

2. **要件**：

   (1) **信賴基礎：舉凡一切足以使人民相信並進而安排其生活之行政行為者皆屬之。**例如：行政處分、行政指導、行政計畫、法規命令與行政規則等。

   (2) **信賴表現：人民信賴作為信賴基礎的行政行為，而安排其生活或處置其財產之積極表現屬之。**例如：行政機關核准通過人民購買國宅申請案後，人民即向銀行貸款、搬家、子女遷校等，嗣後又經行政機關無理由撤銷該核准申請，造成人民損失。

(3) **信賴值得保護：行政程序法第 119 條以反面解釋的方式，規定人民何種行為乃不值得保護之信賴，包括：**

A. **以詐欺、脅迫或賄賂方法，使行政機關作成行政處分者。**

B. **對重要事項提供不正確資料或為不完全陳述，致使行政機關依該資料或陳述而作成行政處分者。**

C. **明知行政處分違法或因重大過失而不知者。**

3. **效果**：人民對於國家雖可以主張信賴保護原則，但基於公益考量，有時必須與人民的信賴利益作權衡而加以取捨。

(1) **存續保障：若人民的信賴利益大於公益，則國家必須保護人民對信賴基礎之信賴表現，也就是國家不得任意變動先前人民所信賴的行政行為。**例如行政機關違法核准發給人民建築執照，人民於房屋落成並居住數年後，行政機關始撤銷核准發給建築執照的行政處分，在房屋面臨拆遷的同時，則可能造成人民舉家遷移、工作轉換、子女教育問題甚至家破人亡的情形，如此則行政機關應給予存續保障，而不得撤銷該違法之行政處分。

(2) **財產保障：若公益大於人民的信賴利益，則國家得變動先前人民所信賴的行政行為，但必須給予人民信賴利益之補償。**同上開之例，行政機關違法的行政處分，雖致使人民房屋落成並居住數年，但該房屋座落於航道上有害飛安，或阻礙交通視線導致經常發生車禍，如此則應認為公益大於人民的信賴利益，雖可撤銷先前違法的行政處分並拆遷房屋，但仍必須給予人民財產上相當之補償。

(二) **司法院大法官釋字第 525 號解釋**

信賴保護原則在授益行政處分的撤銷或廢止時乃是較常見的類型，行政程序法已有明文規定（此部分請參閱本章第四節）。而大法官釋字第 525 號所要解釋的是，**行政法規之廢止或變更適用信賴保護原則的問題，其謂「行政法規公布施行後，制定或發布法規之機關依法定程序予以修改或廢止時，應兼顧規範對象信賴利益之保護」，內涵為：**

1. **不生信賴保護原則問題：即毋庸進入本原則討論，包括 (1) 法規預先定有施行期間或 (2) 法規因情事變遷而停止適用之情形。**

2. **若因公益之必要廢止法規或修改內容致人民客觀上具體表現其因信賴而生之實體法上利益受損害：即若廢止或修改法規而損害人民的信賴利益時，其補救措施有 (1) 採取合理之補救措施或 (2) 訂定過渡期間之條款。**
3. **不受信賴保護原則之保護：包括 (1) 經廢止或變更之法規有重大明顯違反上位規範情形或 (2) 法規（如解釋性、裁量性之行政規則）係因主張權益受害者以不正當方法或提供不正確資料而發布者或 (3) 純屬願望、期待而未有表現其已生信賴之事實。**

七、利益衡平原則

行政程序法第 9 條規定：「行政機關就該管行政程序，應於當事人有利及不利之情形，一律注意。」此規定揭示行政機關及該管公務員之**客觀性義務**。行政機關為達成行政目的而在行政程序中的各種作為，必須就當事人有利及不利之情形一律注意，縱使對當事人不利之情形較容易達成行政目的，行政機關亦不得不考慮對當事人有利之情形，而逕以該不利之情形為基礎作成行政行為。

八、不當聯結禁止原則【111年初考】

行政機關為行政行為時，不得將不具事理關聯性之事項在行政行為的手段與目的之間作連結。換言之，行政行為採取的手段與目的之間，必須具有正當合理的關聯。例如：監理機關以支付綠化費用作為核發駕照的條件或以父母皆必須是公務員為由作為子女參加國家考試的前提等，皆有違此原則。

肆、不確定法律概念與行政裁量

一、不確定法律概念【107年一般警三】

(一) **意義**：由於社會多樣複雜，部分生活情狀難以具體描述，因此，在立法資源有限的條件下，允許立法者在法律條文的構成要件中，使用「不確定法律概念」，使適用法律者能依其專業加以解釋或闡述，以符合個案事實。申言之，**「不確定法律概念」是法律條文的構成要件中所規定具有抽象性質的要素，必須在個案中適用法律時加以價值判斷及解釋，始能確定其意義。**

(二) **舉例**

1. **《民法》第72條**：「法律行為，有背於公共秩序或善良風俗者，無效。」其中「公共秩序」與「善良風俗」屬之。
2. **《法醫師法》第32條**：「法醫師對法醫學研究或業務發展有重大貢獻者，主管機關應予表揚或獎勵。」其中「重大貢獻」屬之。
3. **《刑法》第234條第1項**：「意圖供人觀覽，公然為猥褻之行為者，處一年以下有期徒刑、拘役或九千元以下罰金。」其中「猥褻」屬之。

(三) **司法審查**

1. **原則許可，例外不許**：**「不確定法律概念」屬於法律之構成要件要素，法院為適用法律之機關，並依據法律獨立審判，因此得對「不確定法律概念」加以解釋，並作完全審查。**但特定事項因具有高度的專業性、屬人性，行政機關對其有「判斷餘地」，此時法院應給予適度之尊重，而採取低密度之審查或不予審查。
2. **判斷餘地**：**立法者使用「不確定法律概念」，是讓適用法律者，能依其專業加以解釋，以在個案中作出適當的判斷。**而適用法律者，除上述司法機關外，尚有行政機關。**所謂「判斷餘地」，即是行政機關對具有高度專業性、屬人性之特定事項所作出的適當評斷，司法機關應予尊重。**例如：國家考試閱卷委員對考試成績評定、服務機關對公務員年終考績之考核等。

二、行政裁量【109年關三】

(一) **意義**：「行政裁量」是當具體事件符合法律之構成要件後，依法律授權賦予行政機關決定或選擇是否對該事件進行法律效果之裁量。申言之，**「行政裁量」是行政機關對於法律效果的決定或選擇，首先確定是否為裁量之決定，若確定後再就各種法律效果中選擇適當者予以裁量。**於此情形，行政行為原則上擁有完全合法之自由性。

(二) **舉例**

1. **《道路交通管理處罰條例》第51條**：「汽車駕駛人，駕車行經坡道，上坡時蛇行前進，或下坡時將引擎熄火、空檔滑行者，處新臺幣六百元以上一千二百元以下罰鍰。」其中「處新臺幣六百元以上一千二百元以下罰鍰。」

2. **《水土保持法》第 32 條第 1 項**：「在公有或私人山坡地或國、公有林區或他人私有林區內未經同意擅自墾殖、占用或從事第八條第一項第二款至第五款之開發、經營或使用，致生水土流失或毀損水土保持之處理與維護設施者，處六個月以上五年以下有期徒刑，得併科新臺幣六十萬元以下罰金。但其情節輕微，顯可憫恕者，得減輕或免除其刑。」其中「處六個月以上五年以下有期徒刑，得併科新臺幣六十萬元以下罰金。但其情節輕微，顯可憫恕者，得減輕或免除其刑。」

(三) **司法審查**

1. **原則不許，例外許可：在「行政裁量」的情形，行政機關具有自由裁量之空間，法院原則上不介入審查，例外在有「裁量瑕疵」的情形時，則得加以審查。**換言之，法院對「行政裁量」之審查僅及於合法性之審查，而不及於合目的性之審查。
2. **裁量瑕疵**：【109 年關四】
   (1) **裁量逾越：「行政裁量」之結果超過法律授權之範圍**，例如上述舉例 1 中行政機關若作出三千元之罰鍰，即屬「裁量逾越」。
   (2) **裁量濫用：「行政裁量」之結果是出於無關事理之動機或違反法律授權之目的**，例如人民對汽車學習駕駛證之申請，於符合《道路交通安全規則》所定要件時，行政機關應予發給，惟行政機關竟以人民尚未購買汽車為由而不予發給，則屬「裁量濫用」之情形。
   (3) **裁量怠惰：指行政機關依法有裁量之權限，卻因故意或過失消極不行使其裁量權**，例如人民在主管機關公告之時間、地區或場所之噪音管制區內燃放爆竹，致妨害他人生活環境安寧，依《噪音管制法》第 23 條規定，應處新臺幣三千元以上三萬元以下罰鍰，並令其立即改善。惟行政機關不予處理時，則屬「裁量怠惰」。
3. **裁量收縮至零：行政機關於「行政裁量」時，依法本有多種不同的選擇，但因特殊情事發生，致使行政機關必須採取特定裁量時，則為「裁量收縮至零」，或稱「裁量萎縮」。**例如：《石油管理法》第 46 條規定，石油輸入業者輸入或銷售品質不符合國家標準之石油製品而情節重大者，得命其停止營業三個月以下、廢止其經營許可執照或勒令歇業。若不符合國家標準之石油製品已銷售並蔓延至全國各地，甚至造成用油人之安危時，應認主管機關無裁量空間，而必須對業者作出勒令歇業之處分。

伍、主觀公權利與反射利益

主觀公權利與反射利益所要探討的是，當人民權益受國家侵害時，何以有權向國家請求權益之保護或進行救濟？換言之，人民之權益可能受到國家之保護，亦可能不受到國家之保護，此時就要檢視人民之權益，是主觀公權利抑或是反射利益。

法學小教室

訴願法第1條本文規定：「人民對於中央或地方機關之行政處分，認為違法或不當，致損害其權利或利益者，得依本法提起訴願。」上開所謂權利或利益，即指主觀公權利與法律上利益(另參行政訴訟法第4、5、9條)。而區分主觀公權利、法律上利益與反射利益的實益，主要基於當事人救濟權利之考量，只有當事人的主觀公權利及法律上利益受到侵害時，才能尋求救濟。

所謂主觀公權利，係指人民依據公法法規所擁有的權利，又稱公法上權利。人民擁有主觀公權利，則當受到國家違法不當的侵害時，可以請求國家對其權利加以保護，或採取行政爭訟的手段解決之。人民的主觀公權利如何認定，目前實務（司法院大法官釋字第469號參照）及學說通說採取新保護規範理論：即**當法律明文規定人民有公法上權利時，人民有主觀公權利；以及當法律雖未明文規定人民有公法上權利或法律僅係為公共利益或一般國民福祉而設，但觀察法規範之目的，如就法律的整體結構、適用對象、所欲產生的效果及社會發展因素等加以判斷，可得知該法規範亦兼有保護人民之利益者（法律上利益），則於權益受侵害時，皆可以提起司法救濟。因此，不屬於上述二種情況時，人民因法規範所獲得之利益，僅為反射利益，而反射利益受侵害時，不得請求司法救濟。**

例如：某市路燈的設置，依據該市自治法規，其用意是政府為保護用路人之夜間行車或行走安全，並達成防止宵小、嚇阻犯罪之目的。今市民甲住家外剛好設有路燈，甲每天晚上則免去開夜燈之電量消耗，甲所享受者為反射利益。市民乙對此為之欣羨，遂要求某市政府亦在其住家外設置路燈，然而依據該市自治法之規定，路燈設置的目的並非專為私人而設，而是公益考量，因此人民無主觀公權利，市民乙當無有要求市政府設置路燈之權利或請求司法救濟。

陸、特別權力關係【110身障、111地特、112高考】

一、何謂特別權力關係

所謂特別權力關係（又稱特別法律關係，有別於一般法律關係），係**指國家與人民基於特別之法律關係，使國家對人民有概括支配的權力，並且人民有服從**

國家之義務。一般認為，特別權力關係具有以下特徵：當事人地位不對等、人民之義務不確定性、特別規則之規制、懲戒罰之處分、不得請求司法救濟。在行政法領域中承認特別權力關係的理由，本是基於國家統治權之行使以及達成行政目的之效率考量，然而在特別權力關係的發展過程中，國家侵害人民憲法所保障基本權的疑慮不斷升高，因此實務上對特別權力關係亦逐漸採較嚴格的檢視標準。

二、特別權力關係之破除

(一) 公務員與國家

1. **公法上金錢給付請求權：**
   (1) **請領退休金：**公務人員依法辦理退休請領退休金，乃行使法律基於憲法規定所賦予之權利，如該等權利受侵害，得依法提起訴願及行政訴訟。大法官解釋第 187 號、第 201 號參照。
   (2) **考績獎金：**公務人員基於已確定之考績結果，依據法令規定為財產上之請求而遭拒絕者，影響人民之財產權，得依法提起訴願或行政訴訟。大法官解釋第 266 號參照。
   (3) **福利互助金：**公務人員退休，依據法令規定請領福利互助金，乃為公法上財產請求權之行使，如有爭執，得依訴願或行政訴訟程序請求救濟。大法官解釋第 312 號參照。
2. **公務員身分關係：**
   (1) **免職處分：**中央或地方機關依公務人員考績法或相關法規之規定，對公務員所為之免職處分，直接影響其《憲法》所保障之服公職權利，受處分之公務員自得行使《憲法》第 16 條訴願及訴訟之權。又免職之懲處處分，實質上屬於懲戒處分，其構成要件應由法律定之，並符法律明確性原則。對於公務人員之免職處分既係限制憲法保障人民服公職之權利，自應踐行正當法律程序。大法官解釋第 243 號、第 491 號參照。
   (2) **懲戒處分：**關於足以改變公務員身分或對於公務員有重大影響之懲戒處分，受處分人得向掌理懲戒事項之司法機關聲明不服，由該司法機關就原處分是否違法或不當加以審查，以資救濟。大法官解釋第 298 號解釋參照。過往係以該決定「是否足以改變公務員身份或對於公務員有重大影響」為標準，惟近年法院實務決議見解有所鬆動，如釋字第 785 號，各機關對公務人員的考績評定包括被評定為甲、乙等）、行政懲處之記過、記大過、記兩大過、申誡……等，均認具行政處分性質，進一步突破公務人員之特別權力關係，未來公務人員不服上開處分，亦得循復審、行政訴訟的方式救濟。

(3) **任用資格**：各機關擬任之公務人員，經人事主管機關任用審查，認為不合格或降低原擬任之官等者，於其《憲法》所保障服公職之權利有重大影響，如經依法定程序申請復審，對復審決定仍有不服時，自得依法提起訴願或行政訴訟。對於審定之俸級如有爭執，依同一意旨，自亦得提起訴願及行政訴訟。大法官解釋第 323 號、第 338 號參照。

(二) **軍人與國家**：軍人為廣義之公務員，與國家間具有公法上之職務關係，現役軍官依有關規定聲請續服現役未受允准，並核定其退伍，如對之有所爭執，既係影響軍人身分之存續，損及憲法所保障服公職之權利，自得循訴願及行政訴訟程序尋求救濟。又軍人為公務員之一種，自有依法領取退伍金、退休俸之權利，或得依法以其軍中服役年資與任公務員之年資合併計算為其退休年資；其中對於軍中服役年資之採計並不因志願役或義務役及任公務員之前、後服役而有所區別。大法官解釋第 430 號、第 455 號參照。

(三) **學生與學校**：大學為實現研究學術及培育人才之教育目的或維持學校秩序，對學生所為行政處分或其他公權力措施，如侵害學生受教育權或其他基本權利，即使非屬退學或類此之處分，本於《憲法》第 16 條有權利即有救濟之意旨，仍應許權利受侵害之學生提起行政爭訟，無特別限制之必要。大法官解釋第 382 號、第 684 號參照。

(四) **羈押被告與國家**：《羈押法》不許受羈押被告向法院提起訴訟請求救濟之部分，與《憲法》第 16 條保障人民訴訟權之意旨有違，相關機關應就受羈押被告及時有效救濟之訴訟制度，訂定適當之規範，大法官解釋第 653 號參照。又為保障偵查中之受羈押審查程序之被告於憲法上之訴訟權，國家應以適當方式及時使犯罪嫌疑人及其辯護人獲知檢察官據以聲請羈押之理由；除有事實足認有湮滅、偽造、變造證據或勾串共犯或證人等危害偵查目的或危害他人生命、身體之虞，得予限制或禁止者外，並使其獲知聲請羈押之有關證據，俾利其有效行使防禦權，始符憲法正當法律程序原則之要求。其獲知之方式，不以檢閱卷證並抄錄或攝影為必要，釋字第 737 號解釋參照。

(五) **受刑人與監獄（國家）**：監獄行刑法等相關規定不許受刑人就受監禁期間，因監獄處分或其他管理措施，逾越達成監獄行刑目的所必要之範圍，而不法侵害其憲法所保障之基本權利且非顯屬輕微時，得向法院請求救濟之部分，逾越憲法第 23 條之必要程度，與憲法第 16 條保障人民訴訟權之意旨有違。同時，關於閱讀書信部分，未區分書信種類，亦未斟酌個案情形，一概許監獄長官閱讀書信之內容，顯已對受刑人及其收發書信之相對人之秘密通訊自由，造成過度之限制，於此範圍內也與憲法第 12 條保障秘密通訊自由之意旨不符。釋字第 755、756 號解釋參照。

小試身手

(　　) **1** 行政機關的活動必須有法律的授權才能行之，稱為？ (A)法律保留原則 (B)比例原則 (C)法律優越原則 (D)誠實信用原則。

(　　) **2** 行政機關為達成某一目的而採取的行政行為，必須符合何種原則，使當事人的損失達到最小？ (A)法律優越原則 (B)法律保留原則 (C)比例原則 (D)誠實信用原則。

(　　) **3** 合法授益行政處分仍得因情事變遷而廢止，但應予補償，係何種法律原則之適用？ (A)比例原則 (B)平等原則 (C)公益原則 (D)信賴保護原則。

(　　) **4** 行政行為所採取之方法，應有助於目的之達成，係比例原則之何種子原則？ (A)確實性 (B)適當性 (C)必要性 (D)狹義比例性。

(　　) **5** 公司申請引進外勞，主管機關就單身外勞予以許可，就已婚外勞不予許可，試問此一處分可能違反？ (A)比例原則 (B)信賴保護原則 (C)平等原則 (D)法律優位原則。

(　　) **6** 行政機關依法對不同業者作出違反環境保護之裁罰性處分，相同的處分內容分別送達之，處分書上並表示「張三與李四，應處二萬元或停止營業」，此處分書可能違反？ (A)行政行為明確性原則 (B)法律保留原則 (C)誠信原則 (D)法律明確性原則。

( ) **7** 社會秩序維護法第91條第2款規定：「故意踐踏他人之田園或縱入牲畜者，處新臺幣一千五百元以下罰鍰或申誡。」試問「處新臺幣一千五百元以下罰鍰或申誡」是為？ (A)羈束裁量 (B)選擇裁量 (C)決定裁量 (D)不確定法律概念。

( ) **8** 某市路燈的設置，依據該市自治法規，係基於用路人之行車或行走安全，並期能預防犯罪。今市民甲住家外剛好設有路燈，甲每天晚上則免去開夜燈之電量消耗，甲所享受者為？ (A)法律上之權力 (B)主觀公權利 (C)反射利益 (D)信賴保護利益。

( ) **9** 對於判斷餘地，司法機關應採取何種審查態度？ (A)全面審查 (B)低密度審查 (C)完全不予審查 (D)僅於有裁量瑕疵時始加以審查。

答 **1** (A) **2** (C) **3** (D) **4** (B) **5** (C)
6 (A) **7** (B) **8** (C) **9** (B)

第二節 ｜ 行政組織之結構

一、行政主體

(一) **意義**：對於行政主體，我國通常採狹義行政主體的概念，即**凡公法人地位之組織體，具有享受權力、負擔義務之權能，並得設置機關行使職權，以達其行政目的之獨立組織體屬之**。換言之，行政主體即公法人而言。

(二) **種類**：皆具有公法人之地位。

國家	屬於**最高**地位之**行政主體**，其擁有之權能乃原始權能，在我國即中華民國。
地方自治團體	指依《地方制度法》實施地方自治，具**公法人地位**之團體，即直轄市、縣（市）、鄉（鎮、市）各級地方自治團體。例如台北市、苗栗縣、埔里鎮、水上鄉等。須注意的是，「省」不具有公法人地位，並非地方自治團體。

其他行政主體	**依法設立之公法上社團法人**、行政法人如國立中正文化中心等。

(三) **行政法人之概念**

1. **意義**：依《行政法人法》第 2 條第 1 項、第 2 項規定，乃指「**國家及地方自治團體以外，由中央目的事業主管機關，為執行特定公共事務，依法律設立之公法人。前項特定公共事務須符合下列規定：一、具有專業需求或須強化成本效益及經營效能者。二、不適合由政府機關推動，亦不宜交由民間辦理者。三、所涉公權力行使程度較低者。**」須注意的是，行政法人具公法人地位，仍得行使公權力作成行政處分。

2. **我國目前設制之行政法人列如下表：**

行政法人名稱	法源	監督機關	業務內容
國家表演藝術中心	國家表演藝術中心設置條例	文化部	(1) 國家兩廳院、衛武營國家藝文中心、臺中國家歌劇院（以下簡稱各場館）之營運管理。 (2) 受委託辦理展演設施之營運管理。 (3) 表演藝術之行銷及推廣。 (4) 表演藝術團隊及活動之策劃。 (5) 國際表演藝術文化之合作及交流。 (6) 其他有關本中心事項。
國家運動訓練中心	國家運動訓練中心設置條例	教育部	(1) 國家級優秀運動選手之選拔、培訓及輔導參賽。 (2) 國家級優秀運動教練之培育及進修。 (3) 運動科學支援訓練之執行。 (4) 本中心場館之營運及管理。 (5) 優秀運動選手之生涯諮商輔導。 (6) 與國內外運動訓練相關機構之合作交流。 (7) 其他與競技運動推展相關之事項。
國家災害防救科技中心	國家災害防救科技中心設置條例	國家科學及技術委員會	(1) 推動及執行災害防救科技之研發、整合事宜。 (2) 推動災害防救科技研發成果之落實及應用。 (3) 運用災害防救相關技術，協助災害防救工作。 (4) 促進災害防救科技之國際合作及交流。 (5) 協助大院校、研究機構參與災害防救科技之研究發展及其應用。 (6) 其他與災害防救科技相關之業務。

行政法人名稱	法源	監督機關	業務內容
國家中山科學研究院	國家中山科學研究院設置條例	國防部	(1) 國防科技及主要武器裝備之研究發展、生產製造及銷售。 (2) 軍民通用科技之研究發展、生產製造及銷售。 (3) 國內外科技之合作、資訊交流及推廣。 (4) 國內外科技之技術移轉、技術服務及產業服務。 (5) 國防科技人才之培育。 (6) 重要國防軍事設施工程。 (7) 配合國防部重大演訓及戰備急需之事項。 (8) 其他與本院設立目的相關之事項。
國家住宅及都市更新中心	國家住宅及都市更新中心設置條例	內政部	(1) 社會住宅之受託管理。 (2) 都市更新事業之整合及投資。 (3) 擔任都市更新事業實施者。 (4) 受託辦理都市更新事業實施者之公開評選及其後續履約管理業務。 (5) 社會住宅及都市更新不動產之管理及營運。 (6) 住宅、都市更新之資訊蒐集、統計分析、研究規劃、可行性評估及教育訓練。 (7)經監督機關指示辦理社會住宅及都市更新業務。 (8) 其他與社會住宅及都市更新相關之業務。
文化內容策進院	文化內容策進院設置條例	文化部	(1) 文化內容相關產業之調查、統計及研究發展。 (2) 文化內容相關產業專業人才之培育。 (3) 文化內容開發及產製支持。 (4) 文化科技之開發、技術移轉及加值應用。 (5)文化內容相關產業之投資及多元資金挹注服務。 (6) 文化內容相關產業市場之拓展及國際合作。 (7) 文化內容相關產業設施之受託營運管理。 (8) 文化內容相關產業之著作權輔導。 (9)其他與提升文化內容之應用及產業化相關事項。
國家電影及視聽文化中心	國家電影及視聽文化中心設制條例	文化部	(1) 電影與視聽文化之資產之修護、典藏、展覽放映、再利用及行銷推廣。 (2) 電影與視聽文化之資產之教育輔助、推廣及國際交流。 (3) 電影與視聽文獻、歷史資料之蒐集、整理、分析及研究。

行政法人名稱	法源	監督機關	業務內容
國家電影及視聽文化中心	國家電影及視聽文化中心設制條例	文化部	(4) 本中心與其電影及視聽場館設施之營運管理。 (5) 協助政府執行電影及視聽文化推廣相關業務。 (6) 受委託辦理電影及視聽相關場館設施之營運管理。 (7) 定期出版國際刊物，推動我國電影及視聽文化之國際宣傳。 (8) 其他與電影及視聽文化相關事項。
國家資通安全研究院	國家資通安全研究院設置條例	數位發展部	(1) 研發資通安全科技，推動資通安全技術應用、移轉、產學服務及國際交流合作。 (2) 協助規劃及推動國家資通安全防護機制。 (3) 協助政府機關（構）及關鍵基礎設施重大資通安全事件應變處置。 (4) 協助規劃及支援國家關鍵基礎設施之資通安全防護。 (5) 協助規劃及培育資通安全專業人才；推廣全民資通安全意識。 (6) 支援具有特殊敏感性之政府機關（構）資通安全防護工作。 (7) 支援產業資通安全重大發展及法規推動之需求。 (8) 其他與資通安全科技相關之業務。
國家太空中心	國家太空中心設置條例	國家科學及技術委員會	(1) 研擬與執行國家太空科技計畫。 (2) 進行太空科技之研發、技術移轉及加值應用。 (3) 促進太空科技之國際合作及交流。 (4) 協助推動太空產業之發展、提供產業技術及升級輔導。 (5) 進行太空事務相關法制研究。 (6) 辦理國家發射場域之選址、前置規劃、受託營運及管理等相關業務。 (7) 受託辦理發射載具與太空載具登錄及發射載具發射許可之審查業務。 (8) 培育太空科技人才與推廣太空科學普及教育及推動民間參與。 (9) 其他與太空發展相關事項。

行政法人名稱	法源	監督機關	業務內容
國家運動科學中心	國家運動科學中心設置條例	教育部	(1) 辦理國家優秀運動選手培訓、參賽所需之運動科學支援服務、健康管理及醫療照護。 (2) 辦理國際運動賽事資訊之蒐集、分析及支援。 (3) 推動運動科學之研究。 (4) 進行運動科技之研發、技術移轉及加值應用，提升產業競爭力。 (5) 促進國內外運動科學研究機構之合作交流。 (6) 協助規劃及培育運動科學專業人才。 (7) 運動科學成果推廣全民運用。 (8) 其他與運動科學相關之業務。
國家原子能科技研究院	國家原子能科技研究院設置條例	核能安全委員會	(1) 核能安全技術之研究發展。 (2) 輻射防護技術之研究發展。 (3) 放射性廢棄物處理、貯存與處置技術及核設施除役技術之研究發展。 (4) 原子能在生命科學、農業及工業之研究發展。 (5) 核醫及醫材之應用研究。 (6) 新能源技術及系統之應用研究。 (7) 與前六款業務相關跨領域系統整合工程分析及應用技術之研究發展。

3. **相關規定：**

(1) 《中央行政機關組織基準法》第37條規定：「為執行特定公共事務，於國家及地方自治團體以外，得設具公法性質之行政法人，其設立、組織、營運、職能、監督、人員進用及其現職人員隨同移轉前、後之安置措施及權益保障等，應另以法律定之。」

(2) 《行政法人法》第1條規定：「為規範行政法人之設立、組織、運作、監督及解散等共通事項，確保公共事務之遂行，並使其運作更具效率及彈性，以促進公共利益，特制定本法。」

二、行政機關

(一) **意義**：指行政主體所設置之獨立組織體，依規範層次而言，其意義如下：

1. **機關**：依《中央行政機關組織基準法》第 3 條第 1 款規定，所謂機關，乃「**就法定事務，有決定並表示國家意思於外部，而依組織法律或命令設立，行使公權力之組織。**」
2. **行政機關**：依《行政程序法》第 2 條第 2 項、第 3 項規定，所謂行政機關，乃「**代表國家、地方自治團體或其他行政主體表示意思，從事公共事務，具有單獨法定地位之組織。受託行使公權力之個人或團體，於委託範圍內，視為行政機關。**」
3. **獨立機關**：依《中央行政機關組織基準法》第 3 條第 2 款規定，**所謂獨立機關，指依據法律獨立行使職權，自主運作，除法律另有規定外，不受其他機關指揮監督之合議制機關。**依《行政院組織法》第 9 條規定，**行政院下設有三種相當中央二級之獨立機關，分別為：中央選舉委員會、公平交易委員會及國家通訊傳播委員會。**

(二) **我國行政機關之建制：**

1. **發展**：過去由於我國行政機關組織名稱與權限紊亂，行政一體之效率原則無法發揮作用。因此，為建立精簡、彈性、創新與具有應變能力之中央政府機關組織共同規範，以期增進其效能，遂依據《中華民國憲法增修條文》第 3 條第 3 項「國家機關之職權、設立程序及總員額，得以法律為準則性之規定。」及第 4 項「各機關之組織、編制及員額，應依前項法律，基於政策或業務需要決定之。」之規定，制定《中央行政機關組織基準法》，以建立中央行政機關組織共同規範，提升施政效能。
2. **行政機關之層級**：依《中央行政機關組織基準法》第 2 條第 2 項規定：「行政院為一級機關，其所屬各級機關依層級為二級機關、三級機關、四級機關。但得依業務繁簡、組織規模定其層級，明定隸屬指揮監督關係，不必逐級設立。」
3. **行政機關之組織名稱：**
   (1) 法律保留原則：依《中央行政機關組織基準法》第 4 條規範意旨，**一級機關、二級機關、三級機關及獨立機關之組織以法律定之，其餘機關之組織以命令定之，但以命令設立之機關，其設立、調整及裁撤，於命令發布時，應即送立法院。**
   (2) 組織之法定名稱：依《中央行政機關組織基準法》第 5 條規範意旨，原則上不得以作用法或其他法規規定機關之組織。關於組織之法定名稱如下：

A. 機關組織以法律定之者：組織法律定名為法，但業務相同而轄區不同或權限相同而管轄事務不同之機關，其共同適用之組織法律定名為通則。

B. 機關組織以命令定之者：組織命令定名為規程。但業務相同而轄區不同或權限相同而管轄事務不同之機關，其共同適用之組織命令定名為準則。

(3) 行政機關名稱定名：依《中央行政機關組織基準法》第 6 條規範意旨，行政機關名稱定名如下：

農田水利會於 109 年 10 月改制升格為農田水利署，編制於農業部底下，成為三級行政機關。

A. 院：一級機關用之。

B. 部：二級機關用之。

C. 委員會：二級機關或獨立機關用之。

D. 署、局：三級機關用之。

E. 分署、分局：四級機關用之。

F. 機關因性質特殊，得另定名稱。

4. **機關的設立、調整及裁撤**：依《中央行政機關組織基準法》第 9 條至第 12 條規範意旨，機關設立、調整及裁撤之原則如下：

(1) 不得設立機關之情形：

A. 業務與現有機關職掌重疊者。

B. 業務可由現有機關調整辦理者。

C. 業務性質由民間辦理較適宜者。

(2) 機關應調整或裁撤之情形：

A. 階段性任務已完成或政策已改變者。

B. 業務或功能明顯萎縮或重疊者。

C. 管轄區域調整裁併者。

D. 職掌應以委託或委任方式辦理較符經濟效益者。

E. 經專案評估績效不佳應予裁併者。

F. 業務調整或移撥至其他機關或單位者。

(3) 以法律規定之機關組織之設立、調整及裁撤：

A. **一級機關之設立：逕行提案送請立法院審議。**

B. **二級機關、三級機關、獨立機關之設立：由其上級機關或上級指定之機關擬案，報請一級機關轉請立法院審議。**

C. **機關之調整或裁撤由本機關或上級機關擬案，循上開設立程序辦理。**

(4) 以命令規定之機關組織之設立、調整及裁撤：

A. 機關之設立或裁撤：由上級機關或上級機關指定之機關擬案，報請一級機關核定。

B. 機關之調整：由本機關擬案，報請上級機關核轉一級機關核定。

5. **機關之指揮監督權**：依《中央行政機關組織基準法》第 14 條規定：「**上級機關對所隸屬機關依法規行使指揮監督權。不相隸屬機關之指揮監督，應以法規有明文規定者為限。**」

6. **暫行機關之訂定**：依《中央行政機關組織基準法》第 36 條規定：「**一級機關為因應突發、特殊或新興之重大事務，得設臨時性、過渡性之機關，其組織以暫行組織規程定之，並應明定其存續期限。**二級機關及三級機關得報經一級機關核定後，設立前項臨時性、過渡性之機關。」

7. **機構**：依《中央行政機關組織基準法》第 3 條第 3 款規定，**所謂機構，指「機關依組織法規將其部分權限及職掌劃出，以達成其設立目的之組織。**」又同法第 16 條第 1 項規定：「機關於其組織法規規定之權限、職掌範圍內，得設附屬之實（試）驗、檢驗、研究、文教、醫療、社福、矯正、收容、訓練等機構。」例如法務部所屬矯正機關如監獄、看守所；教育部所屬國家圖書館、國立海洋生物博物館；內政部所屬台南教養院、少年之家等。

(三) **行政機關之管轄權**

1. **意義**：所謂管轄權，係指關於特定行政事務，應交由何機關處理之謂。管轄權所涉及的是行政事務或權限分配的問題，依《行政程序法》第 11 條第 1 項規定：「**行政機關之管轄權，依其組織法規或其他行政法規定之。**」揭示「管轄法定原則」為我國行政機關管轄權之劃分依據。

2. **管轄恆定原則及例外**：

(1) **管轄恆定原則**：指行政機關之管轄權，依其組織法規或其他行政法規之規定後，原則上不得加以變更其管轄內容及範圍，例外於法規有變更之規定者，始得加以變更。《行政程序法》第 11 條第 5 項即規定：「**管轄權非依法規不得設定或變更。**」

(2) **管轄恆定原則之例外：**

A. **權限委任**：指行政機關將部分管轄事務交由有隸屬關係之下級機關辦理，依《行政程序法》第 15 條第 1 項規定：「**行政機關得依法規將其權限之一部分，委任所屬下級機關執行之。**」在權限委任之情形，行政決定的作成係以受委任之下級機關名義為之，因此對該行政決定不服而提起訴願者，依《訴願法》第 8 條規定，其訴願之管轄，比照《訴願法》第 4 條之規定，向受委任機關或受委任機關之直接上級機關提起訴願。若提起行政訴訟者，則以受委任機關為被告。

B. **權限委託**：指行政機關將部分管轄事務交由無隸屬機關執行，依《行政程序法》第 15 條第 2 項規定：「**行政機關因業務上之需要，得依法規將其權限之一部分，委託不相隸屬之行政機關執行之。**」在權限委託之情形，受委託機關僅負責受委託行政業務之執行，在執行該業務時，仍以原委託機關之名義為之。因此對受委託機關辦理受託事件所為之行政處分不服者，依《訴願法》第 7 條規定，視為原委託機關之行政處分，其訴願之管轄，比照《訴願法》第 4 條之規定，向原委託機關或原委託機關之直接上級機關提起訴願。若提起行政訴訟者，以委託機關為被告。

C. **行政委託**：又稱「受委託行使公權力」，指行政機關將部分管轄事務交由私人或團體辦理，依《行政程序法》第 16 條第 1 項規定：「**行政機關得依法規將其權限之一部分，委託民間團體或個人辦理。**」在行政委託的情形，行政決定的作成係以受委託之私人或團體名義為之，因此對該行政決定不服而提起訴願者，依《訴願法》第 10 條規定，其訴願之管轄，向原委託機關提起訴願。

D. **委辦行政**：指中央或上級地方自治團體機關，將部分管轄事務交由下級地方自治團體機關辦理，《地方制度法》第 2 條第 3 款即規定，所謂委辦事項，指「**地方自治團體依法律、上級法規或規章規定，在上級政府指揮監督下，執行上級政府交付辦理之非屬該團體事務，而負其行政執行責任之事項。**」在委辦行政之情形，行政決定之作成係以受委辦機關名義為之，因此對該行政決定不服而提起訴願者，依《訴願法》第 9 條規定，其訴願之管轄，比照《訴願法》第 4 條之規定，向受委辦機關之直接上級機關提起訴願。若提起行政訴訟者，以受委辦機關為被告。

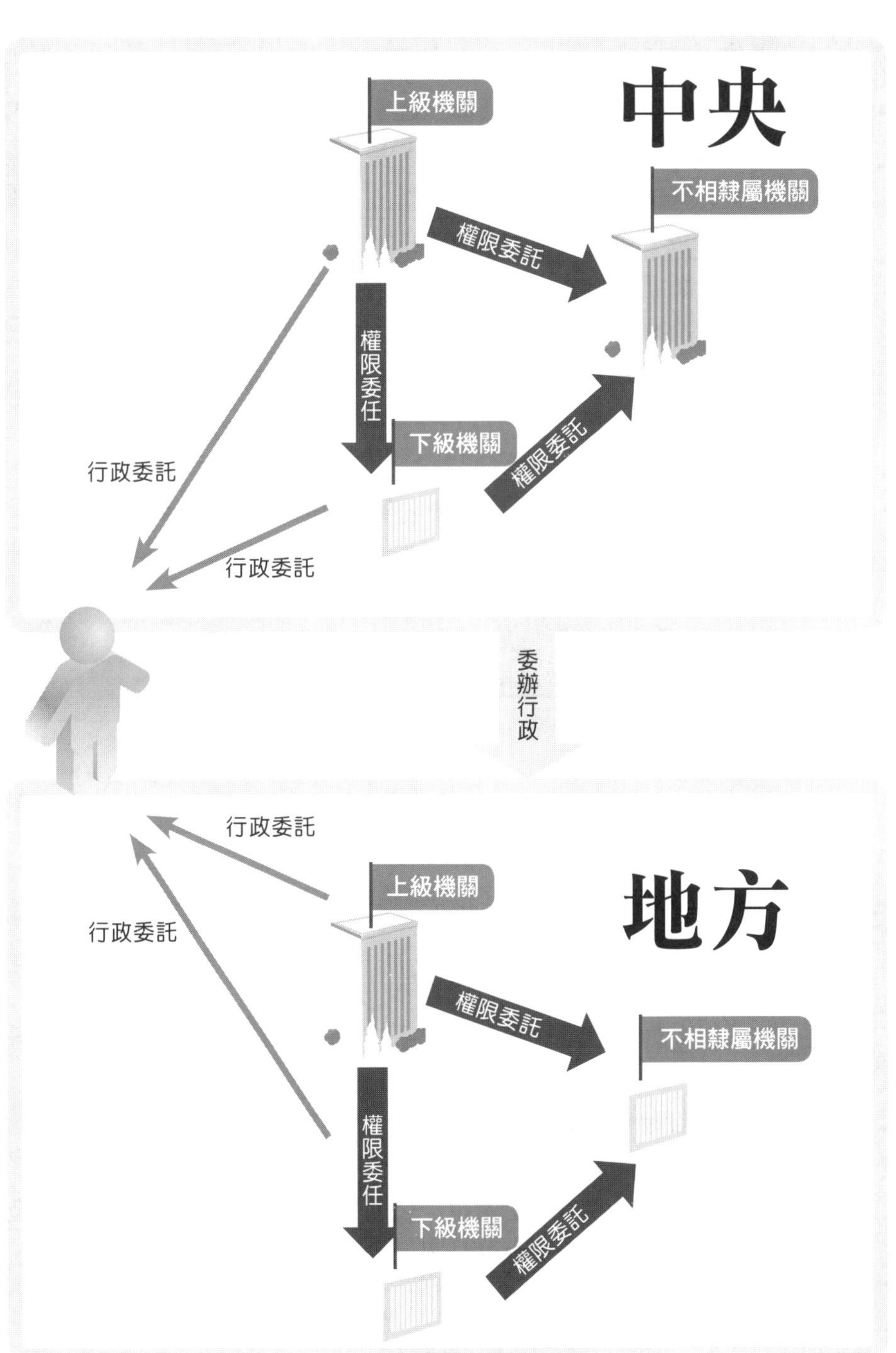
中央
上級機關
不相隸屬機關
權限委託
權限委任
下級機關
權限委託
行政委託
行政委託
委辦行政
行政委託
行政委託
上級機關
地方
權限委託
不相隸屬機關
權限委任
下級機關
權限委託

管轄恆定例外示意圖

三、內部單位

(一) **意義**：係指基於分工原則，在機關（構）內部所劃分設置具有功能性質之組織。依《中央行政機關組織基準法》第 3 條第 4 款規定，**內部單位係指「基於組織之業務分工，於機關內部設立之組織。」**關於內部單位之設立或調整原則。依《中央行政機關組織基準法》第 22 條規定：「機關內部單位應依職能類同、業務均衡、權責分明、管理經濟、整體配合及規模適中等原則設立或調整之。」

(二) **內部單位之層級與名稱**：機關之內部單位層級分為一級、二級，得定名如下：

1. **一級內部單位**：
   (1) 處：一級機關、相當二級機關之獨立機關及二級機關委員會之業務單位用之。
   (2) 司：二級機關部之業務單位用之。
   (3) 組：三級機關業務單位用之。
   (4) 科：四級機關業務單位用之。
   (5) 處、室：各級機關輔助單位用之。
2. **二級內部單位**：科。
3. 機關內部單位層級之設立，得因機關性質及業務需求彈性調整，不必逐級設立。但四級機關內部單位之設立，除機關業務繁重、組織規模龐大者，得於科下分股辦事外，以設立一級為限。
4. 機關內部單位因性質特殊者，得另定名稱。

> **法學小教室**
> 行政機關與內部單位的區別非絕對標準，例如犯罪被害人補償審議委員會無獨立編制與預算，但仍為行政機關。

(三) **分類**：依《中央行政機關組織基準法》第 23 條規定，**機關內部單位分類如下：**

1. **業務單位：係指執行本機關職掌事項之單位。**
2. **輔助單位：係指辦理秘書、總務、人事、主計、研考、資訊、法制、政風、公關等支援服務事項之單位。輔助單位依機關組織規模、性質及層級設立，必要時其業務得合併於同一單位辦理。**

(四) **行政機關與內部單位之區別**

1. **行政機關有獨立之組織法規；內部單位則無。**
2. **行政機關有獨立之編制與預算：內部單位則無。**
3. **行政機關具有獨立對外行文之權限；內部單位原則上無此權限，然實務上基於行政效率考量，在行政機關的授權下，內部單位亦可對外行文。**

四、公營造物

(一) **意義：行政主體為達成公共行政上特定目的，將人與物作功能上之結合，以制定法規作為組織之依據所設置之組織體，與公眾或特定人間發生法律上之利用關係。**例如：公園、市立圖書館、監獄等機構。

法學小教室

公營造物與公物之區別：
1. 公物係單純地供利用之物；公營造物重人與物之功能上結合。
2. 公物的設置係依據法令或基於事實狀態；公營造物則係依行政主體所制定之法規而設立。
3. 公物之利用關係有屬事實狀態，有屬公、私法律關係；而公營造物利用關係是公法或私法均有可能，但並無屬事實狀態者。

(二) **營造物利用關係：**公營造物與人民間的法律關係稱為「營造物利用關係」，關於營造物利用關係的性質，除可依法律之明文或營造物本身的性質加以判斷外，尚可就營造物利用規則判斷為公法關係抑或私法關係。關於營造物利用關係的說明如下：

1. 營造物之成立通常以設置機關所制定之法規為依據，該法規稱為營造物規章，又稱為營造物之組織法。至於營造物對外所生之法律關係，亦即營造物利用關係，主要則取決於利用規則。但具重要性或普遍用於各個營造物時，亦可能由設置機關逕行制定。營造物利用規則必須符合其設立目的，在法規或習慣法所允許之範圍內規定其對外營運之細節，以及與利用者之權利義務關係。
2. **營造物利用關係究為公法關係或是私法關係，是受營造物之設置法則影響。**但在一般情形下，尤其在法律無明文規定之場合，營造物利用關係之法律屬性，實取決其利用規則，甚至可經由修改營造物利用規則之方式，變更原有利用關係之性質。

五、受委託行使公權力（行政委託）

(一) **意義：所謂受委託行使公權力，指在法律規範下，人民或民間團體受行政機關之委託，辦理屬於行政機關權限一部之事務。行政程序法第 16 條第 1 項即規定：「行政機關得依法規將其權限之一部分，委託民間團體或個人辦理。」**例如財團法人海峽交流基金會受行政院大陸委員會之委託，辦理兩岸交流有關事務；私立學校受行政院教育部之委託，辦理有關錄取學生、確定學籍、獎懲學生、核發畢業或學位證書等權限。

(二) **程序要件：行政程序法第 16 條第 2 項、第 3 項規定：「前項情形，應將委託事項及法規依據公告之，並刊登政府公報或新聞紙。第 1 項委託所需費用，除另有約定外，由行政機關支付之。」**因此，受委託行使公權力者，在程序上必須符合以下要件：

1. 須有法規依據：行政委託必須符合法律保留原則，因此法規依據係指有法律或法規命令之依據。
2. 事先將委託事項及法規依據公告。
3. 事後刊登政府公報或新聞紙。
4. 委託所需費用原則上由行政機關支付。

(三) **相關條文**

1. **行政程序法第 2 條第 3 項：**「受託行使公權力之個人或團體，於委託範圍內，視為行政機關。」
2. **訴願法第 10 條規定：**「依法受中央或地方機關委託行使公權力之團體或個人，以其團體或個人名義所為之行政處分，其訴願之管轄，向原委託機關提起訴願。」
3. **行政訴訟法第 25 條：**「人民與受委託行使公權力之團體或個人，因受託事件涉訟者，以受託之團體或個人為被告。」
4. **國家賠償法第 4 條：**「受委託行使公權力之團體，其執行職務之人於行使公權力時，視同委託機關之公務員。受委託行使公權力之個人，於執行職務行使公權力時亦同。前項執行職務之人有故意或重大過失時，賠償義務機關對受委託之團體或個人有求償權。」

小試身手

( ) **1** 關於公營造物的概念，下列敘述何者錯誤？ (A)營造物是行政主體為特定目的而設置 (B)營造物是人與物在功能上之結合 (C)公立醫院屬於營造物 (D)營造物為行政機關的內部單位。

( ) **2** 「行政機關得依法規將其權限之一部分，委託民間團體或個人辦理。」此為？ (A)委辦行政 (B)行政委託 (C)權限委任 (D)權限委託。

( ) **3** 依中央行政機關組織基準法規定，下列何者非不得設立機關之情形？ (A)業務與現有機關職掌重疊者 (B)業務可由現有機關調整辦理者 (C)業務性質由民間辦理較適宜者 (D)職掌應以委託或委任方式辦理較符經濟效益者。

( ) **4** 下列何者具有機構的性質？ (A)國立海洋生物博物館 (B)教育部高等教育司 (C)農田水利署 (D)國立中正文化中心。

答 **1 (D)** **2 (B)** **3 (D)** **4 (A)**

第三節 ｜ 公務員法

一、法律上公務員之概念

各個法律對公務員概念之界定未必相同，例如國家賠償法上公務員係指「依法令從事於公務之人員」，其範圍較廣。又如公務員服務法上之公務員，指「受有俸給之文武職公務員，及其他公營事業機關服務人員」，其範圍較國家賠償法上之公務員之定義為狹。再狹義者為適用公務員懲戒法之公務員，雖法律未明定其範圍，但就規範內涵而言，指「政務官與事務官」。最狹義之公務員概念，則屬公務人員任用法之公務員，依公務人員任用法施行細則第 2 條規定，係指「各機關組織法規中，除政務人員及民選人員外，定有職稱及官等、職等之人員（即指事務官）」。

法規一點靈
公務人員任用法

法學小教室

政務官指隨國家政策或選舉成敗同進退之公務員，例如行政院院長、內政部部長；事務官指執行既定國家政策之永業公務員，例如經國家考試及格任用之公務員。

二、特別權力關係（參閱本書第五章第三節及本章第一節）

早期認為公務員關係為典型的特別權力關係，亦即公務員對其與國家關係所生之爭議不得爭訟，然近來司法實務上已有所突破，例如大法官釋字第 187 號、第 201 號、第 266 號、第 312 號解釋認為，公務員對於公法上財產請求權所生爭議（退休金、考績獎金、福利互助金等）得提起行政訴訟；釋字第 243 號解釋認為，對改變公務員身分之免職處分得提起行政訴訟；釋字第 491 號解釋認為，對於免職處分之進行應符合正當法律程序；釋字第 323 號解釋認為，對任用審查不合格或降低擬任官等有爭執時亦得提起行政爭訟等。

> 法學小教室
>
> 法官法施行後，我國對法官、檢察官在公務員體系的定位獨樹一幟。法官與國家之關係為「法官特別任用關係」。

因此**通說認為特別權力關係在對公務員身分或基於公務員身分所生之請求權有重大影響的部分已逐漸破除，特別權力關係的說法亦由「特別法律關係」的用詞所取代。此外，大法官於釋字第 433 號解釋理由書論及，公務員與國家的關係屬於「公法上職務關係」，國家對公務員有給予俸給、退休金等照顧其生活及保障其權益之義務，公務員對國家亦負有忠誠、執行職務等義務，大幅降低國家以「權力」規制公務員之印象。**

三、公務員之權利、義務、責任與保障

(一) **權利**：計有身分保障權、俸給權、退休金權、保險金權、撫卹金權、休假權、結社權及陞遷權等，各有相關法規加以規範。

(二) **義務**：主要係規定於公務員服務法，計有忠實義務、服從義務、保密義務、保持品位義務、執行職務義務、不兼職義務、行政中立義務、迴避義務及申報財產義務等。

> 法學小教室
>
> **我國對於懲戒與刑罰，採「刑懲併行之併罰」制；對於懲戒與懲處，採「懲戒懲處併行但不併罰」且以「懲戒」為優先。**

(三) **責任**：（參閱本書第五章第三節）

1. **行政責任**：包括依公務員懲戒法之懲戒處分，及依公務人員考績法之懲處處分二種：

	行政懲處	司法懲戒		
處分依據	公務人員考績法及相關法規	公務員懲戒法		法官法
處分主體	行政機關長官、主管長官	懲戒法院、主管長官		司法院（職務法庭）
處分客體	事務官	政務官、事務官及退休（職、伍）或其他原因離職之公務員於任職期間之行為，仍應受懲戒		法官、檢察官
處分種類	免職、記大過、記過、申誡	事務官	政務官	免除法官（檢察官）職務並喪失公務人員任用資格、撤職、免除法官（檢察官）職務轉任法官（檢察官）以外之其他職務、罰款、申誡
		「免除職務」、「撤職」、「剝奪、減少退休（職、伍）金」、「休職」、「降級」、「減俸」、「罰款」、「記過」、「申誡」	休職、降級、記過之處分不適用	
救濟程序	可提起複審、行政爭訟	提起再審之訴		提出異議、向職務法庭起訴

2. **民事責任**：公務員若從事私法行為所致之損害賠償責任，應適用民法規定；若公務員之損害賠償責任係因執行公權力所為者，則有國家賠償法之適用。

3. **刑事責任**：公務員之刑事責任與一般人民原則上並無不同，僅刑法第21條第2項有阻卻違法事由之特別規定及刑法第134條有加重刑罰之事由，另外某些犯罪亦必限於具有公務員身分者有成立之可能，例如瀆職罪等。

(四) **保障**：可分為申訴程序與複審程序。

1. **申訴程序**：

(1) 申訴原因：

A. 公務人員對於服務機關所為之**管理措施之處置認為不當，致影響其權益者。**

B. 公務人員對於服務機關所為之有關**工作條件之處置認為不當，致影響其權益者。**

C. 公務人員離職後，接獲原服務機關之管理措施或處置者，亦得提起。

(2) 提起申訴期間：公務人員提起申訴，應於管理措施或處置達到之次日起**三十日**內為之。

(3) 提起申訴方式：提起申訴，應**以書面向服務機關**為之。

(4) 審理程序：**服務機關對申訴事件，應於收受申訴書之次日起三十日內，就請求事項詳備理由函復**，必要時得延長二十日，並通知申訴人。逾期未函復，申訴人得逕提再申訴。

(5) 再申訴：**不服服務機關函復者，得於復函送達之次日起三十日內，向保訓會提起再申訴。**

(6) 再申訴結果：**保訓會對於再申訴，應作成申訴成立、申訴不成立或不予處理三種結果，對於再申訴決定作成後，即不得再聲明不服。**

> **法學小教室**
>
> 因應釋字第 785 號解釋，國家對公務員得提起復審程序之處分之見解變動需特別留意，尤其是關於考績評定之部分。

2. **復審程序**：

(1) 復審原因：

A. 公務人員對於服務機關或人事主管機關（以下稱原處分機關）所為之**行政處分，認為違法或顯然不當，致損害其權利或利益者**，得提起復審。

B. 非現職公務人員基於其原公務人員身分之請求權遭受侵害時，得提起復審。

C. 公務人員已亡故者，其遺族基於該公務人員身分所生之公法上財產請求權遭受侵害時，得提起復審。

D. 公務人員因原處分機關**對其依法申請之案件，於法定期間內應作為而不作為，認為損害其權利或利益者**，得提起復審。

(2) 提起復審期間：復審之提起，應自**行政處分達到之次日起三十日內為之。**前項期間，以原處分機關收受復審書之日期為準。

(3) 提起復審方式：**復審人應繕具復審書經由原處分機關向保訓會提起復審。**若原處分機關認為復審為有理由者，得自行變更或撤銷原行政處分，並函知保訓會。若原處分機關認為復審為無理由者，應自收到復審書之次日起二十日內送於保訓會。

(4) 審議程序：**保訓會就復審之審議，以書面審查決定之。復審決定應於保訓會收受原處分機關檢卷答辯之次日起三個月內為之。**若須延長者，以延長一次為限，最長不得逾二個月。

(5) 審議結果：**復審無理由者，保訓會應以決定駁回之。復審有理由者，保訓會應於復審人表示不服之範圍內，以決定撤銷原行政處分之全部或一部，並得視事件之情節，發回原處分機關另為處分**（原處分機關於復審人表示不服之範圍內，不得為更不利益之處分）。

(6) 行政訴訟：**保訓會復審決定依法得聲明不服者，復審決定書應附記如不服決定，得於決定書送達之次日起二個月內，依法向該管司法機關請求救濟。**

小試身手

( ) **1** 公務人員對於服務機關所為之有關工作條件之處置認為不當，致影響其權益者，其救濟方式為？ (A)申訴、復審 (B)復審、行政訴訟 (C)訴願、行政訴訟 (D)申訴、再申訴。

( ) **2** 下列何者為對於政務官之懲戒處分？（應選2項） (A)休職 (B)降級 (C)罰款 (D)申誡。

( ) **3** 大法官曾於釋字第433號解釋理由書論及，公務員與國家的關係屬於？ (A)特別任用關係 (B)公法上職務關係 (C)特別法律關係 (D)公法上契約關係。

( ) **4** 關於公務員之定義在各個法規的適用上，其範圍有所不同。試問下列何者法律對公務員的定義最為狹義？ (A)刑法 (B)公務員服務法 (C)公務員懲戒法 (D)公務人員任用法。

(　　) **5** 公務員對於保訓會所作之復審決定不服者，得於復審決定書送達之次日起多久內，依法向該管司法機關請求救濟？ (A)十五日 (B)一個月 (C)二個月 (D)三個月。

答 **1(D)** **2(C)(D)** **3(B)** **4(D)** **5(C)**

第四節｜行政作用

乃指行政機關為與人民間發生權利義務關係所實施之內容，依行政作用之目的，可分為內政、外交、國防、經濟、財政、法務等。而行政行為之內容可分為：

一、法規命令及行政規則

(一) 法規命令

1. **意義**：行政程序法第150條第1項規定：「**本法所稱法規命令，係指行政機關基於法律授權，對多數不特定人民就一般事項所作抽象之對外發生法律效果之規定。**」

2. **合法性要件**：

   (1) 法規命令之內容應明列其法律授權之依據，並不得逾越法律授權之範圍與立法精神。

   (2) 法規命令，有下列情形之一者，無效：

   A. 牴觸憲法、法律或上級機關之命令者。

   B. 無法律之授權而剝奪或限制人民之自由、權利者。

   C. 其訂定依法應經其他機關核准，而未經核准者

   (3) **法規命令之一部分無效者，其他部分仍為有效。但除去該無效部分，法規命令顯失規範目的者，全部無效。**

3. **法規命令之訂定**：

   (1) **法規命令之訂定，除由行政機關自行草擬者外，並得由人民或團體提議為之。**

   (2) 行政機關擬訂法規命令時，除情況急迫，顯然無法事先公告周知者外，應於政府公報或新聞紙公告。

(3) 行政機關訂定法規命令，得依職權舉行聽證。

(4) 法規命令依法應經上級機關核定者，應於核定後始得發布。數機關會同訂定之法規命令，依法應經上級機關或共同上級機關核定者，應於核定後始得會銜發布。

(5) 法規命令之發布，應刊登政府公報或新聞紙。

(二) **行政規則**【112 高考、112 普考】

1. **意義**：行政程序法第 159 條第 1 項規定：「**本法所稱行政規則，係指上級機關對下級機關，或長官對屬官，依其權限或職權為規範機關內部秩序及運作，所為非直接對外發生法規範效力之一般、抽象之規定。**」

2. **行政規則之類型**：

(1) **組織性、作業性行政規則**：關於機關內部之組織、事務之分配、業務處理方式、人事管理等一般性規定。此類型行政規則，對人民權利義務顯然較無關係。

(2) **解釋性、裁量性行政規則**：**為協助下級機關或屬官統一解釋法令、認定事實、及行使裁量權，而訂頒之解釋性規定及裁量基準。此類型行政規則，透過行政自我拘束原則，得間接對外發生效力，並有平等原則的適用。**例如某警察以往依機關內部所訂頒之違反道路交通安全規則裁罰基準等相關規定對慢車駕駛人初次違規在快車道行駛者處以新臺幣三百元罰鍰，某次對初次違反規定者竟驟然處以新臺幣六百元，則有違行政自我拘束原則及平等原則。此外，此類型行政規則的訂定與廢止，應由其首長簽署，並登載於政府公報發布之。

3. **行政規則之訂定**：

(1) 行政規則應下達下級機關或屬官。

(2) 有效下達之行政規則，具有拘束訂定機關、其下級機關及屬官之效力。

(3) 行政規則得由原發布機關廢止之。

二、行政處分【111年台電】

(一) **行政處分**

1. **意義**：行政程序法第 92 條第 1 項規定：「**本法所稱行政處分，係指行政機關就公法上具體事件所為之決定或其他公權力措施而對外直接發生**

法律效果之單方行政行為。」換言之，行政處分有行政機關、公權力行為、法效性、外部性、個別性、單方性等六項要件。

2. 附款：**行政機關在作成行政處分有裁量權時，得為附款。無裁量權者，以法律有明文規定或為確保行政處分法定要件之履行而以該要件為附款內容者為限，始得為之。通常在授予利益之行政處分，會添加附款，以限制或補充該行政處分之內容**，例如：行政機關核發業者電子遊戲場營業證（行政處分），並為每日夜間十一點前必須打烊的附款（負擔）。然而行政處分的附款若違背行政處分之目的，或與該處分之目的不具有正當合理之關聯，則為法之不許，例如上開之例，若行政機關核發業者電子遊戲場營業證，卻要求業者額外支付一筆費用作為採購行政機關辦公用品之用，則為法之不許。行政處分附款的種類有：
   (1) **期限：以將來確定事實的實現，作為行政處分成立或失效的要件。**
   (2) **條件：以將來不確定事實的實現，作為行政處分成立或失效的要件。**
   (3) **負擔：獨立於行政處分，係在行政處分之外，對相對人課予另一個義務。對於負擔不服者，得單獨對之提起行政爭訟。**
   (4) **保留行政處分之廢止權。**
   (5) **保留負擔之事後附加或變更。**

3. **行政處分的作成、送達與生效：**
   (1) 作成：行政處分除法規另有要式之規定者外，得以書面、言詞或其他方式為之。以書面以外方式所為之行政處分，其相對人或利害關係人有正當理由要求作成書面時，處分機關不得拒絕。
   (2) 送達：書面之行政處分，應送達相對人及已知之利害關係人；書面以外之行政處分，應以其他適當方法通知或使其知悉。
   (3) 生效：書面之行政處分自送達相對人及已知之利害關係人起；書面以外之行政處分自以其他適當方法通知或使其知悉時起，依送達、通知或使知悉之內容對其發生效力。
   (4) **行政處分未經撤銷、廢止，或未因其他事由而失效者，其效力繼續存在。無效之行政處分自始不生效力。行政處分一部分無效者，其他部分仍為有效。但除去該無效部分，行政處分不能成立者，全部無效。**【109 年台電】

4. **違法行政處分之撤銷：**【111 年鐵高】

(1) **撤銷時機：**違法行政處分於法定救濟期間經過後，應自原處分機關或其上級機關知有撤銷原因時起二年內，由原處分機關或其上級機關得依職權為全部或一部之撤銷。但有下列各款情形之一者，不得撤銷：

> **法學小教室**
>
> 所謂信賴不值得保護之情形，規定於行政程序法第 119 條，有：1. 以詐欺、脅迫或賄賂方法，使行政機關作成行政處分者。2. 對重要事項提供不正確資料或為不完全陳述，致使行政機關依該資料或陳述而作成行政處分者。3. 明知行政處分違法或因重大過失而不知者。

A. 撤銷對公益有重大危害者。

B. 受益人無信賴不值得保護之情形，而信賴授予利益之行政處分，其信賴利益顯然大於撤銷所欲維護之公益者。

(2) **撤銷後效力：**違法行政處分經撤銷後，溯及既往失其效力。但為維護公益或為避免受益人財產上之損失，為撤銷之機關得另定失其效力之日期。

(3) **信賴利益之補償：**授予利益之違法行政處分經撤銷後，如受益人無信賴不值得保護之情形，其因信賴該處分致遭受財產上之損失者，為撤銷之機關應給予合理之補償，補償額度不得超過受益人因該處分存續可得之利益。若對補償之爭議及補償之金額，相對人有不服者，得向行政法院提起給付訴訟。此外，補償請求權，自行政機關告知其事由時起，因二年間不行使而消滅；自處分撤銷時起逾五年者，亦同。

5. **合法行政處分之廢止：**【108 年一般警三】

(1) **廢止時機：**

A. **非授予利益合法行政處分之廢止：**非授予利益之合法行政處分，得由原處分機關依職權為全部或一部之廢止。但廢止後仍應為同一內容之處分或依法不得廢止者，不在此限。

B. **授予利益合法行政處分之廢止：**授予利益之合法行政處分，有下列各款情形之一者，得由原處分機關自廢止原因發生後二年內依職權為全部或一部之廢止：

a. 法規准許廢止者。

b. 原處分機關保留行政處分之廢止權者。

c. 附負擔之行政處分，受益人未履行該負擔者。

d. 行政處分所依據之法規或事實事後發生變更，致不廢止該處分對公益將有危害者。

e. 其他為防止或除去對公益之重大危害者。

(2) **廢止後效力**：合法行政處分經廢止後，自廢止時或自廢止機關所指定較後之日時起，失其效力。但受益人未履行負擔致行政處分受廢止者，得溯及既往失其效力。

(3) **信賴利益之補償**：原處分機關若是以上述 d.e. 之理由廢止授予利益之合法行政處分者，對受益人因信賴該處分致遭受財產上之損失，應給予合理之補償，補償額度不得超過受益人因該處分存續可得之利益。若對補償之爭議及補償之金額，相對人有不服者，得向行政法院提起給付訴訟。此外，補償請求權，自行政機關告知其事由時起，因二年間不行使而消滅；自處分撤銷時起逾五年者，亦同。

(4) 授予利益之行政處分，其內容係提供一次或連續之金錢或可分物之給付者，經撤銷、廢止或條件成就而有溯及既往失效之情形時，受益人應返還因該處分所受領之給付。其行政處分經確認無效者，亦同。行政機關應以書面行政處分確認返還範圍，並限期命受益人返還不當得利。返還之行政處分未確定前，不得移送行政執行。

三、行政罰（行政秩序罰）【111年初考、台電、鐵佐】

行政罰乃為維持行政上之秩序，達成國家行政之目的，**對過去違反行政法上義務者所加之制裁**。目前有行政罰法作為行政秩序罰之原則法，即違反行政法上義務而受**罰鍰、沒入或其他種類行政罰之處罰時**，適用行政罰法。但其他法律有特別規定者，從其規定。因此，關於行政罰的種類有：

法規一點靈

行政罰法

(一) 罰鍰。

(二) 沒入。

(三) 其他種類行政罰：

限制或禁止行為之處分	限制或停止營業、吊扣證照、命令停工或停止使用、禁止行駛、禁止出入港口、機場或特定場所、禁止製造、販賣、輸出入、禁止申請或其他限制或禁止為一定行為之處分。

剝奪或消滅資格、權利之處分	命令歇業、命令解散、撤銷或廢止許可或登記、吊銷證照、強制拆除或其他剝奪或消滅一定資格或權利之處分。
影響名譽之處分	公布姓名或名稱、公布照片或其他相類似之處分。
警告性處分	警告、告誡、記點、記次、講習、輔導教育或其他相類似之處分。

四、行政執行

法規一點靈

行政執行法

行政機關為了確保義務人將來對其公法上義務之履行，而施加實力於人民，使其實現行政上必要之作為。關於行政執行之種類如下：

(一) **公法上金錢給付義務之強制執行**：例如稅款、滯納金、滯報費、利息、滯報金、怠報金、短估金、罰鍰、怠金、代履行費用等公法上應給付金錢之義務。若逾期不履行者，移送法務部行政執行署所屬行政執行處（依目前現制為行政執行分署）執行之。並且義務人死亡遺有財產者，行政執行分署得逕對其遺產強制執行。

(二) **行為或不行為義務之強制執行**：依法令或本於法令之行政處分，負有行為或不行為義務，經於處分書或另以書面限定相當期間履行，逾期仍不履行者，由執行機關依間接強制或直接強制方法執行之。

1. **間接強制**：**又分為代履行與怠金。代履行以其行為能由他人代為履行者，執行機關得委託第三人或指定人員代履行之；怠金其行為不能由他人代為履行者，依其情節輕重處新臺幣五千元以上三十萬元以下怠金。因此概念上行政執行之間接強制應以代履行為先，怠金為後。**
2. **直接強制**：**經間接強制不能達成執行目的，或因情況急迫，如不及時執行，顯難達成執行目的時，執行機關得依直接強制方法執行之。**直接強制的方法有：
   (1) 扣留、收取交付、解除占有、處置、使用或限制使用動產、不動產。
   (2) 進入、封閉、拆除住宅、建築物或其他處所。
   (3) 收繳、註銷證照。
   (4) 斷絕營業所必須之自來水、電力或其他能源。
   (5) 其他以實力直接實現與履行義務同一內容狀態之方法。

(三) **即時強制：即時強制不以相對人負有義務為前提，因為即時強制是行政機關為阻止犯罪、危害之發生或避免急迫危險，而有即時處置之必要時為之。**即時強制的方法如下：

1. 對於人之管束。
2. 對於物之扣留、使用、處置或限制其使用。
3. 對於住宅、建築物或其他處所之進入。
4. 其他依法定職權所為之必要處置。

五、行政契約

(一) **公法上法律關係得以契約設定、變更或消滅之。但依其性質或法規規定不得締約者，則不得締結行政契約，否則為無效。**例如：關於公務員的任用，必須依法定程序為之，行政機關不得與人民締結任用公務員之行政契約，若締結者則為無效。

(二) 行政機關對於行政處分所依據之事實或法律關係，經依職權調查仍不能確定者，為有效達成行政目的，並解決爭執，得與人民和解，締結行政契約，以代替行政處分。而代替行政處分之行政契約，若與其內容相同之行政處分為無效者；或與其內容相同之行政處分，有得撤銷之違法原因，並為締約雙方所明知者；或締結和解契約不符合上開規定者，則該行政契約無效。

(三) **行政機關與人民締結行政契約，互負給付義務（雙務契約）者，應符合下列各款之規定，否則該行政契約無效：**

1. **契約中應約定人民給付之特定用途。**
2. **人民之給付有助於行政機關執行其職務。**
3. **人民之給付與行政機關之給付應相當，並具有正當合理之關聯。**

(四) 行政契約當事人之一方為人民，依法應以甄選或其他競爭方式決定該當事人時，行政機關應事先公告應具之資格及決定之程序。決定前，並應予參與競爭者表示意見之機會。若有違反者，則該行政契約無效。

(五) 行政契約之締結，應以書面為之。但法規另有其他方式之規定者，依其規定。

(六) 行政契約之締結，原則上依行政程序法之規定為之，若行政程序法未規定者，準用民法相關之規定。若民法規定之結果為無效者，則行政契約無效。

六、事實行為

指行政機關所為不發生法律效果，而僅有**事實上效果**之行政行為，例如道路工程之修建、拆除違建、警察之開槍行為、警察對於物之扣留等。

七、行政計畫

係指行政機關為將來一定期限內達成特定之目的或實現一定之構想，事前就達成該目的或實現該構想有關之方法、步驟或措施等所為之設計與規劃。

八、行政指導

謂行政機關在其職權或所掌事務範圍內，為實現一定之行政目的，以輔導、協助、勸告、建議或其他不具法律上強制力之方法，促請特定人為一定作為或不作為之行為。

小試身手

( ) **1** 行政契約如準用何種法律規定之結果為無效者，行政契約則為無效？ (A)刑法 (B)民法 (C)憲法 (D)商事法。

( ) **2** 行政機關基於法律授權，對於多數不特定人就一般事項作抽象之對外發生法律效果之規定，謂之 (A)行政處分 (B)法規命令 (C)行政契約 (D)行政指導。

( ) **3** 代履行的性質屬於？ (A)行政處分 (B)行政執行 (C)事實行為 (D)法規命令。

( ) **4** 下列關於行政契之敘述，何者錯誤？ (A)公法上法律關係得以契約設定、變更或消滅之 (B)行政機關與人民締結行政契約，互負給付義務者，應約定人民給付之特定用途 (C)行政契約之締結，原則上應以書面為之 (D)行政契約之一部無效者，其他部分仍為有效。

( ) **5** 行政機關拆除違建之行為屬於？ (A)事實行為 (B)法規命令 (C)行政處分 (D)行政罰。

( ) **6** 下列何種行政規則訂定與廢止，應由其首長簽署，並登載於政府公報發布之？ (A)關於機關內部組織事項之行政規則 (B)關於人事管理之行政規則 (C)協助下級機關認定事實之行政規則 (D)關於業務處理方式之行政規則。

( ) **7** 法規命令之一部分無效者，其他部分之效力如何？ (A)一律有效 (B)原則上有效 (C)得由發布機關決定其效力 (D)應由立法院決定其效力。

( ) **8** 下列何者非授予利益之合法行政處分得予廢止之原因？ (A)法規准許廢止者 (B)原處分機關保留行政處分之廢止權者 (C)行政處分所依據之法規或事實事後發生變更，致不廢止該處分對公益將有危害者 (D)附條件之行政處分，受益人未履行該條件者。

( ) **9** 關於行政處分之作成方式，下列敘述何者錯誤？ (A)必須以書面方式為之 (B)原則上得以書面、言詞或其他方式為之 (C)以書面以外方式所為之行政處分，其相對人或利害關係人有正當理由要求作成書面時，處分機關不得拒絕 (D)若有要式作成方式之規定，則應以該規定為主。

( ) **10** 行政機關核發業者電子遊戲場營業證，並附記每日夜間十一點前必須打烊。試問該附記的性質屬於？ (A)條件 (B)期限 (C)負擔 (D)以上皆是。

答 **1 (B)** **2 (B)** **3 (B)** **4 (D)** **5 (A)**
6 (C) **7 (B)** **8 (D)** **9 (A)** **10 (C)**

第五節 | 行政救濟法【107 年一般警四】

壹、訴願

一、訴願的概念

(一) **訴願之提起**：具有**提供作成行政處分之行政機關有自我審查之機會**，以糾正其違法或不當之行政處分，並能即時保障人民權益。【111 年初考】

1. 人民對於中央或地方機關之行政處分，**認為違法或不當，致損害其權利或利益者**，得依本法提起訴願。但法律另有規定者，從其規定。
2. 各級地方自治團體或其他公法人對上級監督機關之行政處分，**認為違法或不當，致損害其權利或利益者**，得依本法提起訴願。但法律另有規定者，從其規定。
3. 人民因中央或地方機關**對其依法申請之案件，於法定期間內應作為而不作為，認為損害其權利或利益者**，亦得提起訴願。前項期間，法令未規定者，自機關受理申請之日起為二個月。

(二) **訴願前置程序與訴願先行程序**

1. **訴願前置程序：訴願前置程序所指的就是訴願或相當於訴願之程序，乃針對特定行政訴訟類型，於人民在向行政法院提起行政訴訟前必須踐行的程序。**例如提起行政訴訟法第 4 條之撤銷訴訟、行政訴訟法第 5 條之課予義務訴訟前，皆必須經過**訴願，才能再進行行政訴訟**。
2. **訴願先行程序：訴願之先行程序指在提起訴願前，必須先向作成行政處分之原機關尋求補救與改進之救濟制度，其與訴願程序相同皆屬於行政救濟之一環。通常在較具專業性、大量性所作成之行政處分，其行政救濟有訴願先行程序，以增加人民救濟機會、節省救濟資源與時間。**例如納稅義務人對於核定稅捐之處分如有不服，依稅捐稽徵法之規定所申請之「復查」；發明專利申請人對於不予專利之審定有不服者，依專利法之規定所申請之「再審查」；室外集會、遊行之負責人，於收受主管機關不予許可等事項之通知後，其有不服者，依集會遊行法之規定所提起之「申復」。

二、訴願管轄【111年初考、鐵佐、司五】

訴願之管轄、訴願的受理機關於訴願法第 4 條至第 13 條已有規定，請參照，茲就重要規定列表如下：

不服作成行政處分之原處分機關為	訴願管轄機關為
鄉（鎮、市）公所	縣（市）政府
縣（市）政府所屬各級機關	縣（市）政府

不服作成行政處分之原處分機關為	訴願管轄機關為
縣（市）政府	中央主管部、會、行、處、局、署
直轄市政府所屬各級機關	直轄市政府
直轄市政府	中央主管部、會、行、處、局、署
中央各部、會、行、處、局、署所屬機關	各部、會、行、處、局、署
中央各部、會、署、處、局	主管院
中央各院	原院
二以上不同隸屬或不同層級之機關共為之行政處分	共同之上級機關
無隸屬關係之機關辦理受託事件所為之行政處分，視為委託機關之行政處分	原委託機關或其直接上級機關
有隸屬關係之下級機關依法辦理上級機關委任事件所為之行政處分，為受委任機關之行政處分	受委任機關或其直接上級機關
直轄市政府、縣（市）政府或其所屬機關及鄉（鎮、市）公所依法辦理上級政府或其所屬機關委辦事件所為之行政處分，為受委辦機關之行政處分	受委辦機關之直接上級機關
依法受中央或地方機關委託行使公權力之團體或個人，以其團體或個人名義所為之行政處分	原委託機關

三、訴願提起之期間

法學小教室

自然人、法人、非法人之團體或其他受行政處分之相對人及利害關係人得提起訴願。能獨立以法律行為負義務者，有訴願能力。

訴願期間之提起，為便於明瞭其概念，茲分點述之如次：

(一) 訴願之提起，應自行政處分達到或公告期滿之次日起三十日內為之。

(二) 利害關係人提起訴願者，前項期間自知悉時起算。但自行政處分達到或公告期滿後，已逾三年者，不得提起。

(三) 訴願之提起，以原行政處分機關或受理訴願機關收受訴願書之日期為準。

(四) 訴願人誤向原行政機關或受理訴願機關以外之機關提起訴願者，以該機關收受之日，視為提起訴願之日。

(五) 關於行政處分之不作為提起之時間問題，亦即人民依法申請之案件，行政機關逾法定期間仍不作為人民得「隨時」提起訴願，無另訂訴願期間之必要。

四、送達

(一) 送達除別有規定外，由受理訴願機關依職權為之。

(二) 對於無訴願能力人為送達者，應向其法定代理人為之；未經陳明法定代理人者，得向該無訴願能力人為送達。法定代理人有二人以上者，送達得僅向其中一人為之。

(三) 對於法人或非法人之團體為送達者，應向其代表人或管理人為之。代表人或管理人有二人以上者，送達得僅向其中一人為之。

(四) 訴願代理人除受送達之權限受有限制者外，送達應向該代理人為之。但受理訴願機關認為必要時，得送達於訴願人或參加人本人。

(五) 訴願文書之送達，應註明訴願人、參加人或其代表人、訴願代理人住、居所、事務所或營業所，交付郵政機關以訴願文書郵務送達證書發送。

(六) 訴願文書不能為前項送達時，得由受理訴願機關派員或囑託原行政處分機關或該管警察機關送達，並由執行送達人作成送達證書。

五、訴願委員會

(一) **訴願委員會之組成**

1. 各機關辦理訴願事件，應設訴願審議委員會，組成人員以具有法制專長者為原則。
2. 訴願審議委員會委員，由本機關高級職員及遴聘社會公正人士、學者、專家擔任之，其社會公正人士、學者、專家人數不得少於二分之一。
3. 訴願審議委員會組織規程及審議規則，由主管院定之。

(二) **決議方式：訴願決定應經訴願審議委員會會議之決定，其決議以委員半數以上之出席，出席委員過半數之同意行之。**

六、訴願程序

(一) 訴願之提起

1. **提起訴願程序：訴願人應繕具訴願書經由原行政處分機關向訴願管轄機關提起訴願。**原行政處分機關對於前項訴願應先行重新審查原處分是否合法妥當，其認訴願為有理由者，得自行撤銷或變更原行政處分，並陳報訴願管轄機關。原行政處分機關不依訴願人之請求撤銷或變更原行政處分者，應儘速附具答辯書，並將必要之關係文件，送於訴願管轄機關。
2. **撤回訴願：訴願提起後，於決定書送達前，訴願人得撤回之。訴願經撤回後，不得復提起同一之訴願。**

(二) 訴願審議

1. **訴願就書面審查決定：**訴願就書面審查決定之。受理訴願機關必要時得通知訴願人、參加人或利害關係人到達指定處所陳述意見。
2. **言詞辯論之申請：**受理訴願機關應依訴願人、參加人之申請或於必要時，得依職權通知訴願人、參加人或其代表人、訴願代理人、輔佐人及原行政處分機關派員於指定期日到達指定處所言詞辯論。
3. **實施調查：**受理訴願機關應依職權或囑託有關機關或人員，實施調查、檢驗或勘驗，不受訴願人主張之拘束。受理訴願機關應依訴願人或參加人之申請，調查證據。但就其申請調查之證據中認為不必要者，不在此限。受理訴願機關依職權或依申請調查證據之結果，非經賦予訴願人及參加人表示意見之機會，不得採為對之不利之訴願決定之基礎。
4. **對訴願程序處置不服之救濟：訴願人或參加人對受理訴願機關於訴願程序進行中所為之程序上處置不服者，應併同訴願決定提起行政訴訟。**

(三) 訴願決定

1. **訴願不受理之情形：**

(1) 訴願書不合法定程式不能補正，或經通知補正逾期仍不補正者。

(2) 提起訴願逾法定期間或未於第 57 條但書所定期間內補送訴願書者。提起訴願因逾法定期間而為不受理決定時，原行政處分顯屬違法或不當者，原行政處分機關或其上級機關得依職權撤銷或變更之。但有下列情形之一者，不得為之：

A. 其撤銷或變更對公益有重大危害者。

B. 行政處分受益人之信賴利益顯然較行政處分撤銷或變更所欲維護之公益更值得保護者。

(3) 訴願人不符合第 18 條之規定者。

(4) 訴願人無訴願能力而未由法定代理人代為訴願行為，經通知補正逾期不補正者。

(5) 地方自治團體、法人、非法人之團體，未由代表人或管理人為訴願行為，經通知補正逾期不補正者。

(6) 行政處分已不存在者。

(7) 對已決定或已撤回之訴願事件重行提起訴願者。

(8) 對於非行政處分或其他依法不屬訴願救濟範圍內之事項提起訴願者。

2. **訴願無理由之處置**：訴願無理由者，受理訴願機關應以決定駁回之。原行政處分所憑理由雖屬不當，但依其他理由認為正當者，應以訴願人為無理由。訴願事件涉及地方自治團體之地方自治事務者，其受理訴願之上級機關僅就原行政處分之合法性進行審查決定。

3. **訴願有理由之處置**：

(1) 對違法或不當之行政處分提起訴願者，受理訴願機關認為有理由者，應以決定撤銷原行政處分之全部或一部，並得視事件之情節，逕為變更之決定或發回原行政處分機關指定相當期間命其另為處分。但於訴願人表示不服之範圍內，不得為更不利益之變更或處分。

(2) 對依法申請之案件怠為處理而提起訴願者，受理訴願機關認為有理由者，應指定相當期間，命應作為之機關速為一定之處分。受理訴願機關未為決定前，應作為之機關已為行政處分者，受理訴願機關應認訴願為無理由，以決定駁回之。

4. **因公益原因而駁回訴願**：受理訴願機關發現原行政處分雖屬違法或不當，但其撤銷或變更於公益有重大損害，經斟酌訴願人所受損害、賠償程度、防止方法及其他一切情事，認原行政處分之撤銷或變更顯與公益相違背時，得駁回其訴願。惟受理訴願機關得斟酌訴願人因違法或不當處分所受損害，於決定理由中載明由原行政處分機關與訴願人進行協議，此項協議與國家賠償法之協議有同一效力。

5. **訴願決定期間與送達：訴願之決定，自收受訴願書之次日起，應於三個月內為之**；必要時，得予延長，並通知訴願人及參加人。延長以一次為限，最長不得逾二個月。訴願決定書之正本，應於決定後十五日內送達訴願人、參加人及原行政處分機關。
6. **對訴願決定不服之救濟：訴願決定書應附記，如不服決定，得於決定書送達之次日起二個月內向行政法院提起行政訴訟。**

貳、行政訴訟

一、意義

法規一點靈

行政訴訟法

公法上之爭議，除法律別有規定外，得依本法提起行政訴訟。**所謂行政訴訟，依行政訴訟法第 3 條規定，指撤銷訴訟、確認訴訟及給付訴訟。惟實際上不只有上述所規定之類型。關於行政訴訟，由行政法院(最高、高等)及地方行政法院審理，因此，我國目前行政法院採三級制。而在審理結構方面，仍為二審制。即不服高等行政法院之判決者，得上訴最高行政法院；對於地方行政訴訟庭之簡易訴訟程序或交通裁決事件訴訟程序之判決不服者，得上訴管轄之高等行政法院。另外，交通裁決事件，得由原告住所地、居所地、所在地或違規行為地之地方行政訴訟庭管轄。**茲就行政訴訟之類型列如後：

(一) **撤銷訴訟**（行政訴訟法第 4 條）

1. 人民因中央或地方機關之**違法行政處分，認為損害其權利或法律上之利益**，經依訴願法提起訴願而不服其決定，或提起訴願逾三個月不為決定，或延長訴願決定期間逾二個月不為決定者，得向行政法院提起撤銷訴訟。

法學小教室

撤銷訴訟及課予義務訴訟，原則上應於訴願決定書送達後二個月之不變期間內為之。但訴願人以外之利害關係人知悉在後者，自知悉時起算。又課予義務訴訟與確認訴訟，自訴願決定書送達後，已逾三年者，不得提起。

2. 逾越權限或濫用權力之行政處分，以違法論。
3. 訴願人以外之利害關係人，認為前述訴願決定，損害其權利或法律上之利益者，得向行政法院提起撤銷訴訟。

(二) **課予義務訴訟**(行政訴訟法第 5 條)

> 法學小教室
>
> **原處分或決定之執行，原則上不因提起行政訴訟而停止。**

1. 人民因中央或地方機關**對其依法申請之案件，於法令所定期間內應作為而不作為，認為其權利或法律上利益受損害者**，經依訴願程序後，得向行政法院提起請求該機關應為行政處分或應為特定內容之行政處分之訴訟。
2. 人民因中央或地方機關**對其依法申請之案件，予以駁回，認為其權利或法律上利益受違法損害者**，經依訴願程序後，得向行政法院提起請求該機關應為行政處分或應為特定內容之行政處分之訴訟。

(三) **確認訴訟**(行政訴訟法第 6 條)

1. 確認行政處分無效及確認公法上法律關係成立或不成立之訴訟，**非原告有即受確認判決之法律上利益者**，不得提起之。其確認已執行而無回復原狀可能之行政處分或已消滅之行政處分為違法之訴訟，亦同。
2. **確認行政處分無效之訴訟，須已向原處分機關請求確認其無效未被允許**，或經請求後於三十日內不為確答者，始得提起之。
3. 確認訴訟，於原告得提起或可得提起撤銷訴訟、課予義務訴訟或一般給付訴訟者，不得提起之。但確認行政處分無效之訴訟，不在此限。
4. 應提起撤銷訴訟、課予義務訴訟，誤為提起確認行政處分無效之訴訟，其未經訴願程序者，行政法院應以裁定將該事件移送於訴願管轄機關，並以行政法院收受訴狀之時，視為提起訴願。

(四) **給付訴訟**(行政訴訟法第 8 條)【111 年初考】

1. 人民與中央或地方機關間，**因公法上原因發生財產上之給付或請求作成行政處分以外之其他非財產上之給付，得提起給付訴訟。**因公法上契約發生之給付，亦同。
2. 前項給付訴訟之裁判，以行政處分應否撤銷為據者，應於依第 4 條第 1 項或第 3 項提起撤銷訴訟時，併為請求。原告未為請求者，審判長應告以得為請求。

(五) **合併請求賠償訴訟**(行政訴訟法第 7 條)：提起行政訴訟，得於同一程序中，合併請求損害賠償或財產上給付。

(六) **公益訴訟**（行政訴訟法第 9 條）：人民為維護公益，就無關自己權利及法律上利益之事項，對於行政機關之違法行為，得提起行政訴訟。但以法律有特別規定者為限。

(七) **選舉罷免訴訟**（行政訴訟法第 10 條）：選舉罷免事件之爭議，除法律別有規定外，得依本法提起行政訴訟。惟**目前現制在總統副總統選舉罷免法及公職人員選舉罷免法皆規定，有關選舉或罷免無效、當選無效等之訴訟，係由普通法院審理。**

(八) **都市計畫審查訴訟**（行政訴訟法第237-18條以下）：此係自 109 年 7 月 1 日施行。

1. 具「客觀訴訟」之性質，並兼有人權保障之功能，**以「已發布實施之都市計畫」為對象**，而不以都市計畫已施行為必要。起訴期間為自都市計畫發布後一年之不變期間，但發布後始發生違法原因者，自原因發生時起算一年之起訴期間。
2. **以「都市計畫區所在地」之高等行政法院為第一審專屬管轄法院**。本次修法施行後發布之都市計畫不適用訴願法及行政訴訟法有關違法行政處分之救濟規定。惟為使被告機關有先為自我省查之機會，乃規定被告於收受起訴狀繕本後，應於二個月內重新檢討都市計畫是否合法，如發現違法，即得補正或為必要之處置，以回復至合法狀態。
3. **都市計畫經宣告無效、失效或違法確定後，對第三人亦有效力**，惟除當事人權益之保障外，仍應兼顧法秩序之安定，本次修法對於已適用前開都市計畫作成之其他確定裁判或行政處分，明定其效力及後續執行。

二、管轄

(一) **法人、機關及團體之普通審判籍**（行政訴訟法第 13 條）

1. 對於公法人之訴訟，由其公務所所在地之行政法院管轄。其以公法人之機關為被告時，由該機關所在地之行政法院管轄。

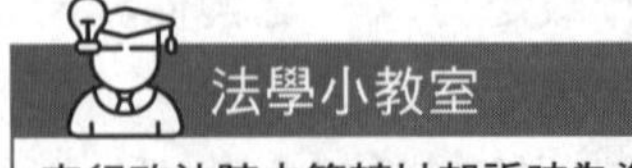

定行政法院之管轄以起訴時為準。

2. 對於私法人或其他得為訴訟當事人之團體之訴訟，由其主事務所或主營業所所在地之行政法院管轄。
3. 對於外國法人或其他得為訴訟當事人之團體之訴訟，由其在中華民國之主事務所或主營業所所在地之行政法院管轄。

(二) **自然人之普通審判籍**（行政訴訟法第 14 條）

1. 對法人、機關及團體以外之訴訟，由被告住所地之行政法院管轄，其住所地之行政法院不能行使職權者，由其居所地之行政法院管轄。
2. 被告在中華民國現無住所或住所不明者，以其在中華民國之居所，視為其住所；無居所或居所不明者，以其在中華民國最後之住所，視為其住所；無最後住所者，以中央政府所在地，視為其最後住所地。
3. 訴訟事實發生於被告居所地者，得由其居所地之行政法院管轄。

(三) **因不動產涉訟之管轄法院**（行政訴訟法第 15 條）

1. 因不動產徵收、徵用或撥用之訴訟，專屬不動產所在地之行政法院管轄。
2. 除前項情形外，其他有關不動產之公法上權利或法律關係涉訟者，得由不動產所在地之行政法院管轄。

(四) **關於公務員職務關係之訴訟之管轄法院**（行政訴訟法第 15-1 條）：關於公務員職務關係之訴訟，得由公務員職務所在地之行政法院管轄。

(五) **因公法上之保險事件涉訟之管轄法院**（行政訴訟法第 15-2 條）

1. 因公法上之保險事件涉訟者，得由為原告之被保險人、受益人之住居所地或被保險人從事職業活動所在地之行政法院管轄。
2. 前項訴訟事件於投保單位為原告時，得由其主事務所或主營業所所在地之行政法院管轄。

(六) **指定管轄之情形**（行政訴訟法第 16 條第 1 項）：有下列各款情形之一者，直接上級行政法院應依當事人之聲請或受訴行政法院之請求，指定管轄：

1. 有管轄權之行政法院因法律或事實不能行審判權。
2. 因管轄區域境界不明，致不能辨別有管轄權之行政法院。
3. 因特別情形由有管轄權之行政法院審判，恐影響公安或難期公平。

三、送達

(一) **送達處所**（行政訴訟法第 71 條）

1. 送達，於應受送達人之住居所、事務所或營業所行之。但在他處會晤應受送達人時，得於會晤處所行之。
2. 對於法人、機關、非法人之團體之代表人或管理人為送達者，應向其事務所、營業所或機關所在地行之。但必要時亦得於會晤之處所或其住居所行之。
3. 應受送達人有就業處所者，亦得向該處所為送達。

(二) **職權送達**（行政訴訟法第 61 條、第 62 條）：送達除別有規定外，由行政法院書記官依職權為之。送達由行政法院書記官交執達員或郵務機構行之。由郵務機構行送達者，以郵務人員為送達人；其實施辦法由司法院會同行政院定之。

(三) **囑託送達**：

1. **於管轄區域外之送達**（行政訴訟法第 63 條）：行政法院得向送達地之地方法院為送達之囑託。
2. **於外國為送達**（行政訴訟法第 77 條）：於外國或境外為送達者，應囑託該國管轄機關或駐在該國之中華民國使領館或其他機構、團體為之。不能依前項之規定為囑託送達者，得將應送達之文書交郵務機構以雙掛號發送，以為送達。
3. **對駐外使節送達**（行政訴訟法第 78 條）：對於駐在外國之中華民國大使、公使、領事或其他駐外人員為送達者，應囑託外交部為之。
4. **對軍人送達**（行政訴訟法第 79 條）：對於在軍隊或軍艦服役之軍人為送達者，應囑託該管軍事機關或長官為之。
5. **對在監所人送達**（行政訴訟法第 80 條）：對於在監所人為送達者，應囑託該監所長官為之。

(四) **對外國法人或團體之送達**（行政訴訟法第 65 條）：對於在中華民國有事務所或營業所之外國法人或團體為送達者，應向其在中華民國之代表人或管理人為之。前項代表人或管理人有二人以上者，送達得僅向其中一人為之。

(五) **對訴訟代理人之送達**（行政訴訟法第 66 條）：(I) 訴訟代理人除受送達之權限受有限制者外，送達應向該代理人為之。但審判長認為必要時，得命併送達於當事人本人。(II) 第四十九條之一第一項事件，其訴訟代理人受送達之權限，不受限制。(III) 第一項但書情形，送達效力以訴訟代理人受送達為準。

(六) **付郵送達**（行政訴訟法第 69 條、第 70 條）：當事人或代理人於中華民國無住居所、事務所及營業所者，應指定送達代收人向受訴行政法院陳明。若當事人或代理人未指定送達代收人者，行政法院得將應送達之文書交付郵務機構以掛號發送。

(七) **補充送達**（行政訴訟法第 72 條）

1. 送達於住居所、事務所、營業所或機關所在地不獲會晤應受送達人者，得將文書付與有辨別事理能力之同居人、受僱人或願代為收受而居住於同一住宅之主人。
2. 前條所定送達處所之接收郵件人員，視為前項之同居人或受雇人。
3. 如同居人、受雇人、居住於同一住宅之主人或接收郵件人員為他造當事人者，不適用前二項之規定。

(八) **寄存送達**（行政訴訟法第 73 條）

1. 送達不能依第 71 條及第 72 條規定為之者，得將文書寄存於送達地之自治或警察機關，並作送達通知書二份，一份黏貼於應受送達人住居所、事務所或營業所門首，一份交由鄰居轉交或置於應受送達人之信箱或其他適當之處所，以為送達。
2. 前項情形，如係以郵務人員為送達人者，得將文書寄存於附近之郵務機構。
3. 寄存送達，自寄存之日起，經十日發生效力。
4. 寄存之文書自寄存之日起，寄存機關或機構應保存二個月。

(九) **留置送達**（行政訴訟法第 74 條）：應受送達人拒絕收領而無法律上理由者，應將文書置於送達處所，以為送達。前項情形，如有難達留置情事者，準用前條之規定。

(十) **公示送達**（行政訴訟法第 81 條、第 82 條）

1. 行政法院對於當事人之送達，有下列情形之一者，得依聲請或依職權為公示送達：
   (1) 應為送達之處所不明。
   (2) 於有治外法權人住居所或事務所為送達而無效。
   (3) 於外國為送達，不能依第 77 條之規定辦理或預知雖依該條規定辦理而無效。
2. 公示送達，自將公告或通知書黏貼公告處之日起，公告於法院網站者，自公告之日起，其登載公報或新聞紙者，自最後登載之日起，經二十日發生效力；於依前條第三款為公示送達者，經六十日發生效力。但對同一當事人仍為公示送達者，自黏貼公告處之翌日起發生效力。

四、行政訴訟之裁判【111年鐵佐、111身障、111司五】

(一) **駁回、撤銷及變更之判決**：行政法院受理行政訴訟，如認為有理由者，應為勝訴之判決；如認起訴為無理由者，應以判決駁回之。撤銷訴訟之判決，如係變更原處分或決定者，不得為較原處分或決定不利於原告之判決。

> 法學小教室
>
> 行政訴訟除別有規定外，應本於言詞辯論而為裁判。

(二) **行政訴訟採三級二審制，並得提起再審：現行行政訴訟，於修法後改採三級二審制，在通常訴訟程序中以高等行政法院為第一審，最高行政法院為第二審；在簡易訴訟程序及交通裁決事件訴訟程序中，原則上以地方行政訴訟庭為第一審，高等行政法院為第二審。另外，當事人不服行政法院之確定終局判決者，若具有行政訴訟法所規定再審事由，得自判決確定時起或知悉再審之事由時起算之三十日內提起再審。111 年 5 月 31 日立法院三讀通過，同年 6 月 22 日總統公布修正，取消地方行政法院行政訴訟庭，在高等法院分設行政訴訟庭，並設有巡迴法院，取代以往之地方法院行政訴訟庭。**

1. **通常訴訟程序**：原則上提起行政訴訟，仍向高等行政法院為之，若不服高等行政法院之判決，應於高等行政法院**判決送達後二十日**之不變期間內，向最高行政法院提起上訴。
2. **簡易訴訟程序：**

   110 年 6 月 22 日修正、112 年 8 月 15 日施行之第 229 條規定為：「

   (I) 適用簡易訴訟程序之事件，以地方行政法院為第一審管轄法院。

   (II)下列各款行政訴訟事件，除本法別有規定外，適用本章所定之簡易程序：

   一、關於稅捐課徵事件涉訟，所核課之稅額在新臺幣五十萬元以下者。

   二、因不服行政機關所為新臺幣五十萬元以下罰鍰處分而涉訟者。

   三、其他關於公法上財產關係之訴訟，其標的之金額或價額在新臺幣五十萬元以下者。

   四、因不服行政機關所為告誡、警告、記點、記次、講習、輔導教育或其他相類之輕微處分而涉訟者。

   五、關於內政部移民署（以下簡稱移民署）之行政收容事件涉訟，或合併請求損害賠償或其他財產上給付者。

   六、依法律之規定應適用簡易訴訟程序者。

(III)前項所定數額，司法院得因情勢需要，以命令減為新臺幣二十五萬元或增至新臺幣七十五萬元。

(IV)第二項第五款之事件，由受收容人受收容或曾受收容所在地之地方行政法院管轄，不適用第十三條之規定。但未曾受收容者，由被告機關所在地之地方行政法院管轄。」

3. **交通裁決事件訴訟程序：交通裁決之特定事件，其訴訟之提起，應以原處分機關為被告，逕向管轄之地方行政法院為之。若屬撤銷訴訟，則應於裁決書送達後三十日之不變期間內提起之。**另外，交通裁決事件訴訟若因訴之變更、追加，致其訴之全部或一部，不屬於交通裁決事件之範圍者，地方行政法院應改依簡易訴訟程序審理；其應改依通常訴訟程序者，並應裁定移送管轄之高等行政法院。關於適用交通裁決訴訟程序之事件如下：

(1) 不服道路交通管理處罰條例第 8 條及第 37 條第 6 項之裁決，而提起之撤銷訴訟、確認訴訟。

(2) 合併請求返還與前款裁決相關之已繳納罰鍰或已繳送之駕駛執照、計程車駕駛人執業登記證、汽車牌照。

（110 年 6 月 22 日修正、112 年 8 月 15 日施行之第 237-6 條規定為：「因訴之變更、追加，致其訴之全部或一部，不屬於交通裁決事件之範圍者，地方行政法院應改依簡易訴訟程序或通常訴訟程序審理；無通常訴訟程序管轄權者，應裁定移送管轄之高等行政法院。」）【111 年台電、司五】

五、行政訴訟法部分條文修正總説明（111.06.22修正，112.08.15施行）

為落實司法改革國是會議決議，建構堅實的訴訟結構。現代合理而有效率的行政訴訟制度，應以第一審行政法院為事實審中心，最高行政法院為法律審，專注於重要的法律解釋與適用，並統一法律見解。行政法院的審級分工宜將事件分流，形塑堅實的第一審行政法院與發揮法律審功能的最高行政法院為目標。原分散於各地方法院之行政訴訟庭將改於高等行政法院增設地方行政訴訟庭。**在訴訟法上，地方行政訴訟庭即相當於「地方行政法院」的審級。**連同行政法院組織法、法院組織法、法官法配套修正，行政法院法官之選任、養成及專業將更完整健全，營造更有利於提升裁判品質的環境。並搭配漸進擴大強制律師代理、保障人民應訴便利性、強化促進訴訟程序及替代裁判之紛爭解決機制，採行便利原住民或部落接近使用行政法院、行政訴訟之調解、防杜濫訴等配套制度，爰修正行政訴訟法部分條文，共計刪除五條，修正五十六條，增訂二十二條，共八十三條，並修正第二編第一章、第二章章名，增訂第三編第一章、第二章章名及第二編第一章第八節節名。修正要點如下：

(一) **建構堅實第一審的訴訟結構**

1. 簡易訴訟程序事件、交通裁決事件、收容聲請事件等獨任事件集中於地方行政法院，人民訴訟便利性不打折。

(1) **本法所稱高等行政法院，指高等行政法院高等行政訴訟庭；所稱地方行政法院，指高等行政法院地方行政訴訟庭。訴訟法上，地方行政訴訟庭即相當於「地方行政法院」的審級，其與高等行政訴訟庭的關係，屬於訴訟上不同審級之法院。**（修正條文第 3-1 條）

(2) 地方行政法院審理之獨任事件，當事人一造之住居所、公務所、機關、主事務所或主營業所所在地位於與法院相距過遠之地區者，行政法院應徵詢其意見，以遠距審理、巡迴法庭或其他便利之方式行之。並授權訂定與法院相距過遠地區之標準、審理方式及巡迴法庭臨時開庭辦法。（修正條文第 232 條）

(3) 配合第三條之一修正而為文字修正。（修正條文第 175 條、第 229 條、第 237-2 條至第 237-4 條、第 237-11 條、第 237-16 條之、第 294 條、第 300 條、第 305 條、第 306 條）

2. **調整高等行政法院與地方行政法院第一審管轄範圍**

(1) 通常訴訟程序事件，原則上維持由高等行政法院為第一審管轄法院，審酌地方行政法院軟硬體建置、人力逐步到位及案件負荷量情形，**爰將訴訟標的金額或價額在新臺幣一百五十萬元以下之稅捐、罰鍰或其附帶之其他裁罰性、管制性不利處分、其他公法上財產關係訴訟，以地方行政法院為第一審管轄法院。調整前後均維持兩個審級，不影響人民的審級利益。**但能活化法官配置，使具公法專業之法官儘早辦理行政訴訟事件，培養長期穩定的行政法院法官人才，以提供專業、即時、有效之權利救濟。（修正條文第 104-1 條）

(2) 配合社會經濟情況發展，**提高適用簡易訴訟程序之金額為新臺幣五十萬元以下**，使與民事訴訟法一致。（修正條文第 229 條）

(3) 修正因訴之變更、追加、一部撤回或反訴，致訴訟種類及管轄法院變更時，行政法院之處理方式。（修正條文第114-1條、第230條、第237-6條）

3. **調整高等行政法院與最高行政法院上訴審管轄範圍**（增訂第三編第一章及第二章）

(1) **高等行政法院之第一審終局判決，除法律別有規定外，得上訴於最高行政法院；地方行政法院之第一審終局判決，以管轄之高等行政法院為上訴審終審法院；修正上訴審程序及相關準用之規定。**（修正條文第238條、第263條、第263-1條、第263-5條）

(2) 上訴理由應表明原判決所違背之法令及其具體內容、依訴訟資料合於該違背法令之具體事實。在監所之當事人於上訴期間內向監所長官提出上訴狀，視為上訴期間內之上訴（修正條文第244條）

(3) 因應地方行政法院與高等行政法院第一審管轄分工及高等行政法院與最高行政法院上訴審管轄範圍之調整，修正、增訂第一審行政法院管轄錯誤及誤用訴訟程序時，上訴審行政法院之處理方式。（修正條文第236-2條、第256-1條、第263-2條、第263-3條）

(4) 配合管轄範圍之調整，修正相關行政法院之文字。（修正條文第266條、第275條、第307條）

4. **擴大強制代理的範圍**

(1) **增訂高等行政法院管轄之環境保護、土地爭議之第一審通常訴訟程序事件及都市計畫審查程序事件、高等行政法院管轄之通常訴訟程序上訴事件、向最高行政法院提起之事件、適用通常訴訟程序或都市計畫審查程序之再審事件、聲請重新審理及其再審事件，以及上開程序進行中所生之其他事件，原則上當事人應委任律師為訴訟代理人。**並明定當事人具備一定資格得不委任律師之情形、委任非律師且行政法院認為適當之情形，以及未合法委任訴訟代理人時，行政法院之處理方式。（修正條文第49-1條、第241-1條）

(2) 增訂於律師強制代理事件，訴訟代理人得偕同當事人於期日到場，經審判長許可後，當事人得以言詞為陳述。當事人並得依法自為相關程序上處分行為。如訴訟代理人未到場，視同當事人不到場。（修正條文第49-2條、第194-1條）

(3) 增訂當事人無資力委任訴訟代理人時得聲請訴訟救助；律師強制代理事件，其訴訟代理人受送達之權限，不受限制；行政法院或審判長依法為當事人選任律師為特別代理人或訴訟代理人，其酬金為訴訟費用之一部，行政法院為終局裁判時，原則上應併予酌定等規定。（修正條文第 49-3 條、第 66 條、第 98-8 條）

(4) 於受命法官行準備程序時亦準用關於委任非律師為訴訟代理人之許可、撤銷及相關補正程序。（修正條文第 131 條）

5. **強化高等行政法院移送最高行政法院統一裁判見解的機制**

高等行政法院受理地方行政法院所為第一審判決之上訴及抗告，認有確保裁判見解統一之必要時，應裁定移送最高行政法院裁判，程序上並準用行政法院組織法大法庭相關規定。對該裁定，不得聲明不服。最高行政法院如認未涉及裁判見解統一之必要者，應裁定發回高等行政法院。（修正條文第 235-1 條、第 237-9 條、第 263-4 條、第 272 條）

6. **修正言詞辯論程序之規定**

(1) 增訂上訴事件涉及法律關係複雜、涉及專門知識或特殊經驗、涉及公益或影響當事人重大，有以言詞辯明之必要者，最高行政法院應行言詞辯論。並授權最高行政法院訂定言詞辯論實施之辦法。（修正條文第 253 條）

(2) 增訂通常訴訟程序上訴審行政法院行言詞辯論時，當事人之訴訟代理人無正當理由均未到場者，得不行言詞辯論，逕為判決。（修正條文第 253-1 條）

(3) 上訴審行政法院行言詞辯論後，斟酌其所得闡明或補充訴訟關係之資料，足認事實明確，本得依第 259 條第 1 款事由自為判決，無須重複規定，爰刪除行言詞辯論即應自為判決之規定。（修正條文第 259 條）

7. **建立最高行政法院裁判不同意見書制度**

最高行政法院駁回上訴或廢棄原判決自為裁判時，法官對於裁判主文或理由有不同之法律上意見，已於評議時提出，經記明於評議簿，並於評決後三日內補具書面者，得於裁判附記不同意見；逾期提出者，不予附記，並授權最高行政法院訂定實施辦法。（修正條文第 259-1 條、第 272 條）

8. **修正再審程序**

(1) **配合憲法訴訟法施行（108 年 1 月 4 日修正公布，定於 111 年 1 月 4 日施行），確定終局判決所適用之法規範，經憲法法庭判決宣告違憲，或適用法規範所表示之見解，與憲法法庭統一見解之裁判有異者，其聲請人亦得提起再審之訴，並酌修其他再審事由，以資明確。**（修正條文第 273 條）

(2) 經司法院大法官依當事人之聲請裁判為牴觸憲法或統一解釋為違背法令之本旨，其聲請人提起再審之訴之不變期間自裁判送達之翌日起算。參考司法院釋字第 800 號解釋意旨，以及憲法訴訟法第 91 條第 3 項立法模式，**使聲請案件繫屬之日起至裁判送達聲請人之日止，不計入本條第四項之「五年」期間。**（修正條文第 276 條）

(3) 再審訴狀宜添具確定終局判決繕本或影本。（修正條文第 277 條）

9. 簡易訴訟程序及交通裁決事件訴訟程序之上訴、抗告、再審、重新審理回歸適用各編規定簡易訴訟程序及交通裁決事件訴訟程序之上訴、抗告、再審及重新審理，原則上與第三編至第六編相同，體例上回歸各編適用即可。並就簡易訴訟及交通裁決事件訴訟之上訴審訴訟代理、誤用訴訟程序審理並為裁判之情形及處置方式等，增訂相關規範。（修正條文第 235 條、第 236-1 條、第 236-2 條、第 237-9 條、第 263-1 條、第 263-5 條）

(二) **保障原住民族、弱勢兒少與身心障礙者近用司法之權益**

1. 參照原住民族基本法第三十條立法意旨及司法改革國是會議就「有效保障原住民族司法權益機制」之決議，**增訂因原住民、原住民族部落之公法上權利或法律關係涉訟者，除兩造均為原住民或原住民族部落外，得由為原告之原住民住居所地或經核定部落所在地之行政法院管轄。**便利原住民及經核定之部落就近尋求行政法院之權利保護。（修正條文第 15-3 條）

2. **增訂準用民事訴訟法第 114-1 條，貫徹弱勢兒少權益之保障**，倘受訴訟救助之兒少因負擔訴訟費用而致生計有重大影響，許其得向法院聲請減輕或免除訴訟費用，並限定聲請期間，以避免程序久懸不決。（修正條文第 104 條）

3. 參考身心障礙者權利公約第 13 條之近用司法保障意旨，增修訴訟關係人如為聽覺、聲音或語言障礙者，得由具一定關係或受其信賴之人陪同在場及不得令證人具結之保護範圍。（修正條文第 122-1 條、第 150 條）

(三) 完善替代裁判之紛爭解決機制

1. **強化行政訴訟和解制度**

(1) 為謀求當事人間之紛爭得以有效解決，必要時，得就訴訟標的以外之事項，併予和解。（修正條文第 219 條）

(2) 增訂準用民事訴訟法第 377-1 條、第 377-2 條及民事訴訟法第 380 條第 3 項關於法官得提出和解方案，以及請求繼續審判時應繳回前已退還之裁判費規定。（修正條文第 228-1 條）

(3) 配合修正條文第 305 條第 4 項規定，刪除第三人參加和解成立，得為執行名義之規定。（修正條文第 227 條、第 228 條）

2. **增訂行政訴訟調解制度（增訂第二編第一章第八節）**

(1) **當事人就訴訟標的具有處分權且其調解無礙公益之維護，行政法院得於訴訟繫屬中，經當事人合意將事件移付調解**；必要時，得就訴訟標的以外之事項，併予調解，並得許可第三人參加調解。（修正條文第 228-2 條）

(2) 調解由原行政法院、受命法官或受託法官行之，或由法官選任調解委員先行調解，並明定其選任方式。（修正條文第 228-3 條、第 228-4 條）

(3) 調解之程序、效力、救濟及保密義務等事項準用行政訴訟法或民事訴訟法之相關規定。（修正條文第 228-5 條、第 228-6 條）

(4) 依本法成立之調解得為執行名義。（修正條文第 305 條）

(四) 促進訴訟程序

1. 增訂當事人違反書狀規則之效力、其他訴訟關係人亦得以科技設備傳送書狀及傳送書狀上簽名之效力增訂當事人書狀格式、記載方法及效力之規則，由司法院定之。未依該規則為之者，行政法院得拒絕其書狀之提出。其他訴訟關係人亦得以科技設備將書狀傳送於行政法院，並準用當事人之相關規定；依法令以科技設備傳送前項書狀者，其效力與提出經簽名或蓋章之書狀同。其他訴訟關係人以科技設備傳送應簽名或蓋章之訴訟文書者，亦同。（修正條文第 57 條、第 58 條）

2. 明確化行政法院職權調查與當事人協力義務

(1) 行政法院應依職權調查事實關係及證據，不受當事人事實主張及證據聲明之拘束；當事人之訴訟種類選擇錯誤者，審判長應令其敘明或補充之。（修正條文第125條、第133條、第134條）

(2) **增訂當事人負協力義務之原則性規範。**審判長得於徵詢當事人意見後，定期間命陳述事實、指出證據方法或提出其依法負提出義務之文書或物件。當事人遲延陳述事實、指出或提出證據方法，於一定要件下，行政法院得不予斟酌，逕依調查結果裁判。（修正條文第125條、第125-1條、第131條）

3. 個案濫訴之防杜

(1) **濫訴之定義及濫訴之駁回**

起訴基於惡意、不當或其他濫用訴訟程序之目的或有重大過失（例如為騷擾法院或藉興訟延滯、阻礙被告機關行使公權力；抑或一般人施以普通注意即可知其所訴無據，而有重大過失），類此情形，堪認係屬濫訴。為維護公共利益及合理利用司法資源，原告之訴如違反此要件，其情形不可以補正；或可以補正，經命補正而未補正者，行政法院均應以其訴為不合法，裁定予以駁回。濫行上訴、聲請或聲明事件亦同。（修正條文第107條、第249條）

(2) **濫訴之處罰**

法院得對實質上為濫訴行為之原告、代表人或管理人、代理人，各處以新臺幣十二萬元以下之罰鍰。處罰應與本案訴訟合併裁定之。裁定內應記載受處罰人供相當金額之擔保後，得停止執行，以避免受處罰人利用救濟程序繼續濫訴。濫行上訴、聲請或聲明事件亦同。（修正條文第107條、第249條）

4. 簡化裁判書製作

(1) 增訂最高行政法院判決書之事實及理由，如與高等行政法院判決相同者，得予引用，並準用於抗告程序。（修正條文第261-1條、第272條）

(2) 地方行政法院得將簡易訴訟程序之判決主文及其事實、理由之要領，記載於言詞辯論筆錄或宣示判決筆錄，不另製作判決書。（修正條文第234條）

5. **其他**

(1) 配合公務員懲戒法修正及法官法關於職務法庭的規定，調整法官迴避事由之文字用語。（修正條文第19條）

(2) 增訂行政法院應用通譯及證人作成陳述書面之相關規定，以求明確，不再準用民事訴訟法。（修正條文第122-1條、第131條、第132條、第143-1條、第176條）

(3) 修正行政法院或審判長權限準用民事訴訟法之規定。（第132條）

(4) 配合增訂當事人未盡協力義務之失權規定，關於行政法院得命司法事務官對當事人說明之規定，條次遞移。（修正條文第125-2條）

(5) 配合現代社會及國人日益重視心理諮商之需求與功能，及現行心理師法、刑法相關規定，增訂證人為心理師或曾任心理師者，就其因業務所知悉有關他人秘密之事項受訊問，得拒絕證言。（修正條文第146條）

(6) 增訂鑑定人揭露資訊之規定，以確保中立性及公正性。（修正條文第157條）

(7) 配合第253條第1項規定修正，酌作條文文字修正。（第254條）

(8) 明定民事訴訟法第三編第一章規定，與行政訴訟抗告程序之性質不相牴觸者，得準用之規範。（修正條文第272條）

(9) 因應憲法訴訟法於111年1月4日施行，該法第55條已就法院聲請法規範憲法審查之要件予以明定。配合修正本條規定。（修正條文第178-1條）

(10) 配合憲法訴訟法於111年1月4日施行，酌作條文文字修正。（修正條文第237-26條）

小試身手

(　　) **1** 人民因中央或地方行政機關之違法處分，致損害其權利，經訴願後，不服其決定？　(A)得向最高法院提起行政訴訟　(B)得向地方法院提起行政訴訟　(C)得向軍事法院提起行政訴訟　(D)得向行政法院提起行政訴訟。

(　　) 2 以確定行政處分是否違法為目的之訴訟，應由下列何法院掌理之？ (A)最高法院 (B)地方法院 (C)行政法院 (D)高等法院。

(　　) 3 因不服行政機關所為新臺幣三十萬元之罰鍰處分，經提起訴願而不服訴願決定者，應向何機關提起行政訴訟？ (A)地方行政法院 (B)地方行政訴訟庭 (C)高等行政法院 (D)最高行政法院。

(　　) 4 送達於住居所、事務所、營業所或機關所在地不獲會晤應受送達人者，得將文書付予有辨別事理能力之同居人、受雇人或願代為收受而居住於同一住宅之主人。此稱為？ (A)寄存送達 (B)留置送達 (C)囑託送達 (D)補充送達。

(　　) 5 不服警察機關依道路交通管理處罰條例所為之裁決而提起撤銷訴訟者，應於裁決書送達後幾日之不變期間內提起？ (A)十日 (B)二十日 (C)三十日 (D)六十日。

(　　) 6 依訴願法之規定，下列何者非訴願審議委員會之成員？ (A)本機關各級職員 (B)社會公正人士 (C)學者 (D)專家。

(　　) 7 對行政處分提起行政訴訟，關於行政處分之執行，如何？ (A)行政處分之執行，原則上不因提起行政訴訟而停止 (B)行政處分之執行，原則上因提起行政訴訟而停止 (C)由提起行政訴訟之法院院長決定是否停止執行行政處分 (D)於繳納裁判費後，得聲請行政法院停止行政處分之執行。

(　　) 8 不服縣政府所屬機關所為之行政處分者，其訴願之管轄為？ (A)中央主管部會 (B)內政部 (C)作成行政處分之縣政府所屬機關 (D)縣政府。

(　　) 9 訴願之決定，自收受訴願書之次日起，應於幾個月內為之？ (A)一個月 (B)三個月 (C)六個月 (D)一年。

(　　)10 納稅義務人因不服核定稅捐之處分，而依稅捐稽徵法之規定申請「復查」，屬於何種程序？ (A)相當訴願程序 (B)訴願前置程序 (C)訴願先行程序 (D)相當行政訴訟程序。

答 1 (D) 2 (C) 3 (B) 4 (D) 5 (C)
6 (A) 7 (A) 8 (D) 9 (B) 10 (C)

第六節 | 國家賠償法

一、概說

我國國家賠償法之制定係緣於憲法第 24 條之規定，其規定：「人民對於公務員所為違法行為侵害其自由或權利時，得依法律向國家請求損害賠償。」而我國國家賠償法於民國六十九年七月完成立法，並於七十年七月一日施行。【109 年台電】

二、國家賠償之要件

國家賠償之要件在國家賠償法第 2 條、第 3 條有個別規定。一般而言，其可分為公務員的國家賠償積極與消極及公有公共設施之國家賠償，茲敘述如下：

(一) **公務員之積極作為之國家賠償責任**【111 年鐵佐】

國家賠償法第 2 條第 2 項前段規定：「公務員於執行職務行使公權力，因故意或過失不法侵害人民之自由或權利者，國家應負損害賠償責任。」是為公務員因積極之作為而產生之國家賠償責任，茲就其要件分析如下：

1. **行為人須為公務員**：本法採最廣義之定義，即「依法令從事於公務之人員」。所謂「公務」，須為行使國家公權力之職，故所謂「公務」不以行政機關之人員為限，凡行使國家公權力之人員即屬之。
2. **須為執行職務行使公權力之行為**：所謂執行職務之行為，係指公務員行為乃在行使其職務上之權力或履行其職務上之義務等，而與其所職掌之公務之行為而言。而行使公權力之行為，係指公務員處於國家機關地位，行使統治權作用之行為而言。
3. **須行為係屬不法**：包括 (1) 無法律或法規命令之依據；(2) 違背職務之行為，如逾越權限或濫用權力之行為，違背對第三人應執行之職務之行為皆屬之。
4. **須行為人有故意或過失。**
5. **須人民之自由或權利受到侵害。**
6. **不法之行為與損害發生須有相當因果關係。**

(二) 公務員消極作為之國家賠償責任

1. **傳統見解：國家賠償法第 2 條第 2 項後段「公務員怠於執行職務，致人民自由或權利遭受損害者亦同。」**過去傳統實務見解認為「國家賠償法第 2 條第 2 項後段所謂公務員怠於執行職務，係指公務員對於被害人個人有應執行之職務而怠於執行者而言。換言之，被害人對公務員特定之職務行為，有公法上請求權存在，經請求其執行而怠於執行，致自由或權利受損害者，始得依上開規定，請求國家負損害賠償責任。若公務員對於職務之執行，雖可使一般人民享有反射利益，人民對於公務員仍不得請求職務之行為者，縱公務員怠於執行該職務，人民尚無公法上請求權可資行使，以資保護其利益，自不得依上開規定請求國家賠償。」（參照最高法院 72 年台上字第 704 號判例）。
2. **新近見解**：然而，此種見解顯然不足保護人民權利，尤其晚近因行政機關怠於對公共安全為必要檢查，而多次導致社會大眾傷亡，是故大法官會議解釋字第 469 號針對最高法院 72 台上字 704 號作出限縮解釋，對於公務員之消極作為責任，有更進一步之釐清，其認為：「法律規定之內容非僅屬授予國家機關行公共事務之權限，而其目的係為保護人民生命、身體及財產等法益，且法律對主管機關應執行職務行使公權力之事項規定明確，該管機關公務員依此規定對可得特定之人所負作為義務已無不作為之裁量餘地，猶如因故意或過失怠於執行職務，致特定人之自由或權利遭受損害，被害人得依國家賠償法第 2 條第 2 項後段，向國家請求損害賠償。」

(三) 公共設施的國家賠償責任：國家賠償法第 3 條第 1 項規定：「公共設施因設置或管理有欠缺，致人民生命、身體、人身自由或財產受損害者，國家應負損害賠償責任。」又第 3 項：「前二項情形，於開放之山域、水域等自然公物，經管理機關、受委託管理之民間團體或個人已就使用該公物為適當之警告或標示，而人民仍從事冒險或具危險性活動，國家不負損害賠償責任。」其要件及修法重點摘要如下【111 年初考】：

1. **公共設施、自然公物**：包括「由國家設置且管理，或雖非其設置，但事實上由其管理」，且「直接供公共或公務目的使用」者；自然公物，例如：開放之山域或水域等均屬之。

2. **設置或管理有欠缺**：即公共設施於設計、設置之初，或在往後之管理，有瑕疵而致人民遭受損害。所稱欠缺，即未具應有的樣態功能之瑕疵。

3. **責任**：

(1) **無過失責任**：公共設施因瑕疵致人民受損害，國家即應負賠償責任，不以設置或管理人員有故意或過失為前提。只須有損害之事實，即應賠償，是採無過失責任制度。我國核子損害賠償法即採此。

(2) **無過失責任之緩和**：蓋利用大自然山域、水域等自然公物從事野外活動，本質上即具有多樣及相當程度危險性，人民親近大自然，本應知悉從事該等活動之危險性，且無法苛求全無風險、萬無一失。是就**人民利用山域、水域等自行從事之危險活動，在國家賠償責任上應有不同之考量與限制。經管理機關、受委託管理之民間團體或個人為適當之警告或標示，而人民仍從事冒險或具危險性活動情事者，國家於此狀況下不負損害賠償責任**；此類區域範圍內，亦有可能設置**其他直接供公眾使用之人工設施**，例如：人工棧道、階梯、護欄、吊橋、觀景台、停車場等，使用該設施之風險未必皆能由管理機關等予以完全掌握控制，是以，**如經管理機關等已就使用該人工設施為適當之警告或標示，而人民仍從事冒險或具危險性活動所致生之損害，不能完全歸責於國家，於此情況下得減輕或免除國家應負之損害賠償責任**。至非屬上開範疇之公共設施，仍應依具體個案事實，適用第一項、第二項規定。

4. **人民生命、身體、人身自由或財產受損害**：原規定係責令設置或管理機關應確保公共設施之客觀安全性，且為避免賠償範圍過大，乃明定限於人民之生命、身體或財產受損害，始有本法之適用。惟考量公共設施設置或管理之欠缺亦可能使人民之人身自由受到損害，故將本條之保護客體擴及「人身自由」。

5. **人民受到損害須與公共設置或管理之欠缺，具有相當因果關係。**

三、賠償機關、請求程序方法及範圍

國家賠償倘若符合上述要件，即可請求國家賠償，其程序之進行，如下：

(一) 賠償義務機關

依國家賠償法第 2、3 條規定可知賠償責任之主體主要為國家。此外，地方自治團體及其他公法人亦可依該法成為賠償主體。惟政府機關既為國家及地方自治團體之代表，則直接履行賠償義務自應為政府各有關機關（中央及地方政府各級機關，不以行政機關為限）。又同法第 9 條對負擔賠償義務機關之認定有明確規定如下：

1. **依第 2 條第 2 項請求損害賠償者，以該公務員所屬機關為賠償義務機關。**
2. **依第 3 條第 1 項請求損害賠償者，以該公共設施之設置或管理機關為賠償義務機關。**
3. 前二項賠償義務機關經裁撤或改組者，以承受其業務之機關為賠償義務機關。無承受其業務之機關者，以其上級機關為賠償義務機關。
4. 不能依前三項確定賠償義務機關，或於賠償義務機關有爭議時，得請求其上級機關確定之。其上級機關被請求之日超逾二十日不為確定者，得逕以該上級機關為賠償義務機關。

(二) 請求賠償之程序

1. **時間：人民對國家之損害賠償請求權，自請求權人知有損害時起，因二年間不行使而消滅；自損害發生時起，逾五年者亦同。**否則逾越上述兩項法定期間，即不得請求賠償（國家賠償法第 8 條）。此種規定在於督促請求者積極行使權利以免長久懈怠，影響法律關係之穩定。【111 年司五】
2. **請求程序：國家賠償法在程序上採取協議先行主義，規定人民請求損害賠償，應以書面向賠償義務機關提出。賠償義務機關對於人民之請求，應即與該請求權人協議。協議成立時，應作成協議書，該項協議書得為執行名義**（同法第 10 條）。國家賠償採協議先行主義其目的有二，其一為讓賠償機關有自我反省之機會，其二可減少司法訟源。【107 年關三】
3. **拒絕賠償之處理：賠償義務機關拒絕賠償，或自提出請求之日逾三十日不開始協議；或自開始協議之日起逾六十日協議不成立時，請求權人得提起損害賠償之訴。**但已依行政訴訟法規定，附帶請求損害賠償者，就同一原因事實，不得更行起訴，以免重複認定，而有不同之判決。此外，依該法請求損害賠償時，法院得依聲請為假處分，命賠償義務機關暫先支付醫療費或喪葬費（同法第 11 條）。

(三) **賠償方法及範圍**

1. **方法**：國家賠償法第 7 條規定：**「國家負損害賠償責任者，應以金錢為之。但以回復原狀為適當者，得請求回復損害發生前之原狀。」亦即以金錢賠償為原則，回復原狀為例外。**

2. **範圍**

(1) 法律有特別規定：依特別規定。如土地法第 68 條：「因登記錯誤、遺漏或虛偽致受損害者，由該地政機關負損害賠償責任。但該地政機關證明原因應歸責於受害人時，不在此限。」前項損害賠償，不得超過受損害時之價值。

(2) 法律無特別規定：依國家賠償法第 5 條適用民法第 216 條，賠償範圍包括所受損害及所失利益。

四、外國人為國家賠償之請求權

國家賠償法第 15 條規定，本法於外國人為被害人時，以依條約或其本國法令或慣例，中華民國人得在該國與該國人享受同等權利者為限，適用之。故外國人為國家賠償之請求權，係以該國與本國有互惠原則之外國人為限。【107 年關三】

小試身手

( ) **1** 依國家賠償法所提之損害賠償之訴，除依該法規定外，適用何種法律之規定？ (A)刑事訴訟法 (B)民事訴訟法 (C)國家賠償訴訟法 (D)商業訴訟法。

( ) **2** 國家負損害賠償責任者，應如何賠償？ (A)以金錢賠償為原則，以回復原狀為例外 (B)以回復原狀為原則，以金錢賠償為例外 (C)由國家擇其有利者為之 (D)一律以金錢賠償為之。

答 **1 (B)** **2 (A)**

第七節 ｜ 行政程序法

一、「行政程序」之意義

法規一點靈

行政程序法

所謂行政程序乃指行政機關作成行政處分、締結行政契約、訂立法規命令與行政規則、確定行政計畫，實施行政指導及處理陳請等行為之程序。

二、立法原則

為了增進人民對於行政之信賴且為使行政行為遵循公正、公開與民主之程序、確保依法行政原則之貫徹，以保障人民權益，提高行政效能，以達憲政上的要求，故而於民國八十八年二月三日總統公布行政程序法，以之做為行政機關為行政行為之規範指標。

法學小教室

就行政程序法對於各種程序之規範，建議各位就法條之規定，詳加閱讀，加深印象。

三、內容

(一) 對於行政機關為行政行為所須依循之原理原則及方法予以明文，使具有成文法上之規範基礎，符合立法明確性原則，解決長期以來立法上缺漏。
   1. 行政行為應受法律及一般法律原則之拘束。
   2. 行政行為之內容應明確。
   3. 行政行為，非有正當理由，不得為差別待遇。
   4. 行政行為應符合比例原則。
   5. 行政行為應依誠實信用之方法為之，且應顧及人民之正當信賴。
   6. 行政機關就該管行政程序，應於當事人有利及不利之情形，一律注意。
   7. 行政機關裁量權之行使應符合法規授權目的及不得逾法定裁量之範圍。

(二) 明定行政機關之管轄權。

(三) 制定類似刑事訴訟程序中當事人章節之規定。

(四) 迴避制度之適用。

(五) 關於調查證據之程序及其限制。

(六) 就費用之負擔責任予以明文。

(七) 聽證程序之採行。

(八) 送達、受送達人、送達義務人等均有明文依據。

(九) 關於行政處分、行政契約、法規命令、行政規則、行政計畫等行政行為之意義及制約。

四、制定行政程序法的功能

(一) **貫徹依法行政**：依法行政為行政法上首要原則，若違反依法行政，公務員個人負民、刑事及行政責任，行政機關則須負國家賠償責任。所謂由程序保障合法性就是以結果作為合法檢驗的對象，於過程中設法以各種手續性之規範，以維持其正確性。然美國憲法上特別強調正當法律手續，最能表現過程彰顯合法之理念。

(二) **維持處分之正確性**：現行行政法理論之建構，或多或少是仿效司法上之建制而成，在 Otto Mayer 首創行政處分概念時，即賦予其類似法院裁判之性質，而稱之為：「屬於行政之公權力表示，在個別事件上，何者為人民權利之所在。」時至今日，行政處分仍然具有或形成個人權利義務關係之作用，而確定或形成個人權利義務關係則須經由一定手續，以維持認定事實及適用法規之正確性。

(三) **提供人民參與決策之機會**：發布行政命令及作成行政處分係行政機關常見之作為方式，且與人民之權利義務密切相關，性質上均屬官署單方面之行為，但在現代國家，國家機關作成與人民權益有關之決策時，應給予人民參與之機會，才符合民主之原則。

(四) **代替行政救濟程序**：在採取行政訴訟制度之國家，向行政法院提起訴訟，請求撤銷行政處分之前，通常須經由一個等級以上之訴願，俾行政機關自行矯正其違法或不當之措施。上述情形於行政程序法制定後就改觀了，因訴願是行政程序之一種，且行政處分為一行政手續，則無須經過再訴願程序。且行政程序愈完備，行政訴訟之審級愈可節省。

(五) **行政營運民主化、公正化。**

(六) **人民權利維護的適切化。**

(七) **行政手續的圓滑化、效能化。**

(八) **可發揮社會教育功能。**

(九) **行政救濟的合理化。**

小試身手

( ) **1** 下列何者機關之行政行為不適用行政程序法？ (A)鄉公所 (B)教育部 (C)監察院 (D)考試院。

( ) **2** 行政程序法的立法目的為？ (A)使行政行為遵循公正、公開與民主之程序 (B)確保依法行政之原則 (C)提高行政效能 (D)以上皆是。

答 **1 (C)** **2 (D)**

滿分題庫綜合演練

( ) 1 下列何者為行政執行措施？ (A)罰鍰 (B)怠金 (C)沒入 (D)警告。

( ) 2 行政執行法第36條規定，行政機關為阻止犯罪、危害之發生或避免急迫危險，而有即時處置之必要時，得為何項處置？ (A)罰鍰 (B)怠金 (C)即時強制 (D)罰金。

☆( ) 3 某甲滯欠一定金額之稅金，行政執行機關已發現甲之財產不足清償其所負義務，且生活水準逾越一般人通常程度者，對其核發禁止命令，下列何者不屬之： (A)禁止進入特定之高消費場所消費 (B)禁止贈與或借貸他人一定金額以上之財物 (C)禁止每月生活費用超過一定金額 (D)禁止繼續持有自用車。

( ) 4 機關辦理下列何項事務應適用行政程序法？ (A)內政部警政署與車商簽訂警用巡邏車購買契約 (B)臺北市政府國民住宅處與人民簽訂國民住宅租售契約 (C)臺北地方法院檢察署函請市警局協助調查刑事犯罪事件 (D)教育部與公費生簽訂公費留學行政契約。

( ) 5 相對人明確拒絕行政指導時，行政機關應如何作為？ (A)應即停止行政指導 (B)仍得繼續為行政指導，但相對人可決定遵守與否 (C)得據此改對相對人為不利之處置 (D)應給予相對人陳述意見機會後，繼續為行政指導。

☆( ) 6 各級學校對於學生之種種措施，下列敘述，何者正確？ (A)大學對學生之退學處分並非行政處分 (B)高中職對學生記大過一次為行政處分，非屬學校內部措施 (C)受退學處分之大學生，得直接提起訴願及行政訴訟 (D)高中職命學生為轉學之處分，學生得提行政救濟。

( ) 7 訴願決定書送達之次日起，得於多久期間內向行政法院提起行政訴訟？ (A)1個月 (B)2個月 (C)3個月 (D)4個月。

( ) **8** 行政訴訟之撤銷訴訟必須先經過訴願程序始可提起，但如有下列何種情形，可以免經過訴願程序？ (A)經原處分機關同意者 (B)經聽證程序作成之行政處分 (C)經受理訴願機關同意者 (D)經行政法院裁定同意者。

( ) **9** 徵兵機關就役男之體位判定，依司法院解釋，下列敘述何者正確？ (A)此屬醫師依專門知識就役男體格之技術性判斷，除其判定之程序違法外，不應作為司法審查之標的 (B)此對役男在憲法上之權益有重大影響，得依法提起訴願及行政訴訟 (C)「體位判定」尚不直接決定役男之服役或軍種，對役男尚未發生法律效果 (D)役男之體位判定非屬對役男在憲法上權益之重大影響，故不得聲請釋憲。

☆( ) **10** 甲為遺產稅納稅義務人，於遺產稅核定通知後逾6個月，始獲法院判決確定所繼承之債權，因債務人死亡無財產可供執行，債權未獲實現。甲據以向國稅局申請依行政程序法第128條重開程序，國稅局以其非屬新事證，不合重開程序要件，予以否准。甲得循下列何項程序救濟？ (A)提起訴願、課予義務訴訟 (B)提起訴願、撤銷訴訟 (C)提起確認公法上法律關係不存在之訴訟 (D)提起公法上一般給付訴訟。

( ) **11** 中華電信公司因不服國家通訊傳播委員會核定調降其固網費率，依現行司法實務見解，應循下列何項程序尋求救濟？ (A)國家通訊傳播委員會為獨立機關所為處分毋須經訴願程序，得逕行提起行政訴訟 (B)國家通訊傳播委員會為獨立機關所為處分得向國家通訊傳播委員會提起訴願後，提起行政訴訟 (C)國家通訊傳播委員會為行政院所屬機關，得向交通部提起訴願後，提起行政訴訟 (D)國家通訊傳播委員會為行政院所屬機關，得向行政院提起訴願後，提起行政訴訟。

☆( ) **12** 假設有某國立大學學生甲因考試作弊，為學校處以退學處分；學生乙因故意毀損圖書館內公用電腦，遭學校禁止其進入圖書館1個月；學生丙因未經許可在校園張貼社團活動宣傳海報，為學校處以申誡一次。甲、乙、丙三人各依學校內部申訴途徑謀求救濟，但均失敗。依司法院大法官解釋意旨，試問甲、乙、丙三人中之何人得進而提起訴願、行政訴訟，以保障其權利？ (A)只有甲可以，乙、丙不能 (B)甲、乙可，丙不能 (C)甲、乙、丙都可以 (D)甲、乙、丙都不能。

☆( ) **13** A公司於臺北市小巨蛋舉辦歌唱比賽，使用擴音設施超過噪音管制標準，臺北市政府乃派員前往稽查，於現場依噪音管制法第24條第1項開立書面改善通知，命A公司於10分鐘內改善，A公司因逾限仍未改善，臺北市政府除開立罰單外，並每10分鐘通知A公司改善，且按次開立罰單。A公司不服，得如何救濟？ (A)依行政執行法聲明異議 (B)依訴願法提起訴願；不服決定者，再行提起行政訴訟 (C)依行政執行法聲明異議後，不服決定者，再行提起訴願、行政訴訟 (D)向行政法院提起確認已執行完畢行政處分違法之訴訟。

☆( ) **14** 甲因違反行政法義務被裁處5萬元罰鍰，但遲遲未繳交，甲旋即死亡，若甲之繼承人乙不服該項罰鍰之處分，是否得提起訴願？ (A)可以，因為乙應繼受罰鍰債務成為該罰鍰之繳納義務人 (B)可以，雖然乙無須繼受罰鍰債務，但主管機關得對甲之遺產執行該項罰鍰債務，乙得基於維護所繼承遺產之利害關係，提起訴願 (C)不可以，因為乙無須繼受罰鍰債務，且該罰鍰債務隨著甲之死亡而消滅 (D)不可以，雖然乙應繼受該罰鍰債務，但由於乙並非「被裁罰之對象」，欠缺訴願人適格。

( ) **15** 行政訴訟之簡易訴訟事件，以下列何種法院為第一審管轄法院？ (A)地方行政法院 (B)高等行政法院 (C)最高行政法院 (D)智慧財產法院。

( ) **16** 下列那一種行政訴訟類型之判決，原則上始有強制執行之必要？ (A)形成訴訟 (B)給付訴訟 (C)確認訴訟 (D)撤銷訴訟。

(　　) **17** 依行政訴訟法之規定，公法上之爭議，除法律別有規定外，得依本法提起行政訴訟。請問下列何種事件之爭議，依現行體制並非依行政訴訟程序解決？ (A)國家賠償事件 (B)交通裁決事件 (C)集會遊行不予許可事件 (D)稅捐課徵事件。

(　　) **18** 下列何者非行政訴訟之給付訴訟類型？ (A)課予義務之訴 (B)選舉罷免之訴 (C)一般給付訴訟 (D)合併提起損害賠償請求之訴。

(　　) **19** 因撤銷或變更原處分或決定之判決，而權利受損害之第三人，如非可歸責於己之事由，未參加行政訴訟，致不能提出足以影響判決結果之攻擊或防禦方法者，得對於確定終局判決聲請何種行為，以資救濟： (A)提起抗告 (B)非常上訴 (C)再審之訴 (D)重新審理。

☆(　　) **20** 下列那一個情形中，人民主張權益受損而提起行政訴訟，行政法院並無審判權？ (A)警察強制驅離違法集會之人民，人民主張強制驅離之命令違法 (B)警察強制驅離違法集會之人民，人民主張身體受傷而單獨請求國家賠償 (C)人民申請低收入戶生活扶助金被認定資格不服，主張主管機關之認定違法 (D)人民申請低收入戶生活扶助金，主張主管機關核發之金額不足而請求補發。

(　　) **21** 依國家賠償法第12條規定，國家賠償訴訟，適用： (A)民事訴訟法 (B)行政訴訟法 (C)公務員懲戒法 (D)憲法訴訟法。

(　　) **22** 甲為公務員，因執行職務不法侵害人民權利，賠償義務機關因此對人民賠償。依國家賠償法，賠償義務機關可否對甲求償？ (A)不可，因為國家賠償法只確立賠償義務機關的賠償責任，並未規定甲因此而對賠償義務機關負有任何賠償責任 (B)不可，為鼓勵公務員勇於任事，國家賠償法明文免除甲所有可能的賠償責任 (C)可以，侵權者實為甲，國家賠償法規定賠償義務機關於賠償後有代位求償權 (D)可以，但以甲執行職務不法侵害人民權利時有故意或重大過失者為限。

( ) **23** 下列何種情形，賠償義務機關不負國家賠償責任？ (A)被害人對公共設施設置或管理有欠缺所致之損害與有過失者 (B)公務員怠於執行職務行使公權力與人民之損害並無因果關係者 (C)行政機關對公共設施之設置或管理有欠缺，致人民身體受傷害，但公務員管理上並無故意或過失者 (D)公共設施之管理有欠缺係因經費不足者。

( ) **24** 人民請求國家賠償時，依國家賠償法之規定，應先進行下列何種程序？ (A)以書面向賠償義務機關請求賠償 (B)向鄉鎮市調解委員會申請調解 (C)向里長提出書面申請，由里長核轉賠償義務機關 (D)向賠償義務機關之上級機關請求協調。

( ) **25** 受委託行使公權力之民間團體，有國家賠償責任事由時，依國家賠償法第4條之規定，以下列何單位作為賠償義務機關？ (A)委託機關 (B)該受委託行使公權力之民間團體 (C)委託機關之直接上級機關 (D)委託機關與該受委託行使公權力之民間團體共同為賠償義務機關。

( ) **26** 依國家賠償法之規定，下列關於國家賠償方法之敘述，何者正確？ (A)只有金錢賠償 (B)只有回復原狀 (C)金錢賠償為原則，回復原狀為例外 (D)回復原狀為原則，金錢賠償為例外。

( ) **27** 國家賠償請求權之消滅時效，依國家賠償法第8條之規定，自損害發生時起算者，為： (A)2年 (B)5年 (C)10年 (D)15年。

( ) **28** 依行政罰法第14條規定，對於故意共同實施違反行政法上義務之行為者，依其行為情節之輕重，如何處罰？ (A)擇一處罰 (B)加重處罰 (C)分別處罰 (D)共同處罰。

( ) **29** 下列何者為行政程序法所規定之立法目的？ (A)確保依法行政原則 (B)促進權力分立 (C)確保公私協力之發展 (D)促進權力相互制衡。

( ) **30** 有關行政程序法所定「行政行為之內容應明確」之敘述，下列何者錯誤？ (A)所使用之文字意義為受規範者所得預見 (B)行政行為之內容意涵應使人民可以理解 (C)所使用之文字意義應具有公平性 (D)所使用之文字意義可經由司法審查加以確認。

( ) **31** 司法院釋字第709號解釋，關於都市更新事業概要與計畫審核，宣示了憲法要求之正當行政程序。關於正當行政程序之內涵，下列何者非屬之？ (A)行政公正作為義務 (B)行政資訊公開權利 (C)行政效能優位原則 (D)行政中民眾參與程序。

( ) **32** 下列何者非屬《行政罰法》規定之行政罰？ (A)吊銷證照 (B)警告 (C)罰金 (D)罰鍰。

( ) **33** 訴願應向何機關提起？ (A)行政法院 (B)司法院憲法法庭 (C)立法院 (D)原處分機關之上級機關或原處分機關。

☆( ) **34** 訴願法規定，不服中央各院之行政處分者，應向何機關提起訴願？ (A)向原院提起訴願 (B)向行政法院提起之 (C)向司法院提起之 (D)向總統府提起之。

( ) **35** 人民對於國家政策，公共利益或其權益之維護，得向職權所屬之民意機關或主管行政機關表示其意願的行為，稱之為？ (A)訴願 (B)陳情 (C)請願 (D)行政訴訟。

☆( ) **36** 環保主管機關對於違反廢棄物清理法規定者，不分情節輕重，一律課以法定罰鍰最高數額之處罰，有可能違反下列何種原則？ (A)不當聯結禁止原則 (B)裁量收縮 (C)比例原則 (D)裁量逾越。

☆( ) **37** 大學生A因考試作弊被學校記一次大過，A不服記大過處分，應先如何提起法律救濟？ (A)向地方法院行政訴訟庭提起行政訴訟 (B)向教育主管機關訴願 (C)向學校申訴 (D)向仲裁協會申請仲裁。

☆(　　) **38** 訴願應於行政處分書到達之次日起幾日內，以訴願書向受理訴願的機關提起？ (A)十日 (B)二十日 (C)三十日 (D)四十日。

(　　) **39** 行政機關撤銷違法授益之行政處分後，依行政程序法第120條規定給予受益人合理補償，此乃何種行政法基本原則的表現？ (A)比例原則 (B)明確性原則 (C)信賴保護原則 (D)法律保留原則。

(　　) **40** 因營造物之存在而受一定法律上之利益之人，在學理上通常稱為？ (A)委託人 (B)管理人 (C)利用人 (D)捐助人。

(　　) **41** 下列何者不是行政處分？ (A)環保主管機關對於危害健康之產品命令禁止銷售 (B)公立學校教師之聘任行為 (C)財政部函請內政部入出國及移民署限制人民出境，通知限制對象之該函副本 (D)機關長官應經上級機關核准而未經核准之資遣公務人員決定。

(　　) **42** 對經核定之低收入戶發放生活補助費之執行行為，係下列何種行政行為？ (A)行政處分 (B)行政契約 (C)行政指導 (D)行政事實行為。

(　　) **43** 依據法律保留之原則，下列何者不得作為行政罰之裁處依據？ (A)法律 (B)自治條例 (C)法規命令 (D)行政規則。

☆(　　) **44** 訴願原則上以何種方式審理為原則？ (A)書面審理 (B)言詞辯論 (C)當事人進行主義 (D)起訴狀一本原則。

(　　) **45** 森林法對違反該法之行為，有處罰鍰之規定，應適用下列何種法律規定以認定其責任？ (A)國家賠償法 (B)行政執行法 (C)社會秩序維護法 (D)行政罰法。

(　　) **46** 金門縣之地方性公民投票相關規範，應以下列何種形式規範？ (A)自治規則 (B)自治條例 (C)行政規則 (D)法律。

☆(　　) **47** 將已發生效力但存有瑕疵之處分使其溯及失效之行為，稱為行政處分之？ (A)撤銷 (B)廢止 (C)附款 (D)保留。

( ) **48** 關於訴願審議委員會之組織，下列敘述何者正確？ (A)全係行政官員組成 (B)社會公正人士、學者、專家人數不得少於二分之一 (C)應由具法官資格者擔任 (D)應由律師擔任。

( ) **49** 訴願書不合法定程式，且未遵期補正者，其效果為？ (A)實體駁回 (B)程序駁回 (C)視同未提起訴願，不必處理 (D)由作成行政處分機關決定。

☆( ) **50** 訴願決定撤銷原處分時，原處分機關應如何處理？ (A)提起再訴願 (B)受訴願決定拘束 (C)提起行政訴訟 (D)仍可執行原行政處分。

☆( ) **51** 在提起行政訴訟之前必須先經訴願程序，學理上稱為？ (A)訴願前置主義 (B)行政審查主義 (C)法治主義 (D)訴訟救濟主義。

( ) **52** A公司因違法受主管機關予以停業處分，處分未載明停業期間，請問此一處分內容違反下列何者？ (A)平等原則 (B)信賴保護原則 (C)明確性原則 (D)禁止不當聯結原則。

☆( ) **53** 訴願被駁回時，行政訴訟之被告應為？ (A)再訴願決定機關 (B)訴願決定機關 (C)原處分機關 (D)行政院。

( ) **54** 下列何種事項不得提起行政訴訟？ (A)律師受懲戒處分 (B)會計師受懲戒處分 (C)公立學校學生遭退學處分 (D)兵役體位之判定。

( ) **55** 行政訴訟之程序，於行政訴訟法未規定時，應準用之法律為？ (A)刑法 (B)民法 (C)刑事訴訟法 (D)民事訴訟法。

☆( ) **56** 行政訴訟提起後，原處分？ (A)停止執行 (B)不停止執行 (C)由行政院核定是否執行 (D)由立法院決定是否執行。

( ) **57** 依公務人員保障法第25條規定，公務人員已亡故者，其遺族基於該公務人員身分所生之公法上財產請求權遭受侵害時，亦得依該法規定提起何種救濟程序？ (A)申訴 (B)再申訴 (C)復審 (D)再復審。

( ) **58** 人民對行政機關何種行政行為不服時得提起訴願？ (A)行政命令 (B)行政處分 (C)事實行為 (D)行政計畫。

☆( ) **59** 公務人員若對銓敘部所為退休金核定的處分不服，係提起？ (A)申訴 (B)復查 (C)訴願 (D)復審

☆( ) **60** 行政機關採取之行政行為，要經常探求有無其他更緩和的手段，此係比例原則何種內涵之敘述？ (A)必要性原則 (B)合目的性原則 (C)適當性原則 (D)比例性原則。

☆( ) **61** 關於行政處分附款之敘述，下列何者錯誤？ (A)附停止條件之行政處分於條件成就時發生效力 (B)附負擔所設定之義務，得依行政執行法之規定強制執行 (C)為確保行政處分法定要件之履行，可添加附款 (D)羈束處分不得添加附款。

( ) **62** 公務人員保障法之復審程序，本質上係屬何種程序？ (A)行政訴訟 (B)公務員懲戒程序 (C)訴願 (D)一般行政程序。

( ) **63** 下列何者非依中央行政機關組織基準法規定，其組織必須以法律規定之機關？ (A)監獄及看守所 (B)內政部 (C)公平交易委員會 (D)警政署。

☆( ) **64** 以私法的方式獲得行政運作中所需要的人力或物資，例如採買辦公用品、雇用臨時工等，屬於何種私經濟行政行為？ (A)行政私法 (B)行政輔助 (C)行政營利 (D)行政協助。

☆( ) **65** 行政法規公布施行後，制定或發布法規之機關依法定程序予以修改或廢止時，應兼顧規範對象信賴利益之保護。此為？ (A)信賴保護原則 (B)比例原則 (C)誠信原則 (D)禁止不當連結原則。

( ) **66** 人民因公權力受託人行使公權力行為而受不法侵害時，何者為賠償義務機關？ (A)委託機關 (B)受委託機關 (C)委託機關之上級機關 (D)公務人員保障暨培訓委員會。

( ) **67** 依行政程序法規定，行政機關作成行政處分有裁量權時，得為附款。下列何者非行政處分之附款？ (A)條件 (B)負擔 (C)保留行政處分之廢止權 (D)既有法律效果之註記。

解答及解析

1 (B)。行政執行法第28條第1項：「前條所稱之間接強制方法如下：一、代履行。二、**怠金**。」

2 (C)。行政執行法第36條第1項：「行政機關為阻止犯罪、危害之發生或避免急迫危險，而有即時處置之必要時，得為即時強制。」

3 (D)。行政執行法第17-1條第1項：「……一、禁止購買、租賃或使用一定金額以上之商品或服務。二、禁止搭乘特定之交通工具。三、禁止為特定之投資。四、**禁止進入特定之高消費場所消費**。五、禁止**贈與或借貸他人一定金額以上之財物**。六、禁止**每月生活費用超過一定金額**。七、其他必要之禁止命令。」

4 (D)。行政程序法第3條第3項：「下列事項，不適用本法之程序規定：一、**有關外交行為、軍事行為或國家安全保障事項之行為**。二、**外國人出、入境、難民認定及國籍變更之行為**。三、**刑事案件犯罪偵查程序**。四、犯罪矯正機關或其他收容處所為達成收容目的所為之行為。五、有關私權爭執之行政裁決程序。六、**學校或其他教育機構為達成教育目的之內部程序**。七、對公務員所為之人事行政行為。八、考試院有關考選命題及評分之行為。」

5 (A)。行政程序法第166條第2項：「**相對人明確拒絕指導時，行政機關應即停止**，並不得據此對相對人為不利之處置。」

6 (D)。司法院釋字第784號解釋文謂：「本於憲法第16條保障人民訴訟權之意旨，各級學校學生認其權利因學校之教育或管理等公權力措施而遭受侵害時，即使非屬退學或類此之處分，亦得按相關措施之性質，依法提起相應之行政爭訟程序以為救濟，無特別限制之必要。於此範圍內，本院釋字第382號解釋應予變更。」

7 (B)。訴願法第90條：「訴願決定書應附記，如不服決定，得於決定書送達之次日起**二個月**內向行政法院提起行政訴訟。」

8 (B)。行政程序法第108條第1項：「行政機關作成經聽證之行政處分時，除依第43條之規定外，並應斟酌全部聽證之結果。但法規明定應依聽證紀錄作成處分者，從其規定。」行政程序法第109條：「不服依前條作成之行政處分者，其行政救濟程序，免除訴願及其先行程序。」

9 (B)。司法院釋字第459號解釋文謂：「兵役體位之判定，係徵兵機關就役男應否服兵役及應服何種兵役所為之決定而對外直接發生法律效果之單方行政行為，此種決定行為，對役男在憲法上之權益有重大影響，應為訴願法及行政訴訟法上之行政處分。受判定之役男，如認其判定有違法或不當情事，自得依法提起訴願及行政訴訟。……」等語。

10 (A)。行政訴訟法第5條第1項規定：「人民因中央或地方機關對其依法申請之案件，於法令所定期間內應作為而不作為，認為其權利或法律上利益受損害者，經依訴願程序後，得向行政法院提起請求該機關應為行政處分或應為特定內容之行政處分之訴訟。」此即課予義務訴訟，故應先經訴願程序。

11 (D)。行政院組織法第9條第3款規定：「行政院設下列相當中央二級獨立機關：……三、國家通訊傳播委員會。」

12 (C)。釋字第684號：「大學為實現研究學術及培育人才之教育目的或維持學校秩序，對學生所為行政處分或其他公權力措施，如侵害學生受教育權或其他基本權利，**即使非屬退學或類此之處分，本於憲法第16條有權利即有救濟之意旨，仍應許權利受侵害之學生提起行政爭訟，無特別限制之必要**。在此範圍內，本院釋字第382號解釋應予變更。」

13 (B)。行政訴訟法第4條第1項規定：「人民因中央或地方機關之違法行政處分，認為損害其權利或法律上之利益，經依訴願法提起訴願而不服其決定，或提起訴願逾三個月不為決定，或延長訴願決定期間逾二個月不為決定者，得向行政法院提起撤銷訴訟。」

14 (B)。訴願法第1條第1項規定：「人民對於中央或地方機關之行政處分，認為違法或不當，致損害其權利或利益者，得依本法提起訴願。但法律另有規定者，從其規定。」

15 (A)。行政訴訟法第229條第1項規定：「適用簡易訴訟程序之事件，以地方行政法院為第一審管轄法院。」

16 (B)。行政訴法第305條第1項規定：「行政訴訟之裁判命債務人為一定之給付，經裁判確定後，債務人不為給付者，債權人得以之為執行名義，聲請地方行政法院強制執行。」

17 (A)。國家賠償法第5條：「國家損害賠償，除依本法規定外，適用**民法**規定。」
國家賠償法第6條：「國家損害賠償，本法及民法以外其他法律有特別規定者，適用其他法律。」

18 (B)。行政訴訟法（下同）第3條規定：「前條所稱之行政訴訟，指撤銷訴訟、確認訴訟及給付訴訟。」而第4條第1項規定：「人民因中央或地方機關之違法行政處分，認為損害其權利或法律上之利益，經依訴願法提起訴願而不服其決定，或提起訴願逾三個月不為決定，或延長訴願決定期間逾二個月不為決定者，得向行政法院提起撤銷訴訟。逾越權限或濫用權力之行政處分，以違法論。」又第 7 條規定：「提起行政訴訟，得於同一程序中，合併請求損害賠償或其他財產上給付。」

19 **(D)**。重新審理：指因撤銷或變更原處分或決定之判決，而權利**受損害之第三人**，如非可歸責於己之事由，未參加訴訟，致不能提出足以影響判決結果之攻擊防禦方法者，得對於確定終局判決聲請重新審理。

20 **(B)**。國家賠償事件由普通法院審理。

21 **(A)**。國家賠償法第 12 條：「損害賠償之訴，除依本法規定外，適用**民事訴訟法**之規定。」

22 **(D)**。國家賠償法第 2 條第 3 項：「前項情形，公務員有**故意**或**重大過失**時，賠償義務機關對之有求償權。」

23 **(B)**。國家賠償法第 2 條第 2 項：「公務員於執行職務行使公權力時，因**故意**或**過失**不法侵害人民自由或權利者，國家應負損害賠償責任。公務員怠於執行職務，致人民自由或權利遭受損害者亦同。」

24 **(A)**。國家賠償法第 10 條第 1 項：「依本法請求損害賠償時，應先以**書面**向賠償義務機關請求之。」

25 **(A)**。國家賠償法第 4 條第 1 項：「受委託行使公權力之團體，其執行職務之人於行使公權力時，視同**委託機關**之公務員。受委託行使公權力之個人，於執行職務行使公權力時亦同。」

26 **(C)**。國家賠償法第 7 條第 1 項：「國家負損害賠償責任者，應以**金錢**為之。但以**回復原狀**為適當者，得依請求，回復損害發生前原狀。」

27 **(B)**。國家賠償法第 8 條第 1 項：「賠償請求權，自請求權人知有損害時起，因二年間不行使而消滅；自損害發生時起，逾**五年**者亦同。」

28 **(C)**。行政罰法第 14 條第 1 項規定，故意共同實施違反行政法上義務之行為者，依其行為情節之輕重，分別處罰之。故答案為 (C)。

29 **(A)**。行政程序法第 1 條規定：「為使行政行為遵循公正、公開與民主之程序，確保依法行政之原則，以保障人民權益，提高行政效能，增進人民對行政之信賴，特制定本法。」

30 **(C)**。明確性原則和公平性無關。

31 **(C)**。和正確答案之涵義完全相反。

32 **(C)**。(A)、(B) 行政罰法第 2 條規定「本法所稱其他種類行政罰，指下列裁罰性之不利處分：(1) 限制或禁止行為之處分：限制或停止營業、吊扣證照、命令停工或停止使用、禁止行駛、禁止出入港口、機場或特定場所、禁止製造、販賣、輸出入、禁止申請或其他限制或禁止為一定行為之處分。(2)剝奪或消滅資格、權利之處分：命令歇業、命令解散、撤銷或廢止許可或登記、吊銷證照、強制拆除或其他剝奪或消滅一定資格或權利之處分。(3)影響名譽之處分：公布姓名或名稱、公布照片或其他相類似之處分。(4)警告性處分：警告、告誡、記點、記次、講習、輔導教育或其他相類似之處分」。(C)罰金係《刑法》規定之主刑種類之一。(D)行政罰法第1條規定「違反行政法上義務而受罰鍰、沒入或其他種類行政罰之處罰時，適用本法。但其他法律有特別規定者，從其規定」。故答案為(C)。

33 (D)。誰做處分就向誰提訴願。

34 (A)。訴願法第4條第8款規定：「訴願之管轄如左：……八、不服中央各院之行政處分者，向原院提起訴願。」

35 (C)。請願法第2條參照。

36 (C)。有以大砲打小鳥之嫌。

37 (C)。應先用盡校內申訴途徑後，始能提起訴願及行政訴訟。

38 (C)。為訴願法明文規定。

39 (C)。按所謂信賴保護原則，係指人民因相信既存之法秩序，而安排其生活或處置其財產，則不能因嗣後法規之制定或修正，而使其遭受不能預見之損害，用以保護人民之既得權益。而行政程序法第120條規定給予受益人合理補償即屬上開信賴保護原則之展現，故答案為(C)。

40 (C)。例如公營造物以及使用它的民眾。

41 (B)。此為行政契約。

42 (D)。對低收入戶發放生活補助費之核定屬於行政處分，其執行行為屬於事實行為。

43 (D)。位階太低。

44 (A)。訴願法之明文規定。

45 (D)。行政罰法第1條規定：「違反行政法上義務而受罰鍰、沒入或其他種類行政罰之處罰時，適用本法。但其他法律有特別規定者，從其規定。」森林法關於罰鍰之處罰，並無特別規定，應適用行政罰法定其責任。

46 (B)。金門縣之地方性公民投票相關規範屬於地方制度法第28條規定應由自治條例規範之事項。

47 (A)。向前自始失效為撤銷的定義。

48 (B)。訴願法第52條第2項規定：「訴願審議委員會委員，由本機關高級職員及遴聘社會公正人士、學者、專家擔任之；其中社會公正人士、學者、專家人數不得少於二分之一。」

49 (B)。訴願法第77條第1款規定：「訴願事件有左列各款情形之一者，應為不受理之決定：一、訴願書不合法定程式不能補正或經通知補正逾期不補正者。」

50 (B)。現行法規原處分機關並無救濟管道。

51 (A)。提起訴願為行政訴訟之要件。

52 (C)。具體言之，應違反行政行為明確性原則。

53 (C)。誰為行政處分，誰被告。

54 (A)。依律師法第 41 條及第 43 條所設之律師懲戒委員會及律師懲戒覆審委員會，性質上相當於設在高等法院及最高法院之初審與終審職業懲戒法庭，與會計師懲戒委員會等其他專門職業人員懲戒組織係隸屬於行政機關者不同。律師懲戒覆審委員會之決議即屬法院之終審裁判，並非行政處分或訴願決定，自不得再行提起行政爭訟。（釋字第 378 號解釋意旨參照）

55 (D)。於行政訴訟法所明定。

56 (B)。行政訴訟法第 116 條第 1 項規定：「原處分或決定之執行，除法律另有規定外，不因提起行政訴訟而停止。」

57 (C)。公務人員保障法第 25 條第 2 項規定，公務人員已亡故者，其遺族基於該公務人員身分所生之公法上財產請求權遭受侵害時，亦得依本法規定提起復審。
故答案為 (C)。

58 (B)。訴願法第 1 條。

59 (D)。銓敘部對於公務人員退休金之核定，攸關公務人員之權利或利益，依公務人員保障法第 25 條規定，公務人員若有不服者，得提起復審。

60 (A)。避免大砲打小鳥的行為。

61 (D)。**行政機關作成羈束處分雖無裁量權而原則上不得為附款**，但只要法律有明文規定或為確保行政處分法定要件之履行而以該要件為附款內容者為限，仍得為之。

62 (C)。不服復審決定者，如同不服訴願決定般，得提起行政訴訟。

63 (A)。依中央行政機關組織基準法規定，**一級機關、二級機關、三級機關及獨立機關**之組織以法律定之，其餘機關之組織以命令定之。

64 (B)　**65 (A)**

66 (A)。國家賠償法第 2 條第 2 項規定，公務員於執行職務行使公權力時，因故意或過失不法侵害人民自由或權利者，國家應負損害賠償責任。公務員怠於執行職務，致人民自由或權利遭受損害者亦同。同法第 4 條第 1 項規定，受委託行使 公權力之團體，其執行職務之人於行使公權力時，視同委託機關之公務員。 受委託行使公權力之個人，於執行職務行使公權力時亦同。故答案為 (A)。

67 (D)。行政程序法第 93 條規定，行政機關作成行政處分有裁量權時，得為附款。無裁量權者，以法律有明文規定或為確保行政處分法定要件之履行而以該要件為附款內容者為限，始得為之（第 1 項）。前項所稱之附款如下……一、期限。二、條件。三、負擔。四、保留行政處分之廢止權。五、保留負擔之事後附加或變更（第 2 項）。故答案為 (D)。

第八章 刑法

依據出題頻率區分，屬：**B 頻率中**

準備要領

近年來法學緒論的題目在刑法方面，除以往法條題型及觀念題型外，已趨向案例式的考題。在背誦法條的同時，應不忘理解法條的意義與應用。尤其，對於犯罪成立要件的結構，即構成要件該當性、違法性與有責性，必須熟悉其操作，近兩年釋字、修法與大法庭裁定尤須注意。

第一節｜基礎概念

一、何謂刑法

(一) **刑法的意義：刑法是規定「犯罪」與「刑罰」的法律**，亦即規定何種行為構成犯罪，以及對於犯罪應如何處罰的法律。通說將刑法分為廣義與狹義兩種。

廣義的刑法	泛指一切規定犯罪或刑罰的法規而言，除本章所介紹的刑法外，尚包括其他設有刑事處罰規定的法規，例如屬於刑事特別法的陸海空軍刑法、貪污治罪條例、懲治走私條例、槍砲彈藥刀械管制條例等，以及公司法、證券交易法、破產法等設有刑罰條款規定之附屬刑法。
狹義的刑法	專指實體刑法法典而言，即以刑法為名之法典。我國刑法之全名為中華民國刑法即屬之。

(二) **刑法的性質**：刑法是由立法院通過總統公布，並且其內容乃規定犯罪與處罰的法律。刑法的落實標榜一國的主權，僅適用於國內，其目的在維護國家安全，維持社會秩序與保障個人權利，因此具公益性質。又刑法之適用不容許當事人間任其意思排除之。故刑法的性質為：**成文法、實體法、國內法、公法、強行法**。

法學小教室

附屬刑法是指在行政法規中有刑罰條款之規定者，例如漁業法、水利法、商業會計法等。

(三) **我國刑法的內容**：我國現行刑法於民國 24 年公布並施行，分為總則與分則兩編。總則編又可分為兩部份，從第 1 章到第 4 章是規定刑法的基本原理原則，以及有關犯罪的規定；第 5 章到第 11 章是有關刑罰的規定，第 12 章為保安處分。至於分則編，則以被害的客體，即犯罪所侵害的法益為標準而排列，可分為 1. 侵害國家法益；2. 侵害社會法益；3. 侵害個人法益。

二、罪刑法定原則【111高考、111普考】

(一) **意義**：罪刑法定原則乃源自法治國原則衍生而來，為刑事法制度之最高指導原則。指**何種行為構成犯罪，對於犯罪應科以何種處罰，需預先在法律上予以規定，若無法律之規定，則對於任何行為均不得以之為犯罪而加以處罰。**簡言之，罪刑法定原則即「**無法律，無犯罪；無法律，無刑罰**」。

(二) **分類**

1. **絕對罪刑法定原則**：主張犯罪所科之刑，必須由法律明文確定，審判官僅得就法定刑宣告，不得個別裁量。
2. **相對罪刑法定原則**：主張犯罪所科之刑，法律僅設原則性的裁量範圍，審判者於此範圍內，可斟酌個別案情而為決定。

法學小教室

傳統對於罪刑法定係使用「主義」而非「原則」，但有學者及實務見解認為對於行為人有利之事項，得與罪刑法定之四項內涵相違，因此目前多數使用「原則」之用法。

3. **區別實益**：絕對罪刑法定原則可矯正擅斷主義之不當，避免法官審判過於自由心證。但犯罪原因變化無窮，科刑若無伸縮餘地，裁判殊難公平，而且，近代刑法理論將刑罰賦予教化功能，故應對犯罪人之性格、環境作全盤的了解。因此，現代各國多採「相對罪刑法定原則」，我國從之。換言之，我國刑法對於犯罪之認定採取絕對說，對於刑罰之科處則採取相對說。

(三) **法律規定**：刑法第 1 條：**「行為之處罰，以行為時之法律有明文規定者為限。拘束人身自由之保安處分，亦同。」**其中保安處分以預防犯罪為目的，本質上與處罰犯罪之刑罰存有差異，本不適用罪刑法定原則。然而對於拘束人身自由之保安處分（如強制工作），係以剝奪受處分人之人身自由為其內容，在性質上，帶有濃厚自由刑之色彩，亦應有罪刑法定原則衍生之不溯及既往原則之適用，故列於第 1 條後段同受罪刑法定原則之規範。

(四) **罪刑法定原則之內涵**

1. **習慣法之禁止適用原則**：因習慣法來自社會成員對於法的確信，具高度不穩定性，因此禁止以習慣法作為科處行為人犯罪行為之依據，一切犯罪行為之準據必須以成文法規定。
2. **法律不溯及既往原則**：為保障人權，維護人民對於法之信賴，刑法只能對生效後發生的行為有處罰之效力，而不能對生效前發生的行為加以處罰。換言之，行為人行為時屬於適法之行為，其後法律雖有變更成為違法行為，仍不得溯及既往而予以科罰。
3. **禁止類推適用原則**：指對於法律無明文規定之事項，禁止比附援引性質相類似的條文適用之。換言之，法院只能以法律對行為人之犯罪行為論罪科刑。此與司法院大法官釋字第 443 號解釋理由書的論點，即罪刑法定原則屬於絕對法律保留事項之意旨相同。
4. **禁止絕對不定期刑**：「絕對不定期刑」乃指法院對被告僅下達判決而未明確定其刑期，或雖定刑期但無上下限。絕對不定期刑雖為罪刑法定原則所禁止，然為達到教育刑之效，一般認為於保安處分與少年法上仍可採用。

三、從舊從輕原則

(一) **從舊從輕原則**

1. **意義**：**行為時適用 A 法，若裁判前 A 法無任何變更，或裁判前 A 法有變更對行為人更不利之 B 法時，則裁判時仍適用 A 法；若裁判前 A 法有變更對行為人更有利之 C 法時，則裁判時適用 C 法。**
2. **法律規定**：**刑法第 2 條第 1 項規定：「行為後法律有變更者，適用行為時之法律。但行為後之法律有利於行為人者，適用最有利於行為人之法**

律。」從舊從輕原則與罪刑法定原則（刑法第1條）的精神並不相違，換言之，行為人之行為原則上仍適用行為時之法律，僅於該法律變更有利於行為人時，始適用變更後之法律。

3. **舉例：**

(1) 刑法第 321 條第 1 項第 1 款於民國 100 年修正前，規定「於夜間侵入住宅或有人居住之建築物、船艦或隱匿其內而犯竊盜罪者，處六月以上、五年以下有期徒刑」。後民國 100 年修正為「侵入住宅或有人居住之建築物、船艦或隱匿其內而犯之者，處六月以上、五年以下有期徒刑，得併科新臺幣十萬元以下罰金」。後者顯然較前者為重，若行為人甲於民國 99 年犯上開條款之罪，而於民國 101 年始對其犯行加以裁判，則法院仍應依照舊法審理。

(2) 我國刑法第 239 條為通姦罪之處罰規定，該規定業於 110 年 6 月 16 日刪除，即修法對於通姦行為不再處罰。設乙於 110 年 5 月所犯之通姦罪，法院於 110 年 7 月後才開始審理，則法院必須以新法對乙裁判，並諭知乙的通姦行為無罪。

(二) **保安處分與從舊從輕原則之關係**

1. **拘束人身自由之保安處分：**考量此等保安處分對行為人基本權侵害甚鉅，基於罪刑法定原則之意旨，應認為**拘束人身自由之保安處分，有從舊從輕原則之適用**。

2. **非拘束人身自由之保安處分：非拘束人身自由之保安處分**，侵害行為人基本權之疑慮較低，而應回歸保安處分在於預防犯罪之本旨，於法院審理時**適用裁判時之法律**。刑法第 2 條第 2 項即規定：「非拘束人身自由之保安處分適用裁判時之法律。」

(三) **裁判確定後法律變更之處理：刑法第 2 條第 3 項規定：「處罰或保安處分之裁判確定後，未執行或執行未完畢，而法律有變更，不處罰其行為或不施以保安處分者，免其刑或保安處分之執行。」**於裁判業已確定而具有既判力之情形，行為人之行為仍構成犯罪，但考量法律後來變更為不處罰其行為或不施以保安處分，代表行為人之前的犯罪行為在社會意義上尚有容許性而有轉圜的餘地，因此給予行為人免其刑或保安處分之執行之優惠。

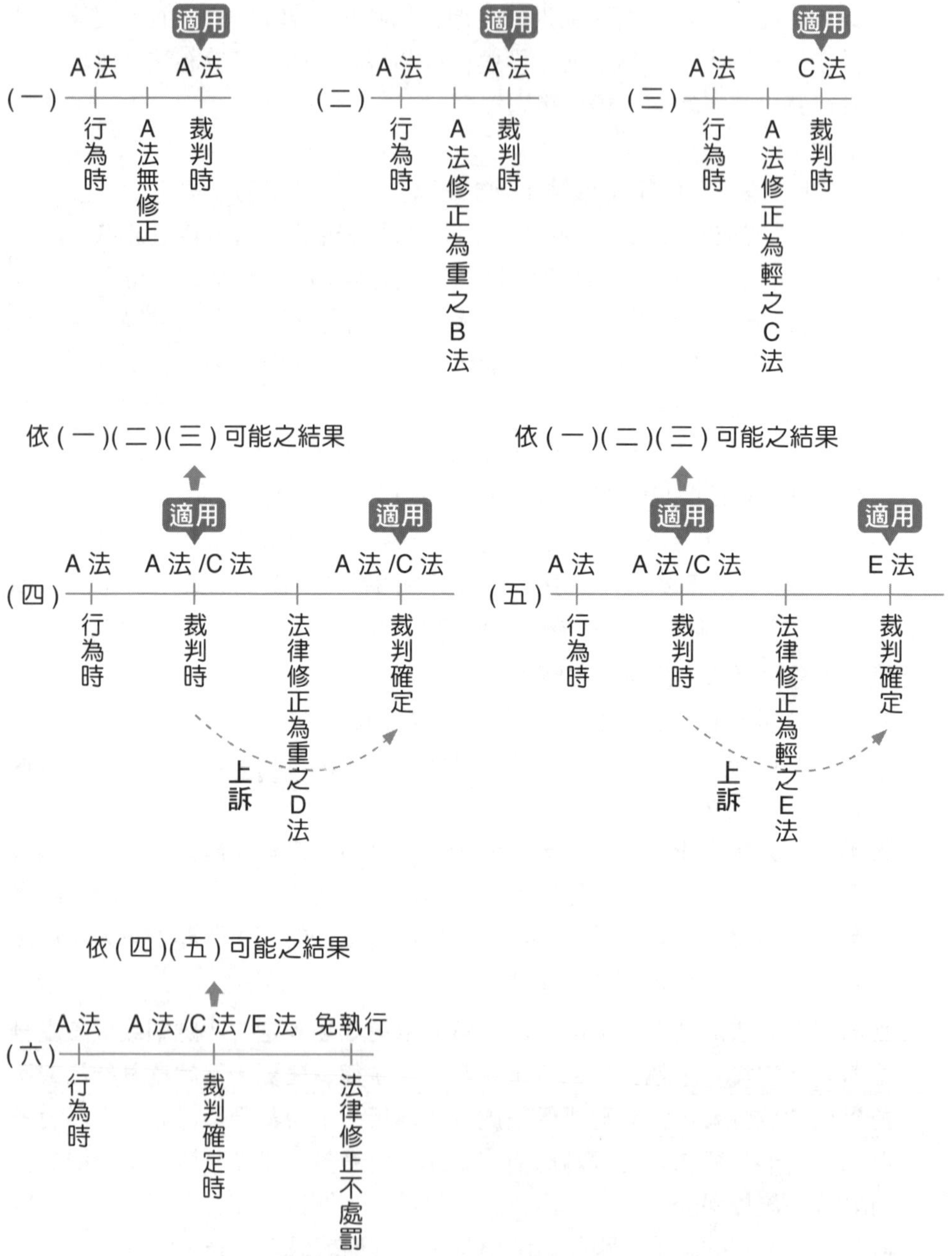

適用
A 法
A 法
(一)
行為時
A法無修正
裁判時
適用
A 法
A 法
(二)
行為時
A法修正為重之B法
裁判時
適用
A 法
C 法
(三)
行為時
A法修正為輕之C法
裁判時
依(一)(二)(三)可能之結果
適用
適用
A 法
A 法 /C 法
A 法 /C 法
(四)
行為時
裁判時
法律修正為重之D法
裁判確定
上訴
依(一)(二)(三)可能之結果
適用
適用
A 法
A 法 /C 法
E 法
(五)
行為時
裁判時
法律修正為輕之E法
裁判確定
上訴
依(四)(五)可能之結果
A 法
A 法 /C 法 /E 法
免執行
(六)
行為時
裁判確定時
法律修正不處罰

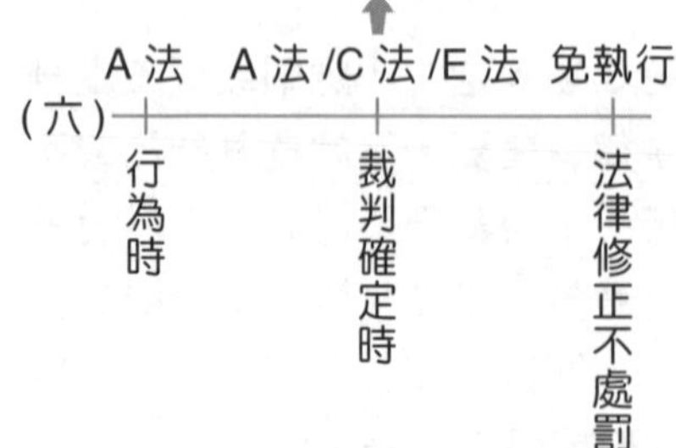

四、刑法的適用效力【107年關四、111身五、112普考、113高考】

(一) **何謂刑法的適用效力**：刑法的適用彰顯一個國家的主權範圍，因此有必要加以探討。**一個人如果在我國領域內犯罪，不論他是本國人民或外國人民，且不論有無犯罪對象或犯罪對象為何，當然有我國刑法的適用應無疑問。但反面言之，如果我國人民或外國人民在國外對我國或我國人民犯罪，以上諸等情形是否可適用我國刑法，我國刑法在第3條至第9條則有明確規定。**

(二) **原則**：**屬地原則。**【109年關四】

1. **意義**：如前所述，**一個人如果在我國領域內犯罪，不論他是本國人民或外國人民，且不論有無犯罪對象或犯罪對象為何，皆有我國刑法的適用。刑法第3條即規定：「本法於在中華民國領域內犯罪者，適用之。在中華民國領域外之中華民國船艦或航空器內犯罪者，以在中華民國領域內犯罪論。」**有疑問的是，是否犯罪的行為或結果，都要在我國領域內才有我國刑法的適用呢？刑法第4條則規定：「犯罪之行為或結果，有一在中華民國領域內者，為在中華民國領域內犯罪。」此稱為隔地犯，有我國刑法適用。
2. **舉例**：
   (1) 我國人民小明在大安公園打傷我國或外國遊民。
   (2) 外國人民 Michael 在圓山飯店竊取我國或外國遊客的財物。
   (3) 我國人民大寶及其友人外國人民 Martin 在飛往舊金山的華航班機上對華航空姐伸出鹹豬手。
   (4) 我國人民小美或外國人民 Mary 在台灣將含有劇毒的食品郵寄給在英國的我國人民小蕙或外國人民 Bryant，小蕙及 Bryant 食用後皆死亡。

(三) **例外**：屬人原則、保護原則、世界法原則。

1. **屬人原則**：**區分為一般人民及本國公務人員。**
   (1) **一般人民**：**刑法第7條規定：「本法於中華民國人民在中華民國領域外犯前二條以外之罪，而其最輕本刑為三年以上有期徒刑者，適用之。但依犯罪地之法律不罰者，不在此限。」**
   (2) **公務人員**：**刑法第6條規定：「本法於中華民國公務員在中華民國領域外犯左列各罪者，適用之：一、第121條至第123條、第125條、**

第126條、第129條、第131條、第132條及第134條之瀆職罪。二、第163條之脫逃罪。三、第213條之偽造文書罪。四、第336條第1項之侵占罪。」

2. **保護原則與世界法原則：**
   (1) 刑法第5條規定：「本法於凡在中華民國領域外犯下列各罪者，適用之：一、內亂罪。二、外患罪。三、第135條、第136條及第138條之妨害公務罪。四、第185-1及第185-2之公共危險罪。五、偽造貨幣罪。六、第201條至第202條之偽造有價證券罪。七、第210條、第214條、第218條及第216條行使第210條、第213條、第214條文書之偽造文書罪。八、毒品罪。但施用毒品及持有毒品、種子、施用毒品器具罪，不在此限。九、第296條及第296-1條之妨害自由罪。十、第333條及第334條之海盜罪。十一、第339-4條之加重詐欺罪。」
   (2) 刑法第8條規定：「前條之規定，於在中華民國領域外對於中華民國人民犯罪之外國人，準用之。」
   (3) **上述條文中，其中第5條第1、2、3款（保護國家法益）及第5、6、7款（保護社會法益）與刑法第8條（保護我國人民）為保護原則，縱犯罪行為在國外，亦適用我國刑法。第5條其他各款則為世界法原則，基於該各款屬於世界各國所譴責之行為，屬於萬國公罪，我國既為國際成員的一份子，自應將其納入刑法規範。**
3. **舉例：**
   (1) 一般人民之屬人原則：我國人民甲，在美國加州，將英國人Oscar打死，有我國刑法適用；有配偶的我國人民乙，在日本與丙重婚，則沒有我國刑法適用（重婚罪非最輕本刑為三年以上有期徒刑之罪）。
   (2) 公務人員之屬人原則：某刑事警察至大陸押解詐欺犯返台，於逮獲後發現為其親戚，因此在大陸縱放之，有我國刑法適用。
   (3) 保護原則：我國人民張三與外國人民Tony，在印度偽造我國貨幣，兩人皆有我國刑法適用；外國人Funny在國外對我國人民李四分別犯竊盜罪與強盜罪，竊盜罪的部分不適用我國刑法（竊盜罪非最輕本刑為三年以上有期徒刑之罪），強盜罪的部分有我國刑法適用。
   (4) 世界法原則：例如劫機案件，無論發生在何地，皆有我國刑法適用。

(四) **外國裁判服刑之效力**：對於犯罪發生在國外者，有可能該國已對犯罪行為進行審判或執行，然依上開條文，該等犯罪行為若亦有我國刑法適用，則在國外已受審判或執行後，是否仍必須接受我國審判或執行。**刑法第9條則規定：「同一行為雖經外國確定裁判，仍得依本法處斷。但在外國已受刑之全部或一部執行者，得免其刑之全部或一部之執行。」**

五、刑法的概念用語【107年關三】

(一) 稱以上、以下、以內者，俱連本數或本刑計算。

(二) **稱公務員者，謂下列人員**【111年台電、鐵佐、司五】

1. **依法令服務於國家、地方自治團體所屬機關而具有法定職務權限，以及其他依法令從事於公共事務，而具有法定職務權限者。**
2. **受國家、地方自治團體所屬機關依法委託，從事與委託機關權限有關之公共事務者。**

(三) 稱公文書者，謂公務員職務上製作之文書。

(四) **稱重傷者，謂下列傷害**

1. 毀敗或嚴重減損一目或二目之視能。
2. 毀敗或嚴重減損一耳或二耳之聽能。
3. 毀敗或嚴重減損語能、味能或嗅能。
4. 毀敗或嚴重減損一肢以上之機能。
5. 毀敗或嚴重減損生殖之機能。
6. 其他於身體或健康，有重大不治或難治之傷害。

(五) **稱性交者，謂非基於正當目的所為之下列性侵入行為**

1. 以性器進入他人之性器、肛門或口腔，或使之接合之行為。
2. 以性器以外之其他身體部位或器物進入他人之性器、肛門，或使之接合之行為。

(六) 稱電磁紀錄者，謂以電子、磁性、光學或其他相類之方式所製成，而供電腦處理之紀錄。

(七) 稱凌虐者，謂以強暴、脅迫或其他違反人道之方法，對他人施以凌辱虐待行為。

(八) 稱性影像者，謂內容有下列各款之一之影像或電磁紀錄

1. 第五項第一款或第二款之行為。
2. 性器或客觀上足以引起性慾或羞恥之身體隱私部位。
3. 以身體或器物接觸前款部位，而客觀上足以引起性慾或羞恥之行為。
4. 其他與性相關而客觀上足以引起性慾或羞恥之行為。

小試身手

( ) **1** 下列關於刑法之意義，何種錯誤？ (A)刑法係經立法院通過總統公布之法律 (B)廣義之刑法即指實體刑法法典而言 (C)刑法是規定犯罪與刑罰之法律 (D)罪刑法定原則上禁止以習慣法作為科處犯罪之基礎。

( ) **2** 罪刑法定原則是指「無法律，無犯罪；無法律，無刑罰」，關於其內涵下列敘述何者正確？ (A)我國採絕對不定期刑 (B)立法者於立法時不可能鉅細靡遺，故對於法律所無明文規定的事項，得類推適用其他法律 (C)拘束人身自由保安處分之處罰適用行為時法律之明文 (D)我國的刑法就罪刑法定原則，無論成文法或不成文法皆有適用的可能。

( ) **3** 我國人民甲在中國北京搭乘經韓國首爾轉機飛往台灣桃園的華航班機，於旅途中在韓國領空竊取免稅商品。試問就上開案例，下列敘述何者正確？ (A)因班機出發地為北京，故僅適用中國刑法 (B)因航空機登記在我國，故得適用我國刑法 (C)因犯罪結果地在韓國，故僅適用韓國刑法 (D)為保護甲之人權，故甲得決定在何國接受審判。

( ) **4** 下列何者非刑法重傷之定義？ (A)嚴重減損一肢以上之機能 (B)毀敗語能、味能、嗅能或體能 (C)嚴重減損二目之視能 (D)於健康有難治之傷害。

( ) **5** 行為後法律有變更更有利於行為人者，裁判時應適用何時之法律？ (A)行為時之法律 (B)行為前之法律 (C)裁判前之法律 (D)最有利於行為人之法律。

答 **1 (B)** **2 (C)** **3 (B)** **4 (B)** **5 (D)**

第二節｜犯罪論

一、何謂犯罪

犯罪乃法律上擁有刑事責任能力之人，在無阻卻違法原因時，違反刑事法律而由法律規定科以刑事制裁之不法行為。即犯罪乃符合**構成要件該當性、違法性及有責性**之行為，此即我國通說所採之犯罪三階段理論之判斷。

法學小教室

犯罪是「不法」且有「罪責」之行為。所謂不法即行為該當構成要件及具備違法性，與行為本身的判斷有關；所謂罪責即有責性，與行為人本身的判斷有關。

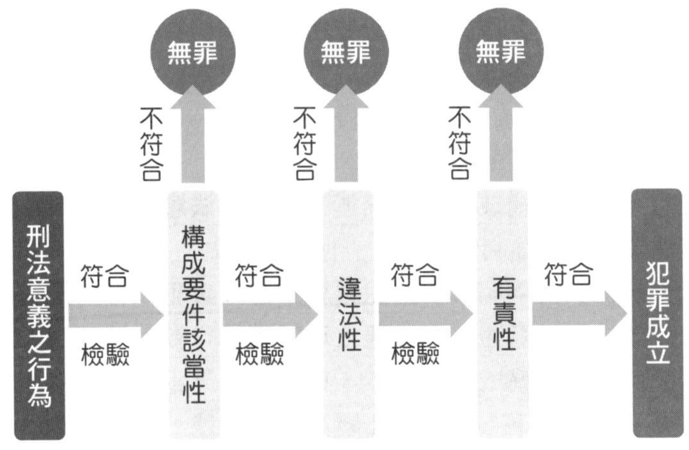

簡易檢驗犯罪成立之流程

二、犯罪之成立要件

(一) **刑法意義之行為**：在進入犯罪三階段理論的判斷前，首先須檢驗行為人的行為是否為刑法意義之行為，其作用在於可以**快速過濾與刑法不相干的行為**，在實務的運作上，則可以**節省司法資源**。所謂**刑法意義之行為，係指行為人意思所能支配的外在身體動靜**。換言之，縱有外在的身體動靜，但如非基於行為人意思所支配者，則非刑法意義之行為。例如：夢遊、生理上之反射動作、受物理上直接強制的行為等皆非刑法意義之行為。若判斷後屬於刑法意義上之行為，則**「行為」的內涵應包括「作為」與「不作為」**，例如持刀殺人是用作為的方式，不給嬰兒餵食導致其餓死是以不作為的方式，但兩者皆是殺人行為。

(二) **構成要件該當性**：指犯罪行為與刑法上所規定之犯罪構成要件符合。構成要件包括客觀構成要件與主觀構成要件，**構成要件該當之行為於客觀上必須檢驗行為主體、行為客體、行為、因果關係、客觀歸責等要素；於主觀上則須檢驗行為人是否有故意或過失之要素**。關於犯罪構成要件各要素之介紹如下：

1. **客觀構成要件**：

(1) 行為主體：即實施犯罪之行為人。在**某些犯罪要求行為人必須具有特別資格，始能作為適格的行為主體，稱之為身份犯**。例如惟有具備公務員身分者才是受賄罪的行為主體。

(2) 行為客體：於此應先注意**並非所有犯罪皆有被害人**。而**所謂行為客體，指涉的是犯罪行為侵害的具體對象或法益**，例如殺人罪侵害的具體對象為「人」；偽證罪侵害的法益為「司法權之公正行使（屬國家法益）」。

(3) 行為：即**符合構成要件所描述，具有刑法意義的行為**，例如毀損罪之「毀損」；強制性交罪之「性交」；偽造文書罪之「偽造」。

(4) 因果關係與客觀歸責：指**犯罪結果必須與犯罪行為具備因果關係，並且該結果的發生，在客觀上可歸責於行為人，行為人才須負責。**關於此項犯罪構成要件要素，**只有在結果犯的案例中，才有討論的必要。**舉例如下：甲指派部屬乙出國出差，並為乙備好機票，不料乙所搭乘之班機因氣候因素失事墜毀，乙身亡。

A. 因果關係：於此案例中，「若沒有甲的指派，則乙不會出國；若乙不會出國，也不至於搭上失事班機。」因此乙死亡的結果，與甲的指派具有因果關係。

B. 客觀歸責：然而一般人很難相信或無法確認，每天翱翔於天際的飛機，那一航班會造成失事。因此客觀上我們無法將乙死亡的結果歸責於甲。

> **法學小教室**
>
> **犯罪結果與犯罪行為如何發生因果關係，係採條件說。即「若沒有行為則沒有結果」則有因果關係；「若沒有行為仍有結果」則沒有因果關係。**

(5) 行為時的特別情狀：例如義憤殺人罪之「義憤」、公然侮辱罪之「公然」。

2. **主觀構成要件：**【111 年鐵佐、112 高考】

(1) 故意：所謂故意，**指行為人對於犯罪事實的認識與意欲**。行為人對犯罪事實的認識範圍必須與客觀構成要件相符，並且決意為之，始為故意。依刑法第 13 條規定，有兩種故意類型：

直接故意（確定故意）	「行為人對於構成犯罪之事實，明知並有意使其發生者，為故意。」例如甲基於「就是要你死」的主觀心態開槍打死仇人乙。
間接故意（未必故意）	「行為人對於構成犯罪之事實，預見其發生而其發生並不違背其本意者，以故意論。」例如甲將毒藥放入飲料中並置於桌上，雖本係害乙但心想若其他人喝了也無所謂，果然丙誤喝中毒身亡。

(2) 過失：**刑法以處罰故意犯為原則，處罰過失犯為例外。過失犯之處罰，必須法律有明文規定者始可。**依我國刑法第 14 條規定，有兩種過失型態：

無認識過失	「行為人雖非故意，但按其情節應注意，並能注意，而不注意者，為過失。」例如甲駕車經過涵洞，因未開大燈視線不良而撞傷路人乙。
有認識過失	「行為人對於構成犯罪之事實，雖預見其能發生而確信其不發生者，以過失論。」例如甲在教室走廊練習投球，自認為球技精湛不致於傷人，然而卻在一次暴投中，K 中校長的禿頭。

法學小教室

構成要件該當性是檢驗行為是否為法律所禁止，違法性是檢驗行為是否為法律所允許。違法性之檢驗，必須有一個構成要件該當行為成立為前提。

(三) **違法性：**實質的違法性概念是指，對於某些行為雖然違反法律規定，但我們會認為法律不應該或不值得對該行為加以處罰，例如消防隊員打破車窗（毀損）是為了解救受困的孩童。析言之，**當行為該當於構成要件後（包括客觀與主觀），通常推定行為即具有違法性，**

若欲排除行為之違法性，則必須進一步加以檢驗行為是否具有阻卻違法事由，若具備者則排除該項行為之違法。亦即阻卻違法事由就是我們認為違反法律規定的行為，不應該或不值得加以處罰的理由，並涉及價值判斷。關於阻卻違法事由，有法定阻卻違法事由及超法定阻卻違法事由，列舉如下：【111 年初考、台電、鐵高、鐵員、司五】

1. **法定阻卻違法事由**：即刑法第 21 條至第 24 條之規定：

【107 年一般警四、108 年一般警四、110 年關三】

依法令行為	**刑法第 21 條第 1 項規定：「依法令之行為，不罰。」所謂的法令，不限於刑事法令，即依行政法令、民事法令之行為，皆可阻卻違法。**舉例如下： A. 一般人民依刑事訴訟法第 88 條之規定逮捕現行犯，雖可能限制他人自由而該當強制罪或妨害自由罪之構成要件，但係依法令所為而阻卻該行為之違法，因此不構成犯罪。 B. 父母對子女施以「愛的小手」作為處罰 ，雖該當傷害罪之構成要件，但係因依民法第 1085 條父母對子女懲戒權之規定，故該處罰行為阻卻違法而不罰。
依命令行為	**刑法第 21 條第 2 項規定：「依所屬上級公務員命令之職務上行為，不罰。但明知命令違法者，不在此限。」**例如法警奉上級長官命令執行槍決，雖該當殺人罪之構成要件，但因依所屬上級公務員命令之職務上行為而阻卻違法，其殺人行為不罰。
業務上正當行為	**刑法第 22 條規定：「業務上之正當行為，不罰。」**例如醫生對婦女進行內診或治療，雖可能該當於強制性交罪之構成要件，但此係業務上之正當行為，因此得阻卻違法。
正當防衛	**刑法第 23 條規定：「對於現在不法之侵害，而出於防衛自己或他人權利之行為，不罰。但防衛行為過當者，得減輕或免除其刑。」**例如某日甲返家發現自家客廳正被竊賊翻箱倒櫃行竊中，甲為避免自己財產上之損失，而與竊賊扭打致其受傷，此時甲雖該當傷害罪之構成要件，但得以正當防衛為理由而阻卻違法，不罰。

緊急避難	**刑法第24條規定：「因避免自己或他人生命、身體、自由、財產之緊急危難而出於不得已之行為，不罰。但避難行為過當者，得減輕或免除其刑。前項關於避免自己危難之規定，於公務上或業務上有特別義務者，不適用之。」**例如甲於十字路口見一孩童穿越斑馬線之際，對向卡車無煞車跡象而仍向孩童疾駛，甲為避免孩童生命之緊急危難，不得已而將孩童推離卡車行駛路線，導致孩童倒地骨折受傷，此時甲雖該當傷害罪之構成要件，但得以緊急避難為理由而阻卻違法，不罰。【111年鐵佐】

2. **超法定阻卻違法事由**：如得**被害人之承諾、推測之承諾、義務衝突**等。惟僅限於輕微之法益，例如得被害人之承諾而殺害被害人之行為，則為法之不許，刑法第275條有加工自殺罪之規定。

(四) **有責性**：乃指行為人主觀上須具責任能力及責任條件【111年鐵佐】

【107年關四、108年普考、110年普考】

1. **責任能力**：乃**能獨立負擔刑事責任之資格而具有辨別是非善惡之能力者，亦稱為刑事責任能力。**刑法對於責任能力乃就年齡及身體狀態作規定，關於其區分及責任如下：

 (1) **以年齡作區分**（刑法第18條）：【111年司五】

  A. 無責任能力：未滿十四歲人之行為，不罰。

  B. 限制責任能力：十四歲以上未滿十八歲人之行為，以及滿八十歲人之行為，得減輕其刑。

  C. **完全責任能力：十八歲以上未滿八十歲人之行為，須負完全責任能力，無減免刑責之待遇。**

 (2) **以身體狀態作區分**（刑法第19、20條）：【111年初考】

  A. **無責任能力：行為時因精神障礙或其他心智缺陷，致不能辨識其行為違法或欠缺依其辨識而行為之能力者，不罰。**

  B. **限制責任能力：**

   a. **行為時因精神障礙或其他心智缺陷，致其辨識行為違法或依其辨識而行為之能力，顯著減低者，得減輕其刑。**

b. 瘖啞人之行為，得減輕其刑。所謂瘖啞人，係指出生及自幼瘖啞者言，瘖而不啞，或啞而不瘖，皆非屬之。

C. 完全責任能力：即行為人並無精神障礙或其他心智缺陷等身體上之原因而為犯罪行為，或行為人是出於原因自由行為者，此時仍具有完全責任能力而無法減輕或免除其刑。

法學小教室

所謂原因自由行為，指行為人之行為雖符合刑法第 19 條第 1 項、第 2 項之規定，但行為人就其精神障礙或其他心智缺陷是出於故意或過失所自招者。

2. **責任條件**：指行為人具有故意或過失的違法狀態。刑法對於有責任能力人之行為，若非出於故意或過失者，不予以處罰；而過失行為之處罰，以法律有特別規定者為限。
3. **違法性認識**：又稱不法意識，指行為人對於違法行為的認識，例如**迷信犯之行為人則無違法性認識。**
4. **期待可能性**：**所謂期待可能性，指法律是否可以要求行為人於行為當時，期待他不去作法律所禁止的行為，此係基於法律不強人所難的觀點。**例如長期受到家暴的婦女殺害其夫，在有責性方面應檢討其期待可能性。

三、犯罪行為之發展階段【107年一般警三】

犯罪之成立要件係在犯罪之整體架構上檢視行為人是否成立犯罪之檢驗流程，而犯罪行為之發展階段是探討個別行為人如何由內而外產生並從事犯罪行為之過程。一般而言，**犯罪行為之發展階段有決意、陰謀、預備、著手實行、結果。**茲就其內涵敘述如下：

(一) **決意**：決意是單獨行為人內心表示欲犯罪之意思，並無客觀外在之行為表現。**現代刑法思潮對於僅內心有犯罪意思而未表現於外者，皆不加以處罰，以避免人民之自由意志受國家箝制，淪為思想工具。**

(二) **陰謀**：**陰謀是二個以上之行為人，共同策劃或謀議犯罪，此亦屬於犯罪意思決定階段，與決意不同者在於陰謀必須是二個以上之行為人始能構成。**我國刑法對於陰謀犯原則上不加以處罰，僅在對國家法益有嚴重侵害的情形下始有處罰規定，例如刑法第 101 條第 2 項之內亂罪、刑法第 103 條第 3 項之外患罪等。

(三) **預備**：**預備是行為人為了實現其犯罪決意或陰謀，在著手實行前所為之準備行為，藉以協助其犯罪之實現。**我國刑法在侵害重大法益的犯罪有處罰預備犯之規定，例如刑法第 271 條第 3 項之預備殺人罪、刑法第 328 條第 5 項之預備強盜罪、刑法第 173 條第 3 項之預備放火罪等。須注意的是，**並非所有犯罪皆有預備階段，例如在臨時起意殺人之案例中，行為人之行為則無預備階段，在決意後則直接著手實行。**

(四) **著手實行**：在未處罰預備犯之犯罪類型中，著手實行是犯罪行為的開始，**行為人一經著手，則至少構成未遂行為。關於著手的標準為何，有主觀說、客觀說等，而通說係採主客觀混合理論，即以行為人主觀之犯罪決意或計畫為背景，如一般人立於與行為人相同的立場觀察，可認為行為人之行為對於保護客體造成直接危險或與構成要件行為具有密切關聯性時，即為著手。另外實務上對於竊盜之著手，係認為行為人以行竊之意思接近財物，並進而物色財物。**

(五) **未遂或既遂**：著手為未遂之開始，行為人一經著手，則至少構成未遂行為已如前述。所謂**未遂，係指行為人之行為在客觀上並未滿足所有構成要件要素，在法律有未遂犯處罰之明文規定時，構成未遂犯。所謂既遂，乃行為在客觀上該當所有構成要件要素，為既遂犯。**

四、犯罪之分類

(一) **初犯與累犯**

1. **初犯**：指初次犯罪的人。
2. **累犯**：
   (1) 受徒刑之執行完畢，或一部之執行而赦免後，五年內故意犯有期徒刑以上之罪者。累犯之行為，依法加重本刑至二分之一。
   (2) 因強制工作而免其刑之執行者，於受強制工作處分之執行完畢或一部之執行而免除後，五年以內故意再犯有期刑徒刑以上之罪者，以累犯論。

法學小教室

刑法第 47 條第 1 項規定：「受徒刑之執行完畢，或一部之執行而赦免後，五年以內故意再犯有期徒刑以上之罪者，為累犯，加重本刑至二分之一。」依據司法院大法官民國 108 年 2 月 22 日釋字第 775 號解釋，有關累犯加重本刑部分，對人民受憲法第 8 條保障之人身自由所為限制，不符憲法罪刑相當原則，牴觸憲法第 23 條比例原則。於此範圍內，有關機關應自本解釋公布之日起 2 年內，依本解釋意旨修正之。於修正前，為避免發生罪刑不相當之情形，法院就該個案應依本解釋意旨，裁量是否加重最低本刑。

(二) 一般犯與身分犯

1. **一般犯**：一般犯是所有人皆可以成為適格行為主體之犯罪，例如竊盜罪、搶奪罪等。

2. **身分犯**：身分犯是指唯有具備特定資格或條件之行為人，始能成立之犯罪，例如賄賂罪以具有公務員身分者始能成立、殺直系血親尊親屬罪僅具有直系血親卑親屬身分者始能成立。深究之，身分犯可分為純正身分犯與不純正身分犯，茲敘述如下：

(1) **純正身分犯**：**行為人具備特定身分或關係，是犯罪成立之必要條件，無此身分或關係者，則無法成立犯罪。**例如刑法第120條委棄守地罪唯有公務員始能成立該罪，又刑法第274條生母殺嬰罪唯有被害嬰兒之生母始能成立該罪。此外，應注意針對這種純正身分犯之犯罪類型，若有其他正犯或共犯之情形應如何處理，**刑法第31條第1項規定：「因身分或其他特定關係成立之罪，其共同實行、教唆或幫助者，雖無特定關係，仍以正犯或共犯論。但得減輕其刑。」**例如甲教唆有配偶之人乙與他人通姦，則甲為通姦罪之共犯（教唆犯），但得減輕其刑。

(2) **不純正身分犯**：**行為人具備特定身分或關係，是刑法用以加重或減輕刑責之理由。**例如刑法第280條規定，對直系血親尊親屬犯傷害罪者，加重其刑至二分之一，因此在本例中也只有直系血親卑親屬能成為該罪適格之行為主體。此外，應注意針對這種不純正身分犯之犯罪類型，若有其他正犯或共犯之情形應如何處理，**刑法第31條第2項規定：「因身分或其他特定關係致刑有重輕或免除者，其無特定關係之人，科以通常之刑。」**例如上例中，若尚有不具備直系血親卑親屬身分者共同與直系血親卑親屬傷害其直系血親尊親屬時，該不具備直系血親卑親屬身分者僅能論以刑法第277條傷害罪。

(三) 正犯與共犯【107年一般警四、111年警四】

1. **正犯**：

(1) 單獨犯：即一人單獨犯罪，又稱單獨正犯。

(2) **共同正犯**：**兩人以上之單獨正犯，基於共同之行為決意，各自分擔**

> **法學小教室**
>
> 刑法對於共犯之處罰係採限制從屬性理論，即共犯之成立僅須從屬於正犯之構成要件該當性、違法性即可。例如：甲教唆無責任能力之人乙犯罪並既遂，甲成立該罪之教唆犯。

犯罪行為之一部或全部，以實行犯罪構成要件。換言之，共同正犯乃二個以上之行為人，具有犯意聯絡與行為分擔為其成立要件。例如甲乙丙三人共同謀議策畫竊取富商的住宅，並約定甲負責把風、乙負責開鎖、丙則且竊取金銀財寶，則三人為共同正犯。須注意的是，大法官在釋字第 109 號解釋謂：「以自己共同犯罪之意思，參與實施犯罪構成要件以外之行為，或以自己共同犯罪之意思，事先同謀，而由其中一部分人實施犯罪之行為者，均為共同正犯。」乃承認實行共同正犯（前者）與共謀共同正犯（後者）之概念，故就實務的立場而言，二人以上只要有共同之行為決意，不以參與實行犯罪構成要件之行為為要件（前者），為共同正犯；或二人以上雖事前同謀犯罪，但同謀後並未參與實行犯罪構成要件之行為者（後者），亦為共同正犯。

(3) 間接正犯：

A. 意義：**所謂的間接正犯是指居於意思支配地位，利用他人不成立犯罪的行為，以達到自己的犯罪目的。**被利用之該他人可能因為構成要件不該當、不具違法性或無責任能力而不成立犯罪。

B. 成立間接正犯的情形：【111 年司五】

a. 利用他人構成要件不該當的行為：

(A) 該他人欠缺故意之行為：例如甲意圖殺死乙，乃郵寄炸彈包裹一個，由郵差投遞，於乙接獲包裹拆卸時果然被炸身亡，郵差對其所投遞之物為炸彈並無認識，因此不具有故意。

(B) 利用他人不具構成要件該當性之行為：例如甲為了殺盲人乙，而誘引乙觸摸高壓電，此時乙的行為外觀上為自殺行為，不具有構成要件該當性。

b. 利用他人不具違法性的行為：例如甲與乙交惡，得知乙與殺手丙有不睦，因此從中挑撥，告訴乙說丙計畫殺乙，乙一氣之下，提刀欲殺丙，反被丙反擊而死。此時丙的行為為正當防衛，不具有違法性，不成立犯罪。

c. 利用他人無罪責之行為：例如甲教唆十二歲之乙潑灑汽油焚燒丙所開設之書店。此時因為乙是刑法上無責任能力人，不成立犯罪。

2. **共犯**：【107 年關四】

(1) **教唆犯**：

A. **指唆使無犯意或犯意未定之有責任能力人，使其發生犯罪之決心，並進而實行犯罪行為者。**

B. **教唆犯為從犯，依其所教唆之罪處罰之。**

(2) **幫助犯**：

A. **幫助犯自己並無犯罪之意思與行為，僅於他人犯罪時給予物質、精神上的援助，使其易於實行或完成犯罪行為之意。**

B. **幫助他人犯罪，雖該他人不知幫助之情事，亦得構成幫助犯。**

C. **幫助犯為從犯，得按正犯之刑減輕之。**

(四) **既遂犯與未遂犯**【107 年一般警四】

1. **既遂犯**：實行之犯罪行為已發生或已具備預期之結果，且完成犯罪構成要件之全部行為。

既遂犯與未遂犯之區別在於犯罪結果之發生。此外，著手為未遂之開始，行為尚未著手即無未遂之可能。

2. **未遂犯**：行為人已著手實行犯罪但尚未完成，或雖已完成但未發生預期之結果。

3. **未遂犯與既遂犯之區別**：未遂犯乃是著手於犯罪行為之實行而不遂之謂。**具體來說，如果行為人著手於犯罪行為之實行，並且完全實現犯罪構成要件，則為犯罪之既遂。反之，如果行為人已著手於犯罪行為之實行而未完全實現構成要件要素者，則為犯罪之未遂，至於未被實現的構成要件要素則未必是構成要件結果，也可能是因果關係或其他構成要件要素。**例如：甲出於殺人故意，對乙開槍，結果未打中要害，而未發生乙死亡之結果，此時甲的開槍行為，成立殺人未遂罪；或例如甲出於殺人故意，對乙開槍，結果子彈未射中乙之前，乙就突然心臟病發死亡，雖然仍然發生乙死亡之事實，但並非甲開槍行為所造成，欠缺因果關係，此時亦是成立殺人未遂罪。

4. **未遂犯之構成要件**：

(1) **法律有處罰規定**：依刑法第 25 條第 2 項前段規定，未遂犯之處罰，以有特別規定者為限。換言之，未遂犯成立之前提是刑法對該罪的未遂行為設有處罰之規定。

(2) **主觀構成要件**：行為人主觀上具有實現犯罪之故意，換言之，成立未遂犯之主觀要件，與成立既遂犯罪之主觀要件並無差異。

(3) **客觀構成要件**：

A. **著手實行犯罪行為**：學說上多數認為，著手之標準採取主客觀混合理論，即行為人直接依其對於行為之認識，而開始實行足以實現構成要件之行為，依一般人之客觀觀察，亦足以認為行為人已開始實行足以實現構成要件之行為，即可認定行為已達著手實行的行為階段。

B. **未完全實現犯罪構成要件**：若行為人之行為已完全實現犯罪構成要件，則此時已為犯罪之既遂。

5. **中止未遂與普通未遂之區別**：

(1) 定義：

A. 普通未遂：通常是行為人在實施之際或結束後發生障礙，對於行為人而言，難以完成犯罪心願。

B. **中止未遂**：**則指行為人自發的誠摯悔悟，放棄行為的繼續實施，或行為完成後設法防止結果發生，而且結果也真的未發生。**

(2) 區別：**普通未遂與中止未遂最重要的區別在於是否「出於己意中止」。**

A. 普通未遂係行為人著手於犯罪行為時，遭遇料想不到的障礙事由而不情願地放棄犯罪；中止未遂則係行為人客觀上雖尚有能力實現犯罪，但主觀上自願放棄犯罪，或積極防止犯罪結果之產生。

B. 中止意思之有無：中止未遂具有中止意思；普通未遂則否。而中止意思係指，行為人出於自主之動機，主觀上完全自願地捨棄其整個犯罪計畫之故意。自主之動機是否有限制，學說有不同意見，有認為行為人之自主動機不以值得稱讚者，或具有倫理道德價值者為必要。亦有認為行為人之自主動機應係出自於倫理上的自我要求而放棄犯罪。

C. 中止行為之有無：中止未遂必須具備中止行為。**中止行為於未了未遂時係指消極地放棄實行犯罪，刑法第 27 條第 1 項前段規定「已著手於犯罪行為之實行，而因己意中止」之情形屬之。而於既了未遂時，行為人不僅要放棄犯罪之實行，尚應積極地防免犯**

罪結果之發生，刑法第 27 條第 1 項前段規定「已著手於犯罪行為之實行，而防止其結果之發生者」之情形屬之。若行為人有中止意思卻無中止行為，即使犯罪最後未達既遂，仍屬普通未遂。

6. **不能未遂與普通未遂之不同**【109 年地特三】

(1) 定義：

A. 普通未遂是指，行為人著手於犯罪行為之實行，僅因偶然的原因未能完全實現犯罪構成要件。

B. **不能未遂是指，行為人著手於犯罪行為之實行，但因為行為人所採取的手段不能發生犯罪結果，且對構成要件保護的法益無危險。**

(2) 不能未遂與普通未遂之不同：

A. 行為人所採取的手段是否對法益會造成危險不同：**於普通未遂中，行為人所採取的手段，本來可以導致構成要件完全被實現，只是因為發生偶然的因素，導致構成要件未被完全實現。然不能未遂之行為人所採取的手段，本質上即不可能導致犯罪構成要件被實現**，例如：行為人以為砂糖具有毒性，因此將砂糖加到咖啡中拿給被害人喝，此時行為人以砂糖為殺人工具，本質上就不可能發生被害人被毒死的結果，因此對被害人的生命法益無任何危險存在，因此為不能未遂。

B. 法律效果不同：普通未遂依刑法第 25 條第 2 項規定，得按既遂犯之刑減輕之；不能未遂依照刑法第 26 條規定，則為不罰。換言之，普通未遂仍成立犯罪，只是在量刑上得減輕，但不能未遂根本不成立犯罪。

(五) **作為犯與不作為犯**

1. **作為犯**：行為人以「作為」之行為方式以實現犯罪構成要件者，為一般典型的犯罪類型，如殺人。

2. **不作為犯**：以不作為的方式違反誡命規範或禁止規範。不作為犯因其所違反規範之不同而有以下區分：【109 年關四】

(1) **純正不作為犯：單純以不作為的方式違反刑法所規定只能以不作為的方式始能該當犯罪構成要件之犯罪類型。換言之，即以不作為的方式違反刑法之誡命規範**。例如刑法第 306 條第 2 項後段規定「受退去之要求而仍留滯者」、或刑法第 149 條之公然聚眾不解散罪。

(2) **不純正不作為犯：行為人以不作為的方式違反刑法所規定本以作為的方式始能該當犯罪構成要件之犯罪類型。換言之，即以不作為的方式違反刑法之禁止規範。**例如刑法第 271 條第 1 項之殺人罪，其典型之行為方式係以作為的方式為之，今若有母親不給嬰兒餵食導致其死亡時，則是構成該罪之不純正不作為犯。**須注意的是，行為人成立不純正不作為犯，必須尚有作為義務始能成立。所謂的作為義務，即保證人地位，其情形如下：**

A. **保護者保證**：乃對一定法益具有特別的保護義務而避免其遭受侵害，例如父母子女間對彼此的生命或身體法益互居保證人地位、登山隊的成員彼此間互負保證人地位、救生員因事實上自願承擔成為保護者，故對泳客亦有保證人地位。**刑法第 15 條第 1 項規定：「對於犯罪結果之發生，法律上有防止之義務，能防止而不防止者，與因積極行為發生結果者同。」**即為同旨。

B. **監督者保證**：對一定的危險源係行為人自己所創造，而負防止侵害發生的義務，例如駕車將人撞倒在地而放任其躺在路邊因流血過多而身亡。**刑法第 15 條第 2 項規定：「因自己行為致有發生犯罪結果之危險者，負防止其發生之義務。」**即為同旨。

(六) **加重結果犯與結合犯**

1. **加重結果犯**：加重結果犯之立法目的，係為衡平刑責，避免因行為人之行為導致加重結果發生，卻課以較輕之罪責，使得該罪責與行為人之行為在罪刑上顯不相當。**加重結果犯是結合故意犯與過失犯之犯罪類型，即行為人基於故意為基本犯罪行為（輕罪），竟因過失（對加重結果具備預見可能性）而導致加重結果（重罪）之發生，此基本犯罪行為與加重結果間具有因果關係，而在法律有明文處罰加重結果犯之規定下，行為人必須負責。刑法第 17 條為加重結果犯之基本規定：「因犯罪致發生一定之結果，而有加重其刑之規定者，如行為人不能預見其發生時，不適用之。」**具體事例如刑法第 277 條第 2 項傷害致死罪、刑法第 293 條第 2 項遺棄致死罪等。

2. **結合犯：結合犯是結合兩個單一構成要件犯罪所形成的獨立構成要件犯罪類型**，例如刑法第 332 條第 2 項第 1 款強盜放火罪，強盜罪與放火罪皆可以是兩個不同的單一構成要件犯罪，亦可結合成一獨立構成要件之結合犯。結合犯與加重結果犯之不同，主要是結合犯是結合兩個故意犯之犯罪類型，而加重結果犯則是結合故意犯與過失犯之犯罪類型。

小試身手

(　　) **1** 刑法規定未滿幾歲之人其行為不罰？ (A)十二歲 (B)十四歲 (C)十八歲 (D)二十歲。

(　　) **2** 對於下列何者犯罪類型，行為人必須有保證人地位始構成該罪？ (A)中止未遂犯 (B)結合犯 (C)不純正身分犯 (D)不純正不作為犯。

(　　) **3** 某消防隊員為入火場救火，而打破屋主之門窗。試問該消防隊員可主張何種理由而免除毀損罪之責任？ (A)正當防衛 (B)緊急避難 (C)無期待可能性 (D)無故意。

(　　) **4** 下列何者非普通未遂之要件？ (A)行為人已著手 (B)行為無法造成客體之危險 (C)構成要件結果未實現 (D)刑法有處罰未遂之規定。

(　　) **5** 已著手於犯罪之實行，而因己意中止或防止其結果之發生者，稱？ (A)未遂犯 (B)不能犯 (C)中止犯 (D)預備犯。

(　　) **6** 下列何者非刑法所規定之阻卻違法事由？ (A)業務上之正當行為 (B)緊急避難行為 (C)依法令之行為 (D)義務衝突。

(　　) **7** 下列關於犯罪構成要件之敘述，何者正確？ (A)故意及過失為主觀構成要件要素 (B)構成要件於犯罪的判斷上，在違法性之後 (C)符合客觀構成要件之行為，即構成要件該當之行為 (D)構成要件該當之行為，足以表徵行為人之有責性。

(　　) **8** 依據刑法第31條第2項之規定，因身分或其他特定關係致刑有重輕或免除者，其無特定關係之人，如何？ (A)科以該罪較重之刑 (B)科以該罪較輕之刑 (C)免除其刑 (D)科以該罪通常之刑。

(　　) **9** 在故意未遂犯的犯罪中，關於犯罪之檢驗無須檢討下列何者？ (A)主觀構成要件之故意 (B)客觀構成要件之因果關係與客觀歸責 (C)違法性 (D)有責性。

答 **1 (B)**　**2 (D)**　**3 (B)**　**4 (B)**　**5 (C)**
6 (D)　**7 (A)**　**8 (D)**　**9 (B)**

第三節 | 刑罰論

刑罰又稱為刑事制裁，係對於違反刑事法者之處罰。刑罰就適用來說，可分為：

(一) **法定刑：指法律規定就特定犯罪所得科處的刑罰範圍**，例如刑法第 271 條第 1 項殺人罪之法定刑為死刑、無期徒刑或十年以上有期徒刑。

(二) **處斷刑：為法定刑之修正，乃刑法就特定犯罪具有加重或減輕等事由，於裁判時所選擇之刑**，例如刑法第 134 條規定，公務員假借職務上之權力、機會或方法，以故意犯瀆職罪章以外各罪者，加重其刑至二分之一。

(三) **宣告刑：指裁判者在法定刑或處斷刑的範圍內，對外所宣告被告應受如何之刑罰宣示**，例如甲殺人處有期徒刑十年。

(四) **執行刑：係就被告所宣告各罪之刑，合併而定其應執行之刑罰。**執行刑發生在數罪併罰之情形，依刑法第七章之規定處理，例如甲於裁判確定前犯三罪，分別受二年、三年與十年有期徒刑之宣告，依刑法第 51 條第 5 款規定（宣告多數有期徒刑者，於各刑中之最長期以上，各刑合併之刑期以下，定其刑期。但不得逾三十年），應在十年以上，十五年以下定其應執行刑。

關於刑罰的內容，於本書第五章已有相關介紹，茲補充說明另列如下：

一、刑之種類及範圍【107年關三、108年一般警四、109年關四】

(一) **刑分為主刑及從刑。**

(二) **主刑之種類如下：**

1. **死刑。**
2. **無期徒刑。**
3. **有期徒刑：**二月以上十五年以下。但遇有加減時，得減至二月未滿，或加至二十年。
4. **拘役：**一日以上，六十日未滿。但遇有加重時，得加至一百二十日。
5. **罰金：**新臺幣一千元以上，以百元計算之。

(三) **從刑之種類如下**

褫奪公權：包括褫奪為公務員之資格以及為公職候選人之資格。宣告之方法如下：

1. 宣告死刑或無期徒刑者，宣告褫奪公權終身。
2. 宣告一年以上有期徒刑，依犯罪之性質認為有褫奪公權之必要者，宣告一年以上十年以下褫奪公權。其期間自主刑執行完畢或赦免之日起算。但同時宣告緩刑者，其期間自裁判確定時起算之。
3. 褫奪公權，於裁判時併宣告之。
4. 褫奪公權之宣告，自裁判確定時發生效力。

(四) **沒收**：104 年 12 月 17 日將沒收列為專章第 5-1 章認為沒收為本法所定刑罰及保安處分以外之法律效果，具有獨立性。沒收，除有特別規定者外，於裁判時併宣告之。違禁物或專科沒收之物得單獨宣告沒收。違禁物、犯罪所得之物，因事實上或法律上原因未能追訴犯罪行為人之犯罪或判決有罪者，得單獨宣告沒收。關於沒收之物如下：
1. 違禁物，不問屬於犯罪行為人與否，沒收之。
2. 供犯罪所用、犯罪預備之物或犯罪所生之物，屬於犯罪行為人者，得沒收之。但有特別規定者，依其規定。
3. 供犯罪所用、犯罪預備之物或犯罪所生之物，屬於犯罪行為人以外之自然人、法人或非法人團體，而無正當理由提供或取得者，得沒收之。但有特別規定者，依其規定。
4. 犯罪所得，屬於犯罪行為人者，沒收之。但有特別規定者，依其規定。
5. 犯罪行為人以外之自然人、法人或非法人團體，因下列情形之一取得犯罪所得者，亦同：(1) 明知他人違法行為而取得。(2) 因他人違法行為而無償或以顯不相當之對價取得。(3) 犯罪行為人為他人實行違法行為，他人因而取得。【107 年關三、一般警三】

(五) **追徵**：追徵、追繳係屬無法執行沒收時之替代手段，最終目的在無法執行沒收時，自其他財產剝奪相當價額，其方式可為價額追徵或財物之追繳、抵償，為此本係執行之方法，而非從刑，無須於本法區分，故刪除沒收、追徵、追繳或抵償為從刑之規定（刪除刑法第 34 條規定），統一沒收之替代手段為追徵。
1. 違禁物、供犯罪所用、犯罪預備之物、犯罪所生之物之沒收，於全部或一部不能沒收或不宜執行沒收時，追徵其價額（第 38 條第 4 項）。
2. 犯罪所得之沒收，於全部或一部不能沒收或不宜執行沒收時，追徵其價額（第 38-1 條第 3 項）。

3. 為優先保障被害人因犯罪所生之求償權，爰參考德國刑法第 73 條第 1 項第 2 句，增訂第 38-1 條第 5 項規定：「犯罪所得已實際合法發還被害人者，不予宣告沒收或追徵。」但僅限於個案實際已經發還被害人之求償額度內，始能適用發還排除沒收之原則，不得泛以可能存有求償權之被害人為由，既不沒收亦不發還。否則犯罪行為人繼續享有犯罪所得，徹底背離利得沒收制度之本旨。

二、累犯

(一) **受徒刑之執行完畢，或一部之執行而赦免後，五年以內故意再犯有期徒刑以上之罪者，為累犯，加重本刑至二分之一。**

(二) **因強制工作而免其刑之執行者，於受強制工作處分之執行完畢或一部之執行而免除後，五年以內故意再犯有期徒刑以上之罪者，以累犯論。**

(三) 裁判確定後，發覺為累犯者，仍須依累犯之規定更定其刑。但刑之執行完畢或赦免後發覺者，不在此限。

法學小教室

有關刑法第 47 條第 1 項累犯加重本刑部分，依據釋字第 775 號解釋，不分情節一律加重對人民受憲法第 8 條保障之人身自由所為限制，不符憲法罪刑相當原則，牴觸憲法第 23 條比例原則。於此範圍內，有關機關應自本解釋公布之日起 2 年內（108 年 2 月 22 日），依本解釋意旨修正之。於修正前，為避免發生罪刑不相當之情形，法院就該個案應依本解釋意旨，裁量是否加重最低本刑。是在修法 2 年期限屆至前，本案應由法官依據個案情節裁量是否加重。另外，刑法第 48 條前段與憲法一事不再理原則有違，應自本解釋公布之日起失其效力。

三、數罪併罰

(一) **實質競合**：指行為人基於數犯意為數行為，導致數構成要件該當而成立數罪，此數罪皆係在裁判確定前所違犯，此數罪之關係為實質競合，依數罪併罰之規定處理。即依刑法第 50 條規定，裁判確定前犯數罪者，應併合處罰之。如何處罰，則依刑法第 51 條之規定處理。

(二) **想像競合**：刑法第 55 條規定：「一行為而觸犯數罪名者，從一重處斷。但不得科以較輕罪名所定最輕本刑以下之刑。」此為想像競合（犯）之規定，乃行為人基於一犯意為一行為，而導致數構成要件該當而成立數罪。

該一行為所觸犯之數罪，本質上亦為數罪併罰之關係，只不過在量刑上為從一重處斷。【111 年鐵佐】

四、刑之酌科及加減【107年關四、111年警四】

(一) **酌量減輕**：犯罪之情狀顯可憫恕，認科以最低度刑仍嫌過重者，得酌量減輕其刑。依法律加重或減輕者，仍得再酌量減輕其刑。

(二) **自首**：**刑法第 62 條：「對於未發覺之罪自首而受裁判者，得減輕其刑。但有特別規定者，依其規定。」自首即指犯人對未被發現之犯罪，向該管公務員告知自己犯罪，並表示願接受制裁。並表示願接受制裁。而 108 年台上大字第 3563 號刑事裁定推翻以往實務對於裁判上一罪中輕罪雖被偵查機關發覺，但重罪尚未被發覺時，行為人自首重罪，仍不符合自首要件之見解。即大法庭認為此時仍適用自首之規定。**

(三) 未滿十八歲人或滿八十歲人犯罪者，不得處死刑或無期徒刑，本刑為死刑或無期徒刑者，減輕其刑。

(四) 死刑、無期徒刑不得加重。死刑減輕者，為無期徒刑；無期徒刑減輕者，為二十年以下十五年以上有期徒刑。

(五) 有期徒刑、拘役、罰金減輕者，減輕其刑至二分之一。但同時有免除其刑之規定者，其減輕得減至三分之二。

五、緩刑【110年關四】

(一) **意義**：**受二年以下有期徒刑、拘役或罰金宣告之人，法院認為以暫不執行為適當者，宣告二年以上五年以下之期間，暫緩執行其刑；若宣告緩刑期間期滿，而未再犯有期徒刑以上之宣告者，其刑之宣告失其效力，視為自始未犯。**

(二) **要件**

1. 須受二年以下有期徒刑、拘役或罰金之「本刑」宣告，若因減刑才成為二年有期徒刑者，仍不得緩刑，例如，宣告之本刑為三年，但減刑為二年以下者，仍不得宣告緩刑。

法學小教室

刑事訴訟法上有緩起訴制度，須自行比較之。

2. 須未曾因故意犯罪受有期徒刑以上刑之宣告，或雖因故意犯罪受有期徒刑以上刑之宣告，但已執行完畢或赦免後五年以內未曾因故意犯罪受有期徒刑以上刑之宣告者。
3. 緩刑須審酌實際情況，以暫不執行為適當之情況下，始得宣告緩刑。
4. 緩刑期間為二年以上五年以下，其標準由法院斟酌定之。

(三) 效力

1. **緩刑期間之起算日**：裁判確定日。
2. **法院為緩刑宣告，得斟酌情形，於判決書附記命犯罪行為人為下列事項：**
   (1) 向被害人道歉。（憲法法庭已宣告違憲）
   (2) 立悔過書。（憲法法庭已宣告違憲）
   (3) 向被害人支付相當數額之財產或非財產上之損害賠償。
   (4) 向公庫支付一定之金額。
   (5) 向指定之公益團體、地方自治團體或社區提供四十小時以上二百四十小時以下之義務勞務。
   (6) 完成戒癮治療、精神治療、心理輔導或其他適當之處遇措施。
   (7) 保護被害人安全之必要命令。
   (8) 預防再犯所為之必要命令。
3. 緩刑之效力不及於從刑與保安處分之宣告。
4. 緩刑期滿而緩刑宣告未被撤銷者，視為已改過自新，使其回復與未犯罪者同一地位。因此，「刑之宣告失其效力」，視為自始未犯罪，而不發生累犯之適用。
5. 緩刑若經法院撤銷，則仍需執行所宣告之刑。

(四) 緩刑之撤銷方式有二【110 年高考】

必要撤銷	受緩刑宣告而有下列情況，法官應撤銷其緩刑： (1) 緩刑期內再犯罪，並受有期徒刑以上刑之宣告確定者。 (2) 緩刑前犯他罪，而在緩刑期內受有期徒刑以上刑之宣告。
裁量撤銷	乃指受緩刑宣告者被裁付保護管束者，若違反保護管束規則情節重大者，得由檢察官聲請該法院裁定撤銷其緩刑。

六、假釋

(一) **意義**：乃指犯人尚未屆滿刑期，但已經過一定刑期之徒刑執行，而有悛悔實據，得由監獄報請法務部，允許其提前出獄，在假釋出獄中，若保持善行，其未執行之刑，以執行論。

(二) **要件**

1. 受刑人須受有期或無期徒刑之宣判，且已實際受徒刑之執行，始有假釋之適用。若僅受拘役宣告，或雖受徒刑之宣告，但尚未受徒刑之執行者，均無假釋之適用。
2. **受刑人須達以下法定期開始可聲請假釋：**
   (1) **無期徒刑逾二十五年。**
   (2) **有期徒刑逾二分之一，累犯逾三分之二。**
3. **若因以下情況，仍不適用假釋規定：**
   (1) 有期徒刑執行未滿六個月者。
   (2) 犯最輕本刑五年以上有期徒刑之罪之累犯，於假釋期間，受徒刑之執行完畢，或一部之執行而赦免後，五年以內故意再犯最輕本刑為五年以上有期徒刑之罪者。
   (3) 犯第90-1條所列之罪，於徒刑執行期間接受輔導或治療後，經鑑定、評估其再犯危險未顯著降低者。
4. **受刑人須有確實紀錄足堪認定已有改過遷善者始得假釋。**

(三) **效力：無期徒刑假釋後滿二十年，或有期徒刑所餘之刑期內未被撤銷假釋者，其未執行之刑，以「已執行」論。因此，假釋期滿，其罪刑之宣告仍然存在，若五年內故意再犯罪，仍屬累犯。**

(四) **撤銷：**

法學小教室

刑之種類、累犯、自首、緩刑、假釋等概念為常出現考題。

1. 假釋中因故意更犯罪，受逾六月有期徒刑之宣告確定者，撤銷其假釋。
2. 假釋中因故意更犯罪，受緩刑或六月以下有期徒刑之宣告確定，而有再入監執行刑罰之必要者，得撤銷其假釋。
3. 前二項之撤銷，於判決確定後六月以內為之。但假釋期滿逾三年者，不在此限。
4. 假釋撤銷後，其出獄日數不算入刑期內。

七、時效【109年台電】

規定追訴權及行刑權之消滅時效。

(一) 追訴權時效：**乃犯罪發生後，基於法律規定，因一定期間之經過，不提起公訴或自訴者，刑罰請求權即因而消滅之時效制度。追訴權時效之起算，原則自犯罪成立之日算起。**

(二) 行刑權時效：**乃科刑裁判確定後，基於一定之原因，不能執行其刑，而經過法定期間，使刑罰執行權歸於消滅之制度。行刑權時效之期間，自裁判確定之日算起。**

期間與效力	追訴權時效（刑 80 ～ 83） （以最重本刑計算）	行刑權時效（刑 84 ～ 85） （以宣告刑計算）
死刑、無期徒刑、10 年以上有期徒刑	30 年 （但發生死亡結果不在此限）	40 年
3 年以上 10 年未滿有期徒刑	20 年	30 年
1 年以上 3 年未滿有期徒刑	10 年	15 年
1 年未滿有期徒刑、拘役或罰金	5 年	7 年
起算時點	1. 自犯罪成立之日起。 2. 繼續犯之行為終了日起算。	1. 自裁判確定之日起。 2. 因保安處分先於刑罰執行者，自保安處分執行完畢之日起算。（刑 84 II）
停止原因	1. 起訴。 2. 依法停止偵查。 3. 因逃匿而通緝。(刑 83 Ｉ)	1. 刑之執行。 2. 依法應停止執行者。 3. 因受刑人逃匿而通緝或執行期間脫逃未能繼續執行者。 4. 受刑人依法另受拘束自由者。（刑 85 I）
停止原因消滅	刑 83 II	刑 85 II
效力	不得再行追訴。	不得再予執行。

八、保安處分

保安處分是國家在防制犯罪政策上，除採取刑罰以外，**基於社會防衛必要性，用以矯治、改善犯罪行為人**，另外採取之補充或代替刑罰之保障社會安全之處分。保安處分之規定於刑法第 86 條至第 95 條，本書於第五章已有相關介紹，請參照。

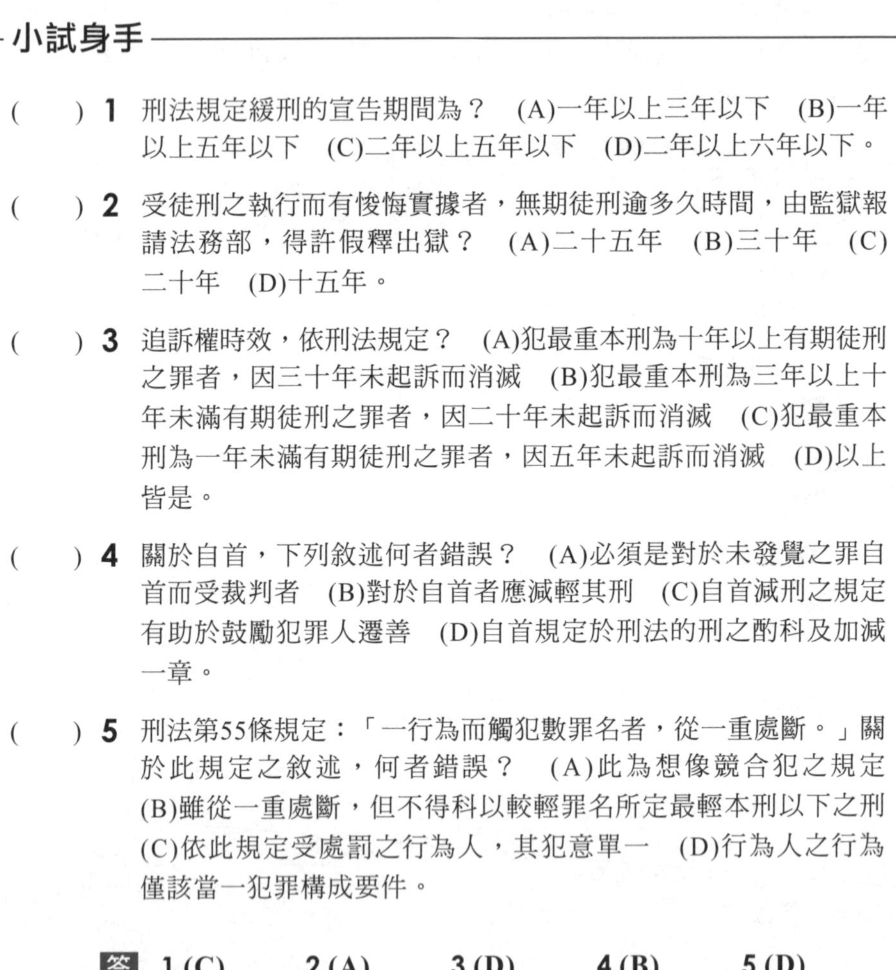

小試身手

( ) **1** 刑法規定緩刑的宣告期間為？ (A)一年以上三年以下 (B)一年以上五年以下 (C)二年以上五年以下 (D)二年以上六年以下。

( ) **2** 受徒刑之執行而有悛悔實據者，無期徒刑逾多久時間，由監獄報請法務部，得許假釋出獄？ (A)二十五年 (B)三十年 (C)二十年 (D)十五年。

( ) **3** 追訴權時效，依刑法規定？ (A)犯最重本刑為十年以上有期徒刑之罪者，因三十年未起訴而消滅 (B)犯最重本刑為三年以上十年未滿有期徒刑之罪者，因二十年未起訴而消滅 (C)犯最重本刑為一年未滿有期徒刑之罪者，因五年未起訴而消滅 (D)以上皆是。

( ) **4** 關於自首，下列敘述何者錯誤？ (A)必須是對於未發覺之罪自首而受裁判者 (B)對於自首者應減輕其刑 (C)自首減刑之規定有助於鼓勵犯罪人遷善 (D)自首規定於刑法的刑之酌科及加減一章。

( ) **5** 刑法第55條規定：「一行為而觸犯數罪名者，從一重處斷。」關於此規定之敘述，何者錯誤？ (A)此為想像競合犯之規定 (B)雖從一重處斷，但不得科以較輕罪名所定最輕本刑以下之刑 (C)依此規定受處罰之行為人，其犯意單一 (D)行為人之行為僅該當一犯罪構成要件。

答 **1 (C)** **2 (A)** **3 (D)** **4 (B)** **5 (D)**

第四節 刑法分則

整部刑法可分為刑法總則與刑法分則，上開第一節至第三節乃就刑法總則所作之介紹，是刑法分則中各個犯罪所共通適用的原則。至於刑法分則所規範的內涵原則上是指犯罪成立要件中有關構成要件該當性之探討。換言之，行為符合刑法分則各個條文所描述的構成要件要素時，則原則上即可認為行為該當於該犯罪之構成要件。刑法的目的是保護法益，則刑法分則所規定之犯罪，從法益的角度出發，可分為侵害國家法益之罪、侵害社會法益之罪與侵害個人法益之罪三者，茲就重要條文介紹如下：

一、侵害國家法益之罪

(一) 不違背職務受賄罪

1. **普通法規定：**公務員或仲裁人對於職務上之行為，要求、期約或收受賄賂或其他不正利益者，處七年以下有期徒刑，得併科七十萬元以下罰金（刑法第121條第1項）。
2. **特別法規定：**對於職務上之行為，要求、期約或收受賄賂或其他不正利益者，處七年以上有期徒刑，得併科新臺幣六千萬元以下罰金（貪污治罪條例第5條第1項第3款）。

(二) 不違背職務行賄罪

1. **普通法規定：**刑法對此無處罰規定。
2. **特別法規定：**對於公務員，關於不違背職務之行為，行求、期約或交付賄賂或其他不正利益者，處三年以下有期徒刑、拘役或科或併科新臺幣五十萬元以下罰金（貪污治罪條例第11條第2項）。自首者，免除其刑；在偵查或審判中自白者，減輕或免除其刑（貪污治罪條例第11條第5項）。

(三) 違背職務受賄罪【111年鐵佐、司五】

1. **普通法規定：**公務員或仲裁人對於違背職務之行為，要求、期約或收受賄賂，或其他不正利益者，處三年以上十年以下有期徒刑，得併科二百萬元以下罰金。因而為違背職務之行為者，處無期徒刑或五年以上有期徒刑，得併科四百萬元以下罰金（刑法第122條第1項、第2項）。
2. **特別法規定：**對於違背職務之行為，要求、期約或收受賄賂或其他不正利益者，處無期徒刑或十年以上有期徒刑，得併科新台幣一億元以下罰金（貪污治罪條例第4條第1項第5款）。【111年初考】

(四) **違背職務行賄罪**

1. **普通法規定**：對於公務員或仲裁人關於違背職務之行為，行求、期約或交付賄賂或其他不正利益者，處三年以下有期徒刑，得併科三千元以下罰金。但自首者減輕或免除其刑。在偵查或審判中自白者，得減輕其刑（刑法第122條第3項）。

2. **特別法規定**：對於公務員，關於違背職務之行為，行求、期約或交付賄賂或其他不正利益者，處一年以上七年以下有期徒刑，得併科新臺幣三百萬元以下罰金（貪污治罪條例第11條第1項）。自首者，免除其刑；在偵查或審判中自白者，減輕或免除其刑（貪污治罪條例第11條第5項）。

(五) **準受賄罪**：於未為公務員或仲裁人時，預以職務上之行為，要求期約或收受賄賂或其他不正利益，而於為公務員或仲裁人後履行者，以公務員或仲裁人要求期約或收受賄賂或其他不正利益論（刑法第123條）。

(六) **對主管或監督事務之圖利罪**

1. **普通法規定**：公務員對於主管或監督之事務，明知違背法令，直接或間接圖自己或其他私人不法利益，因而獲得利益者，處一年以上七年以下有期徒刑，得併科一百萬元以下罰金（刑法第131條第1項）。

2. **特別法規定**：對於主管或監督之事務，明知違背法律、法律授權之法規命令、職權命令、自治條例、自治規則、委辦規則或其他對多數不特定人民就一般事項所作對外發生法律效果之規定，直接或間接圖自己或其他私人不法利益，因而獲得利益者（貪污治罪條例第6條第1項第4款）。

(七) **對非主管或監督事務之圖利罪**

1. **普通法規定**：刑法對此無處罰規定。

2. **特別法規定**：對於非主管或監督之事務，明知違背法律、法律授權之法規命令、職權命令、自治條例、自治規則、委辦規則或其他對多數不特定人民就一般事項所作對外發生法律效果之規定，利用職權機會或身分圖自己或其他私人不法利益，因而獲得利益者（貪污治罪條例第6條第1項第5款）。

(八) **妨害公務罪**【110年關三】（110年1月20日修正）

1. **強暴妨害公務罪**：對於公務員依法執行職務時，施強暴脅迫者，處三年以下有期徒刑、拘役或三十萬元以下罰金。意圖使公務員執行一定之職務或妨害其依法執行一定之職務或使公務員辭職，而施強暴脅迫者，亦同。犯前二項之罪而有下列情形之一者，處六月以上五年以下有期徒刑：一、以駕駛動力交通工具犯之。二、意圖供行使之用而攜帶兇器或其他危險物品犯之。犯前三項之罪，因而致公務員於死者，處無期徒刑或七年以上有期徒刑；致重傷者，處三年以上十年以下有期徒刑（刑法第135條）。【111年司五】

2. **聚眾妨害公務罪：**在公共場所或公眾得出入之場所，聚集三人以上犯前條之罪者，在場助勢之人，處一年以下有期徒刑、拘役或十萬元以下罰金；首謀及下手實施強暴、脅迫者，處一年以上七年以下有期徒刑。因而致公務員於死或重傷者，首謀及下手實施強暴脅迫之人，依前條第四項之規定處斷（刑法第136條）。【111年初考】

(九) **湮滅刑事證據罪：**偽造、變造、湮滅或隱匿關係他人刑事被告案件之證據，或使用偽造、變造之證據者，處二年以下有期徒刑、拘役或一萬五千元以下罰金。犯前條之罪，於他人刑事被告案件裁判確定前自白者，減輕或免除其刑（刑法第165條、第166條）。

(十) **偽證罪：**於執行審判職務之公署審判時或於檢察官偵查時，證人、鑑定人、通譯於案情有重要關係之事項，供前或供後具結，而為虛偽陳述者，處七年以下有期徒刑（刑法第168條）。

(十一) **聚眾不解散罪：**在公共場所或公眾得出入之場所聚集三人以上，意圖為強暴脅迫，已受該管公務員解散命令三次以上而不解散者，在場助勢之人處六月以下有期徒刑、拘役或八萬元以下罰金；首謀者，處三年以下有期徒刑（刑法第149條）。

二、侵害社會法益之罪

(一) 放火罪

1. **現供人使用或有人所在：**放火燒燬現供人使用之住宅或現有人所在之建築物、礦坑、火車、電車或其他供水、陸、空公眾運輸之舟、車、航空機者，處無期徒刑或七年以上有期徒刑。失火燒燬前項之物者，處一年以下有期徒刑、拘役或一萬五千元以下罰金。第一項之未遂犯罰之。預備犯第一項之罪者，處一年以下有期徒刑、拘役或九千元以下罰金（刑法第173條）。

2. **現非供人使用或現未有人所在**：放火燒燬現非供人使用之他人所有住宅或現未有人所在之他人所有建築物、礦坑、火車、電車或其他供水、陸、空公眾運輸之舟、車、航空機者，處三年以上十年以下有期徒刑。放火燒燬前項之自己所有物，致生公共危險者，處六月以上五年以下有期徒刑。失火燒燬第一項之物者，處六月以下有期徒刑、拘役或九千元以下罰金，失火燒燬前項之物，致生公共危險者，亦同。第一項之未遂犯罰之（刑法第174條）。

3. **其他類型之放火罪**：（刑法第175條）

(1) 放火燒燬**前二條以外之他人所有物**，致生公共危險者，處一年以上七年以下有期徒刑。

(2) 放火燒燬**前二條以外之自己所有物**，致生公共危險者，處三年以下有期徒刑。

(3) **失火**燒燬**前二條以外之物**，致生公共危險者，處拘役或九千元以下罰金。

(二) **重大違背義務致交通危險罪**：（刑法第185-3條）

1. 駕駛動力交通工具而有下列情形之一者，處三年以下有期徒刑，得併科三十萬元以下罰金：

(1) 吐氣所含酒精濃度達每公升零點二五毫克或血液中酒精濃度達百分之零點零五以上。

(2) 有前款以外之其他情事足認服用酒類或其他相類之物，致不能安全駕駛。

(3) 尿液或血液所含毒品、麻醉藥品或其他相類之物或其代謝物達行政院公告之品項及濃度值以上。

(4) 有前款以外之其他情事足認施用毒品、麻醉藥品或其他相類之物，致不能安全駕駛。

2. 因而致人於死者，處三年以上十年以下有期徒刑，得併科二百萬元以下罰金；致重傷者，處一年以上七年以下有期徒刑，得併科一百萬元以下罰金。

3. 曾犯本條或陸海空軍刑法第五十四條之罪，經有罪判決確定或經緩起訴處分確定，於十年內再犯第一項之罪因而致人於死者，處無期徒刑或五年以上有期徒刑，得併科三百萬元以下罰金；致重傷者，處三年以上十年以下有期徒刑，得併科二百萬元以下罰金。

(三) **發生交通事故逃逸罪：**（110 年 5 月 28 日修正）

1. 依據釋字第 777 號解釋，中華民國 88 年 4 月 21 日增訂公布之刑法 185 條之 4 規定：「駕駛動力交通工具肇事，**致人死傷而逃逸者**，處 6 月以上 5 年以下有期徒刑。」（102 年 6 月 11 日修正公布同條規定，提高刑度為 1 年以上 7 年以下有期徒刑，構成要件均相同）其中有關「肇事」部分，可能語意所及之範圍，包括「**因駕駛人之故意或過失**」或「**非因駕駛人之故意或過失**」（因不可抗力、被害人或第三人之故意或過失）所致之事故，除因駕駛人之故意或過失所致之事故為該條所涵蓋，而無不明確外，其餘非因駕駛人之故意或過失所致事故之情形是否構成「肇事」，尚非一般受規範者所得理解或預見，於此範圍內，其文義有違法律明確性原則，此違反部分，應自本解釋公布之日起失其效力。
2. 110 年 5 月 28 日公布修正新法內容：「駕駛動力交通工具發生交通事故，致人傷害而逃逸者，處六月以上五年以下有期徒刑；致人於死或重傷而逃逸者，處一年以上七年以下有期徒刑。犯前項之罪，駕駛人於發生交通事故致人死傷係無過失者，減輕或免除其刑。」該條修法重點：
   (1)「**肇事**」改為「**發生交通事故**」，即不管有無故意過失，只要「發生交通事故」，就不能離開現場，要留下來跟傷者或警察表明身分，通知警察處理、協助就醫、對現場做必要處置。又逃逸的駕駛人對車禍的發生有無過失而得以減輕或免除其刑，則交給法院認定。
   (2) 刑度區分「**致人傷害**」、「**致人於死或重傷**」，回應大法官所指在情節輕微之，若不能易科罰金而顯然過苛的情形。

(四) **偽造私文書罪：**偽造、變造私文書，足以生損害於公眾或他人者，處五年以下有期徒刑。（刑法第 210 條）

(五) **偽造公文書罪：**偽造、變造公文書，足以生損害於公眾或他人者，處一年以上七年以下有期徒刑。（刑法第 210 條）

(六) **公文書登載不實罪：**公務員明知為不實之事項，而登載於職務上所掌之公文書，足以生損害於公眾或他人者，處一年以上七年以下有期徒刑。（刑法第 213 條）

(七) **使公務員登載不實罪**：明知為不實之事項，而使公務員登載於職務上所掌之公文書，足以生損害於公眾或他人者，處三年以下有期徒刑、拘役或一千五百元以下罰金。（刑法第 214 條）

(八) **公然猥褻罪**：意圖供人觀覽，公然為猥褻之行為者，處一年以下有期徒刑、拘役或九千元以下罰金。意圖營利犯前項之罪者，處二年以下有期徒刑、拘役或科或併科三萬元以下罰金。（刑法第 234 條）

(九) **賭博罪**：（刑法第 266 條）

1. 在公共場所或公眾得出入之場所賭博財物者，處五萬元以下罰金。
2. 以電信設備、電子通訊、網際網路或其他相類之方法賭博財物者，亦同。
3. 前二項以供人暫時娛樂之物為賭者，不在此限。
4. 犯第一項之罪，當場賭博之器具、彩券與在賭檯或兌換籌碼處之財物，不問屬於犯罪行為人與否，沒收之。

法學小教室

※110 年 6 月 16 日公布刪除刑法第 239 條「通姦罪」，該罪正式走入歷史，第 245 條關於告訴乃論及不得告訴之規定亦配合刪除。

釋字第 791 號－通姦罪除罪化

1. **原刑法第 239 條禁止有配偶者與第三人間發生性行為，係對個人得自主決定是否及與何人發生性行為之性行為自由，亦即性自主權，所為之限制。按性自主權與個人之人格有不可分離之關係，為個人自主決定權之一環，與人性尊嚴密切相關，屬憲法第 22 條所保障之基本權（釋字第 554 號解釋參照）。**
2. **是原刑法第 239 條對行為人性自主權、隱私之干預程度及所致之不利益，整體而言，實屬重大。況國家以刑罰制裁手段處罰違反婚姻承諾之通姦配偶，雖不無「懲罰」違反婚姻忠誠義務配偶之作用，然因國家權力介入婚姻關係，反而可能會對婚姻關係產生負面影響。是原刑法第 239 條之限制所致之損害顯然大於其目的所欲維護之利益，而有失均衡。綜上，系爭規定－對憲法第 22 條所保障性自主權之限制，與憲法第 23 條比例原則不符，應自本解釋公布之日起失其效力；於此範圍內，釋字第 554 號解釋應予變更。**

三、侵害個人法益之罪

(一) **殺人罪**

1. **普通殺人罪**：殺人者，處死刑、無期徒刑或十年以上有期徒刑。前項之未遂犯罰之。預備犯第 1 項之罪者，處二年以下有期徒刑。（刑法第 271 條）
2. **殺直系血親尊親屬罪**：對於直系血親尊親屬，犯前條（第 271 條）之罪者，加重其刑至二分之一。（刑法第 272 條）

3. **義憤殺人罪**：當場激於義憤而殺人者，處七年以下有期徒刑。前項之未遂犯罰之。（刑法第 273 條）
4. **生母殺嬰罪**：母因不得已之事由，於生產時或甫生產後，殺其子女者，處六月以上五年以下有期徒刑。前項之未遂犯罰之。（刑法第 274 條）
5. **加工自殺罪**：受他人囑託或得其承諾而殺之者，處一年以上七年以下有期徒刑。教唆或幫助他人使之自殺者，處五年以下有期徒刑。前二項之未遂犯罰之。謀為同死而犯前三項之罪者，得免除其刑。（刑法第 275 條）
6. **過失致死罪**：因過失致人於死者，處五年以下有期徒刑、拘役或五十萬元以下罰金。（刑法第 276 條）（108 年 5 月 29 日修正）

(二) **傷害罪**：

1. **普通傷害罪**：傷害人之身體或健康者，處五年以下有期徒刑、拘役或五十萬元以下罰金。犯前項之罪因而致人於死者，處無期徒刑或七年以上有期徒刑；致重傷者，處三年以上十年以下有期徒刑。（刑法第 277 條）
2. **重傷罪**：使人受重傷者，處五年以上十二年以下有期徒刑。犯前項之罪因而致人於死者，處無期徒刑或十年以上有期徒刑。第一項之未遂犯罰之。（刑法第 278 條）
3. **聚眾鬥毆罪**：聚眾鬥毆致人於死或重傷者，在場助勢之人，處五年以下有期徒刑。（第 283 條）
4. **過失傷害罪**：因過失傷害人者，處一年以下有期徒刑、拘役或十萬元以下罰金，致重傷者，處三年以下有期徒刑、拘役或三十萬元以下罰金。（刑法第 284 條）

(三) **遺棄罪**

1. **不違背義務遺棄罪**：遺棄無自救力之人者，處六月以下有期徒刑、拘役或三千元以下罰金。因而致人於死者，處五年以下有期徒刑；致重傷者，處三年以下有期徒刑。（刑法第 293 條）
2. **違背義務遺棄罪**：對於無自救力之人，依法令或契約應扶助、養育或保護而遺棄之，或不為其生存所必要之扶助、養育或保護者，處六月以上、五年以下有期徒刑。因而致人於死者，處無期徒刑或七年以上有期徒刑；致重傷者，處三年以上十年以下有期徒刑。（刑法第 294 條）

(四) **妨害自由罪**

1. **剝奪行動自由罪**：私行拘禁或以其他非法方法，剝奪人之行動自由者，處五年以下有期徒刑、拘役或九千元以下罰金。因而致人於死者，處無期徒刑或七年以上有期徒刑，致重傷者，處三年以上十年以下有期徒刑。第 1 項之未遂犯罰之。（刑法第 302 條）
2. **強制罪**：以強暴、脅迫使人行無義務之事或妨害人行使權利者，處三年以下有期徒刑、拘役或九千元以下罰金。前項之未遂犯罰之。（刑法第 304 條）
3. **恐嚇危害安全罪**：以加害生命、身體、自由、名譽、財產之事，恐嚇他人致生危害於安全者，處二年以下有期徒刑、拘役或九千元以下罰金。（刑法第 305 條）
4. **侵入住居罪**：無故侵入他人住宅、建築物或附連圍繞之土地或船艦者，處一年以下有期徒刑、拘役或九千元以下罰金。無故隱匿其內，或受退去之要求而仍留滯者，亦同。（刑法第 306 條）

(五) **妨害名譽及信用罪**：

1. **公然侮辱罪**：公然侮辱人者，處拘役或九千元以下罰金。以強暴犯前項之罪者，處一年以下有期徒刑、拘役或一萬五千元以下罰金。（刑法第 309 條）
2. **誹謗罪**：意圖散布於眾，而指摘或傳述足以毀損他人名譽之事者，為誹謗罪，處一年以下有期徒刑、拘役或一萬五千元以下罰金。散布文字、圖畫犯前項之罪者，處二年以下有期徒刑、拘役或三萬元以下罰金。對於所誹謗之事，能證明其為真實者，不罰。但涉於私德而與公共利益無關者，不在此限。（刑法第 310 條）

(六) **妨害秘密罪**：

1. 無故開拆或隱匿他人之封緘信函、文書或圖畫者，處拘役或九千元以下罰金。無故以開拆以外之方法，窺視其內容者，亦同。（刑法第 315 條）
2. 有下列行為之一者，處三年以下有期徒刑、拘役或三十萬元以下罰金：一、無故利用工具或設備窺視、竊聽他人非公開之活動、言論、談話或身體隱私部位者。二、無故以錄音、照相、錄影或電磁紀錄竊錄他人非公開之活動、言論、談話或身體隱私部位者。（刑法第 315-1 條）

(七) **竊盜罪：**

1. **普通竊盜罪：**意圖為自己或第三人不法之所有，而竊取他人之動產者，為竊盜罪，處五年以下有期徒刑、拘役或五十萬元以下罰金。意圖為自己或第三人不法之利益，而竊佔他人之不動產者，依前項之規定處斷。前二項之未遂犯罰之。（刑法第 320 條）

2. **加重竊盜罪：**犯竊盜罪而有下列情形之一者，處六月以上、五年以下有期徒刑，得併科新臺幣五十萬元以下罰金：

   (1) 侵入住宅或有人居住之建築物、船艦或隱匿其內而犯之者。

   (2) 毀越門窗、牆垣或其他安全設備而犯之者。

   (3) 攜帶兇器而犯之者。

   (4) 結夥三人以上而犯之者。

   (5) 乘火災、水災或其他災害之際而犯之者。

   (6) 在車站、港埠、航空站或其他供水、陸、空公眾運輸之舟、車、航空機內而犯之者。

   前項之未遂犯罰之。（刑法第 321 條）

(八) **普通搶奪罪：**意圖為自己或第三人不法之所有，而搶奪他人之動產者，處六月以上五年以下有期徒刑。因而致人於死者，處無期徒刑或七年以上有期徒刑，致重傷者，處三年以上十年以下有期徒刑。第一項之未遂犯罰之。（刑法第 325 條）

(九) **普通強盜罪：**

1. **普通強盜罪：**意圖為自己或第三人不法之所有，以強暴、脅迫、藥劑、催眠術或他法，至使不能抗拒，而取他人之物或使其交付者，為強盜罪，處五年以上有期徒刑。以前項方法得財產上不法之利益或使第三人得之者，亦同。

   犯強盜罪因而致人於死者，處死刑、無期徒刑或十年以上有期徒刑；致重傷者，處無期徒刑或七年以上有期徒刑。第 1 項及第 2 項之未遂犯罰之。

   預備犯強盜罪者，處一年以下有期徒刑、拘役或九千元以下罰金。（刑法第 328 條第 5 項）。

2. **準強盜罪：**竊盜或搶奪，因防護贓物、脫免逮捕或湮滅罪證，而當場施以強暴脅迫者，以強盜論。（刑法第 329 條）

3. **加重強盜罪**：犯強盜罪而有第 321 條第 1 項各款情形之一者，處七年以上有期徒刑。前項之未遂犯罰之。（刑法第 330 條）

4. **結合犯**：犯強盜罪而故意殺人者，處死刑或無期徒刑。犯強盜罪而有下列行為之一者，處死刑、無期徒刑或十年以上有期徒刑：

(1) 放火者。 (2) 強制性交者。

(3) 擄人勒贖者。 (4) 使人受重傷者。（刑法第 332 條）

(十) **普通侵占罪**：意圖為自己或第三人不法之所有，而侵占自己持有他人之物者，處五年以下有期徒刑、拘役或科或併科三萬元以下罰金。前項之未遂犯罰之（刑法第 335 條）。

法學小教室

刑法刪除第 276 條業務過失殺人，惟並未刪除第 336 條第 2 項業務侵占罪，應予辨明。

(十一) **詐欺罪**：

1. **普通詐欺罪**：意圖為自己或第三人不法之所有，以詐術使人將本人或第三人之物交付者，處五年以下有期徒刑、拘役或科或併科五十萬元以下罰金。以前項方法得財產上不法之利益或使第三人得之者，亦同。前二項之未遂犯罰之。（刑法第 339 條）

2. **加重詐欺罪**：犯第三百三十九條詐欺罪而有下列情形之一者，處一年以上七年以下有期徒刑，得併科一百萬元以下罰金：

(1) 冒用政府機關或公務員名義犯之。

(2) 三人以上共同犯之。

(3) 以廣播電視、電子通訊、網際網路或其他媒體等傳播工具，對公眾散布而犯之。

(4) 以電腦合成或其他科技方法製作關於他人不實影像、聲音或電磁紀錄之方法犯之。

前項之未遂犯罰之。（刑法第 339-4 條）

(十二) **單純恐嚇罪**：意圖為自己或第三人不法之所有，以恐嚇使人將本人或第三人之物交付者，處六月以上五年以下有期徒刑，得併科三萬元以下罰金。以前項方法得財產上不法之利益，或使第三人得之者，亦同。前二項之未遂犯罰之（刑法第 346 條）。

(十三) **強制性交罪：**

1. 對於男女以強暴、脅迫、恐嚇、催眠術或其他違反其意願之方法而為性交者，處三年以上十年以下有期徒刑。前項之未遂犯罰之。（刑法第 221 條）
2. 犯前條之罪而有下列情形之一者，處七年以上有期徒刑：

   一、二人以上共同犯之。

   二、對未滿十四歲之男女犯之。

   三、對精神、身體障礙或其他心智缺陷之人犯之。

   四、以藥劑犯之。

   五、對被害人施以凌虐。

   六、利用駕駛供公眾或不特定人運輸之交通工具之機會犯之。

   七、侵入住宅或有人居住之建築物、船艦或隱匿其內犯之。

   八、攜帶兇器犯之。

   九、對被害人為照相、錄音、錄影或散布、播送該影像、聲音、電磁紀錄。

   前項之未遂犯罰之。（刑法第 222 條）（110 年 6 月 9 日修正）

   (1) 增加第 9 款「對被害人為照相、錄音、錄影或散布、播送該影像、聲音、電磁紀錄之行為」為強制性交行為樣態。
   (2) 依據同法第 234 條，同樣適用於加重強制猥褻罪。

滿分題庫綜合演練

☆( ) 1 刑法規定：「意圖為自己或第三人不法之所有，而竊取他人之動產者，為竊盜罪，處五年以下有期徒刑、拘役或五百元以下罰金。」以下有關本項規定之敘述，何者正確？ (A)將他人遺忘在自己家中之物品，據為己有，構成竊盜罪 (B)下雨天誤認在店家門口之他人雨傘為自己的雨傘而取走，構成竊盜罪 (C)竊取刑法禁止私人持有之毒品，構成竊盜罪 (D)隨手拿起別人的筆，於使用後再行歸還，構成竊盜罪。

( ) 2 下列何者不是刑法上規定的阻卻違法事由？ (A)依法令與依命令之行為 (B)自助行為 (C)業務上正當行為 (D)緊急避難行為。

( ) 3 已著手於犯罪行為之執行，而因己意中止或防止其結果之發生者，稱為？ (A)既遂犯 (B)不能犯 (C)中止犯 (D)預備犯。

( ) 4 下列何者不是刑法上所稱之主刑？ (A)死刑 (B)自由刑 (C)罰金 (D)沒收。

☆( ) 5 公務員甲利用職務上之機會，向廠商要求賄款後，再利用不知情的妻子乙前往廠商處收取賄款，以下有關甲乙二人刑事責任之敘述，何者正確？ (A)甲成立公務員收受賄賂罪之正犯，乙不成立犯罪 (B)甲、乙成立公務員收受賄賂罪之共同正犯 (C)甲成立公務員收受賄賂罪之正犯，乙成立公務員收受賄賂罪之幫助犯 (D)甲成立公務員收受賄賂罪之教唆犯，乙不成立犯罪。

☆( ) 6 甲於裁判確定前犯三罪，分別受二年、三年與十年有期徒刑之宣告，依刑法規定，應如何定其應執行之刑？ (A)二年以上，十五年以下 (B)十年以上，十五年以下 (C)三年以上，十年以下 (D)二年以上，十年以下。

☆( ) 7 非屬宣告死刑或無期徒刑者，其褫奪公權之執行，自何時起算？(A)自主刑執行始日起算 (B)自判決確定時起算 (C)自主刑執行完畢或赦免之日起算 (D)自羈押始日起算。

( ) **8** 刑法上的自由刑指？ (A)死刑 (B)有期徒刑、無期徒刑與拘役 (C)褫奪公權 (D)沒收。

( ) **9** 刑法中有關內亂罪之規定，主要在保護？ (A)國家法益 (B)社會法益 (C)個人法益 (D)政府法益。

☆( ) **10** 甲與乙共同將丙拉出毆打，甲更於丙欲逃去時將之抱住不放，使乙得下手殺死丙。就丙之死亡？ (A)甲為幫助犯，乙為正犯 (B)甲為教唆犯，乙為正犯 (C)甲與乙均為共同殺人之正犯 (D)甲為預備犯，乙為正犯。

☆( ) **11** 老李於公園散步遛狗時，巧遇仇家小張，乃藉機放狗咬傷小張，請問老李屬於傷害罪之？ (A)教唆犯 (B)直接正犯 (C)幫助犯 (D)間接正犯。

( ) **12** 刑法中的禁戒處分是針對犯罪者？ (A)因未滿十四歲而不罰者 (B)因酗酒而犯罪，足認其已酗酒成癮並有再犯之虞者 (C)因心神喪失而不罰者 (D)因傳染花柳病者。

☆( ) **13** 下列何者非刑法分則中所規定之犯罪行為？ (A)賭博 (B)遺棄無自救力之人 (C)公然侮辱他人 (D)非供自用，購買運輸、遊樂票券而轉售圖利。

☆( ) **14** 下列何者非正當防衛之要件？ (A)侵害須處於現在之時間點上 (B)侵害須屬不法 (C)侵害須限於防衛自己之權利 (D)侵害須為人之行為。

☆( ) **15** 依我國刑法之規定，緩刑限受幾年以下有期徒刑、拘役或罰金之宣告？ (A)一年 (B)二年 (C)三年 (D)五年。

( ) **16** 某甲將印有自己名字並得過獎的畫卡放在圖書館，後尋遍不著。隔日被某乙發現該畫卡夾於圖書館某書內頁，其經幾番思索，決定將該畫卡佔為己有並帶回家。試問，某乙之行為可能構成？ (A)侵占遺失物罪 (B)竊盜罪 (C)贓物罪 (D)不犯罪，僅負民事上所有物返還之責任。

☆( ) **17** 依貪污治罪條例第8條規定，下列何種情況可以獲得法院免除其刑之機會？ (A)犯罪後自首，如有所得並自動繳交全部所得財物者 (B)偵查中自白，並自動繳交全部所得財物 (C)偵查中供出共犯，並因而查獲共犯者 (D)犯罪後自首。

☆( ) **18** 監獄中執行死刑的槍手，射殺死刑人犯之行為？ (A)係殺人，故應依殺人罪受處罰 (B)雖係殺人，但可減輕刑罰 (C)因係依法令所為之行為，故不構成殺人罪不受刑法制裁 (D)由法官判決是否要處罰。

( ) **19** 依刑法規定，對犯罪行為之處罰？ (A)出於故意者始處罰 (B)非出於故意或過失不罰，過失行為之處罰以有特別規定者為限 (C)非出於過失不罰 (D)無過失亦要處罰。

☆( ) **20** 罪刑法定原則是指？ (A)行為之處罰，以行為時之法律有明文規定者為限 (B)行為時法律雖未規定處罰，但立法機關可以法律事後規定加以處罰 (C)行為之處罰，由法官依當時社會狀況來自由判決 (D)行為之處罰，可由命令來決定是否處罰。

( ) **21** 刑法中有關賭博罪之規定，主要在保護？ (A)社會法益 (B)國家法益 (C)個人法益 (D)外國法益。

( ) **22** 甲同時與二人合意結婚者是否犯罪？ (A)詐術締結婚姻罪 (B)只要對造二配偶同意則不犯罪 (C)重婚罪 (D)只要得一配偶之同意即不犯罪。

☆( ) **23** 刑法第131條公務員圖利罪於民國90年進行修正時，將原規定「公務員對於主管或監督之事務，直接或間接圖利者」，修改為「公務員對於主管或監督之事務，明知違背法令，直接或間接圖自己或其他私人不法利益，因而獲得利益者」，其主要用意為？ (A)與貪污治罪條例相關規定區隔 (B)強調區隔圖利與便民，以鼓勵公務員積極任事，提升行政效率 (C)強調防弊之政策思維 (D)配合嚴懲行為犯之刑事法潮流。

( ) **24** 我國目前維護公共秩序，確保社會安寧之主要行政法規為？ (A)違警罰法 (B)刑法 (C)社會秩序維護法 (D)社會安全法。

☆( ) **25** 刑法第24條所規定，因避免自己或他人生命、身體、自由、財產之緊急危難而出於不得已之行為？ (A)若未過當則不罰 (B)要加以處罰 (C)不管是否過當均不處罰 (D)由法官自由決定是否處罰。

( ) **26** 我國刑法對於未發覺之犯罪，犯罪人自首者？ (A)仍依刑法規定判刑 (B)應減輕其刑 (C)得減輕其刑 (D)可免其刑。

☆( ) **27** 父母故意不給自己嬰兒飲食，以致嬰兒死亡是否屬殺害嬰兒之殺人罪？ (A)因父母未積極殺害嬰兒，故不受殺人罪之制裁 (B)嬰兒是父母所生，父母有權決定如何對待之，不受殺人罪制裁 (C)父母此時之行為屬不作為的殺人行為，應受殺人罪制裁 (D)父母如果不是故意，即不受刑法制裁。

☆( ) **28** 下列關於刑法未遂犯之敘述，何者錯誤？ (A)行為人雖盡誠摯努力防止結果發生而結果仍發生者，仍不妨害中止未遂犯之成立 (B)未遂犯之處罰，以有特別規定者為限 (C)行為不能發生犯罪之結果又無危險者，為不能未遂 (D)犯罪結果之不發生，非防止行為所致，而行為人已盡力為防止行為者，減輕或免除其刑。

☆( ) **29** 下列關於刑之酌科及加減之規定，何者正確？ (A)未滿十八歲人犯罪者，不得處死刑，本刑為死刑者，減輕為無期徒刑 (B)犯罪之情狀顯可憫恕，認科以最低度刑仍嫌過重者，得酌量減輕其刑 (C)有期徒刑、拘役、罰金減輕者，減輕其刑至三分之一 (D)無期徒刑減輕者，為十五年以下十年以上有期徒刑。

( ) **30** 死刑、無期徒刑，其追訴權因幾年不行使而消滅？ (A)10年 (B)15年 (C)25年 (D)30年。

☆( ) **31** 原為刑法上預定由單獨犯實施之犯罪，卻由兩人以上之有責任能力人共同實施之行為，謂之？ (A)共同正犯 (B)間接正犯 (C)教唆犯 (D)幫助犯。

☆( ) **32** 刑法第149條規定：「公然聚眾，意圖為強暴、脅迫，已受該管公務員解散命令三次以上，而不解散者」，為聚眾不解散罪，該罪之性質係？ (A)純正不作為犯 (B)不純正不作為犯 (C)作為犯 (D)連續犯。

( ) **33** 行為時之法律不為罪，而行為後以之法律之為罪者？ (A)應視該行為之性質決定是否科處刑罰 (B)由法官根據行為人之態度決定是否科處刑罰 (C)可以依行為後之法律科處刑罰 (D)仍依行為時之法律科處刑罰。

☆( ) **34** 下列關於假釋之敘述，何者錯誤？ (A)假釋中因故意更犯罪，受有期徒刑以上刑之宣告者，於判決確定後三月以內，撤銷其假釋 (B)受徒刑之執行而有悛悔實據者，累犯逾三分之二，由監獄報請法務部，得許假釋出獄 (C)有期徒刑執行未滿六個月者，不許假釋 (D)在無期徒刑假釋後滿二十年或在有期徒刑所餘刑期內未經撤銷假釋者，其未執行之刑，以已執行論。

☆( ) **35** 甲某日外出工作，因忘記攜帶重要文件而返家，卻見其妻乙與鄰居小王正在行姦。甲雖心有怒火，但想到小王曾援助家庭大筆資金卻忍辱作罷。數週後甲依然無法忘記該事，竟計畫以毒果汁將小王殺死，小王真喝下該毒果汁而亡。試問甲所犯為？ (A)義憤殺人罪 (B)加工自殺罪 (C)普通殺人罪 (D)甲屬於正當防衛，無罪。

( ) **36** 某甲舉槍殺某乙而未射中，此屬於？ (A)障礙未遂 (B)不能未遂 (C)中止未遂 (D)傷害既遂。

☆( ) **37** 甲、乙共同行竊，由甲在室外把風，乙入室內竊取財物。甲屬於？ (A)教唆犯 (B)幫助犯 (C)共同正犯 (D)牽連犯。

( ) **38** 下列何者非刑法所謂之性交行為？ (A)男以性器進入男之肛門 (B)女以性器以外之器物進入男之口腔 (C)男以性器以外之器物進入女之肛門 (D)女以性器使之接合男之性器。

☆(　　) **39** 下列關於刑法竊盜與搶奪之觀念，何者錯誤？ (A)竊盜是破壞他人對物之持有支配關係 (B)搶奪罪是屬於侵害個人法益之犯罪 (C)竊盜乃趁人不備；搶奪乃趁人不知 (D)結夥三人而竊盜，屬於加重竊盜罪。

☆(　　) **40** 依刑法第271條第1項規定：「殺人者，處死刑、無期徒刑或十年以上有期徒刑。」今某甲殺人，法院判處甲十二年有期徒刑，稱為？ (A)法定刑 (B)執行刑 (C)宣告刑 (D)附加刑。

(　　) **41** 以下何者之行為，必然不成立犯罪？ (A)童稚幼兒 (B)妙齡少女 (C)中年孕婦 (D)百齡老翁。

(　　) **42** 下列何種犯罪，行為人若在中華民國領域外犯之者，仍適用我國刑法？ (A)輕傷罪 (B)通姦罪 (C)海盜罪 (D)竊盜罪。

☆(　　) **43** 甲女殺害其一歲之幼子，則？ (A)甲犯普通殺人罪 (B)甲犯殺直系血親卑親屬罪 (C)甲犯生母殺嬰罪 (D)甲犯加工殺人罪。

☆(　　) **44** 依刑法規定，裁判確定前犯數罪者，下列何者得併合處罰？ (A)有期徒刑之罪與有期徒刑之罪 (B)得易服社會勞動之罪與不得易服社會勞動之罪 (C)得易服社會勞動之罪與不得易科罰金之罪 (D)得易科罰金之罪與不得易科罰金之罪。

☆(　　) **45** 甲於日間侵入有人居住之建築物偷竊得手一只金戒指，試問甲觸犯何罪？ (A)甲犯普通竊盜罪 (B)甲犯過失竊盜罪 (C)甲犯竊盜未遂罪 (D)甲犯加重竊盜罪。

(　　) **46** 刑法第41條關於易服社會勞動之規定，下列敘述，何者錯誤？ (A)依規定得易科罰金，而未聲請易科罰金者，得易服社會勞動 (B)服社會勞動每8小時折抵1日 (C)易服社會勞動之履行期間，不得逾1年 (D)因身心健康而執行顯有困難者，不得易服社會勞動。

☆(　　) **47** 依據刑法規定，下列何者為故意的定義之一？ (A)行為人對於構成犯罪之事實，預見其發生而其發生並不違背其本意者 (B)行為人對於構成犯罪之事實，雖預見其發生而確信其不發生者 (C)行為人對於構成犯罪之事實，按其情節應注意，並能注意，而不注意者 (D)行為人對於構成犯罪之事實，在一般情形下，未能注意，忽略其關鍵。

( ) **48** 刑法第18條規定，未滿十四歲人之行為不罰，此處之不罰在法律上是指： (A)阻卻違法 (B)阻卻責任 (C)阻卻構成要件 (D)阻卻追訴。

☆( ) **49** 依罪刑法定主義，犯罪構成要件應由下列何者訂定？ (A)立法院 (B)司法院 (C)行政院 (D)監察院。

( ) **50** 下列何者並非刑法上主刑之類型？ (A)有期徒刑 (B)拘留 (C)罰金 (D)死刑。

( ) **51** 下列何者非屬罪刑法定原則與刑法適用原則？ (A)排斥習慣法之適用 (B)效力不溯及既往 (C)從新從輕原則 (D)禁止類推適用。

解答及解析

1 (C)。關於(A)可能構成侵占遺失物罪。關於(B)行為人主觀上無竊取他人動產之意圖，不構成竊盜罪。關於(D)選項之情形，學說上稱為使用竊盜，因行為人主觀上亦無竊取他人動產之意圖，不構成竊盜罪。

2 (B)。刑法第21條至刑法第24條。

3 (C)。關鍵字：己意中止。

4 (D)。沒收為獨立於刑罰和保安義務以外之法律效果。

5 (A)。甲與乙**無犯意聯絡**，不成立共同正犯。

6 (B)。依刑法第51條第5款規定，宣告多數有期徒刑者，於各刑中之最長期以上，各刑合併之刑期以下，定其刑期。但不得逾三十年。

7 (C)。刑罰第37條。

8 (B)。意指剝奪自由的刑罰。

9 (A)。刑法分則第一章至第十章皆為**保護國家法益**。

10 (C)。甲與乙皆有共同的行為及犯意。

11 (B)。具有直接犯罪的意圖及行為。

12 (B)。適用禁戒之保安處分之情況有二，即**施用毒品成癮者**及**因酗酒而犯罪**，足認其已酗酒成癮並有再犯之虞者。請參照刑法第88條及第89條之規定。

13 (D)。刑法無此規定。

14 (C)。為**防衛第三人**之權利，亦得主張正當防衛。

15 (B)。刑法第 74 條。

16 (A)。題示情形，該畫卡**並非在甲持有支配之實力**下，故乙之行為並未破壞甲對物之持有支配關係，並非竊盜罪。

17 (A)。貪污治罪條例第 8 條參照。

18 (C)。刑法第 22 條。

19 (B)。刑法第 12 條。

20 (A)。意即有規定才有處罰。

21 (A)。因賭博行為危害社會。

22 (C)。刑法第 237 條。

23 (B)。若不修改，會使得公務員畏懼而怠於執行工作上之變革。

24 (C)。其為特別法。

25 (A)。因為此為阻卻違法事由。

26 (C)。刑法第 62 條。

27 (C)。父母均符合殺人罪之主客觀犯意，且具有違法性及有責性。

28 (A)。中止未遂不會成立。

29 (B)。刑法第 59 條。

30 (D)。刑法第 80 條。

31 (A)。具有共同之犯意。

32 (A)。所謂純正不作為犯，係指行為人只有以不作為的行為方式才能實現不法構成要件而成立的之犯罪。所謂不純正不作為犯，係指行為人不為應為之行為，即其不作為乃違犯通常以作為方式才得以實現之不法構成要件。

33 (D)。此為從舊從輕原則。

34 (A)。刑法第 78 條。

35 (C)。義憤殺人罪必須當場**基於義憤而立時殺人**，雖不以所殺之人尚未離去現場為限，但以題示中甲後來為有計畫的殺人而言，顯示甲顯然係另行起意犯普通殺人罪。

36 (A)。**障礙未遂**，即**普通未遂**。

37 (C)。具有共同犯意及行為。

38 (B)。稱性交者，謂非基於正當目的所為之下列性侵入行為：

(1) 以性器進入他人之性器、肛門或口腔，或使之接合之行為。

(2) 以性器以外之其他身體部位或器物進入他人之性器、肛門，或使之接合之行為。

39 (C)。刑法第 320 條、刑法第 325 條。

40 (C)。所謂**法定刑**，係指刑法條文上所規定某罪應科處之刑度範圍；所謂**宣告刑**，係指法官於裁判時，在法定刑範圍內所對外宣告之刑度；所謂**執行刑**，係指行為人實際應接受刑罰執行之刑度。

41 (A)。小於 14 歲。

42 (C)。此彰顯我國刑法具有**世界法主義**之理念。請參照刑法第 5 條第 10 款之規定。

43 **(A)**。「甫生產後」，解釋上應指生產完後的短暫時間。最高法院 28 年上字第 2240 號判例認為，上訴人在出生後之第五日扼死其所生女孩，與刑法所定母於甫生產後，殺其子女之情形不合。故知，至少於出生後第五日即不屬於甫出生。

44 **(A)**。刑法第 50 條第 1 項：「裁判確定前犯數罪者，併合處罰之。但有下列情形之一者，不在此限：一、**得易科罰金之罪與不得易科罰金之罪**。二、得易科罰金之罪與不得易服社會勞動之罪。三、**得易服社會勞動之罪與不得易科罰金之罪**。四、**得易服社會勞動之罪與不得易服社會勞動之罪**。」

45 **(D)**。刑法在加重竊盜罪之部分，已不再區別行為人係於日間或夜間侵入住宅竊盜之情形，而一律論以加重竊盜罪。

46 **(B)**。刑法第 41 條第 2 項：「依前項規定得易科罰金而未聲請易科罰金者，得以提供社會**勞動六小時折算一日**，易服社會勞動。」

47 **(A)**。刑法第 13 條第 2 項：「行為人對於構成犯罪之事實，**預見其發生而其發生並不違背其本意者**，以故意論。」

48 **(B)**。此為有責性。

49 **(A)**。顧名思義其為立法機關。

50 **(B)**。刑法第 33 條：「主刑之種類如下：一、**死刑**。二、**無期徒刑**。三、有期徒刑。四、拘役。五、罰金。」

51 **(C)**。因刑法首重穩定。

第九章 民法

依據出題頻率區分，屬：**A 頻率高**

準備要領

民法是最靠近人民生活之法律，其實用性高，幾乎人民的日常生活皆脫離不了民法。又近年來民法修正頻繁，建議應在此部分多下功夫。至於考題除民法原則性與共通性的考點外，尚須注意各編重要法條的熟記與其應用，即可獲取高分。

第一節｜總 則

壹、民法之基本概念

一、民法的意義與性質【107年關四】

民法是規範私人間法律關係的法律，換言之，私人間權利義務關係的發生、變動與消滅，即是以民法作為規範基礎。例如買賣、借貸、委託、婚姻、繼承等。此外，民法的性質為**私法、普通法、任意法、實體法、國內法**與**繼受法**。

二、民法之基本原則

(一) 民法三大原則

契約自由原則	我國民法無論婚姻、收養等身分契約或買賣、租賃等財產契約多屬尊重「當事人之意思」或得由「當事人自主」約定，法律不加干涉，此即契約自由原則之表現。
所有權絕對原則	在個人主義影響下，認為財產為個人之所有，而所有權不可侵犯，無論政府或他人，對個人財產權之行使不能加以干涉。例如民法 765 條規定所有權人於法令限制之範圍內，得自由使用、收益、處分其所有物，並排除他人之干涉。
過失責任原則	乃認為個人僅就自己故意或過失之行為負責任，若無過失，則對他人之任何損害，即可不必負責，亦即無任何賠償義務。

(二) 民法三大原則之修正

契約正義原則	契約自由原則雖然為處理私人身分、財產生活關係之重要原則，但契約之訂立、契約之內容**如不符合社會正義**，則為法律所不許可，例如，雇主與勞工如自由訂立極低工資或無休息之勞務契約。
所有權相對原則	所有權絕對原則固可激發人民奮鬥逐利，累積財富，促進社會繁榮，但**私有財產過分發展**，**過分集中**，將使大企業家、大地主等經濟上霸權者，壓榨勞工、消費者或濫用財產自由，或不為財產之使用，使土地及經濟資源閒置，**造成社會損害**。因此，所有權絕對原則之觀念已由天賦人權，無限制之絕對自由，部分修正為所有權有社會義務、可限制之相對自由。例如：民法第 774 條規定，土地所有人經營事業及行使其所有權，應注意防免鄰地之損害。
無過失責任原則	現代工業、都市社會中，人群交往密切，使用大型生產工具或使用汽車、飛機等動力強大之交通工具或極端危險設施如核子設施時，如發生損害，**時常難以辨清誰有過失**，誰應負責，故民法上之過失責任原則，也有部分修正為無過失責任原則。

三、民法上之權利

權利係指特定人得享有特定利益之法律上之力。

(一) 依實體權利之分類

民法上之權利（或稱私權）可分為財產權與身分權。

1. **財產權可分為「物權」、「準物權」、「債權」、「無體財產權」。**
   (1) **債權：債權人對於債務人得請求為一定行為或不行為的權利。**債權人和債務人的關係即簡稱為「債之關係」。
   (2) **物權：對於特定之物、享受一定利益為內容的權利**；如民法第 765 條規定「所有人於法令限制之範圍內，得自由使用、收益、處分其所有物，並排除他人之干涉。」
   (3) **準物權：以權利及不特定物為標的之權利**，例如：礦業權、漁業權。
   (4) **無體財產權：即以人類之知能所創造的無體物為行使權利的內容**；如著作權、專利權、商標權。

2. **非財產權(或稱人身權)又可分為「人格權」及「身分權」。**【107年關三】

(1) **人格權:係存在於權利人自己身體上的權利,亦即以人格為標的之權利。**此種權利因出生而取得,因死亡而消滅,而且不得讓與或繼承;如自由權、名譽權、貞操權。

(2) **身分權:存在於特定人身分關係上的權利,主要係存在於親屬間的身分關係上,身分權隨權利人的身分而存廢。**

(二) 依權利的作用分類【111年司五】

1. **支配權:權利人得直接支配權利客體之權利,亦即權利人得直接使權利發生作用之權利。**民法中的物權均為支配權,得支配標的物之使用收益,亦得排除他人之干涉侵害,例如所有權等。

2. **請求權:即得請求他人為一定的作為或不作為的權利。**換言之,請求權是債權人對於債務人基於債權關係所行使之權利,例如基於買賣關係請求交付所購買之物。

3. **形成權:即由當事人一方的意思表示,使法律關係發生、變更其效力之權利。**例如法定代理人對限制行為能力人所為法律行為之承認。

4. **抗辯權:係指在一方當事人請求給付時,他方當事人得提出對抗或異議的權利。**亦即在法律上得對抗他人行使請求權的一種權利。例如消滅時效完成的抗辯權。

(三) 依權利之對外效力分類

1. **絕對權:又稱為「對世權」。即權利人得請求一般人不得侵犯其權利之權利;此種權利的特徵在於得對抗任何人,任何人均負有不作為之義務。**

2. **相對權:又稱為「對人權」。即權利人只能對抗特定人的權利,特定人負有作為或不作為之義務。**

四、民法上之義務

民法上之義務,係用以拘束行為人之作為與之不作為。例如債務人依照債權,有向債權人清償之義務。

(一) 依義務之內容可區分為「積極義務」、「消極義務」

1. **積極義務:債務人須有積極的一定作為。**例如金錢借貸,借用人對於貸與人有返還借金之義務。

2. **消極義務：債務人必須有消極不為一定行為之義務。**如不侵害他人的權利，或對於他人所有物不妨害其使用、收益或處分之義務。

(二) **依義務對外效力，可區分為「絕對義務」、「相對義務」**

1. **絕對義務：亦稱「對世義務」，即任何人皆須負擔的義務，而一般人都須受其約束。**
2. **相對義務：亦稱「對人義務」，僅特定人所應負之義務，只有特定人相互間始受其約束。**

(三) **依義務之移轉性，可區分為「專屬義務」、「移轉義務」**

1. **專屬義務：義務本身在性質上不容許由他人代為履行者。**如民法第 1001 條規定夫妻有同居義務。
2. **移轉義務：義務可以移轉由他人來負擔者。**如金錢債務的移轉。

(四) **依義務之獨立性，可區分為「主義務」、「從義務」**

1. **主義務：可以獨立存在之義務，如債務。**
2. **從義務：附屬於主義務而存在者，如從屬於債務之保證債務。**

五、民法之內容

我國民法共計民法總則、債、物權、親屬、繼承五編。

總則編	乃民法關於財產法之通則性規定，不僅於民法各編可共通適用，於其他特別民事法規亦有適用。
債編	規定債之發生、債之標的、債之效力、多數債務人及債權人、債之移轉及債之消滅，以及各種之債等。
物權編	物權乃直接支配其標的物，而享受其利益之具有排他性的權利。物權法與債法雖同為財產法，但債法以任意法為多，物權法與國家經濟制度關係密切，故多為強行法。
親屬編	主要在規範血親、姻親、結婚、父母子女、監護、扶養等關係等。
繼承編	主要在規定當事人死亡後所留下遺產之權利義務，以及遺產繼承之效力等。

貳、總則內容

一、法例

法例為適用於全部民事法律關係之基本法則。

(一) **民事法規適用順序：民事，法律所未規定者，依習慣；無習慣者，依法理**（民法第 1 條）。【110 年高考】

(二) **習慣之適用限制**：民事所適用之習慣，以不背於公共秩序或善良風俗者為限（民法第 2 條）。

(三) **文字使用之準則**：依法律之規定，有使用文字之必要者，得不由本人自寫，但必須親自簽名。如有用印章代簽名者，其蓋章與簽名生同等之效力（民法第 3 條）。

(四) **確定交易數量之準則一**：關於一定之數量，同時以文字及號碼表示者，其文字與號碼有不符合時，如法院不能決定何者為當事人之原意，應以**文字**為準（民法第 4 條）。

(五) **確定交易數量之準則二**：關於一定之數量，以文字或號碼為數次之表示者，其表示有不符合時，如法院不能決定何者為當事人原意，應以**最低額**為準（民法第 5 條）。

二、人

法律上的「人」，有自然人及法人，即所謂權利義務之主體。自然人只須有出生之事實而存在於自然界之人，即為已足；而法人則必須具備法律規定之要件，始能取得權利主體之地位。因此我國民法乃認為自然人與法人均得為權利義務之主體。

法學小教室

權利與義務乃相對的概念，法律上強調有權利者必有義務，反之亦然。民法常使用「權利主體」之詞彙，實則乃「權利義務主體」。

惟自然人與法人兩者之成立要件及其他性質並不完全相同，茲分述之：

(一) **自然人與法人之成立要件**

1. **自然人：只要有人類出生之事實，就有權利能力。**依民法第 6 條規定：「人之權利能力，始於出生，終於死亡。」
2. **法人：法人是以登記為成立要件。**依民法 30 條規定：「法人非經向主管機關登記，不得成立。」

(二) **自然人與法人之不同**

1. **自然人之權利能力，始於出生終於死亡，而法人只於法令規定之範圍內，始能享受權利，負擔義務。**
2. **性質上專屬於自然人之權利義務，如親權等，則非法人所能享有或負擔。**
3. **自然人因死亡而喪失權利能力，法人因解散經清算完畢而消滅。**

三、自然人

法學小教室

自然人之權利能力與行為能力係不同概念，前者乃終其一身皆擁有之能力，彰顯作為自然人之人格權；後者之具備、限制或不具備，必須符合法律之規定，目的在進行財產法上之交易活動，保護交易安全。

(一) **自然人之意義**：自然人係指由母體出生後，能存在於自然界之人類。不論其出生、性別、種族、國籍或信仰如何，均為法律上所謂之自然人，擁有人格，而能為權利義務之主體。自然人為權利義務之主體，可分為本國人和外國人。所謂本國人，指具有中華民國國籍的自然人，此外，凡無中華民國國籍的人，不論其有無外國國籍，都一概屬於外國人，但具有中華民國國籍又兼有外國國籍的人，仍是本國人而非外國人。

(二) **本國人之權利能力**：自然人為權利義務之主體，享有權利能力。**所謂權利能力，乃指法律上得享受權利及負擔義務的資格或地位**，也可稱之為人格。**民法第 6 條規定：「人之權利能力，始於出生，終於死亡。」**因此凡自然人皆有權利能力。而**權利能力本身也不可隨意拋棄**，因此，**民法第 16 條規定：「權利能力及行為能力，不得拋棄。」**

(三) **胎兒之權力能力**：權利能力既因出生而取得，則未出生的胎兒，自無法取得權利能力。法律上為避免對胎兒保護不周，特於**民法第 7 條（採法定解除條件說）規定：「胎兒以將來非死產者為限，關於其個人利益之保護，視為既已出生。」**因此，凡對胎兒不利益的事，例如對胎兒課以扶養親屬、清償債務等義務，自然不可以視為既已出生。

(四) **外國人權利能力**：外國人的權利能力，依民法總則施行法第 2 條規定：「外國人於法令限制內有權利能力。」詳言之，關於外國人的權利能力，原則上採取平等主義，必要時例外得以法律命令限制外國人的權利能力。因此，如無特別法令之限制，即應解釋為外國人與本國人有同一之權利能力。

四、法人【111年鐵佐】

(一) **法人之意義**：法人者，有別於自然人天生即具有權利能力，而係由法律所創設，得為權利義務主體之團體或組織。由於社會進步與演變，集合多數之人力、物力以營社會生活，已成為現代社會的一種經濟結構及組織型態。這種多數人力、物力的集合體符合法定要件時，法律上稱之為「法人」。**其為人力之集合者，謂之社團；其為財力之集合者，謂之財團。法人為權利義務之主體，能享受權利、負擔義務，具有法律上之人格。法人是一種集合的團體，然團體未必皆為法人，其未由法律賦予權利能力者，不能稱之為法人，一般稱之為非法人團體。**

此外，凡依中華民國法律所設立之法人，稱為本國法人。非依中華民國法律所設立之法人，稱為外國法人。

(二) **法人之種類**：法人依其設立所依據法律是公法或私法為標準，可分為公法人與私法人：

1. **公法人**：依公法而設立之法人，謂之公法人。如國家、地方自治團體、農田水利署。
2. **私法人**：依私法而設立之法人，謂之私法人，如公司。在私法人中，依法人成立的基礎為標準，可分為社團法人與財團法人：

(1) **社團法人**：**係依人之集合而成立，即以所有社員為組織基礎者，謂之社團法人。**社團法人又依成立目的之不同，可分為公益法人，營利法人與中間社團法人：

公益法人	以公益為目的之法人。公益法人之設立，採許可主義，須得主管機關之許可。惟公益法人之中，也有社團法人，也有屬於財團法人者。如農會、工會、商會、漁會、商業同業公會等。而如學校法人、宗教法人、社會福利之慈善團體，雖為公益法人，但亦屬財團法人。
營利法人	以營利為目的之社團。營利社團法人之設立，則採準則主義，須依特別法之規定辦理。如公司、銀行。
中間社團	既非以公益為目的，亦非以營利為目的之社團。如同學會、同鄉會、俱樂部及各種學術研究社等。

(2) **財團法人：係依財產之集合而成立，而以捐助財產為組織基礎者，謂之財團法人。**財團法人之集合對象為財產，且須以公益為目的而成立，故悉為公益法人。財團法人之設立，與前述公益法人相同，係採許可主義，須得主管機關之許可。如寺廟或其他慈善團體。【108年普考】

(三) **外國法人之權利能力**：外國法人之權利能力，依民法總則施行法第 12 條規定：「經認許之外國法人，於法定限制內與同種類之我國法人有同一之權利能力。其服從我國法律之義務，與我國法人同。」若在我國無與其同種類之法人時，其權利能力，自應依其本國法決定之，但仍須受我國法令之限制。此外，外國法人在我國設有事務所者，自有令其履行法人登記程序之必要。

五、公法人與私法人之區別

法人在分類上，分為公法人與私法人，以擔當國家統治作用之法人，稱為公法人，其他則稱為私法人。其區別標準及實益，可列述之：

(一) **區別標準**：

1. **公法人**：以執行國家之公共事務為目的，依據公法而成立之法人，稱為公法人，在法令上有稱為「公法人之法人」。如國家、地方自治團體（如省市、縣市及鄉鎮市等）、公立學校等均係以行使國家統治權，或依公法而設立者。
2. **私法人**：為達成私人自由意思之決定，依據私法而設立之法人，稱為私法人。如民法上之社團或財團及各種公司企業等，均依民法之規定而設立，故為私法人。

(二) **區別實益**：

1. **民事方面**：
   (1) 訴訟管轄之不同：關於公法人之訴訟，多依行政救濟程序，由行政法院管轄；私法人之私權紛爭，則依民事訴訟程序，由普通法院管轄。
   (2) 對侵權行為之責任：公法人對於侵權行為，以法律規定者為限，始負賠償責任；私法人則依民法第 28 條及第 188 條負損害賠償責任，惟現行實務見解認為私法人也可以依民法第 184 條負損害賠償責任。

2. **刑事方面：**

(1) 瀆職罪能否成立：公法人之職員可依刑法上之瀆職罪追訴，私法人的職員則否。

(2) 偽造文書問題：公法人之職員成立偽造公文書罪；私法人則成立偽造私文書罪。【109 年地特四】

法學小教室

最高法院民事大法庭見解（最高法院 108 年度台上字第 2035 號民事判決）：肯認民法第 184 條一般性侵權行為規定適用於法人。

六、死亡宣告【108年普考、110年普考】

(一) **意義：死亡宣告制度係指當自然人失蹤達一定期間，得由利害關係人或檢察官聲請法院為死亡宣告，以發生與死亡相同的法律效果，其目的在使以受死亡宣告者為中心的法律關係能盡早明確。**

(二) **類型**

1. 失蹤人失蹤滿**七年**後，法院得因利害關係人或檢察官之聲請，為死亡之宣告。
2. 失蹤人為**八十歲以上者**，得於失蹤滿**三年**後，為死亡之宣告 。
3. 失蹤人為**遭遇特別災難者**，得**於特別災難終了滿一年後**，為死亡之宣告。

(三) **效果**

1. 受死亡宣告者，以**判決內所確定死亡之時，推定**其為死亡。前項死亡之時，應為上開 (二) 各項所定期間**最後日終止之時**。但有反證者，不在此限。
2. 失蹤人失蹤後，未受死亡宣告前，其財產之管理，依家事事件法之規定。
3. **二人以上同時遇難，不能證明其死亡之先後時，推定其為同時死亡。**例如在墜機事件中，兄弟雙遇難，不能證明其死亡之先後時，推定其為同時死亡。

七、物

(一) **物之意義及要件：**法律上物之意義，應以其有無客體性為標準，其定義為：「**人力所能及之範圍，非屬人體之一部分，且足以供人類生活所需之獨立物。**」茲就其成立要件說明如次：

1. **須在人力所能及之範圍**：物非人力所能及者，如日月星辰等，雖為物理上之物，然事實上既非人力所支配，自不能謂為法律上之物。物須人力所能及之範圍。
2. **須足供人類經濟生活所需要**：凡物能為權利義務之客體者，必有能滿足吾人生活之需要，不然不成為法律上之物，例如一粒沙、一張紙屑，雖亦為物理上之物，然以其不能滿足吾人之需要，故不得為法律上之物。
3. **須為獨立之物，包括無體物及有體物**：所謂獨立之物，包括有體物如車子、金子、房子等，以及無體物如電、熱、光等人所能感官之事物。**若為物之成分則非屬物**，例如車子上之烤漆、金子裡的元素、房子結構內的磚瓦等。
4. **須非屬人體之一部者**：指不能以人之身體為物權之客體而言，例如眼睛、手腳、器官皆非物。以自己身體之一部供擔保者，自為法所不許，然就自己身體之一部如毛髮、牙齒等為處分標的而成立契約，亦可於不違背公序良俗之範圍內，認為有效，例如輸血、醫療研究。

(二) **物之學理上分類**

1. **融通物與不融通物**：以物能否作為交易之客體而為區分。
   (1) 融通物：即得為交易之客體之物。一般之物原則上均為融通物。
   (2) 不融通物：依法令不得為交易之客體，即為不融通物，如公務用物、公有物、違禁物等。
2. **可分物與不可分物**：以物不變更其性質或減少價值下，能否分割而為區分。
   (1) 可分物：可不變更其原來性質或減少其價值，而能將物分割者。如米、土地、黃金。
   (2) 不可分物：一經分割即變更其性質，並減少其價值之物。如古董、汽車。
3. **替代物與不可替代物**：以在交易時，物在不損及其性質下，能否任意以同種類物代替而為區分。
   (1) 替代物：得以同種類之他物代替者，如米、油、鹽。
   (2) 不可替代物：交易上注重物的個性，且不得以同種類之他物代替者，如一件骨董、一塊土地。

4. **特定物與不特定物**：以在具體交易時，當事人是否依其主觀意思具體指定而為區分。

(1) 特定物：即交易時依當事人之意思或其他事實具體指定之物，如於交易中指明某地號之土地。

(2) 不特定物：即交易時，僅以種類品質數量等方式抽象指定之物，如僅指明腳踏車一部。

5. **消費物與不消費物**：以物是否因一次使用而消滅，或改變本質而無法再度使用所為區分。

(1) 消費物：即依通常使用方法，使用一次即行消滅，而無法再以同一目的使用者，如米、醬油。

(2) 非消費物：即依通常方法使用之後，仍不失其形態、功能者，如書、汽車。

6. **單一物、合成物與集合物**：以物之構成部分有無個性、個數或其型態而為區分。

(三) **物在民法之分類**：【107 年關三】

物依標準之不同，在民法上可分為動產與不動產、主物與從物、原物與孳息，茲就其概念及區別說明如次：

1. **不動產與動產**：【109 年關四、111 年初考、司五】

(1) 不動產：所謂不動產，**依民法第 66 條規定：「稱不動產者，謂土地及其定著物。不動產之出產物，尚未分離者，為該不動產之部分。」**因此，不動產應包括土地與其定著物二部分：

A. 土地：乃指地球之一部，且人力所能支配者，除地表外，尚包括地上與地下。

B. **土地之定著物：係指繼續附著於土地，不易移動其所在，依社會交易觀念認為不是土地的構成部分，且具有獨立使用價值者**，如房屋及其他建築物。

C. 至於尚未分離之不動產出產物，為該不動產之部分，如尚未收割之田中稻穀、農作物。

(2) 動產：動產，**依民法第 67 條規定：「稱動產者，為前條所稱不動產以外之物。」**因此，不動產以外之物均為動產，如汽車、船舶。

(3) 區別實益：動產與不動產為物的種類中，最重要的區別，法律對於二者設有許多不同的效果規定，茲說明如下：

A. 物權的變動方式不同：不動產之移轉以登記為生效之要件（民法第758、759條）；動產則以交付為生效要件（民法第761條）。

B. 交付遲延之處理方式：債權人受領遲延時，如給付物為不動產，債務人得拋棄不動產的占有（民法第241條），如給付物為動產，則債務人則得提存給付物（民法第326條）。

C. 監護人處分須否經允許：監護人處分受監護人之不動產時，應得經法院許可（民法第1101條），處分動產則不必經允許。

D. 在民事訴訟管轄及執行方面：因不動產的物權或其他分割或經界涉訟者，專屬不動產所在地之法院管轄（民事訴訟法第10條），動產則否。在強制執行方面，對於動產及不動產的執行程序不同，強制執行法第二章規定對於動產之執行，第三章規定對於不動產之執行。

2. **主物與從物：**

(1) **主物乃指具有獨立效用，得為權利義務客體之物**，如房屋。民法對主物之定義並無明文規定，只能以從物之規定去瞭解。

(2) **從物即指非物之成分，常助主物之效用，而與主物同屬於一人之物。但交易上有特別習慣者，依其習慣。**實務上，從物之要件在於：

須各為獨立之物，且非主物之成分	主物固然須為獨立之物，而從物也必須在實體上獨立存在，不得為主物之一部分，否則為相同之一物。
須有主從關係	即依從物之性質，在經濟目的上，常助主物之效用，而為其專屬之物。如鑰匙之於鎖。
須同屬一人所有	主物與從物須同屬一人所有，以維持物之使用的方便，保護經濟上的利益，如茶壺與蓋子若分屬兩人，勢將減損其使用之效能。

(3) 交易上有特定習慣而不認為其為從物者，仍應依其習慣；如糧食之麻袋，在交易習慣上，不認為麻袋是糧食之從物。

(4) 區分主物與從物之實益，依**民法第68條第2項規定：「主物之處分，及於從物。」**因此所有人將主物出賣時，其處分當及於從物，而應將從物一併交付買受人，如買車子之效力將及於備胎。

3. **原物與孳息：**

(1) **原物，乃指能產生孳息之實物。**

(2) **孳息：由原物所生之收益。**孳息依其產生之原因，可分為天然孳息與法定孳息兩類：【109 年台糖】

天然孳息	依民法第 69 條第 1 項規定：「稱天然孳息者，謂果實、動物之產物，及其他依物之用法所收穫之出產物。」天然孳息之收取，由權利人於權利存續期間，取得與原物分離之孳息，如權利人所種的果樹，在權利存續期間，所有採得之果實，均屬天然孳息，而歸權利人所有。
法定孳息	民法第 69 條第 2 項規定：「稱法定孳息者，謂利息、租金及其他因法律關係所得之收益。」法定孳息之收取，由權利人按其權利存續期間內之日數取得孳息，如租賃關係之出租人則有向承租人收取租金之權。

(3) 區分原物與孳息之實益，依**民法第 70 條之規定，有收取孳息權利之人，其權利存續期間內，取得與原物分離之孳息。**

八、法律行為

所謂法律行為為何，我國民法並無規定，在學理上認為**法律行為乃以意思表示為要素，依意思表示之內容而發生一定私法效果的行為。如甲以自己之意思表示與乙訂立買賣房屋契約，根據民法之規定，甲、乙間發生：(1) 甲應給付價金；(2) 甲可請求乙交付房屋，並移轉登記該屋之所有權給自己之民法（私法）之效果。**

(一) **法律行為之通則：法律行為是以意思表示為核心，而發生一定私法上效果之行為。**換言之，依意思表示的內容而發生私法上效果之表示行為，即為法律行為。法律行為之要件包括成立要件與生效要件，茲敘述如次：

1. **法律行為之成立要件：**法律行為之成立，必須具備**當事人、標的與意思表示。**特定的法律行為，在法律規定下，尚須履行一定的方式或交付特定物，該法律行為始能成立，例如在使用借貸契約（民法第 464 條），必須交付特定物，該使用借貸契約之法律行為始能成立。

法學小教室

與法律行為相同皆為表示行為者為準法律行為，但準法律行為非以意思表示為要素，而係依法律規定而發生私法上之效果。準法律行為有意思通知（如催告）、觀念通知（如社團總會之召集）與情感表示（宥恕）三種。

2. **法律行為的生效要件**：法律行為已成立者，並非當然具備法律效力，仍須具備生效要件始可：

(1) **當事人：必須具備完全行為能力**

(2) **標的：必須確定、可能、適法及妥當。**

A. 標的須確定：法律行為的標的若不確定，當事人的權利義務內容即無標準，法律行為則無效。例如民法第 200 條第 1 項：「給付物僅以種類指示者，依法律行為之性質或當事人之意思不能定其品質時，債務人應給以中等品質之物。」

法學小教室

法律行為與準法律行為為表示行為，與之區別者，乃屬非表示行為之事實行為，係基於一定事實的發生而產生私法上之效果，如無主物之先占（民法第 802 條）、遺失物之拾得（民法第 807 條）。

B. 標的須可能：所謂標的須可能，係指法律行為之內容必須可能實現，不會有自始不能或客觀不能之情形。例如民法第 246 條規定：「以不能之給付為契約標的者，其契約為無效。但其不能情形可以除去，而當事人訂約時並預期於不能之情形除去後為給付者，其契約仍為有效。」

C. 標的須適法：法律行為的內容須合法，即不得違反法律有關強制或禁止之規定，例如不得重婚之規定（民法第 985 條）。此外，在定有法定方式之法律行為，亦必須從之，否則無效，例如民法第 758 條第 1 項規定：「不動產物權依法律行為而取得、設定、喪失及變更者，非經登記，不生效力。」乃必須履行登記程序為必要。

a. **民法第 71 條規定：「法律行為，違反強制或禁止之規定者，無效。但其規定並不以之為無效者，不在此限。」**

b. **民法第 73 條規定：「法律行為，不依法定方式者，無效。但法律另有規定者，不在此限。」**

D. 標的須妥當：法律行為的內容不得違背公共秩序或善良風俗，例如以人作為交易之客體；亦不得為暴利行為，例如趁人之危放高利貸。

a. **民法第 72 條：「法律行為，有背於公共秩序或善良風俗者，無效。」**

b. **民法第74條：「法律行為，係乘他人之急迫、輕率或無經驗，使其為財產上之給付或為給付之約定，依當時情形顯失公平者，法院得因利害關係人之聲請，撤銷其法律行為或減輕其給付。前項聲請，應於法律行為後一年內為之。」**

(3) **意思表示：必須健全無瑕疵。**何謂健全無瑕疵的意思表示，原則上係意思表示無意思表示不一致與意思表示不自由之情形，請參後續關於意思表示之介紹。

此外，特定的法律行為，在法律規範下，尚須具備特定要件始能發生效力，例如遺囑行為須俟遺囑人死亡，始生效力。

(二) **行為能力**【109年台電、地特三】：**行為能力係指一個人能獨立以自己之自由意志與他人為法律行為的資格。民法上討論行為能力，主要攸關財產法上之行為，**換言之，行為能力的概念主要用在財產法上。民法關於行為能力的區分，原則上係以年齡作標準，依民法第12條及第13條規定，滿十八歲者為成年，有完全行為能力；未滿七歲之未成年人，無行為能力；滿七歲以上之未成年人，有限制行為能力。至於各種行為能力之效果如何，茲敘述如下：

法學小教室

109年11月立法院三讀通過民法部分條文修正，將民法成年年齡下修為18歲，對民法最直接之影響即為行為能力之界定與法律行為效力問題。此次修正之配套條文包含訂婚與結婚年齡等，也增修民法總則與親屬編施行法作為緩衝。另外，其餘法規有關年齡之部分，如所得稅法、人民團體法等亦研擬修改為成年與未成年，相關私法行為效力於未來幾年的修法變動需一併注意。
此外，未成年人已結婚者，有完全行為能力；受監護宣告之人，無行為能力。

1. **無行為能力人：民法第75條規定：「無行為能力人之意思表示，無效；雖非無行為能力人，而其意思表示，係在無意識或精神錯亂中所為者亦同。」無行為能力人要為法律行為，須由法定代理人代為意思表示，並代受意思表示**（民法第76條）。【111年鐵高】

2. **限制行為能力人**【111年台電】

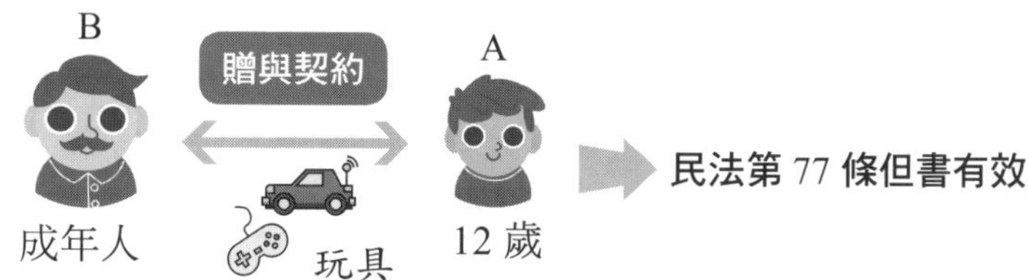

民法第 77 條規定，限制行為能力人為意思表示及受意思表示，應得法定代理人之允許。但純獲法律上之利益，或依其年齡及身份、日常生活所必需者，不在此限。例如 A 為 12 歲，未得法定代理人允許而與人訂定贈與契約，得到一輛腳踏車，依上開規定，此契約例外有效。此外在下列三種情形，限制行為能力人之法律行為有效：【110 年關四】

(1) 限制行為能力人用詐術使人信其為有行為能力人或已得法定代理人之允許者，其法律行為為有效（民法第 83 條）。例如變造身份證或戶口名簿使人相信其已成年。

(2) 法定代理人允許限制行為能力人處分之財產，限制行為能力人，就該財產有處分之能力（民法第 84 條）。例如零用金。

(3) 法定代理人允許限制行為能力人獨立營業者，限制行為能力人，關於其營業，有行為能力（民法第 85 條）。

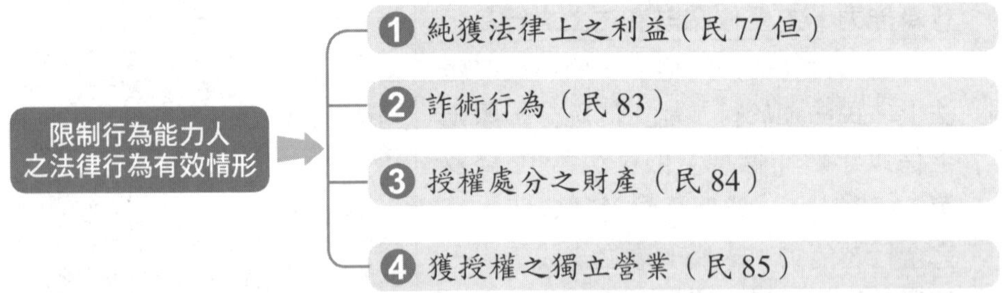

(三) **監護宣告與輔助宣告**：與行為能力有關者，乃監護宣告與輔助宣告之制度，涉及受監護宣告者與受輔助宣告者，是否得以自己的意思獨立為法律行為

1. **監護宣告**：

(1) 意義：**依民法第 14 條第 1 項規定，對於因精神障礙或其他心智缺陷，致不能為意思表示或受意思表示，或不能辨識其意思表示之效果者，法院得因本人、配偶、四親等內之親屬、最近一年有同居事實之其他親屬、檢察官、主管機關、社會福利機構、輔助人、意定監護受任人或其他利害關係人之聲請，為監護之宣告。**

(2) 效果：**對於受監護宣告之人，依民法第 15 條規定係無行為能力，因此受監護宣告之人無法獨立以自己的意思為法律行為，而必須由其法定代理人代為意思並代受意思表示**（民法第 75 條、第 76 條）。然若係於受監護宣告前已完成之法律行為，則該法律行為不受影響。例如：

甲與乙訂立A畫之買賣契約並完成交付後，甲被法院為監護之宣告，但雙方之法律行為，即債權行為與物權行為皆有效。

2. **輔助宣告：**

(1) 意義：**依民法第15-1條第1項規定，對於因精神障礙或其他心智缺陷，致其為意思表示或受意思表示，或辨識其意思表示效果之能力，顯有不足者，法院得因本人、配偶、四親等內之親屬、最近一年有同居事實之其他親屬、檢察官、主管機關或社會福利機構之聲請，為輔助之宣告。**

> **法學小教室**
>
> 受輔助宣告人從事須經輔助人同意之事項，而未得輔助人同意之情形時，準用民法第78條至第83條有關限制行為能力但未經法定代理人同意之規定。

(2) 效果：**受輔助宣告之人，原則上能以自己的意思獨立為法律行為，惟依民法第15條之2第1項規定，僅於從事下列條文各款之法律行為時，必須經輔助人之同意，但從事這些法律行為時，若係純獲法律上之利益，或依其年齡及身分、日常生活所必需者，則不受到限制。**上述所謂的法律行為如下：

A. 為獨資、合夥營業或為法人之負責人。

B. 為消費借貸、消費寄託、保證、贈與或信託。

C. 為訴訟行為。

D. 為和解、調解、調處或簽訂仲裁契約。

E. 為不動產、船舶、航空器、汽車或其他重要財產之處分、設定負擔、買賣、租賃或借貸。

F. 為遺產分割、遺贈、拋棄繼承權或其他相關權利。

G. 法院依聲請權人或輔助人之聲請，所指定之其他行為。

3. **意定監護：**

(1) 立法目的：現行民法成年監護制度係於本人喪失意思能力時，經聲請權人聲請後，由法院為監護之宣告，並依職權就一定範圍內之人選定為監護人（民法第14條、第1111條規定參照），惟上開方式無法充分尊重本人之意思自主決定，爰參酌先進國家之立法例及我國國情，於親屬編第四章「監護」新增本節，規範成年人之意定監護制度。

(2) 制度特色：由於尊重當事人自主意思、容許當事人預為安排受監護宣告後之權利義務關係，意定監護與法定監護相比，具有下列特性：

A. 意定監護契約之訂立或變更、撤回，**均須經公證**，以確保當事人之意思自由及有效：

民法第 1113-3 條第 1 項規定：意定監護契約之訂立或變更，應由公證人作成公證書始為成立。公證人作成公證書後七日內，以書面通知本人住所地之法院。

民法第 1113-5 條第 2 項規定：意定監護契約之撤回，應以書面先向他方為之，並由公證人作成公證書後，始生撤回之效力。公證人作成公證書後七日內，以書面通知本人住所地之法院。契約經一部撤回者，視為全部撤回。

B. 意定監護契約之生效時點：

民法第 1113-3 條第 3 項：意定監護契約於本人受監護宣告時，發生效力。

C. 意定監護人得於有特約的情況下處分受監護人之財產：

與法定監護人相比，意定監護人於意定監護契約約定的範圍內，擁有更多的權限。

D. 準用成年監護規定：

民法第 1113-10 條規定：意定監護，除本節有規定者外，**準用關於成年人監護之規定**。

	意定監護	法定監護
法源依據	民法第 1101 條	民法第 1113-9 條
差異內容	監護人對於受監護人之財產，非為受監護人之利益，不得使用、代為或同意處分。 監護人為下列行為，非經法院許可，不生效力： 一、代理受監護人購置或處分不動產。 二、代理受監護人，就供其居住之建築物或其基地出租、供他人使用或終止租賃。	意定監護契約約定受任人執行監護職務不受第 1101 條第 2 項、第 3 項規定限制者，從其約定。

	意定監護	法定監護
差異內容	監護人不得以受監護人之財產為投資。但購買公債、國庫券、中央銀行儲蓄券、金融債券、可轉讓定期存單、金融機構承兌匯票或保證商業本票，不在此限。	

(四) **意思表示：意思表示乃指表意人欲發生一定私法上效果之意思。**意思表示係法律行為之核心，意思表示得以明示或默示為之。一個完全行為能力人祇要為意思表示，那麼便會發生一定之法律效果，例如甲向乙表示要以新臺幣三千元買 iPad，乙表示同意出賣，那麼雙方之間的買賣契約，已經透過「意思表示」的合致而發生效力，受到該法律行為之拘束。【107 年關四】

1. **虛偽之意思表示**：虛偽之意思表示有二種：

(1) **表意人單方的虛偽意思表示**，例如，友人 A 稱謂 B 的衣服好看，B 乃戲稱，那麼喜歡就送給你。**民法第 86 條規定：「表意人無欲為其意思表示所拘束之意，而為意思表示者，其意思表示，不因之無效。但其情形為相對人所明知者，不在此限。」**一般而言 A 通常會了解 B 的戲言，不是真的要將該衣服送給自己。

(2) **表意人與相對人間通謀之意思表示**，例如 A 欠 B 新臺幣五百萬元，為了逃避 B 來查封拍賣，乃將其名下房屋通謀虛偽的賣與 C，並將房子登記在 C 名下，實際上，C 並未提交 A 任何價金，這種行為即為無效；蓋依民法第 87 條本文規定：「表意人與相對人通謀而為虛偽意思表示者，其意思表示無效。」

2. **錯誤與誤傳**：A 將假鑽石誤為真，而向 B 購買，依**民法第 88 條之規定：「意思表示之內容有錯誤，或表意人若知其事情即不為意思表示者，表意人得將其意思表示撤銷之。但以其錯誤或不知事情，非由表意人自己之過失者為限。」**A 若非因為自己之過失而錯認假鑽石為真鑽石，那麼得在一年內撤銷其買鑽石之意思表示。意思表示倘若非因表意人之錯誤所造成，而係傳達人或傳達機關之不實所造成，則得依**民法第 89 條規定：「意思表示，因傳達人或傳達機關傳達不實者，得比照前條之規定撤銷之」**。【108 年一般警四】

3. **詐欺或脅迫**：承上開案例，B 向 A 詐騙鑽石為真，那麼 A 得依**民法第 92 條規定：「因被詐欺或被脅迫而為意思表示者，表意人得撤銷其意思表示。」**撤銷其受詐欺而為之買賣行為。

(五) **條件與期限**【111 年初考】

1. **所謂條件，係指就將來不確定事實的發生，作為法律行為生效或消滅之條件。**民法所規定之條件，包括停止條件與解除條件：

法學小教室

依當事人之特約，使條件成就之效果，不於條件成就之時發生者，依其特約。

停止條件	民法第 99 條第 1 項規定：「附停止條件之法律行為，於條件成就時，發生效力。」例如父親對兒子表示，若考上台大法律系，即贈送機車一部。因此，若兒子將來果然考上台大法律系，乃停止條件之條件成就，應發生父親贈送兒子一部機車的效力。
解除條件	民法第 99 條第 2 項規定：「附解除條件之法律行為，於條件成就時，失其效力。」例如單身房客對房東表示，若將來結婚，則於結婚登記當天當然解除房屋租賃契約。因此，若單身房客未來在結婚登記當日，乃解除條件之條件成就，應發生房客與房東當然解除房屋租賃契約之效果。

2. **所謂期限，係指就將來確定事實的發生，作為法律行為生效或消滅之條件。**民法所規定之期限，包括始期與終期：

始期	民法第 102 條第 1 項規定：「附始期之法律行為，於期限屆至時，發生效力。」例如甲向乙表示，於今年中秋節當天會將所有借款還清。因此，於中秋節屆至時，則發生甲向乙還清借款的效力。
終期	民法第 102 條第 2 項規定：「附終期之法律行為，於期限屆滿時，失其效力。」例如甲今日授予買賣股票之代理權給乙，期限為一星期。因此，當今日起算至一星期時，乙代理甲買賣股票之權利因期限屆滿，而失其效力。

(六) **代理**：【111 年鐵佐】

1. **意義**：**代理者，乃代理人於代理權限內，以本人名義所為之意思表示，直接對本人發生效力。**例如甲代理乙向丙購買汽車，則該汽車買賣之契約僅在本人乙與相對人丙之間發生效力。

2. **方式**：代理權係以法律行為授與者，其授與應向代理人或向代理人對之為代理行為之第三人，以意思表示為之。

3. **性質**：**代理行為屬於中性行為，對代理人而言並不會使其負擔義務，因此代理人所為或所受意思表示之效力，不因其為限制行為能力人而受影響。**換言之，限制行為能力人，得為他人之代理人。

4. **自己代理與雙方代理之禁止**：

自己代理之禁止	代理人非經本人之許諾，不得為本人與自己之法律行為。但其法律行為，係專履行債務者，不在此限。例如甲為乙車商之代理人，其未經乙車商之同意，竟代理乙車商與自己簽定買賣汽車之契約。
雙方代理之禁止	代理人非經本人之許諾，不得既為第三人之代理人，而為本人與第三人之法律行為。但其法律行為，係專履行債務者，不在此限。例如甲一方面為 A 之代理人，一方面為 B 之代理人，而同時代理 A、B 為法律行為。

5. **無權代理**：【107 年一般警四、108 年一般警四】

   (1) **無代理權人以代理人之名義所為之法律行為，非經本人承認，對於本人不生效力。**

   (2) 無代理權人，以他人之代理人名義所為之法律行為，對於善意之相對人，負損害賠償之責。

九、期日及期間【111年司五】

(一) 期日者，指不可分之整體時間，如今天、明天；而期間者，謂由一定時間至另一定時間，為其經過之時間，如今年一月一日至今年十二月三十一日之一年時間。

(二) 以時定期間者，即時起算。以日、星期、月或年定期間，其始日不算入（民法第 120 條）。

(三) 年齡自出生之日起算。出生之月、日，無從確定時，推定其為七月一日出生。知其出生之月，而不知其出生之日者，推定其為該月十五日出生（民法第 124 條）。

十、消滅時效【109年台糖、110年關四、高考、111年鐵員、警四】

(一) **消滅時效，乃請求權人於一定期間內，因繼續不行使權利，請求權因時效之完成而產生「消滅」或「減損」效果之制度。**

1. **民法對一般長期消滅時效之規定為十五年（如一般的債務債權關係），短期時效為五年（如利息、紅利、租金、贍養費、退職金之給付請求權）或二年（如旅店、餐飲、住宿、飲食費）。**
2. **因侵權行為所生之損害賠償請求權，自請求權人知有損害及賠償義務人時起，兩年不行使而消滅；自有侵權行為時起，逾十年而消滅。**

(二) 消滅時效與取得時效不同。取得時效乃指非權利人，基於所有之意思，於一定期間內（動產為十年或五年，不動產為二十年或十年）和平、公然、繼續占有他人之動產或不動產，而取得其所有權，或請求登記為所有人之權利制度。

(三) 與「消滅時效」在性質上相類似者另有「除斥期間」。除斥期間，乃因法律行為本身之瑕疵，當事人得為撤銷或為其他行使形成權之期間。簡言之，「消滅時效」係「請求權」繼續不行使而使其「請求權」減損效力；「除斥期間」係「形成權」不行使而使其「形成權」消滅。除斥期間一般較消滅時效短，如被詐欺、脅迫而為意思表示者，應於發見詐欺、脅迫終止後一年內撤銷，若自意思表示後，經過十年不得撤銷。

十一、權利行使【111年鐵員、司五】

權利行使與義務履行均為促成權利義務變動之手段。法律之承認權利，不僅在保護權利人個人權益，亦為維持社會秩序及增進公共利益，故權利人行使權利，當須符合法律賦予權利之本旨。此種本旨，依我國民法第 148 條第 1 項規定：「權利之行使，不得違反公共利益，或以損害他人為主要目的。」其第 2 項規定：「行使權利，履行義務，應依誠實及信用方法。」

小試身手

(　　) **1** 因侵權行為所生之損害賠償請求權，自請求權人知有損害及賠償義務人時起，二年間不行使而消滅。試問此項效力稱為？ (A)除斥期間 (B)消滅時效 (C)取得時效 (D)消滅期間。

( ) **2** 甲為30歲具高學歷之成年人，其對道術頗有興趣，某日其好友乙冒充某教派道士向甲兜售保健藥丸一瓶，實則為糖果。試問甲知實情後得主張？ (A)依契約自由原則，甲必須購買該物 (B)乙非暴利行為，故甲對乙不能有任何主張 (C)甲因受乙詐欺，得撤銷其意思表示而使契約無效 (D)甲與乙為交易行為時具完全行為能力，故契約有效。

( ) **3** 關於一定之數量，法律上有使用文字與號碼表示時，應以何者為準？ (A)一律文字 (B)一律號碼 (C)一律由法院決定 (D)由法院確認當事人之原意為先。

( ) **4** 下列關於物之敘述，何者錯誤？ (A)物須在人力所及範圍內 (B)鑽石為可分物 (C)民法上之物有動產與不動產之別 (D)尚未收割之稻穀為動產。

( ) **5** 以將來確定事實的到來，決定法律行為效力的發生或消滅的附款為？ (A)條件 (B)期限 (C)負擔 (D)期間。

( ) **6** 人為權利義務之主體，有自然人與法人之分，自然人之權利始於何時？終於何時？ (A)始於滿七歲終於死亡 (B)始於出生終於成年 (C)始於滿七歲終於成年 (D)始於出生終於死亡。

( ) **7** 下列何者其消滅時效之特別期間為五年？ (A)一般請求權 (B)借款所生之利息 (C)旅社之住宿費 (D)商品的代價。

( ) **8** 我國民法規定，行使權利，履行義務，應依？ (A)契約自由 (B)有利於己 (C)相互利益 (D)誠實信用。

( ) **9** 甲為限制行為能人，其受乙之授權代理其至眼鏡行買太陽眼鏡一副，試問該買賣契約在何人之間發生效力？ (A)甲與眼鏡行間 (B)甲與乙間 (C)乙與眼鏡行間 (D)買賣契約無效，不生效力。

答 **1 (B)** **2 (C)** **3 (D)** **4 (D)** **5 (B)**
6 (D) **7 (B)** **8 (D)** **9 (C)**

第二節｜債 編

債乃特定人對特定人得請求特定行為之法律關係。請求者為債權人，被請求者為債務人。我國民法採「民商統一制」，將通常性之商事行為，如買賣、行紀、居間、運送、經理人等於債編分則中規定；至於特殊之商業行為，如公司、保險、銀行等特別商業行為，另行制定「商事特別法」，至於債編通則所規定者，為債的一般原則，可適用於任何債之關係。我國債編分為兩章，即為通則與各種之債：

一、通則

規定債之發生、債之標的、債之效力、多數債務人及債權人、債之移轉及債之消滅。

(一) 債之發生

1. **契約：**

   (1) **契約之成立：當事人互相表示意思一致者，無論其為明示或默示，契約即為成立。**當事人對於必要之點，意思一致，而對於非必要之點，未經表示意思者，推定其契約為成立，關於該非必要之點，當事人意思不一致時，法院應依其事件之性質定之（民法第 153 條）。

   (2) 要約之拘束力與要約引誘：**契約之要約人，因要約而受拘束。**但要約當時預先聲明不受拘束，或依其情形或事件之性質，可認當事人無受其拘束之意思者，不在此限。**貨物標定賣價陳列者，視為要約。但價目表之寄送，不視為要約**（民法第 154 條）。【109 年關四】

   (3) 懸賞廣告：以廣告聲明對完成一定行為之人給與報酬者，為懸賞廣告。廣告人對於完成該行為之人，負給付報酬之義務。數人先後分別完成前項行為時，由最先完成該行為之人，取得報酬請求權；數人共同或同時分別完成行為時，由行為人共同取得報酬請求權。（民法第 164 條第 1 項與第 2 項）

2. **代理權之授與：**

   (1) 意定代理權之授與：代理權係以法律行為授與者，其授與應向代理人或向代理人對之為代理行為之第三人，以意思表示為之（民法第 167 條）。

(2) 無權代理：無代理權人以代理人之名義所為之法律行為，非經本人承認，對於本人不生效力。前項情形，法律行為之相對人，得定相當期限，催告本人確答是否承認，如本人逾期未為確答者，視為拒絕承認（民法第170條）。

3. **無因管理：**

(1) **無因管理人之管理義務：未受委任，並無義務，而為他人管理事務者，其管理應依本人明示或可得推知之意思，以有利於本人之方法為之**（民法第172條）。

(2) **適法管理：**管理事務，利於本人，並不違反本人明示或可得推知之意思者，管理人為本人支出必要或有益之費用，或負擔債務，或受損害時，得請求本人償還其費用及自支出時起之利息，或清償其所負擔之債務，或賠償其損害（民法第176條第1項）。

4. **不當得利：**

(1) **不當得利之效力：無法律上之原因而受利益，致他人受損害者，應返還其利益；雖有法律上之原因，而其後已不存在者亦同**（民法第179條）。

(2) **第三人之返還責任：**不當得利之受領人，以其所受者，無償讓與第三人，而受領人因此免返還義務者，第三人於其所免返還義務之限度內，負返還責任（民法第183條）。

5. **侵權行為：**【109年台糖、地特四、111年鐵佐、司五】

(1) **獨立侵權行為之責任：**

A. **因故意或過失，不法侵害他人之權利者，負損害賠償責任。故意以背於善良風俗之方法，加損害於他人者亦同**（民法第184條第1項）。

B. **違反保護他人之法律，致生損害於他人者，負賠償責任。但能證明其行為無過失者，不在此限**（民法第184條第2項）。

(2) **共同侵權行為責任：**數人共同不法侵害他人之權利者，連帶負損害賠償責任；不能知其中孰為加害人者亦同。造意人及幫助人，視為共同行為人（民法第185條）。

(3) **法定代理人之責任：無行為能力人或限制行為能力人，不法侵害他人權利者，以行為時有識別能力為限，與其法定代理人連帶負損害賠償責任。行為時無識別能力者，由法定代理人負損害賠償責任。**

前項情形，法定代理人如其監督並未疏懈，或縱加以相當之監督，而仍不免發生損害者，不負賠償責任（民法第 187 條第 1、2 項）。

(4) 僱用人之責任：【107 年一般警四】

A. 受僱人因執行職務，不法侵害他人之權利者，由僱用人與行為人連帶負損害賠償責任。但選任受僱人及監督其職務之執行，已盡相當之注意或縱加以相當之注意而仍不免發生損害者，僱用人不負賠償責任（民法第 188 條第 1 項）。

B. 如被害人依前項但書之規定，不能受損害賠償時，法院因其聲請，得斟酌僱用人與被害人之經濟狀況，令僱用人為全部或一部之損害賠償（民法第 188 條第 2 項）。

(5) **侵害生命權之非財產上損害賠償：不法侵害他人致死者，被害人之父、母、子、女及配偶，雖非財產上之損害，亦得請求賠償相當之金額**（民法第 194 條）。

(6) **侵害身體健康名譽或自由之非財產上損害賠償：不法侵害他人之身體、健康、名譽、自由、信用、隱私、貞操，或不法侵害其他人格法益而情節重大者，被害人雖非財產上之損害，亦得請求賠償相當之金額。其名譽被侵害者，並得請求回復名譽之適當處分**（民法第 195 條）。

(二) **債之效力**【107 年一般警四】

1. **給付不能**：係指債務人因主觀或客觀之因素而無法履行債務。

(1) **因不可歸責於債務人之事由，致給付不能者，債務人免給付義務。債務人因前項給付不能之事由，對第三人有損害賠償請求權者，債權人得向債務人請求讓與其損害賠償請求權，或交付其所受領之賠償物**（民法第 225 條）。例如 A 賣屋給 B，卻因地震屋毀，此時 A 無法交屋，依法不用交屋給 B。而 B 也因民法第 266 條之規定，不用交屋款給 A。

(2) **因可歸責於債務人之事由，致給付不能者，債權人得請求賠償損害。前項情形，給付一部不能者，若其他部分之履行，於債權人無利益時，債權人得拒絕該部之給付，請求全部不履行之損害賠償**（民法第 226 條）。例如 A 向 B 買車，B 在交付車前，因 C 提供更高車價，於是賣給 C 並交付之。此時，B 無車可交付給 A，因此 A 得依民法第 226 條向 B 請求損害賠償。

2. **不為給付或不完全給付：**

(1) **因可歸責於債務人之事由，致為不完全給付者，債權人得依關於給付遲延或給付不能之規定行使其權利。因不完全給付而生前項以外之損害者，債權人並得請求賠償**（民法第 227 條）。

(2) **情事變更原則：**契約成立後，情事變更，非當時所得預料，而依其原有效果顯失公平者，當事人得聲請法院增、減其給付或變更其他原有之效果。前項規定，於非因契約所發生之債，準用之（民法第 227-2 條）。

3. **給付遲延：**

(1) **給付遲延：給付有確定期限者，債務人自期限屆滿時起，負遲延責任。給付無確定期限者，債務人於債權人得請求給付時，經其催告而未為給付，自受催告時起，負遲延責任。其經債權人起訴而送達訴狀，或依督促程序送達支付命令，或為其他相類之行為者，與催告有同一之效力。**

(2) **一時受領遲延：**給付無確定期限，或債務人於清償期前得為給付者，債權人就一時不能受領之情事，不負遲延責任。但其提出給付，由於債權人之催告，或債務人已於相當期間前預告債權人者，不在此限（民法第 236 條）。

4. **保全：**

(1) **債權人之代位權：債務人怠於行使其權利時，債權人因保全債權，得以自己之名義，行使其權利。但專屬於債務人本身者，不在此限**（民法第 242 條）。【111 年鐵員】

(2) **債務人所為之無償行為，有害及債權者，債權人得聲請法院撤銷之。債務人所為之有償行為，於行為時明知有損害於債權人之權利者，以受益人於受益時亦知其情事者為限，債權人得聲請法院撤銷之**（民法第 244 條第 1 項、第 2 項）。

5. **契約之效力：**

(1) **締約過失責任：**契約未成立時，當事人為準備或商議訂立契約而有下列情形之一者，對於非因過失而信契約能成立致受損害之他方當事人，負賠償責任：

A. 就訂約有重要關係之事項，對他方之詢問，惡意隱匿或為不實之說明者。

B. 知悉或持有他方之秘密，經他方明示應予保密，而因故意或重大過失洩漏之者。

C. 其他顯然違反誠實及信用方法者（民法第245-1條第1項）。

(2) **契約標的給付不能之效力：以不能之給付為契約標的者，其契約為無效。**但其不能情形可以除去，而當事人訂約時並預期於不能之情形除去後為給付者，其契約仍為有效（民法第246條第1項）。

(3) **同時履行抗辯權：因契約互負債務者，於他方當事人未為對待給付前，得拒絕自己之給付。但自己有先為給付之義務者，不在此限。他方當事人已為部分之給付時，依其情形，如拒絕自己之給付有違背誠實及信用方法者，不得拒絕自己之給付**（民法第264條）。

(三) **多數債務人及債權人**【109年台糖】

1. **可分之債**：數人負同一債務或有同一債權，而其給付可分者，除法律另有規定或契約另有訂定外，應各平均分擔或分受之；其給付本不可分而變為可分者亦同（民法第271條）。

2. **連帶債務**：連帶債務人相互間，除法律另有規定或契約另有訂定外，應平均分擔義務。但因債務人中之一人應單獨負責之事由所致之損害及支付之費用，由該債務人負擔（民法第280條）。

3. **連帶債權**：數人依法律或法律行為，有同一債權，而各得向債務人為全部給付之請求者，為連帶債權（民法第283條）。連帶債權之債務人，得向債權人中之一人，為全部之給付（民法第284條）。

(四) **債之轉移**

1. **債權之讓與性**：債權人得將債權讓與於第三人。但下列債權，不在此限：

(1) 依債權之性質，不得讓與者。

(2) 依當事人之特約，不得讓與者。

(3) 債權禁止扣押者（民法第294條）。

2. **從權利之隨同移轉**：讓與債權時，該債權之擔保及其他從屬之權利，隨同移轉於受讓人。但與讓與人有不可分離之關係者，不在此限。未支付之利息，推定其隨同原本移轉於受讓人（民法第295條）。

3. **債權讓與之通知：債權之讓與，非經讓與人或受讓人通知債務人，對於債務人不生效力。**但法律另有規定者，不在此限。受讓人將讓與人所立之讓與字據提示於債務人者，與通知有同一之效力（民法第297條）。【109年台糖、110年高考】

(五) **債之消滅：債消滅之原因有：**

1. **清償。**【109年關三、109年台糖】
2. **提存：**因債權人受領遲延，或不能確知孰為債權人而難為給付者，清償人將其給付物為債權人提存。
3. **抵銷：**二人互負債務，而其給付種類相同，並均屆清償期者，各得以其債務與他方債務互為抵銷。
4. **免除：**即債權人向債務人表示免除其債務之意思。
5. **混同：**即債權與其債務同歸一人。

二、債編各論

舉重要類型如下：

(一) **買賣：買賣者，謂當事人約定出賣人之一方移轉財產權於他方，而買受人之他方支付價金之雙務契約。**【111年警四】

1. 關於買賣之重要規定，乃物之瑕疵擔保責任：民法第373條規定：「買賣標的物之利益及危險，自交付時起，均由買受人承受負擔，但契約另有訂定者，不在此限。」又同法第354條規定，物（指所有權）之出賣人對於買受人，應擔保其物依第373條之規定危險移轉於買受人時（當事人無特別約定時，係以物之交付時為危險移轉時點）以下之物之瑕疵擔保責任，若有違反則負擔物之瑕疵擔保責任：【109年台糖】

   (1) 無滅失其價值（指交換價值）、通常效用或契約預定效用之瑕疵。

   (2) 無減少其價值（指交換價值）、通常效用或契約預定效用之瑕疵。

2. **若構成物之瑕疵擔保責任者，買受人得依民法第359條之規定向出賣人主張「減少價金」或「解除契約」；或依民法第360之條規定，買賣之物如缺少出賣人所保證之品質或出賣人故意不告知物之瑕疵者，買受人得主張「不履行之損害賠償」；如買賣之標的物係為種類物者，依民法第364條規定，買受人更得向出賣人請求「另行交付無瑕疵之物」。**【111年鐵佐】

3. 此外，如以特約免除或限制出賣人關於權利或物之瑕疵擔保義務者，依民法第 366 條規定，如出賣人故意不告知其瑕疵，其特約為無效。

(二) **互易**：互易為當事人雙方約定，互相移轉金錢以外財產權之契約；實乃以物易物之契約。其性質與買賣同，故互易之效力，準用關於買賣之規定。【109 年台電】

(三) **交互計算**：交互計算者，謂當事人約定，以其相互間之交易所生之債權債務為定期計算，互相抵銷，而僅支付其差額之契約。

(四) **贈與**：**贈與者，謂當事人一方，以自己之財產，無償給與他方，經他方允受而生效力之契約。贈與契約性質上係屬諾成契約（不要物契約）、不要式契約、無償契約以及單務契約。**依民法第 408 條規定，贈與物之權利未移轉前，贈與人得撤銷其贈與。其一部已移轉者，得就其未移轉之部分撤銷之。上開規定，於經公證之贈與，或為履行道德上義務而為贈與者，不適用之。因此，贈與人於履行贈與前無論該項贈與是否訂立書面，原則上皆得撤銷贈與，只有在該贈與已經公證或係為履行道德上之義務之情形下，而不得撤銷贈與。【111 年司五】

(五) **租賃**：**租賃者，謂當事人約定，一方以物租與他方使用收益，他方支付租金之契約。關於租賃契約，其成立不以租賃物屬於出租人為必要，因為租賃契約乃債權契約（即為負擔行為而非處分行為），不以行為人有處分權為必要。又關於租賃契約，有所謂「買賣不破租賃」之規定，依民法第 425 條規定：「出租人於租賃物交付後，承租人占有中，縱將其所有權讓與第三人，其租賃契約，對於受讓人仍繼續存在。前項規定，於未經公證之不動產租賃契約，其期限逾五年或未定期限者，不適用之。」**在買賣不破租賃關係中，租賃物之受讓人原則上承擔原所有權人（即出租人）的角色，因此承租人須將租金交付予受讓人，而該租賃契約對受讓人仍繼續存在。【107 年關四、109 年關三、110 年關四、111 年鐵高】

(六) **借貸**：**借貸者，借用人與貸與人相互間之契約。**有使用借貸與消費借貸之別：

使用借貸	謂當事人約定，一方以物無償貸與他方使用，他方於使用後，返還其物之契約。使用借貸契約性質上係屬要物契約（非諾成契約）、不要式契約、單務契約及無償契約。

消費借貸	謂當事人約定，一方移轉金錢或其他代替物之所有權於他方，而他方以種類、品質、數量相同之物返還之契約。消費借貸契約性質上係屬要物契約（非諾成契約）、不要式契約、單務契約及可為無償或有償契約。

(七) **僱傭**：謂**當事人約定，一方於一定或不定期限內為他方服勞務，他方給付報酬之契約。**勞動基準法係屬僱傭契約之特別規定。

(八) **承攬**：謂**當事人約定，一方為他方完成一定之工作，他方俟工作完成，給付報酬之契約。承攬為有償契約。**【109 年台糖、地特三、111 年台電】

(九) **旅遊**：旅遊營業人以安排旅程及提供交通、膳宿、導遊或其他有關服務為營業，向旅客收取旅遊費用之人。

(十) **出版**：謂當事人約定，一方以文藝學術或美術之著作物，為出版而交付於他方，他方擔任印刷及發行之契約。

(十一) **委任**：**謂當事人約定，一方委託他方處理事務，他方允為處理之契約。**另公司法之董事、監察人、經理人與公司之關係，除法律另定外，依委任之規定。關於委任契約，為不要式契約且得為有償或無償契約。須注意的是，民法第 535 條規定，受任人處理委任事務，應依委任人之指示，並與處理自己事務為同一之注意。其受有報酬者，應以善良管理人之注意為之。又依民法第 534 條規定，受任人受概括委任者，得為委任人為一切行為。**但為下列行為，須有特別之授權：1. 不動產之出賣或設定負擔。2. 不動產之租賃其期限逾二年者。3. 贈與。4. 和解。5. 起訴。6. 提付仲裁。**【107 年關四、一般警四、109 年關三、台糖】

(十二) **經理人及代辦商**：經理人，乃由商號授權，有為商號管理事務，及為其簽名之人。代辦商，乃非經理人而受商號之委託，於一定處所或一定區域內，以該商號之名義，辦理其事務之全部或一部之人。

(十三) **居間**：謂當事人約定，一方為他方報告訂約之機會，或為訂約之媒介，他方給付報酬之契約。【108 年一般警三、109 年台糖】

(十四) **行紀**：謂以自己之名義為他人之計算，為動產之買賣或其他商業上之交易，而受報酬之營業。

(十五) **寄託**：謂當事人一方以物交付他方，他方允為保管之契約。【111 年鐵高】

(十六) **倉庫**：乃受報酬為他人堆藏及保管物品之營業。

(十七) **運送**：以運送物品或旅客為營業而受運費者。

(十八) **承攬運送**：謂以自己之名義，為他人計算，使運送人運送物品而受報酬之營業。

(十九) **合夥**：謂**兩人以上互約出資以經營共同事業之契約，因此合夥契約屬於雙務契約。合夥契約之出資，得為金錢或其他財產權，或以勞務、信用或其他利益代之。**金錢以外之出資，應估定價額為其出資額。未經估定者，以他合夥人之平均出資額視為其出資額。關於各合夥人之出資及其他合夥財產，依民法第 668 條規定，為合夥人全體之公同共有。又**同法第 681 條規定，合夥財產不足清償合夥之債務時，各合夥人對於不足之額，連帶負其責任。若合夥人退夥後，依民法第 690 條規定，對於其退夥前合夥所負之債務，仍應負責。**【109 年台糖】

(二十) **隱名合夥**：謂當事人約定，一方對於他方所經營之事業出資，而分受其營業所生之利益，及分擔其所生損失之契約。

(二一) **合會**：由會首邀集二人以上為會員，互約交付會款及標取合會金之契約。合會不能繼續時之處理原則為：

1. 因會首破產、逃匿或其他事由致合會不能繼續進行時，會首及已得標會員應給付之各期會款，應於每屆標會期日平均交付於未得標之會員。
2. 會首就已得標會員之各期會款，負連帶責任。
3. 會首或已得標會員應平均交付未得標會員之會款，如其遲延給付數額已達兩期總額者，未得標會員得請求給付全部之會款。

(二二) **指示證券**：謂指示將金錢、有價證券、或其他代替物給付第三人之證券。

(二三) **無記名證券**：謂持有人對於發行人得請求其所記載之內容為給付之證券。

(二四) **終身定期金**：謂當事人約定，一方於自己或他方或第三人生存期內，定期以金錢給付他方或第三人之契約。

(二五) **和解**：謂當事人約定，互相讓步，以終止爭執或防止爭執發生之契約。【109 年台糖】

(二六) **保證**：**謂當事人約定，一方於他方之債務人不履行債務時，由其代負履行責任之契約。保證契約乃從契約（保證契約之存在係為了擔保主要債務的履行因此具有從屬性）、無償契約、不要式契約及單務契約。**保證契約所保證債務的範圍，除契約另有訂定外，包含主債務之利息、違約金、損害賠償及其他從屬於主債務之負擔。在保證契約中，依保證人保證之範圍與程度，可分為普通保證與連帶保證，茲敘述如下：

1. **一般保證：在一般保證中，保證人可以主張先訴抗辯權，依民法第745條規定：「保證人於債權人未就主債務人之財產強制執行而無效果前，對於債權人得拒絕清償。」**例如甲為乙一般擔保其對銀行三十萬元之債務，乙因數月未繳納貸款而遭銀行解除契約並要求連同本金、利息與違約金一次清償，此時銀行必須先向乙依法定程序訴請至強制執行而仍無法獲得償還之程度時，始能向保證人甲請求償還其為乙擔保之部分。然而**同法第746條有保證人先訴抗辯權之例外規定：「有下列各款情形之一者，保證人不得主張前條之權利：(1)保證人拋棄前條之權利。(2)主債務人受破產宣告。(3)主債務人之財產不足清償其債務。」**
2. **連帶保證：在連帶保證中，保證人不可以主張先訴抗辯權，依民法第748條規定：「數人保證同一債務者，除契約另有訂定外，應連帶負保證責任。」又同法第273條規定：「連帶債務之債權人，得對於債務人中之一人或數人或其全體，同時或先後請求全部或一部之給付。連帶債務未全部履行前，全體債務人仍負連帶責任。」**因此上例中，若甲為連帶保證人，則銀行於乙未繳納貸款時，即得向甲或乙為貸款全部或一部之請求償還。【110年關四】

(二七) **人事保證：**當事人約定，保證人於他方之受僱人將來因職務上之行為而應對他方為損害賠償時，由其代負賠償責任之契約。其重要規定為：

1. 保證契約應以書面為之，期限不得逾三年。逾三年者，縮短為三年。
2. 保證人以僱用人不能依其他方法受賠償為限，負其賠償責任。

小試身手

( ) **1** 債權與債務同為一人，因而使債之關係消滅，謂之？ (A)抵銷 (B)撤銷 (C)混同 (D)提存。

( ) **2** 因侵權行為所生之損害賠償請求權，自請求權人知有損害及賠償義務人起，幾年不行使而消滅？ (A)1年 (B)2年 (C)3年 (D)5年。

( ) **3** 下列何者非債之消滅原因？ (A)混同 (B)提存 (C)添附 (D)免除。

( ) **4** 因契約互負債務者，於他方當事人未為對待給付前，得拒絕自己之給付。此為？ (A)同時履行抗辯權 (B)買賣不破租賃 (C)不安抗辯權 (D)危險負擔。

( ) **5** 民法第425條第1項規定：「出租人於租賃物交付後，承租人占有中，縱將其所有權讓與第三人，其租賃契約，對於受讓人仍繼續存在。」此條文學理上稱為？ (A)買賣不破租賃 (B)物權行為無因性 (C)先訴抗辯權 (D)承租人拒絕權。

答 **1 (C)** **2 (B)** **3 (C)** **4 (A)** **5 (A)**

第三節 ｜ 物權編

壹、概說

一、內容

物權乃直接支配其標的物，而享受其利益之具有排他性的權利。物權法與債法雖同為財產法，但債法以任意法為多，物權法與國家經濟制度關係密切，故多為強行法。

物權編於我國民法典的編排如下：

(一) **第一章─通則**：規定物權之創設、得喪變更及消滅等共通適用之原則。

(二) **第二章─所有權**：乃所有人於法令限制之範圍內，得自由使用、收益、處分其所有物，並排除他人干涉之權利。

(三) **第三章─地上權**：以他人土地上建築物，或其他工作物，或竹木為目的而使用其土地之權。（民國 99 年修法，區分為普通地上權與區分地上權）

(四) **第四章─永佃權**：民國 99 年修法刪除。

(五) **第四章之一─農育權**：稱農育權者，謂在他人土地為農作、森林、養殖、畜牧、種植竹木或保育之權（民國 99 年修法新增）。

(六) **第五章—不動產役權**：稱不動產役權者，謂以他人不動產供自己不動產通行、汲水、採光、眺望、電信或其他以特定便宜之用為目的之權（民國 99 年修法新增）。

(七) **第六章—抵押權**

普通抵押權	**謂債權人對於債務人或第三人不移轉占有而供其債權擔保之不動產，得就該不動產賣得價金優先受償之權。**
最高限額抵押權	**謂債務人或第三人提供其不動產為擔保，就債權人對債務人一定範圍內之不特定債權，在最高限額內設定之抵押權。**

土地及其房屋，可各自單獨設定抵押權。若甲僅將土地設定抵押權予乙，而後甲復於該土地興建房屋，後乙因甲之債務已屆清償而執行拍賣抵押物，雖可連同該房屋併同交付強制執行，但此抵押權僅及於土地，故對房屋賣得之價金，無優先受清償之權。

(八) **第七章—質權**：乃債權人為其債權之擔保，占有債務人之物，且就其物有優先受償之權利。我國民法設動產質權與權利質權兩類：

動產質權	謂債權人對於債務人或第三人移轉占有而供其債權擔保之動產，得就該動產賣得價金優先受償之權。
權利質權	謂以可讓與之債權或其他權利為標的物之質權。

(九) **第八章—典權**：稱典權者，謂支付典價在他人之不動產為使用、收益，於他人不回贖時，取得該不動產所有權之權（民國 99 年修法）。

(十) **第九章—留置權**：謂債權人占有他人之動產，而其債權之發生與該動產有牽連關係，於債權已屆清償期未受清償時，得留置該動產之權。

(十一) **第十章—占有**：對於物有事實上管領之力者，為占有人（民法第 940 條）。

法學小教室

占有並非民法物權，而是一種「事實狀態」。

二、物權之分類

(一) **完全物權、定限物權**

1. **完全物權**：**對於所有物為全面支配之物權，即所有權。**

(1) 所有權之意義：即所有人於法令限制之範圍內，得自由使用、收益、處分其所有物，並排除他人干涉之權利。

(2) 所有權權能：所有權人之權利不僅受法律保障，亦需受法令之限制。所有權之效能可分為：

A. 積極權能：

a. 使用：乃不毀損其物體或不變更其物之性質，依其通常用法，供生活事實之需，如居住自己之房舍。

b. 收益：乃指所有權人可收取所有物之「天然孳息」及「法定孳息」，如收取出租物之租金。

c. 處分：處分可分為「事實上處分」及「法律上處分」。前者乃就原物體加以變形、改造或毀損，如釀米為酒；後者乃就權利為移轉、設定、拋棄之行為，如以牛易馬。

B. 消極權能：

a. 乃指「排除他人干涉」，亦即權利人之權利遭受他人不法妨害時，得除去他人之干擾或侵害之權力。

b. 民法第 767 條規定：「所有人對於無權占有或侵奪其所有物者，得請求返還之。對於妨害其所有權者，得請求除去之。有妨害其所有權之虞者，得請求防止之。」故所有權之消極權能有三：

(A) 所有物返還請求權：所有人對於無權占有或侵奪其所有物者，得請求返還之。

(B) 除去妨害請求權：所有人對於妨害所有權之行使者，得請除去其妨害。

(C) 防止妨害請求權：所有人對於有妨害其所有權之虞者，得請求防止。

2. 定限物權：**僅得於一定之限界內，支配其標的物之物權，所有權以外之物權**。依其目的可分為：

(1) 用益物權：**對於他人之物在特定範圍內，得予以使用、收益之權利，包括地上權、農育權、不動產役權、典權。**【109 年關四】

(2) 擔保物權：

A. **擔保物權係以標的物供債權擔保為目的之物權，包括抵押權、質權、留置權。**

B. 擔保物權之特性：

a. 從屬性：擔保物權必從屬於債權而存在，若無合法之債權存在，自不生確保債權履行之效力；若債權移轉時，擔保物權亦當然移轉，故不得與債權分離而為讓與。

b. 不可分性：擔保物之債權人，於其債權未受全部清償前，得就擔保物權之全部行使其權利；債權縱經分割、縮減，擔保物權亦不因之而分割或縮減。

c. 物上代位：擔保物權之標的滅失、毀損、因而得受賠償金者，該賠償金為擔保物權之代替物，權利人得就該賠償金行使權利。

(二) **主物權、從物權**

1. **主物權**：不須從屬於其他權利，而得獨立存在之物權。民法之各種物權，除擔保物權與不動產役權外，皆屬主物權。

2. **從物權**：須從屬於其他權利而存在之物權，包括擔保物權與不動產役權。

(三) **動產物權與不動產物權**

1. **動產物權**：以動產為標的物之物權。如動產所有權、質權及留置權。

2. **不動產物權**：以不動產為標的物之物權。如不動產所有權、地上權、農育權、不動產役權、抵押權及典權。

貳、物權通則與各論

一、通則

(一) **物權法定主義：物權除依法律或習慣外，不得創設**（民法第757條，98年修正）。

法學小教室

若不動產為「違章建築」，實務認為關於此類交易所移轉之權利並非所有權，而係「事實上處分權」，與所有權並非相同。

(二) **不動產物權**【107年關三】

1. **不動產之取得（設權登記與宣示登記）**：【111年初考】

設權登記－登記生效要件主義	謂債權人對於債務人或第三人移轉占有而供其債權擔保之動產A**不動產物權，依法律行為而取得、設定、喪失及變更者，非經登記，不生效力。前項行為，應以書面為之**（民法第758條），得就該動產賣得價金優先受償之權。

宣示登記－相對登記主義	因繼承、強制執行、徵收、法院之判決或其他非因法律行為，於登記前已取得不動產物權者，應經登記，始得處分其物權（民法第 759 條）。

2. **不動產物權之變動與效力**：**不動產物權經登記者，推定登記權利人適法有此權利。因信賴不動產登記之善意第三人，已依法律行為為物權變動之登記者，其變動之效力，不因原登記物權之不實而受影響**（民法第 759-1 條）。

(三) **動產物權**：動產之變動

1. **原則**：**現實交付。動產物權之讓與，非將動產交付，不生效力。**
2. **例外**：
   (1) **簡易交付**：**受讓人已占有動產者，於讓與合意時，即生效力。**
   (2) **占有改定**：**讓與動產物權，而讓與人仍繼續占有動產者，讓與人與受讓人間，得訂立契約，使受讓人因此取得間接占有，以代交付。**
   (3) **指示交付**：**讓與動產物權，如其動產由第三人占有時，讓與人得以對於第三人之返還請求權，讓與於受讓人，以代交付。**

(四) **物權之消滅**

1. **所有權與他物權混同**：同一物之所有權及其他物權，歸屬於一人者，其他物權因混同而消滅。但其他物權之存續，於所有人或第三人有法律上之利益者，不在此限（民法第 762 條）。
2. **所有權以外物權之混同**：所有權以外之物權及以該物權為標的物之權利，歸屬於一人者，其權利因混同而消滅（民法第 763 條）。
3. **拋棄**：物權除法律另有規定外，因拋棄而消滅。前項拋棄，**第三人有以該物權為標的物之其他物權或於該物權有其他法律上之利益者，非經該第三人同意，不得為之。**拋棄動產物權者，並應拋棄動產之占有（民法第 764 條）。

二、所有權

(一) **通則**

1. **所有權之權能**：所有人，於法令限制之範圍內，得自由使用、收益、處分其所有物，並排除他人之干涉（民法第 765 條）。【111 年警四】

2. **物上請求權：所有人對於無權占有或侵奪其所有物者，得請求返還之。對於妨害其所有權者，得請求除去之。有妨害其所有權之虞者，得請求防止之。前項規定，於所有權以外之物權，準用之**（民法第767條）。

3. **動產所有權之時效取得**

(1) 時效取得：以所有之意思，十年間和平、公然、繼續占有他人之動產者，取得其所有權（民法第768條）。

(2) 占有時效取得：以所有之意思，五年間和平、公然、繼續占有他人之動產，而其占有之始為善意並無過失者，取得其所有權（民法第768-1條）。

4. **不動產所有權之時效取得**

(1) 一般取得時效：以所有之意思，二十年間和平、公然、繼續占有他人未登記之不動產者，得請求登記為所有人（民法第769條）。

(2) 特別取得時效：以所有之意思，十年間和平、公然、繼續占有他人未登記之不動產，而其占有之始為善意並無過失者，得請求登記為所有人（民法第770條）。

(二) **不動產所有權**

1. **袋地所有人之必要通行權**：土地因與公路無適宜之聯絡，致不能為通常使用時，除因土地所有人之任意行為所生者外，土地所有人得通行周圍地以至公路。前項情形，有通行權人應於通行必要之範圍內，擇其周圍地損害最少之處所及方法為之；對於通行地因此所受之損害，並應支付償金（民法第787條）。

2. **開路通行權**：有通行權人於必要時，得開設道路。但對於通行地因此所受之損害，應支付償金。前項情形，如致通行地損害過鉅者，通行地所有人得請求有通行權人以相當之價額購買通行地及因此形成之畸零地，其價額由當事人協議定之；不能協議者，得請求法院以判決定之（民法第788條）。

3. **越界建屋**

(1) 異議之提起：土地所有人建築房屋非因故意或重大過失逾越地界者，鄰地所有人如知其越界而不即提出異議，不得請求移去或變更其房屋。但土地所有人對於鄰地因此所受之損害，應支付償金。前項情形，鄰地所有人得請求土地所有人，以相當之價額購買越界部分之土地及因此形成之畸零地，其價額由當事人協議定之；不能協議者，得請求法院以判決定之（民法第 796 條）。

(2) **移去或變更**：土地所有人建築房屋逾越地界，鄰地所有人請求移去或變更時，法院得斟酌公共利益及當事人利益，免為全部或一部之移去或變更。但土地所有人故意逾越地界者，不適用之（民法第 796-1 條）。

4. **鄰地之果實獲得**：**果實自落於鄰地者，視為屬於鄰地所有人。但鄰地為公用地者，不在此限**（民法第 798 條）

5. **區分所有建築物**：**所謂區分所有建築物者，謂數人區分一建築物而各專有其一部，就專有部分有單獨所有權，並就該建築物及其附屬物之共同部分共有之建築物**（民法第 799 條第 1 項）。上開所謂專有部分，指區分所有建築物在構造上及使用上可獨立，且得單獨為所有權之標的者；所謂共有部分，指區分所有建築物專有部分以外之其他部分及不屬於專有部分之附屬物。如：公寓大廈即為此類。

(三) **動產所有權**

1. **動產之善意受讓**：**動產之受讓人占有動產，而受關於占有規定之保護者，縱讓與人無移轉所有權之權利，受讓人仍取得其所有權**（民法第 801 條）。

2. **無主物之先占**：以所有之意思，占有無主之動產者，除法令另有規定外，取得其所有權（民法第 802 條）。【109 年關四】

3. **遺失物之認領與報酬請求**

(1) **認領之效力**：遺失物**自通知或最後招領之日起六個月內**，有受領權之人認領時，拾得人、招領人、警察或自治機關，於通知、招領及保管之費用受償後，應將其物返還之（民法第 805 條第 1 項）。

(2) **報酬請求權**：有**受領權之人認領遺失物時，拾得人得請求報酬。但不得超過其物財產上價值十分之一；其不具有財產上價值者，拾得人亦得請求相當之報酬。前項報酬請求權，因六個月間不行使而消滅**（民法第 805 條第 2、4 項）。 101 年修正

(3) **逾期未認領之效力**：**遺失物自通知或最後招領之日起逾六個月，未經有受領權之人認領者，由拾得人取得其所有權**。警察或自治機關並應通知其領取遺失物或賣得之價金；其不能通知者，應公告之。拾得人於受前項通知或公告後三個月內未領取者，其物或賣得之價金歸屬於保管地之地方自治團體（民法第 807 條）。

(4) 五百元以下遺失物之歸屬：遺失物價值在新臺幣五百元以下者，自通知或招領之日起逾十五日，或自拾得日起逾一個月者，由拾得人取得其所有權或變賣之價金（民法第 807-1 條）。

(5) **認領報酬之例外：民法第 805-1 條規定，有下列情形之一者，不得請求第 805 條第 2 項之報酬：一、在公眾得出入之場所或供公眾往來之交通設備內，由其管理人或受僱人拾得遺失物。二、拾得人未於七日內通知、報告或交存拾得物，或經查詢仍隱匿其拾得遺失物之事實。三、有受領權之人為特殊境遇家庭、低收入戶、中低收入戶、依法接受急難救助、災害救助，或有其他急迫情事者。**

(四) **共有**【109 年台電、台糖、111 年鐵員、鐵佐、國安】

1. **分別共有：**

(1) **共有人及應有部分：數人按其應有部分，對於一物有所有權者，為共有人。各共有人之應有部分不明者，推定其為均等**（民法第 817 條）。

(2) 使用、收益權能：各共有人，除契約另有約定外，按其應有部分，對於共有物之全部，有使用收益之權（民法第 818 條）。

(3) 處分範圍：各共有人得自由處分其應有部分。共有物之處分、變更及設定負擔，應得共有人全體之同意（民法第 819 條）。【109 年台電】

(4) 共有物之分割與限制：各共有人，除法令另有規定外，得隨時請求分割共有物。但因物之使用目的不能分割或契約訂有不分割之期限者，不在此限。前項約定不分割之期限，不得逾五年；逾五年者，縮短為五年。但共有之不動產，其契約訂有管理之約定時，約定不分割之期限，不得逾三十年；逾三十年者，縮短為三十年（民法第 823 條）。【109 年關三】

2. **公同共有：**

(1) 意義：**依法律規定、習慣或法律行為，成一公同關係之數人，基於其公同關係，而共有一物者，為公同共有人。前項依法律行為成立之公同關係，以有法律規定或習慣者為限**（民法第 827 條）。如數遺產繼承人間就所繼承之未分割遺產之法律關係。

(2) 公同共有物分割之限制：公同關係存續中，各公同共有人，不得請求分割其公同共有物（民法第 829 條）。

三、地上權

(一) 普通地上權

1. **意義：稱普通地上權者，謂以在他人土地之上下有建築物或其他工作物為目的而使用其土地之權**（民法第 832 條）。
2. **期限：**地上權未定有期限者，存續期間逾二十年或地上權成立之目的已不存在時，法院得因當事人之請求，斟酌地上權成立之目的、建築物或工作物之種類、性質及利用狀況等情形，定其存續期間或終止其地上權（民法第 833-1 條）。【109 年台糖】
3. **權利讓與：**地上權人得將其權利讓與他人或設定抵押權。但契約另有約定或另有習慣者，不在此限。前項約定，非經登記，不得對抗第三人。地上權與其建築物或其他工作物，不得分離而為讓與或設定其他權利（民法第 838 條）。【110 年關三】
4. **永續性：**地上權不因建築物或其他工作物之滅失而消滅（民法第 841 條）。

(二) 區分地上權

1. **意義：稱區分地上權者，謂以在他人土地上下之一定空間範圍內設定之地上權**（民法第 841-1 條）。
2. **權利範圍：**區分地上權人得與其設定之土地上下有使用、收益權利之人，約定相互間使用收益之限制。其約定未經土地所有人同意者，於使用收益權消滅時，土地所有人不受該約定之拘束。前項約定，非經登記，不得對抗第三人（民法第 841-2 條）。
3. **準用規定：**區分地上權，除本節另有規定外，準用關於普通地上權之規定（民法第 841-6 條）。

四、農育權、不動產役權

農育權與不動產役權，為民國 99 年修法新增之物權。

(一) 農育權

1. **意義：稱農育權者，謂在他人土地為農作、森林、養殖、畜牧、種植竹木或保育之權**（民法第 850-1 條第 1 項）。
2. **期限：**農育權之期限，不得逾二十年；逾二十年者，縮短為二十年。但以造林、保育為目的或法令另有規定者，不在此限（民法第 850-1 條第 2

項）。農育權未定有期限時，除以造林、保育為目的者外，當事人得隨時終止之（民法第 850-2 條）。

3. **權利讓與**

(1) 農育權人得將其權利讓與他人或設定抵押權。但契約另有約定或另有習慣者，不在此限。前項約定，非經登記不得對抗第三人。農育權與其農育工作物不得分離而為讓與或設定其他權利（民法第 850-3 條）。

(2) 農育權人不得將土地或農育工作物出租於他人。但農育工作物之出租另有習慣者，從其習慣。農育權人違反前項規定者，土地所有人得終止農育權（民法第 850-5 條）。

(二) **不動產役權**

1. **意義：稱不動產役權者，謂以他人不動產供自己不動產通行、汲水、採光、眺望、電信或其他以特定便宜之用為目的之權**（民法第 851 條）。

2. 同一不動產上有不動產役權與以使用收益為目的之物權同時存在者，其後設定物權之權利行使，不得妨害先設定之物權（民法第 851-1 條）。

3. **不動產役權之不可分性**

(1) 需役不動產經分割者，其不動產役權為各部分之利益仍為存續。但不動產役權之行使，依其性質衹關於需役不動產之一部分者，僅就該部分仍為存續（民法第 856 條）。

(2) 供役不動產經分割者，不動產役權就其各部分仍為存續。但不動產役權之行使，依其性質衹關於供役不動產之一部分者，僅對於該部分仍為存續（民法第 857 條）。

五、抵押權【111年鐵佐】

(一) **普通抵押權**

1. **定義：稱普通抵押權者，謂債權人對於債務人或第三人不移轉占有而供其債權擔保之不動產，得就該不動產賣得價金優先受償之權**（民法第 860 條）。

2. **擔保範圍：抵押權所擔保者為原債權、利息、遲延利息、違約金及實行抵押權之費用。但契約另有約定者，不在此限**（民法第 861 條第 1 項）。

得優先受償之利息、遲延利息、一年或不及一年定期給付之違約金債權，以於抵押權人實行抵押權聲請強制執行前五年內發生及於強制執行程序中發生者為限（民法第 861 條第 2 項）。

3. 抵押權效力及於標的物之範圍：**抵押權之效力，及於抵押物之從物與從權利**（民法第 862 條第 1 項）。

   以建築物為抵押者，其附加於該建築物而不具獨立性之部分，亦為抵押權效力所及。但其附加部分為獨立之物，如係於抵押權設定後附加者，準用第 877 條之規定（民法第 862 條第 3 項）。【109 年關三】

4. **權利抵押權**：地上權、農育權及典權，均得為抵押權之標的物（民法第 882 條）。

(二) **最高限額抵押權**（民法第 881-1 條）【108 年一般警三】

1. **稱最高限額抵押權者，謂債務人或第三人提供其不動產為擔保，就債權人對債務人一定範圍內之不特定債權，在最高限額內所設定之抵押權。**

法學小教室

若不動產為「違章建築」，實務認為關於此類交易所移轉之權利並非所有權，而係「事實上處分權」，與所有權並非相同。

2. 最高限額抵押權所擔保之債權，以由一定法律關係所生之債權或基於票據所生之權利為限。

3. 基於票據所生之權利，除本於與債務人間依前項一定法律關係取得者外，如抵押權人係於債務人已停止支付、開始清算程序，或依破產法有和解、破產之聲請或有公司重整之聲請，而仍受讓票據者，不屬最高限額抵押權所擔保之債權。但抵押權人不知其情事而受讓者，不在此限。

六、質權【109年關三、110年普考、111年初考】

(一) **動產質權**【109 年台電】

1. **定義**：**稱動產質權者，謂債權人對於債務人或第三人移轉占有而供其債權擔保之動產，得就該動產賣得價金優先受償之權**（民法第 884 條）。

2. **擔保範圍**：質權所擔保者為原債權、利息、遲延利息、違約金、保存質物之費用、實行質權之費用及因質物隱有瑕疵而生之損害賠償。但契約另有約定者，不在此限。前項保存質物之費用，以避免質物價值減損所必要者為限（民法第 887 條）。

3. **最高限額質權**：債務人或第三人得提供其動產為擔保，就債權人對債務人一定範圍內之不特定債權，在最高限額內，設定最高限額質權。前項質權之設定，除移轉動產之占有外，並應以書面為之。並準用最高限額抵押權之規定（民法第 899-1 條）。

(二) **權利質權：稱權利質權者，謂以可讓與之債權或其他權利為標的物之質權**（民法第 900 條）。

七、典權、留置權與占有

(一) **典權**

1. **定義：稱典權者，謂支付典價在他人之不動產為使用、收益，於他人不回贖時，取得該不動產所有權之權**（民法第 911 條）。
2. **期限：**典權約定期限，不得逾三十年；逾三十年者，縮短為三十年（民法第 912 條）。
3. **絕賣之限制：**典權之約定期限不滿十五年者，不得附有到期不贖即作絕賣之條款。典權附有絕賣條款者，出典人於典期屆滿不以原典價回贖時，典權人即取得典物所有權。絕賣條款非經登記，不得對抗第三人（民法第 913 條）。

(二) **留置權**

1. **定義：稱留置權者，謂債權人占有他人之動產，而其債權之發生與該動產有牽連關係，於債權已屆清償期未受清償時，得留置該動產之權。**債權人因侵權行為或其他不法之原因而占有動產者，不適用前項之規定。其占有之始明知或因重大過失而不知該動產非為債務人所有者，亦同（民法第 928 條）。
2. **必要費用償還請求權：**債權人因保管留置物所支出之必要費用，得向其物之所有人，請求償還（民法第 934 條）。

(三) **占有**

1. **定義：對於物有事實上管領之力者，為占有人**（民法第 940 條）。**占有非物權之一種，屬於一種「事實狀態」。地上權人、農育權人、典權人、質權人、承租人、受寄人，或基於其他類似之法律關係，對於他人之物為占有者，該他人為間接占有人**（民法第 941 條，99 年修正）。

2. **善意受讓：以動產所有權，或其他物權之移轉或設定為目的，而善意受讓該動產之占有者，縱其讓與人無讓與之權利，其占有仍受法律之保護。但受讓人明知或因重大過失而不知讓與人無讓與之權利者，不在此限。動產占有之受讓，係依第761條第2項規定為之者，以受讓人受現實交付且交付時善意為限，始受前項規定之保護**（民法第948條）。
3. **占有人之物上請求權**：占有人，其占有被侵奪者，得請求返還其占有物；占有被妨害者，得請求除去其妨害；占有有被妨害之虞者，得請求防止其妨害（民法第962條）。

小試身手

(　) **1** 以他人不動產供自己土地通行、汲水、採光、眺望、電信或其他以特定便宜之用為目的之權，謂之？ (A)地上權 (B)不動產役權 (C)農育權 (D)典權。

(　) **2** 以和平、公然、繼續占有他人之動產，而其占有之始為善意並無過失者，須經幾年方得取得動產所有權？ (A)3年 (B)5年 (C)10年 (D)20年。

(　) **3** 下列何者為用益物權？ (A)農育權 (B)永佃權 (C)質權 (D)所有權。

答 **1 (B)** **2 (B)** **3 (A)**

第四節 ｜ 親屬編

一、概念

親屬，係以配偶為中心，推至其血親及姻親，以確定身分關係之總稱。親屬法者，係規定親屬間身分關係之發生、變更、消滅以及此等身分所發生的權利義務關係之法律。親屬法具有以下特色：

(一) 親屬法多屬強行法，不得以當事人之意思而變更，或排除法律的適用。
(二) 身分關係有其固定性，不許附條件或期限。
(三) 身分行為的當事人僅須具意思能力即可，是否具有完全的行為能力，在所不問。

二、內容

(一) **第一章—通則**：規定親屬之分類、親系、親等與親屬關係之發生及消滅。
(二) **第二章—婚姻**：規定婚約、結婚、婚姻之普通效力、夫妻財產制與離婚。
(三) **第三章—父母子女**：規定子女之姓氏及住所、婚生子女、非婚生子女、認領、收養及親屬權等項。
(四) **第四章—監護**：規定監護等有關事項。
(五) **第五章—扶養**：規定扶養之範圍及順序，扶養之要件、程序及方法與扶養義務之消滅。
(六) **第六章—家**：規定家之組織、家長及家屬之權利義務等項。
(七) **第七章—親屬會議**：規定親屬會議之組織權限，親屬會議之開會與決議。

三、親屬關係的種類【111年鐵佐】

(一) **血親**：**血親乃在血統上具有相互連繫的身分關係。**從血統連繫的型態可分為自然血親法定血親；從親系如何連繫，又可分為直系血親、旁系血親：
1. **自然血親**：**出於同一祖先而有天然血統聯繫之親屬**，如父母兄弟、表姊表妹，或同父異母之兄弟姊妹等。自然血親可分為：
    (1) **直系血親：己身所從出，或從己身所出之血親**，而在血親系統與自己成為垂直面向之關係，如父母、外祖父母、子女、孫子女、外孫子女等。
    (2) **旁系血親：非直系血親，但與己身出於同源之血親**，即在血緣系統與自己成為水平面向或斜線的關係，如兄弟姊妹、伯叔姑等。
2. **法定血親（擬制血親）：原本無自然血統之聯繫，但因法律的擬制使其產生與自然血親相當效果的親屬，如養子女與養父母。**

(二) **姻親**：**基於婚姻關係所產生之親屬關係**。包括：

1. **血親之配偶**：**如兄弟之妻**。
2. **配偶之血親**：**如妻之兄弟**。
3. **配偶之血親之配偶**：**如妻之兄弟之妻**。

法學小教室

我國民法對姻親之範圍並無「血親之配偶之血親」。

(三) **配偶**。

四、結婚

(一) **意義**：結婚為親屬關係發生之起點，婚姻成立後即發生財產上及身分上之效力。

(二) **結婚之法定條件**【108 年一般警四、110 年關三】

1. **實質要件**：

(1) 須達法定年齡：**男女未滿十八歲者，不得結婚**。若違反此規定年齡或已懷胎者，不得請求撤銷。

(2) **未成年人結婚應得法定代理人同意**。

(3) **須有結婚之合意**。

(4) **須不違反禁婚之規定**：下列情況禁止通婚（民法第 983 ～ 985 條）：【111 年司五】

法學小教室

因應民法於 110 年 1 月成年年齡下修為 18 歲，就訂婚與結婚年齡亦分別配合修正為「未滿十七歲者，不得訂定婚約」（§973）、「未滿 18 歲不得結婚」（§980），並刪除未成年結婚與離婚須得法定代理人同意（民 §981、1049）以及結婚違反第 981 條規定者法定代理人得聲請法院撤銷（§990）之規定。

A. 直系血親及直系姻親。

a. 前項直系姻親結婚之限制，於姻親關係消滅後，亦適用之。

b. 直系血親及直系姻親之限制，於因收養而成立之直系血親間，在收養關係終止後，亦適用之。

B. 旁系血親在六親等內，旁系姻親在五親等內且輩分不相同者，不得結婚。違反者，婚姻無效。

C. 監護人與受監護人於監護關係存續中，不得結婚。

D. 不得重婚，亦不得同時與二人以上結婚。

(5) 結婚有下列情況，得請求撤銷婚姻：

A. 當事人一方於結婚時不能人道而不能治者。

B. 當事人一方於結婚時係在無意識或精神錯亂中。

C. 因被詐欺或脅迫而結婚者。

2. **形式要件：結婚，應以書面為之，有二人以上證人之簽名，並應由雙方當事人向戶政機關為結婚之登記**（民法 982 條）。此為民國 96 年修法，結婚改為登記主義，又稱登記婚。

(三) **結婚之效力：**

1. **身分上效力：**

(1) 夫妻之冠姓：夫妻各保有其本姓，但得以書面約定冠以配偶之姓，並向戶政機關登記。

(2) 貞操義務：婚姻中有重婚或通姦者，他方得向法院聲請判決離婚。

(3) 同居義務：夫妻互負同居之義務，夫妻之住所由雙方共同協議之，未能協議或協議不成立者，得聲請法院定之。法院裁定前，以夫妻共同之戶籍地推定為住所所在地。

(4) 未成年子女親權：未成年子女以父母為法定代理人。未成年子女以其父母住所為住所。

2. **財產上效力：**

(1) 日常家務代理權：夫妻於日常家務互為法定代理人。家庭生活費用，除法律或契約另有約定外，由夫妻各依其經濟能力、家事勞動或其他情事分擔。因前項費用所生之債務，由夫妻負連帶責任。

(2) 扶養義務：夫妻互負扶養義務，其負扶養之順序與直系血親卑親屬同。依民法第 1114 條，下列親屬互負扶養之義務：

A. 直系血親相互間。

B. 夫妻之一方，與他方之父母同居者，其相互間。

C. 兄弟姊妹相互間。

D. 家長家屬相互間。

(3) 夫妻之財產，除非另有約定，否則採法定財產制。

(四) **婚姻無效之情形**【108 年高考】

關於結婚無效之情形，民法第 988 條規定，結婚有下列情形之一者，無效：

1. 不具備第 982 條之結婚形式要件。
2. 違反第 983 條近親不得結婚之規定。
3. 違反第 985 條禁止重婚及同時婚之規定。但重婚之雙方當事人因善意且無過失信賴一方前婚姻消滅之兩願離婚登記或離婚確定判決而結婚者，不在此限（96 年修正，重婚例外有效之情形）。例如甲作戰多年未歸，其妻乙訴請法院裁判離婚獲准並確定，又數年後甲竟返家，並發現乙已與丙結婚。此時關於後婚之效力，必須乙與丙均善意且無過失信賴乙之離婚確定判決而結婚者，後婚才有效。

五、離婚

離婚原因可分為

(一) **協議離婚：基於夫妻雙方之合意，使婚姻關係消滅，又稱「兩願離婚」。**

離婚之要件為：

1. **實質要件：**
   (1) **須有離婚之合意。**
   (2) **未成年人應得法定代理人之同意。**
2. **形式要件：**
   (1) **以書面為之，有二人以上證人之簽名。**
   (2) **向戶政機關為離婚之登記。**

(二) **判決離婚：有民法所定之離婚原因時，夫妻之一方對於他方提起離婚之訴，法院認為有理由時，以判決解消婚姻關係之離婚方式。**依民法第 1052 條之規定：夫妻之一方有下列情形之一者，他方得向法院請求離婚：

1. 重婚。
2. 與配偶以外之人合意性交。
3. 夫妻之一方對他方為不堪同居之虐待。
4. 夫妻之一方對於他方之直系親屬為虐待，或夫妻一方之直系親屬對他方為虐待，致不堪為共同生活。
5. 夫妻一方以惡意遺棄他方在繼續狀態中。
6. 夫妻一方意圖殺害他方。
7. 有不治之惡疾。
8. 有重大不治之精神病。
9. 生死不明已逾三年。
10. 因故意犯罪，經判處有期徒刑逾六個月確定。

有前項以外之重大事由，難以維持婚姻者，夫妻一方得請求離婚。但其事由應由夫妻一方負責者，僅他方得請求離婚。

(三) **法院調解離婚或和解離婚：依民法第 1052 條之 1 規定，離婚經法院調解或法院和解成立者，婚姻關係消滅。**法院應依職權通知該管戶政機關。是故，當事人經法院調解離婚而成立者，即與形成之確定判決具有同一效力。須注意的是，經法院調解或和解所成立之離婚，其與兩願離婚並不相同，後者係經雙方當事人合意而無第三人之介入，前者係由法院介入而成立。

(四) **離婚之效力**

1. **未成年子女權利義務之行使：**夫妻離婚者對於未成年子女權利義務之行使或負擔，依協議由一方或雙方共同任之。未為協議或協議不成立者，法院得依夫妻之一方、主管機關、社會福利機構或其他利害關係人之請求，或依職權，依子女最佳利益予以裁定。【110 年關四】
2. **損害賠償：**兩願離婚之損害賠償，由雙方自行協議。若因判決離婚者，得向有過失之他方請求賠償，**而無過失之一方另得向有過失之一方請求「非財產上之損害」。**
3. **贍養費：**兩願離婚時由雙方自行協議。若因判決離婚者，**無過失之一方因離婚而陷於生活困難者，他方縱無過失亦應給與相當之贍養費。**
4. **財產之取回：**夫妻離婚時，除採用分別財產制者外，各自取回結婚或變更夫妻財產制時之財產。如有剩餘，各依其夫妻財產制之規定分配之。

六、夫妻財產制

我國夫妻財產制歷經多次修正，主要目的係落實男女平權，而目前所實施者，有法定財產制與約定財產制，其中約定財產制又分為共同財產制與分別財產制，關於各種夫妻財產制之選用，民法第 1004 條規定：「夫妻得於結婚前或結婚後，以契約就本法所定之約定財產制中，選擇其一，為其夫妻財產制。」又同法第 1005 條規定：「夫妻未以契約訂立夫妻財產制者，除本法另有規定外，以法定財產制，為其夫妻財產制。」此外，有關夫妻財產制契約之訂立、變更或廢止，依民法第 1007 條規定，應以書面為之，否則未經登記，依民法第 1008 條第 1 項規定，不得以之對抗第三人。

(一) **法定財產制**

1. **意義：夫或妻之財產分為婚前財產與婚後財產，由夫妻各自所有。不能證明為婚前或婚後財產者，推定為婚後財產；不能證明為夫或妻所有之財產，推定為夫妻共有。夫或妻婚前財產，於婚姻關係存續中所生之孳**

息，視為婚後財產。夫妻以契約訂立夫妻財產制後，於婚姻關係存續中改用法定財產制者，其改用前之財產視為婚前財產。

2. **權利義務：**

(1) 權利：

A. 夫或妻各自管理、使用、收益及處分其財產。

B. 夫妻於家庭生活費用外，得協議一定數額之金錢，供夫或妻自由處分。

C. 夫或妻於婚姻關係存續中就其婚後財產所為之無償行為，有害及法定財產制關係消滅後他方之剩餘財產分配請求權者，他方得知有撤銷原因時起六個月內，或自行為時起一年內，聲請法院撤銷之。但為履行道德上義務所為之相當贈與，不在此限。

D. 夫或妻於婚姻關係存續中就其婚後財產所為之有償行為，於行為時明知有損於法定財產制關係消滅後他方之剩餘財產分配請求權者，以受益人受益時亦知其情事者為限，他方得知有撤銷原因時起六個月內，或自行為時起一年內，聲請法院撤銷之。

(2) 義務：

A. 夫妻就其婚後財產，有互負報告之義務。

B. 夫妻各自對其債務負清償之責。夫妻之一方以自己財產清償他方之債務時，雖於婚姻關係存續中，亦得請求償還。

3. **消滅：**夫妻財產制採法定財產制者，因離婚或改用其他夫妻財產制等原因而消滅者，涉及夫或妻對他方「剩餘財產分配請求權」之請求。**依民法第 1030 條之 1 第 1 項規定，法定財產制關係消滅時，夫或妻現存之婚後財產，扣除婚姻關係存續所負債務後，如有剩餘，其雙方剩餘財產之差額，應平均分配（即夫或妻剩餘財產較少之一方得向剩餘財產較多之他方請求雙方剩餘財產差額之一半）。但因繼承或其他無償取得之財產，以及慰撫金則不在剩餘財產分配請求之範圍。「剩餘財產分配請求權」專屬於配偶之一方（具一身專屬性），**

法學小教室

剩餘財產分配請求權於 110 年 1 月修正，在夫妻之一方對於婚姻生活無貢獻或協力，或有其他情事，致平均分配有失公平者，法院得綜合衡酌夫妻婚姻存續期間之家事勞動、子女照顧養育、對家庭付出之整體協力狀況、共同生活及分居時間之久暫、婚後財產取得時間、雙方之經濟能力等因素調整或免除其分配額。

僅夫或妻之一方能行使此項權利，因此原則上該請求權不得讓與或繼承。但若已依契約承諾或已起訴者，則可讓與或繼承。

剩餘財產分配之例如下：

例

喬治與瑪莉離婚時，喬治共有財產 1000 萬元，其中包括婚前財產的 50 萬元及繼承父親 300 萬元的遺產，其餘為婚後之工作收入，然在婚姻關係存續中有 5 萬元負債。瑪莉沒有婚前財產，但在婚姻關係存續中之工作收入為 800 萬元。喬治應納入剩餘財產分配之金額為 1000 萬元 –（50 萬元 +5 萬元 +300 萬元）= 645 萬元；瑪莉應納入剩餘財產分配之金額為 800 萬元。故喬治有向瑪莉請求剩餘財產分配之權利，應為（800 萬元 – 645 萬元）/ 2 =77.5 萬元。

(二) **約定財產制**

1. **共同財產制**【110 年高考】

(1) **意義**：夫妻之財產及所得，除特有財產外，合併為共同財產，屬於夫妻公同共有。至於所謂之特有財產，如下：

A. 專供夫或妻個人使用之物。

B. 夫或妻職業上必需之物。

C. 夫或妻所受之贈物，經贈與人以書面聲明為其特有財產者。

(2) **權利義務**：

A. 共同財產，由夫妻共同管理。但約定由一方管理者，從其約定。共同財產之管理費用，由共同財產負擔。

B. 夫妻之一方，對於共同財產為處分時，應得他方之同意。

C. 夫或妻結婚前或婚姻關係存續中所負之債務，應由共同財產，並各就其特有財產負清償責任。

D. 共同財產所負之債務，而以共同財產清償者，不生補償請求權。

E. 夫妻之一方死亡時，共同財產之半數，歸屬於死亡者之繼承人，其他半數，歸屬於生存之他方。

F. 夫妻得以契約訂定僅以勞力所得為限為共同財產。所謂勞力所得，指夫或妻於婚姻關係存續中取得之薪資、工資、紅利、獎金及其他與勞力所得有關之財產收入。勞力所得之孳息及代替利益，亦同。不能證明為勞力所得或勞力所得以外財產者，推定為勞力所得。

(3) 消滅：共同財產制關係消滅時，除法律另有規定外，夫妻各取回其訂立共同財產制契約時之財產。共同財產制關係存續中取得之共同財產，由夫妻各得其半數。但另有約定者，從其約定。

2. **分別財產制**：乃夫妻各保有其財產之所有權、管理權及使用收益權之制度。

七、父母子女（親子關係）

親子關係可分為自然親子關係與擬制親子關係；自然親子關係乃基於出生的事實所發生之親屬關係，包括婚生子女與非婚生子女；擬制親子關係則指因法律規定而發生的親屬關係：

(一) **子女之姓**（民法第 1059 條，99 年修正）

1. **父母於子女出生登記前，應以書面約定子女從父姓或母姓。未約定或約定不成者，於戶政事務所抽籤決定之。**
2. 子女經出生登記後，於未成年前，得由父母以書面約定變更為父姓或母姓。
3. 子女已成年者，得變更為父姓或母姓。
4. 前二項之變更，各以一次為限。
5. 有下列各款情形之一，法院得依父母之一方或子女之請求，為子女之利益，宣告變更子女之姓氏為父姓或母姓：
   (1) 父母離婚者。
   (2) 父母之一方或雙方死亡者。
   (3) 父母之一方或雙方生死不明滿三年者。
   (4) 父母之一方顯有未盡保護或教養義務之情事者。
6. 直接從母姓與例外：民法第 1059-1 條規定，非婚生子女從母姓。但經生父認領者，則適用民法第 1059 條第 2 項至第 4 項之規定。

(二) **婚生子女**

1. **稱婚生子女者，謂由婚姻關係受胎而生之子女**（民法第 1061 條）。**妻之受胎，係在婚姻關係存續中者，推定其所生子女為婚生子女**（民法第 1063 條第 1 項）。【111 年初考】
2. 推定婚生之否認：前項推定，夫妻之一方或子女能證明子女非為婚生子女者，得提起否認之訴。前項否認之訴，夫妻之一方自知悉該子女非為婚生子女，或子女自知悉其非為婚生子女之時起二年內為之。但子女於未成年時知悉者，仍得於成年後二年內為之（民法第1063條第2、3項）。

(三) **非婚生子女：非由婚姻關係受胎所生之子女，包括不合法婚姻關係所生及無婚姻關係所生之子女。至於非婚生子女之父為何人，須經「準正」或「認領」之程序。**

準正	**指非婚生子女，因其生父與生母結婚，而成為婚生子女。**
認領	乃生父承認非婚生子女為其所生之單獨行為。其方式有二： (1) 明示認領：經生父認領者，視為婚生子女。 (2) 默示認領：經生父撫育者，視為認領。
認領之請求	有事實足認其為非婚生子女之生父者，非婚生子女或其生母或其他法定代理人，得向生父提起認領之訴。前項認領之訴，於生父死亡後，得向生父之繼承人為之。生父無繼承人者，得向社會福利主管機關為之（民法第1067條）。
認領之效力	生父認領非婚生子女後，不得撤銷其認領。但有事實足認其非生父者，不在此限（民法第1070條）。

(四) **收養（養子女）**【111年初考、警四】

1. **意義：**

(1) 本質上屬於「**身分契約**」，故以收養人與被收養人間意思表示合致為必要。

(2) **因收養關係而發生親子關係之子女。養子女與養父母之關係，除法律另有規定外，與婚生子女同**（民法第1077條第1項）。【109年關三】

2. **收養之要件：**

(1) 實質要件：

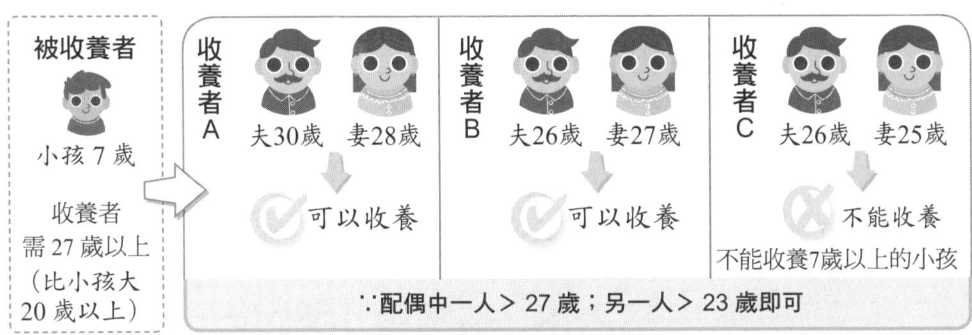

夫妻共同收養之年齡限制

A. **須有收養之合意**，未滿七歲之未成年人被收養者，由法定代理人代為意思表示並代受意思表示。

B. **收養者之年齡應長於被收養者二十歲以上。**但夫妻共同收養時，夫妻之一方長於被收養者二十歲以上，而他方僅長於被收養者十六歲以上，亦得收養。夫妻之一方收養他方之子女時，應長於被收養者十六歲以上（民法第 1073 條）。

C. **有配偶者收養子女時，應與其配偶共同為之。**但夫妻之一方收養他方之子女者不在此限。

D. **除夫妻共同收養外，一人不得同時為二人之養子女。**

E. **有配偶者被收養時，應得其配偶之同意。**

F. 下列親屬不得收養為養子女：

a. 直系血親。

b. 直系姻親。但夫妻之一方，收養他方之子女者，不在此限。

c. 旁系血親在六親等以內及旁系姻親在五親等以內，輩分不相當者。

(2) 形式要件：**收養應以書面為之，並向法院聲請認可。**收養有無效、得撤銷之原因或違反其他法律規定者，法院應不予認可（民法第 1079 條）。

(3) 法律認可兒童及少年收養事件，依兒童及少年福利與權益保障法，應：

A. 基於兒童及少年之最佳利益，斟酌收養人之人格、經濟能力、家庭狀況及以往照顧或監護其他兒童及少年之紀錄決定之。

B. 滿七歲之兒童及少年被收養時，兒童及少年之意願應受尊重。

3. **收養之終止方式有二：**

(1) **合意終止：由雙方以書面同意終止。前項終止，應以書面為之。養子女為未成年人者，並應向法院聲請認可。法院依前項規定為認可時，應依養子女最佳利益為之。在合意終止之情形，養子女未滿七歲者，其終止收養關係之意思表示，由收養終止後為其法定代理人之人為之；養子女為滿七歲以上之未成年人者，其終止收養關係，應得收養終止後為其法定代理人之人之同意。**例如十三歲之養子 A 與其養父母合意終止收養關係，A 除須以書面向法院聲請認可外，並應得收養終止後為其法定代理人之人（例如原生父母）同意。

須注意的是，若養父母死亡後，養子女亦得聲請法院許可終止收養。此時養子女未滿七歲者，由收養終止後為其法定代理人之人向法院聲請許可；養子女為滿七歲以上之未成年人者，其終止收養之聲請，應得收養終止後為其法定代理人之人之同意。例如甲夫乙妻依法收養丙夫丁妻六歲之子B，三年後甲、乙因空難雙亡，B得聲請法院許可終止收養關係，惟其終止收養之聲請，應得收養終止後為其法定代理人之人如丙、丁之同意（民法第1080條）。

(2) **判決終止：養父母、養子女之一方具有法定原因，他方、主管機關或利害關係人得請求法院以判決方式終止收養關係**（民法第1081條）。

上開所謂法定原因如下：

A. 對於他方為虐待或重大侮辱。

B. 遺棄他方。

C. 因故意犯罪，受二年有期徒刑以上之刑之裁判確定而未受緩刑宣告。

D. 有其他重大事由難以維持收養關係。

(五) **親權之行使**

1. **法定代理人：父母為其未成年子女之法定代理人。**父母之行為與未成年子女之利益相反，依法不得代理時，法院得依父母、未成年子女、主管機關、社會福利機構或其他利害關係人之聲請或依職權，為子女選任特別代理人（民法第1086條）。

2. **侵權濫用禁止：**父母之一方濫用其對於子女之權利時，法院得依他方、未成年子女、主管機關、社會福利機構或其他利害關係人之請求或依職權，為子女之利益，宣告停止其權利之全部或一部（民法第1090條）。

八、監護

(一) 未成年人之監護

1. **監護人之設置：未成年人無父母，或父母均不能行使、負擔對於其未成年子女之權利、義務時，應置監護人。但未成年人已結婚者，不在此限**（民法第1091條）。

法學小教室

隨民法成年年齡下修為18歲，民法第1091條但書規定亦隨之刪除。

2. **委託監護人**：父母對其未成年之子女，得因特定事項，於一定期限內，以書面委託他人行使監護之職務（民法第1092條）。

3. **指定監護人**：最後行使、負擔對於未成年子女之權利、義務之父或母，得以遺囑指定監護人。前項遺囑指定之監護人，應於知悉其為監護人後十五日內，將姓名、住所報告法院；其遺囑未指定會同開具財產清冊之人者，並應申請當地直轄市、縣（市）政府指派人員會同開具財產清冊。於前項期限內，監護人未向法院報告者，視為拒絕就職（民法第1093條）。

4. **法定監護人**

(1) **父母均不能行使、負擔對於未成年子女之權利義務或父母死亡而無遺囑指定監護人，或遺囑指定之監護人拒絕就職時，依下列順序定其監護人：**

A. **與未成年人同居之祖父母。**

B. **與未成年人同居之兄姊。**

C. **不與未成年人同居之祖父母。**

(2) 前項監護人，應於知悉其為監護人後十五日內，將姓名、住所報告法院，並應申請當地直轄市、縣（市）政府指派人員會同開具財產清冊。

5. **選定監護人**

(1) 未能依上開4.(1)各款之順序定其監護人時，法院得依未成年子女、四親等內之親屬、檢察官、主管機關或其他利害關係人之聲請，為未成年子女之最佳利益，就其三親等旁系血親尊親屬、主管機關、社會福利機構或其他適當之人選定為監護人，並得指定監護之方法。

(2) 監護人有下列情形之一，且受監護人無上開4.(1)各款之監護人者，法院得依受監護人、未成年子女、四親等內之親屬、檢察官、主管機關或其他利害關係人之聲請或依職權，另行選定適當之監護人：

A. 死亡。

B. 經法院許可辭任。

C. 有第1096條各款不得為監護人之情形之一。

(3) 法院依上開(1)、(2)情形選定監護人時，應同時指定會同開具財產清冊之人。

6. **改定監護人**：有事實足認監護人不符受監護人之最佳利益，或有顯不適任之情事者，法院得依受監護人、未成年子女、四親等內之親屬、檢察官、主管機關或其他利害關係人之聲請，改定適當之監護人，不受法定監護人規定之限制。法院於改定監護人確定前，得先行宣告停止原監護人之監護權，並由當地社會福利主管機關為其監護人。

7. **監護人資格之限制（不得為監護人之情形）**
   (1) **未成年。**
   (2) **受監護或輔助宣告尚未撤銷。**
   (3) **受破產宣告尚未復權。**
   (4) **失蹤**（民法第 1096 條）。

8. **監護人的職務與權利義務**
   (1) **監護人於監護權限內，為受監護人之法定代理人。**
   (2) **除另有規定外，監護人於保護、增進受監護人利益之範圍內，行使、負擔父母對於未成年子女之權利、義務。**
   (3) **監護人應以善良管理人之注意，執行監護職務。**
   (4) **監護人對於受監護人之財產，非為受監護人之利益，不得使用、代為或同意處分。**
   (5) **監護人不得受讓受監護人之財產。**
   (6) **受監護人之財產，由監護人管理。執行監護職務之必要費用，由受監護人之財產負擔。**
   (7) **監護人於執行監護職務時，因故意或過失，致生損害於受監護人者，應負賠償之責。**

(二) **成年人之監護與輔助**

1. **監護人之設置：受監護宣告之人應置監護人。法院為監護之宣告時，應依職權就配偶、四親等內之親屬、最近一年有同居事實之其他親屬、主管機關、社會福利機構或其他適當之人選定一人或數人為監護人，並同時指定會同開具財產清冊之人。**

2. **監護人之職務與權利義務**：監護人於執行有關受監護人之生活、護養療治及財產管理之職務時，應尊重受監護人之意思，並考量其身心狀態與生活狀況。**成年人之監護，原則上準用關於未成年人監護之規定。**

(三) 成年人之意定監護

1. 本節為 108 年 6 月 19 日新增訂之規範（民法第 1113-2 條到 1113-10 條），立法意旨係為尊重個人意志自由，使其得預為選擇往後為其監護人之人選。按第 1113-2 條第 1 項規定：「稱意定監護者，謂本人與受任人約定，於本人受監護宣告時，受任人允為擔任監護人之契約。」即為立法意旨之具體化。
2. 意定監護契約之訂立或變更，應由公證人作成公證書始為成立。公證人作成公證書後七日內，以書面通知本人住所地之法院。前項公證，應有本人及受任人在場，向公證人表明其合意，始得為之。意定監護契約於本人受監護宣告時，發生效力。
3. 法院為監護之宣告時，受監護宣告之人已訂有意定監護契約者，應以意定監護契約所定之受任人為監護人，同時指定會同開具財產清冊之人。
4. 法院為監護之宣告前，意定監護契約之本人或受任人得隨時撤回之。

   意定監護契約之撤回，應以書面先向他方為之，並由公證人作成公證書後，始生撤回之效力。公證人作成公證書後七日內，以書面通知本人住所地之法院。契約經一部撤回者，視為全部撤回。

   法院為監護之宣告後，本人有正當理由者，得聲請法院許可終止意定監護契約。受任人有正當理由者，得聲請法院許可辭任其職務。

   法院依前項許可終止意定監護契約時，應依職權就第 1111 條第 1 項所列之人選定為監護人。

   前後意定監護契約有相牴觸者，視為本人撤回前意定監護契約。

   意定監護，除本節有規定者外，準用關於成年人監護之規定。

九、扶養

(一) 互負扶養義務之親屬

1. 直系血親相互間。
2. 夫妻之一方與他方之父母同居者，其相互間。
3. 兄弟姊妹相互間。
4. 家長家屬相互間。

(二) 扶養之程度：扶養之程度，應按受扶養權利者之需要，與負扶養義務者之經濟能力及身分定之。

(三) **扶養義務之減輕**：受扶養權利者有下列情形之一，由負扶養義務者負擔扶養義務顯失公平，負扶養義務者得請求法院減輕其扶養義務（若受扶養權利者為負扶養義務者之未成年直系血親卑親屬者，不適用）：

1. 對負扶養義務者、其配偶或直系血親故意為虐待、重大侮辱或其他身體、精神上之不法侵害行為。
2. 對負扶養義務者無正當理由未盡扶養義務。

此外，若受扶養權利者為直系血親尊親屬或配偶時，因負擔扶養義務而不能維持自己生活者，減輕其義務。

(四) **扶養義務之免除**【109 年台糖】

1. 除受扶養權利者為直系血親尊親屬或配偶時之情況外，因負擔扶養義務而不能維持自己生活者，免除其義務。
2. 有上開 (三) 各款情形且情節重大者。但受扶養權利者為負扶養義務者之未成年直系血親卑親屬者，不適用。

(五) **受扶養之要件**：受扶養權利者，以不能維持生活而無謀生能力者為限。前項無謀生能力之限制，於直系血親尊親屬，不適用之。

(六) **扶養方法之決定**：扶養之方法，由當事人協議定之；不能協議時，由親屬會議定之。但扶養費之給付，當事人不能協議時，由法院定之（民法第 1120 條）。

小試身手

(　　) **1** 結婚之要件，下列何種為形式要件？ (A)須達法定年齡 (B)須有結婚之合意 (C)需不違反結婚之限制 (D)由雙方當事人以書面向戶政機關為結婚之登記。

(　　) **2** 非婚生子女，其生父與生母結婚者，視為婚生子女。此稱為？ (A)認領 (B)收養 (C)準正 (D)監護。

(　　) **3** 以下何種親屬互相不負有扶養之義務？ (A)旁系姻親相互間 (B)兄弟姊妹相互間 (C)家長家屬相互間 (D)直系血親相互間。

(　　) **4** 下列選項關於未成年人之監護人其權利義務關係之敘述，何者錯誤？ (A)監護人應以善良管理人之注意，執行監護職務 (B)監護人不得受讓受監護人之財產 (C)監護人對於執行監護職務之必要費用，由監護人之財產負擔 (D)監護人對於受監護人之財產，非為受監護人之利益，不得使用、代為或同意處分。

( ) **5** 喬治與瑪莉離婚時，喬治共有財產500萬元，其中包括結婚登記前二天中樂透的50萬元，以及受有車禍賠償之慰撫金80萬元，其餘為婚後之工作收入，然喬治在婚姻關係存續中有10萬元負債。試問喬治應納入剩餘財產分配之金額為？ (A)410萬元 (B)370萬元 (C)500萬元 (D)360萬元。

答 **1 (D)** **2 (C)** **3 (A)** **4 (C)** **5 (D)**

第五節 | 繼承編

一、概念

繼承乃指一定親屬，因一方之死亡，而由他方承受其財產上之一切權利義務。繼承法之性質為私法兼強行法。

二、內容：繼承編共分三章

(一) **第一章—遺產繼承人**：規定繼承之順序、應繼分、繼承權之取得、喪失回復及代位繼承等。

(二) **第二章—遺產之繼承**：規定繼承之效力、限定繼承、遺產分割、繼承之拋棄與無人承認之繼承。

(三) **第三章—遺囑**：規定遺囑之通則、遺囑之方式、效力、執行、撤銷與特留分。遺囑之種類包括：自書遺囑、公證遺囑、密封遺囑、代筆遺囑、口授遺囑。

三、繼承之種類

(一) **法定繼承與指定繼承**：法定繼承乃指依法律規定所發生的繼承；指定繼承亦稱「遺囑繼承」，乃因被繼承人遺囑的指定所發生的繼承。

法學小教室

除遺產外，遺囑人以一定之財產為遺贈，受遺贈人得選擇承認或拋棄。【109 關三】

(二) **本位繼承與代位繼承**：本位繼承乃指繼承人依法律之規定，直接本於自己之地位而為之繼承；代位繼承乃指繼承人代他人之地位而為之繼承。

(三) **單純繼承與拋棄繼承**：

單純繼承	繼承人無限的承受被繼承人財產上的一切權利義務。因此，繼承人對於被繼承人之債務負連帶責任，而此一連帶責任在被繼承人間，則以其應繼分比例負擔之。
拋棄繼承	繼承人得拋棄其繼承權。前項拋棄，應於知悉其得繼承之時起三個月內，以書面向法院為之。拋棄繼承後，應以書面通知因其拋棄而應為繼承之人。但不能通知者，不在此限。（民法第 1174 條）

(四) **限定繼承（我國採全面限定繼承）**

1. **意義**：**指繼承人對於被繼承人之債務，以因繼承所得遺產為限，負清償責任**（民法第 1148 條第 2 項）。
2. **開具遺產清冊之呈報**：繼承人應於知悉其得繼承之時起三個月內開具遺產清冊呈報法院。必要時，法院得因繼承人之聲請延展之（民法第 1156 條參照）。
3. **限定繼承利益之喪失**（民法第 1163 條）【107 年一般警四】

   繼承人中有下列各款情事之一者，不得主張第 1148 條第 2 項所定之利益：

   (1) 隱匿遺產情節重大。

   (2) 在遺產清冊為虛偽之記載情節重大。

   (3) 意圖詐害被繼承人之債權人之權利而為遺產之處分。

四、繼承之效力

(一) **繼承之開始**：繼承，因被繼承人死亡而開始。

(二) 繼承之標的繼承人自繼承開始時，除本法另有規定外，承受被繼承人財產上之一切權利、義務。但權利、義務專屬於被繼承人本身者，不在此限（民法第 1148 條第 1 項）。

(三) **遺產之公同共有**：繼承人有數人時，在分割遺產前，各繼承人對於遺產全部為公同共有。

(四) **債務之連帶責任**（民法第 1153 條）【107 年關三】

1. **繼承人對於被繼承人之債務，以因繼承所得遺產為限，負連帶責任。**
2. **繼承人相互間對於被繼承人之債務，除法律另有規定或另有約定外，按其應繼分比例負擔之。**
3. 有關限定或拋棄繼承在新法實施後例外溯及既往之情況：繼承在民法繼承編中華民國九十六年十二月十四日修正施行前開始，繼承人於繼承開始時為無行為能力人或限制行為能力人，未能於修正施行前之法定期間為限定或拋棄繼承，由其繼續履行繼承債務顯失公平者，於修正施行後，得以所得遺產為限，負清償責任（民法繼承篇施行法第 1-1 條）。

五、繼承人

(一) **範圍**：【111 年初考、台電、鐵佐、司五】

1. **配偶：配偶有當然繼承遺產的權利，若尚有其他繼承人，則與其共同繼承；如無其他繼承人，則得單獨繼承全部之遺產。**
2. **血親繼承人：以直系血親卑親屬、父母、兄弟姊妹、祖父母之順位，決定其繼承順序：**【107 年一般警四、109 年關三、關四】
   (1) 直系血親卑親屬：
      A. 以親等近者為先，養子女亦為第一順位繼承人，其應繼分與婚生子女同。
      B. 代位繼承：為直系血親卑親屬之繼承人有於繼承開始前死亡或喪失繼承權者，由其直系血親卑親屬代位繼承其應繼分，即為「子承父分」。如甲父有子乙與孫丙，子乙於甲父過世前因罹癌而亡，不久後甲父亦因病而亡，此時由孫丙代位繼承其父乙之應繼分。
   (2) 父母：包括親生父母與養父母。
   (3) 兄弟姊妹：不包括堂兄弟姊妹。
   (4) 祖父母：包括外祖父母與養父母之父母。

(二) **應繼分**：乃繼承人有多人時，各繼承人對遺產可繼承的比例。可分為：【111 年鐵佐】

1. **法定應繼分：**
   (1) **配偶之應繼分：配偶與直系血親卑親屬同為繼承時，應繼分平均之；與父母、兄弟姊妹同為繼承時，配偶之應繼分為遺產二分之一；與祖父母同為繼承時，應繼分為遺產的三分之二。**

(2) 同一順位繼承人有數人時，其應繼分應將配偶之應繼分扣除後，按人數平均繼承。

2. **指定應繼分：**

(1) **即被繼承人在不違反「特留分」之規定下，以遺囑指定繼承人之應繼分。特留分，乃被繼承人依法須保留給繼承人，不得以遺囑自由處分的遺產。直系血親卑親屬、父母、配偶之特留分為其應繼分之二分之一，兄弟姊妹、祖父母之特留分為應繼分之三分之一。**

(2) 被繼承人之遺贈若侵害法定繼承人之「特留分」者，該繼承人得主張「扣減權（歸扣權）」。

六、遺產分割【110年關四】

(一) 繼承人得隨時請求分割遺產，若遺囑禁止遺產分割者，其禁止之效力以十年為限。

(二) 胎兒為繼承人時，非保留其應繼分，其他繼承人不得分割遺產。胎兒關於遺產之分割，以其母為代理人。

七、遺囑方式之種類【109年台電、111年鐵佐】

遺囑應依下列方式之一為之：

自書遺囑	自書遺囑者，應自書遺囑全文，記明年、月、日，並親自簽名；如有增減、塗改，應註明增減、塗改之處所及字數，另行簽名（民法第1190條）。
公證遺囑	公證遺囑，應指定二人以上之見證人，在公證人前口述遺囑意旨，由公證人筆記、宣讀、講解，經遺囑人認可後，記明年、月、日，由公證人、見證人及遺囑人同行簽名，遺囑人不能簽名者，由公證人將其事由記明，使按指印代之（民法第1191條第1項）。
密封遺囑	密封遺囑，應於遺囑上簽名後，將其密封，於封縫處簽名，指定二人以上之見證人，向公證人 提出，陳述其為自己之遺囑，如非本人自寫，並陳述繕寫人之姓名、住所，由公證人於封面記明該遺囑提出之年、月、日及遺囑人所為之陳述，與遺囑人及見證人同行簽名（民法第1192條）。
代筆遺囑	代筆遺囑，由遺囑人指定三人以上之見證人，由遺囑人口述遺囑意旨，使見證人中之一人筆記、宣讀、講解，經遺囑人認可後，記明年、月、日及代筆人之姓名，由見證人全體及遺囑人同行簽名，遺囑人不能簽名者，應按指印代之（民法第1194條）。

口授遺囑	遺囑人因生命危急或其他特殊情形，不能依其他方式為遺囑者，得依下列方式之一為口授遺囑： 1. 由遺囑人指定二人以上之見證人，並口授遺囑意旨，由見證人中之一人，將該遺囑意旨，據實作成筆記，並記明年、月、日，與其他見證人同行簽名。 2. 由遺囑人指定二人以上之見證人，並口述遺囑意旨、遺囑人姓名及年、月、日，由見證人全體口述遺囑之為真正及見證人姓名，全部予以錄音，將錄音帶當場密封，並記明年、月、日，由見證人全體在封縫處同行簽名（民法第1195條）。

八、特留分【111年台電】

繼承人之特留分，依左列各款之規定：

(一) 直系血親卑親屬之特留分，為其應繼分二分之一。

(二) 父母之特留分，為其應繼分二分之一。

(三) 配偶之特留分，為其應繼分二分之一。

(四) 兄弟姊妹之特留分，為其應繼分三分之一。

(五) 祖父母之特留分，為其應繼分三分之一。

小試身手

( ) **1** 拋棄繼承，應於知悉其得繼承之時起，幾個月內以書面向法院為之？ (A)1個月 (B)2個月 (C)3個月 (D)4個月。

( ) **2** 下列關於繼承之敘述，何者錯誤？ (A)繼承因被繼承人完成遺囑而開始 (B)繼承人對被繼承人之債務，以因繼承所得遺產為限，負連帶責任 (C)配偶與直系血親卑親屬同為繼承時，應繼分平均之 (D)依民法規定，自書遺囑無須見證人。

( ) **3** 下列關於遺囑之方式，何者正確？ (A)自書遺囑須向法院聲請認可 (B)口授遺囑之遺囑人應指定三人以上之見證人 (C)遺囑不得違反有關特留分之規定 (D)以上皆是。

答 **1 (C)** **2 (A)** **3 (C)**

滿分題庫綜合演練

( ) **1** 為實踐性別平等，因此依照現行民法第1059條的規定，子女的姓氏應如何決定？ (A)原則從父姓，贅夫之子女例外從母姓 (B)一律從父姓 (C)可由父母雙方以書面約定從父姓或母姓 (D)可由父母雙方以口頭約定從父姓或母姓。

☆( ) **2** 依民法規定，一般消滅時效期間為幾年？ (A)五年 (B)十年 (C)十五年 (D)二十年。

☆( ) **3** 民法所規定之損害賠償責任為？ (A)以金錢賠償為原則，回復原狀為例外 (B)以回復原狀為原則，金錢賠償為例外 (C)僅須回復原狀 (D)僅須金錢賠償。

( ) **4** 依民法規定，下列何者不是消滅時效中斷之事由？ (A)放棄 (B)請求 (C)承認 (D)起訴。

( ) **5** 當一個人死亡時，其財產依法？ (A)僅配偶得繼承 (B)僅兒子得繼承 (C)僅父母可繼承 (D)配偶、兒子、女兒均可第一順位繼承。

( ) **6** 夫妻離婚者，對於未成年子女權利義務之行使或負擔，應如何為之？ (A)由父任之 (B)由妻任之 (C)依協議由一方或雙方共同任之 (D)由子女選擇。

☆( ) **7** 甲向乙借款一百萬元，由丙丁共同保證，則除契約另有訂定外，其負責之情形為何？ (A)甲丙丁負連帶保證責任 (B)丙丁各負五十萬元之保證責任 (C)甲丙丁各負三分之一保證責任 (D)丙丁之保證責任依其訂約次序定之。

( ) **8** 依公司法成立的公司是指？ (A)有權利能力之財團法人 (B)有權利能力之營利社團法人 (C)有權利能力之營利財團法人 (D)無權利能力之公司法人。

☆(　　) **9** 父母之特留分，為其應繼分之？ (A)二分之一 (B)三分之一 (C)四分之一 (D)五分之一。

(　　) **10** 民法在性質上屬於？ (A)公法 (B)程序法 (C)實體法 (D)特別私法。

(　　) **11** 胎兒有無權利能力？ (A)依懷胎之月數而定 (B)人的權利能力始於出生，胎兒並無權利能力 (C)將來如非死產，則自受胎時起，視為有權利能力 (D)僅就繼承權享有權利能力。

☆(　　) **12** 失蹤人失蹤滿一定期間後，得由利害關係人或檢察官向法院聲請：(A)限制行為能力 (B)監護宣告 (C)搜尋 (D)死亡宣告。

(　　) **13** 下列關於「物」之敘述，何者有誤？ (A)物須具有支配可能性 (B)物須具有獨立性 (C)物包括權利在內 (D)物不以有體性為要件。

☆(　　) **14** 因被詐欺所為的意思表示其效果為？ (A)當然有效 (B)得撤銷 (C)當然無效 (D)經同意後有效。

☆(　　) **15** 下列關於代理之敘述何者有誤？ (A)身分行為不得由他人代理 (B)事實行為不得代理 (C)違法行為不得代理 (D)代理即為代表制度。

☆(　　) **16** 法人對於董事代表權所加之限制，不得對抗何人？ (A)任何第三人 (B)惡意第三人 (C)善意第三人 (D)以上皆非。

☆(　　) **17** 法人登記後，有應登記之事項，而不登記，或已登記之事項有變更而不為變更之登記者，不得以其事項對抗何人？ (A)任何第三人 (B)惡意第三人 (C)善意第三人 (D)以上皆非。

☆(　　) **18** 社團總會決議，除民法有特別規定外，以多少社員之決議行之？(A)全體社員過半數決之 (B)全體社員三分之二決之 (C)出席社員過半數決之 (D)出席社員三分之二決之。

( ) **19** 社團得隨時依社團總會之決議解散之。總會如欲決議解散社團，其決議方法為何？ (A)以全體社員過半數之可決 (B)以全體社員三分之二以上之可決 (C)以全體社員四分之三以上之可決 (D)以出席會員四分之三以上之可決。

( ) **20** 社團之事務，無從依章程所定進行時，法院得因何人之聲請解散之？ (A)主管機關 (B)檢察官 (C)利害關係人 (D)以上皆可。

( ) **21** 立遺囑之法定年齡為滿？ (A)十四歲 (B)十六歲 (C)十八歲 (D)二十歲。

( ) **22** 下列何者為從物權？ (A)質權 (B)地上權 (C)典權 (D)所有權。

☆( ) **23** 甲十七歲，為大學新鮮人，參觀電腦展，一時禁不起業務員推銷，當場簽下購買價值五萬元筆記型電腦之契約，此一契約效力如何？ (A)無效 (B)有效 (C)效力未定 (D)貨款已付清就算無效也於事無補。

☆( ) **24** 小美現年二十一歲，未得父母同意即與同年齡之小張至法院公證結婚，小美母親一氣之下便登報聲明與小美脫離母女關係。請問小美母親之登報聲明是否有效？ (A)有效 (B)若小美父親也同意，方為有效 (C)若小美本身也同意，方為有效 (D)無效。

( ) **25** 我國民法之規定，收養者至少應長於被收養者幾歲以上，收養方屬有效？ (A)十五歲 (B)二十歲 (C)三十歲 (D)三十五歲。

☆( ) **26** 甲將其房屋所有權讓與乙，則該所有權之讓與？ (A)非經登記，不生效力 (B)非經登記，不得對抗善意第三人 (C)非經公證，不生效力 (D)非經公證，不得對抗善意第三人。

( ) **27** 民法上對於侵權行為或債務不履行者之制裁即謂？ (A)還返利益 (B)損害賠償 (C)強制執行 (D)間接執行。

☆( ) **28** 下列何者非主物與從物的關係？ (A)汽車與備胎 (B)眼鏡與鏡盒 (C)電視及遙控器 (D)汽車與引擎。

( ) **29** 夫妻之自由處分金，如何訂定？ (A)由夫妻協議定之 (B)概由法院判決之 (C)由妻決之 (D)由夫決之。

( ) **30** 下列敘述何者為非？ (A)債務人無為一部清償之權利 (B)分期給付或緩期清償是法院之職權，亦是債務人之權利 (C)受領人是債權的準占有人者，以債務人不知其非債權人為限，有清償之效力 (D)債之關係消滅者，其債權之擔保及其他從屬權利亦同時消滅。

( ) **31** 遲延後之給付，於債權人無利益者，債權人得拒絕其給付，並得請求賠償因不履行而生之損害。此種賠償之性質稱為： (A)替補賠償 (B)遲延賠償 (C)損害賠償 (D)損失補償。

( ) **32** 運送人交與託運人之提單或其他文件上有免除或限制運送人責任之記載，而託運人對其責任之免除或限制默示同意者，其減免責任約款？ (A)發生效力 (B)不生效力 (C)效力未定 (D)以上皆非。

( ) **33** 為質權標的物之債權，其債務人受質權設定之通知者，如向出質人或質權人一方為清償時？ (A)應得他方之同意 (B)不須得他方之同意 (C)須得法院之許可 (D)須以書面證明。

( ) **34** 阿光跟補習班老闆訂立書面契約，約定阿光提供在補習班每月教民法二十小時，總共教一年的勞務，而老闆則按契約給付報酬給阿光，請問依照民法第482條的規定，這屬於那種契約？
(A)交互計算契約 (B)僱傭契約 (C)買賣契約 (D)行紀契約。

( ) **35** 因過失將乙心愛的車子撞壞，乙不可對甲為下列何種主張？ (A)請求修理車子 (B)請求給付修理車子所須之費用 (C)請求賠償車子減少之價值 (D)請求賠償慰撫金。

( ) **36** 受監護宣告之人之民事能力如何？ (A)無權利能力、無行為能力 (B)有權利能力、無行為能力 (C)有權利能力、有行為能力 (D)無權利能力、有行為能力。

( ) **37** 以廣告聲明對完成一定行為之人給與報酬者，為？ (A)定金給付 (B)廣告債務 (C)使用借貸 (D)懸賞廣告。

☆( ) **38** 董事是法人必設之何種機關？ (A)意思機關 (B)監察機關 (C)行政機關 (D)代表及執行機關。

☆( ) **39** 甲童六歲，向乙購買電動玩具，價金一千元，該買賣契約？ (A)無效 (B)效力未定，須視乙之父母是否同意 (C)乙之父母得撤銷之 (D)有效。

☆( ) **40** 甲男同時與乙女及丙女結婚，問其婚姻之效力如何？ (A)甲乙之間有效，甲丙之間無效 (B)甲乙之間無效，甲丙之間有效 (C)甲乙之間及甲丙之間，均有效 (D)甲乙之間及甲丙之間，均無效。

☆( ) **41** 對於債務人或第三人不移轉占有而供擔保之不動產，得就其賣得價金受清償之權，稱為？ (A)質權 (B)抵押權 (C)典權 (D)不動產役權。

☆( ) **42** 甲夫與乙妻結婚後，乙妻擬冠夫姓，應如何為之？ (A)書面約定，並向戶政機關登記 (B)口頭約定，並向法院報備 (C)書面約定，並在法院公證 (D)書面約定，並經法院認可。

( ) **43** 甲男與乙女為夫妻，育有一子丙與一女丁。甲生前預立遺囑，於遺囑中規定其遺產全部由丙繼承。甲死亡，遺下新台幣600萬元，試問乙、丁之特留分數額為？ (A)乙100萬，丁100萬 (B)乙150萬，丁75萬 (C)乙200萬，丁100萬 (D)乙300萬，丁150萬。

☆( ) **44** 當事人約定，一方移轉財產權於他方，他方支付價金之契約，稱為？ (A)互易 (B)互交計算 (C)租賃 (D)買賣。

☆( ) **45** 當事人約定，一方於一定或不定之期限內，為他方服勞務，他方給付報酬之契約，稱為？ (A)委任 (B)承攬 (C)寄託 (D)僱傭。

☆(　　) **46** 遺產繼承人，除配偶外，其決定之順序為下列何者？　A.祖父母　B.父母　C.兄弟姊妹　D.直系血親卑親屬　(A)A.B.C.D.　(B)B.A.D.C.　(C)D.B.C.A.　(D)D.C.B.A.。

(　　) **47** 不動產之租賃契約，其期限逾一年者，應以字樣訂立之，未以字據訂立者，效力如何？　(A)無效　(B)得撤銷　(C)效力未定　(D)視為不定期限之租賃。

☆(　　) **48** 所謂姻親，謂血親之配偶、配偶之血親及何者？　(A)親家公、親家母　(B)配偶　(C)血親之配偶之血親　(D)配偶之血親之配偶。

☆(　　) **49** 自己與叔父間是幾親等之親屬？　(A)二親等　(B)三親等　(C)四親等　(D)五親等。

(　　) **50** 一般企業對人事保證契約之約定，其期限依民法之規定，最長可為多久？　(A)三年　(B)五年　(C)七年　(D)當事人自由約定。

(　　) **51** 無人承認的遺產，於清償債權，並交付遺贈物後，如有賸餘，歸屬於？　(A)公益團體　(B)地方自治團體　(C)國庫　(D)法院。

☆(　　) **52** 受死亡宣告者，其死亡之時間如何推定？　(A)以聲請人所記載之時間，推定其為死亡之時　(B)以失蹤第一日，視為其為死亡　(C)以檢察官認定之時，推定其為死亡之時　(D)以判決內所確定死亡之時，推定其為死亡。

(　　) **53** 夫妻之住所首應如何決定？　(A)由雙方共同協議　(B)由妻決定　(C)由夫決定　(D)由法院決定。

(　　) **54** 下列何者為動產質權消滅之原因？　(A)質權人死亡　(B)出質人將質物讓與第三人　(C)質權人將質物返還於出質人　(D)質權人將質物交付借用人。

(　　) **55** 甲乙夫妻因車禍而死亡，且不能證明其死亡之先後，則甲乙？　(A)視為同時死亡　(B)推定同時死亡　(C)視為非同時死亡　(D)推定非同時死亡。

☆(　　) **56** 租賃物之修繕，除契約另有訂定或另有習慣外，由何者負擔？ (A)承租人 (B)出租人 (C)承租人與出租人共同負擔 (D)所有承租人。

(　　) **57** 依民法之規定，關於侵權行為之損害賠償責任，下列敘述何者錯誤？ (A)不法侵害他人之人格法益而情節重大者，被害人雖非財產上之損害，亦得請求賠償相當之金額 (B)不法毀損他人之物者，被害人得請求賠償其新品 (C)應回復原狀者，經債權人定相當期限催告後，逾期不為回復時，債權人得請求以金錢賠償其損害 (D)對於侵害名譽者，得請求回復名譽之適當處分。

☆(　　) **58** 近年來由於經濟發展快速，生活水準提高，臺灣人到國內外旅遊數目大增，商機無限，糾紛也不少，因此民法中增訂旅遊契約以為規範，下列有關旅遊契約的民法規定何者錯誤？ (A)旅遊開始前，旅客得變更由第三人參加旅遊。旅遊營業人非有正當理由，不得拒絕 (B)旅客在旅遊中發生身體或財產上之事故時，旅遊營業人應為必要之協助及處理 (C)旅遊未完成前，旅客得隨時終止契約，無須賠償旅遊營業人因契約終止而生之損害 (D)旅遊營業人非有不得已之事由，不得變更旅遊內容。

(　　) **59** 隨著社會發展，臺灣已邁入高齡少子化之年代，為擴大保障範圍，民法中將「禁治產」制度大幅翻修成為成年監護的新制度，請問關於民法上成年監護的敘述，下列何者正確？ (A)受監護宣告之人，無權利能力 (B)對於因精神障礙，致辨識其意思表示效果之能力，顯有不足者，法院得不待聲請，主動依職權為監護之宣告 (C)受輔助宣告之人為訴訟行為時，應經輔助人同意。但純獲法律上利益，或依其年齡及身分、日常生活所必需者，不在此限 (D)配偶與受輔助宣告之人間彼此有利害關係，因此配偶不得向法院聲請監護之宣告。

☆(　　) **60** 甲男17歲，與15歲之乙女結婚，且未得法定代理人同意。婚後乙女懷孕，其婚姻效力如何？ (A)甲男得撤銷之 (B)乙女得撤銷之 (C)甲之法定代理人得撤銷之 (D)任何人均不得撤銷。

( ) **61** 甲非常喜愛乙持有之手錶，惟因個性不敢直接開口，乃寫信給乙，表示願用1萬元購買該手錶，不料信件到達乙住處前一天，甲因病猝逝。請問該要約效力為何？ (A)無效 (B)效力未定，應經甲之繼承人承認後方生效力 (C)有效，但甲之繼承人得撤銷該要約 (D)有效。

( ) **62** 依民法規定，遺失物之拾得人對於遺失物所有人，得請求之報酬最高不得超過遺失物財產上價值之多少？
(A)十分之四 (B)十分之三 (C)十分之二 (D)十分之一。

解答及解析

1 (C)。民法第1059條第1項：「父母於子女出生登記前，應以書面約定子女從父姓或母姓。未約定或約定不成者，於戶政事務所抽籤決定之。」

2 (C)。民法第125條規定：「請求權，因十五年間不行使而消滅。但法律所定期間較短者，依其規定。」

3 (B)。參照民法第213條、第214條、第215條。

4 (A)。民法第129條第1項規定：「消滅時效，因左列事由而中斷：一、請求。二、承認。三、起訴。」

5 (D)。民法第1138條規定：「遺產繼承人，除配偶外，依左列順序定之：一、直系血親卑親屬。二、父母。三、兄弟姊妹。四、祖父母。」

6 (C)。民法第1055條第1項前段規定：「夫妻離婚者，對於未成年子女權利義務之行使或負擔，依協議由一方或雙方共同任之。」

7 (A)。民法第748條規定：「數人保證同一債務者，除契約另有訂定外，應連帶負保證責任。」

8 (B)。法人包括財團法人與社團法人，皆具有權利能力。而依公司法成立之公司，謂以**營利**為目的，依照公司法所組織、登記、成立之**社團法人**。

9 (A)。民法第1223條第2款規定：「繼承人之特留分，依左列各款之規定：……二、父母之特留分，為其應繼分二分之一。」

10 (C)。民法在性質上屬於國內法、私法、普通法、**實體法**、任意法。

11 (C)。我國民法為保護胎兒之利益，於第7條規定，胎兒以將來非死產者為限，關於其個人利益之保護，**視為既已出生**。

12 (D)。民法第8條第1項規定：「失蹤人失蹤滿七年後，法院得因利害關係人或檢察官之聲請，為死亡之宣告。」

13 (C)。物和物權是不同的概念，物權才包含權利。

14 (B)。民法第 92 條第 1 項前段規定：「因被詐欺或被脅迫而為意思表示者，表意人得撤銷其意思表示。」

15 (D)。代表係屬**法人的機關**，例如董事為公司的代表，其與代理制度並不相同。

16 (C)。民法第 27 條第 3 項規定：「對於董事代表權所加之限制，不得對抗善意第三人。」

17 (A)。民法第 31 條規定：「法人登記後，有應登記之事項而不登記，或已登記之事項有變更而不為變更之登記者，不得以其事項對抗第三人。」

18 (C)。民法第 52 條第 1 項規定：「總會決議，除本法有特別規定外，以出席社員過半數決之。」

19 (B)。民法第 57 條規定：「社團得隨時以全體社員三分二以上之可決解散之。」

20 (D)。民法第 58 條規定：「社團之事務，無從依章程所定進行時，法院得因主管機關、檢察官或利害關係人之聲請解散之。」

21 (B)。民法第 1186 條第 2 項規定：「限制行為能力人，無須經法定代理人之允許，得為遺囑。但未滿十六歲者，不得為遺囑。」

22 (A)。主物權與從物權以是否具有**獨立性**為區分標準。**主物權無須依附他權利而存在**，如所有權、地上權等；**從物權則必須依附他權利而存在**，如抵押權、質權等。

23 (C)。民法第 79 條，限制行為能力人未得法定代理人之允許，所訂立之契約，須經**法定代理人**之承認，始生效力。

24 (D)。民法所規定之親屬關係，多為強行規定，**不得以當事人之意思變更**，或排除其適用。

25 (B)。民法第 1073 條第 1 項前段規定：「收養者之年齡，應長於被收養者二十歲以上。」

26 (A)。民法第 758 條第 1 項規定：「不動產物權，依法律行為而取得、設定、喪失及變更者，非經登記，不生效力。」

27 (B)。侵權行為之制裁方式為**損害賠償**，應無疑義。而債務不履行之制裁方式，除了聲請法院**強制執行**外，尚有**損害賠償**之設計。相關法條：民法第 184 條與第 226 ～ 227-1 條。

28 (D)。所謂從物，依民法第 68 條第 1 項本文規定，**指非主物之成分，常助主物之效用而同屬於一人者**。汽車與引擎皆為具獨立性之二物，引擎不一定經常或僅使用於汽車，故引擎並非汽車之從物。

29 (A)。民法第 1018-1 條規定：「夫妻於家庭生活費用外，得協議一定數額之金錢，供夫或妻自由處分。」

30 **(B)**。(A) 參照民法第 318 條，(B) 非法院之職責，(C) 參照民法第 310 條第 2 款，(D) 參照民法第 307 條。

31 **(A)**。所謂替補賠償係指**拒絕受領給付而請求賠償**。

32 **(B)**。民法第 649 條規定，運送人交與託運人之提單或其他文件上，有免除或限制運送人責任之記載者，**除能證明託運人對於其責任之免除或限制明示同意外，不生效力**。

33 **(A)**。民法第 907 條規定，為質權標的物之債權，其債務人受質權設定之通知者，如向出質人或質權人一方為清償時，**應得他方之同意**。他方不同意時，債務人應提存其為清償之給付物。

34 **(B)**。民法第 482 條規定：「稱僱傭者，謂當事人約定，一方於一定或不定之期限內為他方服勞務，他方給付報酬之契約。」

35 **(D)**。民法第 18 條規定：「(I) 人格權受侵害時，得請求法院除去其侵害；有受侵害之虞時，得請求防止之。(II) 前項情形，以法律有特別規定者為限，得請求損害賠償或慰撫金。」

36 **(B)**。民法第 15 條規定：「受監護宣告之人，無行為能力。」

37 **(D)**。民法第 164 條第 1 項前段規定：「以廣告聲明對完成一定行為之人給與報酬者，為懸賞廣告。」

38 **(D)**。民法第 27 條。

39 **(A)**。依民法第 13 條第 1 項及第 75 條前段規定，未滿七歲之未成年人，無行為能力。又**無行為能力人**之意思表示，無效。甲童 6 歲為無行為能力人，其所訂定之買賣契約，無效。

40 **(D)**。民法第 985 條及第 988 條參照。

41 **(B)**。民法第 860 條規定：「稱普通抵押權者，謂債權人對於債務人或第三人不移轉占有而供其債權擔保之不動產，得就該不動產賣得價金優先受償之權。」

42 **(A)**。民法第 1000 條規定：「夫妻各保有其本姓。但得書面約定以其本姓冠以配偶之姓，並向戶政機關登記。」

43 **(A)**。直系血親卑親屬與配偶之特留分，皆為其應繼分二分之一，分別為民法第 1223 條第 1 款、第 3 款所明定，又民法第 1144 條規定：「配偶有相互繼承遺產之權，其應繼分，依左列各款定之：一、與第一千一百三十八條所定第一順序之繼承人同為繼承時，其應繼分與他繼承人平均。」故本題乙、丁之特留分皆為其應繼分 200 萬元之二分之一，即 100 萬元，故答案為 (A)。

44 **(D)**。民法第 345 條第 1 項規定：「稱買賣者，謂當事人約定一方移轉財產權於他方，他方支付價金之契約。」

45 **(D)**。民法第 482 條規定：「稱僱傭者，謂當事人約定，一方於一定或不定之期限內為他方服勞務，他方給付報酬之契約。」

46 **(C)**。民法第 1138 條之規定，指遺產之繼承，是配偶與其他依順序應繼承遺產之人，於繼承開始時同為繼承人。

47 (D)。民法第 422 條規定：「不動產之租賃契約，其期限逾一年者，應以字據訂立之，未以字據訂立者，視為不定期限之租賃。」

48 (D)。民法第 969 條規定：「稱姻親者，謂血親之配偶、配偶之血親及配偶之血親之配偶。」

49 (B)。**以自己為起點計算**：自己至父親為一親等，父親至祖父為一親等，祖父至叔父又為一親等，故自己與叔父間是三親等親屬。

50 (A)。民法第 756-3 條第 1 項規定，人事保證約定之期間，不得逾**三年**。逾三年者，縮短為三年。

51 (C)。民法第 1185 條規定：「第一千 一百七十八條所定之期限屆滿，無繼承人承認繼承時，其遺產於清償債權並交付遺贈物後，如有賸餘，歸屬國庫。」

52 (D)。民法第 9 條第 1 項規定：「受死亡宣告者，以判決內所確定死亡之時，推定其為死亡。」

53 (A)。民法第1002條第1項前段規定：「夫妻之住所，由雙方共同協議之。」

54 (C)。民法第 896 條規定：「動產質權所擔保之債權消滅時，質權人應將質物返還於有受領權之人。」

55 (B)。民法第 11 條規定：「二人以上同時遇難，不能證明其死亡之先後時，推定其為同時死亡。」

56 (B)。民法第 429 條第 1 項參照。

57 (B)。民法第 196 條規定：「不法毀損他人之物者，被害人得請求賠償其物**因毀損所減少之價額。**」

58 (C)。民法第 514-9 條第 1 項：「旅遊未完成前，旅客得隨時終止契約。但**應**賠償旅遊營業人因契約終止而生之損害。」

59 (C)。選項 (A)，是無行為能力。選項 (B)，依民法第 14 條之規定。選項 (D)，配偶可申請。

60 (D)。依民法第 980 條規定，男女未滿 18 歲者，不得結婚。又同法第 989 條規定，結婚違反第980條之規定者，當事人或其法定代理人得向法院請求撤銷之。但**當事人已達該條所定年齡或已懷胎者，不得請求撤銷**。須注意 112 年後，民法成年年齡下修為 18 歲，我國結婚年齡配合修正，未滿 18 歲不得結婚，並刪除未成年結婚與離婚須得法定代理人同意之規定。

61 (D)。民法第 95 條第 2 項規定，表意人於發出通知後死亡或喪失行為能力或其行為能力受限制者，其意思表示，不因之失其效力。故答案為 (D)。

62 (D)。民法第 805 條第 2 項：「有受領權之人認領遺失物時，拾得人得請求報酬。但不得超過其物財產上價值十分之一；其不具有財產上價值者，拾得人亦得請求相當之報酬。」

第十章 財經相關法律

依據出題頻率區分，屬：**B 頻率中**

準備要領

依考選部公布之命題大綱，在財經相關法律方面，可區分為商事法、智慧財產權法以及經濟法三大類別，並分別明列以公司法、著作權法以及消費者保護法為命題科目。在本章方面，公司法的題目在歷年考題中沒有缺席過，並且以股份有限公司為重點，請務必多加留意。其他則多參照考古題出題方向即可。

第一節 ｜ 概要

所謂財經相關法律，其範圍相當廣泛，凡法律涉及經濟、金融、財稅、國貿、商務等，以及新興的智慧財產、電子商務也是熱門的財經法律研究對象。在考選部所公布的命題大綱裡，明列公司法、著作權法以及消費者保護法為命題範圍，上開法律分別可歸類於商事法、智慧財產權法以及經濟法的範疇。所謂商事法，傳統上所指乃公司法、票據法、海商法與保險法四部法律。智慧財產權法，則是攸關人類智慧與精神創作的成果，因具有特別價值，而以法律給予特別之規範以保護之，例如著作權法、專利法、商標法、積體電路電路布局保護法、植物品種及種苗法、營業秘密法等；至於經濟法，則泛指各種經濟管制、交易、管理、整合等之法律，如消費者保護法、商業會計法、企業併購法等。

財經相關法律偏向商法，係以民法為基礎，而**我國係採民商合一之立法**，並無獨立之「商法」法典，惟商法多具專業性，故立法上乃有多部攸關商法之獨立法典，例如上開所列之各種法律，以求周延。因此，上開各種法律，相較於民法，乃具有特別法之性質，若各種商法規定與民法規定有牴觸者，應適用於特別法。【110 年普考】

法學小教室

除公司法外，其餘法律，如公平交易法、專利法等至少需要掌握其立法目的、重要制度或原則。【109 年台電】

小試身手

( ) 關於商事法之性質，下列敘述何者正確？ (A)商事法屬於民事訴訟法之一種 (B)我國採民商分離制度 (C)商事法為公法 (D)商事法之於民法，等於特別法之於普通法。

答 **(D)**

第二節 ｜ 公司法【111 年國安】

（110 年 12 月 29 日最新修正）

一、公司之意義與種類

法規一點靈

公司法

所謂公司係指以營利為目的，依公司法組織、登記、成立之社團法人（公司法第 1 條），其種類依公司法第 2 條之規定有下列四種，茲說明如次：

(一) 無限公司：**指二人以上股東所組織，對公司債務負連帶無限清償責任之公司。**

(二) 有限公司：**指一人以上股東所組織，就其出資額為限，對公司負其責任之公司。**

(三) 兩合公司：**指一人以上無限責任股東與一人以上有限責任股東所組織，其無限責任股東對公司債務負連帶無限清償責任；有限責任股東就其出資額為限，對公司負其責任之公司。**

法學小教室

公司名稱，不得與他公司名稱相同。二公司名稱中標明不同業務種類或可資區別之文字者，視為不相同。公司不得使用易於使人誤認其與政府機關、公益團體有關或妨害公共秩序或善良風俗之名稱。

(四) 股份有限公司：**指二人以上股東或政府、法人股東一人所組織，全部資本分為股份；股東就其所認股份，對公司負其責任之公司。**

104 年 7 月 1 日修正第 356-1 至第 356-14 條規定，閉鎖性股份有限公司，指股東人數不超過五十人，並於章程定有股份轉讓限制之非公開發行股票公司。【109 年台電】

二、公司的負責人

(一) **負責人：**

1. **無限公司、兩合公司：**執行業務股東、代表公司股東、經理人在執行職務範圍內、清算人在執行職務範圍內。
2. **有限公司：**董事、經理人在執行職務範圍內、清算人在執行職務範圍內。
3. **股份有限公司：**
   (1) 董事及經理人、清算人、發起人、監察人、檢查人、重整人、重整監督人，在執行職務範圍內，亦為公司負責人。
   (2) 公開發行股票之公司之非董事，而實質上執行董事業務或實質控制公司之人事、財務或業務經營而實質指揮董事執行業務者，與本法董事同負民事、刑事及行政罰之責任。但政府為發展經濟、促進社會安定或其他增進公共利益等情形，對政府指派之董事所為之指揮，不適用之。

(二) **負責人之責任：**

1. **公司負責人應忠實執行業務並盡善良管理人之注意義務，如有違反致公司受有損害者，負損害賠償責任。公司負責人有違反上開之規定，為自己或他人為該行為時，股東會得以決議，將該行為之所得視為公司之所得。但自所得產生後逾一年者，不在此限。**
2. **公司負責人對於公司業務之執行，如有違反法令致他人受有損害時，對他人應與公司負連帶賠償之責。**

三、公司的經理人

(一) **經理人之設置：**公司得依章程規定置經理人，其委任、解任及報酬，依下列規定定之。但公司章程有較高規定者，從其規定：

1. 無限公司、兩合公司須有全體無限責任股東過半數同意。
2. 有限公司須有全體股東過半數同意。
3. 股份有限公司應由董事會以董事過半數之出席，及出席董事過半數同意之決議行之。

(二) **不得充任經理人之消極要件（若已充任者，當然解任）**

1. 曾犯組織犯罪防制條例規定之罪，經有罪判決確定，服刑期滿尚未逾五年者。

2. 曾犯詐欺、背信、侵占罪經受有期徒刑一年以上宣告，服刑期滿尚未逾二年者。
3. 曾服公務虧空公款，經判決確定，服刑期滿尚未逾二年者。
4. 受破產之宣告，尚未復權者。
5. 使用票據經拒絕往來尚未期滿者。
6. 無行為能力或限制行為能力者。

(三) **經理人之權限與限制**

1. 經理人之職權，除章程規定外，並得依契約之訂定。
2. 經理人在公司章程或契約規定授權範圍內，有為公司管理事務及簽名之權。
3. 經理人不得兼任其他營利事業之經理人，並不得自營或為他人經營同類之業務。但經依上開 (一) 規定之方式同意者，不在此限。
4. 經理人不得變更董事或執行業務股東之決定，或股東會或董事會之決議，或逾越其規定之權限。
5. 經理人因違反法令、章程或前條之規定，致公司受損害時，對於公司負賠償之責。
6. **公司不得以其所加於經理人職權之限制，對抗善意第三人。**

四、公司之限制

公司為社團法人為法律上所賦予以權利義務主體，是故其亦得享受權利，負擔義務，然而其終究與自然人不能等同視之，其在權利能力上應受到下列之限制，茲說明如次：

(一) **性質上之限制：凡以自然人之特性為基礎之人格權，及以自然人之身分為基礎的身分權，公司均不得享有。**

(二) **法令上之限制**

1. **轉投資之限制**：公司不得為其他公司無限責任股東或合夥事業之合夥人，如為其他公司有限責任股東時，其所有投資總額因接受被投資公司以盈餘或公積增資配股所得之股份，不計入投資總額，除以投資為專業或公司章程另有規定或經依下列各款規定，取得股東同意或股東會決議者外，不得超過本公司實收股本百分之四十。公司負責人若有違反者，應賠償公司因此所受之損害：

(1) **無限公司、兩合公司經全體無限責任股東同意。**

(2) **有限公司經全體股東同意。**

(3) **股份有限公司經代表已發行股份總數三分之二以上股東出席，以出席股東表決權過半數同意之股東會決議。公開發行股票之公司，出席股東之股份總數不足上開定額者，得以有代表已發行股份總數過半數股東之出席，出席股東表決權三分之二以上之同意行之。**

2. **為保證人之限制**：公司除依其他法律或公司章程規定得為保證者外，不得擔任保證人。公司負責人如有違反時，應自負保證責任，如公司受有損害時，亦應負賠償責任。

3. **資金借貸之限制**：公司之資金，除有下列各款情形外，不得貸與股東或任何他人。公司負責人有違反者，應與借用人連帶負返還責任；如公司受有損害者，亦應由其負損害賠償責任：

(1) 公司間或與行號間有業務往來者。

(2) 公司間或與行號間有短期融通資金之必要者。融資金額不得超過貸與企業淨值的百分之四十。

五、公司的成立、解散與清算

(一) **成立**：我國就公司之成立採準則主義。

1. 公司必須向中央主管機關（即經濟部）登記，始可成立。公司若有應登記之事項而不登記，或已登記之事項有變更而不為變更登記者，不得以其事項對抗第三人。若未經設立登記，不得以公司名義經營業務或為其他法律行為，否則有民刑事責任。

所謂準則主義，係指公司的成立及登記程序必須依照法律之規定而為，否則不許登記成立。

2. 公司之經營有違反法令受勒令歇業處分確定者，應由處分機關通知中央主管機關，廢止其公司登記或部分登記事項。

(二) **解散**：包括二種情形：

1. **命令解散**：

(1) 除已辦妥延展登記者外，公司設立登記後六個月尚未開始營業。

(2) 除已辦妥停業登記者外，開始營業後自行停止營業六個月以上。

(3) 公司名稱經法院判決確定不得使用，公司於判決確定後六個月內尚未辦妥名稱變更登記，並經主管機關令其限期辦理仍未辦妥。

(4) 未於申請設立登記時或設立登記後三十日內期限內，檢送經會計師查核簽證之文件者。但於主管機關命令解散前已檢送者，不在此限。

2. **裁定解散**：公司之經營，有顯著困難或重大損害時，法院得據股東之聲請，於徵詢主管機關及目的事業中央主管機關意見，並通知公司提出答辯後，裁定解散。此項聲請，在股份有限公司，應有繼續六個月以上持有已發行股份總數百分之十以上股份之股東提出之。

(三) **清算**：公司經中央主管機關撤銷登記或廢止登記時，以及解散之公司除因合併、分割或破產而解散外，應行清算。解散之公司於清算範圍內，視為尚未解散。解散之公司在清算時期中，得為了結現務及便利清算之目的，暫時經營業務。

六、公司的合併

所謂公司之合併係指兩個或兩個以上之公司，訂立合併契約，依公司法之規定，免經清算程序，併成一個公司之行為。其有吸收合併與新設合併，前者係指其中一公司吸收他公司而繼續存在稱為存續公司，其餘消滅稱為消滅公司；後者係指參與合併的公司均消滅，而另外成立新公司，由新公司承擔所有消滅公司的權利義務。

七、資本三原則

所謂資本，係指股東對公司所為之出資。由於公司資本來自於股東之出資財產，因此為保護股東之權益，以及維持公司正常運作，資本三原則即顯重要。

法學小教室

股份有限公司原則上普通股每一股有一表決權，此係股份平等原則之表現，乃股東就自己之出資所享有之平等股權。

(一) **資本確定原則**：指股份有限公司於設立時，應在章程中確定公司資本總額，並由股東認足或募足之，以確保公司擁有穩固之資產。

(二) **資本不變原則**：指公司資本總額經章程確定後，應保持不變。換言之，公司資本總額經章程確定後，非依法定程序不得任意增減，以避免損害公司債權人及股東之權益。

(三) **資本維持原則**：指公司必須至少維持相當於公司資本額之財產，以具體充實資本，又稱資本充實原則。其目的是為了保障債權人的權益，亦是為了防止公司對盈餘的過度分配而導致公司資本實質減少。

八、歷屆考題重點歸類整理

關於公司法的準備方式，向來為人所困擾，原因在於公司法條文龐雜，除公司法第一章總則部分是必備重點之外，其他章節關於四種公司型態的重點則難以掌握。因此筆者在此傾向以歸納的方式，以近年來的考古題為基礎，整理如下。綜觀筆者整理，我們不難發現公司法考點範圍所在，因此若你在該部分相關條文多下功夫，相信會有不錯的成績。

(一) **總則**

1. 公司之經營有顯著困難或重大損害時，法院得依據股東之聲請裁定解散。【身三】
2. 公司經理人為任意機關，其設置與否，得由公司章程規定；受破產之宣告，尚未復權者，不得充任經理人，已充任者，當然解任；經理人之職權，應依章程與契約訂定之。【身三】
3. 若公司間或與行號間有業務往 ，公司得貸與資金。【一般警四】
4. 公司經理人原則上不得兼任其他營利事業之經理人。【關四】
5. 公司轉投資其他公司為有限責任股東時，其所有投資總額，原則上不得超過本公司實收股本百分之四十。【高考】
6. 不具中華民國國籍者非公司經理人的消極要件。【司三】
7. 關於公司經理人，是公司負責人，故應忠實執行業務並盡善良管理人之注意義務；經理人並非公司之法定機關，法律並未強制設立，而是由公司以章程決定是否設置；經理人之報酬原應由公司董事會決定，屬於公司自治事項，但倘經相關主管機關專案核定接受紓困之公司，其經理人之報酬，主管機關得限制之。【一般警四】

(二) **無限公司（無）**。

(三) **有限公司**

1. 若章程無特別規定，有限公司表決權每一股東有一表決權。【一般警三】
2. 有限公司之不執行業務股東，均得行使監察權。【地四】

3. 關於有限公司之董事，公司章程未有任期規定時，則可一直擔任董事而無時間限制；有限公司董事非有特約，不得向公司請求報酬；公司最多可置董事三人。【地四】
4. 關於有限公司，有限公司由於受限其人合性質與法令規定，故不得成為上市、櫃公司；有限公司之增資須經股東過半數同意，但倘新股東欲加入，則必須經全體股東同意；有限公司中非董事之股東均得行使監察權，並得隨時向董事質詢公司營業情況，查閱財產文件與帳簿表冊等。【身三】
5. A 有限公司之股東有甲、乙、丙共 3 人，各分別出資 30 萬元、10 萬元、10 萬元，甲為公司董事。若章程規定，甲有 3 表決權、乙有 1 表決權、丙有 1 表決權，則當公司擬再增資 50 萬元時，須經表決權過半數同意之方式決定之。【高考】

(四) **兩合公司（無）**。

(五) **股份有限公司**

1. 關於股票，為有價證券；公開發行股票之公司得決定不發行實體之股票；一般實體發行之股票，應有董事三人以上之簽名。【身四】
2. 股份有限公司股東之出資除現金外，得以對公司所有之貨幣債權，或公司所需之技術、商譽抵充之，而決定得否抵充及得抵充之數額應由董事會普通決議決定。【身四】
3. 股份有限公司，可限制員工行使新股承購權所購得之股份，在一定期間不得轉讓，但不得逾二年；股份有限公司，對於股東依新股認購權所購得之股份，不得限制其轉讓；股份有限公司之員工依分紅入股所取得之股份，不得限制其轉讓。【一般警三】
4. 關於股份有限公司之發起人，應以全體之同意訂立章程；發起人如為自然人，須具有完全之行為能力，才能為發起人；財團法人工業技術研究院可以其技術作為出資成為發起人。【關三】
5. 公司董事人數不得少於三人；公司董事不一定是公司股東；董事會為決議時，有利益衝突的董事於表決時必須迴避，否則此一決議無效；每年度會計終了，董事會必須編造相關財務與業務表冊送監察人查核並經股東會決議【普考】。
6. 股份有限公司的股東會原則上應由董事會負責召集。【司三】
7. 公司法中規定應由股東會決議之事項：【108 年一般警四】

法條	內容
公司法第 156-1 條	發行無票面金額股。
公司法第 156-2 條	停止公開發行。
公司法第 168 條	減資。
公司法第 185 條	重大經營事項【110 年關三】： (1) 締結、變更或終止關於出租全部營業，委託經營或與他人經常共同經營之契約。 (2) 讓與全部或主要部分之營業或財產。 (3) 受讓他人全部營業或財產，對公司營運有重大影響。→反對股東得請求股份買回（同法第 186 條）。
公司法第 192、192-1、199 條	選任、解任董事。【109 年關四】
公司法第 196 條	議定董事薪酬。
公司法第 209 條	許可董事競業行為。
公司法第 216 條	選任監察人。
公司法第 231 條	表決董事會所造表冊。
公司法第 240 條	表決發行新股發放股票股利。
公司法第 248-1 條、第 356-11 條	公司私募轉換公司債或附認股權公司債。
公司法第 267 條	公司發行限制員工權利新股。
公司法第 277 條	修改章程。
公司法第 316 條	公司解散。
公司法第 317 條	公司分割或與他公司合併時，董事會應就分割、合併有關事項，作成分割計畫、合併契約，提出於股東會；股東在集會前或集會中，以書面表示異議，或以口頭表示異議經紀錄者，得放棄表決權，而請求公司按當時公平價格，收買其持有之股份。【111 年台電】

法條	內容
公司法第 322、323 條	選任、解任清算人。
公司法第 325 條	決議清算人報酬。
公司法第 326 條、331 條	承認清算人所造表冊。
公司法第 356-13 條	公司組織變更為非閉鎖性股份有限公司。

8. 公司法四種類型公司中，股份有限公司所有權與經營權分離之程度最高。【地三】
9. 股份有限公司發起人之股份，須於公司設立後至少滿一年，始得轉讓。【身四】
10. 股份有限公司有下列情形者，禁止發行公司債：
    (1) 對於前已發行之公司債，有違約支付本息之事實，尚在繼續中者。
    (2) 對於前已發行之公司債或其他債務有遲延支付本息之事實，尚在繼續中者。
    (3) 最近 3 年或開業不及 3 年之開業年度課稅後之平均淨利，未達原定發行之公司債應負擔年息總額之百分之一百者。但經銀行保證發行之公司債不受限制。【關三】
11. 關於監察人，監察人僅得列席董事會，不得參與表決；監察人於必要時，得自行召集股東會；監察人對公司財務及業務之簿冊文件，有查核權。【102 年鐵員、107 年關四】
12. 股份有限公司之監察人為監督機關，得列席董事會，並且陳述意見；監察人除董事會不為召集或不能召集外，得為公司利益，於必要時，召集股東會；監察人發現董事會執行職務違法，應通知其停止該行為。【一般警四】
13. 公司與董事間訴訟，除法律另有規定外，由監察人代表公司，股東會亦得另選代表公司為訴訟之人。【109 年台電】
14. A 股份有限公司股東甲，出具委託書委託他人代理出席股東會後，又以書面及電子方式行使其表決權，在未撤銷其前述委託書、書面以及電子投票之情況下，本人於股東會當天又親自出席股東會議。此時，甲之表決權行使應以委託書之方式為準。【102 年高考、107 年關三】

小試身手

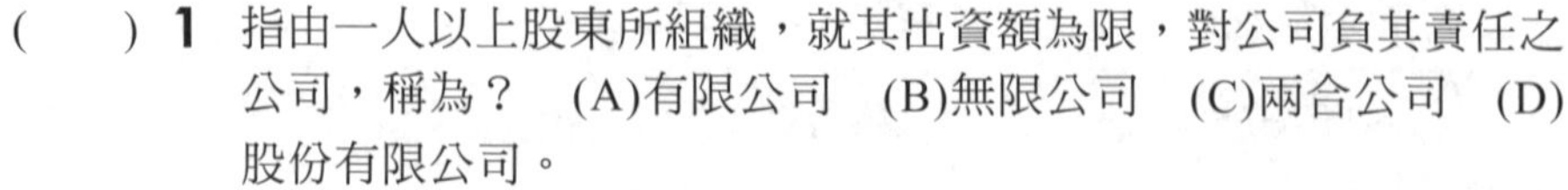

( ) **1** 指由一人以上股東所組織，就其出資額為限，對公司負其責任之公司，稱為？ (A)有限公司 (B)無限公司 (C)兩合公司 (D)股份有限公司。

( ) **2** 公司非在中央主管機關登記後，不得成立。試問所謂的中央主管機關為？ (A)營建署 (B)財政部 (C)經濟部 (D)商業部。

( ) **3** 下列何者非公司之負責人？ (A)於執行職務範圍內之股份有限公司發起人 (B)於執行職務範圍內之有限公司監察人 (C)於執行職務範圍內之公司清算人 (D)於執行職務範圍內之股份有限公司重整人。

( ) **4** 股份有限公司之經營，有顯著困難或重大損害時，法院得據股東之聲請，裁定解散。試問該股東之條件為？
(A)應有繼續六個月以上持有已發行股份總數百分之十以上股份之股東提出之
(B)應有繼續一年以上持有已發行股份總數百分之十以上股份之股東提出之
(C)應有繼續六個月以上持有已發行股份總數百分之二十以上股份之股東提出之
(D)無特別限制，只要是股東皆可聲請。

( ) **5** 股份有限公司依章程設置之經理人，其委任、解任及報酬，原則上如何為之？
(A)應由股東會以股東過半數之出席，及出席股東過半數同意之決議行之
(B)應由董事會以董事過半數之出席，及出席董事過半數同意之決議行之
(C)應由董事長指定之
(D)應由發起人指定之，如發起人有數人者，共同決定之。

答 **1 (A)** **2 (C)** **3 (B)** **4 (A)** **5 (B)**

第三節 | 著作權法 (111年6月15日最新修正)

一、立法目的

為保障著作人著作權益，調和社會公共利益，促進國家文化發展，特制定本法。本法未規定者，適用其他法律之規定。

二、本法用詞定義如下：【107年關三、110年普考、111年台電】

(一) **著作**：指屬於文學、科學、藝術或其他學術範圍之創作。

(二) **著作人**：指創作著作之人。

(三) **著作權**：**指因著作完成所生之著作人格權及著作財產權。**

(四) **公眾**：指不特定人或特定之多數人。但家庭及其正常社交之多數人，不在此限。

(五) **重製**：**指以印刷、複印、錄音、錄影、攝影、筆錄或其他方法直接、間接、永久或暫時之重複製作。於劇本、音樂著作或其他類似著作演出或播送時予以錄音或錄影；或依建築設計圖或建築模型建造建築物者，亦屬之。**

(六) **公開口述**：**指以言詞或其他方法向公眾傳達著作內容。**

(七) **公開播送**：指基於公眾直接收聽或收視為目的，以有線電、無線電或其他器材之廣播系統傳送訊息之方法，藉聲音或影像，向公眾傳達著作內容。由原播送人以外之人，以有線電、無線電或其他器材之廣播系統傳送訊息之方法，將原播送之聲音或影像向公眾傳達者，亦屬之。

(八) **公開上映**：指以單一或多數視聽機或其他傳送影像之方法於同一時間向現場或現場以外一定場所之公眾傳達著作內容。

(九) **公開演出**：指以演技、舞蹈、歌唱、彈奏樂器或其他方法向現場之公眾傳達著作內容。以擴音器或其他器材，將原播送之聲音或影像向公眾傳達者，亦屬之。

(十) **公開傳輸**：指以有線電、無線電之網路或其他通訊方法，藉聲音或影像向公眾提供或傳達著作內容，包括使公眾得於其各自選定之時間或地點，以上述方法接收著作內容。

(十一) **改作**：**指以翻譯、編曲、改寫、拍攝影片或其他方法就原著作另為創作。**

(十二) **散布**：**指不問有償或無償，將著作之原件或重製物提供公眾交易或流通。**

(十三) **公開展示**：指向公眾展示著作內容。

(十四) **發行**：指權利人散布能滿足公眾合理需要之重製物。

(十五) **公開發表**：指權利人以發行、播送、上映、口述、演出、展示或其他方法向公眾公開提示著作內容。

(十六) **原件**：**指著作首次附著之物。**

(十七) **權利管理電子資訊**：指於著作原件或其重製物，或於著作向公眾傳達時，所表示足以確認著作、著作名稱、著作人、著作財產權人或其授權之人及利用期間或條件之相關電子資訊；以數字、符號表示此類資訊者，亦屬之。

(十八) **防盜拷措施**：指著作權人所採取有效禁止或限制他人擅自進入或利用著作之設備、器材、零件、技術或其他科技方法。

(十九) **網路服務提供者，指提供下列服務者：**

1. 連線服務提供者：透過所控制或營運之系統或網路，以有線或無線方式，提供資訊傳輸、發送、接收，或於前開過程中之中介及短暫儲存之服務者。
2. 快速存取服務提供者：應使用者之要求傳輸資訊後，透過所控制或營運之系統或網路，將該資訊為中介及暫時儲存，以供其後要求傳輸該資訊之使用者加速進入該資訊之服務者。
3. 資訊儲存服務提供者：透過所控制或營運之系統或網路，應使用者之要求提供資訊儲存之服務者。
4. 搜尋服務提供者：提供使用者有關網路資訊之索引、參考或連結之搜尋或連結之服務者。

前項第八款所稱之現場或現場以外一定場所，包含電影院、俱樂部、錄影帶或碟影片播映場所、旅館房間、供公眾使用之交通工具或其他供不特定人進出之場所。

三、著作種類與標的

(一) 著作之種類

著作權法所稱之著作，包括語文、音樂、戲劇、舞蹈、美術、攝影、圖形、視聽、錄音、建築、電腦程式等著作。另外，尚包括：

1. **衍生著作**：就原著作改作之創作。
2. **編輯著作**：就資料之選擇及編排具有創作性之創作。
3. **表演**：表演人對既有著作或民俗創作之表演。
4. **共同著作**：二人以上共同完成之著作，其各人之創作，不能分離利用者。

(二) 不得為著作權之標的

不得為著作權之標的如下：

1. **憲法、法律、命令或公文。其所稱公文，包括公務員於職務上草擬之文告、講稿、新聞稿及其他文書。**
2. **中央或地方機關就前款著作作成之翻譯物或編輯物。**
3. **標語及通用之符號、名詞、公式、數表、表格、簿冊或時曆。**
4. **單純為傳達事實之新聞報導所作成之語文著作。**
5. **依法令舉行之各類考試試題及其備用試題。**

四、著作人【107年關三、關四、110年關三、111年警四】

(一) **受雇人之著作權歸屬**：受雇人於職務上完成之著作，以該受雇人為著作人。但契約約定以雇用人為著作人者，從其約定。以受雇人為著作人者，其著作財產權歸雇用人享有。但契約約定其著作財產權歸受雇人享有者，從其約定。上述所稱受雇人，包括公務員。

(二) **受聘人之著作權歸屬**：出資聘請他人完成之著作，除(一)情形外，以該受聘人為著作人。但契約約定以出資人為著作人者，從其約定。以受聘人為著作人者，其著作財產權依契約約定歸受聘人或出資人享有。未約定著作財產權之歸屬者，其著作財產權歸受聘人享有。著作財產權歸受聘人享有者，出資人得利用該著作。

(三) **著作人之推定**：在著作之原件或其已發行之重製物上，或將著作公開發表時，以通常之方法表示著作人之本名或眾所周知之別名者，推定為該著作之著作人。前述規定，於著作發行日期、地點及著作財產權人之推定，準用之。

五、著作權（著作人格權及著作財產權）

(一) **著作權之始終與保護範圍**

1. **著作權之始：著作人之著作人格權及著作財產權，原則上於著作完成時享有著作人格權。**

2. **著作權之終：**

   (1) **著作人格權：著作人死亡或消滅者，關於其著作人格權之保護，視同生存或存續，任何人不得侵害。**但依利用行為之性質及程度、社會之變動或其他情事可認為不違反該著作人之意思者，不構成侵害。【108 年一般警四】

   (2) 著作財產權：其存續期間如下：【111 年鐵員】

      A. **著作財產權原則上存續於著作人之生存期間及其死亡後五十年。著作於著作人死亡後四十年至五十年間首次公開發表者，著作財產權之期間，自公開發表時起存續十年。**

      B. 共同著作之著作財產權，存續至最後死亡之著作人死亡後五十年。

      C. 別名著作或不具名著作之著作財產權，除著作人之別名為眾所周知者，或可證明著作人死亡已逾五十年而使著作財產權消滅者外，其著作財產權存續至著作公開發表後五十年。

      D. 法人為著作人所為著作之著作財產權、攝影、視聽、錄音及表演之著作財產權，著作財產權存續至著作公開發表後五十年。但著作在創作完成時起算五十年內未公開發表者，其著作財產權存續至創作完成時起五十年。

3. **著作權之保護範圍：依著作權法取得之著作權，其保護僅及於該著作之表達，而不及於其所表達之思想、程序、製程、系統、操作方法、概念、原理、發現。**【110 年關四】

法學小教室

著作財產權之授權：著作財產權人得授權他人利用著作，其授權利用之地域、時間、內容、利用方法或其他事項，依當事人之約定；其約定不明之部分，推定為未授權。此授權不因著作財產權人嗣後將其著作財產權讓與或再為授權而受影響。又依據被授權人得否再授權他人或其法律上地位差異而分為專屬與非專屬授權。【109 關三】

(二) **著作權之種類**【110 年高考】

1. **著作人格權：包括公開發表權、姓名表示權及禁止不當修改權三項。**

(1) **公開發表權：**

A. **著作人就其著作享有公開發表之權利。但公務員，依著作權法第11條及第12條規定為著作人，而著作財產權歸該公務員隸屬之法人享有者，不適用之。**

B. 有下列情形之一者，推定著作人同意公開發表其著作：

a. 著作人將其尚未公開發表著作之著作財產權讓與他人或授權他人利用時，因著作財產權之行使或利用而公開發表者。

b. 著作人將其尚未公開發表之美術著作或攝影著作之著作原件或其重製物讓與他人，受讓人以其著作原件或其重製物公開展示者。

c. 依學位授予法撰寫之碩士、博士論文，著作人已取得學位者。

(2) **姓名表示權：**

A. **著作人於著作之原件或其重製物上或於著作公開發表時，有表示其本名、別名或不具名之權利。著作人就其著作所生之衍生著作，亦有相同之權利。**

B. 利用著作之人，得使用自己之封面設計，並加冠設計人或主編之姓名或名稱。但著作人有特別表示或違反社會使用慣例者，不在此限。

C. 依著作利用之目的及方法，於著作人之利益無損害之虞，且不違反社會使用慣例者，得省略著作人之姓名或名稱。

(3) **禁止不當修改權：著作人享有禁止他人以歪曲、割裂、竄改或其他方法改變其著作之內容、形式或名目致損害其名譽之權利。**

2. **著作財產權：包刮自行重製權、公開口述權、公開播送權、公開上映權、公開演出權、公開傳輸權、公開展示權、改作或編輯權、出租著作權等。**

六、著作財產權侵害之救濟【109年關四】

(一) 請求排除或防止侵害權利

著作權人或製版權人對於侵害其權利者，得請求排除之，有侵害之虞者，得請求防止之。

(二) **請求損害賠償**

1. 侵害著作人格權者，負損害賠償責任。雖非財產上之損害，被害人亦得請求賠償相當之金額。前項侵害，被害人並得請求表示著作人之姓名或名稱、更正內容或為其他回復名譽之適當處分。
2. 因故意或過失不法侵害他人之著作財產權或製版權者，負損害賠償責任。數人共同不法侵害者，連帶負賠償責任。

(三) 共同著作之各著作權人，對於侵害其著作權者，得各依本章之規定，請求救濟，並得按其應有部分，請求損害賠償。前項規定，於因其他關係成立之共有著作財產權或製版權之共有人準用之。

(四) 侵害著作權法者可能受到有期徒刑、罰金或沒收之處罰（著作權法第91條）。

小試身手

( ) **1** 下列何者非著作權法所謂之著作？ (A)語文著作 (B)錄音著作 (C)圖形著作 (D)印象著作。

( ) **2** 依著作權法取得之著作權，其保護僅及於該著作之？ (A)思想 (B)表達 (C)概念 (D)發現。

( ) **3** 指以翻譯、編曲、改寫、拍攝影片或其他方法就原著作另為創作稱為？ (A)改作 (B)改製 (C)重製 (D)改版。

( ) **4** 未公開發表之著作原件及其著作財產權，在何種情況下得作為強制執行之標的？ (A)經聲請法院同意後 (B)經著作權集體管理團體同意後 (C)作為買賣之標的 (D)以上皆是。

( ) **5** 著作財產權消滅之著作，原則上如何利用？ (A)任何人均得自由利用 (B)消滅前經著作財產權人同意於消滅後得利用時始得利用 (C)經著作權集體管理團體同意後始得利用 (D)經著作人格權人同意後始得利用。

答 **1 (D)** **2 (B)** **3 (A)** **4 (C)** **5 (A)**

第四節 ｜ 消費者保護法 （104 年 6 月 17 日最新修正）

一、立法目的

為保護消費者權益，促進國民消費生活安全，提昇國民消費生活品質，特制定本法。有關消費者之保護，依消費者保護法之規定，消費者保護法未規定者，適用其他法律。

二、名詞定義【109年台電】

本法所用名詞定義如下：

(一) **消費者**：指以消費為目的而為交易、使用商品或接受服務者。

(二) **企業經營者**：指以設計、生產、製造、輸入、經銷商品或提供服務為營業者。

(三) **消費關係**：指消費者與企業經營者間就商品或服務所發生之法律關係。

(四) **消費爭議**：指消費者與企業經營者間因商品或服務所生之爭議。

(五) **消費訴訟**：指因消費關係而向法院提起之訴訟。

(六) **消費者保護團體**：指以保護消費者為目的而依法設立登記之法人。

(七) **定型化契約條款**：指企業經營者為與多數消費者訂立同類契約之用，所提出預先擬定之契約條款。定型化契約條款不限於書面，其以放映字幕、張貼、牌示、網際網路、或其他方法表示者，亦屬之。

(八) **個別磋商條款**：指契約當事人個別磋商而合意之契約條款。

(九) **定型化契約**：指以企業經營者提出之定型化契約條款作為契約內容之全部或一部而訂立之契約。

(十) **通訊交易**：指企業經營者以廣播、電視、電話、傳真、型錄、報紙、雜誌、網際網路、傳單或其他類似之方法，消費者於未能檢視商品或服務下而與企業經營者所訂立之契約。

(十一) **訪問交易**：指企業經營者未經邀約而與消費者在其住居所、工作場所、公共場所或其他場所所訂立之契約。

(十二) **分期付款**：指買賣契約約定消費者支付頭期款，餘款分期支付，而企業經營者於收受頭期款時，交付標的物與消費者之交易型態。

三、企業責任【108年普考、110年關三、111年鐵高】

(一) 企業經營者就其商品或服務所應負之責任

1. **從事設計、生產、製造商品或提供服務之企業經營者，於提供商品流通進入市場，或提供服務時，應確保該商品或服務，符合當時科技或專業水準可合理期待之安全性。**
2. **商品或服務具有危害消費者生命、身體、健康、財產之可能者，應於明顯處為警告標示及緊急處理危險之方法。**
3. **企業經營者違反本法上述二項規定，致生損害於消費者或第三人時，應負連帶賠償責任。但企業經營者能證明其無過失者，法院得減輕其賠償責任。**

(二) 舉證責任

1. 企業經營者主張其商品於流通進入市場，或其服務於提供時，符合當時科技或專業水準可合理期待之安全性者，就其主張之事實負舉證責任。
2. 商品或服務不得僅因其後有較佳之商品或服務，而被視為不符合上述規定之安全性。

(三) 企業經營者就其商品或服務所負之除外責任

1. 從事經銷之企業經營者，就商品或服務所生之損害，與設計、生產、製造商品或提供服務之企業經營者連帶負賠償責任。但其對於損害之防免已盡當之注意，或縱加以相當之注意而仍不免發生損害者，不在此限。
2. 前項之企業經營者，改裝、分裝商品或變更服務內容者，視為前條之企業經營者。

(四) 輸入商品或服務之提供者：輸入商品或服務之企業經營者，視為該商品之設計、生產、製造者或服務之提供者，負與商品製造之企業經營者相同之責任。

(五) 企業經營者對於危險商品或服務之處理行為

1. 企業經營者於有事實足認其提供之商品或服務有危害消費者安全與健康之虞時，應即回收該批商品或停止其服務。但企業經營者所為必要之處理，足以除去其危害者，不在此限。
2. 商品或服務有危害消費者生命、身體、健康或財產之虞，而未於明顯處為警告標示，並附載危險之緊急處理方法者，準用前項規定。

(六) 損害賠償責任：企業經營者對消費者或第三人之損害賠償責任，不得預先約定限制或免除。

四、定型化契約【109年關四、110年關四】

法學小教室

消費者保護法施行細則第 14 條：
定型化契約條款，有下列情事之一者，為違反平等互惠原則：
一、當事人間之給付與對待給付顯不相當者。
二、消費者應負擔非其所能控制之危險者。
三、消費者違約時，應負擔顯不相當之賠償責任者。
四、其他顯有不利於消費者之情形者。

(一) **定型化契約之一般條款**

1. 企業經營者在定型化契約中所用之條款，應本**平等互惠**之原則。
2. **定型化契約條款如有疑義時，應為有利於消費者之解釋。**

(二) **審閱期間**

1. 企業經營者與消費者訂立定型化契約前，應有**三十日**以內之合理期間，供消費者審閱全部條款內容。
2. 違反前項規定者，其條款不構成契約之內容。但消費者得主張該條款仍構成契約之內容。
3. 中央主管機關得選擇特定行業，參酌定型化契約條款之重要性、涉及事項之多寡及複雜程度等事項，公告定型化契約之審閱期間。

(三) **契約之一般條款構成契約內容之要件**

1. 定型化契約條款未經記載於定型化契約中者，企業經營者應向消費者明示其內容；明示其內容顯有困難者，應以顯著之方式，公告其內容，並經消費者同意受其拘束者，該條款即為契約之內容。
2. 前項情形，企業經營者經消費者請求，應給與定型化契約條款之影本或將該影本附為該契約之附件。

(四) **契約之一般條款不構成契約內容之要件**：定型化契約條款未經記載於定型化契約中，而依正常情形顯非消費者所得預見者，該條款不構成契約之內容。

(五) **定型化契約無效之情形**【108 年高考】

1. **定型化契約中之條款違反誠信原則，對消費者顯失公平者，無效。**
2. **定型化契約中之條款有下列情形之一者，推定其顯失公平：**
   (1) **違反平等互惠原則者。**
   (2) **條款與其所排除不予適用之任意規定之立法意旨顯相矛盾者。**
   (3) **契約之主要權利或義務，因受條款之限制，致契約之目的難以達成者。**
3. **定型化契約中之定型化契約條款牴觸個別磋商條款之約定者，其牴觸部分無效。**

4. 契約部份無效之情形：定型化契約中之定型化契約條款，全部或一部無效或不構成契約內容之一部者，除去該部分，契約亦可成立者，該契約之其他部分，仍為有效。但對當事人之一方顯失公平者，該契約全部無效。
5. 違反中央主管機關公告規定其定型化契約應記載或不得記載之事項，其定型化契約條款無效。

五、特種買賣

(一) 出賣人之告知義務

企業經營者以通訊交易或訪問交易方式訂立契約時，應將下列資訊以清楚易懂之文句記載於書面，提供消費者：一、企業經營者之名稱、代表人、事務所或營業所及電話或電子郵件等消費者得迅速有效聯絡之通訊資料。二、商品或服務之內容、對價、付款期日及方式、交付期日及方式。三、消費者依第 19 條規定解除契約之行使期限及方式。四、商品或服務依第 19 條第 2 項規定排除第 19 條第 1 項解除權之適用。五、消費申訴之受理方式。六、其他中央主管機關公告之事項。

(二) 通訊交易或訪問交易之解約【107 年一般警四、108 年一般警三、110 年普考】

1. 通訊交易或訪問交易之消費者，得於收受商品或接受服務後七日內，以退回商品或書面通知方式解除契約，無須說明理由及負擔任何費用或對價。但通訊交易有合理例外情事者，不在此限。
2. 通訊交易或訪問交易違反本條規定所為之約定，其約定無效。
3. 契約經解除後，企業經營者與消費者間關於回復原狀之約定，對於消費者較民法第 259 條之規定不利者，無效。

(三) 保管義務【108 年一般警四】

1. 未經消費者要約而對之郵寄或投遞之商品，消費者不負保管義務。
2. 前項物品之寄送人，經消費者定相當期限通知取回而逾期未取回或無法通知者，視為拋棄其寄投之商品。雖未經通知，但在寄送後逾一個月未經消費者表示承諾，而仍不取回其商品者，亦同。
3. 消費者得請求償還因寄送物所受之損害，及處理寄送物所支出之必要費用。

(四) 契約書應載事項

1. 企業經營者與消費者分期付款買賣契約應以書面為之。

2. 契約書應載明下列事項：
   (1) 頭期款。
   (2) 各期價款與其他附加費用合計之總價款與現金交易價格之差額。
   (3) 利率。
3. 企業經營者未依前項規定記載利率者，其利率按現金交易價格週年利率百分之五計算之。

六、消費資訊之規範

(一) **廣告內容之義務：企業經營者應確保廣告內容之真實，其對消費者所負之義務不得低於廣告之內容。**

(二) **總費用之範圍及年百分率計算方式：**企業經營者對消費者從事與信用有關之交易時，應於廣告上明示應付所有總費用之年百分率。總費用之範圍及年百分率計算方式，由各目的事業主管機關定之。

(三) **損害賠償責任**
1. **刊登或報導廣告之媒體經營者明知或可得而知廣告內容與事實不符者，就消費者因信賴該廣告所受之損害與企業經營者負連帶責任。**
2. **損害賠償責任，不得預先約定限制或拋棄。**

(四) **商品及服務之標示**
1. 企業經營者應依商品標示法等法令為商品或服務之標示。
2. 輸入之商品或服務，應附中文標示及說明書，其內容不得較原產地之標示及說明書簡略。
3. 輸入之商品或服務在原產地附有警告標示者，準用前項之規定。

(五) **書面保證書應載事項**
1. 企業經營者對消費者保證商品或服務之品質時，應主動出具書面保證書。
2. 保證書應載明下列事項：
   (1) 商品或服務之名稱、種類、數量，其有製造號碼或批號者，其製造號碼或批號。
   (2) 保證之內容。
   (3) 保證期間及其起算方法。
   (4) 製造商之名稱、地址。

(5) 由經銷商售出者，經銷商之名稱、地址。

(6) 交易日期。

(六) **包裝之規定**：企業經營者對於所提供之商品應按其性質及交易習慣，為防震、防潮、防塵或其他保存商品所必要之包裝，以確保商品之品質與消費者之安全。但不得誇張其內容或為過大之包裝。

七、消費爭議之處理

(一) 申訴與調解

1. 消費者與企業經營者因商品或服務發生消費爭議時，消費者得向企業經營者、消費者保護團體或消費者服務中心或其分中心申訴。企業經營者對於消費者之申訴，應於**申訴之日起十五日內**妥適處理之。消費者依第一項申訴，未獲妥適處理時，得向直轄市、縣（市）政府消費者保護官申訴。（消費者保護法第 43 條）
2. 消費者依前條申訴未能獲得妥適處理時，**得向直轄市或縣（市）消費爭議調解委員會申請調解。**
3. 消費爭議調解事件之受理、程序進行及其他相關事項之辦法，由行政院定之。
4. 直轄市、縣（市）政府應設消費爭議調解委員會，置委員 **7 至 21 名**。以直轄市、縣（市）政府代表、消費者保護官、消費者保護團體代表、企業經營者所屬或相關職業團體代表、學者及專家充任之，以消費者保護官為主席，其組織另定之。

(二) 消費訴訟

1. 消費訴訟，得由消費關係發生地之法院管轄。
2. 高等法院以下各級法院及其分院得設立消費專庭或指定專人審理消費訴訟事件。法院為企業經營者敗訴之判決時，得依職權宣告為減免擔保之假執行。
3. 消費者保護團體對於同一之原因事件，致使眾多消費者受害時，得受讓 20 人以上消費者損害賠償請求權後，以自己名義，提起訴訟。消費者得於言詞辯論終結前，終止讓與損害賠償請求權，並通知法院。訴訟因部分消費者終止讓與損害賠償請求權，致人數不足 20 人者，不影響其實施訴訟之權能。讓與之損害賠償請求權，包括民法第一百九十四條、第一百九十五條第一項非財產上之損害。**消費者損害賠償請求權之時效**

利益，應依讓與之消費者單獨個別計算。消費者保護團體受讓損害賠償請求權後，應將訴訟結果所得之賠償，扣除訴訟及支付予律師之必要費用後，交付該讓與請求權之消費者。**消費者保護團體就此訴訟，不得向消費者請求報酬**。（消費者保護法第 50 條）【111 年警四】

4. 依本法所提之訴訟，**因企業經營者之故意所致之損害，消費者得請求損害額五倍以下之懲罰性賠償金；但因重大過失所致之損害，得請求三倍以下之懲罰性賠償金，因過失所致之損害，得請求損害額一倍以下之懲罰性賠償金**。（消費者保護法第 51 條）【109 關務三】

小試身手

( ) **1** 消費者保護法規定，定型化契約中之條款違反誠信原則，對消費者顯失公平者，其效力為？ (A)得撤銷 (B)無效 (C)效力未定 (D)仍為有效，但企業經營者一方得主張無效。

( ) **2** 郵購或訪問買賣之消費者，對所收受之商品不願買受時，得於收受商品後幾日內，退回商品或以書面通知企業經營者解除買賣契約，無須說明理由及負擔任何費用或價款？ (A)三日 (B)五日 (C)七日 (D)十日。

( ) **3** 下列何者非消費者保護法之立法目的？ (A)保護消費者權益 (B)促進國民消費生活安全 (C)確保公平競爭 (D)提昇國民消費生活品質。

( ) **4** 商品或服務具有危害消費者生命、身體、健康、財產之可能者，應於明顯處為警告標示及緊急處理危險之方法。企業經營者若有違反，致生損害於消費者時，如能證明其無過失者，應如何負責？ (A)應負連帶賠償責任 (B)由消費者決定企業經營者之責任 (C)法院得減輕其賠償責任 (D)由消保官決定企業經營者之責任。

( ) **5** 消費者保護團體辦理消費者保護工作成績優良者，主管機關得予以何種之獎助？ (A)免稅 (B)財務 (C)提供教育資源 (D)以上皆是。

答 **1 (B)** **2 (C)** **3 (C)** **4 (C)** **5 (B)**

滿分題庫綜合演練

( ) **1** 對於甲公司所申報之營利事業所得稅，稅捐稽徵機關僅核定增列其營業收入金額，但未斟酌增列金額所生之成本及費用，可能違反下列何者？ (A)比例原則 (B)誠實信用原則 (C)信賴保護原則 (D)有利不利一律注意原則。

( ) **2** 甲向乙百貨公司購買除濕機一台，使用時發現除濕過程中，除濕機集水箱會漏水。甲立刻將上開情事通知乙。下列關於甲乙間買賣契約之敘述，何者錯誤？ (A)甲得主張減少價金 (B)於非顯失公平情形下，甲得主張解除契約 (C)甲得請求乙換一台無瑕疵之除濕機於甲 (D)於乙定期催告後，縱使甲於期限內未表示是否解除契約，甲仍得行使解除權。

( ) **3** 公司發行新股時，除經目的事業中央主管機關專案核定者外，應保留發行新股總數多少比例之股份由公司員工承購？ (A)百分之十至十五 (B)百分之十至二十 (C)百分之五至十五 (D)無限制。

☆( ) **4** 關於股份有限公司監察人之敘述，何者錯誤？ (A)監察人得列席董事會陳述意見 (B)監察人各得單獨行使監察權 (C)監察人全體均解任時，股東會應於三十日內召開董事臨時會選任之 (D)監察人任期不得逾三年。但得連選連任

( ) **5** 無限公司股東退股，應於幾個月內以書面向公司聲明？ (A)一個月 (B)三個月 (C)六個月 (D)一年前。

( ) **6** 無限公司清算人清算完結，經股東承認後幾日內，得向法院聲報？ (A)十日 (B)十五日 (C)一個月 (D)三個月。

☆( ) **7** 甲為乙公司之無限責任股東，若甲退股後的第六個月，乙公司發生經營虧損情形，則甲？ (A)不須負任何責任 (B)依出資比例負賠償責任 (C)視乙公司股東會意見表決甲之責任 (D)仍負連帶無限責任。

☆(　　) **8** 無限公司可變更為？ (A)兩合公司 (B)有限公司 (C)股份有限公司 (D)以上皆非。

☆(　　) **9** 有限公司之股東限制是？ (A)一人以上 (B)三人以上，二十一人以下 (C)十五人以下，但至少二人 (D)五人以上，二十一人以下。

(　　) **10** 有限公司不執行業務之股東得行使？ (A)清算權 (B)監察權 (C)重整權 (D)經營權。

☆(　　) **11** 有限公司應設置董事執行業務，並對外代表公司，其董事人數應為？ (A)最多一人 (B)最多二人 (C)最少一人，最多三人 (D)最少三人，最多五人。

(　　) **12** 有限公司的股東對公司僅負有限責任，依公司法的規定，其所負的責任係以下列那一種標準為限？ (A)所認股份 (B)出資額 (C)所分配的股息 (D)所分配的紅利。

(　　) **13** 依《票據法》規定，票據上記載金額之文字與號碼不符時，以何者為準？ (A)以文字為準 (B)以號碼額為準 (C)以號碼、文字中金額較低者為準 (D)以號碼、文字中金額較高者為準。

(　　) **14** 下列何者非消費者保護委員會之職掌？ (A)著作權或製版權爭議之調解 (B)監督消費者保護主管機關及指揮消費者保護官行使職權 (C)國內外消費者保護趨勢及其與經濟社會建設有關問題之研究 (D)消費者保護計畫之研擬、修訂及執行成果檢討解析：著作權或製版權爭議之調解屬於著作權審議及調解委員會之職掌。

☆(　　) **15** 依照當事人一方預定用於同類契約之條款而訂定之契約，其名稱為何？ (A)一方契約 (B)定型化契約 (C)同型契約 (D)預約。

☆(　　) **16** 下列何者並非我國消費者保護法之特色？ (A)商品責任與服務責任合併規定 (B)商品責任之客體包括不動產 (C)引進懲罰性賠償金制度 (D)無過失無庸負賠償責任。

☆(　　) **17** 縣（市）政府所設消費爭議調解委員會，以下列何人為其主席？ (A)縣、市長 (B)消費者保護官 (C)法官 (D)檢察官。

☆(　　) **18** 企業經營者對於消費者之申訴，應於申訴之日起幾日內妥適處理？ (A)10日 (B)15日 (C)20日 (D)30日。

☆(　　) **19** 關於著作之合理使用，下列敘述何者正確？ (A)著作之合理使用限於非營利之教育目的 (B)著作之合理使用範圍由著作權人決定 (C)將網路上之他人著作下載製成光碟販售，成立著作之合理使用 (D)被利用著作之原創性愈低，利用人之利用愈容易成立合理使用。

☆(　　) **20** 依據消費者保護法第7條規定：「從事設計、生產、製造商品或提供服務之企業經營者，於提供商品流通進入市場，或提供服務時，應確保該商品或服務，符合當時科技或專業水準可合理期待之安全性。」其中所規定之責任意指？ (A)過失責任 (B)無過失責任 (C)擬制無過失責任 (D)具體輕過失。

(　　) **21** 有關著作人格權之敘述,下列何者有誤? (A)著作人格權專屬於著作人本身,不得讓與或繼承 (B)以未公開發表之著作原件為買賣標的時,為保護著作人格權,該著作原件不得作為強制執行之標的 (C)公務員於職務上完成之著作,雖以其為著作人,惟該公務員不得享有職務著作之姓名表示權 (D)共同著作之著作人格權,非經著作人全體同意,不得行使之。

(　　) **22** 中央主管機關公告定型化契約應記載事項，企業經營者卻漏未記載時，下列敘述何者正確？ (A)企業經營者應處二十萬元以下罰鍰 (B)該公告應記載事項仍構成契約之內容 (C)整份契約無效 (D)企業經營者之負責人應處六個月以下有期徒刑。

(　　) **23** 股份有限公司之章程，未有公司法所規定之絕對必要記載事項者，其效力為？ (A)無效 (B)得撤銷 (C)效力未定 (D)得解除。

(　　) **24** 關於記名股票與無記名股票之轉讓方式，下列敘述何者正確？ (A)記名股票以背書轉讓之 (B)無記名股票以贈與轉讓之 (C)記名股票以交付轉讓之 (D)記名股票以承兌轉讓之。

☆( ) **25** 依消費者保護法規定，特定機關應設置消費者保護官若干名，下列何者為非？ (A)直轄市政府 (B)縣政府 (C)內政部 (D)消費者保護委員會。

☆( ) **26** 依消費者保護法所提之訴訟，因企業經營者之故意所致之損害，消費者得請求損害額幾倍以下之懲罰性賠償金？ (A)一倍 (B)三倍 (C)五倍 (D)六倍。

☆( ) **27** 下列何者非消費者與企業經營者因商品或服務發生消費爭議時，消費者得申訴之單位或團體？ (A)企業經營者 (B)消費者保護團體 (C)消費者服務中心 (D)消費訴訟法庭。

( ) **28** 公司存續中，必須至少維持相當於公司資本總額之財產，係指？ (A)資本維持原則 (B)資本確定原則 (C)資本不變原則 (D)資本相當原則。

☆( ) **29** 有關股份有限公司之設立，下列敘述何者錯誤？ (A)發起人認足第一次應發行之股份時，應即按股繳足股款並選任董事及監察人 (B)限制行為能力人，不得為發起人 (C)發起人不認足第一次發行之股份時，應徵收之 (D)應有二人以上為發起人。

( ) **30** 股東會之召集，除公司法有例外之規定外，應由董事會召集之，關於召集程序，何者正確？ (A)股東常會之召集，對於持有記名股票之股東，應於二十日前通知之 (B)股東常會應於每會計年度終了後三個月內召開 (C)股東臨時會，每年至少召集一次 (D)股東會之決議，原則上應以股東會特別決行之。

☆( ) **31** 有關股份有限公司董事業務之行使，下列敘述何者錯誤？ (A)董事會決議，為違反法令或章程之行為時，繼續一年以上持有股份之股東，得請求董事會停止其行為 (B)董事會之決議，有違反法令章程及股東會之決議而致公司受損害時，參與決議之董事，對於公司負賠償之責 (C)董事之報酬，未經章程訂明者，應由董事會議定，不得事後追認 (D)董事得由股東會之決議，隨時解任。

(　　) **32** 共同著作之著作財產權，其存續期間為何？　(A)存續至最後死亡之著作人死亡後五十年　(B)存續至最先死亡之著作人死亡後五十年　(C)自著作完成時起，存續五十年　(D)自著作完成時起，存續六十年。

☆(　　) **33** 依著作權法之規定，指不問有償或無償，將著作之原件或重製物提供公眾交易或流通，稱之為？　(A)公開發表　(B)散布　(C)公開展示　(D)公開傳輸。

(　　) **34** 下列何者非屬著作權法第65條第2項所列合理使用他人著作之判斷基準？　(A)利用之主觀故意過失　(B)著作之性質　(C)所利用之質量及其在整個著作所占之比例　(D)利用結果對著作潛在市場與現在價值之影響。

(　　) **35** 下列何者不是消費者保護團體之任務？　(A)接受消費者申訴　(B)調查或檢驗商品或服務之品質　(C)對違法廠商處以罰鍰　(D)發行消費者保護刊物。

(　　) **36** 有關營業秘密保護規範之敘述，下列何者有誤？　(A)營業秘密之保護主要係以促進技術進步為目的　(B)營業秘密係透過法律對競爭秩序之保護而間接受到保護　(C)營業秘密不具備專屬排他之性質　(D)營業秘密法禁止以不正當方法獲取他人之營業秘密。

(　　) **37** 關於受雇人於職務上完成之著作，下列敘述何者正確？　(A)原則上以雇用人為著作人　(B)所謂受雇人，包括公務員　(C)以受雇人為著作人者，其著作財產權原則上歸受雇人享有　(D)以上皆是。

☆(　　) **38** 下列何者非推定著作為著作人之情形？　(A)在著作之原件，以通常之方法表示著作人之本名　(B)在著作之原件，以通常之方法表示眾所周知之別名者　(C)將著作公開發表時，以通常之方法表示著作人之別名　(D)在著作原件之已發行之重製物上，以通常之方法表示著作人之本名。

☆( ) **39** 著作人享有禁止他人以歪曲、割裂、竄改或其他方法改變其著作之內容、形式或名目致損害其名譽之權利。此屬於著作人之？ (A)著作財產權之內涵 (B)著作人格權之內涵 (C)著作經濟權之內涵 (D)著作表示權之內涵。

☆( ) **40** 侵害著作人格權者，負損害賠償責任。雖非財產上之損害，被害人亦得請求賠償相當之金額。試問上開損害賠償請求權之消滅時效為何？ (A)自請求權人知有損害時起，二年間不行使而消滅 (B)自請求權人知有損害及賠償義務人時起，二年間不行使而消滅 (C)自有侵權行為時起，逾五年者不行使而消滅 (D)自有侵權行為時起，逾二年者不行使而消滅。

☆( ) **41** 依公司法規定，股份有限公司資本額達中央主管機關所定一定數額以上者，應於設立登記或發行新股變更登記後幾個月內發行股票？ (A)一個月 (B)三個月 (C)五個月 (D)六個月。

( ) **42** 依法設立之各級學校及其擔任教學之人，為何種需要，在合理範圍內，得重製他人已公開發表之著作？ (A)出版圖書 (B)招收學生 (C)學校授課 (D)以上皆是。

☆( ) **43** 依著作權法規定，著作財產權消滅之著作，原則上如何利用？ (A)任何人均得自由利用 (B)經主管機關核准後，任何人始得利用 (C)僅主管機關得利用 (D)法無明文。

☆( ) **44** 定型化契約條款，有下列何種情事者，為違反平等互惠原則？ (A)當事人間之給付與對待給付顯不相當者 (B)消費者違約時，應負擔顯不相當之賠償責任者 (C)消費者應負擔非其所能控制之危險者 (D)以上皆是。

( ) **45** 有關智慧財產權之保護，下列何者有誤？ (A)專利與營業秘密在保護要件上具有互斥性 (B)提出專利申請後，若於申請日後15個月內撤回，亦不受營業秘密法之保護 (C)業者得就醫藥品申請專利，但對其製程方法以營業秘密保護之 (D)發明專利之專利說明書與圖式，若經早期公開，即不受著作權之保護。

( ) **46** 下列何者非消費者保護法之立法目的？ (A)為保護消費者權益 (B)為促進國民消費生活安全 (C)為確保公平競爭 (D)為提昇國民消費生活品質。

( ) **47** 著作財產權人投稿於新聞紙、雜誌或授權公開播送著作者，除另有約定外，推定僅授與刊載或公開播送幾次之權利？ (A)一次 (B)二次 (C)三次 (D)無次數限制。

☆( ) **48** 股份有限公司讓與全部或主要部分之營業或財產，原則上應如何決議並同意之？ (A)股東會之特別決議 (B)股東會之普通決議 (C)董事會之普通決議 (D)董事會之特別決議及股東會之普通決議。

( ) **49** 有限公司董事，得以其出資之全部或一部轉讓於他人之條件為？ (A)無限制，得自由轉讓 (B)得全體股東同意 (C)得全體股東三分之二之同意 (D)得全體股東二分之一之同意。

☆( ) **50** 著作財產權人得授權他人利用著作，關於該項授權，下列敘述何者錯誤？ (A)授權不因著作財產權人嗣後將其著作財產權讓與或再為授權而受影響 (B)專屬授權之被授權人在被授權範圍內，仍不得以著作財產權人之地位行使權利，但得以自己名義為訴訟上之行為 (C)非專屬授權之被授權人非經著作財產權人同意，不得將其被授與之權利再授權第三人利用 (D)對於授權利用之地域、時間、內容、利用方法等事項，其約定不明之部分，推定為未授權。

解答及解析

1 (D) **2 (D)**

3 (A)。公司法第 267 條第 1 項參照。

4 (C)。監察人全體均解任時，董事會應於三十日內召開**股東臨時會**選任之。但公開發行股票之公司，董事會應於六十日內召開股東臨時會選任之。

5 (C)。公司法第 65 條第 1 項規定：「章程未定公司存續期限者，除關於退股另有訂定外，股東得於每會計年度終了退股。但應於六個月前，以書面向公司聲明。」

6 (B)。公司法第 93 條第 1 項規定：「清算人應於清算完結，經送請股東承認後十五日內，向法院聲報。」

7 (D)。依現行公司法第 70 條，無限公司退股股東應向主管機關申請登記，對於登記前公司之債務，於登記後二年內，仍**負連帶無限責任**。股東轉讓其出資者，準用前項之規定。

8 (A)。公司法第76條第1項規定：「公司得經全體股東之同意，以一部股東改為有限責任或另加入有限責任股東，變更其組織為兩合公司。」

9 (A)。公司法第98條第1項規定：「有限公司由一人以上股東所組成。」

10 (B)。公司法第 109 條第 1 項規定：「不執行業務之股東，均得行使監察權；其監察權之行使，準用第四十八條之規定。」

11 (C)。公司法第 108 條第 1 項前段規定：「公司應至少置董事一人執行業務並代表公司，最多置董事三人，應經股東表決權三分之二以上之同意，就有行為能力之股東中選任之。」

12 (B)。公司法第99條第1項規定：「各股東對於公司之責任，除第二項規定外，以其出資額為限。」

13 (A)。依票據法第 7 條規定「票據上記載金額之文字與號碼不符時，以文字為準」。故答案為 (A)。

14 (A)。著作權或製版權爭議之調解屬於**著作權審議及調解委員會**之職掌。

15 (B)。消費者保護法第 2 條第 7 款規定，定型化契約條款：指企業經營者為與多數消費者訂立同類契約之用，所提出預先擬定之契約條款。定型化契約條款不限於書面，其以放映字幕、張貼、牌示、網際網路、或其他方法表示者，亦屬之。

16 (D)。無過失責任乃法規中最重之責任。

17 (B)。消費者保護法第 45 條第 2 項規定：「前項委員以直轄市、縣（市）政府代表、消費者保護官、消費者保護團體代表、企業經營者所屬或相關職業團體代表、學者及專家充任之，以消費者保護官為主席，其組織另定之。」

18 (B)。消費者保護法第 43 條第 2 項規定：「企業經營者對於消費者之申訴，應於申訴之日起十五日內妥適處理之。」

19 (D)。著作權法的精神就是保護原創。

20 (B)。只要出現該情形，就要負責任。

21 (B)。著作權法第 20 條規定，未公開發表之著作原件及其著作財產權，除作為買賣之標的或經本人允諾者外，不得作為強制執行之標的。故答案為 (B)。

22 (B)。消費者保護法第16、17條參照。

23 (A)。參見公司法第130條第1項規定。

24 (A)。公司法第 164 條規定：「股票由股票持有人以背書轉讓之，並應將受讓人之姓名或名稱記載於股票。」

25 (C)。消費者保護法第 39 條第 1 項規定：「行政院、直轄市、縣（市）政府應置消費者保護官若干名。」

26 (C)。消費者保護法第 51 條：「依本法所提之訴訟，因企業經營者之故意所致之損害，消費者得請求損害額五倍以下之懲罰性賠償金；但因重大過失所致之損害，得請求三倍以下之懲罰性賠償金，因過失所致之損害，得請求損害額一倍以下之懲罰性賠償金。」

27 (D)。依消費者保護法第 43 條，消費者與企業經營者因商品或服務發生消費爭議時，消費者得向 (A) **企業經營者**，(B) **消費者保護團體**或 (C) **消費者服務中心或其分中心**申訴。

28 (A)。即指公司登記中之資本額。

29 (C)。公司法第 132 條第 1 項規定：「發起人不認足第一次發行之股份時，應募足之。」

30 (A)。公司法第 172 條第 1 項規定：「股東常會之召集，應於二十日前通知各股東。」

31 (C)。公司法第 196 條第 1 項規定：「董事之報酬，未經章程訂明者，應由股東會議定，不得事後追認。」

32 (A)。著作權法第 31 條規定：「共同著作之著作財產權，存續至最後死亡之著作人死亡後五十年。」

33 (B)。著作權法第 3 條第 1 項第 12 款規定：「……十二、散布：指不問有償或無償，將著作之原件或重製物提供公眾交易或流通。」

34 (A)。著作權法第 65 條第 2 項規定，著作之利用是否合於第四十四條至第六十三條所定之合理範圍或其他合理使用之情形，應審酌一切情狀，尤應注意下列事項，以為判斷之基準：一、利用之目的及性質，包括係為商業目的或非營利教育目的。二、著作之性質。三、所利用之質量及其在整個著作所占之比例。四、利用結果對著作潛在市場與現在價值之影響。故答案為 (A)。

35 (C)。參見消費者保護法第28條規定。

36 (A)。營業秘密法第 1 條規定，為保障營業秘密，維護產業倫理與競爭秩序，調和社會公共利益，特制定本法。本法未規定者，適用其他法律之規定。故答案為 (A)。

37 (B)。著作權法第 11 條規定：「(I) 受雇人於職務上完成之著作，以該受雇人為著作人。但契約約定以雇用人為著作人者，從其約定。(II) 依前項規定，以受雇人為著作人者，其著作財產權歸雇用人享有。但契約約定其著作財產權歸受雇人享有者，從其約定。(III) 前二項所稱受雇人，包括公務員。」

38 (C)。著作權法第 13 條：「在著作之原件或其已發行之重製物上，或將著作公開發表時，以通常之方法表示著作人之本名或眾所周知之別名者，推定為該著作之著作人（第一項）。前項規定，於著作發行日期、地點及著作財產權人之推定，準用之（第二項）。」

39 **(B)**。著作人格權包括公開發表權、姓名表示權、禁止不當修改權，分別規定於著作權法第 15 條、第 16 條、第 17 條。

40 **(B)**。著作權法第 85 條規定：「侵害著作人格權者，負損害賠償責任。雖非財產上之損害，被害人亦得請求賠償相當之金額。」；同法第 89-1 條規定：「第八十五條及第八十八條之損害賠償請求權，自請求權人知有損害及賠償義務人時起，二年間不行使而消滅。自有侵權行為時起，逾十年者亦同。」

41 **(B)**。公司法第 161-1 條：「公司資本額達中央主管機關所定一定數額以上者，應於設立登記或發行新股變更登記後**三個月內**發行股票；其未達中央主管機關所定一定數額者，除章程另有規定者外，得不發行股票。」

42 **(C)**。著作權法第 46 條第 1 項參照。

43 **(A)**。著作權法第 43 條規定。

44 **(D)**。消費者保護法施行細則第 14 條規定：「定型化契約條款，有下列情事之一者，為違反平等互惠原則：(1) 當事人間之**給付與對待給付顯不相當者**。(2) 消費者應**負擔非其所能控制之危險**者。(3) 消費者違約時，應**負擔顯不相當之賠償責任**者。(4) 其他顯有不利於消費者之情形者。」

45 **(B)**。專利法第 37 條第 3 項規定，發明專利申請案有下列情事之一，不予公開：一、自申請日後十五個月內撤回者。二、涉及國防機密或其他國家安全之機密者。三、妨害公共秩序或善良風俗者。故答案為 (B)。

46 **(C)**。消費者保護法第 1 條第 1 項規定：「為保護消費者權益，促進國民消費生活安全，提昇國民消費生活品質，特制定本法。」

47 **(A)**。著作權法第 41 條規定。

48 **(A)**。公司法第 185 條第 1 項規定：「公司為左列行為，應有代表已發行股份總數三分之二以上**股東**出席之股東會，以出席股東表決權過半數之同意行之：(1) 締結、變更或終止關於出租全部營業，委託經營或與他人經常共同經營之契約。(2) 讓與全部或主要部分之營業或財產。(3) 受讓他人全部營業或財產，對公司營運有重大影響者。」

49 **(C)**。公司法第 111 條第 2 項規定：「董事非得其他股東表決權三分之二以上之同意，不得以其出資之全部或一部，轉讓於他人。」

50 **(B)**。專屬授權之被授權人在被授權範圍內，得以著作財產權人之地位行使權利，並得以自己名義為訴訟上之行為。**著作財產權人在專屬授權範圍內，不得行使權利**。

第十一章 勞動與社會法

依據出題頻率區分，屬：**C 頻率低**

準備要領

依考選部公布之命題大綱，在勞動與社會法方面，有勞動基準法、勞工保險條例與全民健康保險法。在本章部分，歷年來以勞動基準法所占出題比例最高，除本書整理外，心有餘力應細讀法條內容（包括施行細則），以掌握致勝先機。

第一節｜概要

所謂社會法，乃混合公法與私法的領域範疇，具有保障公益之性質，亦有維護私益的目的，例如**全民健康保險法的立法目的，在提供個人良善的醫療服務，然其屬於強制性之社會保險，而具有公益性質**。勞動法屬於社會法的範疇，所謂勞動法，乃規範勞動關係的法律，所謂勞動關係，是建立在雇主與受僱者間有關薪資給付、福利保障、工作條件與環境等之關係，並且是基於契約而成立，本質上屬於民法上之僱傭契約關係。我國的**勞動基準法屬於勞動法之範疇，其目的係為保障勞工權益，加強勞雇關係，促進社會與經濟發展，乃規定勞動條件最低標準，凡雇主與勞工所訂勞動條件，不得低於勞動基準法所定之最低標準。勞工保險條例亦屬勞動法的範疇，其立法目的係為保障勞工生活，促進社會安全**。全民健康保險法、勞動基準法與勞工保險條例同為考選部所公布法學緒論命題大綱裡的範圍。近來「集體勞動權」也成為勞工爭取自身權益之重要管道，例如籌組工會、勞資爭議協商等，是工會法等法規亦須注意。【109 年台電】

小試身手

(　　) 關於社會法，其性質為何？ (A)屬於公法性質 (B)屬於私法性質 (C)具有跨越公法與私法領域之性質 (D)屬於憲法的一部分。

答 **(C)**

第二節 ｜ 勞動基準法【111年台電、國安】（113年7月31日最新修正）

一、立法目的與主管機關（第1條、第4條）【111年初考】

法規一點靈

勞動基準法

(一) **勞動基準法的立法目的**：規定勞動條件最低標準、保障勞工權益、加強勞雇關係、促進社會經濟發展。

(二) 關於雇主與勞工所訂之勞動條件，原則上依勞動基準法之規定，例外於勞動基準法未規定時，適用其他法律之規定。

(三) 關於雇主與勞工所訂之勞動條件，不得低於勞動基準法所定之最低標準。

(四) **勞動基準法所稱之主管機關**：在中央為勞動部；在直轄市為直轄市政府；在縣（市）為縣（市）政府。

二、適用範圍（第3條）

(一) **適用行業**：農、林、漁、牧業、礦業及土石採取業、製造業、營造業、水電、煤氣業、運輸、倉儲及通信業、大眾傳播業、其他經中央主管機關指定之事業（得就事業之部分工作場所或工作者指定適用）。

(二) **適用關係**：勞動基準法適用於一切勞雇關係。但因經營型態、管理制度及工作特性等因素適用本法確有窒礙難行者，並經中央主管機關指定公告之行業或工作者，不適用之。

三、勞動契約之種類（第9條、施行細則第6條）【111年鐵員】

(一) **定期契約**

1. **臨時性工作：係指無法預期之非繼續性工作，其工作期間在六個月以內者。**
2. **短期性工作：係指可預期於六個月內完成之非繼續性工作。**
3. **季節性工作：係指受季節性原料、材料來源或市場銷售影響之非繼續性工作，其工作期間在九個月以內者。**
4. **特定性工作：係指可在特定期間完成之非繼續性工作。其工作期間超過一年者，應報請主管機關核備。**

法學小教室

依我國法律暨司法實務，有關勞動契約試用期間，已屬一般勞動契約，年資已行起算；試用期間屆滿後，雇主在有利於勞工並經勞工同意時，可再次延長試用期間；試用期間縱使尚未屆滿，當事人仍得終止契約。

(二) **不定期契約：繼續性工作、派遣事業單位與派遣勞工訂定之勞動契約。**

(三) **視為不定期契約：臨時性、短期性之定期契約屆滿後，而有下列情形之一者：**

1. **勞工繼續工作而雇主不即表示反對意思者。**
2. **雖經另訂新約，惟其前後勞動契約之工作期間超過九十日，前後契約間斷期間未超過三十日者。**

法學小教室

最低服務年限之約定：雇主與勞工得就勞工應於公司服務期間為特約，惟須符合特定條件始可為之，即勞基法第 15-1 條：「未符合下列規定之一，雇主不得與勞工為最低服務年限之約定：一、雇主為勞工進行專業技術培訓，並提供該項培訓費用者。二、雇主為使勞工遵守最低服務年限之約定，提供其合理補償者。（第 1 項）前項最低服務年限之約定，應就下列事項綜合考量，不得逾合理範圍：一、雇主為勞工進行專業技術培訓之期間及成本。二、從事相同或類似職務之勞工，其人力替補可能性。三、雇主提供勞工補償之額度及範圍。四、其他影響最低服務年限合理性之事項（第 2 項）。」如有違反，則該約定即為無效，以保障勞工權益。【109 關四】

四、勞動契約之終止

(一) **雇主得不經預告終止勞動契約之情形**（第 12 條）：【107 年關四】

1. 於訂立勞動契約時為虛偽意思表示，使雇主誤信而有受損害之虞者。應自知悉其情形之日起，三十日內為之。
2. 對於雇主、雇主家屬、雇主代理人或其他共同工作之勞工，實施暴行或有重大侮辱之行為者。應自知悉其情形之日起，三十日內為之。
3. 受有期徒刑以上刑之宣告確定，而未諭知緩刑或未准易科罰金者。
4. 違反勞動契約或工作規則，情節重大者。應自知悉其情形之日起，三十日內為之。
5. 故意損耗機器、工具、原料、產品，或其他雇主所有物品，或故意洩漏雇主技術上、營業上之秘密，致雇主受有損害者。應自知悉其情形之日起，三十日內為之。
6. 無正當理由繼續曠工三日，或一個月內曠工達六日者。應自知悉其情形之日起，三十日內為之。

(二) **雇主必須預告終止勞動契約之情形**（第 11 條）：

1. **歇業或轉讓時。**
2. **虧損或業務緊縮時。**
3. **不可抗力暫停工作在一個月以上時。**
4. **業務性質變更，有減少勞工之必要，又無適當工作可供安置時。**
5. **勞工對於所擔任之工作確不能勝任時。**

(三) **雇主原則上不得終止契約之情形**（第 13 條）：例外因天災、事變或其他不可抗力致事業不能繼續，經報主管機關核定者，仍得終止契約，但必須預告。

1. 女工分娩前後或妊娠三個月以上流產應停止工作之期間（八星期；四星期）（第 50 條）。
2. 勞工因遭遇職業災害之醫療期間（第 59 條）。

(四) **雇主必須預告終止勞動契約之預告期間與資遣費之發給**（第 16 條、第 17 條）【107 年關三、111 年鐵高】

1. **預告期間**：雇主依上開 (二) 各款情形或 (三) 例外情形之規定終止勞動契約者，雇主必須加以預告，若未依規定預告而終止契約者，應給付預告期間之工資。勞工於接到預告後，為另謀工作得於工作時間請假外出。其請假時數，每星期不得超過二日之工作時間，請假期間之工資照給。關於預告期間，如下：
   (1) **繼續工作三個月以上一年未滿者，於十日前預告之。**
   (2) **繼續工作一年以上三年未滿者，於二十日前預告之。**
   (3) **繼續工作三年以上者，於三十日前預告之。**
2. **資遣費之發給**：雇主依上開情形終止勞動契約者，應依下列規定發給勞工資遣費，並應於終止勞動契約三十日內發給：
   (1) 在同一雇主之事業單位繼續工作，每滿一年發給相當於一個月平均工資之資遣費。
   (2) 依前款計算之剩餘月數，或工作未滿一年者，以比例計給之。未滿一個月者以一個月計。

(五) **勞工得不經預告終止契約之情形**（第 14 條）

1. 雇主於訂立勞動契約時為虛偽之意思表示，使勞工誤信而有受損害之虞者。應自知悉其情形之日起，三十日內為之。

2. 雇主、雇主家屬、雇主代理人對於勞工，實施暴行或有重大侮辱之行為者。若雇主已將該代理人解僱，勞工不得終止契約。
3. 契約所訂之工作，對於勞工健康有危害之虞，經通知雇主改善而無效果者。
4. 雇主、雇主代理人或其他勞工患有惡性傳染病，有傳染之虞者。若雇主已將患有惡性傳染病者送醫或解僱，勞工不得終止契約。
5. 雇主不依勞動契約給付工作報酬，或對於按件計酬之勞工不供給充分之工作者。
6. 雇主違反勞動契約或勞工法令，致有損害勞工權益之虞者。應自知悉其情形之日起，三十日內為之。

(六) **勞工必須預告終止勞動契約之情形及期間**（第 15 條）

1. **特定性定期契約期限逾三年者，於屆滿三年後，勞工得終止契約。但應於三十日前預告雇主。**
2. **不定期契約，勞工終止契約時，應準用上開(四)之期間預告雇主。**

(七) **勞工不得向雇主請求加發預告期間工資及資遣費之情形**（第 18 條）

1. **有上開(一)或(六)之情形而終止勞動契約者。**
2. **定期勞動契約期滿離職者。**

五、工資【111年警四】

(一) **工資之計算**（第 21 條～第 23 條）

1. **工資由勞雇雙方議定之。但不得低於基本工資。**

關於工資，「無工作無報酬」並非工資保障之絕對原則。

2. 工資之給付，應以法定通用貨幣為之。但基於習慣或業務性質，得於勞動契約內訂明一部以實物給付之。工資之一部以實物給付時，其實物之作價應公平合理，並適合勞工及其家屬之需要。
3. 工資應全額直接給付勞工。但法令另有規定或勞雇雙方另有約定者，不在此限。
4. **工資之給付，除當事人有特別約定或按月預付者外，每月至少定期發給二次；按件計酬者亦同。**

(二) **加班費之計算**（第 24 條）：雇主延長勞工工作時間者，其延長工作時間之工資，依下列標準加給：

1. 延長工作時間在二小時以內者，按平日每小時工資額加給三分之一以上。
2. 再延長工作時間在二小時以內者，按平日每小時工資額加給三分之二以上。
3. 依第三十二條第四項規定，延長工作時間者，按平日每小時工資額加倍發給。
4. 雇主使勞工於第三十六條所定休息日工作，工作時間在二小時以內者，其工資按平日每小時工資額另再加給一又三分之一以上；工作二小時後再繼續工作者，按平日每小時工資額另再加給一又三分之二以上。

(三) **其他重要規定**

1. 雇主對勞工不得因性別而有差別之待遇。工作相同、效率相同者，給付同等之工資。（第 25 條）
2. 雇主不得預扣勞工工資作為違約金或賠償費用。（第 26 條）
3. 雇主不按期給付工資者，主管機關得限期令其給付。（第 27 條）
4. 雇主因歇業、清算或宣告破產，本於勞動契約所積欠之工資未滿六個月部分，有最優先受清償之權。（第 28 條）

六、工作時數（第30條、第30-1條、第32-1條、第34條）

(一) **正常工作時間之原則**：勞工正常工作時間，每日不得超過八小時，每週不得超過四十小時。

(二) **正常工作時間之例外**

1. **二週彈性工時**：正常工作時間，雇主經工會同意，如事業單位無工會者，經勞資會議同意後，得將其二週內二日之正常工作時數，分配於其他工作日。其分配於其他工作日之時數，每日不得超過二小時。但每週工作總時數不得超過四十八小時。
2. **八週彈性工時**：正常工作時間，雇主經工會同意，如事業單位無工會者，經勞資會議同意後，得將八週內之正常工作時數加以分配。但每日正常工作時間不得超過八小時，每週工作總時數不得超過四十八小時。
3. **四週彈性工時**：中央主管機關指定之行業，雇主經工會同意，如事業單位無工會者，經勞資會議同意後，其工作時間得依下列原則變更：

四週內正常工作時數分配於其他工作日之時數，每日不得超過二小時，不受前條第二項至第四項規定之限制。當日正常工時達十小時者，其延長之工作時間不得超過二小時。女性勞工，除妊娠或哺乳期間者外，於夜間工作，不受不得於午後十時至凌晨六時之時間內工作之限制。但雇主應提供必要之安全衛生設施。

(三) **延長工時：**

1. 雇主依第三十二條第一項及第二項規定使勞工延長工作時間，或使勞工於第三十六條所定休息日工作後，依勞工意願選擇補休並經雇主同意者，應依勞工工作之時數計算補休時數。
2. 前項之補休，其補休期限由勞雇雙方協商；補休期限屆期或契約終止未補休之時數，應依延長工作時間或休息日工作當日之工資計算標準發給工資；未發給工資者，依違反第二十四條規定論處。

(四) **輪班制：**

1. 勞工工作採輪班制者，其工作班次，每週更換一次。但經勞工同意者不在此限。
2. 依前項更換班次時，至少應有連續十一小時之休息時間。但因工作特性或特殊原因，經中央目的事業主管機關商請中央主管機關公告者，得變更休息時間不少於連續八小時。
3. 雇主依前項但書規定變更休息時間者，應經工會同意，如事業單位無工會者，經勞資會議同意後，始得為之。雇主僱用勞工人數在三十人以上者，應報當地主管機關備查。

七、休息與休假

(一) **休息：勞工繼續工作 4 小時，至少應有 30 分鐘之休息。**但實行輪班制或其工作有連續性或緊急性者，雇主得在工作時間內，另行調配其休息時間。（第 35 條）

(二) **休假：**【109 年關三】

1. **例假**（第 36 條）：

   (1) 勞工每七日中應有二日之休息，其中一日為例假，一日為休息日。

   (2) 雇主有下列情形之一，不受前項規定之限制：

一、依第三十條第二項規定變更正常工作時間者，勞工每七日中至少應有一日之例假，每二週內之例假及休息日至少應有四日。

二、依第三十條第三項規定變更正常工作時間者，勞工每七日中至少應有一日之例假，每八週內之例假及休息日至少應有十六日。

三、依第三十條之一規定變更正常工作時間者，勞工每二週內至少應有二日之例假，每四週內之例假及休息日至少應有八日。

(3) 雇主使勞工於休息日工作之時間，計入第三十二條第二項所定延長工作時間總數。但因天災、事變或突發事件，雇主有使勞工於休息日工作之必要者，其工作時數不受第三十二條第二項規定之限制。

(4) 經中央目的事業主管機關同意，且經中央主管機關指定之行業，雇主得將第一項、第二項第一款及第二款所定之例假，於每七日之週期內調整之。

(5) 前項所定例假之調整，應經工會同意，如事業單位無工會者，經勞資會議同意後，始得為之。雇主僱用勞工人數在三十人以上者，應報當地主管機關備查。

2. **休假**（第37條）：

(1) 內政部所定應放假之紀念日、節日、勞動節及其他中央主管機關指定應放假日，均應休假。【107年一般警四】

(2) 中華民國一百零五年十二月六日修正之前項規定，自一百零六年一月一日施行。

3. **特別休假**（第38條）：

(1) 勞工在同一雇主或事業單位，繼續工作滿一定期間者，應依下列規定給予特別休假：

一、六個月以上一年未滿者，三日。

二、一年以上二年未滿者，七日。

三、二年以上三年未滿者，十日。

四、三年以上五年未滿者，每年十四日。

五、五年以上十年未滿者，每年十五日。

六、十年以上者，每一年加給一日，加至三十日為止。

(2) 前項之特別休假期日，由勞工排定之。但雇主基於企業經營上之急迫需求或勞工因個人因素，得與他方協商調整。

(3) 雇主應於勞工符合第一項所定之特別休假條件時，告知勞工依前二項規定排定特別休假。

(4) 勞工之特別休假，因年度終結或契約終止而未休之日數，雇主應發給工資。但年度終結未休之日數，經勞雇雙方協商遞延至次一年度實施者，於次一年度終結或契約終止仍未休之日數，雇主應發給工資。

(5) 雇主應將勞工每年特別休假之期日及未休之日數所發給之工資數額，記載於第二十三條所定之勞工工資清冊，並每年定期將其內容以書面通知勞工。

(6) 勞工依本條主張權利時，雇主如認為其權利不存在，應負舉證責任。

(三) **休息與休假之工資**（第 40 條～第 42 條）

1. 上開之例假、休息日、休假及特別休假，工資應由雇主照給。雇主經徵得勞工同意於休假日工作者，工資應加倍發給。因季節性關係有趕工必要，經勞工或工會同意照常工作者，亦同。
2. 因天災、事變或突發事件，雇主認有繼續工作之必要時，得停止例假、休息日、休假與特別休假。但停止假期之工資，應加倍發給，並應於事後補假休息。
3. 公用事業之勞工，當地主管機關認有必要時，得停止特別休假。假期內之工資應由雇主加倍發給。

八、童工與女工

(一) **童工**（第 44 條～第 48 條）

1. **定義：十五歲以上未滿十六歲之受僱從事工作者，為童工。**
2. **雇用童工之限制：童工及十六歲以上未滿十八歲之人，不得從事危險性或有害性之工作。童工每日之工作時間不得超過 8 小時，每週之工作時間不得超過四十小時，例假日不得工作。童工不得於午後 8 時至翌晨 6 時之時間內工作。雇主不得僱用未滿十五歲之人從事工作。**
3. **雇用童工限制之例外：**雇主不得僱用未滿十五歲之人從事工作。但國民中學畢業或經主管機關認定其工作性質及環境無礙其身心健康而許可者，不在此限。

   前項受僱之人，準用童工保護之規定。

第一項工作性質及環境無礙其身心健康之認定基準、審查程序及其他應遵行事項之辦法，由中央主管機關依勞工年齡、工作性質及受國民義務教育之時間等因素定之。未滿十五歲之人透過他人取得工作為第三人提供勞務，或直接為他人提供勞務取得報酬未具勞僱關係者，準用前項及童工保護之規定。

(二) **女工**（第 49 條～第 52 條）

1. 女性夜間工作限制：**雇主不得使女工於午後 10 時至翌晨 6 時之時間內工作。但雇主經工會同意**，如事業單位無工會者，經勞資會議同意後，且符合下列各款規定者，不在此限：一、提供必要之安全衛生設施。二、無大眾運輸工具可資運用時，提供交通工具或安排女工宿舍。但該項規定被釋字第 807 號解釋認為**違反憲法第 7 條保障性別平等之意旨**，自 110 年 8 月 20 日起失其效力。
2. **產假：女工分娩前後，應停止工作，給予產假八星期；妊娠三個月以上流產者，應停止工作，給予產假四星期。前項女工受僱工作在六個月以上者，停止工作期間工資照給；未滿六個月者減半發給。**
3. **哺乳時間：勞工繼續工作 4 小時，至少應有 30 分鐘之休息。子女未滿一歲須女工親自哺乳者，於上述之休息時間外，雇主應每日另給哺乳時間 2 次，每次以 30 分鐘為度。前項哺乳時間，視為工作時間。**

九、退休（第53條、第54條、第58條）【107年關四】

(一) **自請退休：1. 工作十五年以上年滿五十五歲者。2. 工作二十五年以上者。3. 工作十年以上年滿六十歲者。**

(二) **強制退休：**

1. 前項第一款所規定之年齡，得由勞雇雙方協商延後之；對於擔任具有危險、堅強體力等特殊性質之工作者，得由事業單位報請中央主管機關予以調整，但不得少於五十五歲。
2. **身心障礙不堪勝任工作者。**

(三) **退休金請領時效：**勞工請領退休金之權利，自退休之次月起，因五年間不行使而消滅。【109 關三】

( ) **1** 下列何者非勞動基準法所規定勞工得退休之情形？ (A)工作十五年以上，年滿五十歲者 (B)工作二十五年以上者 (C)工作十年以上，年滿六十歲者 (D)身心障礙不堪勝任工作者。

( ) **2** 勞工於特定情形時，雇主得不經預告終止勞動契約。下列何者非該種情形？ (A)對於雇主家屬實施暴行者 (B)受初審有期徒刑以上刑之宣告者 (C)違反勞動契約或工作規則，情節重大者 (D)於訂立勞動契約時為虛偽意思表示，使雇主誤信而有受損害之虞者。

( ) **3** 依勞動基準法規定，勞工因健康理由，不能接受正常工作時間以外之工作者，雇主應如何為之？ (A)得以契約和勞工約定處理方式 (B)不得強制其工作 (C)於墊償基金支付後得強制其工作 (D)得以之為解僱勞工之理由。

( ) **4** 受季節性原料、材料來源或市場銷售影響之非繼續性工作，其工作期間在九個月以內者，為何種工作？ (A)臨時性 (B)短期性 (C)季節性 (D)特定性。

( ) **5** 關於工資之給付，原則上每月至少定期發給幾次？ (A)一次 (B)二次 (C)三次 (D)四次。

答 **1 (A)** **2 (B)** **3 (B)** **4 (C)** **5 (B)**

第三節 ｜ 勞工保險條例 (110 年 4 月 28 日最新修正)

一、立法目的與主管機關（第1條、第4條）

(一) **勞工保險條例的立法目的**：為保障勞工生活，促進社會安全，制定本條例；本條例未規定者，適用其他有關法律。

(二) **勞工保險之主管機關**：在中央為勞動部；在直轄市為直轄市政府。

二、保險種類（第2條）

(一) **普通事故保險：分生育、傷病、失能、老年及死亡五種給付。**

(二) **職業災害保險：分傷病、醫療、失能及死亡四種給付。**

三、保險人、投保單位與被保險人（第5條、第6條、第8條）

(一) **保險人：**中央主管機關統籌全國勞工保險業務，設勞工保險局為保險人，辦理勞工保險業務。

(二) **投保單位：**為被保險人之勞工，其雇主或所屬團體或所屬機構。

法學小教室

中央主管機關為監督勞工保險業務及審議保險爭議事項，由有關政府代表、勞工代表、資方代表及專家各佔四分之一為原則，組織勞工保險監理委員會行之。

(三) **被保險人**

1. **應適用勞工保險條例參加勞工保險之人員：年滿十五歲以上，六十五歲以下之下列勞工（包括在職外國籍員工），應全部參加勞工保險為被保險人（於經主管機關認定其工作性質及環境無礙身心健康之未滿十五歲勞工亦適用之）：**
   (1) 受僱於僱用勞工五人以上之公、民營工廠、礦場、鹽場、農場、牧場、林場、茶場之產業勞工及交通、公用事業之員工。其投保單位僱用勞工減至四人以下時，仍應繼續參加勞工保險。
   (2) 受僱於僱用五人以上公司、行號之員工。其投保單位僱用勞工減至四人以下時，仍應繼續參加勞工保險。
   (3) 受僱於僱用五人以上之新聞、文化、公益及合作事業之員工。其投保單位僱用勞工減至四人以下時，仍應繼續參加勞工保險。
   (4) 依法不得參加公務人員保險或私立學校教職員保險之政府機關及公、私立學校之員工。
   (5) 受僱從事漁業生產之勞動者。
   (6) 在政府登記有案之職業訓練機構接受訓練者。
   (7) 無一定雇主或自營作業而參加職業工會者。
   (8) 無一定雇主或自營作業而參加漁會之甲類會員。
2. **得準用勞工保險條例參加勞工保險之人員（參加保險後，非依勞工保險條例規定，不得中途退保）：**

(1) 受僱於上開 1. 各款規定各業以外之員工。

(2) 受僱於僱用未滿五人之上開 1. 第 (1) 至 (3) 規定各業之員工。

(3) 實際從事勞動之雇主。此雇主，應與其受僱員工，以同一投保單位參加勞工保險。

(4) 參加海員總工會或船長公會為會員之外僱船員。

四、參加勞工保險之情形（第9條、第9-1條）

(一) **得繼續參加**

1. 應徵召服兵役者。
2. 派遣出國考察、研習或提供服務者。
3. 因傷病請假致留職停薪，普通傷病未超過一年，職業災害未超過二年者。
4. 在職勞工，年逾六十五歲繼續工作者。
5. 因案停職或被羈押，未經法院判決確定者。

(二) **自願繼續參加**：被保險人參加保險，年資合計滿十五年，被裁減資遣而自願繼續參加勞工保險者，由原投保單位為其辦理參加普通事故保險，至符合請領老年給付之日止。

五、勞工保險之效力

(一) 符合參加勞工保險規定之勞工，各投保單位應於其所屬勞工到職、入會、到訓、離職、退會、結訓之當日，列表通知保險人；其**保險效力之開始或停止，均自應為通知之當日起算。**但投保單位非於勞工到職、入會、到訓之當日列表通知保險人者，除依勞工保險條例第 72 條規定處罰外，其保險效力之開始，均自通知之翌日起算。（第 11 條）

(二) **勞工保險條例第 72 條第 1 項至第 3 項**

1. 投保單位違反勞工保險條例規定，未為其所屬勞工辦理投保手續者，按自僱用之日起，至參加保險之前一日或勞工離職日止應負擔之保險費金額，處四倍罰鍰。勞工因此所受之損失，並應由投保單位依本條例規定之給付標準賠償之。

2. 投保單位未依勞工保險條例之規定負擔被保險人之保險費，而由被保險人負擔者，按應負擔之保險費金額，處二倍罰鍰。投保單位並應退還該保險費與被保險人。

3. 投保單位違反勞工保險條例規定，將投保薪資金額以多報少或以少報多者，自事實發生之日起，按其短報或多報之保險費金額，處四倍罰鍰，並追繳其溢領給付金額。勞工因此所受損失，應由投保單位賠償之。

六、保險給付（第19條～第30條）

(一) 被保險人於保險效力開始後停止前，發生保險事故者，被保險人或其受益人得依勞工保險條例規定，請領保險給付。

(二) 同一種保險給付，不得因同一事故而重複請領。【109 年關三】

(三) 被保險人或其受益人或其他利害關係人，為領取保險給付，故意造成保險事故者，保險人除給與喪葬津貼外，不負發給其他保險給付之責任。

(四) 投保單位故意為不合勞工保險條例規定之人員辦理參加保險手續，領取保險給付者，保險人應依法追還；並取消該被保險人之資格。

(五) 被保險人無正當理由，不接受保險人特約醫療院、所之檢查或補具應繳之證件，或受益人不補具應繳之證件者，保險人不負發給保險給付之責任。

(六) 因戰爭變亂或因被保險人或其父母、子女、配偶故意犯罪行為，以致發生保險事故者，概不給與保險給付。

(七) 被保險人之養子女，其收養登記在保險事故發生時未滿六個月者，不得享有領取保險給付之權利。

(八) 被保險人、受益人或支出殯葬費之人領取各種保險給付之權利，不得讓與、抵銷、扣押或供擔保。

(九) 依勞工保險條例以現金發給之保險給付，經保險人核定後，應在十五日內給付之；年金給付應於次月底前給付。如逾期給付可歸責於保險人者，其逾期部分應加給利息。

(十) **領取保險給付之請求權，自得請領之日起，因五年間不行使而消滅。**

小試身手

( ) **1** 勞工保險條例所規定之被保險人為？ (A)十五歲以上，六十歲以下 (B)十五歲以上，六十五歲以下 (C)十七歲以上，五十五歲以下 (D)十五歲以上，五十五歲以下。

( ) **2** 有領取勞工保險給付之權利人，其請求權時效為何？ (A)自申請之日起為二年 (B)自得領取之日起為五年 (C)自得領取之日起為三年 (D)自申請之日起為三年。

( ) **3** 中央主管機關為監督勞工保險業務及審議保險爭議事項，應組織？ (A)勞工保險監理委員會 (B)勞工保險審查委員會 (C)勞工保險監察委員會 (D)勞工保險責任委員會。

( ) **4** 投保單位未依勞工保險條例之規定負擔被保險人之保險費，而由被保險人負擔者，按應負擔之保險費金額，如何處罰？ (A)處二倍罰金 (B)處二倍罰鍰 (C)處三倍罰鍰 (D)停止營業一個月。

( ) **5** 依勞工保險條例以現金發給之保險給付，經保險人核定後，應在幾日內給付？ (A)七日 (B)十日 (C)十五日 (D)三十日。

答 **1 (B)** **2 (B)** **3 (A)** **4 (B)** **5 (C)**

第四節 ｜ 全民健康保險法 (112 年 6 月 28 日最新修正)

一、立法目的與主管機關

(一) 全民健康保險法的立法目的：為增進全體國民健康，辦理全民健康保險，以提供醫療保健服務，特制定本法；本法未規定者，適用其他有關法律。

(二) 全民健康保險之主管機關為衛生福利部。

二、保險性質與範圍

全民健康保險為強制性之社會保險，於保險對象在保險有效期間，發生**疾病、傷害、生育事故**時，依全民健康保險法規定給與保險給付。

三、保險人、保險對象及投保單位

(一) **保險人**：**全民健康保險以衛生福利部中央健康保險署為保險人，辦理保險業務。**

(二) **保險對象**：指被保險人及其眷屬。【109年關四】

> **法學小教室**
>
> 非屬保險對象之情形：失蹤滿六個月者或不具保險對象所定資格者。已參加者，應予退保。應退保者，自應退保之日起，不予保險給付；保險人應退還其溢繳之保險費。已受領保險給付者，應返還保險人所支付之醫療費用。

1. **保險人包括兩種情形：**

   (1) **具有中華民國國籍**：符合下列各款資格之一者，應參加本保險為保險對象：

   A. 最近二年內曾有參加本保險紀錄且在臺灣地區設有戶籍，或參加本保險前六個月繼續在臺灣地區設有戶籍。

   B. 參加本保險時已在臺灣地區設有戶籍之下列人員：

   a. 政府機關、公私立學校專任有給人員或公職人員。

   b. 公民營事業、機構之受僱者。

   c. 前二目被保險人以外有一定雇主之受僱者。

   d. 在臺灣地區出生之新生嬰兒。

   e. 因公派駐國外之政府機關人員與其配偶及子女。

   (2) **不具中華民國國籍**：為保障不具中華民國國籍者就醫之權益，在臺灣地區領有居留證明文件，並符合下列各款資格之一者，亦應參加本保險為保險對象：

   A. **在臺居留滿六個月。**

   B. **有一定雇主之受僱者。**

   C. **在臺灣地區出生之新生嬰兒**

2. **眷屬**：

   (1) **被保險人之配偶，且無職業者。**

   (2) **被保險人之直系血親尊親屬，且無職業者。**

(3) **被保險人二親等內直系血親卑親屬未成年且無職業，或成年無謀生能力或仍在學就讀且無職業者。**

3. **保險對象分類及其投保單位：**

<table>
<tr><th rowspan="2">類別</th><th colspan="2">保險對象</th><th rowspan="2">投保單位</th></tr>
<tr><th>本人</th><th>眷屬</th></tr>
<tr><td rowspan="4">第一類</td><td>公務人員、志願役軍人、公職人員</td><td rowspan="4">1. 被保險人之無職業配偶。
2. 被保險人之無職業直系血親尊親屬。
3. 被保險人二親等內直系血親卑親屬未成年且無職業，或成年無謀生能力或仍在學就讀且無職業者。</td><td rowspan="4">所屬機關、學校、公司、團體或個人</td></tr>
<tr><td>私校教職員</td></tr>
<tr><td>公民營事業、機構等有一定雇主的受雇者</td></tr>
<tr><td>雇主、自營業主、專門職業及技術人員自行執業者</td></tr>
<tr><td>第二類</td><td>職業工會會員、外僱船員</td><td>同第一類眷屬</td><td>所屬的工會、船長公會、海員總工會</td></tr>
<tr><td>第三類</td><td>農、漁民</td><td>同第一類眷屬</td><td>農會、漁會</td></tr>
<tr><td rowspan="3">第四類</td><td>義務役軍人、軍校軍費生、在卹遺眷</td><td>無</td><td>國防部指定之單位</td></tr>
<tr><td>替代役役男</td><td>無</td><td>內政部指定之單位</td></tr>
<tr><td>矯正機關收容人</td><td>無</td><td>法務部或國防部指定之單位</td></tr>
<tr><td>第五類</td><td>合於社會救助法規定的低收入戶成員</td><td>無</td><td>戶籍地的鄉（鎮、市、區）公所、安置機構</td></tr>
<tr><td>第六類</td><td>榮民、榮民遺眷家戶代表</td><td>1. 榮民之無職業配偶。
2. 榮民之無職業直系血親尊親屬。
3. 被保險人二親等內直系血親卑親屬未成年且無職業，或成年無謀生能力或仍在學就讀且無職業者。</td><td>戶籍地的鄉（鎮、市、區）公所、安置機構或訓練機構</td></tr>
</table>

類別	保險對象		投保單位
	本人	眷屬	
第六類	一般家戶戶長或家戶代表	同第一類眷屬	

註：1. 各類眷屬及第 6 類被保險人均須為無職業者。

2. 第 4 類矯正機關收容人於 2013 年 1 月 1 日起參加全民健保。

3. 本表摘自中央健康保險署。

四、保險財務

(一) **保險經費來源**：本保險保險經費於扣除其他法定收入後，由中央政府、投保單位及保險對象分擔之。

法學小教室

二代健保實施後，從 2013 年 1 月 1 日起，保險費率調整為 4.91%。

(二) **保險費之計算**：

1. **第一類至第三類被保險人及其眷屬之保險費：依被保險人之投保金額及保險費率計算之；保險費率，以百分之六為上限。眷屬之保險費，由被保險人繳納；超過三口者，以三口計。**關於投保金額，第一類至第三類被保險人之投保金額，由主管機關擬訂分級表，報請行政院核定之。其計算如下：【108 年高考】

(1) 第一類及第二類被保險人之投保金額，依下列各款定之：

A. 受僱者：以其薪資所得為投保金額。

B. 雇主及自營業主：以其營利所得為投保金額。

C. 自營作業者及專門職業及技術人員自行執業者：以其執行業務所得為投保金額。

D. 第一類及第二類被保險人為無固定所得者，其投保金額，由該被保險人依投保金額分級表所定數額自行申報，並由保險人查核。

法學小教室

保險效力之開始，自合於保險對象所定資格之日起算。保險效力之終止，自發生非屬保險對象所定情事之日起算。

(2) 第三類被保險人之投保金額，以公民營事業機構等有一定雇主之受僱者、無一定雇主或自營作業而參加職業工會者及參加海員總工會或船長公會為會員之外僱船員，其平均投保金額計算之。但保險人得視該類被保險人及其眷屬之經濟能力，調整投保金額等級。

法學小教室

為穩固全民健康保險財源，目前實施之二代健保，係採「**量能負擔**」原則，使所得較高的民眾負擔較高之保險費。二代健保保費＝一般保險費＋補充保險費。

2. **第四類至第六類被保險人及其眷屬之保險費：以依 1. 規定之保險費精算結果之每人平均保險費計算之。眷屬之保險費，由被保險人繳納；超過三口者，以三口計。**

(三) **補充保險費：第一類至第四類及第六類保險對象有下列各類所得，應依規定之補充保險費率計收補充保險費，由扣費義務人於給付時扣取，並於給付日之次月底前向保險人繳納。但單次給付金額逾新臺幣一千萬元之部分及未達一定金額者，免予扣取：**

1. **所屬投保單位給付全年累計逾當月投保金額四倍部分之獎金。**
2. **非所屬投保單位給付之薪資所得。但第二類被保險人之薪資所得，不在此限。**
3. **執行業務收入。但自營作業者及專門職業及技術人員自行執業而以其執行業務所得為投保金額者之執行業務收入，不在此限。**
4. **股利所得。但已列入投保金額計算保險費部分，不在此限。**
5. **利息所得。**
6. **租金收入。**

(四) **保險財務之精算：全民健保係財務自給自足、自負盈虧的社會保險，以隨收隨付（pay-as-you-go financing）維持短期財務平衡，不以累積盈餘為目的，只須依法維持 1 個月安全準備。為維持全民健保財務的平衡，依全民健康保險法規定，保險財務由保險人至少每五年精算一次；每次精算二十五年。**

(五) **保險費負擔比率**【108 年普考】

依全民健康保險法第 27 條規定，不同身分的被保險人，與投保單位之保險費分擔比率如下表所示（表格來源：衛生福利部中央健康保險署網站公開資料）：

<table>
<tr><th colspan="6">保險費負擔比率</th></tr>
<tr><th colspan="3" rowspan="2">保險對象類別</th><th colspan="3">負擔比例（%）</th></tr>
<tr><th>被保險人</th><th>投保單位</th><th>政府</th></tr>
<tr><td rowspan="4">第 1 類</td><td>公務人員、公職人員</td><td>本人及眷屬</td><td>30</td><td>70</td><td>0</td></tr>
<tr><td>私校教職員</td><td>本人及眷屬</td><td>30</td><td>35</td><td>35</td></tr>
<tr><td>公民營事業、機構等有一定雇主的受雇者</td><td>本人及眷屬</td><td>30</td><td>60</td><td>10</td></tr>
<tr><td>雇主、自營業主、專門職業及技術人員自行執業者</td><td>本人及眷屬</td><td>100</td><td>0</td><td>0</td></tr>
<tr><td>第 2 類</td><td>職業工會會員、外僱船員</td><td>本人及眷屬</td><td>60</td><td>0</td><td>40</td></tr>
<tr><td>第 3 類</td><td>農民、漁民</td><td>本人及眷屬</td><td>30</td><td>0</td><td>70</td></tr>
<tr><td>第 4 類</td><td>義務役軍人、替代役役男、軍校軍費生、在卹遺眷、在矯正機關接受刑或保安處分（保護管束除外）、管訓處分之執行逾 2 個月者</td><td>本人</td><td>0</td><td>0</td><td>100</td></tr>
<tr><td>第 5 類</td><td>低收入戶</td><td>本人</td><td>0</td><td>0</td><td>100</td></tr>
<tr><td rowspan="3">第 6 類</td><td rowspan="2">榮民、榮民遺眷家戶代表</td><td>本人</td><td>0</td><td>0</td><td>100</td></tr>
<tr><td>眷屬</td><td>30</td><td>0</td><td>70</td></tr>
<tr><td>其他地區人口</td><td>本人及眷屬</td><td>60</td><td>0</td><td>40</td></tr>
</table>

(六) **受償優先順序**：本法之保險費、滯納金，優先於普通債權。【109 關三】

五、保險給付【107年一般警四】

(一) 保險對象發生疾病、傷害事故或生育時，保險醫事服務機構提供保險醫療服務。

(二) 保險人為促進預防醫學、落實轉診制度，並提升醫療品質與醫病關係，應訂定**家庭責任醫師制度**。家庭責任醫師制度之給付，應採論人計酬為實施原則，並依照顧對象之年齡、性別、疾病等校正後之人頭費，計算當年度之給付總額。

(三) **保險對象應自行負擔之費用：**

1. **保險對象應自行負擔門診或急診費用之百分之二十，居家照護醫療費用之百分之五。但不經轉診，於地區醫院、區域醫院、醫學中心門診就醫者，應分別負擔其百分之三十、百分之四十及百分之五十。應自行負擔之費用，於醫療資源缺乏地區，得予減免。**
2. 保險對象應自行負擔之住院費用如下：
   (1) 急性病房：三十日以內，百分之十；逾三十日至第六十日，百分之二十；逾六十日起，百分之三十。
   (2) 慢性病房：三十日以內，百分之五；逾三十日至第九十日，百分之十；逾九十日至第一百八十日，百分之二十；逾一百八十日起，百分之三十。

(四) **保險對象有下列情形之一者，免上開 (三) 自行負擔費用：**【107 年一般警三】

1. **重大傷病。** 2. **分娩。** 3. **山地離島地區之就醫。**

(五) 符合社會救助法規定之低收入戶成員就醫時，依上開 (三) 應自行負擔之費用，由中央社政主管機關編列預算補助。但不經轉診於各級醫院門診就醫者，除情況特殊者外，不予補助。

(六) 保險對象依上開 (三) 應自行負擔之費用，應向保險醫事服務機構繳納。

(七) **不列入本保險給付範圍：**

1. 依其他法令應由各級政府負擔費用之醫療服務項目。
2. 預防接種及其他由各級政府負擔費用之醫療服務項目。
3. 藥癮治療、美容外科手術、非外傷治療性齒列矯正、預防性手術、人工協助生殖技術、變性手術。

4. 成藥、醫師藥師藥劑生指示藥品。
5. 指定醫師、特別護士及護理師。
6. 血液。但因緊急傷病經醫師診斷認為必要之輸血，不在此限。
7. 人體試驗。
8. 日間住院。但精神病照護，不在此限。
9. 管灌飲食以外之膳食、病房費差額。
10. 病人交通、掛號、證明文件。
11. 義齒、義眼、眼鏡、助聽器、輪椅、拐杖及其他非具積極治療性之裝具。
12. 其他由保險人擬訂，經健保會審議，報主管機關核定公告之診療服務及藥物。

(八) **保險人不予保險給付之情形：**

1. **住院治療經診斷並通知出院，而繼續住院之部分。**
2. **有不當重複就醫或其他不當使用醫療資源之保險對象，未依保險人輔導於指定之保險醫事服務機構就醫。但情況緊急時不在此限。**
3. **使用經事前審查，非屬醫療必要之診療服務或藥物。**
4. **違反全民健康保險法規定之有關就醫程序。**

小試身手

(　　) **1** 依全民健康保險法規定，保險給付於保險對象在保險有效期間，發生何種事故時，依規定給與？ (A)疾病 (B)傷害 (C)生育 (D)以上皆是。

(　　) **2** 下列何者非屬全民健康保險法所規範之眷屬？ (A)被保險人之配偶且無職業者 (B)被保險人三親等內之直系血親卑親屬 (C)被保險人之直系血親尊親屬且無職業者 (D)被保險人二親等內直系血親卑親屬未滿二十歲且無職業者。

(　　) **3** 保險對象原則上應自行負擔門診費用之百分之二十，下列何者非其例情形？ (A)重大傷病 (B)分娩 (C)山地離島地區之就醫 (D)身心障礙。

(　　) **4** 依全民健康保險法規定，關於保險對象應自行負擔費用之部分，應向何者繳納？ (A)保險醫事服務機構 (B)保險人 (C)法院 (D)投保單位。

(　　) **5** 為維持全民健保財務的平衡，依全民健康保險法規定，保險財務由保險人至少每幾年精算一次？ (A)一年 (B)三年 (C)五年 (D)七年。

答 **1 (D)** **2 (B)** **3 (D)** **4 (A)** **5 (C)**

滿分題庫綜合演練

☆( ) **1** 為穩固全民健康保險財源，目前實施之二代健保，係採何種原則，使所得較高的民眾負擔較高之保險費？ (A)實支實付 (B)量能負擔 (C)開源節流 (D)公平正義。

☆( ) **2** 下列那一種工作可以訂定長達一年以上之定期勞動契約？ (A)臨時性工作 (B)特定性工作 (C)季節性工作 (D)短期性工作。

☆( ) **3** 下列關於工作規則之敘述，何者錯誤？ (A)不論僱用勞工人數多少，雇主均須訂定工作規則 (B)雇主訂定工作規則時，應依其事業性質訂定，並報請主管機關核備，再公開揭示之 (C)工作規則不得違反法令之強制或禁止規定 (D)雇主可片面訂定並修改工作規則，並無須與勞工協商，只要內容合理，即使勞工反對，仍可拘束勞工。

( ) **4** 生育給付在下列何項法律中有所規定？ (A)兒童及少年福利法 (B)優生保健法 (C)勞工保險條例 (D)勞動基準法。

☆( ) **5** 下列何者為勞動基準法所規定之童工？ (A)15歲以上，未滿16歲 (B)8歲以上，未滿18歲 (C)8歲以上，未滿12歲 (D)15歲以上，未滿20歲。

( ) **6** 僱用五人以上之公司，其受僱勞工之勞工保險普通事故保險費應如何分攤？ (A)勞工與雇主各50% (B)勞工、雇主、政府各三分之一 (C)雇主60%、勞工30%、政府10% (D)雇主70%、勞工20%、政府10%。

( ) **7** 下列關於雇主積欠工資時之勞工權益保障的敘述，何者錯誤？ (A)雇主因歇業、清算或宣告破產，本於勞動契約所積欠之工資未滿六個月部分，有最優先受清償之權，應優先於抵押權 (B)雇主應按其當月僱用勞工投保薪資總額及規定之費率，繳納一定數額之積欠工資墊償基金 (C)雇主積欠之工資未滿六個月部分，經勞工請求未獲清償者，由積欠工資墊償基金墊償之 (D)積欠工資墊償基金之收繳等各項業務乃是委託勞工保險局辦理，每月與勞保保費一同收取。

☆( ) **8** 依照全民健康保險法之相關規定，保險對象原則上應自行負擔門診或急診費用百分之二十。但若某甲不經轉診，逕赴醫學中心門診者，則應自行負擔多少比例？ (A)百分之二十 (B)百分之五十 (C)百分之六十 (D)自行負擔全額。

( ) **9** 下列何種醫療費用係屬於全民健康保險法之保險給付範圍？ (A)美容外科手術 (B)齒列矯正 (C)藥癮治療 (D)感冒看診。

☆( ) **10** 勞工在同一雇主或事業單位，繼續工作滿一定期間者，每年應給予特別休假。下列何者為非？ (A)繼續工作一年以上三年未滿者，特別休假五日 (B)繼續工作三年以上五年未滿者，特別休假十四日 (C)繼續工作五年以上十年未滿者，特別休假十五日 (D)繼續工作十年以上者，每一年加給一日，加至三十日為止。

☆( ) **11** 受僱於僱用幾人以上公司之員工而年滿十五歲以上，六十五歲以下者，應以其雇主或所屬公司為投保單位，全部參加勞工保險為被保險人？ (A)四人 (B)五人 (C)六人 (D)七人。

( ) **12** 關於童工工作之規定，下列敘述何者正確？ (A)十四歲以上未滿十六歲之受僱從事工作者，為童工 (B)童工不得從事繁重及危險性之工作，但經法定代理人同意者，不在此限 (C)童工不得於午後十時至翌晨六時之時間內工作 (D)雇主經主管機關認定其工作性質及環境無礙其身心健康者，得僱用未滿十五歲之人從事工作。

☆( ) **13** 勞工請領退休金之權利，其消滅時效為何？ (A)自退休之次月起，因五年間不行使而消滅 (B)自提出申請之日起，因十年間不行使而消滅 (C)自退休之當月起，因五年間不行使而消滅 (D)自退休之當月起，因二年間不行使而消滅。

☆( ) **14** 保險對象不經轉診，於地區醫院門診就醫者，應自行負擔門診費用之比例為何？ (A)20% (B)30% (C)40% (D)50%。

☆( ) **15** 依全民健康保險法規定，保險對象有特定情形者，免自行負擔門診費用及住院費用。下列何者為非？ (A)重大傷病 (B)低收入戶 (C)分娩 (D)山地離島地區之就醫。

( ) **16** 全民健康保險之主管機關為？ (A)全民健保會 (B)直轄市政府、縣（市）政府 (C)衛生福利部 (D)國民健康局。

( ) **17** 雇主僱用勞工人數在幾人以上者，應依其事業性質，訂立工作規則？ (A)十人 (B)二十人 (C)三十人 (D)四十人。

☆( ) **18** 雇主所繳納之積欠工資墊償基金，於雇主因歇業、清算或宣告破產，本於勞動契約所積欠之工資未滿幾個月部分，有最優先受清償之權？ (A)六個月 (B)三個月 (C)一年 (D)九個月。

( ) **19** 勞動基準法關於工資之規定，下列敘述何者正確？ (A)工資由勞雇雙方議定之，但不得低於基本工資，目前基本工資為每月17280元 (B)工資之給付，原則上每月至少定期發給二次 (C)工資之給付，應以法定通用貨幣為之，不得以實物給付之 (D)雇主所置備之勞工工資清冊應保存十年。

☆( ) **20** 被保險人在保險有效期間發生傷病事故，於保險效力停止後一年內，得請領給付。下列何者為非？ (A)傷病給付 (B)失能給付 (C)職業災害醫療給付 (D)年金保險給付。

( ) **21** 下列有關全民健康保險實施原則之敘述，何者錯誤？ (A)財務上仍須仰賴政府補助 (B)全體國民皆須加入保險，沒有例外 (C)依據保險原則 (D)落實社會適當性原則

☆( ) **22** 依勞動基準法規定，請問下列之說明，何者錯誤？ (A)勞工原則上每7日至少應有1日之休息，作為例假 (B)依勞動基準法第30條第3項實施的「八週變形工時」，每日正常工作時間不得超過8小時 (C)所有適用勞動基準法的行業全部都可以適用勞動基準

法第30條第2項實施的「二週變形工時」，得將其2週內2日之正常工作時數，分配於其他工作日 (D)依勞動基準法第30條第1項規定，勞工每2週工作時數原則不得超過84小時。

☆( ) **23** 全民健康保險之保險人為促進預防醫學、落實轉診制度，並提升醫療品質與醫病關係，應訂定何種制度？ (A)家庭專門醫師 (B)家庭責任醫師 (C)家庭責任醫院 (D)家庭專業醫師。

( ) **24** 全民健康保險之保險對象為台中市政府某科室科員及其眷屬者，則投保單位為？ (A)台中市市長 (B)台中市政府 (C)中央健康保險署 (D)科員本人。

☆( ) **25** 小芳為大陸籍配偶，試問其領有居留證明文件之在台居留期間滿多久時，應參加全民健康保險為保險對象？ (A)在臺居留滿二個月 (B)在臺居留滿三個月 (C)在臺居留滿四個月 (D)在臺居留滿六個月。

☆( ) **26** 下列關於勞動基準法之敘述，何者錯誤？ (A)雇主與勞工所訂勞動條件，不得低於勞動基準法所定之最低標準 (B)勞動基準法適用於一切勞雇關係，沒有例外 (C)有關勞工退休之規定，勞動基準法是普通法，勞工退休金條例是特別法 (D)勞動基準法是母法，勞工請假規則是子法。

( ) **27** 職業傷害補償費及職業病補償費，應按被保險人平均月投保薪資之多少百分比計算發給？ (A)按平均月投保薪資百分之五十發給 (B)按平均月投保薪資百分之十發給 (C)按平均月投保薪資百分之七十發給 (D)按平均月投保薪資百分之八十發給。

( ) **28** 某一公司因業務緊縮，欲裁員一名年資二年的勞工，假設該公司適用勞動基準法，公司必須在多久以前預告該名勞工終止勞動契約？ (A)十日前 (B)十四日前 (C)二十日前 (D)三十日前。

☆( ) **29** 全民健康保險被保險人為公務人員其保險費之計算，依被保險人之投保金額及保險費率計算之；保險費率，以多少為上限？ (A)百分之三 (B)百分之四 (C)百分之五 (D)百分之六。

( ) **30** 勞工保險之醫療給付分門診及住院診療。下列何者非門診給付之範圍？ (A)診察 (B)藥劑或治療材料 (C)處置、手術或治療 (D)膳食費用三十日內之半數。

解答及解析

1 (B)。係讓收入較多的人所繳的保費補貼收入較少的人，此為社會保險之精神。

2 (B)。勞動基準法施行細則第 6 條參照。

3 (A)。30 人以上才應訂定工作規則（勞動基準法第 70 條）。

4 (C)。勞工保險條例第 2 條參照。

5 (A)。勞動基準法第 44 條參照。

6 (D)。勞工保險條例第 15 條第 1 款參照。

7 (A)。勞動基準法第28條第1項參照。

8 (B)。依全民健康保險法第 43 條第 1 項規定，保險對象應自行負擔門診或急診費用 20%。但不經轉診，而逕赴地區醫院門診者，應負擔 30%；逕赴區域醫院門診者，應負擔 40%；逕赴醫學中心門診者，應負擔 50%。

9 (D)。全民健康保險法第 51 條規定不列入全民健康保險給付範圍，題示中之感冒看診不包括在內。

10 (A)。勞動基準法第 38 條第 1 項規定參照。

11 (B)。勞工保險條例第 6 條第 1 項規定參照。

12 (D)。勞動基準法第 45 條第 1 項規定參照。

13 (A)。勞動基準法第 58 條第 1 項規定參照。

14 (B)。全民健康保險條例第 43 條第 1 項規定參照。

15 (B)。全民健康保險條例第 483 條第 1 項規定參照。

16 (C)。衛生福利部（舊稱「行政院衛生署」）。

17 (C)。勞動基準法第 70 條規定參照。

18 (A)。勞動基準法第 88 條第 1 項規定參照。

19 (B)。勞動基準法第 23 條第 1 項規定參照。

20 (D)。勞工保險條例第 20 條第 1 項規定參照。

21 (B)。全民健康保險法第 13 條規定：「有下列情形之一者，非屬本保險保險對象；已參加者，應予退保：(1)**失蹤滿六個月者**。(2)**不具第 8 條或第 9 條所定資格者**。」**仍有無須加入全民健康保險之情形。**

22 (C)。勞動基準法第 30 條第 2 項規定參照。

23 (B)。全民健康保險條例第 44 條第 1 項規定參照。

24 (B)。全民健康保險條例第 15 條規定參照。

25 (D)。外籍配偶除領有居留證明文件在台居留滿六個月應參加全民健康保險外，若在台居留期間縱使未滿六個月，但其為有一定雇主之受僱者，亦應參加全民健康保險。

26 (B)。例如醫生就排除適用。

27 (C)。勞工保險條例第36條規定：「職業傷害補償費及職業病補償費，均按被保險人平均月投保薪資百分之七十發給，每半個月給付一次；如經過一年尚未痊癒者，其職業傷害或職業病補償費減為平均月投保薪資之半數，但以一年為限。」

28 (C)。勞動基準法第 16 條。

29 (D)。全民健康保險條例第 18 條第 1 項規定參照。

30 (D)。勞工保險醫療給付之**住院給付**範圍為：住院診療給付範圍如下：(1) 診察（包括檢驗及會診）。(2) 藥劑或治療材料。(3) 處置、手術或治療。(4) **膳食費用三十日內之半數**。(5) 勞保病房之供應，以公保病房為準。

第十二章 性別相關法律

依據出題頻率區分，屬：C頻率低

準備要領

性別平等是近年來發燒的議題，小從個人、家庭與團體，大至學校、工作場所及整個社會皆重視之，目的在落實人權之保障。依考選部公布之命題大綱，在性別相關法律方面，有性別平等工作法與家庭暴力防治法，勿偏廢。前者的重點在促進性別工作平等之措施，後者範圍較廣，建議可從考古題入手。

第一節 ｜ 概要

性別平等的議題在社會持續發燒，而所謂的性別不限於男女，凡具有同性特質的人，亦是性別平等所涵蓋保護的範圍。大部分的人在一日的行程中，所接觸者不外乎家庭與工作，對應在與性別相關的法律探究上，最常為人使用者乃**性別平等工作法與家庭暴力防治法**。通常在人民的私領域中發生特定事實才有此二法之適用，然而基於國家對人民的照顧義務，上開二法在某些程度上可視為國家對雇主與施暴行為人之監督，因此該二法之**本質仍應屬於公法**。在考選部的命題大綱中，性別相關法律特舉性別工作平等法與家庭暴力防治法，作為命題來源，更應留意應用題。

小試身手

( ) 下列何者法律與性別平等相關？ (A)公平交易法 (B)警察法 (C)性別平等工作法 (D)原住民族身分法。

答 (C)

第二節 ｜ 性別平等工作法 （112 年 8 月 16 日修正）

一、立法目的與主管機關（第1條、第4條、第5條）【107年關四、111年鐵員】

法規一點靈

性別平等工作法

(一) **性別平等工作法的立法目的**：保障性別工作權之平等，貫徹憲法消除性別歧視、促進性別地位實質平等之精神。

(二) **性別平等工作法所稱主管機關**：在中央為勞動部；在直轄市為直轄市政府；在縣（市）為縣（市）政府。本法所定事項，涉及各目的事業主管機關職掌者，由各該目的事業主管機關辦理。

(三) 為審議、諮詢及促進性別工作平等事項，各級主管機關應設性別平等工作會。性別平等工作會應置委員五人至十一人，任期兩年，由具備勞工事務、性別問題之相關學識經驗或法律專業人士擔任之，其中經勞工團體、女性團體推薦之委員各二人，女性委員人數應占全體委員人數二分之一以上。【107 年一般警三、109 年關四】

二、適用對象（第2條）【111年警四】

雇主與受僱者之間，若其間約定優於本法者，從其約定。公務人員、教育人員及軍職人員，亦適用之，惟其申訴、救濟及處理程序，依各該人事法令之規定。

三、性別歧視之禁止（第7條～第11條）

(一) 雇主對求職者或受僱者之招募、甄試、進用、分發、配置、考績或陞遷等，不得因性別或性傾向而有差別待遇。但工作性質僅適合特定性別者，不在此限。

(二) 雇主為受僱者舉辦或提供教育、訓練或其他類似活動，及為受僱者舉辦或提供各項福利措施，不得因性別或性傾向而有差別待遇。

(三) 雇主對受僱者薪資之給付，不得因性別或性傾向而有差別待遇；其工作或價值相同者，應給付同等薪資。但基於年資、獎懲、績效或其他非因性別或性傾向因素之正當理由者，不在此限。雇主不得以降低其他受僱者薪資之方式，規避上述之規定。

(四) 雇主對受僱者之退休、資遣、離職及解僱，不得因性別或性傾向而有差別待遇。工作規則、勞動契約或團體協約，不得規定或事先約定受僱者有結婚、懷孕、分娩或育兒之情事時，應行離職或留職停薪；亦不得以其為解僱之理由。違反者，其規定或約定無效；勞動契約之終止不生效力。

四、性騷擾之防治

(一) **性騷擾之定義**（第 12 條）

1. 受僱者於執行職務時，任何人以性要求、具有性意味或性別歧視之言詞或行為，對其造成敵意性、脅迫性或冒犯性之工作環境，致侵犯或干擾其人格尊嚴、人身自由或影響其工作表現。
2. 雇主對受僱者或求職者為明示或暗示之性要求、具有性意味或性別歧視之言詞或行為，作為勞務契約成立、存續、變更或分發、配置、報酬、考績、陞遷、降調、獎懲等之交換條件。

(二) 雇主應防治性騷擾行為之發生。**其僱用受僱者三十人以上者**，應訂定性騷擾防治措施、申訴及懲戒規範，並在工作場所公開揭示。雇主於知悉性騷擾之情形時，應採取立即有效之糾正及補救措施。（第 13 條）

(三) **救濟及申訴程序**（第 26 條～第 33 條）【108 年高考】

1. 受僱者或求職者因性別平等工作法第 7 條至第 11 條（性別平等工作法第二章）或第 21 條之情事，受有損害者，雇主應負賠償責任。
2. 受僱者或求職者因第 12 條之情事，受有損害者，由雇主及行為人連帶負損害賠償責任。但雇主證明其已遵行本法所定之各種防治性騷擾之規定，且對該事情之發生已盡力防止仍不免發生者，雇主不負賠償責任。如被害人依前項但書之規定不能受損害賠償時，法院因其聲請，得斟酌雇主與被害人之經濟狀況，令雇主為全部或一部之損害賠償。雇主賠償損害時，對為性騷擾行為人，有求償權。被害人因第 12 條之情事致生法律訴訟，於受司法機關通知到庭期間，雇主應給予公假。
3. 受僱者或求職者因雇主違反第 13 條第 2 項之義務，受有損害者，雇主應負賠償責任。
4. 前三條情形，受僱者或求職者雖非財產上之損害，亦得請求賠償相當之金額。其名譽被侵害者，並得請求回復名譽之適當處分。

5. 受僱者發現雇主違反第 14 條至第 20 條之規定時，得向地方主管機關申訴。其向中央主管機關提出者，中央主管機關應於收受申訴案件，或發現有上開違反情事之日起七日內，移送地方主管機關。地方主管機關應於接獲申訴後七日內展開調查，並得依職權對雙方當事人進行協調。本「申訴處理辦法」，由地方主管機關定之。
6. 受僱者或求職者發現雇主違反第 7 條至第 11 條、第 13 條、第 21 條或第 36 條規定時，向地方主管機關申訴後，雇主、受僱者或求職者對於地方主管機關所為之處分有異議時，得於十日內向中央主管機關性別平等工作會申請審議或逕行提起訴願。雇主、受僱者或求職者對於中央主管機關性別平等工作會所為之處分有異議時，得依訴願及行政訴訟程序，提起訴願及進行行政訴訟。本「申訴審議處理辦法」，由中央主管機關定之。【110 年關三】

五、促進工作平等措施（第14條～第25條）【107年關三、110年關四、111年台電、警四、國安】

(一) **生理假**：女性受僱者因生理日致工作有困難者，每月得請生理假一日，全年請假日數未逾三日，不併入病假計算，其餘日數併入病假計算。前項併入及不併入病假之生理假薪資，減半發給。

(二) **產假**：雇主於女性受僱者分娩前後，應使其停止工作，給予產假八星期；妊娠三個月以上流產者，應使其停止工作，給予產假四星期；妊娠二個月以上未滿三個月流產者，應使其停止工作，給予產假一星期；妊娠未滿二個月流產者，應使其停止工作，給予產假五日。【108 年普考】

(三) **產檢假**：受僱者妊娠期間，雇主應給予產檢假七日。

(四) **陪產檢及陪產假**：受僱者陪伴其配偶妊娠產檢或其配偶分娩時，雇主應給予陪產檢及陪產假七日。

(五) 產檢假、陪產檢及陪產假期間，薪資照給。

(六) **育嬰留職停薪**：**受僱者任職滿六個月後，於每一子女滿三歲前，得申請育嬰留職停薪，期間至該子女滿三歲止**，但不得逾二年。同時撫育子女二人以上者，其育嬰留職停薪期間應合併計算，最長以最幼子女受撫育二年為限。【109 年關四】

(七) **家庭照顧假**：受僱者於其家庭成員預防接種、發生嚴重之疾病或其他重大事故須親自照顧時，得請家庭照顧假；其請假日數併入事假計算，全年以七日為限。

(八) **哺乳期間**：**子女未滿二歲須受僱者親自哺（集）乳者，除規定之休息時間外，雇主應每日另給哺（集）乳時間六十分鐘。受僱者於每日正常工作時間以外之延長工作時間達一小時以上者，雇主應給予哺（集）乳時間三十分鐘。前二項哺（集）乳時間，視為工作時間。**【107 年關四】

(九) **撫育子女之請求**：

1. 受僱於**僱用三十人以上**雇主之受僱者，為撫育**未滿三歲**子女，得向雇主請求為下列二款事項之一：
   (1) 每天減少工作時間一小時；減少之工作時間，不得請求報酬。
   (2) 調整工作時間。
2. 受僱於僱用**未滿三十人**雇主之受僱者，經與雇主協商，**雙方合意後**，得依前項規定辦理。

(十) **托兒措施**：僱用**受僱者一百人以上**之雇主，應提供下列設施、措施：

1. 哺（集）乳室。
2. 托兒設施或適當之托兒措施。

小試身手

(　　) **1** 有關性別平等工作法家庭照顧假的敘述，下列何者正確？ (A)僅限女性受僱者，男性受僱者不得請家庭照顧假 (B)家庭照顧假之請假日數，不計入事假之日數計算 (C)受僱於僱用五十人以上雇主之受僱者，才能請家庭照顧假 (D)受僱者之配偶未就業時，須有正當理由才能請家庭照顧假。

(　　) **2** 性別平等工作會應置委員五人至十一人，任期兩年，其中女性委員人數應占全體委員人數多少以上？ (A)二分之一 (B)三分之二 (C)三分之一 (D)四分之三。

(　　) **3** 受僱者發現雇主違反性別平等工作法之規定時，得向地方主管機關申訴。地方主管機關應於接獲申訴後幾日內展開調查？ (A)五日 (B)七日 (C)十日 (D)十五日。

(　) 4 受僱者於釋明差別待遇之事實後，就差別待遇之非性別、性傾向因素，由何者負舉證責任？ (A)受僱者 (B)雇主 (C)主管機關 (D)法院。

(　) 5 受僱於僱用三十人以上雇主之受僱者，為撫育未滿幾歲子女，得向雇主請求每天減少工作時間一小時？ (A)一歲 (B)二歲 (C)三歲 (D)四歲。

答 1 (D)　2 (A)　3 (B)　4 (B)　5 (C)

第三節｜家庭暴力防治法 （112 年 12 月 6 日最新修正）

一、立法目的與主管機關

法規一點靈

家庭暴力防治法

(一) **家庭暴力防治法的立法目的**：為防治家庭暴力行為及保護被害人權益。

(二) **本法所稱主管機關**：在中央為衛生福利部；在直轄市為直轄市政府；在縣（市）為縣（市）政府。

二、家庭暴力

(一) **定義**：家庭暴力，指家庭成員間實施身體、精神或經濟上之騷擾、控制、脅迫或其他不法侵害之行為。【108 年一般警三】

(二) **家庭成員**：包括下列各員及其未成年子女：

1. 配偶或前配偶。
2. 現有或曾有同居關係、家長家屬或家屬間關係者。
3. 現為或曾為直系血親。
4. 現為或曾為四親等以內之旁系血親。
5. 現為或曾為四親等以內血親之配偶。
6. 現為或曾為配偶之四親等以內血親。
7. 現為或曾為配偶之四親等以內血親之配偶。

三、民事保護令【107年一般警四、110年普考】

(一) 民事保護令之審理機關為法院，執行機關為警察機關。

(二) 民事保護令分為通常保護令、暫時保護令及緊急保護令。

(三) 保護令之聲請，由被害人之住居所地、相對人之住居所地或家庭暴力發生地之地方法院管轄。前項地方法院，於設有少年及家事法院地區，指少年及家事法院。

(四) **聲請人**【111 年鐵高】

通常保護令、暫時保護令	檢察官、警察機關或直轄市、縣（市）主管機關以及被害人得向法院聲請之。被害人為未成年人、身心障礙者或因故難以委任代理人者，其法定代理人、三親等以內之血親或姻親，得為其向法院聲請之。
緊急保護令	檢察官、警察機關或直轄市、縣（市）主管機關，於被害人有受家庭暴力之急迫危險時，得以言詞、電信傳真或其他科技設備傳送之方式向法院聲請之，並得於夜間或休息日為之。

(五) **暫時保護令聲請時機**：法院為保護被害人，得於通常保護令審理終結前，依聲請核發暫時保護令。

(六) 法院於受理緊急保護令之聲請後，依聲請人到庭或電話陳述家庭暴力之事實，足認被害人有受家庭暴力之急迫危險者，應於 4 小時內以書面核發緊急保護令，並得以電信傳真或其他科技設備傳送緊急保護令予警察機關。

(七) 保護令除緊急保護令外，應於核發後 24 小時內發送當事人、被害人、警察機關及直轄市、縣（市）主管機關。

(八) 法院核發暫時保護令或緊急保護令，得不經審理程序。

(九) 法院審理保護令之事件不公開。保護令事件不得進行調解或和解。

(十) 關於保護令之裁定，除有特別規定者外，得為抗告。

(十一) **保護令有效期間**

通常保護令	有效期間為二年以下，自核發時起生效。但於失效前，法院得依當事人或被害人之聲請撤銷、變更或延長之。延長之期間為二年以下。

暫時保護令、緊急保護令	自核發時起生效，於聲請人撤回通常保護令之聲請、法院審理終結核發通常保護令或駁回聲請時失其效力。

(十二) 警察人員發現家庭暴力罪之現行犯時，應逕行逮捕之，並依刑事訴訟法規定處理。

四、保護令之內容

(一) 通常保護令之內容

法院於審理終結後，認有家庭暴力之事實且有必要者，應依聲請或依職權核發包括下列一款或數款之通常保護令（第 14 條第 1 項）：

1. 禁止相對人對於被害人、目睹家庭暴力兒童及少年或其特定家庭成員實施家庭暴力。
2. 禁止相對人對於被害人、目睹家庭暴力兒童及少年或其特定家庭成員為騷擾、接觸、跟蹤、通話、通信或其他非必要之聯絡行為。
3. 命相對人遷出被害人、目睹家庭暴力兒童及少年或其特定家庭成員之住居所；必要時，並得禁止相對人就該不動產為使用、收益或處分行為。
4. 命相對人遠離下列場所特定距離：被害人、目睹家庭暴力兒童及少年或其特定家庭成員之住居所、學校、工作場所或其他經常出入之特定場所。
5. 定汽車、機車及其他個人生活上、職業上或教育上必需品之使用權；必要時，並得命交付之。
6. 定暫時對未成年子女權利義務之行使或負擔，由當事人之一方或雙方共同任之、行使或負擔之內容及方法；必要時，並得命交付子女。
7. 定相對人對未成年子女會面交往之時間、地點及方式；必要時，並得禁止會面交往。
8. 命相對人給付被害人住居所之租金或被害人及其未成年子女之扶養費。
9. 命相對人交付被害人或特定家庭成員之醫療、輔導、庇護所或財物損害等費用。
10. 命相對人完成加害人處遇計畫。
11. 命相對人負擔相當之律師費用。
12. 禁止相對人查閱被害人及受其暫時監護之未成年子女戶籍、學籍、所得來源相關資訊。

13. 禁止相對人未經被害人同意，重製、散布、播送、交付、公然陳列，或以他法供人觀覽被害人之性影像。
14. 命相對人交付所持有之被害人性影像予被害人；必要時，並得命其刪除之。
15. 命相對人刪除或向網際網路平臺提供者、網際網路應用服務提供者或網際網路接取服務提供者申請移除其已上傳之被害人性影像。
16. 命其他保護被害人、目睹家庭暴力兒童及少年或其特定家庭成員之必要命令。

(二) 暫時保護令與緊急保護令之內容

法院核發暫時保護令或緊急保護令時，得依聲請或依職權核發下列命令：

1. 禁止相對人對於被害人、目睹家庭暴力兒童及少年或其特定家庭成員實施家庭暴力。
2. 禁止相對人對於被害人、目睹家庭暴力兒童及少年或其特定家庭成員為騷擾、接觸、跟蹤、通話、通信或其他非必要之聯絡行為。
3. 命相對人遷出被害人、目睹家庭暴力兒童及少年或其特定家庭成員之住居所；必要時，並得禁止相對人就該不動產為使用、收益或處分行為。
4. 命相對人遠離下列場所特定距離：被害人、目睹家庭暴力兒童及少年或其特定家庭成員之住居所、學校、工作場所或其他經常出入之特定場所。
5. 定汽車、機車及其他個人生活上、職業上或教育上必需品之使用權；必要時，並得命交付之。
6. 定暫時對未成年子女權利義務之行使或負擔，由當事人之一方或雙方共同任之、行使或負擔之內容及方法；必要時，並得命交付子女。
7. 禁止相對人查閱被害人及受其暫時監護之未成年子女戶籍、學籍、所得來源相關資訊。
8. 命其他保護被害人、目睹家庭暴力兒童及少年或其特定家庭成員之必要命令。

五、保護令之執行

(一) 保護令核發後，當事人及相關機關應確實遵守，並依下列規定辦理：

1. **不動產之禁止使用、收益或處分行為及金錢給付之保護令，得為強制執行名義，由被害人依強制執行法聲請法院強制執行，並暫免徵收執行費。**

2. **於直轄市、縣（市）主管機關所設處所為未成年子女會面交往，及由直轄市、縣（市）主管機關或其所屬人員監督未成年子女會面交往之保護令，由相對人向直轄市、縣（市）主管機關申請執行。必要時得請求警察機關協助之。**
3. **完成加害人處遇計畫之保護令，由直轄市、縣（市）主管機關執行之。必要時得請求警察機關協助之。**
4. **禁止查閱相關資訊之保護令，由被害人向相關機關申請執行。**
5. **其他保護令之執行，由警察機關為之。**

(二) 義務人不依保護令交付未成年子女時，權利人得聲請警察機關限期命義務人交付，屆期未交付者，命交付未成年子女之保護令得為強制執行名義，由權利人聲請法院強制執行，並暫免徵收執行費。

(三) 義務人不依保護令之內容辦理未成年子女之會面交往時，執行機關或權利人得聲請警察機關限期命義務人辦理，屆期未辦理者，命辦理未成年子女之會面交往得為強制執行名義，由權利人聲請法院強制執行，並暫免徵收執行費。此外，並得向法院聲請變更保護令。

(四) 當事人之一方依保護令之內容取得暫時對未成年子女權利義務之行使或負擔者，得持保護令逕向戶政機關申請未成年子女戶籍遷徙登記。

六、對保護令執行之救濟

當事人或利害關係人對於執行保護令之方法、應遵行之程序或其他侵害利益之情事，得於執行程序終結前，向執行機關聲明異議。此項聲明異議，執行機關認其有理由者，應即停止執行並撤銷或更正已為之執行行為；認其無理由者，應於十日內加具意見，送原核發保護令之法院裁定之。對於上開法院之裁定，不得抗告。

小試身手

(　　) **1** 法院所核發之通常保護令，其性質為？ (A)刑事保護令 (B)行政保護令 (C)民事保護令 (D)暫時保護令。

(　　) **2** 通常保護令之有效期間為何？ (A)二年以下，自核發時起生效 (B)自核發時生效，於聲請人撤回時失其效力 (C)一年以下，於送達至聲請人時生效 (D)一年以下，自法院宣判時起生效。

( ) **3** 當事人對於警察機關執行保護令之方法、應遵行之程序或其他侵害利益之情事，得於何時救濟？ (A)執行程序終結後 (B)執行程序終結前 (C)不得救濟 (D)法院為保護令核准之裁定後。

( ) **4** 下列何者非通常保護令之內容？ (A)命相對人負擔相當之律師費用 (B)命相對人從事特定行業 (C)命相對人遠離被害人之學校 (D)命相對人遷出被害人之住居所。

( ) **5** 下列何者非家庭暴力防治法規定，於執行職務時知有疑似家庭暴力情事者，應立即通報當地主管機關之人員？ (A)醫事人員 (B)臨床心理人員 (C)監所人員 (D)移民業務人員。

答 **1 (C)** **2 (A)** **3 (B)** **4 (B)** **5 (C)**

滿分題庫綜合演練

☆(　　) 1 某銀行主管與其行員經雙方同意，口頭約定，如有懷孕情事，應於分娩前兩個月內辦理留職停薪。依據性別平等工作法，此種約定之效力為何？ (A)有效，雇主與受僱者之自由合意的約定，當然受到契約自由原則的保障 (B)有效，雇主不得與受僱者約定懷孕分娩時即應離職，但得約定留職停薪 (C)無效，雇主與受僱者不得約定，於受僱者有懷孕分娩情事時即留職停薪 (D)無效，雇主與受僱者如約定因懷孕分娩時即留職停薪，必須以書面為之。

(　　) 2 依據家庭暴力防治法的規定，醫事人員、社會工作人員、臨床心理人員、教育人員、保育人員、警察人員等，於執行職務時，如果知悉疑有家庭暴力情事，應立即如何處理？ (A)通報當地主管機關，至遲不得逾二十四小時 (B)向法院聲請保護令，至遲不得逾二十四小時 (C)將被害人移送至當地緊急庇護中心予以安置 (D)將加害人以現行犯逮捕移送當地法院檢察署。

☆(　　) 3 受僱者向地方主管機關申訴雇主違反性別平等工作法之行為後，如果對於地方主管機關所為的處分有異議時，可以採取何種救濟手段？ (A)得逕行提出行政訴訟 (B)得提請該地方政府將該案件移轉法院審理 (C)得逕行提起訴願，就該訴願之決定不得再有異議 (D)得向中央主管機關的性別平等工作會申請審議或提起訴願。

(　　) 4 關於保護令聲請之程序，下列敘述何者正確？ (A)不問保護令種類，以言詞或書面均可 (B)保護令之聲請，由加害人之住居所地或家庭暴力發生地之法院管轄 (C)保護令事件之審理應行公開 (D)法院為定管轄權，得調查被害人之住居所。

☆(　　) 5 法院於審理終結後，認有家庭暴力之事實且有必要者，應依聲請或依職權核發一款或數款之通常保護令。下列何者非屬得為通常保護令之內容？ (A)限制相對人出境 (B)禁止相對人對於被害人實施家庭暴力 (C)命相對人遷出被害人之住居所 (D)命相對人完成加害人處遇計畫。

( ) **6** 通常保護令失效前，法院得依當事人或被害人之聲請撤銷、變更或延長之。關於該延長之期間如何？ (A)二年以下，不限次數 (B)二年以下，並以一次為限 (C)一年以下，不限次數 (D)一年以下，並以二次為限。

☆( ) **7** 關於保護令之執行，下列敘述何者錯誤？ (A)於直轄市主管機關所設處所為未成年子女會面交往，由相對人向直轄市主管機關申請執行 (B)完成加害人處遇計畫之保護令，由直轄市、縣(市)主管機關執行之 (C)為金錢給付之保護令，不得為強制執行名義 (D)警察機關亦屬保護令之執行機關。

( ) **8** 依家庭暴力防治法規定，保護令之義務人不依保護令交付未成年子女時，權利人應如何行使其權利？ (A)得逕行強制義務人交付 (B)向法院聲請除權判決 (C)提起行政爭訟 (D)得聲請警察機關限期命義務人交付。

☆( ) **9** 當事人對於執行保護令之方法、應遵行之程序或其他侵害利益之情事，得於執行程序終結前，向執行機關如何救濟？ (A)訴願 (B)抗議 (C)抗告 (D)聲明異議。

☆( ) **10** 承上題，對於該項救濟，執行機關認其無理由者，應於幾日內加具意見，送原核發保護令之法院裁定之？ (A)三日 (B)五日 (C)十日 (D)十五日。

☆( ) **11** 下列何者非保護令之聲請人？ (A)被害人在聲請通常保護令時 (B)被害人為未成年人，由其法定代理人聲請緊急保護令 (C)被害人在聲請暫時保護令時 (D)警察機關於被害人有受家庭暴力之急迫危險時，而聲請緊急保護令。

( ) **12** 為審議、諮詢及促進性別平等工作事項，各級主管機關應設性別平等工作會。性別平等工作會之委員中，女性委員人數應如何？ (A)占全體委員人數二分之一以上 (B)占全體委員人數三分之一以上 (C)至少為六人 (D)無明文規定。

☆( ) **13** 若雇主於工作規則中規定，受僱者有懷孕之情事時，應留職停薪。關於其規定如何？ (A)效力未定 (B)得撤銷 (C)若受僱者不反對，仍為有效 (D)無效。

( ) **14** 性別平等工作法中有關女性受雇者之促進工作平等措施，下列敘述何者錯誤？ (A)女性受僱者因生理日致工作有困難者，每月得請生理假一日 (B)雇主於女性受僱者分娩前後，應使其停止工作，給予產假八星期 (C)受僱者於育嬰留職停薪期間，經雇主同意後得繼續參加原有之社會保險 (D)受僱者任職滿六個月後，於每一子女滿三歲前，得申請育嬰留職停薪。

☆( ) **15** 僱用受僱者在幾人以上之雇主，應設置托兒設施或提供適當之托兒措施？ (A)一百人 (B)三百人 (C)二百人 (D)三百五十人。

( ) **16** 依性別平等工作法之規定，受僱者發現雇主違反有關性別歧視禁止之規定者，得如何為之？ (A)向警察機關報案 (B)向立法院陳情 (C)向地方主管機關申訴 (D)以上皆可。

( ) **17** 承上題，雇主、受僱者或求職者對於地方主管機關所為之處分有異議時，得如何救濟？ (A)向法院提起行政訴訟 (B)於十日內向中央主管機關性別平等工作會申請審議或逕行提起訴願 (C)向內政部聲明異議 (D)向法院提起民事訴訟。

☆( ) **18** 子女未滿二歲須受僱者親自哺（集）乳者，性別平等工作法有如何之規定？ (A)應在規定之休息時間內哺（集）乳 (B)除規定之休息時間外，雇主應每日另給哺（集）乳時間六十分鐘 (C)哺（集）乳時間每次為一小時為度 (D)哺（集）乳時間，不視為工作時間。

( ) **19** 下列何者非性別平等工作法所規定得請家庭照顧假之事由？ (A)家庭成員參加國家考試 (B)家庭成員發生嚴重之疾病 (C)有重大事故須親自照顧時 (D)家庭成員預防接種。

☆( ) **20** 關於性別平等工作法之適用，下列何者錯誤？ (A)軍職人員適用之 (B)教育人員之申訴、救濟及處理程序，依教育人事法令之規定 (C)公務人員不適用之 (D)教育人員適用之。

☆( ) **21** 依性別平等工作法之規定，下列何者限於有配偶之受僱者始有適用？ (A)產假 (B)陪產假 (C)家庭照顧假 (D)育嬰留職停薪。

☆( ) **22** 任職於臺北市某百貨公司化妝品專櫃、懷孕已三個月之甲，遭公司以「不能勝任工作」為理由解僱。依性別平等工作法之規定，下列敘述何者正確？ (A)雇主可直接以甲女懷孕為理由將其解僱 (B)雇主若允許甲女較多之休息次數，對其他員工不公平，會構成性別歧視 (C)甲女因懷孕無法久站，已構成「不能勝任工作」之情形，該解僱為合法 (D)甲女雖因懷孕無法久站，但此為懷孕期間之特殊狀況，非「不能勝任工作」之情形，該解僱為違法。

☆( ) **23** 甲乙為夫妻，甲經常毆打乙與未成年之子丙，乙依家庭暴力防治法是否得請求法院裁定核發保護令命甲不得與其子丙會面交往？ (A)否，甲與丙之親權不能剝奪，因此依法不能禁止會面，但得請社工人員陪同 (B)否，依照家庭暴力防治法中保護令得定甲對丙會面交往之時間、地點及方式，不得發禁止會面之保護令 (C)是，必要時法院得裁定禁止甲與丙會面 (D)是，一旦發生家暴法院即得停止親權。

( ) **24** 某公司男職員甲於執行職務時，女職員乙以具有性意味之言詞，對其造成敵意性、脅迫性之工作環境，致影響其工作表現。此稱為？ (A)性侵害 (B)性暗示 (C)性騷擾 (D)性攻擊。

( ) **25** 下列何者得為緊急保護令之內容？ (A)命相對人遷出被害人之住居所 (B)定相對人對未成年子女會面交往之時間、地點及方式；必要時，並得禁止會面交往 (C)命相對人給付被害人住居所之租金或被害人及其未成年子女之扶養費 (D)命相對人交付被害人或特定家庭成員之醫療、輔導、庇護所或財物損害等費用。

☆( ) **26** 下列關於保護令聲請之程序，何者錯誤？ (A)保護令之聲請原則上以書面為之 (B)保護令之聲請應記載被害人之住居所 (C)聲請保護令之程式或要件有欠缺者，法院應以裁定駁回之 (D)法院為定管轄權，得調查被害人之住居所。

( ) **27** 下列何者非家庭暴力防治中心所辦理之業務？ (A)提供二十四小時電話專線服務 (B)轉介被害人身心治療及諮商 (C)追蹤及管理轉介服務案件 (D)提供為被告之加害人法律扶助服務。

( ) **28** 對於加害人實施之認知教育輔導、心理輔導、精神治療、戒癮治療或其他輔導治療，係為？ (A)加害人處遇計畫 (B)家庭暴力處理程序 (C)家庭暴力防治法所定之行政罰 (D)家庭暴力防治法所定之刑罰。

☆( ) **29** 指由法院以終局裁定所核發之保護令，係指？ (A)緊急保護令 (B)暫時保護令 (C)通常保護令 (D)以上皆是。

☆( ) **30** 下列有關性別工作平等法「家庭照顧假」規定之敘述，何者為正確？ (A)家庭照顧假是有給假 (B)僱用人數五人以上之事業單位，雇主方有責任給予員工家庭照顧假 (C)家庭照顧假併入事假計算 (D)家庭照顧假全年以十四日為限。

解答及解析

1 (C)。性別平等工作法第 11 條第 2 項參照。

2 (A)。家庭暴力防治法第 50 條第 1 項參照。

3 (D)。性別平等工作法第 34 條第 1 項參照。

4 (D)。家庭暴力防治法第 12 條第 3 項參照。

5 (A)。家庭暴力防治法第 14 條第 1 項參照。

6 (A)。家庭暴力防治法第 15 條第 2 項參照。

7 (C)。家庭暴力防治法第 21 條第 1 項第 1 款參照。

8 (D)。家庭暴力防治法第 24 條參照。

9 (D)。家庭暴力防治法第 27 條第 1 項參照。

10 (C)。家庭暴力防治法第 27 條第 2 項參照。

11 (B)。家庭暴力防治法第 10 條第 1 項參照。

12 (A)。性別平等工作法第 5 條第 2 項。

13 (D)。性別平等工作法第 11 條第 2、3 項參照。

14 (C)。性別平等工作法第 16 條第 2 項參照。

15 (A)。性別平等工作法第 23 條第 1 項參照。

16 (C)。性別平等工作法第 34 條第 1 項參照。

17 (B)。行政處分的救濟途徑最終為行政法院。

18 (B)。性別平等工作法第 18 條參照。

19 (A)。性別平等工作法第 20 條第 1 項參照。

20 (C)。性別平等工作法第 2 條參照。

21 (B)。性別平等工作法第 15 條第 4 項規定：「受僱者於其配偶分娩時，雇主應給予**陪產假**三日。」

22 (D)。性別平等工作法第 11 條第 2 項規定：「工作規則、勞動契約或團體協約，**不得規定或事先約定**受僱者有結婚、懷孕、分娩或育兒之情事時，應行離職或留職停薪；亦不得以其為解僱之理由。」

23 (C)。家庭暴力防治法第 14 條第 1 項參照。

24 (C)。性別平等工作法關於性騷擾之定義，規定於該法第 12 條。

25 (A)。家庭暴力防治法第 16 條第 3 項參照。

26 (B)。保護令之聲請得**不記載**聲請人或被害人之住居所，僅記載其送達處所。

27 (D)。家庭暴力防治法第 8 條第 1 項參照。

28 (A)。家庭暴力防治法第 2 條第 6 款參照。

29 (C)。家庭暴力防治法第 10 條。

30 (C)。性別平等工作法第 20 條參照。

第十三章 司法制度、組織與救濟

依據出題頻率區分，屬：**B頻率中**

準備要領

本章針對權利（公權及私權）受侵害時，如何提起救濟論述之，亦即就現行之民事訴訟法、刑事訴訟法、訴願法及行政訴訟法為簡介之，對上開數種救濟程序需加以比較之。近年考試本章有增加趨勢，尤其是以行政救濟（訴願、行政訴訟）為主。在準備本章時，請多花時間在行政救濟部分。然近年刑事訴訟法修法頻繁、釋字眾多且具有相當代表性，亦不得忽略。

第一節｜我國司法制度與法院組織

壹、我國司法制度

一、司法之意義

司法者，乃獨立之機關就具體紛爭之案例事實，適用法律而作出裁判予以解決紛爭之國家作用之謂。我國憲法所稱之司法，係指廣義而言。

(一) **狹義**：指各級法院所為民事、刑事、行政訴訟之審判而言。【109年關四】

(二) **廣義**：司法院掌理民事、刑事、行政訴訟及政黨違憲之審判及公務員之懲戒，並有解釋憲法及統一解釋法律及命令之權。

(三) **最廣義**：除廣義的司法所列事項外，凡各種司法行政事務、檢察官之業務、公證人之公證，乃至法人及夫妻財產登記等非訟事件之處理，亦即法院所承辦之事項，均屬於司法之範圍。

二、法院體系

<table>
<tr><td rowspan="7">普通法院體系</td><td colspan="2">刑事訴訟</td><td rowspan="2">地方法院</td><td rowspan="3">高等法院</td><td rowspan="3">最高法院</td></tr>
<tr><td colspan="2">民事訴訟</td></tr>
<tr><td rowspan="5">專業訴訟</td><td>少年及家事事件</td><td>地方法院/少年及家事法院</td></tr>
<tr><td>選舉罷免事件</td><td>地方法院</td><td>高等法院</td><td></td></tr>
<tr><td>軍事審判</td><td>（地方、高等、最高）軍事法院（隸屬國防部）</td><td>高等法院</td><td>最高法院</td></tr>
<tr><td>公務員懲戒</td><td colspan="3">懲戒法院</td></tr>
<tr><td>法官懲戒</td><td colspan="3">司法院職務法庭</td></tr>
<tr><td>行政法院體系</td><td colspan="2">行政訴訟</td><td>地方行政法院（簡易訴訟程序）</td><td>高等行政法院</td><td>最高行政法院</td></tr>
</table>

智慧財產法院所審理者，包括刑事訴訟案件、民事訴訟事件與行政訴訟事件，屬於司法二元制之例外。

法學小教室

111 年 6 月 22 日修正、112 年 8 月 15 日施行之行政訴訟法第 3-1 條修正如下：「本法所稱高等行政法院，指高等行政法院高等行政訴訟庭；所稱地方行政法院，指高等行政法院地方行政訴訟庭。」依立法總說明，訴訟法上，地方行政訴訟庭即相當於「地方行政法院」的審級，其與高等行政訴訟庭的關係，屬於訴訟上不同審級之法院。

(一) **普通法院體系**：指案（事）件的審理係由普通法院審理，而普通法院所審理者，通常為涉及刑事訴訟與民事訴訟之案（事）件。其他尚有具專業性質之訴訟案（事）件類型，在法律有特別規定之情況下，亦由普通法院審理。

刑事訴訟	**刑事訴訟是國家用來確定犯罪行為人應受何種刑罰及其範圍之程序，主要係依據刑事訴訟法之規定**，該法第 1 條有言：「犯罪，非依本法或其他法律所定之訴訟程序，不得追訴、處罰。」

民事訴訟	**民事訴訟是私人間為確定彼此私法上之權利義務關係**，請求法院依法判斷之程序，**其所依據的法律主要是民事訴訟法。**
事業訴訟	某些案（事）件，在法律有特別規定之情況下，亦由普通法院審理，例如**選舉罷免訴訟，依據總統副總統選舉罷免法及公職人員選舉罷免法之規定，係由普通法院依民事訴訟程序之規定審理；又如少年及家事法院係依據少年及家事法院組織法設置，並分別依少年事件處理法及家事事件法審理有關少年與家事相關事件。**
軍事法院體系	軍事審判法於民國 102 年 8 月 15 日修正施行後，**對於現役軍人之處罰，原則上僅限於戰時犯陸海空軍刑法或其特別法之罪時，始適用軍事審判法而由軍事法院審理。對於現役軍人非戰時犯陸海空軍刑法或其特別法之罪者，則由普通法院審判。** 法學小教室 非現役軍人不受軍事審判，而是由普通法院審判。 須注意的是，在軍事審判法修正施行前，**普通法院本於大法官釋字第 436 號解釋意旨及軍事審判法之規定，對於軍事審判案件本來就有審判權，因此此次軍事審判法修正施行後，軍事法院雖將案件移送普通法院審判，僅係審判機關變更所生之案件移轉，不生普通法院有無審判權之問題。**

(二) **行政法院體系：指由行政法院就行政爭議事項審理之謂也，主要係依據行政訴訟法之規定進行審理。行政訴訟法第 2 條即規定：「公法上之爭議，除法律別有規定外，得依本法提起行政訴訟。」**此外，特定行政訴訟事件（撤銷訴訟、課予義務訴訟）在進入行政法院前，必須經過行政機關之訴願程序（即訴願前置主義），目的在使行政機關能發揮自我審查功能，減少行政法院之訟源。

(三) **智慧財產及商業法院體系**：智慧財產及商業法院組織法第 2 條規定：「智慧財產及商業法院依法掌理下列事務：一、智慧財產之民事、刑事及行政訴訟。二、商業之民事訴訟與非訟事件。」

法學小教室

智慧財產及商業法院組織法前身為智慧財產法院組織法，配合「商業事件審理法」於 108 年 12 月三讀通過，兩部法律均在 110 年 7 月 1 日正式施行。

三、法院之審級制度

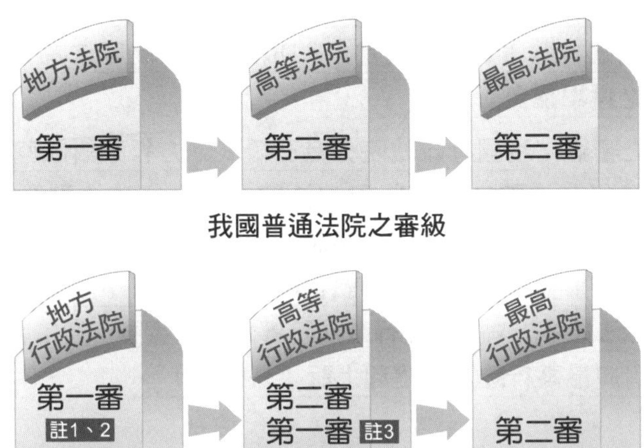

我國普通法院之審級

我國行政法院之審級

註 1：行政訴訟法第 3-1 條：「本法所稱高等行政法院，指高等行政法院行政訴訟庭；所稱地方行政法院，指高等行政法院地方行政訴訟庭。」

註 2：同法第 229 條第 1 項：「適用簡易訴訟程序之事件，以地方法院為第一審管轄法院。」

註 3：同法第 104-1 條：「適用通常訴訟程序之事件，以高等行政法院為第一審管轄法院。」

(一) **設置審級制度之理由**：目的在求裁判之公平公正及適用法律之一致，以免因錯誤之裁判而侵害當事人之正當合法權益。如訴訟案件只經一審裁判，實無法確保法院在認事用法上毫無疏失，故設有審級制度，使該案件不會經一次法院裁決而告確定。當事人如對法院之裁判有不服時，而可經由上訴程序由上級法院來審酌原審判決是否有所違誤，如上級法院認為下級法院之裁判不合法或不妥當時，則由上級法院加以糾正，以免以不合法或不妥當之裁判加諸於當事人身上，此即審級制度之理由。

(二) **普通法院之審級**：**我國普通法院分為三級，地方法院或其分院為第一級法院，高等法院或其分院為第二級法院，最高法院為第三級法院。案件之審判原則上採三級三審制，第一審（事實初審）與第二審（事實覆審）為事實審，第三審為法律審。地方法院或其分院為第一審，高等法院或其分院為第二審，最高法院為第三審。但有些較輕之刑事案件與訴訟標的較小之民事案件，則以第二審為終審，不得上訴於第三審。反之，有某些特殊之刑事案件，如下列案件，則以高等法院為第一審，而以最高法院為終審：**

1. **內亂、外患及妨害國交罪之刑事案件**（刑事訴訟法第 4 條），**以及殘害人群治罪條例之罪之案件**（第 6 條）。
2. **依總統副總統選舉罷免法規定**（第 110 條）**應由高等法院或其分院為第一審法院之選舉罷免訴訟。**

(三) **行政法院之審級：我國行政法院分為三級，地方行政訴訟庭為第一級行政法院，高等行政法院為第二級行政法院，最高行政法院為第三級行政法院。案件之審判原則上採三級二審制：由地方行政訴訟庭審理（事實審）簡易訴訟程序事件及交通裁決訴訟程序事件，若有不服者向高等行政法院提起上訴（法律審）；由高等行政法院審理（事實審）通常訴訟程序事件，若有不服者向最高行政法院提起上訴（法律審）。**

貳、我國法院組織概況

一、各級普通法院

(一) 地方法院

我國目前在台灣省設有台北、士林、新北、桃園、新竹、苗栗、台中、南投、彰化、雲林、嘉義、台南、高雄、橋頭、屏東、台東、花蓮、宜蘭、基隆及澎湖地方法院及高雄少年及家事法院等 21 所地方法院。另外尚有設有福建金門地方法院及福建連江地方法院。

1. **設置**：直轄市或縣（市）各設地方法院。但得視其地理環境及案件多寡，增設地方法院分院；或合設地方法院；或將其轄區之一部劃歸其他地方法院或其分院，不受行政區劃限制。在特定地區，因業務需要，得設專業地方法院；其組織及管轄等事項，以法律定之（法院組織法第 8 條）。
2. **管轄**：地方法院管轄事件如下：(1) 民事、刑事第一審訴訟案件。但法律別有規定者，不在此限。(2) 其他法律規定之訴訟案件。(3) 法律規定之非訟事件（法院組織法第 9 條）。
3. **簡易庭**：地方法院得設簡易庭，其管轄事件依法律之規定（法院組織法第 10 條）。
4. **法庭之設置**：地方法院分設民事庭、刑事庭，其庭數視事務之繁簡定之；必要時得設專業法庭（法院組織法第 14 條）。

法學小教室

特定業務僅地方法院所辦理者，最高法院及高等法院並未設置相關科室及人員，例如司法事務官室及司法事務官、觀護人室及觀護人、公證處及公證人等。

5. **其他重要之組織**：民事執行處、公設辯護人室、公證處、司法事務官室、觀護人室、公證處、提存所、登記處、書記處等。
6. **人員之組成**：院長、法官、司法事務官、書記官、公設辯護人、公證人、觀護人、通譯、執達員、法警等。

(二) **高等法院**：我國目前設有台灣高等法院（院址位於台北市）1 所，並分設台中、台南、高雄及花蓮 4 所高等法院分院。外島部分設有福建高等法院金門分院 1 所。高等法院為一般民事、刑事案件的第二審法院，受理不服地方法院第一審判決、裁定而上訴或抗告的案件。另關於總統副總統選舉罷免訴訟事件，內亂、外患及妨害國交罪的刑事案件，依法律規定則是以高等法院為第一審法院。

1. **設置**：省、直轄市或特別區域各設高等法院。但得視其地理環境及案件多寡，增設高等法院分院；或合設高等法院；或將其轄區之一部劃歸其他高等法院或其分院，不受行政區劃之限制（法院組織法第 31 條）。
2. **管轄**：高等法院管轄事件如下：(1) 關於內亂、外患及妨害國交之刑事第一審訴訟案件。(2) 不服地方法院及其分院第一審判決而上訴之民事、刑事訴訟案件。但法律另有規定者，從其規定。(3) 不服地方法院及其分院裁定而抗告之案件。但法律另有規定者，從其規定。(4) 其他法律規定之訴訟案件（法院組織法第 32 條）。
3. **法庭之設置**：高等法院分設民事庭、刑事庭，其庭數視事務之繁簡定之；必要時得設專業法庭（法院組織法第 36 條）。
4. **其他重要組織**：公設辯護人室、書記處等。
5. **人員之組成**：院長、法官、公設辯護人、書記官、通譯、法警等。

(三) **最高法院**

1. **設置**：最高法院設於中央政府所在地（法院組織法第 47 條）。
2. **管轄**：最高法院管轄事件如下：(1) 不服高等法院及其分院第一審判決而上訴之刑事訴訟案件。(2) 不服高等法院及其分院第二審判決而上訴之民事、刑事訴訟案件。(3) 不服高等法院及其分院裁定而抗告之案件。(4) 非常上訴案件。(5) 其他法律規定之訴訟案件（法院組織法第 48 條）。
3. **其他重要組織**：書記廳等。
4. **人員之組成**：院長、法官、書記官、通譯、法警等。

(四) **審判之方式**

1. **獨任制與合議制**【109 年台電】
   (1) **地方法院審判案件，以法官一人獨任或三人合議行之。**
   (2) **高等法院審判案件，以法官三人合議行之。**
   (3) **最高法院審判案件，以法官五人合議行之**（法院組織法第 3 條）。
2. **審判長**：合議審判，以庭長充審判長；無庭長或庭長有事故時，以庭員中資深者充之，資同以年長者充之。獨任審判，即以該法官行審判長之職權（法院組織法第 4 條）。
3. **裁判之評議（適用合議裁判案件）**
   (1) 主席：裁判之評議，以審判長為主席。
   (2) 不公開原則：裁判之評議，於裁判確定前均不公開。
   (3) 發表意見之次序：評議時法官應各陳述意見，其次序以資淺者為先，資同以年少者為先，遞至審判長為終。
   (4) 評議決定方式：評議以過半數之意見決定之。關於數額，如法官之意見分三說以上，各不達過半數時，以最多額之意見順次算入次多額之意見，至達過半數為止。關於刑事，如法官之意見分三說以上，各不達過半數時，以最不利於被告之意見順次算入次不利於被告之意見，至達過半數為止。

(五) **檢察機關**

1. **設置**：各級法院及分院各配置檢察署。各級法院及分院檢察署置檢察官，最高法院檢察署以一人為檢察總長，其他法院及分院檢察署各以一人為檢察長，分別綜理各該署行政事務（法院組織法第 58、59 條）。
2. **檢察署與法院之關係**：**檢察官對於法院，獨立行使職權**（法院組織法第 61 條）。
3. **檢察總長**：**最高法院檢察署檢察總長由總統提名，經立法院同意任命之，任期四年，不得連任。檢察總長依本法及其他法律之規定，指揮監督該署檢察官及高等法院以下各級法院及分院檢察署檢察官。**

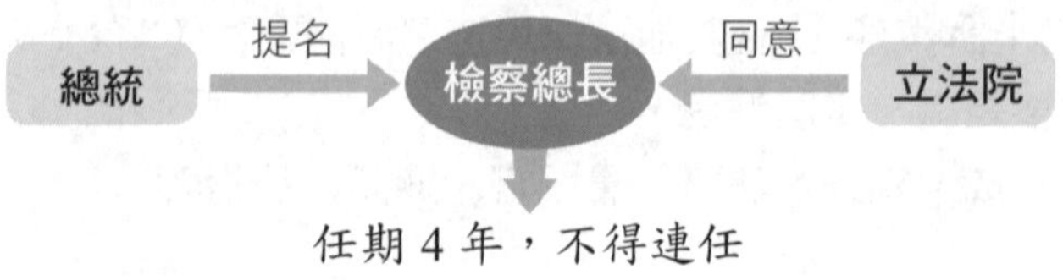

4. **檢察長**：高等法院及地方法院檢察署檢察長，得派本署檢察官兼行其分院檢察署檢察官之職務。檢察長依本法及其他法律之規定，指揮監督該署檢察官及其所屬檢察署檢察官。

5. **檢察官之職權**：檢察官之職權如下：(1) 實施偵查、提起公訴、實行公訴、協助自訴、擔當自訴及指揮刑事裁判之執行。(2) 其他法令所定職務之執行（法院組織法第 60 條）。

二、各級行政法院

(一) **地方法院行政訴訟庭**：**法院組織法第 14 條規定：「地方法院分設民事庭、刑事庭、行政訴訟庭，其庭數視事務之繁簡定之；必要時得設專業法庭。」現行行政訴訟，於修法後改採三級二審制，在通常訴訟程序中以高等行政法院為第一審，最高行政法院為第二審；在簡易訴訟程序及交通裁決事件訴訟程序中，原則上以地方法院行政訴訟庭為第一審，高等行政法院為第二審。**（註：111 年 6 月 22 日修正、112 年 8 月 15 日施行之行政法院組織法第 2 條規定：「(I) 行政法院分下列二級：一、高等行政法院。二、最高行政法院。(II) 本法所稱高等行政法院，除別有規定外，指高等行政法院高等行政訴訟庭與地方行政訴訟庭。」）

(二) **高等行政法院**：我國目前共有 3 所高等行政法院，依轄區區分為台北高等行政法院、台中高等行政法院及高雄高等行政法院。

法學小教室

行政法院審判之方式，準用法院組織法之規定。

1. 高等行政法院高等行政訴訟庭管轄事件如下：
   (1) 不服訴願決定或法律規定視同訴願決定，依行政訴訟法第一百零四條之一第一項本文提起之通常訴訟程序事件。但法律另有規定者從其規定。
   (2) 依行政訴訟法第二百三十七條之十八提起之都市計畫審查程序。
   (3) 不服高等行政法院地方行政訴訟庭第一審判決而上訴之事件。
   (4) 不服高等行政法院地方行政訴訟庭裁定而抗告之事件。
   (5) 其他依法律規定由高等行政法院高等行政訴訟庭管轄之事件。

2. 高等行政法院地方行政訴訟庭管轄事件如下：
   (1) 不服訴願決定或法律規定視同訴願決定，依行政訴訟法第一百零四條之一第一項但書提起之通常訴訟程序事件。
   (2) 適用行政訴訟法簡易訴訟程序之事件。
   (3) 交通裁決事件。
   (4) 收容聲請事件。
   (5) 其他依法律規定或經司法院指定由高等行政法院地方行政訴訟庭管轄之事件。

(三) **最高行政法院**：我國的最高行政法院設於中央政府所在地（即台北市），最高行政法院管轄事件如下：

1. 不服高等行政法院高等行政訴訟庭所為第一審之裁判而上訴或抗告之事件。
2. 其他依法律規定由最高行政法院管轄之事件。

三、專業法院(1)－智慧財產及商業法院

(一) 智慧財產權具有國際性、迅速性、技術性及專業性之特質，我國為保障智慧財產權，避免民、刑事案件停止訴訟之延滯，加速解決訴訟紛爭，累積審理智慧財產案件之經驗，達成法官專業化需求，特於民國 97 年成立，專門負責審理相關智慧財產案件。

智慧財產及商業法院為一集合民事、刑事與行政訴訟事件於一法院審理之專業法院，依智慧財產及商業法院組織法第 3 條規定，掌理與智慧財產有關之第一、二審民事事件、第二審刑事案件、第一審行政訴訟及強制執行事件，以及其他依法律規定或經司法院指定由智慧財產法院管轄之案件。其層級定位為高等法院層級；與之對應的檢察署，依同法第 5 條規定，為高等法院檢察署智慧財產分署。

智慧財產及商業法院受理的民事事件，其第一審由一位法官獨任審判；第二審由三位法官合議審判；不服第二審裁判，除別有規定外，向最高法院提起上訴或抗告。至於涉及智慧財產的刑事案件，其偵查階段之管轄及第一審管轄法院仍為各地方法院檢察署及各地方法院；第二審管轄法院為智慧財產及商業法院；第三審法院仍為最高法院。另外與智慧財產有關之行政訴訟，第一審管轄法院為智慧財產法院；上訴審法院則為最高行政法院。

最高法院		最高行政法院
智慧財產及商業法院		
民事訴訟	刑事訴訟	行政訴訟
第二審 相關智慧財產權法所生民事訴訟事件	第二審 受理不服各地方行政法院對刑法、商標法、著作權法或公平交易法關於智慧財產權益保護刑事訴訟案件	第一審 相關智慧財產權法所生第一審行政訴訟事件及強制執行事件
各地方法院		訴願
第一審 相關智慧財產權法所生民事訴訟事件	第一審 各地方刑事庭審理刑法、商標法、著作權法或公平交易法關於智慧財產權益保護刑事訴訟案件	經濟部訴願審議委員會對相關智慧財產權行政處分訴願審議 經濟部智慧財產權局對相關智慧財權行政處分

本表摘錄自智慧財產及商業法院網站

(二)「商業事件審理法」於108年12月17日經立法院三讀通過，是為了迅速、妥適、專業處理重大商業紛爭，提升判決一致性與可預測性所為的法律改革，110年7月1日正式施行，應注意該法與原有智慧財產法院之異同。該法共計81條條文，其重點摘要說明如下：

1. 商業事件由智慧財產及商業法院專屬管轄：智慧財產及商業法院（下稱商業法院）下設有智慧財產法庭及商業法庭。商業事件分為商業訴訟事件及商業非訟事件，由商業法院專屬管轄，並採**二級二審**制。
2. 重要審理制度：**採行律師強制代理、強制調解先行、電子書狀**與遠距**審理、引進專家證人制度、設置商業調查官、裁定核發秘密保持命令、當事人查詢制度，同時鼓勵當事人利用訴訟外紛爭機制解決紛爭**。
3. 原「智慧財產法院組織法」已修訂為「智慧財產及商業法院組織法」，明定智慧財產法庭與商業法庭應分流，由專業法官辦理各該專業案件，施行日期與「商業事件審理法」相同。

四、專業法院(2)－少年及家事法院

> **法學小教室**
> 少年及家事法院之設置，其宗旨為「一家庭，一法院」，期能在完善、專業的審理制度下，重建家庭結構，保障未成年子女、家庭成員及失能老人的權益，有效解決家庭紛爭。

有鑒於少年事件和家事事件的發生高度相關連，家庭因素常是少年犯罪的主要原因，家庭功能不健全常導致少年性格偏差與行為違常。少年事件和家庭事件的處理，除法律專業外，還須要結合社工、心理、輔導、諮商、調解、精神醫學等領域。為有效運用各項資源，妥適解決少年及家事事件，成立專業之少年及家事法院，是法治先進國家的趨勢。我國亦於民國 99 年 12 月 8 日制定通過少年及家事法院組織法，並由司法院號令自民國 101 年 6 月 1 日施行。目前國內設有臺灣高雄少年及家事法院，負責少年及家事事件之審理。

少年及家事法院之立法目的，依少年及家事法院組織法第 1 條規定，乃為保障未成年人健全之自我成長、妥適處理家事紛爭，並增進司法專業效能。而其管轄事件則依該法第 2 條第 1 項規定：「少年及家事法院，除法律別有規定外，管轄下列第一審事件：一、少年事件處理法之案件。二、家事事件法之事件。三、其他法律規定由少年及家事法院、少年法院、地方法院少年法庭或家事法庭處理之事件。」性質上，少年及家事法院屬於法院組織法第 8 條第 2 項之專業法院，然就司法二元之制度下，仍屬普通法院體系。

小試身手

( ) **1** 高等法院審判案件，審判庭由幾位法官組成？ (A)1位 (B)3位 (C)5位 (D)1位或3位。

( ) **2** 關於違反商標法案件之民事訴訟，是由何法院管轄？ (A)普通法院刑事庭 (B)智慧財產及商業法院 (C)普通法院民事庭 (D)行政法院。

( ) **3** 我國普通法院之審級制度原則上係採？ (A)三級三審制 (B)三級二審制 (C)二級二審制 (D)三級四審制。

( ) **4** 少年及家事法院之設置，其宗旨為？ (A)一家庭，一法院 (B)小家庭，大法院 (C)公平正義 (D)法院為父，家庭為子。

(　) **5** 對於因智慧財產權法所生之民事訴訟事件，其不服智慧財產及商業法院第二審之判決者，應上訴於？ (A)最高民事法院 (B)高等法院 (C)最高行政法院 (D)最高法院。

答 **1 (B)**　**2 (B)**　**3 (A)**　**4 (A)**　**5 (D)**

第二節｜民事訴訟【111年初考、鐵佐、司五】(112年11月29日最新修正)

一、意義

民事訴訟是國家司法機關在人民私權受到侵害時，基於當事人之請求，依照民事訴訟法等相關法律審理，以確保當事人私法上權益之訴訟程序。民事訴訟程序之進行，除採直接、公開審理之原則外，在民事訴訟特別重視以下原則之採行：

(一) **處分權主義：處分權主義是基於私法自治的法理，指就訴訟之開始、法院審理之標的與範圍、以及訴訟之終止，應委由當事人自由決定之原則。**

(二) **辯論主義：指訴訟資料包括事實及證據之蒐集，乃由當事人自己負責，法院不得依職權探知。申言之，辯論主義是指若無事實證據，法院即無裁判之基礎；若當事人對事實不爭執者，法院應以該事實為裁判之基礎；若當事人有爭執之事實，法院則應依當事人所提出證據認定之。**

二、程序種類

(一) **一般程序**：即係指一般確定私權之訴訟程序而言。民事訴訟之第一審程序分為通常訴訟程序、簡易訴訟程序及小額訴訟程序：

1. **通常訴訟程序**：乃一般確定私權之訴訟，適用通常訴訟程序之謂。通常訴訟程序，又可分為第一審程序及第二審、第三審之上訴審程序。
2. **簡易訴訟程序**：於第一審訴訟事件中，因事件輕微、簡易或應予迅速審結者，稱為簡易事件。適用簡易程序之事件，可分為三類（民事訴訟法第427條）：【111年司五】

(1) 關於財產權之訴訟，其標的之金額或價額在**新台幣 50 萬元以下者**。

(2) 下列各款訴訟，不問其標的金額或價額一律適用簡易程序：

A. 因建築物或其他工作物定期租賃或定期借貸關係所生之爭執涉訟者。

B. 僱用人與受僱人間，因僱傭契約涉訟，其僱傭期間在一年以下者。

C. 旅客與旅館主人、飲食店主人或運送人間，因食宿、運送費或因寄存行李、財物涉訟者。

D. 因請求保護占有涉訟者。

E. 因定不動產之界線或設置界標涉訟者。

F. 本於票據有所請求而涉訟者。

G. 本於合會有所請求而涉訟者。

H. 因請求利息、紅利、租金、贍養費、退職金或其他定期給付涉訟者。

I. 因動產租賃或使用借貸關係所生之爭執涉訟者。

J. 因第 A 款至第 C 款、第 F 款至第 I 款所定請求之保證關係涉訟者。

K. 本於道路交通事故有所請求而涉訟者。

L. 適用刑事簡易訴訟程序案件之附帶民事訴訟，經裁定移送民事庭者。

(3) 不合於前述 (1)、(2) 項之情況者，得以當事人之合意，適用簡易程序，其合意應以文書證之。

3. **小額訴訟程序**：關於請求金額或其他代替物或有價證券之訴訟，其標的金額或價額**在新臺幣 10 萬元以下者**，適用小額訴訟程序。【111 年鐵佐】

(二) **特別程序**：即就一般訴訟以外之特別事項所生之訴訟或非訟程序。此種程序，因其性質特殊，應適用特別程序之規定。

督促程序	即法院依債權人之聲請，就以給付金錢或其他代替或有價證券之一定數量為標的之請求，對債務人發支付命令之程序也。
保全程序	即指保全強制執行之假扣押及假處分之程序而言。
公示催告程序	即法院依當事人之聲請，以公告之方法，催告不明之相對人，於一定期間內申報權利，如不申報，則使其受到失權效果之程序也。

三、起訴

法學小教室

110 年 1 月 20 日修正民事訴訟法第 249 條，法院得裁定及判決駁回的部分，並新增第 249 條之 1，內容係修正原條文第 249 條第 3 項、第 4 項濫訴處罰之規定移列。此兩條屬於重要條文，需注意修法後內容。

起訴者，指原告為確定其私權，請求法院開始判決之程序也。起訴之要件通稱為訴訟成立要件，起訴要件如有欠缺，除可以補正，審判長應命其補正外，法院應以裁定駁回其起訴。原告之訴，有當事人不適格或欠缺權利保護必要或依其所訴之事實，在法律上顯無理由之一者，法院得不經言詞辯論，逕以判決駁回之（民事訴訟法第 249 條）。但因逾期未補正經裁判駁回後，則不得再為補正。茲列述起訴之要件如下：

(一) 訴訟事件須屬於普通法院之權限。如對行政處分之爭應向行政法院提起。
(二) 訴訟法院須於受訴法院管轄或得依民事訴訟法第 28 條為移送之裁定者。
(三) 原告或被告須有當事人能力。如以動物為被告，因動物無當事人能力。【109 年台電】
(四) 無訴訟能力之原告或被告，須由其法定代理人合法代理。如由訴訟代理人起訴，該代理人需為有權代理。
(五) 起訴須合於程式或其他要件。如起訴狀應繳納裁判費。
(六) 起訴須未違反一事不再理原則。

四、裁判

裁判者，乃法院就具體紛爭之事件，適用法律予以判斷之結果。

(一) 裁判在形式上可分為裁定及判決，茲分述之

判決	即法院依法定書面程式，原則上本於言詞辯論，對於當事人所主張實體上權利之爭執，為決定之意思表示。
裁定	即法院在訴訟中對實體上權利以外訴訟程序之爭執之意思表示。

(二) 判決與裁定之不同

形式上	判決原則上本於言詞辯論，並依法作成書面，且須經宣示，但裁定原則上無須本於言詞辯論，亦無法定書面程式，且不必宣示。

實質上	判決非經當事人起訴或提起上訴，法院不得依職權為判決。但裁定，得依當事人之聲請，亦可依職權為之。

五、上訴【111年司五】

當事人對法院之判決不服，可以上訴，對裁定不服可以抗告，對於確定之判決有重大瑕疵，亦可提起再審。

(一) **上訴之意義**：為敗訴之當事人，對於下級法院未確定之判決訴請上級法院廢棄或變更原判決之方法。

(二) **上訴之要件**

1. 形式上要件：上訴必須合於程式、未超過上訴期間及為法律所應准許者，始為合法。
2. 實質上要件即法院之判決，須對上訴人不利，而且不當，才可提起上訴。否則，法院應認為上訴無理由，而以判決駁回之。

(三) **上訴之種類**：上訴審程序有第二審程序及第三審程序：

1. **第二審上訴**：即不服地方法院或其分院之判決，得向高等法院或其分院提起之上訴也。
2. **第三審上訴**：即不服高等法院或其分院之判決，得向最高法院提起之上訴也。對於高等法院判決之上訴，非以其違背法令為理由，不得為之。第三審為法律審，而無事實審之性質。

(四) **第二審上訴與第三審上訴之不同**

1. 上訴第二審必須向原第一審法院提出上訴狀，表明上訴理由；而上訴第三審必須向原第二審法院提出上訴狀。
2. 第三審法院應以第二審法院判決確定之事實為判決基礎，不得斟酌第二審言詞辯論終結前未發生或未主張之事實。
3. 第三審法院之職權，即在審查第二審判決有無違背法令。
4. 第三審法院認上訴為有理由，經廢棄原判決者，原則應發回原第二審法院或發交其他同級法院更為審理。

六、抗告【111年台電】

抗告之意義：當事人或其他訴訟關係人，對於未確定之裁定，向上級法院（簡易程序為管轄之地方法院）聲明不服，請求廢棄或變更原裁定之訴訟行為也。

七、再審

即法院對於已因判決確定而終結之訴訟事件，更為審判也。當事人對於已確定的終局判決，如有不服，而發現有再審所定的法定原因時（民事訴訟法第496條），可以在30日之期間內提起再審之訴。

八、調解與和解

(一) **調解**：即法院依當事人之聲請於起訴前就兩造所爭的民事法律問題，從中調停排解，使兩造達成協議，以避免訴訟之程序。

(二) **訴訟上和解**：指當事人於訴訟繫屬中，在受訴法院於受命法官或受託法官前，約定互相讓步，以便終止爭執，並同時終結訴訟之全部或一部之合意。

九、督促程序【111年鐵佐】

乃法院依債權人之聲請，關於給付金錢或其他代替物或有價證券之一定數量為標的之請求，對債務人發支付命令，如債務人不於20日之法定期間內提出異議，即使該支付命令發生與確定判決有同一效力之特別訴訟程序。

支付命令發出後，3個月內不能送達於債務人，或債務人於收受支付命令後20日之不變期間提出異議者，其命令失其效力。但支付命令之聲請，視為起訴或聲請調解。如債務人不於20日提出異議，即與確定判決有同一效力，聲請人即可根據該支付命令，聲請強制執行。

十、保全程序

(一) **意義**：民事判決除經宣告假執行者外，非經確定，不能聲請強制執行。因此，往往債務人利用漫長之訴訟期間而脫產，則債權人縱獲勝訴判決，也不能依強制執行獲得清償。因此，如何防止債務人脫財，以保護債權人權利，以待判決後能順利強制執行，即為保全程序。

(二) **種類**

假扣押	**即債權人為保全金錢請求或得易為金錢請求之強制執行，而聲請法院以裁定禁止債務人處分其財產之謂。**【111年台電】
假處分	**即債權人為保全金錢請求以外之請求的強制執行，或就有爭執之法律關係定其暫時狀態而裁定之處分之謂。**

十一、公示催告程序

指法院依當事人之聲請，以公示方法，催告不明之利害關係人，於一定期間內申報權利，如不申報，即喪失權利之特別訴訟程序也。

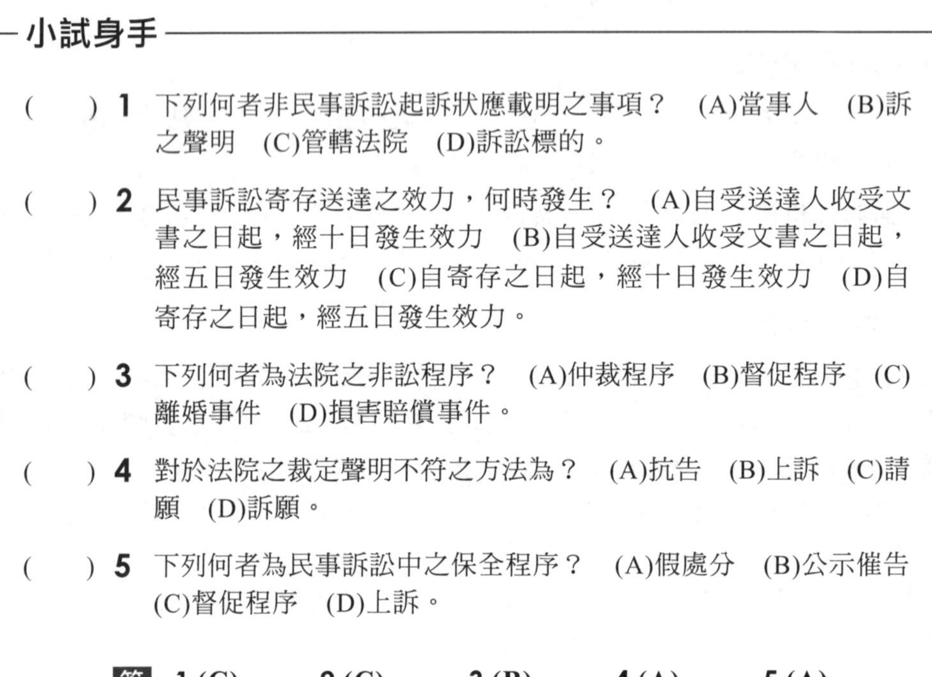

小試身手

(　　) **1** 下列何者非民事訴訟起訴狀應載明之事項？　(A)當事人　(B)訴之聲明　(C)管轄法院　(D)訴訟標的。

(　　) **2** 民事訴訟寄存送達之效力，何時發生？　(A)自受送達人收受文書之日起，經十日發生效力　(B)自受送達人收受文書之日起，經五日發生效力　(C)自寄存之日起，經十日發生效力　(D)自寄存之日起，經五日發生效力。

(　　) **3** 下列何者為法院之非訟程序？　(A)仲裁程序　(B)督促程序　(C)離婚事件　(D)損害賠償事件。

(　　) **4** 對於法院之裁定聲明不符之方法為？　(A)抗告　(B)上訴　(C)請願　(D)訴願。

(　　) **5** 下列何者為民事訴訟中之保全程序？　(A)假處分　(B)公示催告　(C)督促程序　(D)上訴。

答　**1 (C)**　**2 (C)**　**3 (B)**　**4 (A)**　**5 (A)**

第三節　刑事訴訟【111年初考、台電、鐵佐、司五】

（113年7月31日最新修正）

一、意義

乃國家為確定特定被告之特定犯罪事實，其刑罰權及範圍的訴訟程序之總稱，亦即國家對犯罪行為應如何追訴、處罰，以及如何執行之程序，此種法律程序稱為刑事訴訟。刑事訴訟程序的進行主要是依據刑事訴訟法，除採直接、公開審理之原則外，在刑事訴訟特別重視以下原則之採行：

(一) **審檢分隸原則：法官與檢察官職司不同，因此其所隸屬的機關亦不同，目的在避免球員兼裁判之情形，因此起訴必須與審判分離。**

法學小教室

廣義的刑事訴訟程序包括偵查、起訴、審判與執行；狹義的刑事訴訟程序僅指起訴與審判。
偵查、起訴與執行為檢察官所職司；審判為法官之職權。

(二) **控訴原則：又稱不告不理原則，法院是處於被動的立場，沒有檢察官的起訴，法院不主動加以審理，以維持法院中立之角色。**

(三) **當事人平等原則：包括地位平等與機會平等，前者如刑事訴訟法上之當事人，指的是檢察官、自訴人、被告，無論是檢察官與被告或是自訴人與被告之間，都是立於平等的地位，具體表現如當事人皆可提起上訴；後者如被告可以選任辯護人，並設有輔佐人，以平衡其與代表國家之檢察官的實力差距。**

二、刑事訴訟之程序

(一) **訴訟行為**：所謂訴訟行為，乃法院、當事人、及其他訴訟關係人實施足以發生刑事訴訟法上效力之行為。訴訟行為，因行為人之不同，可分為下列三類：

1. **法院行為**：法院進行訴訟程序，以審理及裁判為主要目的。為達成其審理及裁判之目的所為之種種行為，諸如證據之調查，被告之傳喚、拘提、羈押，筆錄之製作，文書之送達等均屬法院行為。

2. **當事人行為：刑事訴訟之當事人為檢察官、自訴人及被告。**檢察官代表國家行使犯罪追訴權，故檢察官代表國家而為事訴訟之原告。犯罪之被害人，亦得行使追訴權，逕向法院提起自訴，故自訴人亦為原告。至於被告則為刑事訴訟上受追訴之人。在訴訟法上得對於原告之攻擊施以防禦，以辯護自己無犯罪之事實。

法學小教室

訊問被告前之權利告知程序：在刑事訴訟程序中，為保障被告之防禦權，於司法警察（官）、檢察官、法官訊問時，須先向其告知刑事訴訟法第 95 條規定之相關事項：「一、犯罪嫌疑及所犯所有罪名。罪名經告知後，認為應變更者，應再告知。二、得保持緘默，無須違背自己之意思而為陳述。三、得選任辯護人。如為低收入戶、中低收入戶、原住民或其他依法令得請求法律扶助者，得請求之。四、得請求調查有利之證據。（第一項）無辯護人之被告表示已選任辯護人時，應即停止訊問。但被告同意續行訊問者，不在此限。（第二項）。」【109 台電】

3. **第三人行為**：此指法院、檢察官、自訴人及被告以外之人之行為。如告訴人之提出告訴，被告或被害人以外之第三人，將其所知悉他人犯罪事實，向檢察官或司法警察官報告舉發之告發人，或證人之證言等。

(二) **傳喚**：傳喚者、檢察官、審判長或受命法官，使被告於一定日時親赴一定處所就訊之命令也。

(三) **拘提**：拘提者，乃檢察官、審判長或受命法官，於一定時間內，拘束被告之自由，強制其到場就訊之處分。拘提以防止被告之逃亡及其湮滅、偽造、變造證據、或勾串共犯及證人為目的。

(四) **通緝**：通緝者，因被告逃亡或藏匿，由通緝機關以通緝書通知其他機關拘提或逮捕，解送於一定處所，所為之強制處分。

(五) **逮捕**：逮捕者，乃施強制力拘束被告之身體，並解送至一定處所之謂。

(六) **羈押**

1. **羈押之意義**：羈押者乃被告因犯罪嫌疑重大，為保全證據及便於訴訟之進行，而拘束被告自由之強制處分之謂。
2. **羈押之要件**：被告經訊問後，有下列情形之一，非予羈押，顯難進行追訴、審判或執行者，得羈押之：
   (1) 逃亡或有事實足認為有逃亡之虞者。
   (2) 有事實足認有湮滅、偽造、變造證據，或勾串共犯或證人之虞。
   (3) 所犯為死刑、無期徒刑或最輕本刑為 5 年以上有期徒刑之罪有相當理由認為逃亡、湮滅、偽造、變造證據或勾串共犯或證人之虞者。
3. **羈押之期間**：
   (1) **偵查中：偵查中羈押被告不得逾 2 個月，但如有繼續羈押之必要，得裁定延長之，延長期間不得逾 2 個月，以延長一次為限，故偵查中羈押被告期間總共不得逾 4 個月。**
   (2) **審判中：審判中羈押被告不得逾 3 個月，但如有繼續羈押之必要，得延長之。每次延長不得逾 2 個月，至於延長之次數，除所犯最重本刑為 10 年以下有期徒刑以下之刑者，審判中第一審、第二審以三次為限，第三審以一次為限外，其餘均不限制其延長次數。惟須注意的是，刑事妥速審判法通過後，依特別法優於普通法之法理，審判中之延長羈押，如所犯最重本刑為死刑、無期徒刑或逾有期徒刑十年者，第一審、第二審以六次為限，第三審以一次為限。審判中**

之羈押期間，累計不得逾五年。案件經發回更審者，其延長羈押期間之次數，應更新計算。

4. **停止羈押之方法：**
   (1) **具保：**即提出書面，保證被告到案，如不到案應繳納指定之保證金額，或直接繳納保證金以保證被告到案，而停止羈押之一種程序。但**羈押之被告有下列情形之一者，不得駁回其聲請。**
      A. **所犯最重本刑為 3 年以下有期徒刑、拘提或專科罰金之罪者。但累犯、常業犯、有犯罪之習慣、假釋中更犯罪或依第 101 條之 1 第 1 項羈押者，不在此限。**
      B. **懷胎 5 個月以上或生產後 2 個月未滿者。**
      C. **現罹疾病，非保外治療顯難痊癒者。**
   (2) **責付：**羈押之被告，得不命具保而責付於得為輔佐人之人或該管區域內其他適當之人，停止羈押。受責付者，應出具證書，載明如經傳喚應令被告隨時到場。
   (3) **限制住居：**羈押之被告，得不命具保而限制其住居，停止羈押。

(七) **搜索**

1. **搜索之意義：**搜索者，乃以發現被告或證物為目的，對於身體、物件、電磁紀錄及住宅或其他處所，施以搜索之強制處分。
2. **得不用搜索票之搜索：**搜索，原則上應用搜索票，搜索票由法官簽名。於搜索時示諸應行之人。但下列情形，得不用搜索票逕行搜索之：
   (1) 檢察官、檢察事務官、司法警察官或司法警察逮捕被告、犯罪嫌疑或執行拘提、羈押時，雖無搜索票，得逕行搜索其身體、隨身攜帶之物件、所使用之交通工具及其立即可觸及之處所。
   (2) 檢察官、檢察事務官或司法警察官或司法警察遇有下列情形之一者，雖無搜索票，得逕行搜索住宅或其他處所：
      A. 因逮捕被告或執行拘提羈押者。
      B. 因追躡現行犯或逮捕脫逃人者。
      C. 有事實足信為有人在內犯罪而情形急迫者。
3. **夜間搜索之限制：**凡有人住居或看守之住宅或其他處所，原則上不得於夜間入內搜索。所謂夜間，指日出前日沒後之時間。但下列情形，雖於夜間，亦得實施搜索：

(1) 假釋人住居或使用者。

(2) 旅店、飲食店或其他於夜間公眾可出入之處所，仍在公開時間內者。

(3) 常用為賭博、妨害性自主或妨害風化之行為者。

法學小教室

告訴人不服不起訴或緩起訴之處分者，得於接受處分書七日內經原檢察官向直接上級法院檢察署檢察長或檢察總長聲請再議；對於再議為駁回處分不服者，得於接受處分書後十日內委任律師提出理由狀，向該管第一審法院聲請交付審判。

(八) **扣押**：所謂扣押，乃檢察官或法官，為實行訴訟，保全證據，將可為證據或得沒收之物，暫時予以占有之強制處分。

(九) **偵查**：偵查是檢察官代表國家主動對犯罪進行調查之活動。依**刑事訴訟法第228條第1項規定：「檢察官因告訴、告發、自首或其他情事知有犯罪嫌疑者，應即開始偵查。」為檢察官之偵查法定義務。檢察官必須依偵查之結果，作出適當的處分，其種類包括起訴、不起訴、緩起訴處分：**【109年台電】

1. **起訴**：刑事訴訟法第251條規定：「檢察官依偵查所得之證據，足認被告有犯罪嫌疑者，應提起公訴。被告之所在不明者，亦應提起公訴。」

2. **不起訴**：

(1) **絕對不起訴**：即檢察官應為不起訴處分，其情形如下：

A. 曾經判決確定者。B. 時效已完成者。C. 曾經大赦者。D. 犯罪後之法律已廢止其刑罰者。E. 告訴或請求乃論之罪，其告訴或請求已經撤回或已逾告訴期間者。F. 被告死亡者。G. 法院對於被告無審判權者。H. 行為不罰者。I. 法律應免除其刑者。J. 犯罪嫌疑不足者。

(2) **相對不起訴**：

A. 刑事訴訟法第376條所規定之案件，檢察官參酌刑法第57條所列事項，認為以不起訴為適當者，得為不起訴之處分。

B. 被告犯數罪時，其一罪已受重刑之確定判決，檢察官認為他罪雖行起訴，於應執行之刑無重大關係者，得為不起訴處分。

3. **緩起訴**：**被告所犯為死刑、無期徒刑或最輕本刑三年以上有期徒刑以外之罪，檢察官參酌刑法第57條所列事項及公共利益之維護，認以緩起訴為適當者，得定一年以上三年以下之緩起訴期間為緩起訴處分，其期間自緩起訴處分確定之日起算。**

(十) **起訴**：狹義的刑事訴訟程序應由起訴才正式開始。惟通常起訴有公訴與自訴兩種情形：

1. **公訴程序**：起訴程序，乃檢察官代表國家，執行犯罪追訴權，請求法院認定被告犯罪，並科以被告刑罰之程序。
2. **自訴程序**：乃犯罪被害人，逕向法院請求，確定被告之犯罪，並科處刑罰之程序。我國刑事訴訟法除採國家追訴主義，由檢察官代表國家偵查起訴外，兼採被害人追訴主義。故公訴程序之外，尚有自訴程序。

   自訴之限制：下列情形，不得提起自訴：

   (1) **對於直系血親尊親或配偶，不得提起自訴。**

   (2) **告訴或請求乃論之罪，已不得為告訴或請求時，不得再行自訴。**

   (3) **同一案件經檢察官偵查終結者，不得再行自訴。**

(十一) **審理案件之程序**：審理案件，先為程序上之審理，調查其是否具備起訴要件，如具備起訴要件，則進一步作實體上之審理，調查被告有無犯罪及其犯罪之情形，按其情形，分別予以判決。

(十二) **判決**：**判決者，乃法院針對訴訟事件，認定事實，適用法律，所為之意義表示。**其種類有下列六種：

1. **有罪判決**：依審判所得之證據，足以證明被告犯罪者，論知有罪判決，又分為兩種：

   (1) **科刑判決**：被告犯罪已經證明者，應論知科刑之判決。

   (2) **免刑判決**：被告犯罪已經證明，依刑法規定應免除其刑者。
2. **無罪判決**：**不能證明被告犯罪或依法律規定其行為不罰者，論知無罪判決。**
3. **免訴判決**：**案件有下列情形之一者，應論知免訴之判決：**

   (1) **曾經判決確定者。**　(2) **時效已完成者。**

   (3) **曾經大赦者。**　(4) **犯罪後之法律已廢止其刑罰者。**
4. **不受理判決**：案件有下列情形之一者，應論知不受理之判決：

   (1) **起訴之程序違背規定者。**

   (2) **已經提起公訴或自訴之案件，在同一法院重行起訴者。**

   (3) **告訴或請求乃論之罪，未經告訴、請求或其告訴、請求經撤回或已逾告訴期間。**

(4) **曾為不起訴處分、撤回起訴或緩起訴期滿未經撤銷，而違背第 260 條之規定再行起訴者。**

(5) **被告死亡或為被告之法人已不存續者。**

(6) **對於被告無審判權者。**

(7) **依第 8 條之規定不得為審判者：**即同一案件繫屬於有管轄權之數法院者，由繫屬在先之法院審判。其不得審判之法院，對於該審應以諭知不受理而終結其訴訟關係。

5. **管轄錯誤之判決：**無管轄權之案件，應諭知管轄錯誤之判決，並同時諭知移送於管轄法院。

6. **逕行判決：**

(1) 被告心神喪失或因疾病不能到庭，顯有應諭知無罪或免刑判決之情形者，得不待其到庭，逕行判決。

(2) 被告拒絕陳述者，得不待其陳述逕行判決，其未受許可而退庭者亦同。

(3) 法院認為應科拘役、罰金或應諭知免刑或無罪之案件，被告經合法傳喚，無正當理由不到庭者，得不待其陳述逕行判決。

(4) 自訴案件，非告訴或請求乃論之罪，自訴人經合法傳喚，無正當理由不到庭或到庭不為陳述者，得不待其陳述而為判決。

(5) 自訴人於辯論終結前，喪失行為能力或死亡者，得為承受訴訟之逾期不為承受，或無承受訴訟之人，法院逕行判決，或通知檢察官擔當訴訟。

(6) 第二審上訴，被告經合法傳喚，得由代理人到庭，毋庸被告自行到庭，法院自得逕行判決。

(7) 許被告用代理人之案件，得由代理人到庭，毋庸被告自行到庭，法院自得逕行判決。

(十三) **上訴：**所謂上訴，係指當事人及其他有上訴權人，對於下級法院尚未確定之判決，於收到判決書之日起 20 日之不變期間內，向原審級管轄直接上級法院聲明不服而請求撤銷或變更原判決之方法。此上訴期間之計算自送達判決後起算。但判決宣示後送達前之上訴，亦有效力。（109 年 1 月 15 日修法）【111 年台電】

(十四) **抗告：所謂抗告，乃有抗告權人對於下級法院未確定之裁定，聲明不服，請求直接上級法院予以撤銷或變更之救濟方法。**此與對於下級法院之判決聲明不服，請求救濟之上訴不同，亦與請求同級法院審判之異議或準抗告有別。抗告與上訴同為對於未確定裁判救濟方法，因此抗告，除有特別規定外，準用關於上訴之規定。

(十五) **再審**：所謂再審，即有再審權人，對於已確定之判決，以認定事實不當為理由，請求原審法院重新審理，藉以撤銷或變更原判決之救濟方法。此與非常上訴係為糾正原確定判決違背法令所設之救濟程序有別，亦與上訴係對於未確定之判決聲明不服不同。再審係以確定判決為其對象。此項判決，不問其為有罪、無罪、免訴、免刑等均可為之。又聲請再審為受判決人之利益聲請固無問題，即為受判決人之不利益而聲請，亦無不可。惟再審採不告不理原則，除非有再審權人請求再審，否則法院不得依職權為之。

(十六) **非常上訴**：**最高法院檢察署檢察總長，於刑事判決確定後，發現該案件之審判係違背法令者，得向最高法院請求撤銷或變更原判決之救濟方法，稱為非常上訴。此與再審係對於已確定之判決，以認定事實不當等理由，請求原審法院重新審判者不同，亦與一般之上訴，係對未確定之判決聲明不服有別。**

非常上訴以統一法令解釋、適用為其主旨，除原確定判決不利於被告違法者，應為有利被告之判決外，其為不利益於被告之判決者，效力則不及於被告。所謂判決違背法令，係指判決不適用法則或適用不當，及有刑事訴訟法第 379 條各款之情形而言。非常上訴之提起，並無時間之限制，且其提起採便宜主義，即原確定判決縱屬違背法令，惟提起與否最高法院檢察總長仍有審酌之權。

(十七) **附帶民事訴訟**：附帶民事訴訟者，乃因犯罪而損害之人，於刑事訴訟進行中，在第二審言詞辯論終結前，對於被告及依民法負賠償責任之人，附帶提起民事訴訟，以請求回復損害之程序也。

(十八) 108 ～ 110 **年刑事訴訟法修正重點摘要**：

1. **修正第 33 條被告閱卷範圍**：按釋字第 762 號解釋意旨，舊刑事訴訟法第 33 條第 2 項前段規定：「無辯護人之被告於審判中得預納費用請求付與卷內筆錄之影本」，未賦予有辯護人之被告直接獲知卷證資訊之權利，且未賦予被告得請求付與卷內筆錄以外之卷宗及證物影本之權利，妨害被告防禦權之有效行使，於此範圍內，與憲法第 16 條保障訴訟權之正當法律程序原則意旨不符。因此，108 年 6 月 19 日修正公布第 33 條，並定於 6 個月後（即 108 年 12 月 19 日）施行。

2. **新增訂第八章之一「限制出境、出海」**（刑事訴訟法第 93-2 條～ 93-6 條）：司法實務上，為防止涉嫌犯罪之被告逃匿，法院或檢方常施以限制出境、出海之強制處分，然因限制出境、出海之處分對於人民的人身自由限制程度極高，而刑事訴訟法竟然未有明文規範，長久以來備受各界質疑。為落實防逃機制，並於國家刑罰權之行使與人民基本權保障之間獲求平衡，便於 108 年 6 月 19 日增訂「限制出境、出海」專章，並同樣定於 6 個月後（即 108 年 12 月 19 日）施行。

3. **被害人參與與訴訟參與：**

(1) 在場陪同之人：在偵查中，新法增加心理師、輔導人員或其信賴之人等第三類人，如關係緊密之重要他人；審判中除上開人員外，尚有法代、配偶、直系或三親等內旁系血親、家屬、醫師等人。惟均須得被害人同意。

(2) 移付調解與修復式司法制度：偵查中或審理中，可以將案件移付調解，或依被告、被害人聲請轉介到適當機關、機構或團體進行修復。

(3) 保護隱私、適當隔離：新法明文化法官、檢察官、檢察事務官、司法警察官跟司法警察應注意被害人、家屬隱私保護，並審酌案件情節、被害人身心狀況，利用屏蔽設備將被害人和被告或偵查中第三人、法院旁聽者隔離。

(4) 被害人訴訟參與：就特定犯罪（侵害生命、身體、自由及性自主等案件）被害人得聲請參與，並得選任代理人，訴訟參與人享有卷證資訊獲知權、對證據調查與科刑得表達意見，以及得就證據證明力為辯論。

4. **再審之修法主要係針對被告聲請再審之權益保障，主要有：**（可參閱前（十五）「再審」）程序方面，如可補正，則應先命補正，不可逕行駁回、得向法院聲請調取原判決繕本、賦予與刑事被告相同之卷證資訊獲知權、除顯無必要者外，應通知聲請人及代理人到場，並聽取檢察官及受判決人之意見、得釋明並聲請調查證據，同時法院亦得職權為之，最後，針對實體無理由之駁回裁定，延長抗告期間為二十日。

5. **刪除第 234 條第 2 項配偶通姦告訴權、第 239 條但書通姦罪撤回告訴可分之規定**：此係配合釋字第 791 號解釋宣告刑法通姦罪違憲，同時也把上面的刑事訴訟法第 239 條但書規定，宣告違憲失效。違憲理由在於違反平等權保障，且刑法通姦罪已被宣告違憲，刑事訴訟法的規定也失所依附，一同失效。（110 年 6 月 16 日公布修正）
6. **修正第 348 條上訴不可分之規定**：（110 年 6 月 16 日公布修正）
   (1) 刪除擬制全部上訴：修正理由指出 2007 年修正刑事訴訟法時，增訂第 361 條第 2 項：「上訴書狀應敘述具體理由。」既然上訴時，上訴人本來就要提出具體理由表示不服的部分，便沒有再擬制全部上訴之必要。是將來當事人上訴時，便要確認上訴範圍。
   (2) 增訂上訴不可分的例外。
   (3) 增訂單就刑度、沒收及保安處分上訴：檢察官或被告，對法院認定的犯罪事實有意見，蓋犯罪事實的認定也涉及到刑度、沒收及保安處分，對犯罪事實不服上訴，刑度、沒收跟保安處分都有連動。若檢察官或被告對犯罪事實沒意見，可以明白表示針對刑度、沒收跟保安處分的部分上訴，犯罪事實部分等沒有爭議的部分就不在上訴範圍。
   (4) 基於法律安定性，新修刑事訴訟法施行法第 7 條之 13 規定新法施行前，已繫屬各級法院案件，施行後仍適用舊法規定。之後案件確定後，提起再審或非常上訴仍是適用舊法規定。亦即，修正後的上訴不可分規定，只有適用在新法修正後，經檢察官起訴或聲請簡易判決處刑進入法院的案件。

三、111年2月18日重大修正

(一) 111 年 2 月 18 日新修正之刑事訴訟法（以下簡稱本法）增訂暫行安置制度（增訂第 10 章之 1「暫行安置」章、第 121-1 至 121-6 條），另為配合司法院釋字第 812 號解釋宣告強制工作違憲、刑法修正監護處分制度及增訂暫行安置執行後得免除刑之執行，修正本法相關規定（第 481 條）。

(二) **暫行安置制度並非以保全被告到案或保全證據為目的，故與羈押不同，其宗旨是為了兼顧刑事被告醫療需求、程序權益保障及社會安全之防護，以強化社會安全網，可及於刑事程序的每一個階段**。於刑事程序中，當精神疾患觸法者犯罪嫌疑重大，且具有危害性、急迫性時，檢察官可以聲請、法院也可於審判中依職權運用暫行安置制度，為適當之處置。

(三) 本次修正重點如下：

1. **新設暫行安置程序，以完善社會安全網**：被告於偵查或審判中，經法官訊問後，認為犯罪嫌疑重大，且有事實足認為有刑法第 19 條第 1 項或第 2 項即行為時有精神障礙等原因可能存在，而有危害公共安全之虞，並有緊急必要者，得適用暫行安置制度。（增訂本法第 121-1 條第 1 項）
2. **暫行安置程序之發動、期間**：檢察官於偵、審中得聲請，法院審理中也得依職權，裁定 6 個月以下的暫行安置期間；若裁定延長，每次不得超過 6 個月，暫行安置期間累計不得超過 5 年。（增訂本法第 121-1 條第 1 項、第 3 項）
3. **暫行安置之聲請程式與救濟程序**：檢察官聲請時，應以聲請書敘明理由及證據，若聲請延長，至遲應於期間屆滿之 5 日前為之；不服暫行安置、延長暫行安置或駁回聲請之裁定，得提起抗告。（增訂本法第 121-1 條第 4 項、第 5 項）
4. **強制辯護、資訊告知、答辯準備等程序權益之保障**：偵查中暫行安置審查程序，亦與審判中相同，得受強制辯護之專業協助；檢察官對於所聲請之案件，應於法官訊問時到場陳述聲請理由及提出必要之證據；法院應告知被告及其辯護人關於暫行安置或延長暫行安置所依據之事實、各項理由之具體內容及有關證據；檢察官、被告及辯護人得請求法官給予適當時間作陳述意見或答辯之準備。（增訂本法第 121-1 條第 2 項、第 121-2 條第 1 項至第 3 項）
5. **暫行安置之撤銷**：暫行安置之原因消滅或必要性不存在時，應即為撤銷；檢察官、被告、辯護人及得為輔佐人之人，均得聲請撤銷暫行安置，法院得聽取其等陳述意見；若非檢察官聲請撤銷者，應徵詢檢察官之意見；偵查中，檢察官聲請撤銷暫行安置裁定時，法院應為撤銷，檢察官並得先行釋放被告，以維護人權；且明定得抗告之救濟規定。（增訂本法第 121-3 條）
6. **與判決監護制度之調和**：暫行安置後，如法院判決時未宣告監護，即視為撤銷暫行安置。判決監護開始執行時，暫行安置尚未執行完畢部分，免予繼續執行。（增訂本法第 121-5 條）

7. **檢察官執行與急迫處分**：暫行安置由檢察官執行，並適用或準用保安處分執行法等規定。於執行中如有事實足認被告之接見、通信等作為，有滅證、勾串之風險，且情形急迫時，檢察官或執行處所之戒護人員得為限制、扣押或其他必要處分，並即時陳報法院；法院認為不應准許者，應予撤銷，若未經撤銷者，效力期間為 7 日；及明定相關救濟程序。（增訂本法第 121-2 條第 4 項、第 121-6 條）

8. **配合大法官解釋、刑法修正之相關程序**：為符合司法院釋字第 812 號解釋宣告強制工作違憲之意旨，刪除本法相關程序規定；另配合刑法第 87 條第 3 項前段增訂延長監護處分制度，及刑法第 98 條第 3 項增訂暫行安置執行後得免其刑之全部或一部執行之規定，修正本法相關程序。（修正本法第 481 條第 1 項）

四、112年6月11日重大修正（取自司法院官網）

(一) 第 258-1 條、第 321 條、第 323 條：將「視為提起公訴」轉型為「准許提起自訴」：基於法院客觀中立及不告不理原則，並避免「視為提起公訴」造成檢察官心證與立場上的矛盾，且提升告訴人在訴訟法上之地位及程序主體性，採取換軌模式，銜接我國既有的自訴制度，將現行「交付審判」制度轉型為聲請法院裁定「准許提起自訴」制度。（修正條文第 258-1 條）；及對直系尊親屬、配偶及同一案件經檢察官開始偵查者，例外得提起自訴之規定。（修正條文第 258-1 條第 2 項但書、第 321 條及第 323 條）

(二) 第 258-2 條、第 258-4 條：賦予聲請人提起自訴與否的選擇機會：為充分保障被害人權益，准許聲請人即告訴人得在法院為相關准駁裁定前，撤回其聲請（修正條文第 258-2 條第 1 項）；或於自訴審理程序中撤回自訴。（修正條文第 258-4 條第 1 項前段），此一程序規定，有利被害人善用修復式司法程序。

(三) 第 258-3 條：提升當事人陳述意見權：為利法院妥適決定是否裁定「准許提起自訴」，保障告訴人及被告之權益，法院於必要時可予聲請人、代理人、檢察官、被告或辯護人以言詞或書面陳述意見之機會，強化當事人程序保障。（修正條文第 258-3 條第 3 項）

(四) 第 258-4 條：參與准許裁定之法官，不得參與其後之審判：明定參與准許提起自訴裁定之法官，不得參與其後自訴之審判，以防止預斷。（修正條文第 258-4 條第 2 項）

(五) 第 260 條：明確區分檢察官偵查及法院審查程序，明定得再行起訴之「新事實或新證據」範圍參考再審制度規定，明定第 260 條第 1 項所定得憑為再行起訴之「新事實或新證據」，以檢察官偵查活動所審酌之範圍，作為判斷標準，即以檢察官偵查中已存在或成立而未及調查斟酌，及其後（如有聲請准許提起自訴，含聲請准許提起自訴程序）始存在或成立之事實、證據。（修正條文第 260 條第 2 項）

五、112年12月12日重大修正

刑事訴訟法修正部分條文於 112 年 12 月 12 日經立法院第 10 屆第 8 會期第 11 次會議三讀通過。

本次修法主要係為配合各級檢察署更名及銜稱去法院化；回應司法院釋字第 775 號解釋意旨，明定審判長於科刑調查程序，應先曉諭當事人就科刑資料指出證明之方法，另檢察官聲請法院定應執行刑時，法院原則上應予受刑人以言詞或書面陳述意見機會，並應記載定應執行刑審酌事項，以完善量刑及定應執行刑之程序保障；就駁回再審聲請裁定之相關文字，予以明確規範，以避免實務適用疑義。

六、113年7月16日（三讀通過）重大修正（取自司法院官網）

(一) 第 70-1 條：對於檢察事務官、司法警察官、司法警察所為之處分不服，依法得向該管法院聲請撤銷或變更者，例如依修正條文第二百四十五條之一第一項規定，對第二百四十五條第二項但書之限制或禁止聲請撤銷或變更，倘非因過失而遲誤聲請期間，應給予聲請回復原狀之權利，以周延檢察事務官、司法警察官、司法警察處分之救濟程序，爰增訂本條。

(二) 第十一章之一 特殊強制處分：有鑑於科技日新月異，高度借重科技設備的新興調查方法與日俱增，其具有長時間、遠距離、大規模、不知情、難逃脫、無差別及易複製等特性，對於受調查人（包括以之為調查對象之被告、犯罪嫌疑人或第三人）之基本權干預既多且廣，且對非受調查人亦可能產生侵害，與傳統側重人力而有其侷限性之調查方式迥異。此等特殊強制處分，應因其所侵害之基本權種類、數量及程度而有不同之規範方式，既可正面表列允許，亦可負面表列禁止，當隨人類社會、經濟發展，以一般人之觀點，判別人民基本權所受到之干預是否已經重大到需由法律個別授權並就其調查方式加以規制。爰依循本法體例及參酌法院組織法第十四條之一規定，增訂本章，以規範特殊強制處分之相關要件、程序及救濟。三、至於現行司法實務中，偵查相關機關依第二百二十八條、第二百三十條、第二百三十一條等偵查權能之作為，審判機關依第一百六十三條第二項等審判權能之作為，在人民基本權所受到之干預尚未達到需由法律個別授權並就其方式加以規制之情形下，雖得為之，但仍不足為本章所定或依社會通念認應以法律個別規範之特殊強制處分之授權依據，併此敘明。

(三) 第 153-1 條：一、本條新增。二、明定因調查犯罪情形或蒐集證據，於有追蹤被告或犯罪嫌疑人或第三人之必要時，得以使用全球衛星定位系統或其他非以辨識個人生物特徵之科技方法調查之，並因受調查人為被告、犯罪嫌疑人或第三人而異其要件。在第三人與被告或犯罪嫌疑人或證人或應扣押之物或電磁紀錄之所在具有一定關連為對第三人發動要件之一。三、衛星定位雖為目前最普遍之即時追蹤位置技術，但追蹤位置之方法或技術種類甚多，無論是否以衛星定位系統、無人機或其他科技方法實施追蹤位置或定位之調查，均應遵守本條規定。惟如調查標的為行動通訊設備之位置，依本法之層級化規範架構，則應依第一百五十三條之二規定實施調查。又如以大規模蒐集不特定人之生物特徵，如人臉資訊，即時辨識比對以追蹤調查對象之位置，其干預特定對象及不特定人之個人資訊自主權及隱私權之程度過高，不得依本條授權為之。四、短期追蹤位置調查因難以形成「圖像效果」，隱私權干預之程度較輕。長期蒐集或追蹤受調查人之位置資訊，將使受調查人私人生活圖像及行為模式得以被掌握，干預隱私權之程度較高，故對於追蹤位置調查之法律架構，應區分短期或長期實施而為相異之處理。參照德國刑事訴訟法第一百 h 條及第一百六十三條之規定，如實施追蹤位置調查未逾連續二十四小時或未累計逾二日，其干預隱私權之程度較輕，檢察官、檢察事務官、司法警察官或司法警察認有必要時即得實施；如逾連續二十四小時或累計逾二日，因干預隱私權之程度已提高，若需再次或繼續實施，自應有更嚴謹之程序規範，爰於第三項、第五項規定應向法院聲請許可，及聲請之應記載事項、程序、許可後實施之期間限制，並於第三項定明「累計逾二日」之期間計算方法，即當日只要實施調查，縱未滿二十四小時，亦以一日計，以資明確，並確實保障隱私權。五、如偵查機關於實施調查前已可預期實施期間將逾連續二十四小時或將累計逾二日，自無不許其事先向法院聲請核發許可書之理，爰制定第四項。所定「累計逾二日」，同第三項規定計算方式。

(四) 第 153-2 條：一、本條新增。二、明定因調查犯罪情形或蒐集證據，於有搜尋被告或犯罪嫌疑人或第三人所管領或使用手機、手錶等通訊設備之位置及設備、卡片之號碼，必要時，得以使用 M 化偵查網路系統（簡稱「M 化車」）調查手機、手錶位置、設備號碼（國際行動設備識別碼，InternationalMobile Equipment Identity，簡稱 IMEI）或使用之卡片號碼（即 SIM 卡號碼，國際行動用戶識別碼 International Mobile SubscriberIdentity，簡稱 IMSI）之科技方法為之，並因受調查人為被告、犯罪嫌疑人或第三人而異其要件。在第三人與被告或犯罪嫌疑人或證人或應扣押之物或電磁紀錄之所在具有一定關連為對第三人發動要件之一。三、上開調查方式因個人對隨身行動通訊設備本有較高之隱私期待，且調查行動通訊設備位置，將可精確定位及追蹤受調查人位置，對隱私權之干預程度較高，於調查過程中亦可能蒐集虛擬基地台內其他非受調查人之設備號碼或卡片號碼以資比對，對非受調查人之資訊自主權亦造成一定程度之干預，應採較嚴格之程序保障。爰參照德國刑事訴訟法第一百 i 條，為第一項至第四項規定，採法官保留原則，並定明聲請核發許可書之程序、許可期間、繼續調查之聲請程序，以資明確。四、另為保障非受調查人之資訊自主權不受過度干預，爰於第五項定明使用非受調查人個人資料之限制及供比對結束後應即刪除之規定。

(五) 第 153-3 條：一、本條新增。二、明定對於被告或犯罪嫌疑人或第三人管領或使用有隱私或秘密合理期待之空間內之人或物有相當理由與本案有關，得使用非實體侵入性之科技方法，對具隱私或秘密合理期待之空間內之人或物監看及攝錄影像之規定。三、本條對人民隱私等基本權干預較大，應為更嚴謹之程序規範，以保障人權。故本條限於調查最重本刑五年以上有期徒刑之罪，始可為之。四、第三人所管領或使用之上述空間，於有事實足認與被告或犯罪嫌疑人、證人或應扣押之物或電磁紀錄之所在具有一定關連為限，亦得為之。五、依本條所為之調查，執行機關僅得從外對目標空間以非實體侵入性之方式進行調查，例如以高倍數攝影機或照相機，透過窗戶拍攝屋內，或透過熱顯像設備探知內部溫度等。至實質之調查設備或人員進入隱私空間，例如開門入屋拍照、在屋內裝置攝影機等方式，即非許可範圍。此外，亦不得以入侵受調查人之資訊系統或設備之方式實施調查。六、言論或談話之監察本應依通訊保障及監察法之規定為之，故本條僅限於以科技方法實施監看及攝錄影像之調查，而不包括錄音。七、為保障隱私權，本條採法官保留原則，應經法院許可後始可實施，每次許可之期間不得逾三十日，期滿如有繼續實施之必要者，須再經法院許可始得為之。

(六) 第 153-4 條：一、本條新增。二、以第一百五十三條之三之科技方法對軍事上應秘密之處所進行調查，將有探得軍事機密之可能，考量維護機密之必要，爰參照第一百二十七條規定，增訂本條。

(七) 第 153-5 條：一、本條新增。二、於第一項規定法院核發第一百五十三條之一至第一百五十三條之三之許可書必要記載事項，以資慎重。三、許可書應記載受調查人或物，以特定受調查之對象，例如受調查人之基本資料或受調查車輛之車牌號碼；受調查人不明時，參照第一百二十八條第二項第二款之規定，得例外不予記載。另因調查方法種類眾多，許可書應將調查方法為何、調查得取得之標的，及裝設或實施方式載明之，以避免濫用。四、參考第一百二十八條第四項之規定，於第二項定明核發許可書之程序，不公開之，且法官得於許可書上對執行人員為適當之指示，以因應個案需求。另參考第一百二十八條之一第三項及第一百三十三條之二第五項規定，於第三項定明依第一百五十三條之一至第一百五十三條之三之聲請，如經法院為駁回之裁定，不得聲明不服。五、於第四項定明於實施調查中，得命執法機關提出報告，及法官發現有不應繼續執行之情狀時，得撤銷許可之規定，以強化監督。六、明定實施本章之調查時之執行人員，爰準用第一百二十八條之二之規定。

(八) 第 153-6 條：一、本條新增。二、為因應偵查犯罪之時效性及緊急狀況等急迫情形，例如偵辦毒品危害防制條例案件有立即向上溯源之必要，或被告或犯罪嫌疑人正在湮滅證據而有必要立即保全等情形，爰參考第一百三十一條、第一百三十三條之二規定，於第一項定明檢察官、檢察事務官、司法警察官或司法警察有相當理由認為情況急迫，而認有立即實施之必要者，可逕行實施調查。實施調查後應依第一項各款所列各該條之規定，聲請該管法院補發許可書。三、第二項定明檢察官不許可或法院不核准，或逾三日未為許可之決定或補發許可書，應停止實施調查，以資明確。

四、法院補發許可書者，實施期間應自實施之日起算，爰為第三項規定。五、參考第一百二十八條之一第三項規定，於第四項定明聲請經法院駁回者，不得聲明不服。

(九) 第 153-7 條：一、本條新增。二、明定實施本章規定之調查時，須經法院許可者，其調查作為對隱私權之干預程度較高，有使受調查人事後知悉之必要，故應通知受調查人，惟若有妨害調查目的之虞，應准許延後通知；若通知顯有困難，例如利用 M 化車之虛擬基地台實施第一百五十三條之二之調查，將短暫取得非受調查人之手機序號資料，因人數眾多且難以一一特定其身分，且如為特定該等非受調查人之身分以進行通知，反而造成不必要之隱私干預，或有其他不能通知之情形者，亦應准許延後通知或不通知，爰為第一項規定。另如屬停止實施之情形，因無許可書之核發，執行機關於踐行通知時，得免填載許可書核發機關文號，自不待言。三、為保障受調查人之權利，避免執行機關於調查結束或停止實施後，就是否通知受調查人之事項久未陳報法院，並促使執行機關定期檢視不通知原因是否消滅，爰為第二項至第四項規定。四、依第一百五十三條之一實施調查，未逾連續二十四小時或未逾累計二日者，因未經法院核發許可書，爰於第五項規定由執行機關於調查結束後一個月內通知受調查人。如有不通知或延後通知之情形，亦應定期檢視，以保障受調查人權益。

(十) 第 153-8 條：一、本條新增。二、本章調查方法對於基本權有所干預，如為本案之偵查、審理有關之資料，應留存於相應之卷宗，依偵查或審理之本案卷宗保存、管理或銷燬等規範為之，不得作為其他程序之證據或其他用途，爰為第一項之規定。三、於第二項明確規範，如調查過程中取得其他案件之資料，且與本案具有關連性或與最重本刑五年以上之罪有關，執行機關得於一定期間內陳報法院審查認可，否則即不得作為他案證據，以保障受調查人之權益。四、為切實保障人民基本權，實施本章調查取得之資料，非屬第一項或第二項之情形者，均應即銷燬或刪除之，不得作為他用。但因若取得之資料另有犯罪嫌疑應予偵辦，且該資料業已立案供調查、偵辦使用者，則例外允許留存於該案卷宗內。至如未另行立案偵辦者，則該等資料應即銷燬，爰為第三項之規定。五、依第二項所為之陳報，經法院駁回者，視同急迫情形補行聲請經法院駁回，爰於第四項明定不得對之聲明不服。

(十一) 第 153-9 條：一、本條新增。二、刑事裁判之執行有運用科技方法防止人犯逃匿、搜尋應執行之人或物等需求，且此時係基於執行刑事裁判而為之必要處分，具有實施之基礎及正當性，爰於本條規定為執行刑事裁判，得準用本章之規定。三、至於法律就執行方法另有規範者，例如第一百十六條之二第一項第四款，對於停止羈押之被告實施科技設備監控，自應依相關規定為之。

(十二) 第 153-10 條：一、本條新增。二、明定受調查人及被告或犯罪嫌疑人之辯護人，對於法官、檢察官依本章所為調查或許可之裁定或處分，得向該管法院提起抗告或聲請撤銷或變更之，並明確規範被告、犯罪嫌疑人或辯護人提起抗告或聲請撤銷或變更之方式、程序及準用之程序規定，爰增訂本條。三、有關本章所規定之特殊強制處分，可能因其高度借重科技設備而有長時間、遠距離、大規模、不知情、難逃脫、無差別及易複製等特性，干預人民基本權深淺不一，就調查實施之方式、所得資料之保存、管理及銷燬、陳報、通知、救濟、監督及其他相關事項等辦法，授權司法院院會同行政院定之。

(十三) 第 245 條：一、參酌憲法法庭一百十一年憲判字第七號判決意旨，被告或犯罪嫌疑人於偵查中所應享有之受有效協助與辯護之權利，除辯護人之選任權外，包括辯護人在場權、筆記權及陳述意見權等偵查中辯護權。又憲法第十六條保障人民訴訟權，係在保障人民於其權利遭侵害時，有請求法院救濟之權利。基於有權利即有救濟之憲法原則，人民權利遭受侵害時，必須給予向法院提起訴訟，請求依正當法律程序公平審判，以獲得及時有效救濟之機會。是於檢察官、檢察事務官、司法警察官或司法警察依第二項但書限制或禁止辯護人在場、筆記或陳述意見之情形，為使法院於其事後救濟時，得完整審查該限制或禁止處分之合法性，以保障被告之辯護依賴權，爰參酌法院組織法第九十二條及第九十三條規定，增訂第三項，定明第二項限制或禁止事由應記明於筆錄，包含限制或禁止之原因事實、理由、方式等，以利被告、犯罪嫌疑人及其辯護人提起救濟時法院進行事後審查。二、為確保被告或犯罪嫌疑人之訴訟權，檢察官、檢察事務官、司法警察官或司法警察依第二項但書禁止辯護人在場致被告或犯罪嫌疑人無其他辯護人在場陪同，因其受憲法保障之防禦權行使將受影響；為確保被告或犯罪嫌疑人之權益，應當場告知其關於第九十五條第一項第二款、第三款之事項，爰增訂第四項。三、第一項未修正；第三項至第五項移列為第五項至第七項，內容未修正。

(十四) 第 245-1 條：一、 本條新增。二、依憲法法庭一百十一年憲判字第七號判決意旨，明定被告、犯罪嫌疑人及其辯護人，均得對於檢察官、檢察事務官、司法警察官或司法警察依第二百四十五條第二項但書所為之限制或禁止，向該管法院聲請撤銷或變更之，並明確規範被告、犯罪嫌疑人或辯護人聲請撤銷或變更之方式、程序及準用第四百零九條至第四百十四條、第四百十七條、第四百十八條第二項之程序規定，爰增訂本條。

小試身手

(　) **1** 檢察官代國家行使追訴權，向法院起訴，謂？ (A)自訴 (B)告訴 (C)上訴 (D)公訴。

(　) **2** 犯罪之偵查？ (A)以公開偵查為原則 (B)以不公開偵查為原則 (C)由檢察官決定是否公開 (D)由被害人決定是否公開。

(　) **3** 犯罪偵查之主體為？ (A)法官 (B)法院 (C)檢察官 (D)告訴人。

(　) **4** 刑事訴訟之上訴期間？ (A)一個月 (B)二十日 (C)十日 (D)一星期。

(　) **5** 刑事案件在判決確定後，檢察總長發現該案件有違背法令者，得向最高法院提起何種程序？ (A)上訴 (B)非常上訴 (C)抗告 (D)異議。

答 **1 (D)**　**2 (B)**　**3 (C)**　**4 (B)**　**5 (B)**

滿分題庫綜合演練

☆( ) **1** 在刑事訴訟中，案件有何種情形，法官應諭知免訴之判決？ (A)時效已完成者 (B)起訴之程序違背規定者 (C)被告死亡者 (D)對於被告無審判權者。

( ) **2** 下列何者非屬行政訴訟法所規定的「暫時權利保護」救濟制度？(A)假扣押 (B)假處分 (C)假執行 (D)停止執行。

( ) **3** 居住於新竹之甲因投資需求，向住於桃園之乙借款新臺幣300萬元，雙方並以書面約定若因該借貸關係發生爭議，合意由臺灣桃園地方法院管轄。嗣後，甲因投資失利，逾期未償還向乙所借之款項，乙乃向臺灣新竹地方法院聲請依督促程序對甲發支付命 。下列敘述何者錯誤？ (A)若甲接獲支付命令後，未於20日內提出 議，該支付命令即告確定，並得為執行名義 (B)若甲主張支付命令上所載債權不存在而提起確認之訴，法院依債務人聲請，得許甲提供相當並確實之擔保，停止強制執行 (C)甲得於支付命令確定5日後，向地方法院以欠缺管轄權為由聲請再審 (D)若甲接獲支付命令後第15日，提出異議但未附理由，仍屬有效之異議。

( ) **4** 下列關於民事訴訟審級之敘述，何者錯誤？ (A)對於簡易程序之第一審裁判，得上訴或抗告於管轄之高等法院，其審判以合議行之 (B)對於小額程序之第一審裁判，得上訴或抗告於管轄之地方法院，其審判以合議行之 (C)上訴經撤回或因不合法而被駁回者，原則上附帶上訴失其效力 (D)上訴第三審法院，非以原判決違背法令為理由，不得為之。

( ) **5** 下列關於民事法院管轄之敘述，何者正確？ (A)當事人得以合意定第一審及第二審管轄法院 (B)法院認為無管轄權者，原告與被告均得聲請以裁定移送於有管轄權之法院 (C)因侵權行為涉訟者，原告僅得於侵權行為地之法院起訴 (D)移送訴訟之聲請被駁回者，不得聲明不服。

(　) **6** 下列關於民事訴訟法規定必要共同訴訟人之敘述，何者錯誤？(A)共同訴訟人中一人之行為有利益於共同訴訟人者，其效力及於全體 (B)共同訴訟人中一人之行為不利於共同訴訟人者，對於全體不生效力 (C)他造對於共同訴訟人中一人之行為，其效力及於全體 (D)共同訴訟人中之一人與他造合意停止者，其停止之效力及於全體。

(　) **7** 關於限制辯護人與被告接見，下列敘述何者正確？ (A)司法警察官得聲請限制辯護人與羈押之被告接見 (B)法院核發限制書，應經法官簽名 (C)檢察官也可以核發限制書 (D)對於辯護人與受逮捕的被告互通書信，得限制之。

(　) **8** 有關刑事被告自白證明力之敘述，下列何者正確？ (A)被告之自白，得作為被告有罪判決之唯一證據 (B)被告自白之證據能力與證明力為相同的概念 (C)告訴人經改列證人到庭具結之證言，得作為被告自白之補強證據 (D)被告自白之補強證據，以能證明被告全部犯罪事實為必要。

(　) **9** 下列關於證據之敘述，何者正確？ (A)有證據能力之證據，即可作為判斷被告是否有罪之依據 (B)經過合法調查之證據，即可作為判斷被告是否有罪之依據 (C)那些證據可以判斷被告是否有罪，全憑法院決定 (D)有證據能力且經合法調查之證據，即可作為判斷被告是否有罪之依據。

(　) **10** 檢察官起訴被告涉犯傷害罪嫌，但法院進行審判程序時，認被告之傷害行為應構成重傷害未遂罪，且依照起訴書記載之犯罪事實，被告另涉及妨害自由行為。依實務見解，此時法院應如何處理？ (A)法院僅依起訴罪名審理並終結案件為已足 (B)基於不告不理原則，妨害自由部分未起訴，法院毋庸審理 (C)法院應告知被告原先起訴之傷害罪名可能變更為重傷害未遂罪名，且應一併審理妨害自由部分，同時告知被告尚涉及妨害自由之犯罪嫌疑及罪名 (D)法院應曉諭檢察官追加起訴妨害自由部分，始得加以審理。

(　　) **11** 下列關於刑事訴訟法之辯護依賴權，何者錯誤？ (A)被告得隨時選任辯護人 (B)犯罪嫌疑人受司法警察官或司法警察調查者，得隨時選任辯護人 (C)只有被告或犯罪嫌疑人自己才能選任辯護人，其他人一概不行 (D)被告或犯罪嫌疑人之配偶得獨立為被告或犯罪嫌疑人選任辯護人。

(　　) **12** 下列關於民事訴訟代理原則之敘述，何者正確？ (A)訴訟代理人有二人以上者，均得單獨代理當事人 (B)訴訟代理人可為當事人為一切訴訟行為，包括和解及撤回。如當事人於言詞辯論程序時，得以書面向法院聲明就上述所有訴訟行為特別加以限制者，應從其限制 (C)訴訟代理人不以律師為限，但應經雙方當事人書面聲明合意之 (D)訴訟代理人之受委任權限，不限於每一審級。

☆(　　) **13** 刑事判決確定後，發現該案件之審判係違背法令者，應如何救濟？ (A)由最高法院之檢察長向最高法院提起再審 (B)由被告向最高法院提起再審 (C)由被告向最高法院提起非常上訴 (D)由最高法院之檢察總長向最高法院提起非常上訴。

(　　) **14** 以非訴訟之方法，防止私權發生損害或確定私權之程序稱之為？ (A)非訟程序，其處分以裁定為之 (B)民事訴訟程序，其處分以裁定為之 (C)非訟程序，其處分以判決為之程序 (D)民事訴訟程序，其處分以判決為之。

☆(　　) **15** 有關法院管轄權之規定，以下之敘述，何者為非？ (A)管轄權有普通審判籍與特別審判籍之區分，而特別審判籍之法院並無優先普通審判籍法院的管轄權 (B)對於中央或地方機關不可提起民事訴訟，故此等訴訟並無管轄權的問題 (C)對於公法人亦可提起訴訟，應由其公務所所在地之法院管轄 (D)對於自然人所提起的訴訟，原則上由被告住所地之法院管轄，此稱為以原就被原則。

☆(　　) **16** 對於民事訴訟確定終局判決因新證據之發現而聲明不服，得提起何種程序？ (A)非常上訴 (B)再審 (C)上訴 (D)抗告。

☆(　) **17** 以確定國家對犯罪嫌疑人有無刑罰權及應如何加以處罰為目的之訴訟，稱之為？ (A)刑事訴訟 (B)民事訴訟 (C)行政訴訟 (D)選舉訴訟。

(　) **18** 關於訴訟上和解，以下之敘述，何者為非？ (A)法院不問訴訟程度如何，得隨時試行和解 (B)第三人經法院之許可者，得參加訴訟上和解 (C)和解成立者，法院仍應下判決，以宣示訴訟程序之終結 (D)和解成立者，與確定判決有同一之效力。

(　) **19** 鄉鎮市公所製成之調解書，應經那一個機關核定，始告確定？ (A)法院 (B)檢察官 (C)警察機關 (D)縣市政府。

☆(　) **20** 內亂、外患罪之刑事案件審理，應由下列何法院掌理之第一審訴訟？ (A)地方法院 (B)高等法院 (C)最高法院 (D)行政法院。

☆(　) **21** 甲積欠乙巨額款項，今甲有脫產之虞，乙為保全本身之金錢債權，乃向乙所擁有的一筆不動產之所在地方法院，聲請保全處分。試問，依民事訴訟法之規定，乙為保全之金錢給付，得向法院聲請什麼保全處分？ (A)假執行 (B)留置權 (C)假扣押 (D)假處分。

☆(　) **22** 民事訴訟當事人之雙方，何者應負舉證之責任？ (A)凡主張有利於己之事實者 (B)所有事實均由原告舉證 (C)所有事實均由被告舉證 (D)以上均是。

(　) **23** 對於以給付金錢或其他代替物或有價證券之一定數量為標的之請求，僅依債權人之聲請，不訊問債務人，即對債務人發支付命令之程序，稱為？ (A)公示催告程序 (B)簡易訴訟程序 (C)督促程序 (D)保全程序。

(　) **24** 公務員因執行職務知有犯罪嫌疑者？ (A)應為告發 (B)得為告發 (C)應為告訴 (D)應為請求。

☆(　) **25** 某乙之住所在台中市，某日開車到嘉義訪友，途經彰化時不慎撞傷住所於台南之某甲，導致甲骨折受傷。若某甲欲對某乙提起訴訟，主張侵權行為之損害賠償，請問下列那二個法院有管轄權？

(A)台中地方法院與嘉義地方法院 (B)彰化地方法院與嘉義地方法院 (C)台中地方法院與彰化地方法院 (D)台中地方法院與台南地方法院。

☆( ) **26** 犯罪之被害人逕向法院起訴，請求確定被告有無犯罪及應科何種刑罰之訴訟程序，稱為？ (A)自訴 (B)告訴 (C)公訴 (D)告發。

☆( ) **27** 下列何者為民事訴訟中保全程序？ (A)假處分 (B)催討 (C)公示催告 (D)沒入。

☆( ) **28** 債權人就金錢請求或得為金錢之請求，欲保全將來之強制執行時，得聲請？ (A)假扣押 (B)假處分 (C)支付命令 (D)調解。

( ) **29** 下列關於自認或認諾之敘述，何者正確？ (A)自認或認諾於各類型之訴訟均有絕對拘束法院之效力 (B)不論自認或認諾，都會導致為此等訴訟行為之一造敗訴 (C)自認乃承認對造所主張不利於己之待證事實 (D)縱當事人不同意，從參加人亦得為認諾。

☆( ) **30** 被告或被害人以外之第三人，將其所知悉他人之犯罪事實，向檢察官或司法警察官報告舉發者，稱為？ (A)告訴 (B)告發 (C)自訴 (D)起訴。

☆( ) **31** 我國民事訴訟法所定之小額訴訟程序，係指該訴訟標的金額或價額在新台幣若干元以下？ (A)三十萬元 (B)二十萬元 (C)十萬元 (D)一萬元。

( ) **32** 下列何者為法院中非訟事件？ (A)商務仲裁事件 (B)督促程序事件 (C)離婚事件 (D)拆屋還地事件。

☆( ) **33** 人民因犯罪嫌疑被逮捕拘禁時，逮捕拘禁機關至遲應於多少時間內移送該管法院審問？ (A)24小時 (B)36小時 (C)48小時 (D)72小時。

( ) **34** 下列關於民事訴訟法當事人能力之敘述，何者正確？ (A)未經我國認許之外國法人無當事人能力 (B)胎兒均無當事人能力 (C)有權利能力者，有當事人能力 (D)非法人團體均無當事人能力。

☆( ) **35** 民事判決書送達後，敗訴的一方如果不服判決，可於收到判決書之日起幾日內向第二審法院提起上訴？ (A)三十日 (B)二十日 (C)十五日 (D)十日。

☆( ) **36** 民事判決之主文內容為「准原告與被告離婚」時，此判決可稱為？ (A)給付判決 (B)形成判決 (C)確認判決 (D)撤銷判決。

☆( ) **37** 對於法院的裁定聲明不服的方法為？ (A)抗告 (B)上訴 (C)控訴 (D)訴願。

☆( ) **38** 某甲向某乙購買房屋一棟，買賣契約成立生效後，某乙不依約交付房屋並移轉所有權，某甲欲保全其對乙之交付房屋並移轉所有權之請求時，應為下列何種聲請？ (A)假執行 (B)假處分 (C)假扣押 (D)定暫時狀態之處分。

( ) **39** 再審程序係針對法院的何種裁判？ (A)裁定 (B)假扣押 (C)確定終局判決 (D)假處分。

( ) **40** 我國解決私人爭端的法律途徑有那些？ (A)僅能透過訴訟程序 (B)僅能透過調解程序及仲裁制度 (C)透過訴訟程序、調解程序或仲裁制度 (D)僅能透過調解程序解決。

☆( ) **41** 刑事訴訟上所稱之當事人，不包括下列何者？ (A)檢察官 (B)被告 (C)自訴人 (D)法官。

☆( ) **42** 財產權訴訟，除性質應宜速結外，其標的金額或價額在新台幣多少元以下者，適用簡易程序？ (A)10萬 (B)20萬 (C)30萬 (D)50萬。

( ) **43** 行政訴訟法第185條第1項規定，當事人兩造無正當理由不到場，視為合意停止訴訟程序，如於幾個月內不續行訴訟，視為撤回訴訟？ (A)四個月 (B)三個月 (C)二個月 (D)一個月。

( ) **44** 下列何種訴訟，禁止法官為不利被告之類推？ (A)民事訴訟 (B)專利訴訟 (C)刑事訴訟 (D)海商訴訟。

☆( ) **45** 民事訴訟程序時，原則上採下列何種主義？ (A)職權審理主義 (B)間接審理主義 (C)前置審理主義 (D)公開審理主義。

( ) **46** 下列何種事件，無論金額多寡，一律適用簡易訴訟程序？ (A)分割共有物之訴 (B)請求返還借款 (C)請求給付合會會款 (D)請求承攬報酬。

( ) **47** 共有人甲對其他共有人提起分割共有物之訴，此為何種訴訟？ (A)給付之訴 (B)確認之訴 (C)形成之訴 (D)抗辯之訴。

( ) **48** 刑事訴訟法第155條第1項規定：「證據之證明力，由法院本於確信自由判斷。但不得違背經驗法論理法則。」學說上之名稱為何？ (A)自由審理主義 (B)直接審理主義 (C)自由心證主義 (D)法定證據主義。

☆( ) **49** 刑事訴訟法第166條規定主詰問、反詰問、覆主詰問、覆反詰問等之詰問程序，學說上之名稱為何？ (A)輪替詰問 (B)交替詰問 (C)交互詰問 (D)相互詰問。

☆( ) **50** 押票由下列何人簽發？ (A)檢察官 (B)檢察長 (C)法官 (D)警官。

☆( ) **51** 檢察官提起公訴或為不起訴處分，應將起訴書或不起訴處分書，以刑事訴訟法所定之方式，交付與被告及辯護人。此種交付方式，刑事訴訟法之稱謂為何？ (A)轉交 (B)移送 (C)送達 (D)通知。

( ) **52** 因現行犯之供述，且有事實足認共犯嫌疑大者，檢察官、司法警察（官）認情形急迫，得對該共犯為何種處分？ (A)緊急拘提 (B)逮捕 (C)通緝 (D)管束。

( ) **53** 審判時，檢察官提出被告偵查中之自白，被告則向法官表示因受刑求而自白，法官應如何處理？ (A)法官得斷然排除以該自白作為判決依據 (B)法官應先倜查自白之真實性，再調查自白之任意性 (C)法官應要求被告舉出刑求之具體事實以便調查 (D)法官應命檢察官就自白任意性指出證明方法。

☆( ) **54** 刑事訴訟程序的進行，一般可分為那四個階段？ (A)告發、偵查、審判、執行 (B)自首、偵查、起訴、執行 (C)偵查、自白、審判、執行 (D)偵查、起訴、審判、執行。

☆( ) **55** 犯罪被害人向檢察官申告犯罪事實表示追訴之意思，為下列何者？ (A)告訴 (B)告發 (C)通知 (D)聲明。

( ) **56** 在法庭上成立和解，與下列何者具同樣的法律效力？ (A)撤回訴訟 (B)強制執行 (C)確定判決 (D)不具法律上的效力。

( ) **57** 關於刑事訴訟第三審之程序進行，以下何者正確？ (A)應經言詞辯論 (B)不得經言詞辯論 (C)得經言詞辯論 (D)僅行一造辯論。

解答及解析

1 (A)。刑事訴訟法第302條規定：「案件有左列情形之一者，應諭知免訴之判決：一、曾經判決確定者。二、時效已完成者。三、曾經大赦者。四、犯罪後之法律已廢止其刑罰者。」

2 (C) **3 (C)** **4 (A)** **5 (D)**

6 (D) **7 (B)** **8 (C)** **9 (D)**

10 (C) **11 (C)** **12 (A)**

13 (D)。刑事訴訟法第441條規定：「判決確定後，發見該案件之審判係違背法令者，最高法院檢察署檢察總長得向最高法院提起非常上訴。」

14 (A)。非訟事件法第36條第1項規定：「非訟事件之裁判，除法律另有規定外，由獨任法官以裁定行之。」

15 (B)。民事訴訟法第40條第4項規定：「中央或地方機關，有當事人能力。」因此對中央或地方機關亦得提起民事訴訟。至於訴訟之管轄，依同法第2條第1項後段規定：「**以中央或地方機關為被告時，由該機關所在地之法院管轄。**」

16 (B)。民事訴訟法第496條第1項第13款有下列各款情形之一者，得以再審之訴對於確定終局判決聲明不服。但當事人已依上訴主張其事由或知其事由而不為主張者，不在此限：……

十三、當事人發現未經斟酌之證物或得使用該證物者。但以如經斟酌可受較有利益之裁判者為限。」

17 (A)。刑事訴訟法第1條第1項規定：「犯罪，非依本法或其他法律所定之訴訟程序，不得追訴、處罰。」

18 (C)。民事訴訟法第377條規定：「(I)法院不問訴訟程度如何，得隨時試行和解。受命法官或受託法官亦得為之。(II) 第三人經法院之許可，得參加和解。法院認為必要時，亦得通知第三人參加。」同法第 380 條第 1 項規定：「和解成立者，與確定判決有同一之效力。」

19 (A)。鄉鎮市調解條例第 26 條、第 27 條規定參照。

20 (B)。刑事訴訟法第 4 條規定：「地方法院於刑事案件，有第一審管轄權。但左列案件，第一審管轄權屬於高等法院：一、內亂罪。二、外患罪。三、妨害國交罪。」

21 (C)。民事訴訟之保全程序有二：一為**假扣押**，乃債權人就金錢請求或得易為金錢請求，欲保全強制執行之手段。另一為**假處分**，其係債權人就金錢請求以外之請求，欲保全日後強制執行所為之手段。

22 (A)。民事訴訟法第 277 條規定：「當事人主張有利於己之事實者，就其事實有舉證之責任。但法律別有規定，或依其情形顯失公平者，不在此限。」

23 (C)。民事訴訟法第 508 條第 1 項規定：「債權人之請求，以給付金錢或其他代替物或有價證券之一定數量為標的者，得聲請法院依督促程序發支付命令。」

24 (A)。刑事訴訟法第 241 條規定：「公務員因執行職務知有犯罪嫌疑者，應為告發。」

25 (C)。甲欲對乙提起訴訟，除依「**以原就被**」原則由被告住所地之法院管轄外，因侵權行為涉訟者，依民事訴訟法第 15 條第 1 項規定，得由行為地之法院管轄。

26 (A)。白話記憶點：自行起訴。

27 (A)。保全程序可**假處分**與假扣押，公示催告乃對得依背書轉讓之證券申報權利之程序，沒入則為行政罰之手段。

28 (A)。民事訴訟法第 522 條第 1 項規定：「債權人就金錢請求或得易為金錢請求之請求，欲保全強制執行者，得聲請假扣押。」

29 (C)。最高法院 81 年度台上字第 889 號民事裁判要旨謂：「當事人於審判中所為不利於己之自承（自認），有拘束該當事人之效力，法院自應據為認定事實及裁判之基礎。……」

30 (B)。刑事訴訟法第 240 條規定：「不問何人知有犯罪嫌疑者，得為告發。」

31 (C)。民事訴訟法第 436-8 條第 1 項規定：「關於請求給付金錢或其他代替物或有價證券之訴訟，其標的金額或價額在新台幣十萬元以下者，適用本章所定之小額程序。」

32 (B)。非訟事件，乃預防私權發生損害或確定私權之程序。非訟事件程序主要於非訟事件法中規範，可分為民事、家事、商事非訟事件，登記事件等；但亦有在其他法律中規定者。另規定於民事訴訟法中之擔保、**督促程序**、保全程序及公示催告程序等事項，其本質並無訟爭性，其處分均以裁定為之，屬於非訟事件之一種。

33 **(A)**。憲法第 8 條第 2 項規定：「人民因犯罪嫌疑被逮捕拘禁時，其逮捕拘禁機關應將逮捕拘禁原因，以書面告知本人及其本人指定之親友，並至遲於二十四小時內移送該管法院審問。本人或他人亦得聲請該管法院，於二十四小時內向逮捕之機關提審。」

34 **(C)**。民事訴訟法第 40 條規定：「有權利能力者，有當事人能力。胎兒，關於其可享受之利益，有當事人能力。非法人之團體，設有代表人或管理人者，有當事人能力。中央或地方機關，有當事人能力。」

35 **(B)**。民事訴訟法第 440 條規定：「提起上訴，應於第一審判決送達後二十日之不變期間內為之。但宣示或公告後送達前之上訴，亦有效力。」

36 **(B)**。形成判決乃以判決之結果，使法律關係產生變化。

37 **(A)**。此為對程序事項聲明不服。

38 **(B)**。民事訴訟法第 532 條第 1 項規定：「債權人就金錢請求以外之請求，欲保全強制執行者，得聲請**假處分**。」

39 **(C)**。為重啟案件的方法。

40 **(C)**。白話記憶點：大多以當事人進行主義為主，故方法越多越好。

41 **(D)**。刑事訴訟法第 3 條規定：「本法稱當事人者，謂檢察官、自訴人及被告。」

42 **(D)**。民事訴訟法第 427 條第 1 項規定：「關於財產權之訴訟，其標的之金額或價額在新臺幣五十萬元以下者，適用本章所定之簡易程序。」

43 **(A)**。行政訴訟法第 185 條第 1 項：「當事人兩造無正當理由遲誤言詞辯論期日，除有礙公益之維護者外，視為合意停止訴訟程序。如於四個月內不續行訴訟者，視為撤回其訴。但行政法院認有必要時，得依職權續行訴訟。」故答案為 (A)。

44 **(C)**。白話記憶點：刑事相較起來對於法律的適用更為嚴謹。

45 **(D)**。白話記憶點：除了少數案件，否則在審理時法庭大門是不能關的。

46 **(C)**。民事訴訟法第 427 條第 2 項第 7 款規定：「下列各款訴訟，不問其標的金額或價額一律適用簡易程序：……七、本於合會有所請求而涉訟者。」

47 **(C)**。白話記憶點：此關係近似於形成權。

48 **(C)**。白話記憶點：自由判斷。

49 **(C)**。刑事訴訟法第 166 條。

50 **(C)**。依刑事訴訟法第 102 條第 4 項，押票由**法官**簽名。

51 **(C)**

52 (A)。刑事訴訟法第 88-1 條參照。

53 (D)。依刑事訴訟法第 156 條，自白經**檢察官**提出者，法院應命檢察官就自白之出於**自由意志**，指出證明之方法。

54 (D)。刑事訴訟程序是**從犯罪的偵查、起訴、審判到刑罰執行**的一連串程序，而在法院中進行的部分，則是**起訴以後經審判到判決確定為止**的程序。

55 (A)。刑事訴訟法第 232 條。

56 (C)。只有法院的和解才算。

57 (C)。刑事訴訟法第 389 條第 1 項規定：「第三審法院之判決，不經言詞辯論為之。但法院認為有必要者，得命辯論。」

第十四章 最新試題及解析

112年｜台灣電力新進雇員

( ) **1** 自己與表兄弟姊妹是何種親屬關係？ (A)旁系血親四親等 (B)旁系姻親四親等 (C)旁系血親二親等 (D)旁系姻親二親等。

( ) **2** 法院非經當事人請求不得對案件主動加以裁判，此與行政機關可以主動作為者不同，此一原則在學理上稱為下列何者？ (A)罪刑法定原則 (B)互不侵犯原則 (C)以原就被原則 (D)不告不理原則。

( ) **3** 甲為年滿18歲且未受監護宣告亦未受輔助宣告之人，下列敘述何者有誤？ (A)依《公職人員選舉罷免法》規定，甲有選舉權 (B)甲所訂立之契約，無須經法定代理人同意，即屬有效 (C)甲得擔任公司之發起人 (D)甲所為之單獨行為有效。

( ) **4** 動產因繼承而移轉所有權者，何時發生效力？ (A)遺產分割時 (B)被繼承人死亡時 (C)動產點交時 (D)動產交付時。

( ) **5** 下列何者非屬《家庭暴力防治法》所定義之「家庭成員」？ (A)前配偶 (B)曾有同居關係者 (C)曾為直系姻親 (D)六親等之旁系血親。

( ) **6** 依《消費者保護法》第11條之1第1項規定，企業經營者與消費者訂立定型化契約前，應有幾日以內之合理期間，供消費者審閱全部條款內容？ (A)7日 (B)10日 (C)15日 (D)30日。

( ) **7** 關於結婚之敘述，下列何者有誤？ (A)五親等內輩分相同之旁系姻親，不得結婚 (B)直系姻親不得結婚 (C)結婚應以書面為之，有二人以上證人之簽名，並應由雙方當事人向戶政機關為結婚之登記 (D)男女未滿十八歲者，不得結婚。

( ) **8** 依《公務員服務法》第16條規定，公務員於其離職後幾年內，不得擔任與其離職前五年內之職務直接相關之營利事業董事、監察人、經理、執行業務之股東或顧問？ (A)3年 (B)4年 (C)5年 (D)6年。

( ) 9 法規以命令特定施行日期者，自何日起發生效力？ (A)自該特定日起算至第3日起發生效力 (B)自該特定日起算至第30日起發生效力 (C)為顧及信賴保護，自該特定日起算至1年後始發生效力 (D)自該特定日起發生效力。

( ) 10 下列何種情形不得撤銷緩起訴處分？ (A)未依緩起訴條件向公庫支付一定金額 (B)緩起訴期間內過失犯罪並於期滿後受有期徒刑宣告 (C)緩起訴前，因故意犯他罪，而在緩起訴期間內受有期徒刑以上刑之宣告者 (D)緩起訴期間內故意犯有期徒刑以上之罪並經檢察官於期滿前起訴。

( ) 11 依《地方制度法》第25條規定，由地方行政機關訂定並發布或下達之自治法規，為下列何者？ (A)自治條例 (B)自治規則 (C)委辦規則 (D)自律規則行政學概要、法律常識。

( ) 12 依《民法》規定，下列何者之請求權時效最長？ (A)承攬人之報酬 (B)利息 (C)商人所供給商品之代價 (D)律師之報酬。

( ) 13 依《民法》第335條第2項規定，行使抵銷權之意思表示，附有條件或期限者，效力為何？ (A)有效 (B)原則上有效 (C)效力未定 (D)無效。

( ) 14 依《憲法增修條文》第2條規定，總統有權發布緊急命令，惟發布後須提交何機關追認？ (A)行政院 (B)立法院 (C)司法院 (D)國家安全會議。

( ) 15 依《行政執行法》第37條第2項規定，對於人之管束，不得逾多久時間？ (A)24小時 (B)3日 (C)5日 (D)7日。

( ) 16 下列何者非屬著作財產權？ (A)公開口述權 (B)公開展示權 (C)公開發表權 (D)公開上映權。

( ) **17** 依《公司法》第191條規定，股東會決議之內容，違反法令或章程者，效力為何？ (A)有效 (B)無效 (C)效力未定 (D)股東得訴請法院撤銷。

( ) **18** 依《民法》第422條規定，不動產之租賃契約，其期限逾一年者，應以字據訂立之，未以字據訂立者，其效力為何？ (A)無效 (B)視為1年期之租賃 (C)效力未定 (D)視為不定期限之租賃。

( ) **19** 依《刑法》第38條規定，下列何者不問屬於犯罪行為人與否，均應沒收之？ (A)違禁物 (B)供犯罪所用之物 (C)供犯罪預備之物 (D)犯罪所生之物。

( ) **20** 依《性別工作平等法》第13條第1項規定，僱用受僱者多少人以上者，應訂定性騷擾防治措施、申訴及懲戒辦法，並在工作場所公開揭示？ (A)10人以上 (B)20人以上 (C)25人以上 (D)30人以上。

( ) **21** 依《商標法》規定，具有法人資格之公會、協會或其他團體，為指示其會員所提供之商品或服務，並藉以與非該團體會員所提供之商品或服務相區別之標識，係指下列何者？ (A)證明標章 (B)團體標章 (C)團體商標 (D)公會標章。

( ) **22** 依《民事訴訟法》第138條第2項規定，寄存送達，自寄存之日起，經多久發生效力？ (A)3日 (B)5日 (C)7日 (D)10日。

( ) **23** 依《公平交易法》規定，事業在相關市場處於無競爭狀態，或具有壓倒性地位，可排除競爭之能力者，稱為下列何者？ (A)結合 (B)壟斷 (C)獨占 (D)聯合行為。

( ) **24** 立法院於下列何種情形得開臨時會？ (A)行政院院長之咨請 (B)立法委員四分之一以上之請求 (C)考試委員四分之一以上之請求 (D)監察委員四分之一以上之請求。

( ) **25** 依《地方制度法》規定，上級政府或主管機關，對於下級政府或機關所陳報之事項，加以審查，並作成決定，以完成該事項之法定效力，稱為下列何者？ (A)備查 (B)委辦 (C)核定 (D)報備。

解答與解析　答案標示為#者，表官方曾公告更正該題答案。

1 (A)。民法（下同）第967條規定：「稱直系血親者，謂己身所從出或從己身所出之血親。
稱旁系血親者，謂非直系血親，而與己身出於同源之血親。」
第968條規定：「血親親等之計算，直系血親，從己身上下數，以一世為一親等；旁系血親，從己身數至同源之直系血親，再由同源之直系血親，數至與之計算親等之血親，以其總世數為親等之數。」
表兄弟姊妹為旁系血親，依第968條計算親等，為四親等（算至祖父母／外祖父母再往下算）。
本題答案應選擇(A)。

2 (D)。按經起訴之犯罪，除與起訴之犯罪有審判不可分之關係外，法院不得加以審理，刑事訴訟法第268條有明文規定，此即所謂「不告不理原則」。所以法院非經當事人請求不得主動對案件加以裁判，即不告不理原則。
本題答案應選擇(D)。

3 (A)。民法第18條規定：「滿十八歲為成年。」成年人即有完全行為能力。又公職人員選舉罷免法第14條規定：「中華民國國民，年滿二十歲有選舉權。」
(A)之敘述錯誤，本題答案應選擇(A)。

4 (B)。民法（下同）第761條第1項規定：「動產物權之讓與，非將動產交付，不生效力。但受讓人已占有動產者，於讓與合意時，即生效力。」
第1147條規定：「繼承，因被繼承人死亡而開始。」
第1148條第1項規定：「繼承人自繼承開始時，除本法另有規定外，承受被繼承人財產上之一切權利、義務。但權利、義務專屬於被繼承人本身者，不在此限。」
本題答案應選擇(B)。

5 (D)。家庭暴力防治法第3條規定：「本法所定家庭成員，包括下列各員及其未成年子女：
一、配偶或前配偶。
二、現有或曾有同居關係、家長家屬或家屬間關係者。
三、現為或曾為直系血親。
四、現為或曾為四親等以內之旁系血親。
五、現為或曾為四親等以內血親之配偶。
六、現為或曾為配偶之四親等以內血親。
七、現為或曾為配偶之四親等以內血親之配偶。」
(D)之敘述不屬之，本題答案應選擇(D)。

6 (D)。消費者保護法第11-1條第1項規定：「企業經營者與消費者訂立定型化契約前，應有三十日以內之合理期間，供消費者審閱全部條款內容。」
本題答案應選擇(D)。

7 (A)。民法（下同）第 980 條規定：「男女未滿十八歲者，不得結婚。」

第 982 條規定：「結婚應以書面為之，有二人以上證人之簽名，並應由雙方當事人向戶政機關為結婚之登記。」

第 983 條規定：「與左列親屬，不得結婚：

一、直系血親及直系姻親。

二、旁系血親在六親等以內者。但因收養而成立之四親等及六親等旁系血親，輩分相同者，不在此限。

三、旁系姻親在五親等以內，輩分不相同者。

前項直系姻親結婚之限制，於姻親關係消滅後，亦適用之。

第一項直系血親及直系姻親結婚之限制，於因收養而成立之直系親屬間，在收養關係終止後，亦適用之。」

本題答案應選擇 (A)。

8 (A)。公務員服務法第 16 條規定：「公務員於其離職後三年內，不得擔任與其離職前五年內之職務直接相關之營利事業董事、監察人、經理、執行業務之股東或顧問。」

本題答案應選擇 (A)。

9 (D)。中央法規標準法第 14 條規定：「法規特定有施行日期，或以命令特定施行日期者，自該特定日起發生效力。」

本題答案應選擇 (D)。

10 (B)。刑事訴訟法（下同）第 253-3 條規定：「被告於緩起訴期間內，有左列情形之一者，檢察官得依職權或依告訴人之聲請撤銷原處分，繼續偵查或起訴：

一、於期間內故意更犯有期徒刑以上刑之罪，經檢察官提起公訴者。

二、緩起訴前，因故意犯他罪，而在緩起訴期間內受有期徒刑以上刑之宣告者。

三、違背第二百五十三條之二第一項各款之應遵守或履行事項者。

檢察官撤銷緩起訴之處分時，被告已履行之部分，不得請求返還或賠償。」

第 253-2 條第 1 項規定：「檢察官為緩起訴處分者，得命被告於一定期間內遵守或履行下列各款事項：

一、向被害人道歉。

二、立悔過書。

三、向被害人支付相當數額之財產或非財產上之損害賠償。

四、向公庫支付一定金額，並得由該管檢察署依規定提撥一定比率補助相關公益團體或地方自治團體。

五、向該管檢察署指定之政府機關、政府機構、行政法人、社區或其他符合公益目的之機構或團體提供四十小時以上二百四十小時以下之義務勞務。

六、完成戒癮治療、精神治療、心理輔導或其他適當之處遇措施。

七、保護被害人安全之必要命令。

八、預防再犯所為之必要命令。」

(B) 之敘述不屬之，本題答案應選擇 (B)。

11 (B)。地方制度法第 25 條規定：「直轄市、縣（市）、鄉（鎮、市）得就其自治事項或依法律及上級法規之授權，制定自治法規。自治法規經地方立法機關通過，並由各該行政機關公布者，稱自治條例；自治法規由地方行政機關訂定，並發布或下達者，稱自治規則。」
本題答案應選擇 (B)。

12 (B)。民法（下同）第 125 條規定：「請求權，因十五年間不行使而消滅。但法律所定期間較短者，依其規定。」
第 126 條規定：「利息、紅利、租金、贍養費、退職金及其他一年或不及一年之定期給付債權，其各期給付請求權，因五年間不行使而消滅。」
第 127 條規定：「左列各款請求權，因二年間不行使而消滅：
一、旅店、飲食店及娛樂場之住宿費、飲食費、座費、消費物之代價及其墊款。
二、運送費及運送人所墊之款。
三、以租賃動產為營業者之租價。
四、醫生、藥師、看護生之診費、藥費、報酬及其墊款。
五、律師、會計師、公證人之報酬及其墊款。
六、律師、會計師、公證人所收當事人物件之交還。
七、技師、承攬人之報酬及其墊款。
八、商人、製造人、手工業人所供給之商品及產物之代價。」

13 (D)。民法第 335 條規定：「抵銷，應以意思表示，向他方為之。其相互間債之關係，溯及最初得為抵銷時，按照抵銷數額而消滅。
前項意思表示，附有條件或期限者，無效。」
本題答案應選擇 (D)。

14 (B)。憲法增修條文第 2 條第 3 項規定：「總統為避免國家或人民遭遇緊急危難或應付財政經濟上重大變故，得經行政院會議之決議發布緊急命令，為必要之處置，不受憲法第四十三條之限制。但須於發布命令後十日內提交立法院追認，如立法院不同意時，該緊急命令立即失效。」
本題答案應選擇 (B)。

15 (A)。行政執行法第 37 條規定：「對於人之管束，以合於下列情形之一者為限：……。
前項管束，不得逾二十四小時。」
本題答案應選擇 (A)。

16 (C)。(A) 著作權法（下同）第 23 條規定：「著作人專有公開口述其語文著作之權利。」(B) 第 27 條規定：「著作人專有公開展示其未發行之美術著作或攝影著作之權利。」(C) 第 30 條第 2 項規定：「著作於著作人死亡後四十年至五十年間首次公開發表者，著作財產權之期間，自公開發表時起存續十年。」
(D) 第 25 條規定：「著作人專有公開上映其視聽著作之權利。」
(C) 之敘述不屬之，為著作人格權，本題答案應選擇 (C)。

17 (B)。公司法第 191 條規定：「股東會決議之內容，違反法令或章程者無效。」

18 (D)。民法第 422 條規定：「不動產之租賃契約，其期限逾一年者，應以字據訂立之，未以字據訂立者，視為不定期限之租賃。」
本題答案應選擇 (D)。

19 (A)。刑法第 38 條第 1 項規定：「違禁物，不問屬於犯罪行為人與否，沒收之。」
本題答案應選擇 (A)。

20 (D)。現行法規修法為：性別平等工作法第 13 條：「雇主應採取適當之措施，防治性騷擾之發生，並依下列規定辦理：
一、僱用受僱者十人以上未達三十人者，應訂定申訴管道，並在工作場所公開揭示。
二、僱用受僱者三十人以上者，應訂定性騷擾防治措施、申訴及懲戒規範，並在工作場所公開揭示。」

21 (C)。商標法第 88 條第 1 項規定：「團體商標，指具有法人資格之公會、協會或其他團體，為指示其會員所提供之商品或服務，並藉以與非該團體會員所提供之商品或服務相區別之標識。」
本題答案應選擇 (C)。

22 (D)。民事訴訟法第 138 條第 2 項規定：「寄存送達，自寄存之日起，經十日發生效力。」
本題答案應選擇 (D)。

23 (C)。公平交易法第 7 條第 1 項規定：「本法所稱獨占，指事業在相關市場處於無競爭狀態，或具有壓倒性地位，可排除競爭之能力者。」
本題答案應選擇 (C)。

24 (B)。憲法第 69 條規定：「立法院遇有左列情事之一時，得開臨時會：
一、總統之咨請。
二、立法委員四分之一以上之請求。」
本題答案應選擇 (B)。

25 (C)。地方制度法第 2 條第 3 款規定：「本法用詞之定義如下：……四、核定：指上級政府或主管機關，對於下級政府或機關所陳報之事項，加以審查，並作成決定，以完成該事項之法定效力之謂。」
本題答案應選擇 (C)。

112 年 ｜ 一般警察特考四等

(　　) **1** 下列何者並非立法院制衡總統權力之方式？　(A)不追認總統所發布之緊急命令　(B)透過國家安全法或國家安全局組織法等法律，規範總統決定國家安全大政方針之相關事項　(C)提出總統彈劾案　(D)要求總統赴立法院備詢。

(　　) **2** 下列關於實施國民教育之具體規定，何者未見諸憲法及增修條文？　(A)學齡國民之基本教育、已逾學齡而未受基本教育之國民之補習教育，一律免費　(B)6歲至15歲之國民，應受國民教育　(C)各級政府應廣設獎學金名額，以扶助學行俱優無力升學之學生　(D)國民教育之經費應優先編列。

(　　) **3** 依憲法增修條文，有關修憲程序的敘述，下列何者錯誤？　(A)憲法修正案的提議權專屬於立法院　(B)立法院通過憲法修正案的出席與決議門檻，與領土變更案相同　(C)憲法修正案通過後，須先公告半年，之後由立法院辦理複決公投　(D)修憲複決公投的有效同意票超過全國選舉人總額之半數，始為通過。

(　　) **4** 關於憲法及增修條文有關金融之規定，下列敘述何者正確？　(A)公私金融機構應以同等方式管理，始符合平等原則　(B)憲法第149條規定：「金融機構，應依法受國家之管理。」屬憲法委託之規定　(C)國家應普設金融機構，以救濟失業　(D)國家對於公營金融機構之管理，應本公平原則。

(　　) **5** 依憲法及司法院大法官解釋意旨，有關軍事審判制度，下列敘述何者錯誤？　(A)軍事審判乃基於國家安全與軍事需要，對軍人之犯罪行為所設立之特別訴訟程序　(B)憲法明文規定現役軍人應受軍事審判　(C)非現役軍人不受軍事審判之保障，包括不受軍事檢察官之刑事訴追　(D)非現役軍人不論平時或戰時，皆不受軍事審判。

(　　) **6** 依司法院大法官解釋，學術自由之保障，應自大學組織與其他建制方面，加以確保，此屬學理上所稱之何種基本權功能？　(A)程序保障功能　(B)制度保障功能　(C)受益功能　(D)參與功能。

(　　) **7** 從憲法第13條信仰宗教自由可導出「宗教中立」與「宗教平等」原則，關於其原則之內涵，下列敘述何者錯誤？　(A)國家不得制定法律限制人民之宗教行為自由　(B)國家不得對特定宗教之教義給予優劣評價　(C)國家不得在政府機關網頁宣傳特定宗教之教義　(D)國家不得在政府機關網頁批評特定宗教之教義違反科學理論。

(　　) **8** 人民團體法規定，特定職業團體之理事長，「由理事就常務理事中選舉一人為理事長，其不設常務理事者，就理事中互選之。」依司法院釋字第733號解釋，上述規定違反下列何項？　(A)私法自治與平等原則　(B)結社自由與平等原則　(C)私法自治與比例原則　(D)結社自由與比例原則。

(　　) **9** 依司法院大法官解釋，關於憲法第7條平等權之保障，下列敘述何者錯誤？　(A)依據兩岸關係條例，大陸地區配偶設有戶籍滿10年始得擔任公務員之規定，並未違反平等　(B)依據所得稅法，以未滿20歲或滿60歲以上作為減除免稅額限制要件之規定，違反平等　(C)於軍事審判遭受冤獄之受害人不適用冤獄賠償法規定，違反平等　(D)依據原住民族工作權保障法及政府採購法，要求達一定規模之政府採購得標廠商需進用一定比例原住民之規定，違反平等。

(　　) **10** 共有人請求分割共有物，係受下列何種憲法權利之保障？　(A)財產權　(B)契約自由　(C)結社自由　(D)一般行為自由。

(　　) **11** 直轄市自治條例規定，以藝文表演為職業之街頭藝人，須經該市主管機關核發表演許可證，始得在該市之公共空間從事藝文表演。有關上開規定，下列敘述何者正確？　(A)此規定僅限制街頭藝人從事工作之地點，尚不構成對職業自由之限制　(B)此規定構成對職業自由之限制，但職業自由之限制僅能以法律定之，故違反法律保留原則 (C)此規定不構成對表現自由之限制 (D)此規定構成對職業自由之限制，其得授權地方行政機關對此限制事宜訂定自治規則為具體規範。

( ) **12** 訴訟權旨在確保人民之權利受侵害時，享有依法向法院提起適時審判的請求權，包含聽審、公正程序、公開審判請求權及下列何者？ (A)社會福利請求權 (B)經濟資源分配權 (C)程序上之平等權 (D)人性尊嚴保障權。

( ) **13** 憲法上有關國民受教育之規定，下列敘述何者錯誤？ (A)人民受國民教育既係權利也是義務 (B)人民受基本教育，免納學費 (C)6歲至15歲之學齡兒童，一律受基本教育 (D)國家對於全國公私立教育文化機關，有監督之權。

( ) **14** 關於憲法非明文權利，下列敘述何者錯誤？ (A)人民任何行為皆受憲法第22條保障 (B)法律不得牴觸憲法上非明文權利 (C)立法者得為限制規定 (D)包括一般行為自由。

( ) **15** 有關人格權，下列敘述何者錯誤？ (A)人格權為維護個人主體性及人格自由發展所必要 (B)人格權的發展沒有年齡、性別的限制 (C)人格權不包含知悉自己身世的權利 (D)人格權與人性尊嚴有密切關聯。

( ) **16** 甲私立醫院將前往看診之乙病人的病歷，提供給丙研究機構作為研究之用，下列敘述何者錯誤？ (A)乙可以向甲主張基本權的第三人效力 (B)甲將病歷提供給丙，因存有公共利益目的，符合比例原則 (C)乙的資訊自決權受到甲的侵害 (D)甲之行為違反蒐集資料之目的而侵害乙的隱私權。

( ) **17** 下列何者並非憲法明文列舉之基本權？ (A)講學自由 (B)環境權 (C)請願權 (D)秘密通訊自由。

( ) **18** 下列何者非現行憲法所規定之總統權限？ (A)公布法律 (B)行使大赦 (C)依法宣布戒嚴 (D)提名行政院副院長。

( ) **19** 關於行政院院長，下列敘述何者正確？ (A)行政院副院長、各部會首長及不管部政務委員之任命，於經總統同意後，由行政院院長為之 (B)行政院院長應向立法院提出施政方針及施政報告 (C)行政院院長對於應由立法院議決之議案，有應立法院各委員會之邀請列席接受質詢或備詢之義務 (D)立法院對行政院院長所提出之不信任案如未獲通過，於同一會期內不得對同一行政院院長再提不信任案。

( ) **20** 依憲法增修條文及司法院大法官解釋意旨，關於立法委員選舉，下列敘述何者錯誤？ (A)採單一選區制與比例代表制混合之兩票制，分別以區域候選人及政黨為投票對象 (B)山地原住民立法委員之選舉，依直轄市、縣市、鄉鎮市之原住民人口比例劃分選舉區 (C)獲得政黨選舉票百分之五以上之政黨始得分配全國不分區及僑居國外國民立法委員之席次 (D)單一選區之區域選舉結果與政黨選舉票之選舉結果分開計算兩類立法委員當選人名額。

( ) **21** 關於監察院之組織，下列敘述何者錯誤？ (A)設院長、副院長各1人，由總統提名時指定，經立法院同意任命之 (B)設監察委員29人，任期6年 (C)設國家人權委員會，由院長兼任主任委員 (D)設審計長，由監察院院長遴派之。

( ) **22** 下列何者並非憲法第80條之法官？ (A)大法官 (B)懲戒法院法官 (C)家事法院法官 (D)檢察官。

( ) **23** 有關司法院大法官解釋效力，下列敘述何者錯誤？ (A)確定終局裁判所適用之法律或命令，經依人民聲請解釋認為與憲法意旨不符，凡曾因同一法令受不利確定終局裁判者，均得以該解釋為再審或非常上訴之理由 (B)人民聲請解釋憲法，宣告確定終局裁判所適用之法令定期失效者，聲請人就原因案件應得據以請求再審或其他救濟 (C)依司法院釋字第741號解釋，凡大法官宣告法令違憲並定期失效者，各該解釋之聲請人均得就其原因案件據以請求再審或其他救濟 (D)解釋之聲請人得在其確定終局裁判所適用之法令遭宣告失效後，得就其原因案件據以請求再審或其他救濟，係為保障聲請人之權益，並肯定其對維護憲法之貢獻。

(　　) **24** 下列何者不是憲法訴訟法規定的聲請程序類型？　(A)機關爭議　(B)法令違憲之疑義　(C)行使職權，適用憲法之疑義　(D)裁判違憲之疑義。

(　　) **25** 依據司法院釋字第498號解釋，地方自治團體之行政首長與民意代表均應由自治區域內之人民依法選舉產生，係基於住民自治之理念與下列何者之功能？　(A)垂直分權　(B)國家主權　(C)社會正義　(D)階級和諧。

(　　) **26** 以下有關成文法源之敘述，何者錯誤？　(A)憲法規範人民基本權利及國家組織，是所有成文法源中，效力位階最高者　(B)作為成文法源的法律，指的是狹義的法律，依中央法規標準法之規定，其名稱包含法、律、條例、通則　(C)依地方制度法規定，地方自治法規之種類包含經地方議會三讀通過的自治條例，以及地方政府訂定發布的行政規則　(D)條約必須經過行政院會議決議，並送交立法院審議通過及總統公布後，才會產生拘束力。

(　　) **27** 以下有關法律繼受及固有法的敘述，何者錯誤？　(A)固有法係根據一國固有的社會狀態、風土民情及生活習慣而制定之法律，繼受法則係仿造外國法之內容而制定出來之法律　(B)我國現行的民法典，多係繼受自英、法等國的民法典規定而來　(C)法律的繼受依其方法，可以分為藉由司法裁判而為之習慣法的繼受，以及藉由立法機關而為的立法繼受　(D)日耳曼各國在13、14世紀對於羅馬法的繼受，即屬習慣法的繼受。

(　　) **28** 大法官解釋案件時參考制憲、修憲及立法資料，此種解釋方式為何？　(A)文義解釋　(B)當然解釋　(C)歷史解釋　(D)體系解釋。

(　　) **29** 最高法院曾有判決認定，關於想像競合犯，部分犯罪事實是否構成自首，須參照法條編排因素來解釋。此係何種法律解釋方法？　(A)文義解釋　(B)目的解釋　(C)歷史解釋　(D)體系解釋。

( ) **30** 法規就違反構成要件者，課處600元至1,800元之罰鍰制裁。下列何項情形，構成「裁量逾越」之瑕疵？ (A)行政機關課處違法行為人3,000元之罰鍰 (B)行政機關就任何違法行為人一律課處1,800元之罰鍰 (C)行政機關就初犯之行為人課處1,800元之罰鍰 (D)行政機關就違反同一要件之不同行為人，課處不同額度之罰鍰。

( ) **31** 關於法律明確性原則，下列敘述何者錯誤？ (A)立法上不得使用不確定法律概念或概括條款 (B)法律規定之意義須非難以理解 (C)法律規定之效力須為一般受規範者所得預見 (D)明確性的要求程度，視規範對象、內容或法益本身及其所受限制之輕重而有不同。

( ) **32** 有關中止未遂，下列敘述何者正確？ (A)甲於偷車過程中，因停車場人車往來眾多而放棄偷車，甲成立中止未遂 (B)甲欲殺害乙，下手時突然有警車經過，遂放棄續行，甲成立中止未遂 (C)甲欲殺害乙，下手後卻心軟反悔，緊急將乙送醫，乙雖仍不幸死亡，但甲已盡力為防果行為，仍可成立準中止未遂 (D)甲欲殺害乙，下手後心生悔意，緊急將乙送醫，乙幸而未死，甲成立中止未遂。

( ) **33** 下列何種出資類型，並非閉鎖性股份有限公司所允許？ (A)公司事業所需之財產 (B)公司事業所需之技術 (C)公司事業所需之信用 (D)公司事業所需之勞務。

( ) **34** 甲至A健身房健身，並簽約成為會員。若是甲與A健身房因會員權益發生爭執，依消費者保護法規定，下列敘述何者錯誤？ (A)甲得直接向A健身房申訴 (B)甲得直接向消費者服務中心申訴 (C)甲得直接向直轄市、縣（市）政府消費爭議調解委員會申請調解 (D)甲得直接向消費者保護團體申訴。

( ) **35** 下列何者非勞工保險普通事故保險之給付？ (A)生育給付 (B)傷病給付 (C)失能給付 (D)長期照護給付。

(　　) **36** 有關勞動基準法延長工作之補休，下列敘述何者錯誤？　(A)補休時數之計算應依勞工工作之時數　(B)雇主以工作規則規定限定期限內補休　(C)就補休期限屆期未補休之時數，雇主未發給工資者，應處新臺幣2萬元以上100萬元以下罰鍰　(D)雇主得以工作規則規定，勞工延長工作時間後僅得請領加班費，不得申請補休。

(　　) **37** 下列有關性別工作平等法之救濟及申訴程序，何者錯誤？　(A)公務人員及教育人員之申訴、救濟及處理程序，同一般私立機構，適用性別工作平等法之相關規定　(B)受僱者因雇主對其有性別歧視之情形而受有損害者，雇主應負損害賠償責任　(C)受僱者於職場遭受性騷擾而受有損害時，若雇主可證明其已遵守性別工作平等法所定之各種防治性騷擾之規定，且已盡力防止其發生者，則雇主不負賠償責任　(D)雇主為處理受僱者之申訴，得建立申訴制度協調處理。

(　　) **38** 有關國家對地方自治團體之監督，下列敘述何者錯誤？　(A)國家得就地方自治團體於辦理自治事項之適法性進行監督　(B)地方自治團體辦理自治事項時應依自治監督機關之行政指導辦理　(C)國家對自治團體之監督必須出自保護公益之考量，且符合比例原則　(D)地方自治團體違法不作為時，自治監督機關得代行處理。

(　　) **39** 依司法院大法官解釋意旨，關於法律不溯及既往原則，下列敘述何者正確？　(A)如人民依修正前法律已取得之權益受不利影響者，立法者可制定過渡條款或採取補救措施　(B)新訂生效之法規，對於法規生效前已發生事件，一律不得適用　(C)因公益必要而變動法規者，無須考量人民之信賴利益　(D)我國釋憲實務並未區分真正溯及既往與不真正溯及既往。

(　　) **40** 依地方制度法之規定，下列何者之職位非無給職？　(A)臺南市市長　(B)臺灣省省諮議會議員　(C)臺北市中正區愛國里里長　(D)桃園市觀音區區政諮詢委員。

( ) **41** 下列何者非屬行政處分撤銷之事由？ (A)內容不明確 (B)認定事實錯誤 (C)應給予當事人陳述意見機會而未給予陳述意見 (D)救濟期間告知錯誤。

( ) **42** 依民法規定，下列有關贈與人撤銷權之敘述，何者正確？ (A)即使是履行道德上義務而為贈與者，只要贈與物之權利未移轉前，贈與人仍得任意撤銷贈與 (B)受贈人對於贈與人之配偶，只要有過失侵害行為，依刑法有處罰之明文者，贈與人得撤銷其贈與 (C)受贈人對贈與人有扶養義務而不履行，但贈與人對受贈人已為宥恕之表示者，贈與人之撤銷權消滅 (D)贈與人因被受贈人詐欺而為贈與，贈與物之權利已全部移轉者，贈與人不得撤銷其贈與。

( ) **43** 依民法第757條關於物權法定主義之規定，物權除依法律或習慣外，不得創設。下列何者行為違反物權法定主義？ (A)設定不移轉占有之動產質權 (B)設定不移轉抵押不動產占有之不動產抵押權 (C)設定土地上一定空間之區分地上權 (D)移轉專有部分所有權。

( ) **44** 下列何者為刑法的「刑」？ (A)褫奪公權 (B)罰鍰 (C)損害賠償 (D)沒入。

( ) **45** 下列何者不是中央法規標準法第3條所稱之命令？ (A)性別工作平等法施行細則 (B)道路交通安全規則 (C)農田水利會組織通則 (D)食品良好衛生規範準則。

( ) **46** 依我國著作權法規定，有關著作的平行輸入與權利耗盡原則，下列敘述何者錯誤？ (A)我國採國內耗盡原則，故即使甲為供個人觀賞之目的而於出國旅遊時於國外購買一張音樂CD光碟，連同行李一起攜回我國，仍視為侵害著作權 (B)乙在我國境內購買經合法重製之書籍，得透過網路將之轉售予他人 (C)丙在我國境內購買經合法重製之漫畫，得經營漫畫出租店將該漫畫出租予他人 (D)丁在我國境內購買經合法重製之黑膠唱片，仍不得出租該唱片。

(　) **47** 關於法庭之友，下列敘述何者錯誤？ (A)當事人或當事人以外之人民、機關或團體，均得向憲法法庭提出聲請 (B)聲請提出法庭之友意見時，應以書面敘明其與憲法法庭審理案件之關聯性 (C)依裁定許可提出專業意見或資料時，應委任代理人 (D)聲請提出法庭之友意見，應於憲法法庭公開聲請書、答辯書後30日內為之。

(　) **48** 關於法定夫妻財產制，下列敘述何者錯誤？ (A)夫或妻之財產分為婚前財產與婚後財產，由夫妻各自所有 (B)夫或妻各自管理其財產 (C)不能證明為婚前或婚後財產者，推定為夫妻共有 (D)夫妻各自對其債務負清償之責。

(　) **49** 依民法規定，負扶養義務者有數人時，其履行義務之順序，下列何者正確？ (A)直系血親卑親屬優先於直系血親尊親屬 (B)兄弟姊妹優先於家長 (C)家屬優先於直系血親尊親屬 (D)女婿優先於兄弟姊妹。

(　) **50** 最高法院民事大法庭、刑事大法庭之成員組織，下列敘述何者正確？ (A)大法庭由審判長及由票選大法庭庭員組成，任期均4年 (B)票選產生之大法庭庭員，每庭應有2人 (C)大法庭以法官13人合議審判 (D)最高法院院長及其指定之庭長擔任民事大法庭或刑事大法庭之審判長。

解答與解析　答案標示為#者，表官方曾公告更正該題答案。

1 (D)。(D)為邀請總統至立法院備詢。

2 (B)。(B)憲法第160條：「六歲至十二歲之學齡兒童，一律受基本教育，免納學費。其貧苦者，由政府供給書籍。」

3 (C)。憲法增修條文第12條：「憲法之修改，須經立法院立法委員四分之一之提議，四分之三之出席，及出席委員四分之三之決議，提出憲法修正案，並於公告半年後，經中華民國自由地區選舉人投票複決，有效同意票過選舉人總額之半數，即通過之，不適用憲法第一百七十四條之規定。」立法院之職權不包含辦理選舉。

4 (B)。

5 (B)。大法官釋字第436號解釋：「……憲法第八條第一項規定，人民身體之自由應予保障，非由法院依法定程序不得審問處罰；憲法第十六條並規定人民有訴訟之權。現役軍人亦為人民，自應同受上開規定之保障。又憲法第九條規定：『人民除現役軍人外，不受軍事審判』，乃因現役軍人負有保衛國家之特別義務，基於國家安全與軍事需要，對其犯罪行為得設軍事審判之特別訴訟程序，非謂軍事審判機關對於軍人之犯罪有專屬之審判權。至軍事審判之建制，憲法未設明文規定，雖得以法律定之，惟軍事審判機關所行使者，亦屬國家刑罰權之一種，其發動與運作，必須符合正當法律程序之最低要求......」。

6 (B)。大法官釋字第380號解釋理由書節錄：「憲法第十一條關於講學自由之規定，以保障學術自由為目的，學術自由之保障，應自大學組織及其他建制方面，加以確保，亦即為制度性之保障。……」

7 (A)。大法官解釋490號理由書節錄：「……所謂宗教信仰之自由，係指人民有信仰與不信仰任何宗教之自由，以及參與或不參與宗教活動之自由；國家不得對特定之宗教加以獎勵或禁制，或對人民特定信仰畀予優待或不利益，其保障範圍包含內在信仰之自由、宗教行為之自由與宗教結社之自由。……」

8 (D)。大法官解釋733號解釋文節錄：「人民團體法第十七條第二項關於『由理事就常務理事中選舉一人為理事長，其不設常務理事者，就理事中互選之』之規定部分，限制職業團體內部組織與事務之自主決定已逾必要程度，有違憲法第二十三條所定之比例原則，與憲法第十四條保障人民結社自由之意旨不符，應自本解釋公布之日起，至遲於屆滿一年時，失其效力。」

9 (D)。大法官解釋719號解釋文節錄：「……尚無違背憲法第七條平等原則及第二十三條比例原則，與憲法第十五條保障之財產權及其與工作權內涵之營業自由之意旨並無不符。」

10 (A)。憲法第15條：「人民之生存權、工作權及財產權，應予保障。」

11 (D)。大法官解釋806號釋字解釋文節錄：「合併觀察上開三規定所形成之審查許可制度，其中對人民職業自由與藝術表現自由限制之部分，未經地方立法機關通過，亦未獲自治條例之授權，與法治國法律保留原則有違。……」

12 (C)。大法官解釋482號釋字解釋文節錄：「憲法第十六條規定，人民有請願、訴願及訴訟之權。所謂訴訟權，乃人民司法上之受益權，即人民於其權利受侵害時，依法享有向法院提起適時審判之請求權，且包含聽審、公正程序、公開審判請求權及程序上之平等權等。……」

13 (C)。憲法第 160 條第 1 項：「六歲至十二歲之學齡兒童，一律受基本教育，免納學費。其貧苦者，由政府供給書籍。」

14 (A)。憲法第 22 條：「凡人民之其他自由及權利，不妨害社會秩序公共利益者，均受憲法之保障。」

15 (C)。大法官解釋 603 號釋字解釋文節錄：「維護人性尊嚴與尊重人格自由發展，乃自由民主憲政秩序之核心價值。隱私權雖非憲法明文列舉之權利，惟基於人性尊嚴與個人主體性之維護及人格發展之完整，並為保障個人生活私密領域免於他人侵擾及個人資料之自主控制，隱私權乃為不可或缺之基本權利，而受憲法第 22 條所保障（本院釋字第 585 號解釋參照）。」

16 (B)。憲法第 23 條：「以上各條列舉之自由權利，除為防止妨礙他人自由、避免緊急危難、維持社會秩序，或增進公共利益所必要者外，不得以法律限制之。」(B) 選項已侵害到他人的隱私，故不在憲法的保障內。

17 (B)。憲法第 10 條至第 22 條皆無環境權。

18 (D)。憲法第 37 條：「總統依法公布法律，發布命令，須經行政院院長之副署，或行政院院長及有關部會首長之副署。」

憲法第 56 條：「行政院副院長，各部會首長及不管部會之政務委員，由行政院院長提請總統任命之。」

19 (B)。憲法第 57 條：「行政院依左列規定，對立法院負責：一、行政院有向立法院提出施政方針及施政報告之責。立法委員在開會時，有向行政院院長及行政院各部會首長質詢之權。二、立法院對於行政院之重要政策不贊同時，得以決議移請行政院變更之。行政院對於立法院之決議，得經總統之核可，移請立法院覆議。覆議時，如經出席立法委員三分之二維持原決議，行政院院長應即接受該決議或辭職。三、行政院對於立法院決議之法律案、預算案、條約案，如認為有窒礙難行時，得經總統之核可，於該決議案送達行政院十日內，移請立法院覆議。覆議時，如經出席立法委員三分之二維持原案，行政院院長應即接受該決議或辭職。」

20 (B)。憲法增修條文第 4 條第 1 項、第 2 項：「立法院立法委員自第七屆起一百一十三人，任期四年，連選得連任，於每屆任滿前三個月內，依左列規定選出之，不受憲法第 64 條及第 65 條之限制：

一、自由地區直轄市、縣市七十三人。每縣市至少一人。

二、自由地區平地原住民及山地原住民各三人。

三、全國不分區及僑居國外國民共三十四人。

前項第一款依各直轄市、縣市人口比例分配，並按應選名額劃分同額選舉區選出之。第三款依政黨名單投票選舉之，由獲得百分之五以上政黨選舉票之政黨依得票比率選出之，各政黨當選名單中，婦女不得低於二分之一。」

21 (D)。憲法第104條：「監察院設審計長，由總統提名，經立法院同意任命之。」

22 (D)。大法官釋字第13號解釋文：「憲法第81條所稱之法官，係指同法第80條之法官而言，不包含檢察官在內。但實任檢察官之保障，依同法第82條，及法院組織法第40條第2項之規定，除轉調外，與實任推事同。」

23 (A)。大法官釋字第158解釋文節錄：「確定終局裁判所適用之法律或命令，或其適用法律、命令所表示之見解，經本院依人民聲請解釋認為與憲法意旨不符，其受不利確定終局裁判者，得以該解釋為再審或非常上訴之理由，已非法律見解歧異問題。」

24 (C)。憲法訴訟法第2條：「司法院大法官組成憲法法庭，依本法之規定審理下列案件：

一、法規範憲法審查及裁判憲法審查案件。二、機關爭議案件。三、總統、副總統彈劾案件。四、政黨違憲解散案件。五、地方自治保障案件。六、統一解釋法律及命令案件。其他法律規定得聲請司法院解釋者，其聲請仍應依其性質，分別適用本法所定相關案件類型及聲請要件之規定。」

25 (A)。大法官釋字第498解釋文節錄：「地方自治為憲法所保障之制度。基於住民自治之理念與垂直分權之功能，地方自治團體設有地方行政機關及立法機關，其首長與民意代表均由自治區域內之人民依法選舉產生，分別綜理地方自治團體之地方事務，或行使地方立法機關之職權，地方行政機關與地方立法機關間依法並有權責制衡之關係。」

26 (C)。地方制度法第25條：「直轄市、縣（市）、鄉（鎮、市）得就其自治事項或依法律及上級法規之授權，制定自治法規。自治法規經地方立法機關通過，並由各該行政機關公布者，稱自治條例；自治法規由地方行政機關訂定，並發布或下達者，稱自治規則。」

27 (B)。(B)我國現行的民法典，多係繼受自德國等國的民法典規定而來。

28 (C)。關鍵字為「制憲、修憲及立法資料」，該資料的性質為以往的資料，故本題為歷史解釋。

29 (D)。關鍵字為「參照法條編排因素」，故本題為體系解釋。

30 (A)。(A)3,000已超過罰鍰裁罰的範圍，故為裁量逾越。

31 (A)。(A)例外舉例來說：空白刑法。

32 (D)。(D)中止未遂需以本意停止才符合其要件。

33 (C)。公司法第356條之3第1項至第4項：「I.發起人得以全體之同意，設立閉鎖性股份有限公司，並應全數認足第一次應發行之股份。
II. 發起人之出資除現金外，得以公司事業所需之財產、技術或勞務抵充之。但以勞務抵充之股數，不得超過公司發行股份總數之一定比例。
III. 前項之一定比例，由中央主管機關定之。
IV. 以技術或勞務出資者，應經全體股東同意，並於章程載明其種類、抵充之金額及公司核給之股數；主管機關應依該章程所載明之事項辦理登記，並公開於中央主管機關之資訊網站。」

34 (C)。消費者保護法第 43 條第 1 項：「消費者與企業經營者因商品或服務發生消費爭議時，消費者得向企業經營者、消費者保護團體或消費者服務中心或其分中心申訴。」

35 (D)。勞工保險條例第 2 條第 1 款：「勞工保險之分類及其給付種類如下：一、普通事故保險：分生育、傷病、失能、老年及死亡五種給付。」

36 (B)。勞動基準法第 32 條之 1：「I. 雇主依第 32 條第 1 項及第 2 項規定使勞工延長工作時間，或使勞工於第 36 條所定休息日工作後，依勞工意願選擇補休並經雇主同意者，應依勞工工作之時數計算補休時數。II 前項之補休，其補休期限由勞雇雙方協商；補休期限屆期或契約終止未補休之時數，應依延長工作時間或休息日工作當日之工資計算標準發給工資；未發給工資者，依違反第 24 條規定論處。」

37 (A)。性別工作平等法第 2 條第 3 項：「公務人員、教育人員及軍職人員之申訴、救濟及處理程序，依各該人事法令之規定。」（本法已修正名稱為性別「平等工作」法）

38 (B)。大法官釋字第 498 號解釋文節錄：「中央政府或其他上級政府對地方自治團體辦理自治事項、委辦事項，依法僅得按事項之性質，為適法或適當與否之監督。」
大法官釋字第 553 號解釋文節錄：「蓋地方自治團體處理其自治事項與承中央主管機關之命辦理委辦事項不同，前者中央之監督僅能就適法性為之……」

39 (A)。大法官釋字第 574 號解釋文節錄：「惟第二審判決後，上訴期間進行中，民事訴訟法第 466 條修正提高第三審上訴利益之數額，致當事人原已依法取得上訴權，得提起而尚未提起上訴之事件，依新修正之規定而不得上訴時，雖非法律溯及適用，對人民之信賴利益，難謂無重大影響，為兼顧公共利益並適度保護當事人之信賴，民事訴訟法施行法第 8 條規定：『修正民事訴訟法施行前所為之判決，依第 466 條所定不得上訴之額數，於修正民事訴訟法施行後有增加時，而依增加前之法令許之者，仍得上訴』，以為過渡條款，與法治國之法律不溯及既往原則及信賴保護原則，並無違背。」

40 (A)。地方制度法第61條第1項：「直轄市長、縣（市）長、鄉（鎮、市）長，應支給薪給；退職應發給退職金；因公死亡或病故者，應給與遺族撫卹金。」

41 (D)。行政程序法第98條：「I. 處分機關告知之救濟期間有錯誤時，應由該機關以通知更正之，並自通知送達之翌日起算法定期間。

II. 處分機關告知之救濟期間較法定期間為長者，處分機關雖以通知更正，如相對人或利害關係人信賴原告知之救濟期間，致無法於法定期間內提起救濟，而於原告知之期間內為之者，視為於法定期間內所為。

III. 處分機關未告知救濟期間或告知錯誤未為更正，致相對人或利害關係人遲誤者，如自處分書送達後一年內聲明不服時，視為於法定期間內所為。」

42 (C)。民法第416條：「I. 受贈人對於贈與人，有左列情事之一者，贈與人得撤銷其贈與：一、對於贈與人、其配偶、直系血親、三親等內旁系血親或二親等內姻親，有故意侵害之行為，依刑法有處罰之明文者。二、對於贈與人有扶養義務而不履行者。

II. 前項撤銷權，自贈與人知有撤銷原因之時起，一年內不行使而消滅。贈與人對於受贈人已為宥恕之表示者，亦同。」

43 (A)。民法第757條：「物權除依法律或習慣外，不得創設。」

民法第884條：「稱動產質權者，謂債權人對於債務人或第三人移轉占有而供其債權擔保之動產，得就該動產賣得價金優先受償之權。」

44 (A)。刑法第32條：「刑分為主刑及從刑。」

刑法第36條第1項：「從刑為褫奪公權。」

45 (C)。中央法規標準法第3條：「各機關發布之命令，得依其性質，稱規程、規則、細則、辦法、綱要、標準或準則。」

46 (A)。所謂國內耗盡原則，是指權利人首次於國內銷售其物品時，始有耗盡之問題；其在外國之銷售，尚不耗盡其在國內之散佈權。依此理論，擁有專利之物品在國外市場之銷售行為，並不會使專利權人就該專利物品之權利被耗盡，若未得到專利權人之同意而進口，即會侵害專利權人之進口權。

47 (A)。憲法訴訟法第20條第1項：「當事人以外之人民、機關或團體，認其與憲法法庭審理之案1項件有關聯性，得聲請憲法法庭裁定許可，於所定期間內提出具參考價值之專業意見或資料，以供憲法法庭參考。」

48 (C)。民法第1017條第1項：「夫或妻之財產分為婚前財產與婚後財產，由夫妻各自所有。不能證明為婚前或婚後財產者，推定為婚後財產；不能證明為夫或妻所有之財產，推定為夫妻共有。」

49 (A)。民法第 1115 條第 1 項：「負扶養義務者有數人時，應依左列順序定其履行義務之人：一、直系血親卑親屬。二、直系血親尊親屬。三、家長。四、兄弟姊妹。五、家屬。六、子婦。七、夫妻之父母。」

50 (D)。憲法訴訟法第 51 條之 6：「民事大法庭、刑事大法庭裁判法律爭議，各以法官十一人合議行之，並分別由最高法院院長及其指定之庭長，擔任民事大法庭或刑事大法庭之審判長。」

112年｜高考三級

( ) **1** 有關憲法解釋及法規範之位階，下列敘述何者錯誤？　(A)法律與憲法有無牴觸發生疑義時，由行政法院解釋之　(B)憲法之解釋，由司法院為之　(C)憲法所稱之法律，謂經立法院通過，總統公布之法律　(D)命令與憲法或法律牴觸者無效。

( ) **2** 依憲法本文規定，國家對於邊疆地區各民族之土地使用保障及發展，下列何者並非應特別考量之要素？　(A)土地價格　(B)氣候　(C)土壤性質　(D)人民生活習慣。

( ) **3** 關於受羈押被告之權利，下列敘述何者錯誤？　(A)有接見律師權　(B)有受辯護權　(C)有與辯護律師自由溝通權　(D)接見律師時有不受監視權。

( ) **4** 訴訟應循之程序及相關要件，下列何機關得衡量訴訟案件之種類、性質、訴訟制度之功能及訴訟外解決紛爭之法定途徑等因素，為正當合理之規定？　(A)立法機關　(B)行政機關　(C)司法機關　(D)監察機關。

( ) **5** 財政部函就使用牌照稅法第7條第1項第9款關於交通工具免徵使用牌照稅規定，所稱「每一團體和機構以3輛為限」，明示應以同一法人於同一行政區域內之總分支機構合計3輛為限。其縮減人民依法律享有免徵使用牌照稅優惠，依司法院釋字第798號解釋，係違反下列何項原則？　(A)社會國原則　(B)平等原則　(C)租稅法律原則　(D)比例原則。

( ) **6** 依憲法法庭判決意旨，有關憲法第18條保障人民服公職權，下列敘述何者正確？　(A)年終考績丁等者免職係剝奪公務員之身分，該規定違反憲法第18條服公職權之意旨　(B)免職權之性質屬行政權，且為行政機關人事權之固有核心權限　(C)行政懲處權應不包括公務人員考績法中具有實質懲戒性質之免職處分　(D)依憲法第77條規定，必須由法院擔任公務員懲戒及懲處之第一次決定機關。

(　　) **7** 下列何種集會遊行，應向主管機關申請許可？　(A)媽祖遶境　(B)婚喪喜慶活動　(C)體育路跑活動　(D)選舉造勢。

(　　) **8** 依憲法增修條文第4條規定，總統、副總統之彈劾案，由下列何者提出？　(A)司法院　(B)檢察總長　(C)立法院　(D)監察院。

(　　) **9** 下列何者不得向憲法法庭聲請判決？　(A)總統　(B)臺灣新北地方法院家事法庭法官　(C)社團法人臺灣身心障礙兒童權利促進會　(D)屏東縣議會議員現有總額四分之一以上。

(　　) **10** 關於地方行政機關人員受質詢或備詢之義務，下列敘述何者錯誤？　(A)就中央對地方之補助款預算案，有至立法院受質詢之義務　(B)除法律有明定外，無出席立法院委員會備詢之義務　(C)地方首長與一級單位主管，就其主管業務，有受地方議會質詢之義務　(D)地方議會於業務質詢時，相關地方政府之業務主管應列席備詢。

(　　) **11** 關於「自由民主憲政秩序」，下列敘述何者錯誤？　(A)屬法治國家的統治秩序　(B)排除任何暴力或獨裁專制　(C)植基於自由、平等以及依據多數意志而作成之人民自我決定上　(D)政黨行為雖危害自由民主憲政秩序，仍應受結社自由之保障。

(　　) **12** 在公職人員選舉開票結束後，選務人員將票匭封緘。甲認選舉不公，撕去了票匭上的封條，被撕下的封條仍完好如初。甲的行為是否成立犯罪？　(A)甲構成刑法第139條的除去封印罪　(B)甲構成刑法第135條的妨害公務罪　(C)甲構成刑法第140條的侮辱公務員罪　(D)甲不構成犯罪。

(　　) **13** 甲為A股份有限公司之經理人，下列有關甲之敘述，何者錯誤？(A)甲在執行A公司業務之範圍內，亦為公司負責人　(B)A公司得於公司章程規定，甲之報酬應由董事會以董事3分之2以上出席，及出席董事過半數同意之決議行之　(C)若甲受破產之宣告，其經理職務應解任之　(D)甲之職權，應以章程規定，不得依契約訂定之。

( ) **14** 勞工甲下班回家之後，於晚上11點30分接獲雇主透過通訊軟體發訊，告知有一個緊急文件客戶明天早上9點就要，希望甲可以幫忙加班處理。雖然已經很晚了，但是雇主既然有此需求，甲因此破例熬夜把文件整理完成並且透過通訊軟體回傳給雇主，一共花了3個小時。隔天早上到辦公室之後，甲提出通訊軟體之訊息向雇主請求加班費，但雇主予以拒絕。下列敘述何者正確？ (A)甲不能申請加班費，因為其如果不同意，可以當下拒絕，而既然同意下班後還幫忙，就不算是工作，而是額外的人情，不能申請加班費 (B)甲不能申請加班費，因為加班費要事前申請並且經過雇主同意才有。甲未向雇主申請，因此只能當作私下幫忙，不算是工作 (C)甲能夠申請加班費，只要甲能透過訊息證明自己確實有受到雇主要求工作，以及工作之時數，應給付加班費 (D)甲能夠申請加班費，因為加班無需經過雇主同意，只要是下班時間做的事情，都應該能夠申請加班費。

( ) **15** 聯合國消除對婦女一切形式歧視公約並未提及下列何種權利或保障？ (A)保障婦女享有資訊隱私的權利 (B)保障婦女平等受教育的權利 (C)提供婦女有關懷孕、分娩和產後期間的適當服務 (D)消除婦女在經濟生活上的歧視。

( ) **16** 下列何者非屬公法上事實行為？ (A)行政機關由其所屬之承辦人員向相對人送達罰鍰處分書 (B)否准政府資訊公開之申請 (C)溢繳稅款匯入義務人帳戶 (D)警察對於犯罪嫌疑人扣上手銬。

( ) **17** 甲向公務員乙表示，願以新臺幣10萬元之代價，換取乙將其主辦之工程招標底價洩漏給甲，乙答應後反悔未洩漏底標，將10萬元原封不動退回。依我國刑法之規定，下列敘述何者正確？ (A)乙應論以違背職務行為收受賄賂罪 (B)乙應論以公務員洩漏國防以外秘密罪之共同正犯 (C)甲應論以不違背職務行為行求賄賂罪 (D)甲應論以公務員洩漏國防以外秘密罪之教唆犯。

( ) **18** 有關公職人員之選舉，下列敘述何者正確？ (A)經登記為候選人者，得撤回其候選人登記 (B)全國不分區立法委員選舉候選人之保證金，由登記之政黨繳納　(C)政黨推薦參加公職人員選舉之候選人，無須為該政黨黨員　(D)廣播電視事業應無償提供時段供登記之候選人從事競選宣傳。

(　　) **19** 依憲法訴訟法規定，關於法院聲請法規範憲法審查，下列敘述何者錯誤？　(A)應以獨任法官或合議庭名義提出聲請　(B)聲請標的限於裁判所應適用之法律位階法規範　(C)聲請書應敘明客觀上形成確信法規範違憲之法律見解　(D)原因案得以聲請憲法審查為由，裁定停止程序，如有急迫情形，並得為必要之處分。

(　　) **20** 於違章建築之買賣，出賣人交付該違章建築，買受人占有之，買受人取得該違章建築之何種權利？　(A)地上權　(B)法律上處分權　(C)事實上處分權　(D)占有權。

解答與解析　答案標示為#者，表官方曾公告更正該題答案。

1 (A)。憲法第171條：「I.法律與憲法牴觸者無效。
II.法律與憲法有無牴觸發生疑義時，由司法院解釋之。」

2 (A)。憲法第169條：「國家對於邊疆地區各民族之教育、文化、交通、水利、衛生及其他經濟、社會事業，應積極舉辦，並扶助其發展，對於土地使用，應依其氣候、土壤性質，及人民生活習慣之所宜，予以保障及發展。」

3 (D)。大法官釋字第654號解釋節錄：「羈押法第二十三條第三項規定，律師接見受羈押被告時，有同條第二項應監視之適用，不問是否為達成羈押目的或維持押所秩序之必要，亦予以監聽、錄音，違反憲法第二十三條比例原則之規定，不符憲法保障訴訟權之意旨；同法第二十八條之規定，使依同法第二十三條第三項對受羈押被告與辯護人接見時監聽、錄音所獲得之資訊，得以作為偵查或審判上認定被告本案犯罪事實之證據，在此範圍內妨害被告防禦權之行使，牴觸憲法第十六條保障訴訟權之規定。前開羈押法第二十三條第三項及第二十八條規定，與本解釋意旨不符部分，均應自中華民國九十八年五月一日起失其效力。」

4 (A)。大法官釋字第591號解釋節錄：「憲法第十六條所保障之訴訟權，旨在確保人民於其權利受侵害時，有依法定程序提起訴訟，並受法院公平審判之權利。惟訴訟應循之程序及相關要件，立法機關得衡量訴訟案件之種類、性質、訴訟制度之功能及訴訟外解決紛爭之法定途徑等因素，為正當合理之規定；倘其規範內容合乎上開意旨，且有其必要性者，即與憲法保障訴訟權之意旨無違。」

5 (C)。大法官釋字第 798 號解釋節錄：「財政部中華民國 92 年 2 月 12 日台財稅字第 0920450239 號令及 105 年 8 月 31 日台財稅字第 10504576330 號函，就 90 年 1 月 17 日修正公布之使用牌照稅法第 7 條第 1 項第 9 款關於交通工具免徵使用牌照稅之規定，所稱『每一團體和機構以 3 輛為限』，明示應以同一法人於同一行政區域（同一直轄市或縣（市））內之總分支機構合計 3 輛為限，其縮減人民依法律享有免徵使用牌照稅之優惠，增加法律所無之限制，於此範圍內，均違反憲法第 19 條租稅法律主義，應不予援用。」

6 (B)。111 年憲判字第 9 號判決：「……免職權之性質屬行政權，且為行政機關人事權之固有核心權限……」

7 (D)。集會遊行法第 8 條：「I. 室外集會、遊行，應向主管機關申請許可。但左列各款情形不在此限：

一、依法令規定舉行者。二、學術、藝文、旅遊、體育競賽或其他性質相類之活動。三、宗教、民俗、婚、喪、喜、慶活動。

II. 室內集會無須申請許可。但使用擴音器或其他視聽器材足以形成室外集會者，以室外集會論。」

8 (C)。憲法增修條文第 4 條第 7 項：「立法院對於總統、副總統之彈劾案，須經全體立法委員二分之一以上之提議，全體立法委員三分之二以上之決議，聲請司法院大法官審理，不適用憲法第九十條、第一百條及增修條文第七條第一項有關規定。」

9 (D)。憲法訴訟法第 6 條：「I. 本法所稱當事人，係指下列案件之聲請人及相對人：一、第三章案件：指聲請之國家最高機關、立法委員、法院及人民。二、第四章案件：指聲請之國家最高機關，及與其發生爭議之機關。三、第五章案件：指聲請機關及被彈劾人。四、第六章案件：指聲請機關及被聲請解散之政黨。五、第七章案件：指聲請之地方自治團體或其立法、行政機關。六、第八章案件：指聲請之人民。

II. 受審查法規範之主管機關或憲法法庭指定之相關機關，視為前項之相對人。」

10 (A)。大法官釋字第 498 號解釋文：「地方自治為憲法所保障之制度。基於住民自治之理念與垂直分權之功能，地方自治團體設有地方行政機關及立法機關，其首長與民意代表均由自治區域內之人民依法選舉產生，分別綜理地方自治團體之地方事務，或行使地方立法機關之職權，地方行政機關與地方立法機關間依法並有權責制衡之關係。中央政府或其他上級政府對地方自治團體辦理自治事項、委辦事項，依法僅得按事項之性質，為適法或適當與否之監督。地方自治團體在憲法及法律保障之範圍內，享有自主與獨立之地位，國家機關自應予以尊重。立法院所設各種委員會，依憲法第六十七條第二項規定，雖得邀請地方自治團體行政機關有關人員到會備詢，但基於地方自治團體具有自主、獨立之地位，以及中央與地方各設有立法機關之層級體制，地方自治團體行政機關公務員，除法律明定應到會備詢者外，得衡酌到會說明之必要性，決定是否到會。於此情形，地方自治團體行政機關之公務員未到會備詢時，立法院不得因此據以為刪減或擱置中央機關對地方自治團體補助款預算之理由，以確保地方自治之有效運作，及符合憲法所定中央與地方權限劃分之均權原則。」

11 (D)。大法官釋字第 644 號解釋文：「人民團體法第二條規定：『人民團體之組織與活動，不得主張共產主義，或主張分裂國土。』同法第五十三條前段關於『申請設立之人民團體有違反第二條……之規定者，不予許可』之規定部分，乃使主管機關於許可設立人民團體以前，得就人民『主張共產主義，或主張分裂國土』之政治上言論之內容而為審查，並作為不予許可設立人民團體之理由，顯已逾越必要之程度，與憲法保障人民結社自由與言論自由之意旨不符，於此範圍內，應自本解釋公布之日起失其效力。」

12 (#)。刑法第 139 條第 1 項多數的案例是用於執行時撕毀封印，但尚未有以「撕毀票匭封印」為判例或判決，故有認為「撕毀票匭封印」非屬刑法第 139 條第 1 項規定之行為樣態。本題考選部公告選 (D) 給分。

13 (D)。公司法第 31 條：「I. 經理人之職權，除章程規定外，並得依契約之訂定。
II. 經理人在公司章程或契約規定授權範圍內，有為公司管理事務及簽名之權。」

14 (C)。勞動基準法第 24 條第 1 項：「雇主延長勞工工作時間者，其延長工作時間之工資，依下列標準加給：一、延長工作時間在二小時以內者，按平日每小時工資額加給三分之一以上。二、再延長工作時間在二小時以內者，按平日每小時工資額加給三分之二以上。三、依第三十二條第四項規定，延長作時間者，按平日每小時工資額加倍發給。」
勞工在事業場所外工作時間指導原則第 2 點第 7 項：「二、在事業場所外從事工作之勞工，其工作時間認定及出勤紀錄記載應注意下列事項：（七）勞工正常工作時間結束後，雇主以通訊軟體、電話或其他方式使勞工工作，勞工可自行記錄工作之起迄時間，並輔以對話、通訊紀錄或完成文件交付紀錄等送交雇主，雇主應即補登工作時間紀錄。」

15 (A)。(A) 保障婦女享有資訊隱私的權利：因為資訊隱私不需分性別，故該公約並未提及。

16 (B)。(B) 從該選項中見到「否准」，可以此判定為行政處分。

17 (A)。刑法第 122 條第 1 項：「I. 公務員或仲裁人對於違背職務之行為，要求、期約或收受賄賂或其他不正利益者，處三年以上十年以下有期徒刑，得併科二百萬元以下罰金。II. 因而為違背職務之行為者，處無期徒刑或五年以上有期徒刑，得併科四百萬元以下罰金。III. 對於公務員或仲裁人關於違背職務之行為，行求、期約或交付賄賂或其他不正利益者，處三年以下有期徒刑，得併科三十萬元以下罰金。但自首者減輕或免除其刑。在偵查或審判中自白者，得減輕其刑。」

18 (B)。公職人員選舉罷免法第 31 條第 3 項：「經政黨登記之全國不分區及僑居國外國民立法委員選舉候選人名單，政黨得於登記期間截止前，備具加蓋中央主管機關發給該政黨圖記之政黨撤回或更換登記申請書，向原受理登記之選舉委員會撤回或更換，逾期不予受理。其候選人名單之更換，包括人數變更、人員異動、順位調整，其有新增之候選人者，政黨應依規定繳交表件及保證金。」

19 (A)。憲法訴訟法第 55 條：「各法院就其審理之案件，對裁判上所應適用之法律位階法規範，依其合理確信，認有牴觸憲法，且於該案件之裁判結果有直接影響者，得聲請憲法法庭為宣告違憲之判決。」

20 (C)。事實上處分權乃學理及實務上賦予違章建築之特別地位，因其無法做產權登記，故以事實上處分權來處理。

112年｜普考

(　　) **1** 下列何者得提出憲法修正案？　(A)總統　(B)行政院　(C)司法院　(D)立法院。

(　　) **2** 憲法第155條前段規定：「國家為謀社會福利，應實施社會保險制度」。關於此一規定所稱之「國家」，下列敘述何者正確？　(A)由於社會保險屬於地方自治事項，故此一規定所稱之「國家」，係指地方自治團體　(B)由於地方自治受憲法保障，故此一規定所稱之「國家」，原則上不包括地方自治團體　(C)由於社會保險屬於中央立法事項，故此一規定所稱之「國家」，係指中央　(D)此一規定所稱之「國家」，包括中央與地方自治團體。

(　　) **3** 依司法院釋字第792號解釋，最高法院67年台上字第2500號刑事判例稱：「所謂販賣（毒品）行為，......祇要以營利為目的，將禁藥購入，其犯罪即為完成；屬犯罪既遂。」部分，與毒品危害防制條例第4條第1項至第4項所定販賣毒品既遂罪，僅限於「銷售賣出」之行為已完成始足該當之意旨不符，牴觸何項憲法原則？　(A)法律明確性原則　(B)罪刑法定原則　(C)法律保留原則　(D)授權明確性原則。

(　　) **4** 憲法明定之結社自由，旨在保障人民為特定目的，以共同意思組成團體並參與其活動之自由。下列何者並非憲法上結社自由的保障範圍？　(A)人民團體依內部決議選定名稱　(B)社員退出或不參與結社團體事務之自由　(C)結社團體制定章程明定代表人或其他負責人之產生方式　(D)私立大學自主決定課程與相應之內部組織。

(　　) **5** 關於性別平等，下列敘述何者錯誤？　(A)憲法保障人民之平等權，並不當然禁止國家以性別為分類進行差別待遇　(B)法律以性別分類形成差別待遇，只要追求的重要公共利益，與目的之達成間具實質關聯，即非必然違憲　(C)限制女性勞工夜間工作，係出於社會治安、保護母性、女性須照顧家庭及保護女性健康等正當性原因，並不構成違憲　(D)從維護身體健康之觀點，儘量避免違反生理時鐘而於夜間工作，係所有勞工之需求，因而不得以性別作為分類標準。

(　　) **6** 依相關司法院大法官解釋，關於生存權之保障，下列敘述何者錯誤？　(A)依司法院釋字第485號解釋，國家應做到合乎人性尊嚴之基本生活需求，扶助並照顧經濟上弱勢之人民，推行社會安全等民生福利措施　(B)依司法院釋字第457號解釋，榮民配耕之國有農場土地，得由其遺眷繼承，係為保障遺眷之生存權　(C)依司法院釋字第550號解釋，社會福利之事項，乃國家實現人民享有人性尊嚴之生活所應盡之照顧義務　(D)依司法院釋字第767號解釋，如係常見且可預期之藥物不良反應，不得申請藥害救濟之規定，侵害人民生存權。

(　　) **7** 司法院釋字第746號解釋認為，遺產稅及贈與稅法規定，就滯納金加徵利息部分，係對應納稅額遲延損害之重複計算，不符合憲法下列何種要求，而與憲法保障人民財產權之意旨有違？　(A)租稅法律主義　(B)比例原則　(C)正當法律程序　(D)平等權。

(　　) **8** 關於憲法「人民有受國民教育之權利與義務」之規定，下列敘述何者錯誤？　(A)全體國民受國民教育之機會一律平等　(B)所謂「受國民教育之權利」，旨在使人民得請求國家提供以國民教育為內容之給付，國家亦有履行該項給付之義務　(C)國民教育體系不包含非學校型態之實驗教育　(D)適齡國民之父母或監護人有督促兒女或受監護人入學之義務。

(　　) **9** 司法院大法官解釋已經承認之憲法第22條非明文權利，不包括下列何者？　(A)契約自由　(B)性自主權　(C)原住民文化權　(D)動物權。

(　　) **10** 依憲法增修條文，有關總統、副總統任期，下列敘述何者正確？(A)任期為4年，連選得連任一次　(B)任期為6年，連選得連任一次　(C)任期為4年，不得連選連任　(D)任期為6年，不得連選連任。

(　　) **11** 關於行政院提出預算案之義務，下列敘述何者正確？ (A)特別預算雖得於年度總預算案外提出，但行政院仍必須在編列三個月前，提出於立法院 (B)總預算案應於會計年度開始二個月前由立法院議決 (C)預算案無須經過行政院會議之審議 (D)行政院於會計年度開始三個月前，應將下年度預算案提出於立法院。

(　　) **12** 依憲法增修條文規定，有關解散立法院，下列敘述何者錯誤？ (A)總統發布解散立法院之命令，無須行政院院長之副署 (B)總統於立法院通過對行政院院長之不信任案後10日內，經諮詢行政院院長後，得宣告解散立法院 (C)立法院經總統解散後，在新選出之立法委員就職前，視同休會 (D)立法院解散後，應於60日內舉行立法委員選舉。

(　　) **13** 下列何者並非法律違憲宣告之方式或效果？ (A)定期失效 (B)警告性裁判 (C)溯及失效 (D)立即失效。

(　　) **14** 下列何者不是聲請釋憲之標的？ (A)法院組織法 (B)公務人員任用法施行細則 (C)行政機關函釋 (D)行政處分。

(　　) **15** 依憲法法庭判決意旨，有關直轄市地方自治之權限範圍，下列敘述何者錯誤？ (A)直轄市之自治事項，憲法或其增修條文均無明文規定予以直接保障 (B)直轄市自治權限可能高於、等於或低於憲法所明文保障之省縣自治，立法者就此享有一定之形成空間 (C)我國有關地方自治之憲政實踐而言，立法者就直轄市之自治層級，大致與縣（市）相當 (D)就直轄市自治事項之保障範圍，與縣（市）自治事項幾乎完全相同。

(　　) **16** 有關法源的敘述，何者錯誤？ (A)憲法、法律、行政命令、地方自治法規及條約，都屬於成文法源的範圍 (B)習慣法與法理，屬於不成文法源之範圍 (C)習慣必須經過法院裁判的援引跟認可，才能成為法源之一所稱的習慣法 (D)習慣跟法理，都可以作為民事及刑事案件中的裁判依據。

(　　) **17** 有關臺灣憲法發展的敘述，何者錯誤？ (A)戰前的明治憲法乃採取君主立憲制度。然天皇欲規範立法事項仍須透過帝國議會協讚

(B)19世紀末臺灣被納入日本統治後，明治憲法即立即全面施行於臺灣 (C)1896年帝國議會通過第63號法案，授權臺灣總督可制定具有與「法律」同等效力、稱為「律令」之命令 (D)1920年代的臺灣議會設置請願運動中，新生代的臺灣知識份子宣揚立憲主義思想，爭取言論與集會自由，設置臺灣議會。

( ) **18** 行政院新聞局裁併後，部分業務為國家通訊傳播委員會所承受。有關原新聞局發布命令之廢止，下列敘述何者正確？ (A)得由立法院廢止之 (B)僅得由國家通訊傳播委員會廢止之 (C)僅得由法務部廢止之 (D)國家通訊傳播委員會或行政院皆有權廢止之。

( ) **19** 違反道路交通管理事件統一裁罰基準及處理細則第1條規定：「本細則依道路交通管理處罰條例（以下簡稱本條例）第92條第4項規定訂定之。」以此一規定判斷，該細則之性質為下列何者？ (A)法規命令 (B)關於機關內部業務處理方式之行政規則 (C)協助下級機關統一解釋法令之行政規則 (D)協助下級機關行使裁量權之行政規則。

( ) **20** 下列何者屬於「擬制」的法律？ (A)專利法第99條第1項：「製造方法專利所製成之物在該製造方法申請專利前，為國內外未見者，他人製造相同之物，推定為以該專利方法所製造。」 (B)人工生殖法第23條第1項：「妻於婚姻關係存續中，經夫同意後，與他人捐贈之精子受胎所生子女，視為婚生子女。」 (C)民法第153條第1項：「當事人互相表示意思一致者，無論其為明示或默示，契約即為成立。」 (D)刑事訴訟法第154條第2項：「犯罪事實應依證據認定之，無證據不得認定犯罪事實。」

( ) **21** 下列何者未經司法院解釋為憲法平等原則之內涵？ (A)分類手段與其目的之達成間，具有實質關聯 (B)不得恣意為差別待遇 (C)基於各族群一律平等之要求，不得為差別待遇 (D)本質上相同之事物應為相同之處理。

( ) **22** 關於行政機關裁量權之行使，下列敘述何者錯誤？ (A)行政機關行使裁量權，必須符合法規授權之目的 (B)行政機關行使裁量權，應受其所訂定之裁量基準所拘束 (C)行政機關為維護個案間裁量之平等，得訂定裁量基準 (D)行政機關怠為裁量，僅違反平等原則，與比例原則無涉。

( ) **23** 經濟部於緊急性融資處分之附款中要求受融資業者，因災害復舊所需之生產設備，限向特定國家購買，以平衡貿易逆差。此一附款最可能違反下列何種法律原則？ (A)行政行為明確性原則 (B)不當聯結禁止原則 (C)信賴保護原則 (D)溯及既往禁止原則。

( ) **24** 非公開發行公司之下列何一股東會決議事項，無須經代表已發行股份總數3分之2以上股東出席，以出席股東表決權過半數之同意行之？ (A)公司法第240條第1項的盈餘轉增資 (B)公司法第241條第1項的公積轉增資 (C)公司法第168條的減資 (D)公司法第277條第1項、第2項的變更章程。

( ) **25** 違反下列勞動基準法之規定，何者無刑事責任？ (A)雇主以強暴、脅迫、拘禁或其他非法之方法，強制勞工從事勞動 (B)介入他人之勞動契約，抽取不法利益 (C)勞工因健康或其他正當理由，不能接受正常工作時間以外之工作者，雇主仍強制其工作 (D)女工在妊娠期間申請改調較為輕易之工作，雇主雖有職缺但雇主拒絕之。

( ) **26** 甲有狼犬一隻，看管不周，乃追逐兒童乙甚急，丙見狀，則立即奪路人丁之雨傘擊之，狗退傘毀。丁對丙主張傘毀損之賠償時，丙之所為係屬何種自力救濟行為，得阻卻違法，不須對丁負賠償之責任？ (A)正當防衛 (B)緊急避難 (C)自助行為 (D)無因管理。

( ) **27** 依民法之規定，下列有關使用借貸契約之敘述，何者正確？ (A)借用人死亡者，貸與人得終止契約 (B)借用人應以處理自己事物為同一之注意，保管借用物 (C)借用物之通常保管費用，由

貸與人負擔之 (D)貸與人過失不告知借用物之瑕疵，致借用人受損害者，負賠償責任。

( ) **28** 下列關於公務員的敘述，何者正確？ (A)市立醫院醫師屬刑法中之公務員，因其服務於地方自治團體 (B)公立學校依政府採購法兼辦採購業務的教師屬於刑法中之公務員，因其具有法定職務權限 (C)鄉民代表會代表非屬刑法中之公務員，因其非經國家考試而任用 (D)國立大學教師屬於刑法中之公務員，因其服務於國家所屬機關。

( ) **29** 新婚之甲女至某電商公司求職，面試時，該公司之面試官詢問甲女未來是否有懷孕的計畫，並告知該公司之勞動契約中有約定受僱者若有懷孕之情事時，即應離職。有關該項規定之敘述，下列何者正確？ (A)該項約定會違反性別工作平等法，且該約定無效 (B)該項約定屬於契約自由之範圍，並不會違反性別工作平等法 (C)公司於面試時有事先告知該項約定，故該項約定不會違反性別工作平等法 (D)該項約定會違反性別工作平等法，雇主會被處以罰鍰，然該約定屬於契約自由之範圍，故依然為有效。

( ) **30** 出賣人一物二賣，並將標的物所有權移轉給第二個買受人。下列敘述何者正確？ (A)對於標的物已售與他人，第二個買受人如果為明知或可得而知者，第二個買賣契約無效 (B)出賣人對第一個買受人須負債務不履行之責任 (C)出賣人及第二個買受人，必須對第一個買受人負起侵權行為損害賠償責任 (D)第一個買受人可以主張撤銷第二個買賣契約。

解答與解析 答案標示為#者，表官方曾公告更正該題答案。

1 (D)。憲法增修條文第12條：「憲法之修改，須經立法院立法委員四分之一之提議，四分之三之出席，及出席委員四分之三之決議，提出憲法修正案，並於公告半年後，經中華民國自由地區選舉人投票複決，有效同意票過選舉人總額之半數，即通過之，不適用憲法第一百七十四條之規定。」

2 (D)。大法官釋字第550號解釋文節錄：「國家為謀社會福利，應實施社會保險制度；國家為增進民族健康，應普遍推行衛生保健事業及公醫制度，憲法第一百五十五條、第一百五十七條分別定有明文。國家應推行全民健康保險，重視社會救助、福利服務、社會保險及醫療保健等社會福利工作，復為憲法增修條文第十條第五項、第八項所明定。國家推行全民健康保險之義務，係兼指中央與地方而言。」

3 (B)。大法官釋字第 792 號解釋文節錄：「最高法院 25 年非字第 123 號刑事判例稱：『……販賣鴉片罪，……以營利為目的將鴉片購入……其犯罪即經完成……』及 67 年台上字第 2500 號刑事判例稱：『所謂販賣行為，……祇要以營利為目的，將禁藥購入……，其犯罪即為完成……屬犯罪既遂。』部分，與毒品危害防制條例第 4 條第 1 項至第 4 項所定販賣毒品既遂罪，僅限於『銷售賣出』之行為已完成始足該當之意旨不符，於此範圍內，均有違憲法罪刑法定原則，牴觸憲法第 8 條及第 15 條保障人民人身自由、生命權及財產權之意旨。」

4 (D)。大法官釋字第 450 號解釋文節錄：「大學自治屬於憲法第十一條講學自由之保障範圍，舉凡教學、學習自由有關之重要事項，均屬大學自治之項目，又國家對大學之監督除應以法律明定外，其訂定亦應符合大學自治之原則，業經本院釋字第三八〇號解釋釋示在案。大學於上開教學研究相關之範圍內，就其內部組織亦應享有相當程度之自主組織權。各大學如依其自主之決策認有提供學生修習軍訓或護理課程之必要者，自得設置與課程相關之單位，並依法聘任適當之教學人員。惟大學法第十一條第一項第六款及同法施行細則第九條第三項明定大學應設置軍訓室並配置人員，負責軍訓及護理課程之規劃與教學，此一強制性規定，有違憲法保障大學自治之意旨，應自本解釋公布之日起，至遲於屆滿一年時失其效力。」承上，(D) 應為大學自治的保障範圍。

5 (C)。大法官釋字第 807 號解釋文節錄：「勞動基準法第 49 條第 1 項規定：『雇主不得使女工於午後 10 時至翌晨 6 時之時間內工作。但雇主經工會同意，如事業單位無工會者，經勞資會議同意後，且符合下列各款規定者，不在此限：一、提供必要之安全衛生設施。二、無大眾運輸工具可資運用時，提供交通工具或安排女工宿舍。』違反憲法第 7 條保障性別平等之意旨，應自本解釋公布之日起失其效力。」故選項 (C) 錯誤。

6 (D)。大法官釋字第 767 號解釋文：「藥害救濟法第 13 條第 9 款規定：『有下列各款情事之一者，不得申請藥害救濟：……九、常見且可預期之藥物不良反應。』未違反法律明確性原則及比例原則，與憲法保障人民生存權、健康權及憲法增修條文第 10 條第 8 項國家應重視醫療保健社會福利工作之意旨，尚無牴觸。」

7 (B)。大法官釋字第 746 號解釋文節錄：「遺產及贈與稅法第 51 條第 2 項規定：『前項應納稅款及滯納金，應自滯納期限屆滿之次日起，至納稅義務人繳納之日止，依郵政儲金匯業局一年期定期存款利率，按日加計利息，一併徵收。』就應納稅款部分加徵利息，與憲法財產權之保障尚無牴觸；惟就滯納金部分加徵利息，欠缺合理性，不符憲法比例原則，與憲法保障人民財產權之意旨有違，應自本解釋公布之日起失其效力。」

8 (C)。高級中等以下教育階段非學校型態實驗教育實施條例第 3 條第 3 項：「依本條例規定參與國民教育階段實驗教育之學生，視同接受同一教育階段之學校教育，不受強迫入學條例之規範。」

9 (D)。憲法在訂定時未包含 (D)，其屬於財產權。

10 (A)。憲法增修條文第 2 條第 6 項：「總統、副總統之任期為四年，連選得連任一次，不適用憲法第四十七條之規定。」

11 (D)。憲法第 59 條：「行政院於會計年度開始三個月前，應將下年度預算案提出於立法院。」

12 (B)。憲法增修條文第 2 條第 5 項：「總統於立法院通過對行政院院長之不信任案後十日內，經諮詢立法院院長後，得宣告解散立法院。但總統於戒嚴或緊急命令生效期間，不得解散立法院。立法院解散後，應於六十日內舉行立法委員選舉，並於選舉結果確認後十日內自行集會，其任期重新起算。」

13 (B)。憲法訴訟法第 52 條：「I. 判決宣告法規範違憲且應失效者，該法規範自判決生效日起失效。但主文另有諭知溯及失效或定期失效者，依其諭知。II. 判決宣告法規範定期失效，其所定期間，法律位階法規範不得逾二年，命令位階法規範不得逾一年。」

14 (D)。憲法訴訟法第 1 條第 1 項：「司法院大法官組成憲法法庭，依本法之規定審理下列案件：

一、法規範憲法審查及裁判憲法審查案件。二、機關爭議案件。三、總統、副總統彈劾案件。四、政黨違憲解散案件。五、地方自治保障案件。六、統一解釋法律及命令案件。」

15 (C)。111 年憲判字第 6 號判決：「……按任一地方自治團體，不論縣（市）或直轄市，均有其法定轄區，而為該地方自治立法及行政權所應及且所能及之空間範圍。故不論是『有一縣之性質』或『有一直轄市之性質』者，就地方自治團體之執行權而言，當然應以其轄區為空間範圍。除法律別有規定者外，各該地方自治行政機關原則上並不得跨縣（市）或跨直轄市行使其執行權，自不待言。至如一地方自治立法係以位於各該地方轄區內之人、事、物等為其規範對象，原則上可認屬各該地方自治立法權之範圍。反之，地方轄區外之人、事、物等，原則上即非地方自治立法權所得及之範圍。……」

16 (D)。(D) 因刑事案件中有罪刑法定原則之適用，故習慣和法理不得作為裁判依據。

17 (B)。(B) 明治憲法之規範內容不及於殖民地。

18 (D)。中央法規標準法第25條：「命令之原發布機關或主管機關已裁併者，其廢止或延長，由承受其業務之機關或其上級機關為之。」

19 (A)。中央法規標準法第3條：「各機關發布之命令，得依其性質，稱規程、規則、細則、辦法、綱要、標準或準則。」

20 (B)。(B) 選項的條文內容有視為，故屬於擬制之法律。

21 (C)。平等權之實質意義應為視其條件而為實質上之平等，齊頭式之平等不符合憲法上平等權之真意。

22 (D)。在行政程序法中有關於比例原則之規定，即行政程序法第7條：「行政行為，應依下列原則為之：
一、採取之方法應有助於目的之達成。二、有多種同樣能達成目的之方法時，應選擇對人民權益損害最少者。三、採取之方法所造成之損害不得與欲達成目的之利益顯失均衡。」故仍與比例原則有關。

23 (B)。行政程序法第96條：「前條之附款不得違背行政處分之目的，並應與該處分之目的具有正當合理之關聯。」

24 (C)。公司法第168條：「I. 公司非依股東會決議減少資本，不得銷除其股份；減少資本，應依股東所持股份比例減少之。但本法或其他法律另有規定者，不在此限。II. 公司減少資本，得以現金以外財產退還股款；其退還之財產及抵充之數額，應經股東會決議，並經該收受財產股東之同意。III. 前項財產之價值及抵充之數額，董事會應於股東會前，送交會計師查核簽證。IV. 公司負責人違反前三項規定者，各處新臺幣二萬元以上十萬元以下罰鍰。」
公司法第106條：「I. 公司增資，應經股東表決權過半數之同意。但股東雖同意增資，仍無按原出資數比例出資之義務。II. 有前項但書情形時，得經股東表決權過半數之同意，由新股東參加。III. 公司得經股東表決權過半數之同意減資或變更其組織為股份有限公司。IV. 前三項不同意之股東，對章程修正部分，視為同意。」

25 (D)。勞動基準法第51條：「女工在妊娠期間，如有較為輕易之工作，得申請改調，雇主不得拒絕，並不得減少其工資。」
勞動基準法第78條第2項：「違反第十三條、第十七條之一第一項、第四項、第二十六條、第五十條、第五十一條或第五十六條第二項規定者，處新臺幣九萬元以上四十五萬元以下罰鍰。」

26 (B)。刑法第24條：「I.因避免自己或他人生命、身體、自由、財產之緊急危難而出於不得已之行為，不罰。但避難行為過當者，得減輕或免除其刑。
II.前項關於避免自己危難之規定，於公務上或業務上有特別義務者，不適用之。」

27 (A)。民法第472條：「有左列各款情形之一者，貸與人得終止契約：
一、貸與人因不可預知之情事，自己需用借用物者。二、借用人違反約定或依物之性質而定之方法使用借用物，或未經貸與人同意允許第三人使用者。三、因借用人怠於注意，致借用物毀損或有毀損之虞者。四、借用人死亡者。」

28 (B)。刑法第10條第2項第1款：「稱公務員者，謂下列人員：
一、依法令服務於國家、地方自治團體所屬機關而具有法定職務權限，以及其他依法令從事於公共事務，而具有法定職務權限者。」

29 (A)。修法後之性別平等工作法第11條：「I.雇主對受僱者之退休、資遣、離職及解僱，不得因性別或性傾向而有差別待遇。II.工作規則、勞動契約或團體協約，不得規定或事先約定受僱者有結婚、懷孕、分娩或育兒之情事時，應行離職或留職停薪；亦不得以其為解僱之理由。III.違反前二項規定者，其規定或約定無效；勞動契約之終止不生效力。」

30 (B)。此屬於民法第226條：「I.因可歸責於債務人之事由，致給付不能者，債權人得請求賠償損害。II.前項情形，給付一部不能者，若其他部分之履行，於債權人無利益時，債權人得拒絕該部之給付，請求全部不履行之損害賠償。」債務不履行之情形。

112年｜司法特考五等

(　　) **1** 關於我國司法改革之方向，下列敘述何者錯誤？ (A)從審檢分隸走向審檢合一 (B)釋憲制度從大法官會議走向憲法法庭 (C)刑事訴訟制度從職權進行主義走向改良式當事人進行主義 (D)公務員懲戒制度從公務員懲戒委員會走向懲戒法院。

(　　) **2** 關於實體法與程序法之關係，下列敘述何者錯誤？ (A)實體法規範權利主體之權利義務；程序法是實現權利義務之手段與方法之法律 (B)民法為實體法，民事訴訟法為程序法 (C)實體法與程序法密不可分，兩者間相輔相成，以促進人民權利之實現 (D)法院審理時，必須依照「先實體後程序」之原則。

(　　) **3** 有關法律適用之「三段論法」，下列敘述何者錯誤？ (A)三段論法之大前提，即為法律規定之構成要件 (B)三段論法之小前提，即為具體個案之事實 (C)將具體個案事實置於法律規定之構成要件中，以得到結論，此過程稱為準用 (D)刑法第309條規定：「公然侮辱人者，處拘役或九千元以下罰金」，其中「公然侮辱人者」為構成要件。

(　　) **4** 關於法律解釋，下列敘述何者錯誤？ (A)法律解釋的作用之一，在於其可因應時空背景改變所造成的法律適用落差 (B)在法律適用的步驟上，法律解釋應先於法律補充 (C)立法機關、司法機關及行政機關所作出的法律解釋由於會產生拘束力，故又稱為有權解釋 (D)若論理解釋與文義解釋所作出之結果互相衝突時，法官必須採用論理解釋之結果，以維持法律體系之一致性。

(　　) **5** 原住民族基本法之目的，在於保障原住民族基本權利，促進原住民族生存發展，建立共存共榮之族群關係。該法之位階應為： (A)憲法位階 (B)準憲法位階 (C)法律位階 (D)自治條例位階。

(　　) **6** 民國110年1月20日總統令修正公布民法第1030條之1條文，並自公布日起施行。請問修正條文之生效日期應為： (A)民國110年1

月20日 (B)民國110年1月22日 (C)民國110年1月30日 (D)民國110年2月20日。

( ) **7** 下列何者非屬「權力分立」？ (A)立法院設立調閱委員會，調查衛生福利部之疫苗採購過程 (B)司法院預算應經立法院議決 (C)行政院院長向立法院提出施政報告 (D)最高法院撤銷下級法院之違法判決。

( ) **8** 有關憲法訴訟法，下列敘述何者錯誤？ (A)憲法訴訟法使司法院大法官進一步「法院化」 (B)憲法訴訟法以「憲法法庭」取代「大法官會議」 (C)憲法訴訟法以「憲法裁判」取代「大法官解釋」 (D)人民聲請憲法審查，憲法訴訟法只能宣告確定終局裁判違憲。

( ) **9** 大法官解釋認為公職人員之定期改選，係為反映民意，貫徹民主憲政之途徑。下列何種任期制度與上述意旨無關？ (A)總統、副總統之任期為4年 (B)司法院大法官任期8年 (C)立法院立法委員任期4年 (D)直轄市政府市長任期4年。

( ) **10** 下列何者不是司法院（含大法官）現行之憲法上職權？ (A)審理總統、副總統之彈劾案 (B)解釋憲法 (C)提出年度司法概算 (D)彈劾中央公務人員。

( ) **11** 下列何者不是監察院現行之憲法上職權？ (A)對政府財務之審計 (B)對公務人員之彈劾 (C)對公務人員之糾舉 (D)對公務人員之銓敘。

( ) **12** 有關「基本權主體」，下列敘述何者錯誤？ (A)外國人與本國人均為基本權主體 (B)未成年人與成年人均為基本權主體 (C)私法人均為基本權主體 (D)公法人均為基本權主體。

( ) **13** 下列何者曾為大法官解釋認定與「正當法律程序」有違？ (A)刑事訴訟法未規定受強制治療者為精神障礙或其他心智缺陷無法為完全之陳述者，應有辯護人為其辯護 (B)行政程序法規定寄存送達於依法送達完畢時即生送達效力 (C)傳染病防治法規定曾與傳染病病人接觸或疑似被傳染者，必要時該管主管機關得為必要之處置；其必要之處置包含強制隔離在內之部分　(D)社會秩序維護法關於無故跟追他人、經勸阻不聽者，由警察主管機關裁處罰鍰之。

(　　) **14** 關於誠實信用原則，下列敘述何者正確？　(A)僅適用於私法行為　(B)係屬行政法之一般法律原則　(C)僅於民法中有所明定　(D)行政程序法未有明文。

(　　) **15** 依司法院大法官解釋意旨，以法律規定之處罰，若造成個案顯然過苛未設適當之調整機制，而認該規定違憲，係憲法上何等原則之展現？　(A)信賴保護原則　(B)誠實信用原則　(C)行政自我拘束原則　(D)比例原則。

(　　) **16** 法律授權條款之可預見性程度，涉及下列何種行政法原則？　(A)平等原則　(B)信賴保護原則　(C)授權明確性原則　(D)比例原則。

(　　) **17** 依公務人員保障法之規定，關於公務人員之服從義務，下列敘述何者正確？　(A)公務人員對於長官監督範圍外所發之命令，有服從義務　(B)公務人員如認為該命令違法，應負報告之義務　(C)長官以書面署名下達命令時，公務人員即應服從；縱該命令有違反刑事法律者，公務人員亦有服從之義務　(D)公務人員請求長官以書面署名下達命令，該管長官拒絕時，視為向行政法院提起確認訴訟。

(　　) **18** 關於懲處、懲戒與刑罰間關係，下列敘述何者正確？　(A)同一行為已受刑罰之處罰者，不得予以懲戒　(B)同一行為已受行政罰之處罰者，不得予以懲戒　(C)同一行為已受懲戒之處罰者，不得予以刑罰　(D)同一行為已受行政懲處處分後，復移送懲戒，經懲戒法院為懲戒處分者，原行政懲處處分失其效力。

(　　) **19** 下列懲戒處分之類型，何者可適用於政務人員？　(A)免除職務　(B)休職　(C)降級　(D)記過。

( ) **20** 關於公法上不當得利返還請求權之敘述，下列何者錯誤？ (A)須有財產之直接變動 (B)須無法律上原因 (C)行政機關請求不當得利之返還時，應以書面行政處分確認返還範圍，限期命受益人返還 (D)不當得利之受領人僅得為人民，行政主體不得為受領人。

( ) **21** 下列何者為行政懲處措施？ (A)撤職 (B)一次記兩大過免職 (C)降級 (D)減俸。

( ) **22** 行政處分係於民國110年5月3日星期一送達於訴願人之代理人，訴願人之代理人設址桃園市，訴願人設址於受理訴願機關所在地臺北市，訴願人之訴願書於110年6月3日星期三送達原處分機關，試問受理訴願機關應為如何之決定？ (A)訴願逾期，訴願不受理 (B)訴願逾期，駁回其訴願 (C)訴願不合法定程式，通知補正 (D)訴願未逾期，應為實體審理。

( ) **23** 甲欠繳稅款經財政部函請內政部移民署限制出境，同時通知甲。甲不服，提起訴願。惟於訴願審理中，財政部又函請內政部移民署解除對甲之出境限制，同日並通知甲，則受理訴願機關應為如何之處理？ (A)本件行政處分已不存在，訴願應不受理 (B)本件行政處分已不存在，訴願應予駁回 (C)本件原行政處分違法，應為撤銷原處分 (D)本件原行政處分合法，訴願應予駁回。

( ) **24** 關於訴願之撤回，下列敘述何者錯誤？ (A)訴願提起後，於決定書送達前，訴願人得撤回之 (B)訴願經撤回後，不得復提起同一之訴願 (C)訴願經撤回者，應為不受理之決定 (D)對已撤回之訴願事件重行提起訴願者，應為不受理之決定。

( ) **25** 人民因中央或地方機關對其依法申請之案件，於法定期間內應作為而不作為，認為有損害其權利或利益者，得依法提起訴願。訴願繫屬後，受理訴願機關未為決定前，應作為之機關已作成行政處分時，受理訴願機關之處理，下列敘述何者錯誤？ (A)如果應作為之機關所為之處分是有利於訴願人，則訴願管轄機關應

為訴願不受理　(B)如果應作為之機關所為之處分是有利於訴願人，則訴願管轄機關應駁回其訴願　(C)如果應作為之機關所為之處分是全部拒絕當事人之申請時，訴願管轄機關應續行訴願程序　(D)如果應作為之機關所為之處分是全部拒絕當事人之申請時，訴願管轄機關應對處分機關嗣後所為之處分併為實體審查。

(　　) **26** 下列何者非屬民事訴訟法規定之指定管轄事由？　(A)同一訴訟，數法院有管轄權者　(B)因管轄區域境界不明，致不能辨別有管轄權之法院者　(C)有管轄權之法院，因法律或事實不能行使審判權　(D)有管轄權之法院，因特別情形，由其審判恐難期公平者。

(　　) **27** 下列關於民事訴訟能力之敘述，何者錯誤？　(A)受監護宣告者，無訴訟能力　(B)受輔助宣告者起訴或上訴，無須經輔助人同意　(C)外國人依其本國法律無訴訟能力，而依中華民國法律有訴訟能力者，視為有訴訟能力　(D)當事人訴訟能力有欠缺可以補正者，審判長應定期間命其補正。

(　　) **28** 下列關於民事訴訟和解之敘述，何者正確？　(A)當事人和解之意思已甚接近，法院得依當事人一造之聲請提出和解方案，並送達於兩造當事人發生效力　(B)和解成立者，當事人得於成立之日起三個月內聲請退還其於該審級所繳之裁判費之全額　(C)和解基於當事人間通謀虛偽意思表示而無效者，當事人得請求法院繼續審判　(D)第三人經法院許可，得參加和解，第三人參加和解成立者，與確定判決有同一效力。

(　　) **29** 關於民事訴訟代理人之委任，下列敘述何者正確？　(A)民事訴訟行為，均須委任訴訟代理人為之　(B)於上訴第三審之訴訟，上訴人原則上應委任律師為訴訟代理人　(C)經對造之許可，當事人得委任非律師為訴訟代理人　(D)訴訟代理人之委任，僅得以書面為之，言詞委任均不生委任效果

(　　) **30** 甲將電視機及遙控器出賣於乙，但只交付電視機。乙如何請求甲交付遙控器？　(A)基於遙控器所有權　(B)基於該買賣契約　(C)基於占有物回復請求權　(D)基於遺失物回復請求權。

( ) **31** 甲購買土地，並借用乙之名義辦理登記，乙擅自將該地出售於知情之丙。乙丙間移轉該土地所有權行為之效力為何？ (A)有效 (B)無效 (C)效力未定 (D)得撤銷。

( ) **32** 甲男乙女為夫妻，乙女卻於婚姻關係存續中，與丙男生下一子丁。下列何者無婚生否認權？ (A)甲 (B)乙 (C)丙 (D)丁。

( ) **33** 甲喪偶，父母雙亡，有乙、丙二子。某日甲、乙口角，乙持刀殺甲未遂，而受刑之宣告。甲先於丙死亡。丙因未婚無子，死亡時立遺囑，將所有財產遺贈於丁。下列敘述何者正確？ (A)乙為丙之遺產繼承人 (B)丙之遺贈違反特留分部分為無效 (C)丁得受遺贈丙之所有財產 (D)乙得對丁行使扣減權。

( ) **34** 甲父乙子於清明節搭車返鄉掃墓，途中不幸發生重大交通事故，甲乙當場罹難同時死亡。甲尚有妻丙、子丁。乙則有子戊、己。甲之遺產應由何人繼承？ (A)丙、丁 (B)乙、丙、丁 (C)丙、丁、戊、己 (D)丙、乙、戊、己。

( ) **35** 下列何者為間接占有人？ (A)承租人 (B)受寄人 (C)區分地上權人 (D)出典人。

( ) **36** 關於物權行為無因性之修正，下列何者為我國實務所採？ (A)共同瑕疵理論 (B)條件關聯性理論 (C)法律行為一體性理論 (D)有因理論。

( ) **37** 甲受僱於乙，負責開車送貨。某日，甲送貨途中，因違規左轉而撞到行人丙，丙有醫療費用等支出。依民法規定，下列敘述何者錯誤？ (A)丙得向甲請求損害賠償 (B)除乙證明其選任甲及監督甲之職務執行已盡相當之注意，或縱加以相當之注意而仍不免發生損害外，丙得向乙請求損害賠償 (C)丙得同時或先後向甲或乙請求賠償其全部損害 (D)若乙向丙賠償後，乙對甲無求償權。

( ) **38** 甲於大學校園內擺設裝有自煮咖啡設備之自動販賣機，外面標示各種咖啡之價格。關於甲貨物標定賣價陳列之行為，下列敘述何者正確？　(A)要約引誘　(B)推定要約　(C)視為要約　(D)視為承諾。

(　　) **39** 有關刑事訴訟法第95條第1項所定權利告知義務，下列敘述何者錯誤？　(A)權利告知，可在訊問被告後為之　(B)違反權利告知的程序，所取得經拘捕被告的自白，原則上不得作為證據　(C)權利告知的內容包括犯罪嫌疑以及所犯的所有罪名　(D)被告選任辯護人後，要求等辯護人到場，此時應停止訊問。

(　　) **40** 偵查中羈押審查程序，有關被告辯護人閱卷權，下列敘述何者錯誤？　(A)除法律另有規定外，得檢閱卷宗及證物並得抄錄或攝影　(B)辯護人亦得影印聲請羈押卷證以外之其他相關卷宗　(C)辯護人不得為追究員警之違法搜索，召開記者會公開持有之偵查中證據資料　(D)被告無辯護人時，法院應以適當方式使被告獲知卷證內容。

(　　) **41** 下列何項刑事訴訟程序中，審判長有為被告指定辯護人之義務？(A)被告犯高等法院管轄第一審案件，於審判中經選任辯護人者　(B)被告具原住民身分者，於受司法警察調查中，未經選任辯護人者　(C)偵查中之羈押審查程序未經選任辯護人者　(D)被告為低收入戶或中低收入戶，於審判中未經選任辯護人，亦未聲請指定者。

(　　) **42** 下列何者適用刑事訴訟法第158條之4規定，認定該證據有無證據能力？　(A)違背自白任意性法則之被告自白　(B)違反夜間搜索禁止規定所得證據　(C)對於拘捕到案之被告，司法警察官違背告知緘默權規定所得之警詢筆錄　(D)警詢筆錄內所載之被告陳述與錄音不符。

(　　) **43** 教師甲見學生遭校外人士乙毆打，為保護學生，以柔道將乙過肩摔至骨折。下列敘述何者正確？　(A)甲成立正當防衛，不罰　(B)甲成立緊急避難，不罰　(C)甲成立自助行為，不罰　(D)甲成立原因自由行為，不罰。

( ) **44** 公務員假借職務上之權力，犯下列何種犯罪，應依刑法第134條之規定加重處罰？ (A)公務員登載不實罪 (B)違背職務收賄罪 (C)公務員圖利罪 (D)傷害罪

( ) **45** 關於正當防衛要件，下列敘述何者錯誤？ (A)須對過去之侵害為之 (B)須出於防衛自己或他人權利之行為 (C)須對於不法之侵害為之 (D)防衛行為不得過當。

( ) **46** 下列有關刑法第136條公然聚眾妨害公務罪之敘述，何者正確？ (A)本條所稱之首謀者，以一人為限 (B)本條所稱首謀者如進一步下手實施強暴脅迫，則仍論以首謀之處罰 (C)本條所稱聚集三人以上，係指特定之人而言 (D)本條所稱在場助勢之人，包括單純在場圍觀之民眾。

( ) **47** 甲為公務員，一時失慮收受賄賂，懊惱不已，諮詢律師關於貪污治罪條例第8條規定，下列敘述何者正確？ (A)如檢調已經發覺該案，只要自首就可以減免其刑 (B)如檢調已經發覺該案，只要自白就可以減免其刑 (C)如檢調尚未發覺該案，自首並繳交全部犯罪所得，就可以減免其刑 (D)如檢調尚未發覺該案，自首並繳交部分犯罪所得，就可以減免其刑。

( ) **48** 甲公司負責人向乙公司借牌，以乙公司名義向某鎮投標「河川暨區域排水疏濬清淤工程」，鎮長丙明知甲公司借牌投標之違法情事，仍然指示承辦人員通過其投票審查，最終得標，甲因而獲取工程利益。鎮長丙有無犯罪？ (A)構成對主管事務圖利罪 (B)構成對非主管事務圖利罪 (C)構成違背職務收賄罪 (D)沒有犯罪，因乙公司確實存在。

( ) **49** 甲駕駛汽車因疏未注意車前狀況而與乙機車騎士發生碰撞，致乙倒地後受有四肢擦挫傷之傷害，雙方及旁人尚未報警之際，適有巡邏員警行經該地點，甲乃上前向該員警表明自己駕車發生本起車禍，但堅稱自己並無行車疏失，若甲成立過失傷害罪，是否得依刑法第62條自首規定減輕其刑？ (A)甲自始否認過失，不得依自首規定減輕其刑 (B)甲已對於尚未發覺之犯罪自首，得依

自首規定減輕其刑　(C)甲須於偵查中承認過失，始得依自首規定減輕其刑　(D)甲須於法院審理中承認過失，始得依自首規定減輕其刑。

(　　) **50** 下列何者非屬刑法第10條第2項規定之公務員？　(A)農田水利會會長　(B)依律師法擔任律師懲戒委員會委員之律師　(C)看守所所長　(D)執行國家科學及技術委員會計畫之國立大學專任教授。

解答與解析　答案標示為#者，表官方曾公告更正該題答案。

1 (A)。我國的現況為審檢分隸，隸係指隸屬，亦即審判（法官）、偵查（檢察官）職權分開，故 (A) 為錯誤。

2 (D)。現行實務中，案件一經法院繫屬，法院之審查庭即會依據訴訟法針對程序部分來審查，審查通過後才會經由法官依實體部分來審判案件。

3 (C)。準用為非完全適用所援引之法規，僅在性質容許範圍內類推適用。(C) 之選項為涵攝，本選項錯誤，故選 (C)。

4 (D)。法律解釋中文義解釋較貼近於規範本身之定義，故以文義解釋優先，(D) 選項為錯。

5 (C)。「原住民族基本法」為法律，故選項為 (C)。

6 (B)。中央法規標準法第 13 條：「法規明定自公布或發布日施行者，自公布或發布之日起算至第三日起發生效力。」故選項為 (B)。

7 (D)。以本國制度為例，權力分立係指我國設有司法院、行政院、考試院、監察院、立法院執掌不同領域之職權，(D) 之選項為司法權領域內之運作規則，故為 (D)。

8 (D)。憲法訴訟法第 1 條第 1 項：「司法院大法官組成憲法法庭，依本法之規定審理下列案件：一、法規範憲法審查及裁判憲法審查案件。二、機關爭議案件。三、總統、副總統彈劾案件。四、政黨違憲解散案件。五、地方自治保障案件。六、統一解釋法律及命令案件。」承上規定，故答案為 (D)。

9 (B)。大法官非民意代表，為解釋憲法及法律之機關，故未能反映民意，答案選 (B)。

10 (D)。(D) 選項為監察院之職權。
憲法增修條文第 7 條第 1 項：「監察院為國家最高監察機關，行使彈劾、糾舉及審計權，不適用憲法第九十條及第九十四條有關同意權之規定。」

11 (D)。(D) 為考試院之職權。
憲法增修條文第 6 條第 1 項：「考試院為國家最高考試機關，掌理左列事項，不適用憲法第八十三條之規定：一、考試。二、公務人員之銓敘、保障、撫卹、退休。三、公務人員任免、考績、級俸、陞遷、褒獎之法制事項。」

12 (D)。(D)111 憲判字第 14 號：「……三、農田水利法第 23 條第 1 項規定：『農田水利會改制後資產及負債由國家概括承受，並納入依前條第 1 項規定設置之農田水利事業作業基金管理。』與法律明確性原則尚無違背，且不生侵害憲法第 15 條保障人民財產權之問題。……」承上可見，人民基本權在以公法人為主的基準上並無適用，故選 (D)。

13 (A)。大法官第 799 條解釋文：「……刑事訴訟法及性侵害犯罪防治法均未規定應賦予受處分人於法院就聲請宣告或停止強制治療程序，得親自或委任辯護人到庭陳述意見之機會，以及如受治療者為精神障礙或其他心智缺陷無法為完全之陳述者，應有辯護人為其辯護，於此範圍內，均不符憲法正當法律程序原則之意旨。有關機關應自本解釋公布之日起 2 年內檢討修正。完成修正前，有關強制治療之宣告及停止程序，法院應依本解釋意旨辦理。……」承前，故選 (A)。

14 (B)。行政程序法第 8 條：「行政行為，應以誠實信用之方法為之，並應保護人民正當合理之信賴。」承前，故選 (B)。

15 (D)。憲法第 23 條：「以上各條列舉之自由權利，除為防止妨礙他人自由、避免緊急危難、維持社會秩序，或增進公共利益所必要者外，不得以法律限制之。」
前述規定為憲法中為比例原則之規定，也可從題目來看，藉由其關鍵字「調整」來聯想到比例原則。

16 (C)。行政程序法第 5 條：「行政行為之內容應明確。」承前，故選 (C)。

17 (B)。公務人員保障法第 17 條：「I. 公務人員對於長官監督範圍內所發之命令有服從義務，如認為該命令違法，應負報告之義務；該管長官如認其命令並未違法，而以書面署名下達時，公務人員即應服從；其因此所生之責任，由該長官負之。但其命令有違反刑事法律者，公務人員無服從之義務。II. 前項情形，該管長官非以書面署名下達命令者，公務人員得請求其以書面署名為之，該管長官拒絕時，視為撤回其命令。」承前，故選 (B)。

18 (D)。公務員懲戒法第 22 條：「I. 同一行為，不受懲戒法院二次懲戒。II. 同一行為已受刑罰或行政罰之處罰者，仍得予以懲戒。其同一行為不受刑罰或行政罰之處罰者，亦同。III. 同一行為經主管機關或其他權責機關為行政懲處處分後，復移送懲戒，經懲戒法院為懲戒處分、不受懲戒或免議之判決確定者，原行政懲處處分失其效力。」承前，故選 (D)。

19 (A)。公務員懲戒法第 9 條：
「I. 公務員之懲戒處分如下：一、免除職務。二、撤職。三、剝奪、減少退休（職、伍）金。四、休職。五、降級。六、減俸。七、罰款。八、記過。九、申誡。II. 前項第三款之處分，以退休（職、伍）或其他原因離職之公務員為限。III. 第一項第七款得與第三款、第六款以外之其餘各款併為處分。IV. 第一項第四款、第五款及第八款之處分於政務人員不適用之。」
承前，故選 (A)。

20 (D)。民法第 179 條：「無法律上之原因而受利益，致他人受損害者，應返還其利益。雖有法律上之原因，而其後已不存在者，亦同。」
行政程序法第 127 條第 1 項至第 3 項：「I. 授予利益之行政處分，其內容係提供一次或連續之金錢或可分物之給付者，經撤銷、廢止或條件成就而有溯及既往失效之情形時，受益人應返還因該處分所受領之給付。其行政處分經確認無效者，亦同。II. 前項返還範圍準用民法有關不當得利之規定。III. 行政機關依前二項規定請求返還時，應以書面行政處分確認返還範圍，並限期命受益人返還之。」承第 3 項，故選 (D)。

21 (B)。公務人員考績法第 12 條第 1 項第 1 款後段：「懲處分申誡、記過、記大過。於年終考績時，併計成績增減總分。平時考核獎懲得互相抵銷，無獎懲抵銷而累積達二大過者，年終考績應列丁等。」其餘則為公務員懲戒法第 9 條第 1 項之規定，故選 (B)。

22 (A)。訴願法第 14 條第 1 項：「訴願之提起，應自行政處分達到或公告期滿之次日起三十日內為之。」
本題之訴願救濟期間之末日為 110 年 6 月 2 日，故題示之 110 年 6 月 3 日為訴願期間逾期，選 (A)。

23 (A)。訴願法第 77 條第 6 款：「訴願事件有左列各款情形之一者，應為不受理之決定：六、行政處分已不存在者。」故選 (A)。

24 (C)。訴願法第 60 條：「訴願提起後，於決定書送達前，訴願人得撤回之。訴願經撤回後，不得復提起同一之訴願。」
訴願法第 77 條：「訴願事件有左列各款情形之一者，應為不受理之決定：一、訴願書不合法定程式不能補正或經通知補正逾期不補正者。二、提起訴願逾法定期間或未於第五十七條但書所定期間內補送訴願書者。三、訴願人不符合第十八條之規定者。四、訴願人無訴願能力而未由法定代理人代為訴願行為，經通知補正逾期不補正者。五、地方自治團體、法人、非法人之團體，未由代表人或管理人為訴願行為，經通知補正逾期不補正者。六、行政處分已不存在者。七、對已決定或已撤回之訴願事件重行提起訴願者。八、對於非行政處分或其他依法不屬訴願救濟範圍內之事項提起訴願者。」承上，故選 (C)。

25 (A)。訴願法第 77 條：「訴願事件有左列各款情形之一者，應為不受理之決定：一、訴願書不合法定程式不能補正或經通知補正逾期不補正者。二、提起訴願逾法定期間或未於第五十七條但書所定期間內補送訴願書者。三、訴願人不符合第十八條之規定者。四、訴願人無訴願能力而未由法定代理人代為訴願行為，經通知補正逾期不補正者。五、地方自治團體、法人、非法人之團體，未由代表人或管理人為訴願行為，經通知補正逾期不補正者。六、行政處分已不存在者。七、對已決定或已撤回之訴願事件重行提起訴願者。八、對於非行政處分或其他依法不屬訴願救濟範圍內之事項提起訴願者。」承上，故選 (A)。

26 (A)。民事訴訟法第 23 條：「有下列各款情形之一者，直接上級法院應依當事人之聲請或受訴法院之請求，指定管轄：

一、有管轄權之法院，因法律或事實不能行使審判權，或因特別情形，由其審判恐影響公安或難期公平者。

二、因管轄區域境界不明，致不能辨別有管轄權之法院者。

直接上級法院不能行使職權者，前項指定由再上級法院為之。

第一項之聲請得向受訴法院或直接上級法院為之，前項聲請得向受訴法院或再上級法院為之。

指定管轄之裁定，不得聲明不服。」承前，故選 (A)。

27 (B)。民事訴訟法第 45 條：「能獨立以法律行為負義務者，有訴訟能力。」民事訴訟法第 45 條之 1：「輔助人同意受輔助宣告之人為訴訟行為，應以文書證之。

受輔助宣告之人就他造之起訴或上訴為訴訟行為時，無須經輔助人同意。

受輔助宣告之人為捨棄、認諾、撤回或和解，應經輔助人以書面特別同意。」承前規定，故選 (B)。

28 (C)。民事訴訟法第 380 條：「I. 和解成立者，與確定判決有同一之效力。II. 和解有無效或得撤銷之原因者，當事人得請求繼續審判。III. 請求繼續審判者，應繳納第 84 條第 2 項所定退還之裁判費。」承上規定，故選 (C)。

29 (B)。民事訴訟法第 466 條之 1：「對於第二審判決上訴，上訴人應委任律師為訴訟代理人。但上訴人或其法定代理人具有律師資格者，不在此限。」承上規定，故選 (B)。

30 (B)。民法第 345 條：「I. 稱買賣者，謂當事人約定一方移轉財產權於他方，他方支付價金之契約。II. 當事人就標的物及其價金互相同意時，買賣契約即為成立。」

民法第 348 條：「I. 物之出賣人，負交付其物於買受人，並使其取得該物所有權之義務。II. 權利之出賣人，負使買受人取得其權利之義務，如因其權利而得占有一定之物者，並負交付其物之義務。」承前規定，甲乙之間承立買賣契約，故以可依此買賣契約請其交付遙控器，故選 (B)。

31 (A)。甲乙之間屬借名登記。參考 106 年第 3 次民事庭會議：「最高法院 106 年 2 月 14 日第 3 次民事庭會議通過有關借名登記之決議一則借名人甲與出名人乙就特定不動產成立借名登記關係，乙未經甲同意，將該不動產所有權移轉登記予第三人丙，其處分行為效力如何」

決議：採甲說（有權處分說）：

不動產借名登記契約為借名人與出名人間之債權契約，出名人依其與借名人間借名登記契約之約定，通常固無管理、使用、收益、處分借名財產之權利，然此僅為出名人與借名人間之內部約定，其效力不及於第三人。出名人既登記為該不動產之所有權人，其將該不動產處分移轉登記予第三人，自屬有權處分。」承前實務見解，故選 (A)。

32 (C)。民法第 1063 條第 1 項：「妻之受胎，係在婚姻關係存續中者，推定其所生子女為婚生子女。」因乙女和丙不具有婚姻關係，故選 (C)。

33 (C)。民法第 1138 條：「遺產繼承人，除配偶外，依左列順序定之：

一、直系血親卑親屬。

二、父母。

三、兄弟姊妹。

四、祖父母。」

民法第 1145 條第 1 項：「有左列各款情事之一者，喪失其繼承權：

一、故意致被繼承人或應繼承人於死或雖未致死因而受刑之宣告者。

二、以詐欺或脅迫使被繼承人為關於繼承之遺囑，或使其撤回或變更之者。

三、以詐欺或脅迫妨害被繼承人為關於繼承之遺囑，或妨害其撤回或變更之者。

四、偽造、變造、隱匿或湮滅被繼承人關於繼承之遺囑者。五、對於被繼承人有重大之虐待或侮辱情事，經被繼承人表示其不得繼承者。」

故選 (C)。

34 (C)。民法第 1138 條：「遺產繼承人，除配偶外，依左列順序定之：

一、直系血親卑親屬。

二、父母。

三、兄弟姊妹。

四、祖父母。」

丙及丁為前條第 1 款及本文，戊、己為乙之代位繼承人，故選 (C)。

35 (D)。民法第 941 條：「地上權人、農育權人、典權人、質權人、承租人、受寄人，或基於其他類似之法律關係，對於他人之物為占有者，該他人為間接占有人。」承前規定，選 (D)。

36 (A)。共同瑕疵理論：係指附於債權行為上之物權行為，其效力亦因此而受影響。

37 (D)。民法第 188 條：「I. 受僱人因執行職務，不法侵害他人之權利者，由僱用人與行為人連帶負損害賠償責任。但選任受僱人及監督其職務之執行，已盡相當之注意或縱加以相當之注意而仍不免發生損害者，僱用人不負賠償責任。II. 如被害人依前項但書之規定，不能受損害賠償時，法院因其聲請，得斟酌僱用人與被害人之經濟狀況，令僱用人為全部或一部之損害賠償。III. 僱用人賠償損害時，對於為侵權行為之受僱人，有求償權。」承前規定，選 (D)。

38 (C)。民法第 154 條：「I. 契約之要約人，因要約而受拘束。但要約當時預先聲明不受拘束，或依其情形或事件之性質，可認當事人無受其拘束之意思者，不在此限。II. 貨物標定賣價陳列者，視為要約。但價目表之寄送，不視為要約。」

39 (A)。刑事訴訟法第 95 條第 1 項：「訊問被告應先告知下列事項：

一、犯罪嫌疑及所犯所有罪名。罪名經告知後，認為應變更者，應再告知。

二、得保持緘默，無須違背自己之意思而為陳述。

三、得選任辯護人。如為低收入戶、中低收入戶、原住民或其他依法令得請求法律扶助者，得請求之。

四、得請求調查有利之證據。

無辯護人之被告表示已選任辯護人時，應即停止訊問。但被告同意續行訊問者，不在此限。」

保持緘默等即屬權利告知事項，必須先說，故 (A) 錯誤。

40 (B)。刑事訴訟法第 33 條之 1：「辯護人於偵查中之羈押審查程序，除法律另有規定外，得檢閱卷宗及證物並得抄錄或攝影。

辯護人持有或獲知之前項證據資料，不得公開、揭露或為非正當目的之使用。

無辯護人之被告於偵查中之羈押審查程序，法院應以適當之方式使其獲知卷證之內容。」故選 (B)。

41 (C)。刑事訴訟法第 31 條：「I. 有下列情形之一，於審判中未經選任辯護人者，審判長應指定公設辯護人或律師為被告辯護：一、最輕本刑為三年以上有期徒刑案件。二、高等法院管轄第一審案件。三、被告因精神障礙或其他心智缺陷無法為完全之陳述者。四、被告具原住民身分，經依通常程序起訴或審判者。五、被告為低收入戶或中低收入戶而聲請指定者。

六、其他審判案件，審判長認有必要者。II. 前項案件選任辯護人於審判期日無正當理由而不到庭者，審判長得指定公設辯護人或律師。III. 被告有數人者，得指定一人辯護。但各被告之利害相反者，不在此限。IV. 指定辯護人後，經選任律師為辯護人者，得將指定之辯護人撤銷。V. 被告或犯罪嫌疑人因精神障礙或其他心智缺陷無法為完全之陳述或具原住民身分者，於偵查中未經選任辯護人，檢察官、司法警察官或司法警察應通知依法設立之法律扶助機構指派律師到場為其辯護。但經被告或犯罪嫌疑人主動請求立即訊問或詢問，或等候律師逾四小時未到場者，得逕行訊問或詢問。」刑事訴訟法第 31 條之 1：「I. 偵查中之羈押審查程序未經選任辯護人者，審判長應指定公設辯護人或律師為被告辯護。但等候指定辯護人逾四小時未到場，經被告主動請求訊問者，不在此限。II. 前項選任辯護人無正當理由而不到庭者，審判長得指定公設辯護人或律師。III. 前條第三項、第四項之規定，於第一項情形準用之。」參同法第 31 條之 1，選 (C)。

42 (B)。刑事訴訟法第 158 之 4 條：「除法律另有規定外，實施刑事訴訟程序之公務員因違背法定程序取得之證據，其有無證據能力之認定，應審酌人權保障及公共利益之均衡維護。」刑事訴訟法第 146 條第 1 項：「有人住居或看守之住宅或其他處所，不得於夜間入內搜索或扣押。但經住居人、看守人或可為其代表之人承諾或有急迫之情形者，不在此限。」

43 (A)。刑法第 23 條：「對於現在不法之侵害，而出於防衛自己或他人權利之行為，不罰。但防衛行為過當者，得減輕或免除其刑。」承前規定，甲為了保護學生而傷害乙，符合正當防衛之要件，選 (A)。

44 (D)。刑法第 134 條：「公務員假借職務上之權力、機會或方法，以故意犯本章以外各罪者，加重其刑至二分之一。但因公務員之身分已特別規定其刑者，不在此限。」除了 (D) 傷害罪為刑法第 277 條之外，其他都位於同一章。

45 (A)。刑法第 23 條：「對於現在不法之侵害，而出於防衛自己或他人權利之行為，不罰。但防衛行為過當者，得減輕或免除其刑。」承前規定，僅限於現在不法之侵害，故選 (A)。

46 (B)。刑法第 136 條：「I. 在公共場所或公眾得出入之場所，聚集三人以上犯前條之罪者，在場助勢之人，處一年以下有期徒刑、拘役或十萬元以下罰金；首謀及下手實施強暴、脅迫者，處一年以上七年以下有期徒刑。II. 因而致公務員於死或重傷者，首謀及下手實施強暴脅迫之人，依前條第四項之規定處斷。」承前規定，參酌第 2 項，故選 (B)。

47 (C)。貪汙治罪條例第 8 條：「I. 犯第 4 條至第 6 條之罪，於犯罪後自首，如有所得並自動繳交全部所得財物者，減輕或免除其刑；因而查獲其他正犯或共犯者，免除其刑。II. 犯第 4 條至第 6 條之罪，在偵查中自白，如有所得並自動繳交全部所得財物者，減輕其刑；因而查獲其他正犯或共犯者，減輕或免除其刑。」依前述規定第 1 項，選 (C)。

48 (A)。刑法第 131 條：「公務員對於主管或監督之事務，明知違背法令，直接或間接圖自己或其他私人不法利益，因而獲得利益者，處一年以上七年以下有期徒刑，得併科一百萬元以下罰金。」承前規定，選 (A)。

49 **(B)**。刑法第 62 條：「對於未發覺之罪自首而受裁判者，得減輕其刑。但有特別規定者，依其規定。」承前規定，選 (B)。

50 **(D)**。刑法第 10 條第 2 項：「稱公務員者，謂下列人員：一、依法令服務於國家、地方自治團體所屬機關而具有法定職務權限，以及其他依法令從事於公共事務，而具有法定職務權限者。二、受國家、地方自治團體所屬機關依法委託，從事與委託機關權限有關之公共事務者。」
最高法院一〇三年度第十三次刑事庭會議決議：「乙說（否定說）：一、現行刑法已採限縮舊法公務員之定義，刻意將公立醫院、公立學校、公營事業機構人員，排除在身分公務員之外。」依該實務見解，選 (D)。

113 年｜台灣電力新進雇員

(　　) **1** 依《民法》規定，債務人不知請求權已經時效消滅，而仍為履行之給付者，法律效果為下列何者？　(A)債務人得隨時請求返還　(B)債務人得請求返還二分之一　(C)債務人得請求返還十分之一　(D)債務人不得請求返還。

(　　) **2** 依《中央法規標準法》規定，法規規定之主管機關或執行機關已裁併或變更者，該法規應如何處置？　(A)廢止　(B)修正　(C)停止適用　(D)撤銷。

(　　) **3** 依《中央法規標準法》規定，法律條文之書寫應依照下列何種方式依序為之？　(A)條、款、項、目　(B)條、款、目、項　(C)條、項、目、款　(D)條、項、款、目。

(　　) **4** 依《憲法》規定，中華民國國民年滿幾歲者，得被選為總統、副總統？　(A)18歲　(B)20歲　(C)30歲　(D)40歲。

(　　) **5** 依《憲法增修條文》規定，現行立法委員法定總人數為幾人？　(A)113人　(B)123人　(C)135人　(D)225人。

(　　) **6** 根據法律制定過程之相關資料，用以探究立法者制定法律時所追求之目的及原意，係屬下列何種法律解釋方法？　(A)文義解釋　(B)比較解釋　(C)歷史解釋　(D)限縮解釋。

(　　) **7** 依《民法》規定，當事人約定，一方委託他方處理事務，他方允為處理之契約，係屬下列何者？　(A)承攬契約　(B)居間契約　(C)委任契約　(D)僱傭契約。

(　　) **8** 依《民法》規定，受死亡宣告者之死亡時間，下列何者正確？　(A)以判決內所確定死亡之時，推定其為死亡　(B)以判決內所確定死亡之時，視為其為死亡　(C)以利害關係人或檢察官聲請之時，推定其為死亡　(D)以利害關係人或檢察官聲請之時，視為其為死亡。

(　　)　**9**　依《行政程序法》規定，行政處分如有誤寫、誤算或其他類此之顯然錯誤者，應如何處置？　(A)該處分無效　(B)須經人民提起訴願請求撤銷　(C)須經人民提起行政訴訟請求撤銷　(D)處分機關得隨時或依申請更正。

(　　)　**10**　依《民事訴訟法》規定，訴訟之標的金額或價額在新臺幣幾萬元以下者適用小額訴訟程序？　(A)10萬元　(B)20萬元　(C)50萬元　(D)100萬元。

(　　)　**11**　依《刑法》規定，對於犯罪結果之發生，法律上有防止之義務，能防止而不防止者，與因積極行為發生結果者同，稱之為下列何者？　(A)中止犯　(B)不作為犯　(C)作為犯　(D)加重結果犯。

(　　)　**12**　有關罰金與罰鍰兩者之差異，下列何者正確？　(A)兩者皆屬行政罰　(B)罰金屬行政罰、罰鍰屬刑罰　(C)罰金屬刑罰、罰鍰屬行政罰　(D)罰金屬民事處罰、罰鍰屬行政罰。

(　　)　**13**　下列何者非屬《刑法》之告訴乃論罪？　(A)加工墮胎罪　(B)誹謗罪　(C)侵入住居罪　(D)妨害秘密罪。

(　　)　**14**　依《刑事訴訟法》規定，緩起訴處分係由下列何者所為？　(A)檢察事務官　(B)法官　(C)檢察官　(D)書記官。

(　　)　**15**　依《刑事訴訟法》規定，因犯罪而受損害之人，於刑事訴訟程序得對於被告及依民法負賠償責任之人提起下列何種程序，請求回復其損害？　(A)再審　(B)非常上訴　(C)異議　(D)附帶民事訴訟。

(　　)　**16**　依《行政程序法》規定，相對人明確拒絕行政指導時，行政機關應為下列何種處置？　(A)應即停止，但得據此對相對人為不利之處置　(B)應即停止，並不得據此對相對人為不利之處置　(C)仍得繼續指導　(D)應改以行政處分為之。

(　　)　**17**　有關《行政程序法》對行政規則之敘述，下列何者有誤？　(A)直接對外發生法規範效力　(B)應下達下級機關或屬官　(C)屬一般、抽象之規定　(D)上級機關對下級機關或長官對屬官所為。

(　　) **18** 依《民事訴訟法》規定，當事人之訴訟代理人為下列何種行為時，不需當事人特別委任？ (A)和解 (B)提起反訴 (C)撤回 (D)代受送達。

(　　) **19** 依《訴願法》規定，如不服訴願決定，得於訴願決定書送達之次日起多久期間內，向行政法院提起行政訴訟？ (A)2個月 (B)6個月 (C)1年 (D)3年。

(　　) **20** 依《消費者保護法》規定，企業經營者為與多數消費者訂立同類契約之用，所提出預先擬定之契約條款，稱之為下列何者？ (A)企業條款 (B)一般條款 (C)個別磋商條款 (D)定型化契約條款。

(　　) **21** 依《公司法》規定，由一人以上股東所組織，就其出資額為限，對公司負其責任之公司，稱之為下列何者？ (A)無限公司 (B)有限公司 (C)兩合公司 (D)股份有限公司。

(　　) **22** 依《著作權法》規定，以演技、舞蹈、歌唱、彈奏樂器或其他方法向現場之公眾傳達著作內容，稱之為下列何者？ (A)公開播送 (B)公開展示 (C)公開傳輸 (D)公開演出。

(　　) **23** 依《個人資料保護法》規定，下列何種個人資料屬於特種個人資料，原則上不得蒐集、處理或利用？ (A)財務情況 (B)家庭 (C)健康檢查 (D)職業。

(　　) **24** 下列何者非屬《性別平等工作法》規定受僱者得請家庭照顧假之事由？ (A)家庭成員預防接種 (B)家庭成員畢業典禮 (C)家庭成員發生嚴重之疾病 (D)家庭成員有重大事故須親自照顧。

(　　) **25** 依《勞動基準法》規定，因天災、事變或突發事件，雇主有使勞工在正常工作時間以外工作之必要者，得將工作時間延長之，但應於延長開始後幾小時內通知工會？ (A)24小時 (B)36小時 (C)48小時 (D)72小時。

解答與解析 答案標示為#者，表官方曾公告更正該題答案。

1 (D)。民法第 144 條第 2 項：「請求權已經時效消滅，債務人仍為履行之給付者，不得以不知時效為理由，請求返還；其以契約承認該債務或提出擔保者亦同。」

2 (B)。中央法規準法第 20 條第 1 項第 3 款：「I. 法規有左列情形之一者，修正之：三、規定之主管機關或執行機關已裁併或變更者。」

3 (D)。中央法規標準法第 8 條第 1 項：「法規條文應分條書寫，冠以「第某條」字樣，並得分為項、款、目。項不冠數字，空二字書寫，款冠以一、二、三等數字，目冠以 (一)、(二)、(三) 等數字，並應加具標點符號。」

4 (D)。憲法第 45 條：「中華民國國民年滿四十歲者，得被選為總統、副總統。」

5 (A)。憲法增修條文第 4 條第 1 項本文：「立法院立法委員自第七屆起一百一十三人，任期四年，連選得連任，於每屆任滿前三個月內，依左列規定選出之，不受憲法第 64 條及第 65 條之限制：……。」

6 (C)。因題目中有提到需探究之前已過去立法目的之過程，故為歷史解釋。

7 (C)。民法第 528 條：「稱委任者，謂當事人約定，一方委託他方處理事務，他方允為處理之契約。」

8 (A)。民法第 9 條第 1 項：「受死亡宣告者，以判決內所確定死亡之時，推定其為死亡。」

9 (D)。行政程序法第 101 條第 1 項：「行政處分如有誤寫、誤算或其他類此之顯然錯誤者，處分機關得隨時或依申請更正之。」

10 (A)。民事訴訟法第 436 之 8 第 1 項：「關於請求給付金錢或其他代替物或有價證券之訴訟，其標的金額或價額在新臺幣十萬元以下者，適用本章所定之小額程序。」

11 (B)。刑法第 15 條第 1 項：「對於犯罪結果之發生，法律上有防止之義務，能防止而不防止者，與因積極行為發生結果者同。」

12 (C)。刑法第 33 條第 5 款：「主刑之種類如下：五、罰金：新臺幣一千元以上，以百元計算之。」
行政法罰法第 1 條：「違反行政法上義務而受罰鍰、沒入或其他種類行政罰之處罰時，適用本法。但其他法律有特別規定者，從其規定。」

13 (A)。(B) 刑法第 310 條第 1 項：「意圖散布於眾，而指摘或傳述足以毀損他人名譽之事者，為誹謗罪，處一年以下有期徒刑、拘役或一萬五千元以下罰金。」
刑法第 314 條：「本章之罪，須告訴乃論。」

(C) 刑法第 306 條：「無故侵入他人住宅、建築物或附連圍繞之土地或船艦者，處一年以下有期徒刑、拘役或九千元以下罰金。」

刑法第 308 條：「第 298 條及第 306 條之罪，須告訴乃論。」

(D) 刑法第 315 條：「無故開拆或隱匿他人之封緘信函、文書或圖畫者，處拘役或九千元以下罰金。無故以開拆以外之方法，窺視其內容者，亦同。」

刑法第 319 條：「第 315 條、第 315-1 條及第 316 條至第 318-2 條之罪，須告訴乃論。」

14 (C)。刑事訴訟法第 253 條之 2：「檢察官為緩起訴處分者，得命被告於一定期間內遵守或履行下列各款事項：……。」

15 (D)。刑事訴訟法第 487 條第 1 項：「因犯罪而受損害之人，於刑事訴訟程序得附帶提起民事訴訟，對於被告及依民法負賠償責任之人，請求回復其損害。」

16 (B)。行政程序法第 166 條第 2 項：「相對人明確拒絕指導時，行政機關應即停止，並不得據此對相對人為不利之處置。」

17 (A)。行政程序法第 159 條：「I. 本法所稱行政規則，係指上級機關對下級機關，或長官對屬官，依其權限或職權為規範機關內部秩序及運作，所為非直接對外發生法規範效力之一般、抽象之規定。

II. 行政規則包括下列各款之規定：一、關於機關內部之組織、事務之分配、業務處理方式、人事管理等一般性規定。二、為協助下級機關或屬官統一解釋法令、認定事實、及行使裁量權，而訂頒之解釋性規定及裁量基準。」

行政程序法第 160 條：「I. 行政規則應下達下級機關或屬官。

II. 行政機關訂定前條第二項第二款之行政規則，應由其首長簽署，並登載於政府公報發布之。」

行政程序法第 161 條：「有效下達之行政規則，具有拘束訂定機關、其下級機關及屬官之效力。」

行政程序法第 162 條：「I. 行政規則得由原發布機關廢止之。

II. 行政規則之廢止，適用第 160 條規定。」

18 (D)。民事訴訟法第 70 條第 1 項：「訴訟代理人就其受委任之事件有為一切訴訟行為之權。但捨棄、認諾、撤回、和解、提起反訴、上訴或再審之訴及選任代理人，非受特別委任不得為之。」

19 (A)。訴願法第 90 條：「訴願決定書應附記，如不服決定，得於決定書送達之次日起二個月內向行政法院提起行政訴訟。」

20 (D)。消費者保護法第 2 條第 7 款：「本法所用名詞定義如下：七、定型化契約條款：指企業經營者為與多數消費者訂立同類契約之用，所提出預先擬定之契約條款。定型化契約條款不限於書面，其以放映字幕、張貼、牌示、網際網路、或其他方法表示者，亦屬之。」

21 (B)。公司法第2條第1項第2款：「公司分為左列四種：二、有限公司：由一人以上股東所組織，就其出資額為限，對公司負其責任之公司。」

22 (D)。著作權法第3條第1項第9款：「本法用詞，定義如下：九、公開演出：指以演技、舞蹈、歌唱、彈奏樂器或其他方法向現場之公眾傳達著作內容。以擴音器或其他器材，將原播送之聲音或影像向公眾傳達者，亦屬之。」

23 (C)。個人資料保護法第6條本文：「有關病歷、醫療、基因、性生活、健康檢查及犯罪前科之個人資料，不得蒐集、處理或利用。但有下列情形之一者，不在此限：……。」

24 (B)。性別平等工作法第20條第1項：「受僱者於其家庭成員預防接種、發生嚴重之疾病或其他重大事故須親自照顧時，得請家庭照顧假；其請假日數併入事假計算，全年以七日為限。」

25 (A)。勞動基準法第32條第4項：「因天災、事變或突發事件，雇主有使勞工在正常工作時間以外工作之必要者，得將工作時間延長之。但應於延長開始後二十四小時內通知工會；無工會組織者，應報當地主管機關備查。延長之工作時間，雇主應於事後補給勞工以適當之休息。」

113年｜高考三級

(　　) **1** 依據憲法學原理，修正憲法之程序，較修正普通法律之程序繁雜者為：(A)成文憲法 (B)不成文憲法 (C)柔性憲法 (D)剛性憲法。

(　　) **2** 憲法及其增修條文中關於「保險」之規定，不包括下列何者？(A)國家應推行全民健康保險 (B)國家對於身心障礙者之保險與就醫，應予保障 (C)國家應獎勵私人保險制度，對於無力繳納保費者，應予以適當之扶助 (D)國家為謀社會福利，應實施社會保險制度。

(　　) **3** 集會遊行法規定，室外集會、遊行應向主管機關申請許可，未排除緊急性或偶發性集會、遊行，依司法院釋字第718號解釋，上述規定違反下列何者？ (A)平等原則與結社自由 (B)比例原則與結社自由 (C)平等原則與集會自由 (D)比例原則與集會自由。

(　　) **4** 依司法院大法官解釋意旨，關於職業自由及工作權之敘述，下列何者錯誤？ (A)職業自由之保障範圍，僅及於為謀求生計而進行之營利性質職業，並不包含公益、非營利以及無給職 (B)國家為增進公共利益，得於必要限度內以法律或經法律明確授權之命令，對於職業自由加以限制 (C)人民開業、停業以及從事營業之時間、地點、對象及方式之自由，均屬憲法工作權所保障之範圍 (D)職業自由之限制，可以區分為「執行職業之自由」、「選擇職業應具備之主觀條件」以及「選擇職業應具備之客觀條件」三種層面，且有寬嚴不同之容許標準。

(　　) **5** 依司法院釋字第490號解釋，有關兵役義務與人民宗教自由的關係，下列敘述何者錯誤？ (A)兵役義務本質上為戰鬥義務，故違反人性尊嚴 (B)人民服兵役的方式，由立法者決定 (C)兵役法之規定不包含促進或限制宗教的目的 (D)兵役義務為防衛國家安全所必須。

( ) **6** 依憲法第24條規定，立法者應制定有關國家賠償之法律。此學理上稱為下列何者？ (A)政策目標條款 (B)立法形成自由 (C)憲法機關忠誠 (D)憲法委託。

( ) **7** 有關現行立法委員選舉制度，下列敘述何者錯誤？ (A)立法委員名額之分配，以法律定之 (B)全國不分區立法委員依政黨名單投票選舉之，由獲得百分之五以上政黨選舉票之政黨依得票比率選出之 (C)自由地區直轄市、縣市之立法委員名額，每縣市至少1人 (D)立法委員113人，任期四年，連選得連任。

( ) **8** 依現行憲法規定及相關司法院大法官解釋，行政院院長何時具備辭職之法定義務？ (A)對行政院院長提出不信任案，如經全體立法委員二分之一以上贊成，行政院院長應於10日內提出辭職 (B)國家重要政策未獲立法院支持 (C)提出之覆議案經立法院決議維持原案時 (D)立法委員任期屆滿改選後第一次集會前，行政院院長自應向立法院提出辭職。

( ) **9** 下列何者非屬司法院大法官之職權？ (A)統一解釋法令 (B)憲法解釋 (C)政黨違憲審查 (D)總統選舉無效訴訟。

( ) **10** 關於地方自治立法權之範圍，下列敘述何者錯誤？ (A)以轄區內之人、事、物為其規範對象，屬於地方立法權限 (B)總統選舉無效訴訟對於轄區外居民或事物，會產生直接、密切之實質影響，則具有跨區之性質，立法權限應屬於中央 (C)有全國一致之性質者，應屬於中央立法事項 (D)地方自治規範不得有較中央法規更為嚴格之限制。

( ) **11** 下列何者並非習慣成為習慣法的要件？ (A)社會上確實有反覆施行該習慣的事實 (B)需要社會上大多數成員對之有法的確信，甘願受其拘束而無爭議 (C)必須經過國家的調查而記載於官方文書上 (D)該習慣之內容不得違背公共秩序及善良風俗。

( ) **12** 依中央法規標準法規定，法規內容條文較多時，得依下列何種順序排列？ (A)編、章、節、款、目 (B)章、目、編、款、節 (C)章、節、段、篇、目 (D)目、章、節、段、篇。

(　　) **13** 下列關於文義解釋之敘述，何者錯誤？　(A)文義解釋乃指依照語言文字之可能表達方式，掌握法律條文之字面意義　(B)文義解釋有其極限　(C)應進行文義解釋之法條，不以法條意義含混者為限　(D)文義解釋為法律解釋之一種，解釋時以法學用語為斷，無需顧及一般非法律專業者之語言習慣。

(　　) **14** 因為公司經營不善出現虧損，為了避免額外的支出，雇主宣布，基於企業經營所需，所有勞工必須於兩週內將特休全部休完，逾期將不轉成工資發放。下列敘述何者正確？　(A)不論企業有無虧損，特休假之排定，原則上都需要勞資雙方同意，任一方不能單方面決定　(B)對於虧損的企業來說，避免特休假未休完之工資支出，是合理的企業迫切需求，得以之要求勞工配合　(C)關於公司之請假和休假，雇主有針對企業特性和需求為調整之空間，因此可以限定排休之期間　(D)勞工有特休之排定權利，雇主不得指明勞工僅能於特定期間內排休。

(　　) **15** 在性別平等工作法的規定下，受僱者同時撫育子女2人以上者，其育嬰留職停薪期間應如何計算？　(A)應分開計算，以每一子女受撫育滿2年為限　(B)應合併計算，最長以最長子女受撫育3年為限　(C)應合併計算，最長以最幼子女受撫育2年為限　(D)應分開計算，最長以最長子女受撫育3年為限。

(　　) **16** 有關總統、副總統選舉候選人之敘述，下列何者錯誤？　(A)副總統候選人於投票日前死亡，該組總統候選人仍當選時，應於就職後提名副總統候選人，由立法院補選　(B)總統副總統候選人應聯名申請登記，如副總統候選人資格不符規定，則該組候選人應不予登記　(C)二個以上政黨得共同推薦一組總統副總統候選人；同一政黨，亦得推薦二組以上候選人　(D)總統候選人之一於登記截止後投票日前死亡，中央選舉委員會應即公告停止選舉，並定期重行選舉。

(　　) **17** 依民法之規定，下列有關債務承擔之敘述，何者正確？　(A)第三人與債權人訂立契約承擔債務人之債務者，其債務於債務人承諾時，移轉於該第三人　(B)第三人與債務人訂立契約承擔其債務者，須經債權人承認，始對於債權人發生效力　(C)承擔人因承擔債務之法律關係所得對抗債務人之事由，得以之對抗債權人　(D)債權人拒絕承認時，僅承擔之第三人得撤銷其承擔之契約。

(　　) **18**　關於刑法第15條第1項「法律上有防止之義務」之認定，下列何者非實務見解所採的標準？　(A)基於外國慣習　(B)基於法律明文　(C)基於契約之約定　(D)基於法律精神。

(　　) **19**　有關臺灣法律繼受之敘述，下列何者錯誤？　(A)臺灣自日治時期開始，繼受近代歐陸法　(B)臺灣在戰後因政治經濟因素，開始繼受美國法　(C)臺灣在繼受美國法後，法律體制已成為英美法系　(D)清朝末年民國初年透過日本，中國開始繼受近代歐陸法，此繼受經驗後也影響到臺灣。

(　　) **20**　關於消費者保護法企業經營者之責任，下列敘述何者錯誤？　(A)從事生產商品之企業經營者應負無過失責任　(B)提供服務之企業經營者應負無過失責任　(C)從事經銷之企業經營者應負推定過失責任　(D)輸入商品之企業經營者應負推定過失責任。

解答與解析　答案標示為#者，表官方曾公告更正該題答案。

1 (D)。題目之敘述為剛性憲法之特性，故為 (D)。

2 (C)。憲法增修條文第 10 條：「

I.　國家應獎勵科學技術發展及投資，促進產業升級，推動農漁業現代化，重視水資源之開發利用，加強國際經濟合作。

II.　經濟及科學技術發展，應與環境及生態保護兼籌並顧。

III.　國家對於人民興辦之中小型經濟事業，應扶助並保護其生存與發展。

IV.　國家對於公營金融機構之管理，應本企業化經營之原則；其管理、人事、預算、決算及審計，得以法律為特別之規定。

V.　國家應推行全民健康保險，並促進現代和傳統醫藥之研究發展。

VI.　國家應維護婦女之人格尊嚴，保障婦女之人身安全，消除性別歧視，促進兩性地位之實質平等。

VII.　國家對於身心障礙者之保險與就醫、無障礙環境之建構、教育訓練與就業輔導及生活維護與救助，應予保障，並扶助其自立與發展。

VIII. 國家應重視社會救助、福利服務、國民就業、社會保險及醫療保健等社會福利工作，對於社會救助和國民就業等救濟性支出應優先編列。

IX. 國家應尊重軍人對社會之貢獻，並對其退役後之就學、就業、就醫、就養予以保障。

X. 科學、文化之經費，尤其國民教育之經費應優先編列，不受憲法第 164 條規定之限制。

XI. 國家肯定多元文化，並積極維護發展原住民族語言及文化。

XII. 國家應依民族意願，保障原住民族之地位及政治參與，並對其教育文化、交通水利、衛生醫療、經濟土地及社會福利事業予以保障扶助並促其發展，其辦法另以法律定之。對於澎湖、金門及馬祖地區人民亦同。

XIII. 國家對於僑居國外國民之政治參與，應予保障。」

3 (D)。大法官釋字第 718 號解釋：「與本院釋字第 445 號解釋：「憲法第 14 條規定保障人民之集會自由，並未排除偶發性集會、遊行」，「許可制於偶發性集會、遊行殊無適用之餘地」之意旨有違。至為維持社會秩序之目的，立法機關並非不能視事件性質，以法律明確規範緊急性及偶發性集會、遊行，改採許可制以外相同能達成目的之其他侵害較小手段，故集會遊行法第 8 條第 1 項未排除緊急性及偶發性集會、遊行部分；同法第 9 條第 1 項但書與第 12 條第 2 項關於緊急性集會、遊行之申請許可規定，已屬對人民集會自由之不必要限制，與憲法第 23 條規定之比例原則有所牴觸，不符憲法第 14 條保障集會自由之意旨，均應自中華民國一〇四年一月一日起失其效力。就此而言，本院釋字第 445 號解釋應予補充。」

4 (A)。大法官釋字第 659 號解釋：「職業自由為人民充實生活內涵及自由發展人格所必要，不因職業之性質為公益或私益、營利或非營利而有異，均屬憲法第 15 條工作權保障之範疇。惟國家為增進公共利益，於符合憲法第 23 條規定之限度內，得以法律或經法律明確授權之命令，對職業自由予以限制。」

5 (A)。大法官釋字第 490 號解釋：「現代法治國家，宗教信仰之自由，乃人民之基本權利，應受憲法之保障。所謂宗教信仰之自由，係指人民有信仰與不信仰任何宗教之自由，以及參與或不參與宗教活動之自由；國家不得對特定之宗教加以獎勵或禁制，或對人民特定信仰畀予優待或不利益，其保障範圍包含內在信仰之自由、宗教行為之自由與宗教結社之自由。內在信仰之自由，涉及思想、言論、信念及精神之層次，應受絕對之保障；其由之而派生之宗教行為之自由與宗教結社之自由，則可能涉及他人之自由與權利，甚至可能影響公共秩序、善良風俗、社會道德與社會責任，因此，僅能受相對之保障。宗教信仰之自由與其他之基本權利，雖同受憲法之保障，亦同受憲法之規範，除內在信仰之自由應受絕對保障，不得加以侵犯或剝奪外，宗教行為之自由與宗教結社之自由，在必要之最小限度內，仍應受國家相關法律之約束，非可以宗教信仰為由而否定國家及法律之存在。因此，宗教之信仰者，既亦係國家之人民，其所應負對國家之基本義務與責任，並不得僅因宗教信仰之關係而免除。保護人民生命和財產等基本權利乃國家重要之功能與目的，而此功能與目的之達成，有賴於人民對國家盡其應盡之基本義務，始克實現。為防衛國家之安全，在實施徵兵制之國家，恆規定人民有服兵役之義務，我國憲法第 20 條規定：人民有依法律服兵役之義務，即係屬於此一類型之立法。惟人民如何履行兵役義務，憲法本身並無明文規定，有關人民服兵役之重要事項，應由立法者斟酌國家安全、社會發展之需要，以法律定之。立法者鑒於男女生理上之差異及因此種差異所生之社會生活功能角色之不同，於兵役法第 1 條規定：中華民國男子依法皆有服兵役之義務；第 3 條第 1 項規定：男子年滿十八歲之翌年一月一日起役，至屆滿四十五歲之年十二月三十一日除役；第 4 條規定：凡身體畸形、殘廢或有箇疾不堪服役者，免服兵役，稱為免役；第 5 條規定：凡曾判處七年以上有期徒刑者禁服兵役，稱為禁役。上開條文，係為實踐國家目的及憲法上人民之基本義務而為之規定，原屬立法政策之考量，非為助長、促進或限制宗教而設，且無助長、促進或限制宗教之效果。復次，男子服兵役之義務，並無違反人性尊嚴亦未動搖憲法價值體系之基礎，且為大多數國家之法律所明定，更為保護人民，防衛國家之安全所必需，與憲法第 7 條平等原則及第 13 條宗教信仰自由之保障，並無牴觸。」

6 (D)。大法官釋字第 472 號解釋協同意見書：「按憲法課予國家機關某種事項之作為義務時，一般稱為憲法委託，而憲法委託又有明示委託與默示委託之分，憲法第二十四條、第一百四十四條屬於前者，推行全民健保可謂後者。」

7 (A)。憲法增修條文第 4 條第 1 項、第 2 項：「立法院立法委員自第七屆起一百一十三人，任期四年，連選得連任，於每屆任滿前三個月內，依左列規定選出之，不受憲法第 64 條及第 65 條之限制：

一、自由地區直轄市、縣市七十三人。每縣市至少一人。

二、自由地區平地原住民及山地原住民各三人。

三、全國不分區及僑居國外國民共三十四人。

前項第一款依各直轄市、縣市人口比例分配，並按應選名額劃分同額選舉區選出之。第三款依政黨名單投票選舉之，由獲得百分之五以上政黨選舉票之政黨依得票比率選出之，各政黨當選名單中，婦女不得低於二分之一。」

8 (A)。憲法增修條文第 3 條第 1 項及第 2 項：「行政院院長由總統任命之。行政院院長辭職或出缺時，在總統未任命行政院院長前，由行政院副院長暫行代理。憲法第 55 條之規定，停止適用。

行政院依左列規定，對立法院負責，憲法第 57 條之規定，停止適用：

一、行政院有向立法院提出施政方針及施政報告之責。立法委員在開會時，有向行政院院長及行政院各部會首長質詢之權。

二、行政院對於立法院決議之法律案、預算案、條約案，如認為有窒礙難行時，得經總統之核可，於該決議案送達行政院十日內，移請立法院覆議。立法院對於行政院移請覆議案，應於送達十五日內作成決議。如為休會期間，立法院應於七日內自行集會，並於開議十五日內作成決議。覆議案逾期未議決者，原決議失效。覆議時，如經全體立法委員二分之一以上決議維持原案，行政院院長應即接受該決議。

三、立法院得經全體立法委員三分之一以上連署，對行政院院長提出不信任案。不信任案提出七十二小時後，應於四十八小時內以記名投票表決之。如經全體立法委員二分之一以上贊成，行政院院長應於十日內提出辭職，並得同時呈請總統解散立法院；不信任案如未獲通過，一年內不得對同一行政院院長再提不信任案。」

9 (D)。憲法訴訟法第 1 條第 1 項：「司法院大法官組成憲法法庭，依本法之規定審理下列案件：

一、法規範憲法審查及裁判憲法審查案件。

二、機關爭議案件。

三、總統、副總統彈劾案件。

四、政黨違憲解散案件。

五、地方自治保障案件。

六、統一解釋法律及命令案件。」

10 (D)。111 憲判字第 6 號判決：「至於地方自治立法究係僅以其轄區內之人、事、物為其規範對象，或已逾此界限而對其轄區外之人、事、物有所規範，就其判斷，除應依地方自治條例規定之文義認定外，亦應考量其規範效果及實際影響。地方自治條例規定之文字在表面上縱僅以各該地方居民或事物為其規範對象，然如其規範效果或適用結果對於轄區外居民或事物，會產生直接、密切之實質影響，則應認該地方自治條例之規範內容，已超出一縣（市）或一直轄市之轄區範圍，而應屬跨地方轄區甚至全國性質之事項，自不應完全交由各地方自治團體自行立法並執行。縱使依憲法第 110 條第 2 項規定，得由有關各縣共同辦理（執行），然其立法權仍應劃歸中央（憲法第 108 條第 1 項第 9

款及第 10 款規定意旨參照），只是在執行上容可考量各地差異，而交由地方執行。」

11 (C)。既以謂之習慣，就不會有白紙黑字之記載。

12 (A)。中央法規標準法第 9 條：「法規內容繁複或條文較多者，得劃分為第某編、第某章、第某節、第某款、第某目。」

13 (D)。文義解釋係指依照規範本身而解釋之，不需以法學用語為斷。

14 (#)。勞動基準法第 38 條第 2 項：「前項之特別休假期日，由勞工排定之。但雇主基於企業經營上之急迫需求或勞工因個人因素，得與他方協商調整。」考選部公告，本題答 (A) 或 (D) 均給分。

15 (C)。性別平等工作法第 16 條第 1 項：「受僱者任職滿六個月後，於每一子女滿三歲前，得申請育嬰留職停薪，期間至該子女滿三歲止，但不得逾二年。同時撫育子女二人以上者，其育嬰留職停薪期間應合併計算，最長以最幼子女受撫育二年為限。」

16 (C)。總統副總統選舉罷免法第 22 條第 1 項：「依政黨推薦方式向中央選舉委員會申請登記為總統、副總統候選人者，應檢附加蓋內政部發給該政黨圖記之政黨推薦書；二個以上政黨共同推薦一組候選人時，應檢附一份政黨推薦書，排列推薦政黨之順序，並分別蓋用圖記。同一政黨，不得推薦二組以上候選人，推薦二組以上候選人者，其後登記者，不予受理。」

17 (B)。民法第 300 條：「第三人與債權人訂立契約承擔債務人之債務者，其債務於契約成立時，移轉於該第三人。」

18 (A)。刑法第 15 條第 1 項：「對於犯罪結果之發生，法律上有防止之義務，能防止而不防止者，與因積極行為發生結果者同。」(A) 之選項有違罪刑法定原則。

19 (C)。臺灣仍以歐陸法係之成文法為主。

20 (D)。依消費者保護法第 7 條第 3 項：「企業經營者違反前二項規定，致生損害於消費者或第三人時，應負連帶賠償責任。但企業經營者能證明其無過失者，法院得減輕其賠償責任。」

113年｜普考

(　　) **1** 立法委員之言論免責權，係為維持下列何種制度之運作所設？　(A)民主制度　(B)法治制度　(C)司法獨立制度　(D)權能區分制度。

(　　) **2** 憲法基本國策章之國民經濟及社會安全規定，體現憲法第1條規定之何種原則？　(A)民有　(B)民治　(C)民享　(D)民主。

(　　) **3** 有關基本國策之效力，下列敘述何者錯誤？　(A)基本國策僅具有政策性質，無法成為檢驗國家行為合憲與否之審查依據　(B)基本國策不具公權利性質，人民無法依此而請求　(C)基本國策之規定，可作為法律限制人民基本權利之正當理由　(D)基本國策僅為國家施政之指標，不具法律拘束力。

(　　) **4** 宗教團體於水庫流放外來魚種並舉辦放生法會，嗣後遭主管機關依水利法裁罰，宗教團體主張此已侵害其宗教信仰自由。依相關司法院大法官解釋意旨，下列敘述何者正確？　(A)主張有理由，宗教信仰自由與人性尊嚴關係甚為密切，宗教行為應受絕對保障　(B)主張無理由，宗教行為之自由可能涉及他人權利，甚或影響公共秩序，因此僅能受相對保障，在必要最小限度內，仍應受國家相關法律約束　(C)主張無理由，僅有自然人得以實際思考與信仰，因此宗教信仰自由在性質上應為自然人始得主張，該宗教團體不得主張宗教信仰自由　(D)主張有理由，水利法之罰則並未考量宗教行為之特殊性質，進而違反憲法對於實質平等原則之要求。

(　　) **5** 違章建築之所有權人被處以罰鍰時，關於其他違章建築所有權人是否應同受處罰，下列敘述何者錯誤？　(A)因為違章建築太多，主管機關有選擇執法的權力　(B)主管機關雖怠於執行職權，但違規者仍不得主張不法之平等　(C)違章建築構成違法行為，違規者就應該被處罰，與其他人是否違規無關　(D)人民有守法義務，主管機關怠於處罰其他違法行為，不會因此使違法就變成合法。

(　　) **6** 依司法院大法官解釋，下列何者並非憲法服公職權之保障範圍？(A)公務員之身分保障　(B)公務員之薪資請求權　(C)公務員之退休金請求權　(D)公務員之在職進修請求權。

(　　) **7** 依司法院大法官解釋，有關隱私權之敘述，下列何者錯誤？　(A)隱私權包含資訊隱私權及接近媒體使用權　(B)對於住宅之臨檢，影響人民隱私權　(C)個人資料之自主控制，亦屬隱私權之保障內涵　(D)個人於公共場域中，亦享有不受他人持續注視、監看、監聽之權。

(　　) **8** 依司法院大法官解釋，下列那一基本權利最無須立法形成其具體內涵？　(A)大學自治　(B)宗教信仰自由　(C)訴訟權　(D)服公職權。

(　　) **9** 有關總統、副總統罷免案與彈劾案之敘述，下列何者正確？　(A)總統、副總統之罷免案，應由監察院審理之　(B)總統、副總統之彈劾案，應由立法院提出　(C)總統、副總統之彈劾案立案後，交由全體人民投票表決　(D)總統、副總統之罷免案，應由人民連署提出，並由憲法法庭裁決。

(　　) **10** 司法院釋字第696號解釋，針對夫妻非薪資所得應由納稅義務人及其配偶合併申報且合併計算其稅額之規定，宣告違憲，係違反下列何種憲法原則？　(A)比例原則　(B)信賴保護原則　(C)平等原則　(D)租稅法定主義。

(　　) **11** 監獄長官為確保監獄的秩序與安全，對於受刑人發受之書信，不論其來源為何，一律開拆查閱，是限制受刑人下列何種基本權？(A)秘密通訊自由　(B)人身自由　(C)財產權　(D)訴訟權。

(　　) **12** 有關基本權之限制，下列敘述何者錯誤？　(A)法律保留原則之法律，不限國會法律，亦包括地方自治條例　(B)法律明確性原則，係指法律規定之意義應非難以理解，且為一般受規範者所得預見，並可經由司法審查加以確認　(C)比例原則之狹義比例原則，係指限制基本權利時，應選擇侵害最小之手段　(D)刑事處罰如有罪與罰不相當之情形，亦屬違反比例原則。

( ) **13** 下列何者毋須由法官先行審查決定，行政機關即得為之？ (A)對犯罪嫌疑人之羈押 (B)社會秩序維護法所定之拘留 (C)傳染病防治法之強制隔離治療 (D)行政執行法之管收。

( ) **14** 依憲法及相關法律規定，關於憲法法庭，下列敘述何者正確？ (A)憲法法庭得設數審查庭，由大法官5人組成之 (B)當事人以外之人民、機關或團體，如認其與憲法法庭審理之案件有關聯性，得聲請憲法法庭裁定許可，向憲法法庭提出具參考價值之專業意見或資料 (C)憲法法庭審理案件，依法徵收裁判費 (D)聲請案件之受理，除憲法訴訟法別有規定外，應經大法官現有總額過半數參與評議，參與大法官過半數同意。

( ) **15** 依111年憲判字第6號判決，地方制定有關食品安全之自治條例，經中央函告無效及不予核定者，有關其爭議之解決，下列敘述何者正確？ (A)涉及中央或地方權限劃分爭議時，首應探究憲法本文及增修條文是否已有明文或可據以解釋，於無明文且無從經由解釋決定其性質時，始由立法院依憲法第111條規定以政治途徑解決 (B)我國憲法採單一國之政府體制，明定中央與地方權限之劃分，於第107條及第108條明定專屬中央立法之事項，另亦同時明定有專屬地方之立法事項 (C)為貫徹憲法保障地方自治之意旨，地方就其自治事項有一定之立法或執行空間；中央對地方自治事項應加尊重，並不得以組織法或作用法予以規範，且應注意中央立法之範圍及界限 (D)憲法第110條第1項第1款規定縣衛生事項由縣立法並執行之，故地方得訂定自治條例規範其轄區內之食品安全標準，縱其規範之對象可能逾其轄區外之人、事、物，亦非憲法所不許。

( ) **16** 下列何種情形，雇主得不經預告對勞工終止勞動契約？ (A)歇業或轉讓 (B)勞工對於所擔任之工作確不能勝任 (C)不可抗力暫停工作在1個月以上 (D)勞工違反勞動契約或工作規則，情節重大。

( ) **17** 家庭暴力罪之被告經檢察官或法院訊問後，認無羈押之必要而命釋放者，對被害人得附禁止實施家庭暴力、禁止接觸或遷出住居所等條件，並命被告遵守。前述所附條件有效期間自釋放時起生效，至刑事訴訟終結時為止，最長不得逾多久？ (A)3個月 (B)6個月 (C)9個月 (D)1年。

( ) **18** 關於法治國原則，下列敘述何者錯誤？ (A)法治國原則為憲法的基本原則，形成修憲界線 (B)法治國原則強調人民權利之維護與法秩序之安定 (C)法治國原則要求信賴保護 (D)權力分立強調監督與制衡，與法治國原則無涉。

( ) **19** 下列何者並非我國憲法增修條文明定應給予特別保障之對象？ (A)婦女 (B)身心障礙者 (C)原住民族 (D)公教人員。

( ) **20** 依民法之規定，下列何者不屬於財團設立時，應登記之事項？ (A)財產之總額 (B)定有出資方法者，其方法 (C)定有代表法人之董事者，其姓名 (D)主事務所及分事務所。

( ) **21** 有關罰金刑與易科罰金之敘述，下列何者正確？ (A)罰金加減者，僅加減其最高度 (B)科罰金時，除依刑法第57條規定外，不應審酌犯罪行為人之資力及犯罪所得之利益 (C)科罰金時，縱然行為人所得之利益超過罰金最多額，仍不得於所得利益之範圍內酌量加重 (D)犯最重本刑為5年以下有期徒刑以下之刑之罪，而受6月以下有期徒刑或拘役之宣告者，得易科罰金。

( ) **22** 甲為某派出所所長，因派出所人手不足，甲遂拿一套警察制服給約聘工友乙穿著，並命令乙與其他警員一同到路口執行酒測勤務。乙攔停機車騎士丙時，丙憤而毆打乙，使乙受傷。下列敘述何者正確？ (A)丙對乙施以強暴，構成侮辱公務員罪 (B)乙穿著警察制服如執行驅離，係依法執行公務 (C)妨害公務罪的保護法益是公務員的身分，與乙是否合法執行公務無關 (D)乙之行為並非合法執行職務，因此縱然丙的行為可能構成其它犯罪，但尚難論以妨害公務罪。

( ) **23** 甲為A雜誌社僱用之攝影記者，工作內容為拍攝風景照片供A雜誌社內之編輯選用而作為雜誌刊登之用，甲與A雜誌社間就甲所拍攝之照片並無任何約定。下列敘述何者正確？ (A)甲於工作期間所拍攝之照片，以甲為著作人　(B)甲於工作期間所拍攝之照片著作財產權歸甲享有　(C)A雜誌社就甲所拍攝之照片享有公開發表權　(D)甲為其工作期間所拍攝之照片之著作人，而所謂著作人係指著作完成所生之利潤歸屬之人。

(　　) **24** 民法關於法人之規定，下列何者正確？　(A)法人應設董事一人為其法定代理人，且該董事需年滿20歲　(B)法人於法令限制內，有享受權利負擔義務之能力。但專屬於自然人之權利義務，不在此限　(C)董事就法人一切事務，對外代表法人，然該法人所從事之國際貿易與稅務等相關事項，不在此限，而應由中央主管機關決定之　(D)宮廟宗親會等法人組織，其董事有兩人以上者，各人僅得平均代表法人之一部事項，而非全部事項。

(　　) **25** 法制會隨著政經社文的環境變遷而有所調整，中華民國各法典經過歷次制定或修正，也更貼近臺灣社會實態。下列敘述何者錯誤？　(A)按照現行民法物權編規定，物權除依法律或習慣外，不得創設　(B)為貫徹男女平等，民法親屬編增設剩餘財產分配請求權　(C)民事訴訟法中的增設小額訴訟程序，注重因事件特性而分別處理　(D)成立國家通訊傳播委員會（NCC）的目的，是為了協助政令宣導、發揚中華文化。

(　　) **26** 關於行政法規之廢止與信賴保護原則，下列敘述何者正確？　(A)經法律授權所制定之法規命令雖預先定有施行期間，仍無信賴保護之必要　(B)解釋性行政規則之廢止，不生信賴保護之問題　(C)經廢止之行政法規有重大明顯違反上位規範者，無信賴保護原則之適用　(D)縱使人民未有客觀上具體表現信賴之行為，亦得主張信賴保護原則。

(　　) **27** 受憲法法庭宣告部分條文違憲之法律，其後為法律修正時應經下列何種程序始正式生效？　(A)法律修正草案經行政院決議，並送交立法院備查後施行　(B)法律修正草案經立法院決議通過後，由總統公布施行　(C)法律修正草案經立法院決議通過，由憲法法庭審查後公布施行　(D)法律修正草案經主管機關提出，經行政院會議決議後施行。

( ) **28** 在疫情期間，某國立大學為了協助因疫情而陷入經濟困難的學生，公布紓困助學金辦法規定，學生家長如因疫情失業，可以申請補助。甲為該校學生，其父母雖未失業，但也因疫情而被迫放無薪假，致使經濟困難。甲生如申請該項紓困助學金，從法學方法的觀點來看，該校行政單位下列那一作為最為適當？ (A)採取反面推論，因無薪假不屬於規定允許提供紓困條件，故不發給甲助學金 (B)採取目的解釋，因給予甲助學金符合規範目的，故把無薪假解釋為一種失業 (C)採取目的性擴張，基於規範目的，超過文義範圍適用，讓助學金給予對象包含無薪假 (D)採取類推適用，因為無薪假不屬於失業，故不發給甲助學金，但提供甲其他經濟協助。

( ) **29** 甲、乙與丙共有A地，應有部分各三分之一。關於A地之使用，下列敘述何者錯誤？ (A)甲、乙與丙得共同約定，由甲使用A地 (B)甲、乙與丙得依其應有部分，使用A地 (C)除契約另有約定外，甲、乙與丙得以共有人過半數及其應有部分合計過半數之同意行之，決定如何管理A地 (D)甲、乙與丙得共同約定，出租且交付A地於他人使用。

( ) **30** 依民法規定，有關離婚之敘述，下列何者正確？ (A)離婚之種類分為兩願離婚與裁判離婚二種 (B)兩願離婚應以書面為之，並有二人以上證人之簽名，即能成立 (C)繼父母對繼子女為虐待，致不堪為共同生活者，為裁判離婚事由之一種 (D)夫妻裁判離婚者，對於其未成年子女權利義務之行使或負擔，應直接由法院依職權以子女最佳利益酌定之。

解答與解析 答案標示為#者，表官方曾公告更正該題答案。

1 (A)。大法官釋字第435號理由書：「憲法第73條規定：「立法委員在院內所為言論及表決，對院外不負責任。」旨在保障立法委員受人民付託之職務地位，並避免國家最高立法機關之功能遭致其他國家機關之干擾而受影響。立法委員得藉此保障，於無所瞻顧及無溝通障礙之情境下，暢所欲言，充分表達民意，反映多元社會之不同理念，形成多數意見，以符代議民主制度理性決策之要求，……。」

2 (C)。民享：亦即指利益由人民所共享，故符合此章之情況。

3 (#)。基本國策為對於政策之指引，故不能以此限制人們之基本權益。考選部公告，本題答 (A) 或 (B) 均給分。

4 (B)。該宗教之行為已侵害到公眾之權益及違反法律之規定，故不能主張宗教自由。

大法官釋字第 490 號解釋理由書：「現代法治國家，宗教信仰之自由，乃人民之基本權利，應受憲法之保障。所謂宗教信仰之自由，係指人民有信仰與不信仰任何宗教之自由，以及參與或不參與宗教活動之自由；國家不得對特定之宗教加以獎勵或禁制，或對人民特定信仰畀予優待或不利益，其保障範圍包含內在信仰之自由、宗教行為之自由與宗教結社之自由。內在信仰之自由，涉及思想、言論、信念及精神之層次，應受絕對之保障；其由之而派生之宗教行為之自由與宗教結社之自由，則可能涉及他人之自由與權利，甚至可能影響公共秩序、善良風俗、社會道德與社會責任，因此，僅能受相對之保障。宗教信仰之自由與其他之基本權利，雖同受憲法之保障，亦同受憲法之規範，除內在信仰之自由應受絕對保障，不得加以侵犯或剝奪外，宗教行為之自由與宗教結社之自由，在必要之最小限度內，仍應受國家相關法律之約束，非可以宗教信仰為由而否定國家及法律之存在。因此，宗教之信仰者，既亦係國家之人民，其所應負對國家之基本義務與責任，並不得僅因宗教信仰之關係而免除。……」

5 (A)。政府公權力並不可以選擇執法。行政程序法第 6 條：「行政行為，非有正當理由，不得為差別待遇。」

6 (D)。大法官釋字第 605 號解釋：「憲法第 18 條規定人民有服公職之權利，旨在保障人民有依法令從事於公務，暨由此衍生享有之身分保障、俸給與退休金等權利。公務人員依法銓敘取得之官等俸級，基於憲法上服公職之權利，受制度性保障（本院釋字第 575 號、第 483 號解釋參照），惟其俸給銓敘權利之取得，係以取得公務人員任用法上之公務人員資格為前提。」

7 (A)。大法官釋字第 364 號解釋：「以廣播及電視方式表達意見，屬於憲法第 11 條所保障言論自由之範圍。為保障此項自由，國家應對電波頻率之使用為公平合理之分配，對於人民平等「接近使用傳播媒體」之權利，亦應在兼顧傳播媒體編輯自由原則下，予以尊重，並均應以法律定之。……」

8 (B)。大法官釋字第 490 號解釋：「現代法治國家，宗教信仰之自由，乃人民之基本權利，應受憲法之保障。所謂宗教信仰之自由，係指人民有信仰與不信仰任何宗教之自由，以及參與或不參與宗教活動之自由；國家不得對特定之宗教加以獎勵或禁制，或對人民特定信仰畀予優待或不利益，其保障範圍包含內在信仰之自由、宗教行為之自由與宗教結社之自由。內在信仰之自由，涉及思想、言論、信念及精神之層次，應受絕對之保障。」

9 (B)。憲法增修條文第4條第7項：「立法院對於總統、副總統之彈劾案，須經全體立法委員二分之一以上之提議，全體立法委員三分之二以上之決議，聲請司法院大法官審理，不適用憲法第90條、第100條及增修條文第7條第1項有關規定。」

10 (C)。大法官釋字第696號解釋：「其中有關夫妻非薪資所得強制合併計算，較之單獨計算稅額，增加其稅負部分，違反憲法第7條平等原則，應自本解釋公布之日起至遲於屆滿二年時失其效力。」

11 (A)。大法官釋字第756號解釋：「……其中檢查書信部分，旨在確認有無夾帶違禁品，於所採取之檢查手段與目的之達成間，具有合理關聯之範圍內，與憲法第12條保障秘密通訊自由之意旨尚無違背。……」

12 (C)。應為選擇符合比例之手段。

13 (C)。大法官釋字第690號解釋：「中華民國九十一年一月三十日修正公布之傳染病防治法第37條第1項規定：『曾與傳染病病人接觸或疑似被傳染者，得由該管主管機關予以留驗；必要時，得令遷入指定之處所檢查，或施行預防接種等必要之處置。』關於必要之處置應包含強制隔離在內之部分，對人身自由之限制，尚不違反法律明確性原則，亦未牴觸憲法第23條之比例原則，與憲法第8條依正當法律程序之意旨尚無違背。…」

14 (B)。憲法訴訟法第20條第1項：「當事人以外之人民、機關或團體，認其與憲法法庭審理之案件有關聯性，得聲請憲法法庭裁定許可，於所定期間內提出具參考價值之專業意見或資料，以供憲法法庭參考。」

15 (A)。依憲法第10章及憲法增修條文第9條第1項規定意旨，有關中央與地方間權限爭議之分配，如憲法本文及其增修條文已有明文規定者，依其規定。例如憲法第107條規定專屬中央立法並執行權限之事項；憲法第108條所定事項之立法權限屬中央，其執行則由中央決定是否自行執行或交由地方執行；憲法第109條有關省自治規定業經憲法增修條文第9條第1項規定凍結而停止適用；憲法第110條則規定屬縣立法並執行之縣自治事項。是涉及中央或地方權限劃分之爭議時，首應探究憲法本文及其增修條文是否已有明文規定，或可據以解釋而劃分中央與地方間之權限。於無明文且無從經由解釋而決定其性質究屬中央或地方之權限時，始由立法院依憲法第111條規定以政治途徑解決之（司法院釋字第769號解釋參照）。

16 (D)。勞動基準法第12條：「勞工有左列情形之一者，雇主得不經預告終止契約：

一、於訂立勞動契約時為虛偽意思表示，使雇主誤信而有受損害之虞者。
二、對於雇主、雇主家屬、雇主代理人或其他共同工作之勞工，實施暴行或有重大侮辱之行為者。
三、受有期徒刑以上刑之宣告確定，而未諭知緩刑或未准易科罰金者。
四、違反勞動契約或工作規則，情節重大者。
五、故意損耗機器、工具、原料、產品，或其他雇主所有物品，或故意洩漏雇主技術上、營業上之秘密，致雇主受有損害者。
六、無正當理由繼續曠工三日，或一個月內曠工達六日者。」

17 (D)。家庭暴力防治法第31條第2項：「前項所附條件有效期間自具保、責付、限制住居或釋放時起生效，至刑事訴訟終結時為止，最長不得逾一年。」

18 (D)。大法官釋字第793號解釋：「按權力分立原則為憲法基本原則之一，其意義不僅在於權力之區分，亦在於權力之制衡，以避免因權力失衡或濫用，致侵害人民自由權利。關於權力之區分，自應依憲法之規定為之……。」

19 (D)。憲法增修條文第10條：「

I. 國家應獎勵科學技術發展及投資，促進產業升級，推動農漁業現代化，重視水資源之開發利用，加強國際經濟合作。
II. 經濟及科學技術發展，應與環境及生態保護兼籌並顧。
III. 國家對於人民興辦之中小型經濟事業，應扶助並保護其生存與發展。
IV. 國家對於公營金融機構之管理，應本企業化經營之原則；其管理、人事、預算、決算及審計，得以法律為特別之規定。
V. 國家應推行全民健康保險，並促進現代和傳統醫藥之研究發展。
VI. 國家應維護婦女之人格尊嚴，保障婦女之人身安全，消除性別歧視，促進兩性地位之實質平等。
VII. 國家對於身心障礙者之保險與就醫、無障礙環境之建構、教育訓練與就業輔導及生活維護與救助，應予保障，並扶助其自立與發展。
VIII. 國家應重視社會救助、福利服務、國民就業、社會保險及醫療保健等社會福利工作，對於社會救助和國民就業等救濟性支出應優先編列。
IX. 國家應尊重軍人對社會之貢獻，並對其退役後之就學、就業、就醫、就養予以保障。
X. 科學、文化之經費，尤其國民教育之經費應優先編列，不受憲法第164條規定之限制。
XI. 國家肯定多元文化，並積極維護發展原住民族語言及文化。
XII. 國家應依民族意願，保障原住民族之地位及政治參與，並對其教育文化、交通水利、衛生醫療、經濟土地及社會福利事業予以保障扶助並促其發展，其辦法另以法律定之。對於澎湖、金門及馬祖地區人民亦同。

XIII. 國家對於僑居國外國民之政治參與，應予保障。」

20 (B)。民法第 61 條第 1 項：「財團設立時，應登記之事項如左：一、目的。二、名稱。三、主事務所及分事務所。四、財產之總額。五、受許可之年、月、日。六、董事之姓名及住所。設有監察人者，其姓名及住所。七、定有代表法人之董事者，其姓名。八、定有存立時期者，其時期。」

21 (D)。刑法第 41 條第 1 項：「犯最重本刑為五年以下有期徒刑以下之刑之罪，而受六月以下有期徒刑或拘役之宣告者，得以新臺幣一千元、二千元或三千元折算一日，易科罰金。但易科罰金，難收矯正之效或難以維持法秩序者，不在此限。」

22 (D)。刑法第 135 條第 1 項：「對於公務員依法執行職務時，施強暴脅迫者，處三年以下有期徒刑、拘役或三十萬元以下罰金。」乙之行為不符法律規定之要件。

23 (A)。著作權法第 11 條第 1 項：「受雇人於職務上完成之著作，以該受雇人為著作人。但契約約定以雇用人為著作人者，從其約定。」

24 (B)。民法第 26 條：「法人於法令限制內，有享受權利負擔義務之能力。但專屬於自然人之權利義務，不在此限。」

25 (D)。國家通訊傳播委員會組織法第 1 條：「行政院為落實憲法保障之言論自由，謹守黨政軍退出媒體之精神，促進通訊傳播健全發展，維護媒體專業自主，有效辦理通訊傳播管理事項，確保通訊傳播市場公平有效競爭，保障消費者及尊重弱勢權益，促進多元文化均衡發展，提升國家競爭力，特設國家通訊傳播委員會（以下簡稱本會）。」

26 (#)。大法官釋字第 525 號解釋：「……至經廢止或變更之法規有重大明顯違反上位規範情形，或法規（如解釋性、裁量性之行政規則）係因主張權益受害者以不正當方法或提供不正確資料而發布者，其信賴即不值得保護；又純屬願望、期待而未有表現其已生信賴之事實者，則欠缺信賴要件，不在保護範圍。」考選部公告，本題答 (A) 或 (C) 均給分。

27 (B)。中央法規標準法第 4 條：「法律應經立法院通過，總統公布。」

28 (C)。目的就是要幫助家長因失業而導致經濟困難的學生，此處將失業擴張解釋到無薪假，就屬於目的性擴張。

29 (#)。民法第 820 條第 1 項：「共有物之管理，除契約另有約定外，應以共有人過半數及其應有部分合計過半數之同意行之。但其應有部分合計逾三分之二者，其人數不予計算。」考選部公告，本題答 (B) 或 (C) 均給分。

30 (C)。民法第 1052 條第 1 項：「夫妻之一方，有下列情形之一者，他方得向法院請求離婚：
一、重婚。
二、與配偶以外之人合意性交。
三、夫妻之一方對他方為不堪同居之虐待。
四、夫妻之一方對他方之直系親屬為虐待，或夫妻一方之直系親屬對他方為虐待，致不堪為共同生活。
五、夫妻之一方以惡意遺棄他方在繼續狀態中。
六、夫妻之一方意圖殺害他方。
七、有不治之惡疾。
八、有重大不治之精神病。
九、生死不明已逾三年。
十、因故意犯罪，經判處有期徒刑逾六個月確定。」

113年 | 司法五等

( ) **1** 下列何項敘述最能表達法學研究中「社會法學派」之精義？ (A)法學乃分析現實法律之上另一恆久不變的理想法則 (B)法學係探討法律體系中所呈現的民族精神與文化根源 (C)法學應探究法律與社會之間的關係，強調法律所呈現的社會意義、作用與價值 (D)法學為分析實定法中之各種概念及語言，闡明體系邏輯的完整。

( ) **2** 下列何者不屬於程序法？ (A)民事訴訟法 (B)強制執行法 (C)家事事件法 (D)土地法。

( ) **3** 民法第254條規定：「契約當事人之一方遲延給付者，他方當事人得定相當期限催告其履行，如於期限內不履行時，得解除其契約。」債權人之契約解除權屬於何種權利？ (A)支配權 (B)請求權 (C)形成權 (D)抗辯權。

( ) **4** 若殺人者死。若謀殺是殺人，趁人之危而殺人是謀殺。所以趁人之危而殺人者死，此為： (A)類推解釋 (B)歷史解釋 (C)論理解釋 (D)目的性的擴張。

( ) **5** 依地方制度法規定，有關自治條例及自治規則之敘述，下列何者錯誤？ (A)直轄市政府就其自治事項，得依其法定職權或法律、基於法律授權之法規、自治條例之授權，訂定自治規則 (B)直轄市自治條例經其立法機關議決後，如規定有罰則時，應分別報經行政院核定後發布 (C)創設、剝奪或限制地方自治團體居民之權利義務者，以自治規則定之 (D)自治法規經地方立法機關通過，並由各該行政機關公布者，稱自治條例。

( ) **6** 有關法規之施行，下列敘述何者錯誤？ (A)應規定施行日期 (B)明定自公布或發布日施行者，自公布或發布之日起算至第3日起發生效力 (C)特定有施行日期者，自該特定日起算至第3日起發生效力 (D)定有施行區域者，於該特定區域內發生效力。

(　　) **7** 依司法院大法官解釋，下列何者為憲法第22條保障的非明文權利？(A)居住自由　(B)婚姻自由　(C)言論自由　(D)集會自由。

(　　) **8** 關於法規範效力位階，下列敘述何者錯誤？　(A)未經修改之憲法條文優於憲法增修條文　(B)憲法增修條文優於法律條文　(C)法律條文優於法規命令　(D)上級機關之命令優於下級機關之命令。

(　　) **9** 綜觀世界各國人權發展史，有從第一代自由權、第二代社會權到第三代集體權，下列何者具有第三代人權之性質？　(A)環境權　(B)集會結社自由　(C)財產權　(D)參政權。

(　　) **10** 有關「總統制」，下列敘述何者錯誤？　(A)國家元首與行政首長由不同人擔任　(B)總統對人民負責，不對國會負責　(C)總統不得解散國會　(D)國會無法透過不信任投票方式，令總統去職。

(　　) **11** 下列有關「責任政治」之論述，何者未曾見於我國司法院大法官解釋？　(A)倘立法院有權對各機關所編列預算之數額，在款項目節間移動增減，將使責任政治難以建立　(B)立法委員在開會時，有向行政院院長及行政院各部會首長質詢之權，為憲法基於責任政治等原理所為之制度性設計　(C)針對國家通訊傳播委員會等獨立機關的立法，倘逾越立法機關對行政院人事決定權制衡之界限，即有違反責任政治等原則之嫌　(D)立法院對於三一九槍擊事件真相調查委員會不適任之委員，經院會決議後予以免職，違反責任政治原則。

(　　) **12** 在憲法訴訟法施行前，有關大法官解釋憲法之效力，下列敘述何者錯誤？　(A)大法官對憲法之解釋，拘束全國各機關及人民　(B)大法官宣告與憲法意旨不符之法令，原則上應自解釋公布當日起失效　(C)大法官依人民聲請所為之解釋，對聲請人據以聲請之案件，亦有效力　(D)大法官宣告違憲之法令定期失效者，在失效前仍為有效，原因案件之聲請人不得據以聲請再審或非常上訴。

(　　) **13** 下列何者不是由總統提名，經立法院同意後任命？　(A)司法院副院長　(B)司法院大法官　(C)最高法院院長　(D)最高檢察署檢察總長。

( ) **14** 行政法規施行後，制定之機關依程序修改時，應保障受規範者之信賴利益，下列何者非屬應衡酌之事項？ (A)受規範者之社會地位與身分關係 (B)法秩序變動所追求之政策目的 (C)國家財政負擔能力等公益因素 (D)信賴利益依據之基礎法規所表現之意義與價值。

( ) **15** 行政機關依據法律授權訂定法規命令，日後因公益之必要必須廢止原法規，導致法秩序發生變動，為避免造成人民權益的衝擊而訂定過渡條款，係下列何項行政法一般法律原則之要求？ (A)比例原則 (B)平等原則 (C)信賴保護原則 (D)行政行為明確性原則。

( ) **16** 下列何者具有拘束行政行為之效力？ (A)總統依據憲法增修條文規定所發布之緊急命令 (B)行政院所提出之法律修正草案 (C)尚未經立法院批准之國際條約 (D)個別大法官於憲法法庭判決中所提出之不同意見書。

( ) **17** 逾越權限或濫用權力之行政處分，依行政訴訟法第4條第2項之規定，下列何者正確？ (A)以失效論 (B)效力未定 (C)以無效論 (D)以違法論。

( ) **18** 交通警察甲酗酒駕車，除觸犯刑法第185條之3「不能安全駕駛罪」外，其主管長官另依公務人員考績法予以懲處，下列處理方式何者正確？ (A)僅可追究公務員的懲處責任 (B)可以同時追究甲的行政責任及刑事責任 (C)僅可追究公務員的刑事責任 (D)須由懲戒法院決定要追究刑事責任或行政責任。

( ) **19** 憲法規定，公務員違法執行職務侵害人民自由權利時，就其法律責任之追究，下列敘述何者正確？ (A)由於公務員代表國家，並無個人責任可言。因此雖依法須受懲戒或者懲處，但不負任何刑事及民事責任 (B)該違法之公務員除依法受懲戒或懲處外，尚應依其情節負民、刑事責任 (C)違法侵害人民自由權利之公務員須負刑事及民事等法律責任，被害人民不得向國家請求賠償 (D)違法侵害人民自由權利之公務員須依法受懲戒或懲處，被害人民得依法律向國家請求損失補償。

(　　) **20** 下列何者非屬國家賠償法第3條第1項規定之公共設施？　(A)公有停車場　(B)私人土地上供公眾使用且由政府所管理的既成道路　(C)臺灣自來水公司埋設之水管　(D)公立游泳池。

(　　) **21** 下列何者可以請求國家賠償？　(A)政府為了興建捷運，徵收捷運沿線私人土地　(B)警察因違反警械使用條例規定，開槍誤傷民眾　(C)冤獄受刑人請求入獄期間之損失　(D)政府因應防治嚴重特殊傳染性肺炎而徵用民間的防疫器具及防疫物資。

(　　) **22** 行政機關依法規將其權限之一部分委託其他行政機關執行，人民對受託機關之決定不服，欲提起訴願時，除法規特別規定外，何機關有管轄權？　(A)原委託機關或其直接上級機關　(B)受委託機關　(C)共同上級主管機關　(D)由司法院大法官決定。

(　　) **23** 關於訴願之審議，下列何者正確？　(A)訴願審議以言詞辯論為原則　(B)訴願人必須親自提出訴願書並參與訴願言詞辯論　(C)訴願人於訴願審議過程中，隨時得請求陳述意見　(D)訴願之言詞辯論，以受理訴願機關指定期日到達指定處所為之。

(　　) **24** 有關訴願法的敘述，下列何者錯誤？　(A)訴願制度的目的，是希望透過行政機關自我審查，藉以保障人權　(B)訴願提起人須有權利或利益受損害　(C)訴願人僅得逕向訴願管轄機關提起訴願　(D)受理訴願機關認為有必要時，得依職權通知訴願人及原處分機關進行言詞辯論。

(　　) **25** 下列關於行政訴訟之敘述，何者錯誤？　(A)行政訴訟的功能，是為了落實人民權利之維護　(B)目前行政訴訟採取三級二審制　(C)行政訴訟全部不採言詞審理原則　(D)行政法院之裁判種類，有判決與裁定。

(　　) **26** 下列何者為督促程序之審理原則？　(A)公開審理　(B)不需表明請求標的　(C)書面審理　(D)應依職權調查證據。

(　　) **27** 依民事訴訟法規定，受輔助宣告人所為之下列行為，何者無須經輔助人同意即可為之？　(A)就他造起訴或上訴所為之訴訟行為

(B)於訴訟上所為之認諾行為 (C)與他造成立訴訟上和解 (D)撤回訴訟。

( ) **28** 關於民事訴訟法第二審上訴，下列敘述何者正確？ (A)通常訴訟事件第二審上訴為法律審 (B)依照現行民事訴訟法之規定，通常訴訟事件原則上可於第二審提出新攻擊或防禦方法 (C)簡易訴訟事件第二審上訴為法律審 (D)同一當事人間如請求之基礎事實同一，可於第二審為客觀訴之變更或追加。

( ) **29** 下列何者無訴訟能力？ (A)關於其可享受利益事件之胎兒 (B)年滿25歲的成年人 (C)經法定代理人允許獨立營業之16歲之人 (D)外國人依中華民國法律有訴訟能力，但依其本國法律並無訴訟能力。

( ) **30** 甲將A屋出租予乙，惟約定乙考上國考後即須搬離。甲乙租賃契約附款之性質為何？ (A)停止條件 (B)解除條件 (C)始期 (D)終期。

( ) **31** 甲男乙女於下列何種親屬關係結婚，仍屬有效？ (A)乙女係甲男四親等之表妹 (B)乙女係甲男之三親等之姪女 (C)乙女係甲男父親之養女 (D)乙女係甲男守寡之長嫂。

( ) **32** 下列何者非屬抵押人就抵押物所享有之權利？ (A)使用收益抵押物 (B)移轉抵押物所有權 (C)設定後次序之抵押權 (D)聲請法院拍賣抵押物。

( ) **33** 下列何者非屬民法物權編規定之物權類型？ (A)最高限額抵押權 (B)不動產質權 (C)不動產役權 (D)區分地上權。

( ) **34** 甲男乙女為夫妻，民國111年1月3日經法院以乙女有過失為由而裁判離婚。112年10月1日，甲起訴請求下列事項，何者為無理由？ (A)甲以離婚所受之精神上痛苦為由，對乙請求非財產之損害賠償 (B)甲以離婚喪失被乙扶養之權利為由，對乙請求財產上之損害賠償 (C)甲以離婚後陷於生活困難為由，對乙請求贍養費 (D)甲對乙請求法定財產制關係消滅後之剩餘財產差額分配。

(　　) **35** 雇主因過失未依法為其勞工加入勞保，致勞工不能領取勞保給付，勞工得根據民法何種請求權基礎，向雇主請求損害賠償？ (A)民法第184條第1項前段，不法侵害他人之權利 (B)民法第184條第1項後段，不法加損害於他人 (C)民法第184條第2項，違反保護他人之法律，致生損害於他人 (D)民法第245條之1第1項締約上過失責任。

(　　) **36** 管理人違反本人明示或可得推知之意思而為事務之管理者，管理人對於本人因其管理所生之損害，例外無須負賠償責任之情形，不包括下列何者？ (A)管理人無過失 (B)管理人管理係為本人盡公益上之義務 (C)管理人管理係為本人履行法定扶養義務 (D)本人之意思違反公共秩序善良風俗。

(　　) **37** 甲早年喪偶，獨自扶養兩子乙和丙長大成人。乙成年後，與丁結婚，並育有兩女戊、己。後來乙因空難不幸去世，甲受此打擊一病不起，隨即去世。甲的遺產應由何人繼承？ (A)由丙單獨繼承 (B)由丙、丁共同繼承 (C)由丙、戊、己共同繼承 (D)由丙、丁、戊、己共同繼承。

(　　) **38** 關於委任契約，下列敘述何者錯誤？ (A)委任契約無論是否定有期限，當事人均可任意終止 (B)非可歸責於受任人之事由，於受任人處理委任事務未完畢前而委任契約已終止者，受任人就其已處理之部分不得請求報酬 (C)原則上受任人要服從指示，不可隨意變更委任人之指示 (D)原則上受任人要親自處理委任事務，不可隨意將委任事務委由第三人代為處理。

(　　) **39** 刑事訴訟中被告委任辯護之律師，為獲知卷證內容，不得以下列何種方式為之？ (A)檢閱 (B)抄錄 (C)攝影 (D)帶回卷宗。

(　　) **40** 依實務見解，法院或檢察官訊問證人時，如未踐行刑事訴訟法第186條第2項告知證人有拒絕證言權，則因此所取得之證人證詞，對於本案被告證據能力有無之認定，下列敘述何者正確？ (A)由事實審法院在個案中任意決定 (B)法院應適用刑事訴訟法第158條之4規定權衡判斷證人證言之證據能力有無 (C)證人依法具結之證言當然有證據能力 (D)證人於此情況下所為之具結不生效力，無證據能力。

( ) **41** 偵查中之羈押審查程序，經檢察官請求法院禁止被告及其辯護人獲知之卷證資料，下列敘述何者正確？ (A)基於偵查不公開原則，雖可作為羈押審查之依據，但不得讓被告及其辯護人獲知其內容 (B)是否作為羈押審查之依據，應審酌人權保障及公共利益之均衡維護判斷之 (C)是否作為羈押審查之依據，由法院依職權審酌之 (D)不得作為羈押審查之依據。

( ) **42** 司法警察自下午開始詢問被告，因專注問案且案情繁雜，直至夜間始詢問完畢，已逾日落後10分鐘，剛好被告於該段逾時期間內出於自由意志自白犯罪，倘無准於夜間詢問之例外規定，下列敘述何者正確？ (A)被告自白雖出於自由意志而為，但司法警察已違反不得夜間詢問之規定，不得作為證據 (B)司法警察雖違反不得夜間詢問之規定，但被告自白只要經法院合法調查，仍可作為證據 (C)司法警察雖違反不得夜間詢問之規定，但並非出於惡意，且被告自白係出於自由意志而為，又與事實相符，自可作為證據 (D)除法律另有規定外，由法院於個案中權衡認定被告自白是否可作為證據。

( ) **43** 下列關於緘默權之敘述，何者正確？ (A)檢察官訊問被告之前，不必告知被告有緘默權 (B)被告之緘默權是來自不自證己罪之特權 (C)司法警察官詢問犯罪嫌疑人之前，不必告知犯罪嫌疑人有緘默權 (D)法官訊問被告之前，不必告知被告有緘默權。

( ) **44** 關於刑事責任，下列敘述何者錯誤？ (A)行為人有精神障礙或其他心智缺陷，免除其刑 (B)瘖啞人之行為，得減輕其刑 (C)業務上之正當行為，不罰 (D)依法令之行為，不罰。

( ) **45** 下列關於刑法上阻卻違法事由之敘述，何者錯誤？ (A)依法令之行為，不罰 (B)業務上之正當行為，不罰 (C)對於現在不法之侵害，防衛行為過當者，不罰 (D)得被害人承諾所為之普通傷害行為，不罰。

(　　) **46** 甲將車輛停在市政府所規劃之收費停車格內睡覺，仍被市政府委託予民間之停車收費員乙開立停車單，甲心生不滿，於乙開單時毆打乙，甲之行為如何評價？　(A)乙為授權公務員，故甲構成妨害公務罪　(B)乙為受託公務員，故甲構成妨害公務罪　(C)乙雖為受託公務員，但不是依法執行職務，故甲不構成妨害公務罪　(D)乙不是公務員，故甲只成立傷害罪。

(　　) **47** 警員甲明知A於其轄區內經營遊藝場，並有與顧客對賭之賭博行為，某日得知上級指派任務將於當日晚上至A之遊藝場臨檢，於是透過其女友乙將上開勤務訊息轉知A，使A得以逃避查緝。依實務見解，下列關於甲、乙刑事責任之敘述，何者正確？　(A)甲、乙均不成立犯罪　(B)甲不成立犯罪，乙成立洩漏國防以外之秘密罪　(C)甲成立洩漏國防以外之秘密罪，乙不成立犯罪　(D)甲、乙均成立洩漏國防以外之秘密罪。

(　　) **48** 下列關於加重結果犯之敘述，何者正確？　(A)加重結果犯是不作為犯的其中一種　(B)傷害致死不是加重結果犯　(C)因犯罪致發生一定之結果，而有加重其刑之規定者，如行為人不能預見其發生時，不適用之　(D)加重結果犯之成立採無過失責任原則。

(　　) **49** 公務員甲與無公務員身分之乙，合意於甲辦理其職務上所掌管之工程發包業務時，給乙方便得以圍標方式得標承作，因而獲利。依實務見解，成立圖利罪的共同正犯，最可能的理由為何？(A)按照刑法第31條第1項，乙雖非公務員，仍得以正犯論之　(B)按照刑法第31條第2項，甲為公務員，甲乙科以通常之刑　(C)按照刑法第134條規定，甲加重其刑二分之一，乙連帶負責　(D)按照刑法第134條規定，甲為公務員，乙乃假借甲職務機會。

(　　) **50** 下列何者不應適用刑法第134條？　(A)公務員假借職務上之機會，犯行使偽造私文書罪　(B)公務員假借職務上之機會，犯公文書登載不實罪　(C)公務員假借職務上之機會，犯強制性交罪　(D)公務員假借職務上之方法，犯普通傷害致重傷罪。

解答與解析 答案標示為#者，表官方曾公告更正該題答案。

1 (C)。除死背外，此題請見選項中之敘述，只有(C)選項提到相關之名稱。

2 (D)。(D)為處理土地及不動產實體關係之法律。

3 (C)。債權人之契約解除權為片面之權利，故為形成權。

4 (C)。論理解釋：參酌法律制定的事項，不拘泥於法律條文的字句，依一般的原則，以闡明法律條文真義。

故探題目之規定來解釋，其欲將相關的規定為相同之處理，並探求其規定之真義來解釋。

5 (C)。地方制度法第28條：「下列事項以自治條例定之：

一、法律或自治條例規定應經地方立法機關議決者。

二、創設、剝奪或限制地方自治團體居民之權利義務者。

三、關於地方自治團體及所營事業機構之組織者。

四、其他重要事項，經地方立法機關議決應以自治條例定之者。」

6 (C)。中央法規標準法第14條：「法規特定有施行日期，或以命令特定施行日期者，自該特定日起發生效力。」

7 (B)。大法官釋字第748號解釋：「民法第4編親屬第2章婚姻規定，未使相同性別二人，得為經營共同生活之目的，成立具有親密性及排他性之永久結合關係，於此範圍內，與憲法第22條保障人民婚姻自由及第7條保障人民平等權之意旨有違。」

8 (A)。未經修改之憲法位階和憲法增修條文相同。

9 (A)。第三代權利為較為新興提倡之權利，可從選項判斷出來。

10 (A)。可由美國觀之，該國即為典型之總統制國家，其國家元首即總統與行政首長為同一人。

11 (D)。大法官釋字第585號解釋：「三、同條例第4條規定「本會及本會委員須超出黨派以外，依法公正獨立行使職權，對全國人民負責，不受其他機關之指揮監督，亦不受任何干涉」，其中「不受其他機關之指揮監督」係指「不受立法院以外機關之指揮監督」之意；第15條第1項「本會委員有喪失行為能力、違反法令或其他不當言行者，得經本會全體委員三分之二以上同意，予以除名」，關於真調會委員除名之規定，並非排除立法院對真調會委員之免職權，於此範圍內，核與憲法尚無違背。」

12 (D)。司法院大法官審理案件法第37條：「I. 裁判，自宣示或公告之日起發生效力。II. 未經宣示或公告之裁定，自送達之日起發生效力。」

司法院大法官審理案件法第38條第1項：「判決，有拘束各機關及人民之效力；各機關並有實現判決內容之義務。」

13 (C)。法院組織法第 50 條：「最高法院置院長一人，特任，綜理全院行政事務，並任法官。」

14 (A)。大法官釋字第 589 號解釋：「……至於如何保障其信賴利益，究係採取減輕或避免其損害，或避免影響其依法所取得法律上地位等方法，則須衡酌法秩序變動所追求之政策目的、國家財政負擔能力等公益因素及信賴利益之輕重、信賴利益所依據之基礎法規所表現之意義與價值等為合理之規定。……」

15 (C)。信賴保護原則乃保護人民因信賴行政行為，避免法秩序因變動而對人民所生擾民之規定，讓行政機關避免其規定淪於朝令夕改之法規。

16 (A)。緊急命令的位階為法律，故其效力拘束行政行為。

17 (D)。行政訴訟法第 4 條第 2 項：「逾越權限或濫用權力之行政處分，以違法論。」

18 (B)。本題看題目即可判斷選項，刑法為刑事責任；公務人員考績法為行政責任。

19 (B)。(A) 公務員雖代表國家，但相關之個人責任仍難以卸責。(C) 可依國家賠償法向國家請求賠償。(D) 損失補償應為損害賠償。

20 (C)。臺灣自來水公司為私法人，故並非題目所指之公共設施。

21 (B)。國家賠償法第 2 條第 2 項：「公務員於執行職務行使公權力時，因故意或過失不法侵害人民自由或權利者，國家應負損害賠償責任。公務員怠於執行職務，致人民自由或權利遭受損害者亦同。」

22 (A)。訴願法第 10 條：「依法受中央或地方機關委託行使公權力之團體或個人，以其團體或個人名義所為之行政處分，其訴願之管轄，向原委託機關提起訴願。」

23 (D)。訴願法第 65 條：「受理訴願機關應依訴願人、參加人之申請或於必要時，得依職權通知訴願人、參加人或其代表人、訴願代理人、輔佐人及原行政處分機關派員於指定期日到達指定處所言詞辯論。」

24 (C)。訴願法第 58 條第 1 項：「訴願人應繕具訴願書經由原行政處分機關向訴願管轄機關提起訴願。」

25 (C)。行政訴訟法第 188 條第 1 項：「行政訴訟除別有規定外，應本於言詞辯論而為裁判。」

26 (C)。民事訴訟法第 512 條：「法院應不訊問債務人，就支付命令之聲請為裁定。」可由此條規定判斷出督促程序可直接書面審理。

27 (A)。民事訴訟法第 45 條之 1：「

I. 輔助人同意受輔助宣告之人為訴訟行為，應以文書證之。

II. 受輔助宣告之人就他造之起訴或上訴為訴訟行為時，無須經輔助人同意。

III. 受輔助宣告之人為捨棄、認諾、撤回或和解，應經輔助人以書面特別同意。」

28 (D)。民事訴訟法第 446 條第 1 項：「訴之變更或追加，非經他造同意，不得為之。但第 255 條第 1 項第 2 款至第 6 款情形，不在此限。」
民事訴訟法第 255 條第 1 項第 2 款：「訴狀送達後，原告不得將原訴變更或追加他訴。但有下列各款情形之一者，不在此限：二、請求之基礎事實同一者。」

29 (A)。民法第 7 條：「胎兒以將來非死產者為限，關於其個人利益之保護，視為既已出生。」
法定代理人應為其訴訟代理人，故其無訴訟能力。

30 (B)。民法第 99 條第 2 項：「附解除條件之法律行為，於條件成就時，失其效力。」之規定。
本題中，考上國考搬離即為解除條件。

31 (D)。民法第 983 條：「

I. 與左列親屬，不得結婚：一、直系血親及直系姻親。二、旁系血親在六親等以內者。但因收養而成立之四親等及六親等旁系血親，輩分相同者，不在此限。三、旁系姻親在五親等以內，輩分不相同者。

II. 前項直系姻親結婚之限制，於姻親關係消滅後，亦適用之。

III. 第一項直系血親及直系姻親結婚之限制，於因收養而成立之直系親屬間，在收養關係終止後，亦適用之。」長嫂與甲男直系姻親之關係已消滅，故可以結婚。

32 (D)。除非抵押人無法拿回債務，才可向法院聲請拍賣抵押物。

33 (B)。(B) 應為動產質權。

34 (B)。甲乙既已離婚，關係即在消失時同時扶養義務也一起消滅。

35 (C)。民法第 184 條第 2 項：「違反保護他人之法律，致生損害於他人者，負賠償責任。但能證明其行為無過失者，不在此限。」

36 (A)。民法第 174 條第 1 項：「管理人違反本人明示或可得推知之意思，而為事務之管理者，對於因其管理所生之損害，雖無過失，亦應負賠償之責。」

37 (C)。丙：甲之直系血親卑親屬 / 戊、己：乙之代位繼承人。

38 (B)。民法第 548 條第 2 項：「委任關係，因非可歸責於受任人之事由，於事務處理未完畢前已終止者，受任人得就其已處理之部分，請求報酬。」

39 (D)。刑事訴訟法第 33 條第 1 項：「辯護人於審判中得檢閱卷宗及證物並得抄錄、重製或攝影。」

40 (B)。刑事訴訟法第 158-4 條：「除法律另有規定外，實施刑事訴訟程序之公務員因違背法定程序取得之證據，其有無證據能力之認定，應審酌人權保障及公共利益之均衡維護。」

41 (D)。刑事訴訟法第 101 條第 2 項但書：「但第 93 條第 2 項但書之情形，檢察官應到場敘明理由，並指明限制或禁止之範圍。」

42 (C)。刑事訴訟法第 158 條之 2 第 1 項：「違背第 93-1 條第 2 項、第 100-3 條第 1 項之規定，所取得被告或犯罪嫌疑人之自白及其他不利之陳述，不得作為證據。但經證明其違背非出於惡意，且該自白或陳述係出於自由意志者，不在此限。」

刑事訴訟法第 100 條之 3：「司法警察官或司法警察詢問犯罪嫌疑人，不得於夜間行之。但有左列情形之一者，不在此限：二、於夜間經拘提或逮捕到場而查驗其人有無錯誤者。」

43 (B)。(A)、(C)、(D) 均需告知。

44 (A)。刑法第 19 條第 1 項：「行為時因精神障礙或其他心智缺陷，致不能辨識其行為違法或欠缺依其辨識而行為之能力者，不罰。」

45 (C)。刑法第 23 條：「對於現在不法之侵害，而出於防衛自己或他人權利之行為，不罰。但防衛行為過當者，得減輕或免除其刑。」

46 (D)。刑法第 10 條第 2 項第 2 款：「二、受國家、地方自治團體所屬機關依法委託，從事與委託機關權限有關之公共事務者。」市政府於收費停車場或收費員之間應有法律依據，乙才算是公務員。

47 (D)。刑法第 132 條：「I. 公務員洩漏或交付關於中華民國國防以外應秘密之文書、圖畫、消息或物品者，處三年以下有期徒刑。II. 因過失犯前項之罪者，處一年以下有期徒刑、拘役或九千元以下罰金。III. 非公務員因職務或業務知悉或持有第一項之文書、圖畫、消息或物品，而洩漏或交付之者，處一年以下有期徒刑、拘役或九千元以下罰金。」

48 (C)。(A) 加重結果犯是作為犯之一種。(B) 是加重結果犯（傷害的因，導致發生死亡的結果）。(D) 非屬無過失責任。

49 (A)。刑法第 31 條第 1 項：「因身分或其他特定關係成立之罪，其共同實行、教唆或幫助者，雖無特定關係，仍以正犯或共犯論。但得減輕其刑。」

50 (B)。刑法第 134 條：「公務員假借職務上之權力、機會或方法，以故意犯本章以外各罪者，加重其刑至二分之一。但因公務員之身分已特別規定其刑者，不在此限。」使公務員登載不實罪屬其他章節，故不適用第 134 條。

高普｜地方｜各類特考
共同科目

名師精編・題題精采・上榜高分必備寶典

1A011141	法學知識－法學緒論勝經	敦弘、羅格思、章庠	650元
1A021141	國文--多元型式作文攻略(高普版) 榮登博客來暢銷榜	廖筱雯	450元
1A031131	法學緒論頻出題庫　榮登金石堂暢銷榜	穆儀、羅格思、章庠	570元
1A041101	最新國文多元型式作文勝經	楊仁志	490元
1A961101	最新國文－測驗勝經	楊仁志	630元
1A971081	國文－作文完勝秘笈18招	黃淑真、陳麗玲	390元
1A851141	超級犯規！國文測驗高分關鍵的七堂課	李宜藍	690元
1A421131	法學知識與英文(含中華民國憲法、法學緒論、英文)　榮登博客來、金石堂暢銷榜	龍宜辰、劉似蓉等	690元
1A831122	搶救高普考國文特訓　榮登博客來暢銷榜	徐弘縉	630元
1A681131	法學知識－中華民國憲法(含概要)	林志忠	590元
1A801131	中華民國憲法頻出題庫	羅格思	530元
1A811141	超好用大法官釋字+憲法訴訟裁判(含精選題庫)	林　俐	近期出版
1A051141	捷徑公職英文：沒有基礎也能快速奪高分	德　芬	590元
1A711141	英文頻出題庫	凱　旋	近期出版

以上定價，以正式出版書籍封底之標價為準

千華數位文化股份有限公司

■新北市中和區中山路三段136巷10弄17號　■千華公職資訊網 http://www.chienhua.com.tw
■TEL: 02-22289070　FAX: 02-22289076　■服 務 專 線：(02)2392-3558・2392-3559

一試就中，升任各大
國民營企業機構
高分必備，推薦用書

共同科目

2B811121	國文	高朋・尚榜	590元
2B821131	英文	劉似蓉	650元
2B331141	國文(論文寫作)	黃淑真・陳麗玲	470元

專業科目

2B031131	經濟學	王志成	620元
2B041121	大眾捷運概論（含捷運系統概論、大眾運輸規劃及管理、大眾捷運法 榮登博客來、金石堂暢銷榜	陳金城	560元
2B061131	機械力學(含應用力學及材料力學)重點統整＋高分題庫	林柏超	430元
2B071111	國際貿易實務重點整理+試題演練二合一奪分寶典 榮登金石堂暢銷榜	吳怡萱	560元
2B081141	絕對高分! 企業管理(含企業概論、管理學)	高芬	690元
2B111082	台電新進雇員配電線路類超強4合1	千華名師群	750元
2B121081	財務管理	周良、卓凡	390元
2B131121	機械常識	林柏超	630元
2B141141	企業管理(含企業概論、管理學)22堂觀念課	夏威	780元
2B161141	計算機概論(含網路概論) 榮登博客來、金石堂暢銷榜	蔡穎、茆政吉	660元
2B171121	主題式電工原理精選題庫 榮登博客來暢銷榜	陸冠奇	530元
2B181141	電腦常識(含概論) 榮登金石堂暢銷榜	蔡穎	590元
2B191141	電子學	陳震	650元
2B201121	數理邏輯(邏輯推理)	千華編委會	530元

2B251121	捷運法規及常識(含捷運系統概述) 榮登博客來暢銷榜	白崑成	560元
2B321141	人力資源管理(含概要) 榮登博客來、金石堂暢銷榜	陳月娥、周毓敏	近期出版
2B351131	行銷學(適用行銷管理、行銷管理學) 榮登金石堂暢銷榜	陳金城	590元
2B421121	流體力學（機械）·工程力學（材料）精要解析 榮登金石堂暢銷榜	邱寬厚	650元
2B491131	基本電學致勝攻略 榮登金石堂暢銷榜	陳新	690元
2B501131	工程力學(含應用力學、材料力學) 榮登金石堂暢銷榜	祝裕	630元
2B581112	機械設計(含概要) 榮登金石堂暢銷榜	祝裕	580元
2B661141	機械原理(含概要與大意)奪分寶典	祝裕	近期出版
2B671101	機械製造學(含概要、大意)	張千易、陳正棋	570元
2B691131	電工機械(電機機械)致勝攻略	鄭祥瑞	590元
2B701112	一書搞定機械力學概要	祝裕	630元
2B741091	機械原理(含概要、大意)實力養成	周家輔	570元
2B751131	會計學(包含國際會計準則IFRS) 榮登金石堂暢銷榜	歐欣亞、陳智音	590元
2B831081	企業管理(適用管理概論)	陳金城	610元
2B841131	政府採購法10日速成 榮登博客來、金石堂暢銷榜	王俊英	630元
2B851141	8堂政府採購法必修課：法規+實務一本go！ 榮登博客來、金石堂暢銷榜	李昀	530元
2B871091	企業概論與管理學	陳金城	610元
2B881141	法學緒論大全(包括法律常識)	成宜	650元
2B911131	普通物理實力養成 榮登金石堂暢銷榜	曾禹童	650元
2B921141	普通化學實力養成 榮登金石堂暢銷榜	陳名	550元
2B951131	企業管理(適用管理概論)滿分必殺絕技 榮登金石堂暢銷榜	楊均	630元

以上定價，以正式出版書籍封底之標價為準

歡迎至千華網路書店選購

服務電話 (02)2228-9070

千華網路書店

更多網路書店及實體書店

博客來網路書店　PChome 24hr書店　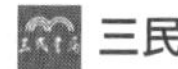三民網路書店

MOMO 購物網　金石堂網路書店　誠品網路書店

查詢實體書店

司法五等特考系列用書

應考資格： 中華民國國民，年滿18歲以上，得應本考試五等考試。

錄事： 1.法院錄事：製作並送達傳票、繕打、印製裁判書類、公告判決主文及交付送達、辦理訴訟案件收狀、分案及資料輸入及前案資料查詢及接受法官、書記官指揮，辦理司法行政事務。
2.檢察署錄事：辦理文件之繕寫及檢察長指定之事項。

庭務員： 擔任民、刑事訴訟案件開庭庭務相關工作、取送開庭卷宗、調取或歸還贓物、接受法官、書記官指揮，辦理司法行政事務。

錄事、庭務員 共同科目

2P711091	司法公民叮-照亮你的學習之路	許家豪	670元
2P841131	公民	邱樺	近期出版
2P851131	司法英文	劉似蓉	570元
2P721131	新題型國文--作文高分快易通 榮登金石堂暢銷榜	廖筱雯	410元

錄事 專業科目

2P261141	法學大意測驗勝經	成宜	650元
2P871121	民事訴訟法大意與刑事訴訟法大意	陳盛、王一周	730元

庭務員 專業科目

2P871121	民事訴訟法大意與刑事訴訟法大意	陳盛、王一周	730元

以上定價，以正式出版書籍封底之標價為準

學習方法 系列

如何有效率地準備並順利上榜，學習方法正是關鍵！

榮登金石堂暢銷排行榜

連三金榜 黃禕

翻轉思考 破解道聽塗說	適合的最好 調整習慣來應考	一定學得會 萬用邏輯訓練

三次上榜的國考達人經驗分享！
運用邏輯記憶訓練，教你背得有效率！
記得快也記得牢，從方法變成心法！

作者線上分享

網路書店

作者在投入國考的初期也曾遭遇過書中所提到類似的問題，因此在第一次上榜後積極投入記憶術的研究，並自創一套完整且適用於國考的記憶術架構，此後憑藉這套記憶術架構，在不被看好的情況下先後考取司法特考監所管理員及移民特考三等，印證這套記憶術的實用性。期待透過此書，能幫助同樣面臨記憶困擾的國考生早日金榜題名。

最強校長 謝龍卿

榮登博客來暢銷榜

作者線上分享

經驗分享＋考題破解
帶你讀懂考題的know-how！

open your mind！
讓大腦全面啟動，做你的防彈少年！

108課綱是什麼？考題怎麼出？試要怎麼考？書中針對學測、統測、分科測驗做統整與歸納。並包括大學入學管道介紹、課內外學習資源應用、專題研究技巧、自主學習方法，以及學習歷程檔案製作等。書籍內容編寫的目的主要是幫助中學階段後期的學生與家長，涵蓋普高、技高、綜高與單高。也非常適合國中學生超前學習、五專學生自修之用，或是學校老師與社會賢達了解中學階段學習內容與政策變化的參考。

最狂校長帶你邁向金榜之路

15 招最狂國考攻略

謝龍卿 / 編著

獨創 15 招考試方法，以圖文傳授解題絕招，並有多張手稿筆記示範，讓考生可更直接明瞭高手做筆記的方式！

榮登博客來、金石堂暢銷排行榜

贏在執行力！吳盼盼一年雙榜致勝關鍵

吳盼盼 / 著

一本充滿「希望感」的學習祕笈，重新詮釋讀書考試的意義，坦率且饒富趣味地直指大眾學習的盲點。

好評2刷！

金榜題名獨門絕活大公開

國考必勝的心智圖法

孫易新 / 著

全球第一位心智圖法華人講師，唯一針對國考編寫心智圖專書，公開國考準備心法！

熱銷2版！

江湖流傳已久的必勝寶典

國考聖經

王永彰 / 著

九個月就考取的驚人上榜歷程，及長達十餘年的輔考經驗，所有國考生的 Q&A，都收錄在這本！

熱銷3版！

雙榜狀元讀書秘訣無私公開

圖解 最省力的榜首讀書法

賴小節 / 編著

榜首五大讀書技巧不可錯過，圖解重點快速記憶，答題技巧無私傳授，規劃切實可行的讀書計畫！

榮登金石堂暢銷排行榜

請問，國考好考嗎？

開心公主 / 編著

開心公主以淺白的方式介紹國家考試與豐富的應試經驗，與你無私、毫無保留分享擬定考場戰略的秘訣，內容囊括申論題、選擇題的破解方法，以及獲取高分的小撇步等，讓你能比其他人掌握考場先機！

推薦學習方法 影音課程

立即試看

每天 10 分鐘！斜槓考生養成計畫

斜槓考生 / 必學的考試技巧 / 規劃高效益的職涯生涯

看完課程後，你可以學到

講師 / 謝龍卿

1. 找到適合自己的應考核心能力
2. 快速且有系統的學習
3. 解題技巧與判斷答案之能力

立即試看

國考特訓班 心智圖筆記術

筆記術 + 記憶法 / 學習地圖結構

本課程將與你分享

講師 / 孫易新

1. 心智圖法「筆記」實務演練
2. 強化「記憶力」的技巧
3. 國考心智圖「案例」分享

千華 Bonding 棒學校

- 業界師資親自授課
- 隨時隨處無限次觀看
- 銜接就業、轉職的線上學習平台

各產業專業職人，棒棒相傳！

千華棒學校發展專業的人才培育系統，混成線上與線下的課程設計、
聘請各領域學科專家、專業數位團隊製作，
結合學習平台數位化精準學習功能：元件化課程、個人學習歷程記錄、學習成績數據化、
批改指導服務、論壇串接等，打造高效的專業技能學習服務！

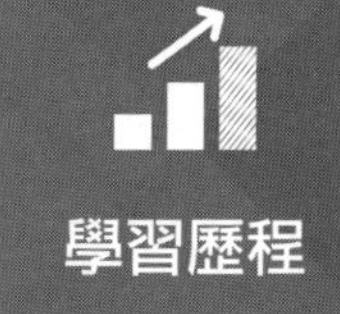

千華公職資訊網

棒學校Bonding

千華公職證照粉絲團

千華 LINE @
專人諮詢服務

02-22289070

頂尖名師精編紙本教材

超強編審團隊特邀頂尖名師編撰，
最適合學生自修、教師教學選用！

千華影音課程

超高畫質，清晰音效環
繞猶如教師親臨！

TTQS 銅牌獎

多元教育培訓

數位創新

現在考生們可以在「Line」、「Facebook」粉絲團、「YouTube」三大平台上，搜尋【千華數位文化】。即可獲得最新考訊、書籍、電子書及線上線下課程。千華數位文化精心打造數位學習生活圈，與考生一同為備考加油！

實戰面授課程

不定期規劃辦理各類超完美考前衝刺班、密集班與猜題班，完整的培訓系統，提供多種好康講座陪您應戰！

遍布全國的經銷網絡

實體書店：全國各大書店通路

電子書城：

Google play、Hami 書城 …

Pube 電子書城

網路書店：

千華網路書店、博客來

MOMO 網路書店…

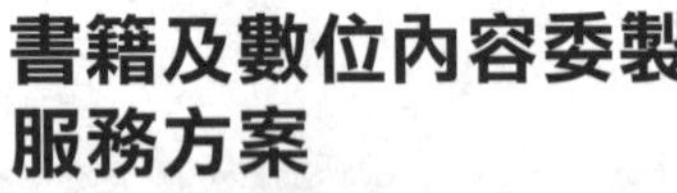

書籍及數位內容委製服務方案

課程製作顧問服務、局部委外製作、全課程委外製作，為單位與教師打造最適切的課程樣貌，共創 1+1= 無限大的合作曝光機會！

多元服務專屬社群 @ f YouTube

千華官方網站、FB 公職證照粉絲團、Line@ 專屬服務、YouTube、考情資訊、新書簡介、課程預覽，隨觸可及！

國家圖書館出版品預行編目(CIP)資料

法學緒論大全(包括法律常識)/成宜編著. --
第十五版. -- 新北市：千華數位文化股份有
限公司, 2024.10
面； 公分
國民營事業
ISBN 978-626-380-747-1(平裝)
1.CST: 法學
580 113015323

[國民營] 法學緒論大全(包括法律常識)

編 著 者：成 宜

發 行 人：廖 雪 鳳
登 記 證：行政院新聞局局版台業字第 3388 號
出 版 者：千華數位文化股份有限公司
地址：新北市中和區中山路三段 136 巷 10 弄 17 號
電話：(02)2228-9070 傳真：(02)2228-9076
客服信箱：chienhua@chienhua.com.tw

法律顧問：永然聯合法律事務所
編輯經理：甯開遠
主 編：甯開遠
執行編輯：尤家瑋
校 對：千華資深編輯群
設計主任：陳春花
編排設計：蕭韻秀

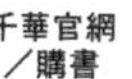

出版日期：2024 年 10 月 25 日 第十五版／第一刷

本教材內容非經本公司授權同意，任何人均不得以其他形式轉用
（包括做為錄音教材、網路教材、講義等），違者依法追究。
・版權所有 ・ 翻印必究 ・
本書如有缺頁、破損、裝訂錯誤，請寄回本公司更換

本書如有勘誤或其他補充資料，
將刊於千華官網，歡迎前往下載。